**李国华**　1944年生，河北平山人，河北大学中文系教授、研究生导师。长期从事文艺学文学批评学教学与研究，创建了文学批评学研究生点；有论著“普通高等教育‘九五’国家教委重点教材”《文学批评学》、《关于文学批评学的学科定位》、《坚持理论创新，建设中国文学批评学》、《毛泽东文艺思想研究概览》（副主编）、《中国歌谣集成·河北卷》（常务副主编）、《行草书作品选》等60多部篇出版；曾获“河北省第五届社科优秀成果一等奖”“文艺振兴奖”“金鹿奖”“中国民间文艺集成志书编纂二等奖”等多项奖励。

河北大学文学院教授文库

# 李国华文集

VOLUME LI GUOHUA

Collected Professor's Papers by School of Chinese Language and Literature of Hebei University

河北大学出版社
· 保定 ·

出 版 人：朱文富
选题策划：杨显硕
责任编辑：郝　健
装帧设计：赵　谦
责任校对：刘景坤
责任印制：常　凯

**图书在版编目（CIP）数据**

李国华文集 / 李国华著 . -- 保定 ：河北大学出版社，2020.12
ISBN 978-7-5666-1754-5

Ⅰ . ①李… Ⅱ . ①李… Ⅲ . ①社会科学－文集 Ⅳ . ① C53

中国版本图书馆 CIP 数据核字 (2020) 第 261563 号

LI GUOHUA WENJI

出版发行：河北大学出版社
地址：河北省保定市七一东路2666号　邮编：071000
电话：0312-5073582　0312-5073029
网址：www.hbdxcbs.com
邮箱：hbdxcbs818@163.com
印　　刷：保定市北方胶印有限公司
幅面尺寸：185 mm × 260 mm
字　　数：752千字
印　　张：41.25
版　　次：2020年12月第1版
印　　次：2020年12月第1次印刷
书　　号：ISBN 978-7-5666-1754-5
定　　价：160.00 元

# 自　序

作为中文系一名普通教师，我在系里学习、执教四十多年。退休后回顾自己教师生涯，觉得固然辛苦一生，但真正“无愧于心，有益家国”的“大事”实不过三：一，讲授了一门新课程——把新学科“文学批评学”从本科生的选修课讲成主干课，直到研究生学位课，获“优秀教学成果奖”及“精品课”奖；二，创建了一个学位点——创建了国内鲜见的以“文学批评学”为研究方向和学科特色的研究生学位点，填补了学科建设的空白；三，出版了河北省第一部“国家级”高教社科教材——“普通高等教育‘九五’国家教委重点教材”《文学批评学》，获河北省第五届社科优秀成果一等奖。

在我看来，教师教书育人，课程无论新旧，都是本职工作“燃烧自己”，虽几十年、弟子三千，实不足道也。“创建学位（科）点”向来被视为“看不见的工作”，实为国家学科建设之必须，看见、看不见无所谓，有所创建才重要。教材是教学之本，本无关乎名利，只在乎学术水平和适用效果。唯此，我把它列为“三事”之首。“铸剑”十年，成“一家之言”，于是教书育人、学科建设则更有底气。回首往事，从“我用别人的教材”到“别人用我的教材”，倍感欣慰和无比自豪！

《文集》选入专著《文学批评学》及其“诞生纪略”，可见本人的学术形象和水平。选入新时期以来的论文 60 篇，或能昭示此时学术活动的心路历程而已。学院出资再版《文学批评学》，或将有益于新学科“中国文学批评学”的建设和发展！我致力“文学批评学”建设多年，深感其建设之艰难，联想及此，不能不心存感激，感慨万千……

李国华

2019 年 10 月

# 目　　录

## 上卷　专著卷

——《文学批评学》(修订本)

# 下卷　论文卷

## 第一编　文学批评学建设

## 第二编　文学评论选

普通高等教育『九五』国家教委重点教材
初版获河北省第五届社科优秀成果一等奖

河北大学
文学院教授文库

上卷

# 专著卷

《文学批评学》（修订本）

# 序*

狄其骢

新时期的文学批评空前活跃，真有一派思想、个性、艺术生产力大解放的气势。从文学批评的观念、模式到文学批评的式样和类型，都一扫往日的划一相而呈争姿斗妍的多样化。虽说新时期的文学批评大都是些舶来品，是对西方文学批评理论和方法的引进、移植和套用，但以此为契机，确实给文学批评带来了活力和资源，带来了自身的爆发力和冲击力，使得一大批思想活跃、颇具才气的青年批评家脱颖而出，开创了文学批评众声喧哗、万马奔腾的生动局面。当然，任何历史的大动荡、大发展都会是鱼龙混杂、泥沙俱下的，因此，文学批评在异常活跃的同时也呈现出混乱，在新局面的开创中也繁生出种种新问题。20世纪80年代的文学批评由于沉醉在突破传统和标新立异的亢奋中，混乱就是新秩序，问题就是新进展，一切都被亢奋的激情所遮蔽、所美化。当亢奋消失的90年代来临，文学批评突然困顿和迷惘起来，有了自己的新感觉、新状态，批评家们说文学批评进入了后新时期。世纪末的文学批评无法摆脱80年代遗留下来的混乱和问题的阴影，只有反思自身以求出路，面向现实和传统以求建树，否则在世纪末的阴影重压下寸步难进。李国华的《文学批评学》，就是90年代对新时期文学批评反思和总结的一种努力，在新时期文学批评大发展的无序中寻求批评的秩序，在流派林立的批评实践中探索共同的基本原则，对文学批评发展中所提出的新问题做理论上的调整和处理。读后给我的启示是很大的，我想共读此书的专家们也定能从中获益不浅。至于《文学批评学》作为一本新教材，由于它的体系严整全面、知识广泛深厚，更是能给求学的读者一个理论与实践相结合的文学批评学模式，学习了这本教材，或许你不但懂得什么是文学批评，

---

* 此为已故山东大学教授、文艺学博士生导师狄其骢先生为《文学批评学》河北教育出版社1995年版所写的序，现作本版序言，以示对先生的纪念。

而且能跟着做起文学批评来。这也是本书的一个特点。因为作者是多年从事文学批评教学的有丰富经验的老教师，作者在建构《文学批评学》时，不仅从文学批评的国内外大背景和资源出发，而且还从他心目中的主要读者——那些嗷嗷待哺的学子出发，为此他在设章置节中甚至不避浅俗，宁冒学术风险。这引起我对作者的尊敬，愿在序言中特此表白。

1995 年 11 月于济南

# 绪论　关于文学批评学

## 一、一门正在建设中的新学科

文学批评学是一门正在建设中的新学科。在国外，它起步较早，从20世纪20年代起，就有一批学者自觉地把文学批评学作为一门独立的学科加以研究，先后诞生了《文学批评原理》①《新批评》②《批评的剖析》③《批评的概念》④ 等一批专著，对文学批评学的基本问题进行比较系统的探讨，初步建构了文学批评学的理论框架，为建设“文学批评学”新学科做出了可贵的贡献。在我国，文学批评学的建设则起步甚晚，甚至长期以来缺少自觉的学科意识。在20世纪80年代之前，几乎没有出版过一部“文学批评学”专著。真正自觉地把文学批评学作为一门独立的学科进行建设，还是近些年的事。据报道，我国“首届文学批评学研讨会”于1988年3月底在武汉举行。在这次研讨会上，我国著名评论家、教授、学者经过热烈讨论，才“基本赞同创立文学批评学的构想”⑤。同年5月，《文论报》开辟了“关于建设文学批评学的讨论”专栏，就建设文学批评学的问题进行讨论。不过“首届文学批评学研讨会”只是“基本赞同创立文学批评学的构想”，《文论报》“关于建设文学批评学的讨论”也并未深入下去，但它们在我国文学批评学的发展史上，却有相当重要的意义。它们是“首创者”“第一次”，标志着我国的文学批评学的学科建设进入了“自觉的时代”，终于迈出了第一步。在以后的几年里，文学批评学的建设取得了迅速的发展和可观的成绩，且不说散见于各种报刊上对文学批评学某一范畴进行分析研究的论文，仅就对文学批评学的基本范畴进行系统研究，尝试着建构文学

---

① ［英］理查兹著，1924年出版。

② ［美］兰色姆著，1941年出版。

③ ［加］弗莱著，1957年出版。

④ ［美］韦勒克著，1963年出版。

⑤ 《首届文学批评学研讨会在武汉举行》，《人民日报》1988年4月12日。

批评学体系的专著就出版了好几种。如《文学批评研究》①《文学的批评世界》②《文学评论教程》③《文艺批评学》④《文学批评学》⑤ 等等。正是这一批文学批评学专著，对文学批评学的基本范畴进行了全面系统的分析研究，初步建构了作为一门独立学科的文学批评学的理论体系，从而使几年前举行的"首届文学批评学研讨会"上提出的关于"创立文学批评学的构想"第一次变成了现实。尽管这些尝试在体系建构上还可讨论，在具体范畴上的论述尚待深入，有些范畴还需补缺，甚至还不见得被学术界认可，但由"构想"到"现实"这毕竟是一个实质性的进展。我们可以毫不夸张地说，中国的文学批评学已经进入了一个真正的建设阶段。

一般说来，一门独立学科从创立到成熟，应当具备三个条件。一是要有系统的理论专著问世；二是要有专门的舆论阵地（报纸、杂志等）进行探讨；三是要在一些大学的课堂上占据一席之地。这三者缺一不可。由此看来，在我国，文学批评学作为一门独立的学科，目前还处在讨论、创立、建设的最初阶段，至少还不够成熟。外国文学批评学的建设比我国要好些，不仅起步早，有阵地，著述多，而且大多由一些学者教授在大学课堂上讲授。尽管如此，仍然不能说他们已经创立了文学批评学这样一门独立的学科。因为世界上几部权威性的大百科全书，如 1967 年版《苏联简明文学百科全书》、1977 年版美国《二十世纪世界文学百科全书》、1980 年版《不列颠百科全书》、1986 年版《中国大百科全书》，至今未见"文学批评学"这个条目。就是说，文学批评学作为一门独立的学科，还没有获得学术界的普遍认可。至少在目前还只能说文学批评学是一门正在建设中的新学科。

## 二、文学批评学的研究对象和性质

### （一）什么是"文学批评学"

如前所述，在目前出版的权威性大百科全书中，至今没有"文学批评学"这个条目，而只有"文学批评"这个条目。然而，"文学批评"不等于"文学批评学"，它们是两个不同的概念。文学批评主要是指文学批评的实践活动本身。文学批评学则主要是指对文

---

① 唐正序著，湖北人民出版社，1986 年出版。

② 陈晋著，上海文艺出版社，1989 年出版。

③ 王先霈、范明华著，四川文艺出版社，1990 年出版。

④ 黄展人主编，暨南大学出版社，1990 年出版。

⑤ 潘凯雄、蒋原伦、贺绍俊著，人民文学出版社，1991 年出版。

学批评实践活动的概括和总结，即关于文学批评的本质和一般规律的科学。林骧华等主编的工具书《文艺新学科新方法手册》，在国内首次对它进行了界说，指出："文学批评学是一门综合了人文科学与社会科学部分领域的学术而以文学学术为主体的学科。文学批评学包含了文学本体理论、文学批评实践、美学理论，以及其他相关学科的知识和方法。它的基本任务是：建立系统化的文学理论；研究文学批评的功能与方法；指导文学批评实践；总结新的文艺思潮、流派、方法和观念；根据文学创作史和文学批评史来探索文学活动的规律，等等。其中首要的问题是研究文学批评的结构和规律。"① 这个解释，指明了文学批评学的学科性质、内容和任务。实事求是地说，在文学批评学这一学科的草创时期，其理论建构尚未完备的情况下，能够设立这个条目并做出初步界说，这是需要一定的识见的，是很宝贵的。从另一方面来说，这个界说，从现在文学批评学建设的水平来看，它又难免带有任何学科初创时期的一些不足或缺点。它对文学批评学的性质的界定是值得研究的。那个"综合了人文科学与社会科学而以文学学术为主体的学科"究竟是什么学科呢？是文艺学还是人文科学、社会科学呢？还需要进一步明确。它对文学批评学的任务和研究对象的规定，似乎还不够准确周密。例如"建立系统化的文学理论"的任务，主要不属于"批评学"，而属于"文学理论"；"总结新的文艺思潮、流派、方法和观念"这一任务，则又是属于"文学批评"而不属于"文学批评学"。对"文学批评学"的界定，应当紧紧扣住它的研究对象、性质、功能，不能有任何疏忽和偏离，不能与"文学理论""文学批评"有所混淆。我倾向对"文学批评学"这个概念做如下界定：文学批评学是运用社会科学和人文科学的方法，以美学和文学理论为基础，对文学批评活动进行科学概括和总结而形成的关于文学批评的本质、功能、标准、方法、体裁、写作及发展的一般规律、原则的科学体系。简言之，文学批评学就是关于文学批评的一般原理、原则及规律的科学。文学批评学属于文艺学范畴，是文艺学的一个重要分支学科。文学批评学指导文学批评实践，并在文学批评实践的检验中不断发展，是"运动的美学"。

### （二）文学批评学的研究对象

从某种意义上说，我们对"文学批评学"的概念进行界说并不十分重要。重要的是要弄清它的研究对象究竟是什么。任何一门学科都必须具有明确的研究对象，文学批评

---

① 林骧华等主编：《文艺新学科新方法手册》，上海文艺出版社，1987 年版，第 109 页。按，本书所引各书，首次详注，以后从略。

学也不能例外。那么，什么是文学批评学的研究对象呢？概括地说，文学批评学的研究对象并非一般的文学活动，而是作为文学活动组成部分的“文学批评活动系统”。它大体上包括五个方面。第一，批评本体。文学批评的性质是什么？其内在机制和外在形态及功能是什么？这些不能不是文学批评学最根本的研究对象。第二，批评标准。各种批评都有标准，其内容是什么？作为科学的批评标准应当具备什么特性？社会主义文学批评标准的基本内容是什么？这又是一个重要的研究对象。第三，批评方法。批评不能没有方法。文学批评应当采用什么方法？对批评史上的各种方法应当怎样评价？马克思主义文学批评方法是什么？这些都是重要的研究对象。第四，批评写作。文学批评写作与文学创作毕竟不同，其写作过程、基本规律及其写作的必要条件是什么？这些不能不是批评学的研究对象。第五，批评发展。中外文学批评的发展历程特别是它的发展规律是什么？这也是批评学不能忽略的研究对象。这五个方面实际上是古今中外一切文学批评活动的总和。可以说，从中国的孔子的诗论到新时期的文学批评，从西方的亚里士多德的《诗学》到现代文学批评，其间两千多年来的一切批评家、论著、流派等批评活动，毫无例外的都在研究对象的范围之中。从“文学批评学”的观点讲，应当把这个范围称之为“文学批评活动系统”，它就是“文学批评学”这个新学科的研究对象。

在研究对象问题上，我们认为有两点值得注意。首先，我们必须同时面对中西两方的各种文学批评实践。我们不能怀疑这种必要性，认为它是“玩深刻”。美国哈佛大学比较文学系主任克劳迪奥·纪廉说过：“只有当世界把中国和欧美（包括英国）这两种伟大的文学结合起来理解和思考的时候，我们才能充分面对文学的重大的理论问题。”① 文学批评学如果不把中西两种文学批评结合起来去“理解和思考”，而是偏于一隅，就不可能充分面对文学批评的重大理论问题。在二者缺一的情况下所得出的理论原则，很可能是片面的，甚至是“伪科学”。其次，我们的研究必须是对对象的全面整体的系统研究。如前所述，我们对文学批评学的研究对象，做了简单的、静止的、孤立的解说。在现实性上，它们并不是简单的、静止的、孤立的，而是庞大复杂、运动发展、有机统一的系统整体。文学批评学必须把它作为一个系统整体进行全面的而不是局部的、动态的而不是静止的、系统的而不是孤立的研究。只有这样尽可能地真正全面地占有这个对象，才能使文学批评学成为一门真正的科学。

---

① 转引自杨明照《序：运用比较的方法研究中国古代文论》，曹顺庆：《中西比较诗学》，北京出版社，1988年版，第2—3页。

### (三) 文学批评学的性质

关于文学批评学的性质，目前主要有三种观点。

一种观点认为："文学批评学是人文学科的构成之一而并非自然科学。"而"人文学科正式作为独立的知识领域而存在，它总和了那些既非自然科学也非社会科学的学科，构成了一种独特的知识，即关于人类价值和精神表现的人文主义的学科"。西方又称此为"人本科学"或"文化科学"。①

另一种观点认为："文学批评学是一门综合了人文科学与社会科学部分领域的学术而以文学学术为主体的学科。"②

第三种观点认为："文艺批评学是文艺科学的一门分支学科。"③

看来，文学批评学属于社会科学或人文科学是不待言的。问题是应当进一步明确它在社会科学或人文科学中的位置。我现在还是比较赞成这样的观点，即文学批评学是文艺学中的一个分支学科。在文艺学中三个互相独立的学科——文学理论、文学史、文学批评之中，文学批评在其"系统"中占有特殊位置。它的一端联结着文学实践，实践经由批评而上升到理论；它的另一端联结着文学理论，理论经由批评而在实践中发挥出指导作用。可以说，文学批评是文艺学系统的中心环节和重要枢纽，是文艺学三个分支学科互相联结、互补渗透、推进发展的重要机制。由于文学批评的这种地位，便决定了文学批评学基本上是一门实践性的"应用理论"科学，而不像文学理论那样是文学的"基础理论"科学，至少应当说它比文学理论和文学史两门学科具有更强的实践和应用性质。文学批评学科学地阐明文学批评的本质、特点和功能，文学批评的写作程序和原理，文学批评的标准和方法，总结文学批评的经验和教训，使批评家树立科学的批评观念，运用科学的批评标准和批评方法，发挥批评主体的创造性，科学而准确地对文学作品做出分析和评价。如果把文学批评称作应用技术，文学批评学就是它的应用理论了，文学理论则是它的基础理论。我们把它称为"应用科学"并不过分，也并不损害它作为文艺学的一个分支学科的品格。文学批评学探讨文学批评的艺术解剖机制和艺术审美判断机制怎样按照艺术规律去进行艺术解剖和审美评判，究其实质就是探索文学理论与文学实践特别是批评理论与批评实践相结合的规律，其中包括理论对实践的指导与实践对理论的

---

① 《文学批评学》，第 42 页。

② 《文艺新学科新方法手册》，第 109 页。

③ 《文艺批评学》，第 2 页。

检验的规律。从这方面讲，它的理论性又是很强的，它属于文艺学范畴是当之无愧的。别林斯基曾把文学批评称为“运动的美学”①，我们是否可以说，文学批评学才是真正意义上的“运动的美学”呢？总之，文学批评学属于文艺学中极富应用性的学科，可以称之为文艺学中的应用科学。除了具有文艺学的一般性质外，实践性、应用性即理论与实践统一融合，是它区别于其他相邻学科的最显著的特征。

### 三、文学批评学的基本范畴和体系

作为一门独立的学科，文学批评学对文学批评的研究，不应当是局部的、孤立的、静止的，而应当是整体的、系统的、动态的。以马克思主义哲学为指导原则，以研究对象的内容结构为客观依据，文学批评学的理论体系和基本范畴，大体应当包括以下几个方面：

第一，本质论。文学批评作为文化领域里的一种“独一无二”的现象，它的特殊本质是什么？这是文学批评学作为一门独立的学科所必须首先解决的根本问题，是进一步探讨其他范畴的逻辑起点和理论前提。学术界的一些说法从不同方面、不同程度地接触了问题的本质，但并没有从根本上揭示出文学批评的本质来，有些说法还存在严重的错误。我们认为，文学批评是融美学批评与社会批评为一体的艺术性科学。从其外在形态即物质形式的空间性存在来看，它是一种独立的文学体裁，具有独立的科学价值，又按照自身的规律而运行发展，是一种独立的艺术世界；从其内在机制即精神形式的时间性存在来看，它是艺术和科学两种因素的有机融合——兼用理论和艺术两种掌握世界的方式，兼用抽象思维和形象思维两种思维方式，兼有冷静观照和注入情感两种态度，兼有科学发现和艺术创造两种本质。综合上述两方面的分析，文学批评这种独立的文化现象，从本质上说，是一种“艺术性科学”：它具有科学因素，但不是科学的附庸；它具有艺术因素，但不是艺术创作的附庸；它并非“两姓家奴”，而是一种独立的审美意识，一种独立的艺术世界。文学批评学在集中阐述文学批评的性质的基础上，介绍文学批评的审美调节功能和马克思主义文学批评的基本任务。

第二，标准论。标准问题是文学批评的中心问题之一。作为“艺术科学的标准”的实质及功能是什么？它有哪些类型？基本特性是什么？这是必须进行探讨的。我们认为，艺术科学的标准其实质是人类关于文学艺术的理想或审美理想的集中体现，其功能集中

---

① ［俄］别林斯基著，满涛译：《论〈莫斯科观察家〉的批评及其文学意见》，《别林斯基选集》第一卷，上海译文出版社，1979年版，第323—324页。

到一点就是用来对文学艺术的创作实践进行规范；作为艺术科学的标准，应当是审美性与功利性、稳定性与可变性、普遍性与具体性的统一。在此基础上，重点阐述马克思主义文学批评的基本标准。马克思主义、毛泽东文艺思想的标准论，为我们社会主义文学批评标准奠定了理论基础；中外历代文艺理论批评家的标准论，为我们提供了极为丰富的思想资料；当代社会主义文学批评实践及其理论探讨，又为我们提供了直接的经验和成果。对此，我们将会进行详尽的研究、评述、反思，从中引出社会主义文学批评标准的基本内涵来。

第三，方法论。批评方法是文学批评中的根本问题之一。没有方法就不能进行批评。为树立批评方法的自觉意识，我们将集中阐述批评方法的科学含义和基本构成，介绍逻辑方法、分析与综合方法、比较方法、系统论方法等一般科学方法，重点讲述"美学—历史"这一马克思主义文学批评方法。"美学—历史"方法是由马克思、恩格斯创立，经过列宁、斯大林、毛泽东及马克思主义文艺理论批评家们丰富发挥而形成的一种科学的批评方法。它不仅在我们这里是最主要的批评方法，而且在西方也是最有影响的批评方法之一。我们将集中阐述"美学—历史"方法的基本原则即"美学原则""历史原则""具体分析原则"，确立它在文学批评史上的重要地位和现实中的主导地位及指导意义。对中西方文学批评的社会批评方法、道德批评方法、审美批评方法、心理批评方法、原型（神话）批评方法、形式批评方法等有广泛影响的批评方法，也将介绍它们的概况和基本理论原则，并做简要评价。

第四，写作论。文学批评的写作是批评中的重要环节，不可或缺。批评的写作涉及面广，不仅涉及批评本体的构成，而且涉及批评主体的修养；不单是技术技巧，也包括基本原则和规律；应用性、操作性强，理论性、抽象性也不差。这里将从三个方面阐述批评写作的基本理论和技巧。一是从写作实践操作的角度描述批评写作的程序——搜集材料、批评研读与判断、艺术表达；二是概括阐明对小说、诗歌、戏剧文学等各种文体批评写作的基本原理和规律；三是对批评家提出基本要求，即批评家在生活经验、理论学识、艺术功力及人格品德等四个方面应有高度修养。这是比一般作家、科学家更为严格更为全面的要求，然而它又是从事文学批评所必备的条件。这是不能有所疏忽和欠缺的，也不能降格以求的。

第五，发展论。批评与创作与生俱来，批评一旦产生，就按照自身的规律进行演变和发展，批评具有自己的发展历史和发展规律。我们首先是对中西方文学批评的产生和发展历史做出简要描述，勾勒一个基本轮廓，简介各个历史时期的基本特征；其次是集中探讨影响制约批评演变发展的社会和文学因素，揭示文学批评发展的基本规律。作为独立的学科“文学批评学”来说，这一点也是不能缺少的。换句话说，我们必须对研究对象做动态的观照。否则，将会堕入形而上学。

在我们看来，文学批评学作为一门独立的学科，主要就是由本质论、标准论、方法论、写作论、发展论等基本范畴，以“文学观念”“批评方法”“批评对象”三者的内在联系为中心，所构成的一个完整统一的体系。其中，“本质论”是对批评的宏观探讨，是总论，是灵魂；“标准论”“方法论”“写作论”是对批评的微观研究，或“总论”的确证和深入；“发展论”则是对批评系统的动态观照。当然，它可能还应当有一些别的范畴。但我们认为，这些范畴是文学批评学最基本的不可或缺的范畴。没有它们或对它们阐述不够、不透，特别是对它们之间的内在联系阐述不够，就很可能沦为对批评事实的拼凑罗列，充其量只是资料汇编，那将是很难建构起文学批评学的理论体系的基本框架来的。我们将在马克思主义和毛泽东思想的科学原则的指导下，努力做出准确的描述和科学的阐述。

## 复习思考题

1. 什么是文学批评学？
2. 文学批评学的研究对象是什么？
3. 应当如何理解文学批评学的性质？
4. 应当如何理解文学批评学的基本体系和范畴？
5. 文学批评学与文学理论、文学史的关系如何？
6. 20世纪文学批评学的建设，对我们有哪些启示？

# 第一编　本质论

# 第一章　文学批评的性质

**内容提要**　文学批评的性质是文学批评学中最根本的问题。本章坚持运用马克思主义辩证唯物主义关于事物“本身的特殊的矛盾”决定“事物的特殊的本质”的基本原理，在认真考察历代关于批评的性质的代表性观点的基础上，集中分析文学批评本身的特殊的矛盾——特殊的内在机制，阐明“文学批评是把美学批评和社会批评融为一体的艺术性科学”的特殊性质。

文学批评这一“文化领域中独一无二的现象”①，其性质是什么？这无疑是文艺学特别是文学批评学的一个根本问题。在20世纪这个文学批评“自觉的时代”，它理所当然地引起文艺理论批评家们的极大关注。特别是近年来，它已成为“建设文学批评学”的首要课题，吸引了一些专家学者对它进行研究，并且已经取得很大进展。然而，其中有些问题仍然需要我们做进一步探讨。

## 第一节　什么是文学批评

### 一、文学批评的含义

#### （一）“批评”与“评论”

文学批评作为文艺学的一个专门术语，源于西欧。“批评”一词，在希腊文、俄文、英文、德文中，是“裁判”“判断”“辨识”“论定”的意思。所谓文学批评，就是对文学作品的判断和评价。和文学批评相近的对文学现象进行理论探讨的称为“诗学”，即文学理论。我国“五四”时期，“文学批评”这一术语从西方译介过来，广泛流行至今。

---

① ［苏］鲍列夫著，乔修业、常谢枫译：《美学》，中国文联出版公司，1986年版，第509页。

按照中国古代的传统来说，主要是讲“文学评论”。刘勰《文心雕龙·论说》篇中就讲到了“评”“论”：“评者，平理”，就是评价裁判；“论者，伦也”，就是阐发道理。不过这里还没有把“评”与“论”连在一起。在《颜氏家训》和范晔《狱中致甥侄书》中，就将“评”与“论”连在一起了。《颜氏家训》说：“学为文章，先谋亲友，得其评论，然后出手。”《狱中致甥侄书》说：“详观古今著述及评论，殆少可意者。”这里的“评论”，已经几乎是文艺学上的“文学评论”了。至于“批评”一词，在中国，据说源于宋代的科举场屋，是科举场屋中的“批注评释”的简称，即对文章的抉剔、裁判，如眉批、总评之类。① 可见“批评”与“评论”并不完全一致。因此，诸多学者认为，正确的译文当是“文学评论”。现在也正有相当多的人在这个意义上使用“文学评论”这一术语。更有为“文学评论”正名者，如《光明日报》评论员文章就说过：“文艺批评也就是文艺评论。”还特别说明：“文艺评论和文艺批评本来意思一样，可以通用，用文艺评论来表述，对避免曲解文艺批评可能有好处。”② 这种正名迄无成功。由于各种原因，一般人在日常生活中多用“文学评论”，而专家学者们在文艺学论著中则多用“文学批评”。因此，在本书中也使用“文学批评”这一术语。

（二）文学批评界定

文学批评“指按照一定的标准，对作家作品和文学现象（包括文学运动、文学思潮和文学流派等）所作的研究、分析、认识和评价”③。这是《中国大百科全书·中国文学》对“文学批评”的界定。它强调运用一定的“标准”对“文学作品和文学现象”进行“研究”和“评价”，是比较科学的，可以说是最通行的批评界定。

要准确把握“文学批评”这个概念，有两点应当注意。

第一，不能把“文学批评”中的“批评”狭隘地理解为专门对文学作品“找缺点”“挑毛病”，以至把“文学批评”变成“批评文学”。强调这一点并不是多余的。因为在文学批评史上，确曾有过“告诫的批评”“求疵的批评”，并且似乎是古今中外都有的一种传统。法国17世纪诗人夏普兰就倡导“一种向作家提出有益的告诫的艺术”——“告诫批评”，其《法兰西学院关于〈熙德〉的感想》就是这种批评的代表作。批评家以“告

① 参见罗根泽：《中国文学批评史》一，上海古籍出版社，1984年版，第8—9页。

② 《开展文艺评论繁荣文艺创作》，《光明日报》1981年5月24日。

③ 中国大百科全书总编辑委员会《中国文学》编辑委员会、中国大百科全书出版社编辑部编：《中国大百科全书·中国文学1—2》，中国大百科全书出版社，1986年版，第953页。

诫”“教导”为能事，教导作家如何把悲剧写得像悲剧，把小说写得像小说，等等，这就是一些批评家自诩的“告诫批评”。所谓“求疵批评”，几乎是批评家的一种职业病。法国近代文学批评家法盖说：“求疵的批评是批评家发明的。”法国启蒙运动的领袖、哲学家、文学理论家伏尔泰把批评家比作生猪市场上的“猪舌检疫员”，说：“在一位文学检疫员眼中，没有一位作家是十分健康的。”① 遗憾的是，把求疵作为批评家的天职形成传统，至今尚不能绝迹。

在我国最近几年的文学批评学建设中，也有人真诚地主张“批评即否定”，即认为批评是“以否定为主导的评价活动”。② 更有甚者，还有人理直气壮地提倡“骂派批评”“酷评”等等。由此可见，在文学批评领域里提出防止对批评的曲解、狭隘的理解，是完全必要的。

第二，注意狭义的文学批评与广义的文学批评及其与“文学评论”“文学理论”的界限。所谓狭义的文学批评，“是指对具体文学作品的研究，重点是在对它们的评价上”③。艾略特在《批评的功能》中也曾明确地指出：“我说的批评，意思当然指的是用文字所表达的对于艺术作品的评论和解释。”④ 我们认为，这两位西方权威批评家所说的狭义的文学批评，正是文学批评的原义，人们也正是在这个意义上把它称为“文学评论”的。我国的一些学术著作如方孝岳《中国文学批评》⑤、敏泽《中国文学理论批评史》⑥ 等也是在狭义上使用的。

不过，明显的事实是，不论是在西方还是在我国，在实际使用过程中，人们往往把对文学作品的评价和对文学现象的本质和规律的研究都叫作文学批评，从而产生了广义的文学批评。所谓广义的文学批评，或如《中国大百科全书・中国文学》的解释（见前），或如《辞海》“文艺批评”条的解释“文艺批评‘指文艺批评者在一定的政治文化背景下，运用一定的观点，对文艺家、文艺作品、文艺思潮、文艺运动所作的探讨、分

---

① 转引自［法］阿尔贝・蒂博代著，赵坚译：《六说文学批评》，生活・读书・新知三联书店，1989 年版，第 14 页。

② 吴炫：《批评的艺术》，中国文联出版公司，1989 年版，第 2、53 页。

③ ［美］R. 韦勒克著，丁泓、余徵译：《批评的诸种概念》，四川文艺出版社，1988 年版，第 43 页。

④ 伍蠡甫主编：《现代西方文论选》，上海译文出版社，1983 年版，第 278 页。

⑤ 上海世界书局，1934 年出版，1986 年生活・读书・新知三联书店再版。

⑥ 人民文学出版社，1981 年出版。

析和评价'"①。在国外,《不列颠百科全书》"文艺批评"条解释为:"广义而论,文学批评是对文学作品以及文艺问题的理性思考。作为一个术语,它对任何有关文学的论证,不论它们是否分析了具体的作品,都同样适用。"② 韦勒克也表示了同样的观点:"'批评'这一术语我将广泛地用来解释以下几个方面:它指的不仅是对个别作品和作者的评价,'裁决的'批评,实用批评,文学趣味的征象,而且主要是指迄今为止有关文学的原理和理论,文学的本质、创作、功能、影响,文学与人类其他活动的关系,文学的种类、手段、技巧,文学的起源和历史这些方面的思想。"③ 人们从理论上这样界定,在学术实践中也这样使用。如罗根泽《中国文学批评史》,王运熙、顾易生主编的《中国文学批评史》④,就是在广义上使用的。

把"文学批评"和"文学评论"等同的也有。王先霈、范明华《文学评论教程》是把文学评论与狭义的文学批评等同起来,而以群主编的《文学的基本原理》则又认为"文学评论是总括文学批评和文学理论而言的"⑤,实际上是把文学评论与广义的文学批评等同起来。美籍华人学者刘若愚先生在《中国的文学理论》一书中,又把"文学批评"视为"文学理论"⑥。

同是一个概念,各家理解竟有如此不同,因为各有各的道理,所以也就很难得到统一。那么,在我们这里又应做何理解和使用呢?必须明确,我们采用广义的理解,即我们所说的文学批评不仅包括对作品的评价,同时也包括对文艺理论的探讨,但又偏重于对作品的评价。在这个意义上是可以把"文学批评"与"文学评论"等同起来的。其实,中西方的文学批评学和文学批评史论著大都是采用广义的概念。

## 二、文学批评的对象

### (一)关于批评对象的几种主张

任何一门科学都有自己的研究对象,文学批评也是一样,不能例外。在这个问题上,

---

① 辞海编辑委员会编:《辞海》,上海辞书出版社,1989年版,第4029页。

② 转引自江西省文联文艺理论研究室等编:《外国现代文艺批评方法论》,江西人民出版社,1985年版,第555页。

③ [美]雷纳·韦勒克著,杨岂深、杨自伍译:《近代文学批评史》第1卷,上海译文出版社,1997年版,第1页。

④ 上海古籍出版社,1979年出版。

⑤ 以群主编:《文学的基本原理》,上海文艺出版社,1980年版,第497页。

⑥ 参见[美]J. 刘若愚著,赵帆声等译:《中国的文学理论》,中州古籍出版社,1986年版,第一章绪论。

由于文学批评的观念、流派不同，又有一些不同主张。概括地说，有代表性的主张主要是以下三种：

一是传统的主张。它特别强调把作家作品作为文学批评的对象，特别是对文学批评取狭义的理解时尤其是这样。这种观点具有广泛的影响。

二是主张以整个文学活动系统作为批评对象。代表人物有鲍列夫和艾布拉姆斯、刘若愚。不过他们之间又略有不同。苏联当代著名美学家鲍列夫，把文学活动的整个过程“现实——艺术家——作品——艺术欣赏者（读者、观众、听众）——现实”作为文学批评的对象。① 美国文学批评家艾布拉姆斯，把“艺术品、艺术家、宇宙、观赏者”作为文学批评的对象。不过他不像鲍列夫那样，把它们看成单线的链条关系，而是把“艺术品”作为四者的轴心，把它们看成一种立体关系。② 刘若愚先生与艾氏的看法又有不同，他把四个要素视为一个双向运动的艺术过程。③ 实际上也是把整个文学活动作为批评对象。

三是“新批评”派的主张。“新批评”派认为文学批评的对象是“文本”。所谓“文本”，是指由作品文字组成的“具有特殊本体状态的”独立存在的实体，而不包括作者的意图、读者的经验、作品的情节环境等在内的“外部因素”。韦勒克把这种批评称作“文学的内部研究”④。

对上述这些观点，除“新批评”那种绝对化的观点难以让人完全接受之外，其余观点都应当说是不错的，至少是有一定科学性的。

(二) 文学批评对象的特点

文学批评作为一门科学，它的研究对象是明确的。概括起来说，文学批评的对象应当是包括作家、作品、文学风格、文学思潮、文学流派、文学运动以及文学批评本身在内的文学活动系统。如毛泽东《论鲁迅》以作家鲁迅为对象，钟嵘《诗品》以汉魏到齐梁时代的五言诗为对象，杜勃罗留波夫《什么是奥勃洛莫夫性格?》以长篇小说《奥勃洛莫夫》为对象，瞿秋白《鲁迅杂感选集序言》以鲁迅杂文为对象，托尔斯泰《论莎士比

---

① 参见《美学》，第501页。

② 参见［美］M. H. 艾布拉姆斯著，郦稚牛等译：《镜与灯　浪漫主义文论及批评传统》，北京大学出版社，1989年版，第5—6页。

③ 参见《中国的文学理论》，第1—15页。

④ 参见［美］雷·韦勒克、奥·沃伦著，刘象愚等译：《文学理论》，生活·读书·新知三联书店，1984年版，第145页。

亚及其戏剧》以作家作品为对象，冯健男《〈荷花淀作品选〉序》以文学流派为对象，韦勒克《当代欧洲文学批评概观》以文学批评本身为对象，等等。文学批评就是对文学活动系统中各种具体文学现象，从艺术科学的观点做出思想和艺术的评价。

必须指出，我们把文学批评的对象范围做这样的界定，绝不是把它同文学理论的对象等同起来。笼统地讲，文学批评与文学理论的对象都是“文学”。但这样讲是很不够的。事实上，文学批评的对象与文学理论及文学史的对象是有很大区别的，文学批评的对象是有其显著特点的。

其一是具体性，就是说文学批评的对象是各种“具体的文学现象”，或是一部作品，或是一个作家，或是一个文学流派，或是一种文学思潮，或是一个批评家，或是一种批评方法，等等，而不是像文学理论那样把文学作为一个整体系统进行研究。如果说文学理论是对文学的整体系统研究，文学批评则是对文学的各个具体要素进行研究。文学批评这种具体局部研究当然也要联系到其他部分甚至文学的整体，但它是由具体而整体，中心始终是具体文学现象；而文学理论则是把文学整体系统作为中心，它也要对某些具体现象进行研究，但它是由整体而局部。也可以说，文学批评是局部微观研究，文学理论是整体宏观研究。这是文学批评与文学理论对象的一个重要区别。唯其如此，才有批评为理论提供材料，理论为批评提供思想指导的关系。正如韦勒克所说：文学批评是“关于具体的文学作品的研究”①，是“致力于说明一篇作品、一个对象、一个时期或一国文学的个性。但这种说明只有基于一种文学理论，并采用通行的术语，才有成功的可能”②。由于文学批评与文学理论的联系密切，虽然一些理论家们一再强调“文学理论是对文学原理、范畴的研究”，但在实际研究中却又很难把它们的研究对象严格区别开来。文学批评与文学理论研究对象的联系与区别，既互相独立又互相包容，是应当特别注意的。

其二是集中性，就是说文学批评的对象主要集中在“作品”这个文学要素上，而不像文学理论那样把研究对象分散在“世界”“作家”“作品”“读者”这四个要素及其之间的关系上。我们并不否认文学批评史上“本体批评”“主体批评”“读者批评”“社会—文化批评”在批评对象上的分散状态，但它们又都是建立在对“作品”批评即“本体批评”基础上的，或者说“主体批评”“读者批评”“社会—文化批评”只不过是“本体批评”

① 韦勒克、沃伦：《文学理论》，第 31 页。

② 韦勒克、沃伦：《文学理论》，第 6 页。

的延伸或者说是批评对象的转变而已。之所以如此，从根本上说是因为文学作品是文学系统四要素的“轴心”，是文学这种社会审美意识形态最常见最直接的形体和存在方式。在文学领域里的一切文学现象，一旦离开了文学作品这一形体就无法存在，也不能称其为文学现象了。所以对这些文学现象进行评价时，也就绝对离不开对它们所赖以存在的那些文学作品进行分析评价。在这个意义上说，文学作品始终是文学批评的基本对象。这一点不能不说是文学批评与文学理论对象上的又一区别。如果说文学理论是“散点透视”，文学批评则是“定点透视”。杜勃罗留波夫说，“以文学作品为依据，解释生活本身的现象”，“对于我们重要的就是这些作品”①，深刻说明了文学作品作为批评对象的重要性，至今还是具有意义的。

文学作品特别是优秀文学作品，具有深刻的社会审美意蕴，可以说是很难穷尽的。人们常说，“说不完的莎士比亚”，“道不完的红楼梦”，讲的就是这个道理。文学作品的这一审美特质必然要求批评家对作品的艺术形象、风格、意境等方面有更多的主体体验和独特感受，这就为批评家的审美创造和科学发现提供了客观基础和广阔天地。事实上，批评对象的集中性并没有也不会给批评的创造性造成束缚或损害。

我们这里强调文学作品是文学批评的基本对象，但不要误解为我们主张任何一篇文学作品都可以作为文学批评的具体对象。在我看来，很有一些文学作品是不能至少是不宜作为真正的文学批评的具体对象的，例如那些充斥“文化市场”的平庸之作和“商品文学”之类，就属于此。所谓平庸之作并非指通俗文学、普及的作品，而是指那些低劣的粗制滥造的作品。而“商品文学”则指那些随着市场经济而来，为适应市场的需要，由一些“弄潮儿”们利用文学为某些经济实体或自己摇旗呐喊，而炮制出来涌入市场的“报告文学”“纪实文学”以及某些“秘闻”“传奇”“黑幕”小说之类。这类以企业和经济实体出钱财，报刊、出版社出卖版面，由文人墨客出笔墨而制造出来的“文学作品”，从创作初衷到创作过程以及最终成果，都已经完全商品化了，也就是说它们是按照“市场经济规律”生产出来的“商品”，而不是按照“美的规律”创造出来的“艺术品”，充其量也只能是“准艺术品”、平庸作品。因此，也就不能成为真正文学批评的对象。对它们保持沉默，让时间去淘汰，这是对待它们的最好办法。

其三是当代性，就是说文学批评的对象主要是“当前各种新的文学现象”，而不是像

---

① ［俄］杜勃罗留波夫著，辛未艾译：《真正的白天什么时候到来?》，《文学论文选》，上海译文出版社，1984年版，第258页。

文学史那样对历史上的文学现象进行研究。在某种意义上也可以说文学批评是当代文学研究，是共时性研究；文学史是历史的文学研究，是历时性研究。文学批评为文学史提供材料、文学史为文学批评提供借鉴的关系也正源于此。因此，在某种意义上说，一部文学史的基本研究材料，也就是各个历史时代的文学批评的内容的总和。文学批评对象的当代性特点是文学批评与文学史的一个重要区别，明乎此，可以防止把文学批评搞成文学史研究、古代文学研究。

批评对象的"当代性"特征，是文学批评作为"运动的美学"的内在要求。文学批评要前进，要发展，它的观念范畴不能总是老一套，这就要求它必须始终以新的文学创作实践、审美经验作为研究对象，经常不断地做出新的论断，从而更新批评的观念，开拓批评的领域。新观念的确立，新领域的开拓，不是靠研究各种旧的文学现象所能奏效的，而是必须有赖于对"各种新的文学现象"的深入研究。从这个意义上说，"当代性"特征直接关系着文学批评的活力、生命和发展，是一刻也不能忽视的。

由此，可以说文学批评的对象就是文学活动系统中的各种具有一定新质的具体的文学现象，其中，新创作的文学作品则是其基本对象。

## 第二节　关于各种文学批评的性质说

文学批评的性质问题，作为文艺学中特别是文学批评学中的根本问题，历史上的一些文艺理论家曾提出过种种学说。近年来，随着"建设文学批评学"的讨论，更进一步加强了对这个问题的研究，并取得了一些成果。但这个问题尚未取得一致的认识，呈现诸说并存的局面。从根本上说，主要是"科学"说、"艺术（创作）"说、"科学与艺术的统一"说三种基本走向。

### 一、"科学"说

"科学"说强调批评的"科学性质"，即把批评视为一门科学。19 世纪以来，特别是 20 世纪，无论是西方还是中国，此说在学术界都具有广泛影响和重要地位，代表着文学批评性质探讨的一种重要走向。由于中国和西方社会文化历史不同，特别是艺术精神传统不同，"科学"说又以各种不同的具体内容而各具特色。

#### （一）19 世纪普希金、别林斯基的"科学"说

俄国诗人普希金在《论批评》中提出了"批评是科学"的观点。他说："批评是科学。批评是揭示文学艺术作品的美和缺点的科学。它是以充分理解艺术家或作家在自己

的作品中所遵循的规则、深刻研究典范的作品和积极观察当代突出的现象为基础的。”① 西方一些学者认为，亚里士多德最早试图在批评领域里建立科学程序，其实，真正的“科学”说，正源于此。就是说正是普希金关于“批评是科学”的论断，在文学理论批评史上第一次确立了文学批评的“科学”地位。“科学”说在文学批评史上产生了深远的意义和影响。在普希金之后，圣·佩韦、丹纳、勃兰兑斯、别林斯基、车尔尼雪夫斯基、杜勃罗留波夫等批评家卓越的批评活动，可以说就是“科学”说的成功实践。如果说19世纪是“批评的时代”，那么，普希金的“科学”说完全可以说是这个时代开始的一个重要标志。

稍后于普希金的俄国著名文学批评家别林斯基直接继承了普希金的批评思想，提出了批评是“运动的美学”的著名论断。他在《论〈莫斯科观察家〉的批评及其文学意见》中，深入分析了文学理论与文学批评的差别，明确指出“理论是美文学法则的有系统的和谐的统一”，“而批评则不断地进展，向前进，为科学收集新素材、新资料。这是一种不断运动的美学。”② 这里别林斯基把普希金的“科学”具体化为“运动的美学”，显然是一种巨大的进步。值得特别指出的是，别林斯基还对文学批评的内涵、基本原则做了论述，特别强调批评的“美学的历史的”特点。他说，“最好是只承认一种批评，让这种批评来判断艺术所表现出来的现实中的一切因素和方面。只是历史的而非美学的批评，或者反过来，只是美学的而非历史的批评，这就是片面的，从而也是错误的。批评应该是整个的，其中见解的多面性应该出自一个共同的源流，一个系统，一种艺术的观点。这将是我们现代的批评”③。由此，“科学”说达到了那个时代的历史高度，成为批评性质学说中的一个影响深远、极有活力的代表性观点。

（二）20世纪新批评的“科学化”说

进入20世纪后，受科学主义思潮的影响，西方文学批评中的科学化倾向普遍发展，成为一种强有力的思潮。新批评的代表人物理查兹、兰色姆、佛克马、弗莱、韦勒克等，都曾从不同方面做过阐述。

被称为英美新批评创始人之一的英国文学批评家理查兹说，“科学是真实的——即它

① 北京师范大学中文系文艺理论教研室编：《文学理论学习参考资料》（下），春风文艺出版社，1982年版，第1245页。

② 《别林斯基选集》第一卷，第324页。

③ ［苏］别林斯基著，梁真译：《关于批评的话·第一篇》，《别林斯基论文学》，新文艺出版社，1958年版，第262页。

说的是可以证实的事情”，虽然诗歌有着与科学判然不同的性质，但这并不等于说不能用科学的态度来对待它，他强调“必须寻求一种方法，用以使‘价值’不受限制地成为‘科学’职权内的事”，“事实将决定价值”。① 很明显，理查兹是主张批评的科学性并从“方法”上探讨实现科学性的。应当说这不失为一个可行的途径。

兰色姆是美国新批评的重要核心人物之一，专著《新批评》是其代表作，美国“新批评”即以此而得名。他在《批评公司》一文中，就特别强调批评的科学性质。他说：“批评一定要更加科学，或者说更加精确，更加系统化。”他把科学理解为“系统化研究”，而不是所谓“精密的科学”。为了达到科学性，他强调“文艺批评的第一条准则是一定要客观，一定要举出客体的性质，而不是客体对主体的效果”②。英国批评家安·杰弗森则从批评的理论基础论证这种可能性。他说：“任何一种文学理论，只要含有某种知识体系和一整套的系统研究的原则，都有可能把文学研究当作一门科学建立起来。”③ 荷兰文学批评家佛克马也认为，“依赖于一种特定的文学理论”，可以“使文学研究达到科学化”。④ 兰色姆等人的这些主张，由于有其合理性，在英美新批评派中具有重要影响。

加拿大文学批评家弗莱是原型批评的代表人物，在《批评的剖析》这部代表作中，他首先纠正人们把批评看作文学的附庸、抹杀批评的独立学科性质的错误认识，然后从“独立性”“系统性”等方面进行探讨，力图“在文学范围内为批评找到一个认识框架”，最后建立了“原型批评”的理论框架。他的结论是：“没有任何理由说作为一种系统研究的批评就不应该成为、至少部分地成为一门科学。也许它不是一门‘纯粹的’或‘精确的’科学，……但不能因此就说它一定是不系统的。”⑤

美国新批评的另一个代表人物、理论权威韦勒克，在《文学理论》中对文学与文学研究、文学理论及文学批评、文学史进行了区分，认为“文学是创造性的，是一种艺术；

---

① 转引自［美］雷内·韦勒克著，章安祺、杨恒达译：《现代文学批评史》第5卷，中国人民大学出版社，1991年版，第331页。

② ［英］洛奇编，葛林等译：《批评公司》，《二十世纪文学评论》上册，上海译文出版社，1987年版，第387、398页。

③ ［英］安纳·杰弗森等著，包华富等译：《西方现代文学理论概述与比较》，湖南文艺出版社，1986年版，第130页。

④ ［荷］D. W. 佛克马、E. 贡内一易布思著，林书武等译：《二十世纪文学理论》，生活·读书·新知三联书店，1988年版，第1页。

⑤ ［英］洛奇编，葛林等译：《文学的原型》，《二十世纪文学评论》下册，上海译文出版社，1993年版，第99页。

而文学研究，如果称为科学不太确切的话，也应该说是一门知识或学问”①；他还明确表示“不认为批评家就是艺术家，也不认为批评是一种艺术”，坚持认为“批评是理性认识”。② 韦勒克的观点，虽不明确主张科学说，但却表示了文学批评“科学化”的倾向。

(三) 我国当代的“社会科学”说

“科学”说在我国当代，主要是三种情况。

一种是坚持普希金的“科学”说，强调“文学批评是一门科学”，或者说“文学批评是一种科学活动”。蔡仪主编《文学概论》、十四院校合编《文学理论基础》、吴中杰《文艺学导论》、全国高等教育自学考试教材童庆炳主编《文学概论》等，都坚持这一观点。这是一种具有广泛影响的观点。至于这种“科学”属于什么性质，现在的“科学”说并没有再做说明。如果说，普希金当时提出“科学”说是相当深刻、精辟的话，那么在当今这个文学批评的“自觉的时代”，还只是重复普希金在一个多世纪前所说的话，就显得很不够了。时代在发展，对文学批评的性质，应当做出进一步的探讨和回答。

一种是“社会科学”说。“文学批评是一门社会科学”，或者说“文学批评是一门社会科学性质的科学”，中央广播电视大学教材《文艺学概论》、高等艺术院校的教材《艺术概论》等均持这种观点。

第三种是“人文科学”说。进入 20 世纪 90 年代以来，认为“文学批评是具有审美性质的人文科学”的人逐渐多了起来，如《文学理论新编》③ 就是这种观点的代表。

人文科学与社会科学当然有所不同，不过一般情况下人们还是把它们视为同一概念。把文学批评看成一种社会科学或人文科学，明确其科学的性质，比传统的“科学”说显然是一种进步，应当肯定。这两种观点，已为当今的文学界所普遍接受认可。

综上所述，“科学”说虽然经过“科学——科学化——社会人文科学”的演变发展，但其根本观点却没有变。作为探讨批评性质的一种走向，从 19 世纪到现在，从西方到中国，具有广泛影响，值得充分注意。

**二、“艺术（创作）”说**

“艺术（创作）”说，强调批评的“艺术”或“创作”性质，即把批评看作一门艺术。从实践上看，最早产生的批评如中国古代曹丕《典论·论文》是普通的散文，陆机

① 《文学理论》，第 1 页。

② 《文学理论，文学批评与文学史》，《二十世纪文学评论》下册，第 281 页。

③ 陈传才、周文柏：《文学理论新编》，中国人民大学出版社，1994 年版，第 368 页。

《文赋》是赋体，刘勰《文心雕龙》是很规范的骈文，杜甫《戏为六绝句》是标准的诗体。在西方，古罗马贺拉斯《诗艺》、法国新古典主义理论家布瓦洛《诗的艺术》也都是用诗论诗的。“以诗论诗”“以诗论艺”已成为一个传统，至今未断。但是从理论上自觉地、明确地把批评看成一门艺术，却是19世纪以来的事。19世纪法国第一位职业批评家圣·佩韦、英国作家批评家王尔德，到20世纪的批评家法朗士、美国批评家门肯以及我国当代的一些批评家，一直在弘扬这个观点，在文学艺术界具有广泛的影响，代表着批评性质探讨的一个重要走向。具体说来，有以下几种情况。

(一) 19世纪史雷格尔、圣·佩韦、王尔德的“艺术创作”说

德国文学理论家、浪漫主义美学奠基人弗·史雷格尔明确表示：“只有通过诗才能批评诗。如果艺术评价本身不是艺术作品……那么在艺术世界中就丝毫不能获得公众的承认。”① 诚然，文学史上不乏以诗评诗的先例，著名的有杜甫的《戏为六绝句》；也有以诗论文艺的长篇，如贺拉斯《诗艺》。但由此而得出“只有通过诗才能批评诗”的结论，就未免太绝对、太片面了。他不仅在实际中取消了此外的绝大部分文学批评，而且把批评与艺术画等号，也混淆了批评与创作的性质，抹杀了它们的差异。因此，我们认为这种观点并不是正确的。然而他强调“文学批评要表现批评家的审美个性”，要“造成美的有形式的艺术品”的主张，强调批评的“创造”，则又不是毫无意义的，应当引起我们的注意。

圣·佩韦是19世纪法国批评家，被称为现代批评的奠基人、第一个伟大的现代批评家，以“传记批评”著称于世。他把自己的批评论著称为“作家肖像”，把画“肖像”的过程看作如诗、小说一样的创造性过程，认为文学批评是“以间接方式来揭示那隐藏着的诗或创造”②，是“一种发明和永恒创造”③。他的批评成功地实践了自己的理论主张，在奠定了社会学方法的科学形态的同时，还创造了“评传体”批评。

英国唯美主义作家、理论家王尔德在《批评家就是艺术家》④ 这篇长文中，集中阐述这个观点。他断言：“批评本身就是一种艺术。艺术创造暗含着批评能力的作用，没有后者就谈不上前者的存在。因此，‘批评’在这一字眼的最高意义上说，恰恰是创造性

① 《断片》，古典文艺理论译丛编辑委员会编：《古典文艺理论译丛》第二册，人民文学出版社，1961年版，第51页。

② 《名妇女评传》，伍蠡甫等编：《西方文论选》下卷，上海译文出版社，1979年版，第195页。

③ 《文学家评传》，《西方文论选》下卷，第195页。

④ 又译《作为艺术家的批评家》。

的。实际上，批评既是创造性的，又是独立的。”他认为，“批评是创造精神的一个基本部分”，正是“批评的能力创造了新鲜的形式”；“如果没有批评能力，就根本没有名副其实的艺术性创造”。在他看来，批评家的创造同艺术家的创造一样，是“对原材料进行加工，使之融入一种既新鲜又美好的形式”，只不过这材料“经过了别人的提纯，并且已经加入了想像的形式和色彩”；批评家“可以通过运用新的表达媒介，创造不同的美和更高的完满”。① 近世德国文学批评家刻耳也表示过同样的意见。刻耳说，“批评是一种艺术，不是科学”；“真正的批评家永远是一个诗人，一个创造者”；“最好的批评便是一种艺术。而批评愈发达，则愈将成为一种伟大的艺术”，“在批评里面，不单是须说真实的话，并须在使那句真实话具体时能造成一种美的有形式的艺术品”。② 王尔德、刻耳对批评的“艺术创作”性质的详尽论述，虽有明显的偏颇、绝对化的倾向，但还是产生了不小的影响。

（二）20 世纪现代批评的“艺术创造”说

进入 20 世纪以来，“艺术”说受到“科学”说强有力的冲击，但无论是西方还是中国，仍然有相当多的批评家坚持“艺术”说。

门肯是美国著名的现代文学批评家，二三十年代在美国有很大影响。在批评性质上，他也坚持批评是“艺术创造”说。他在《批评的过程》中指出，“批评家不是知识海关的估价官，精神酒坊的检验员，宇宙法庭上的公正不阿的法官”，他认为批评是批评家的本性的“自我表现”，批评是“真正的艺术品”。③ 为此，他宣布：“让我们忘掉那些使批评科学化的笨拙努力吧，它要么就是一门艺术，要么什么都不是。”④

在中国现代文学批评史上，印象派批评家李健吾是这种观点的一个代表。他在《咀华集》⑤《序一》中说：“一个批评家是学者和艺术家的化合，有颗创造的心灵运用死的知识。他的野心在扩大他的人格，增深他的认识，提高他的鉴赏，完成他的理论。创作

---

① 《作为艺术家的批评家（节译）》，赵澧、徐京安主编：《唯美主义》，中国人民大学出版社，1988 年版，第 159、156、155、159、170 页。

② ［美］琉威松著，傅东华译：《批评家即创造者》，《近世文学批评》，商务印书馆，1928 年版，第 142、145、146 页。

③ 中国科学院文学研究所西方文学组编：《现代美英资产阶级文学理论文选》下编，作家出版社，1962 年版，第 16、27 页。

④ 转引自盛宁：《二十世纪美国文论》，北京大学出版社，1994 年版，第 36 页。

⑤ 上海文化生活出版社 1936 年出版。

家根据生料和他的存在，提炼出来他的艺术；批评家根据前者的艺术和自我的存在，不仅说出见解，进而企图完成批评的使命，因为它本身也正是一种艺术。”① 大概是因为李健吾属于非主流派批评家，以及和当时的社会现实有关，此论当时并没多大影响，倒是在新时期以来受到一些人的格外关注。

在当代，“批评是艺术创造”的观点也很流行。如文学理论家刘再复在《论文学的主体性》中就这样说，批评是“一种凝聚着审美个性的‘创作’”②，是一种艺术。或者像《中国新文艺大系》的说法：文学批评“是对文学作品美不美的评价，本质上是一种审美判断”，“是欣赏的深化发展，是高级的欣赏”，“是富有个性、创造性和艺术魅力的再生产”，是具有“创作的意义”的“一件新鲜的艺术作品”。③ 这里从“美学”上对批评的性质的论述是相当详尽的、科学的，重视“审美”因素无疑是很正确的。但是，“审美”是文学欣赏的性质，这样一来，文学批评与文学欣赏的区别岂不是就不存在了吗？虽然“审美”说也强调文学批评是文学欣赏的“深化发展”，但终究没有高出“鉴赏”范围，这就未免失之偏颇了。换句话说，对文学批评的科学因素重视不够，恐怕是“审美创造”说的根本缺陷。如果说李健吾的印象主义批评的精义在鉴赏，那么他对批评性质的论断的缺憾也在这里。

（三）“不是科学”说

这种观点反对“科学”说，断言“文学批评不是科学”。至于文学批评是什么，又其说不一。

例如，法国印象主义批评家法朗士认为文学批评是“纪述自己的神魂在杰作中游涉”④。或者如美国批评家韩内克的“坦露灵魂”说，认为批评家“就是坦露他自己的灵魂”⑤。

又如中国当代的“自娱”说，这种观点认为，批评是“游戏”，是“自娱”，“批评可以自娱，它满足人的说话欲”；“自娱便是一种游戏，一种不仰赖于他物的自找乐趣”；

① 李健吾：《李健吾文学评论选》，宁夏人民出版社，1983年版，第1页。

② 红旗杂志编辑部文艺组编：《文学主体性论争集》，红旗出版社，1986年版，第54页。

③ 苏宁：《文艺批评是一种审美判断》，李庚、许觉民主编：《中国新文艺大系（1976—1982）·理论一集》下卷，中国文联出版公司，1988年版，第555、557、558页。

④ 《神游》，《近世文学批评》，第5页。

⑤ 转引自斯鲁伯著，王敬义译：《二十世纪美国文学》，香港今日世界出版社，1968年版。

"自娱的批评是精神活动向自身的显现……一旦外示于人，反倒真切、真挚和有真知"。[1]这种观点，就其实质来说，无异于说批评就是"自我表现"。对这种观点，我实在不敢苟同。把文学视为"自我表现"而"玩文学"是错误的；同样，把文学批评视为"自娱""游戏""表现自己"而"玩批评"也是错误的。

总之，这几种说法都认为文学批评不是科学。在他们看来，文学作品不能作为科学研究的对象，如法朗士所说："世界上并没有几件东西是绝对听命于科学而容科学为之复制或为之预计的。而且我们可以断定，一首诗或一个诗人将永远不会列入这极少数的几件东西之内。"[2] 文学批评也不能运用科学方法去评价作品，如我国现代文学批评家梁实秋所说："以科学方法施于文学批评，有绝大之缺憾。文学批评根本的不是事实的归纳，而是伦理的选择，不是统计的研究，而是价值的估定。凡是价值问题以内的事务，科学便不能过问。"[3] 所以他们的共同结论是："批评不是科学"。他们甚至断言，"批评只有在不是科学的时候，才是好的和真正彻底的，因此，思想的奔放要比科学的批评更好些。"[4] 以上种种说法，都在否定文学批评的科学性质，这是非常片面的。但就他们所强调的"自娱""批评主体精神的自我实现"以及批评家的"灵魂坦露""神魂游涉""表现自己"来看，都没有离开批评家的"自我"。这在强调批评的主体性的意义上来说，应当说是无可非议的，它触及了批评的实质性问题。我们不赞成这种"非科学"说，但应当从中受到某种启示。

### 三、"科学与艺术的统一"说

批评性质上的"统一"说，不同意各走极端的"科学"说与"艺术"说，高度重视批评的"科学"与"艺术"因素的统一融合，至少是同时关注两种因素这一客观事实。可以说，它是"科学"说与"艺术"说对立两极之外的第三种走向。它一提出，就显示出本身特有的理论活力，在学术界产生极大反响，无论是在西方还是在我国，都有人在提倡，如美国的韦勒克，苏联的鲍列夫，中国现当代的批评家滕云、王向峰、唐正序等，都是"统一"说的支持者、提倡者。

---

① 吴亮：《关于批评的随想》，《文艺评论》1986 年第 3 期。

② 《近世文学批评》，第 23 页。

③ 《文学批评辩》，《浪漫的与古典的　文学的纪律》，人民文学出版社，1988 年版，第 102 页。

④ 转引自［苏］法捷耶夫等著，刘辽逸等译：《论文学批评底任务》，《苏联文学批评的任务》，生活·读书·新知三联书店，1951 年版，第 72 页。

(一) 20 世纪 20 年代的“既非艺术，更非科学”说

中国现代文学批评家梁实秋 1927 年就在《文学批评辩》一文中说：“文学批评既非艺术，更非科学。”在他看来，“文学的创作力与文学的鉴别力是心灵上两种不同的活动”，因此，“徒有理性亦不能成为创作”“徒有鉴赏亦不能成为批评”①；“应当承认文学批评不是创作的艺术”，“因为文学批评的任务是在确定作品的价值，而不在说明文学作品的内容与其对外界之关系。所以说，文学批评不是科学”②。严格地说，梁氏这种观点并不是真正的“统一”说，但它又确实是反对“科学”与“艺术”说，走向“第三种”走向的一种表现，是有积极意义的。

美国新批评派的理论权威韦勒克似乎也在进行这种“第三种”走向的思考。我们虽在“科学”说中论列了韦氏的观点，但平心而论，他在批评的“真正的重大问题”，即“批评到底是一门艺术，还是一门科学的问题”上，都是不彻底的，他的观点是有所保留的：在说批评是科学时，强调“科学”说“不太确切”，“应该说是一门知识或学问”，这里做了保留；在强调“批评不是艺术”时，又讲到批评“要求章法和风格的艺术技巧”③，这里也做了保留。在这种“保留”中蕴含着反思和辩证，在某种意义上也有“第三种”走向的意味，至少是为了避免“科学”说与“艺术”说的极端。这与梁氏之说虽异，但其精神实质又是颇为一致的。

(二) 20 世纪 60 年代鲍列夫的“双重本质”说

鲍列夫是苏联著名的美学家，新审美学派的代表人物之一。他在其代表作《美学》中专列一章讨论艺术批评的理论和方法。关于批评的性质问题，他指出：“批评具有双重本质：从它的某些功能、特点和手段来看，它是文学；从某些功能、特点和手段来看，它又是科学。把批评与文学等同起来，否定批评中含有科学的（‘理性的’）因素，会产生许多令人困惑不解的问题。”④ 他反对把批评性质“绝对化”，主张“不能把批评看作是纯科学的领域”，认为“批评是边界性的”“相关概念”，“艺术批评是文化领域中独一无二的现象”。⑤ 鲍列夫强调批评的“双重本质”，可以说避免了“科学”说与“艺术”说的“绝对化”倾向，他的分析是相当辩证的，不愧是“第三种走向”的真正源头，不

---

① 《浪漫的与古典的　文学的纪律》，第 101 页。

② 同上书，第 102 页。

③ 《文学理论，文学批评与文学史》，《二十世纪文学评论》下册，第 281 页。

④ 《美学》，第 506 页。

⑤ 同上书，第 509 页。

仅在苏联有重要地位，对我国也有较大的影响。但他的“双重本质”结论又是不能令人满意的。

（三）我国20世纪80年代的“统一”说

首先，“两姓”说、“中介”说的倡导。

80年代，我国一些学者、批评家开始倡导“两姓”说和“中介”说，如著名文学评论家滕云就曾说：“评论是科学，也是艺术；它是一种科学创造活动，也是一种艺术创造活动；评论为两姓家奴，既姓‘科’，又姓‘艺’。”① 或如另一位评论家所说，“文学评论的性质介于艺术与科学之间”，“文学评论是‘一身二任’，既是文艺，又是科学”。②“两姓”说和“中介”说揭示了批评具有科学和艺术的两重性质，很符合文学批评的实际，切中文学批评的实质，是一种比“科学”说、“社会科学”说、“艺术创作”说都科学得多的论断。然而，严格说来，“两姓”说和“中介”说也不够十分明确、十分准确。“中介”是一个模糊概念，人们可以有不同的理解：或者认为它“从科学走上艺术”，或者认为它“是偏重于理性分析的科学”。应当承认这两种理解都在“中介”说的正确定性之中，但它们却表示了两种相反的意思。所以，我们认为应当寻找一种科学的表述，以便更准确地指明批评的性质。

其次，“统一”“融合”说普遍流行。

这种观点认为，文艺批评“是社会批评与美学批评的统一”③。或如拙著的表述：“文学批评是把社会批评和美学批评融为一体的一门社会科学。”④ 此说强调科学与艺术两重性质，就其实质来说，与“两姓”说、“中介”说并无二致。但“统一”“融合”说讲“社会批评与美学批评”的融合统一，重点在“融合”之特质，比起“中介”说讲“科学因素”与“艺术因素”之“两姓”来说，显得更具体、更明确、更科学些，或许能够揭示出问题的本质来。

再次，“艺术性科学”说正式问世。

这种观点认为，“从文学批评的根本性质来说，它是一门科学，只不过不是一般的科

---

① 滕云：《我所评论的就是我——谈评论家的主体意识，并论文艺评论的思维特征》，《当代作家评论》1985年第3期。

② 游炳焜：《文艺评论的性质介于艺术与科学之间》，《学术研究》1986年第3期。

③ 王向峰主编：《文艺学新编——现代文艺科学原理》，辽宁大学出版社，1987年版，第562页。

④ 许桂良、李国华、黄宗高编著：《文学概论》，河北教育出版社，1988年版，第385页。

学，而是一种特殊的科学，即带有艺术性的科学。”“文学批评是艺术性科学”①，这种观点就其实质来说，与“统一”“融合”说是一致的，但就其表述来说，显得更明确、更科学，或许是文学批评性质的科学概括。

**四、“附庸”说**

（一）“工具”说

这种观点把文学批评看作文艺界的斗争方法之一，甚至是阶级斗争的工具。应当承认，批评作为文艺界的斗争方法是不容置疑的。在特定历史时期，由于文学批评和政治的关系，使之成为文艺界、思想界及阶级的斗争的工具，也并不是什么不可理解的。“工具”说对此所做的概括并无过错，但它旨在说明文学批评的一种功能，而不是在说明文学批评的性质，并非什么性质说。

（二）“附庸”说

在文学批评“自觉的时代”之前，无论是作家，还是读者，甚至批评家自己，总是自觉不自觉地把批评视作创作的附庸，认为它无非是跟在作品后头去评头论足、说三道四。当代一些人把文学批评称为创作的“傧相”“伴郎”，或长在创作之树上的“木耳”“蘑菇”之类的“寄生物”的说法，倒是形象地道出了“附庸”说的真谛。这种观点虽不见诸正式文艺理论批评著述，但却一直长期地有形无形地主宰着人们对文艺批评的认识。“附庸”说认为文学批评对创作“评头论足”“说三道四”，并非没有道理，但它从根本上否认文学批评的独立品格，歪曲了文学批评与创作共存共荣的关系，又确实是一种对文艺批评性质的偏见和曲解。

（三）“诽谤”“辱骂”说

别林斯基在《关于批评的话·第一篇》中曾经举例说：“批评——在很多人看来就是辱骂，批评文字和檄文是一回事情。此外，有人把讽刺和污蔑性的文章叫作批评；在外省，在社会的中间阶层里，人们则把物议、流言和诽谤叫作批评。”别林斯基明确指出：“这样地理解批评，就等于把司法和控告混淆起来，却忘了公理。”他把这些“理解”称之为“关于批评的最鄙陋的见解！”② 实际上，这种“最鄙陋的见解”在那个时代的西欧也大有人在。请看梁实秋在20世纪20年代发表的《文学批评辩》中援引的一则材料：“瓦顿尝说，批评家不过是为显贵刷衣服而已，培根且引此语以入真理录。班章孙谓有如

---

① 《文学批评研究》，第2页。

② 《别林斯基论文学》，第258页。

蠢陋之补铁匠，愈补愈烂。伯特勒谓批评家乃检查智慧之凶差，冒充审判之屠户。斯地尔谓批评家乃人类中之最愚者。绥夫特谓批评家乃狗，乃鼠，乃蜂，充其量亦不过是智识阶级中之蠢夫。珊斯通说，批评家似驴，一面吃着藩篱的草叶，一面告人以剪修藩篱的利益。格林说，批评家者，贩货估价之市井耳。勃恩说，批评家乃荣誉途中之强盗。欧文诋为文坛上之抢犯。斯考特曰，如诗人与艺术家乃荣誉之栋梁，批评家其蛀虫也。"[①] 本来，这类"最鄙陋的见解"是不应当论列的，但考虑到它们毕竟也是一种"见解""意见"，况且在现在也还有一定的市场，也就不妨照录于此。

凡此种种，不一而足。

通过对历代各种代表性观点评说，似乎可以得出这样一个结论：在文学批评的"自觉时代"，人们对文学批评自身的探讨，比起所谓"文学批评的时代"来，确实要自觉、深入得多。当今的批评性质论诸说，大都在不同程度上接触了文学批评这一"独一无二"的现象或"独立的艺术世界"的特殊性质，揭示出了某些方面的本质或规律，为我们探讨这一问题提供了十分有益的思想资料，即使某些走入极端、相当片面的观点，也给我们一定的启示。但是，文学批评的性质问题并未彻底解决。一句话，"文学批评是什么"这个重大问题还未彻底说清。如果说文学批评是科学，那么它是什么性质的科学？是社会科学，还是艺术性科学？如果说文学批评是"中介"，属两性，那么它又偏重或趋向何方？是"偏重于理性分析"而"统一于科学"，还是"偏重于审美情感"而"从科学走上艺术"？抑或是既不统一于科学，也不走上艺术，而是统一、融合为一种"独立的艺术世界"，成为一种"文化领域中的独一无二的现象"呢？这些问题，都还有待于进一步研究，做出科学的回答。

## 第三节　文学批评是艺术性科学

究竟应当怎样认识文学批评的性质呢？

马克思主义辩证唯物论认为，每一种事物"其内部都包含着本身特殊的矛盾。这种特殊的矛盾，就构成一事物区别于他事物的特殊的本质"，"这种情形，不但在自然界中存在着，在社会现象和思想现象中也是同样地存在着。每一种社会形式和思想形式，都

① 《浪漫的与古典的　文学的纪律》，第100页。

有它的特殊的矛盾和特殊的本质。"① 由此看来，认识文学批评的性质，前人的论述只能作为借鉴，不能作为结论。最重要的还是应当对批评"本身特殊的矛盾"这个"特殊点"进行深入研究，从而准确地把握文学批评的"特殊本质"。

那么，文学批评本身的"特殊的矛盾"是什么呢？概括地说，就是其特殊的内在机制和特殊的外在形态。关于特殊的外在形态下章再讲，这里先谈特殊的内在机制。

从文学批评的内在机制看，其"特殊的矛盾"主要集中在四个方面。换句话说，文学批评的内在机制有四个"特殊点"。

**一、特殊的掌握世界的方式**

从掌握世界的方式来看，文学批评兼用理论的和艺术的两种方式，可以说是一种特殊方式，即"科—艺"方式。

我们知道，科学和艺术掌握世界的方式不同。科学以理论方式掌握世界，即运用概念、判断，抽象地反映世界。文学批评使用科学方法如逻辑方法、历史方法、比较方法，进行归纳、判断、推理，对批评对象进行分析、综合和评价，从根本上说，是以理论的方式掌握对象，因此，文学批评就具有了科学的一般属性。

然而，文学批评又与一般的科学不尽相同。一方面，文学批评比一般科学更多地使用文学语言及文学手段，赋予这种理论的方式以一定的形象性；另一方面，有相当一部分文学批评如诗体评论、杂文体评论、散文体评论等，已经是以艺术的方式掌握对象了。这就是说，文学批评同时又用艺术方式掌握对象，又具有一定的艺术特性。因此可以说，在掌握世界（客观对象）的方式上，文学批评兼用理论和艺术两种方式，具有科学和艺术的两种性质。

**二、特殊的思维方式**

从思维方式上看，文学批评兼用抽象思维和形象思维两种思维，可以说是一种特殊思维，即"科—艺"思维。

一般说来，科学研究主要是运用抽象思维，少用或基本不用形象思维。文学批评对文学作品进行价值评价，必然要运用抽象思维，进行比较、归纳、分析、综合，从感性认识上升到理性认识，深入对象的本质，揭示客观规律，达到更深刻、更带普遍性的理性认识。这就使文学批评具有了科学的性质。

但实际情况要复杂得多。文学批评并不仅仅使用抽象思维，它同时还使用形象思维。

① 毛泽东：《矛盾论》，《毛泽东选集》第一卷，人民出版社，1991年第2版，第308—309页。

首先，文学批评始于欣赏。在欣赏阶段，基本上是运用形象思维，特别是具象思维，其中包括形象感受力——在作品中获得表象的能力；再造想象力——根据作品的描述再造出相应的新形象的能力；创造想象力——从作品的描述生发开来，经过评论家的自觉的表象联想而创造出新的形象的能力。这是文学批评的基础。没有这样一个以形象思维为主的欣赏阶段为基础，也就不能有真正的文学批评。其次，即使在文学批评阶段，这种以具象思维为主的形象思维活动也始终积极活动着。可以说，形象思维始于欣赏，终于批评。没有它，也就没有真正的文学批评。形象思维是艺术创作的特征。因此，始终贯穿着形象思维的文学批评，也就具有了艺术的特质。所以我们可以说，文学批评是兼用抽象思维和形象思维两种思维方式，具有科学和艺术两种性质。

**三、特殊的主客体关系**

从主体对客体的关系来看，文学批评既冷静客观，又注入情感，具有科学与艺术的双重关系，可以说是一种特殊态度，即“科—艺”关系。

一般说来，科学研究是自觉的理性思考活动，对研究对象持冷静客观的态度，以科学性、客观性、真理性为其特征。在科学研究过程中，情感因素不能直接参与科学研究，也不能在科研成果中去表达。文学批评对其对象的评价，同样要求公正全面、冷静客观的态度，达到科学性和客观性，避免片面性、主观随意性。这一点同科学是一样的。这样，文学批评便有了科学的属性。

然而，文学批评又有与科学大不相同的一面，即在文学批评中，情感因素又是批评活动中的重要组成部分，它不仅贯穿于整个批评活动中，而且还要作为科研成果的组成部分表现出来。情感活动在批评过程中是非常重要的。这里不仅是说那些毫无情感、干巴枯燥的评论文章令人讨厌，而更重要的是说，在某种意义上讲，文学批评离开了情感介入，就不能感受艺术、理解艺术，从而也就谈不上对艺术进行评价判断。鲁迅曾精辟地指出过这一点，他说：“诗歌不能凭仗了哲学和智力来认识，所以感情已经冰结的思想家，即对于诗人往往有谬误的判断和隔膜的揶揄。”① 别林斯基也讲过：“用脑子去感受艺术，而没有心灵的参与，而这，几乎比用脚去理解艺术还更坏。”② 我国当代文学理论界有人甚至把批评家“注入自己的情感”看作批评“从科学走上艺术”的“关键点”。③

---

① 鲁迅：《诗歌之敌》，《鲁迅全集》第7卷，人民文学出版社，1981年第1版，第236页。

② 《给鲍特金的信》，《别林斯基论文学》，第255页。

③ 参见《论文学的主体性》，《文学主体性论争集》，第56页。

法国当代批评家甚至说："这个原则怎么强调也不为过。"① 优秀的批评论著，特别是诗人型的评论家的作品，既有理智又有情思，独具个人风格，这无疑是批评家情感心灵注入的结果和体现。这种情况，同艺术家创作过程中用全部心灵情感去拥抱生活是一样的。这就是说，文学批评是具有艺术创作的性质的。因此，我们可以说，在主体对客体的关系上，文学批评兼有两种态度：一是像科学那样，凭仗哲学和智力，冷静客观，做理性分析和判断；一是像创作那样，"灌注心灵"，"著我色彩"，极力表达自己的情思，以形成个人的艺术风格。批评对对象的这种态度，颇像现代学者、红学家俞平伯所说的那样，"作文艺批评，一在能体会，二在能超脱。必须身居局中，局中人知甘苦；又须身处局外，局外人有公论"②，是"体会"与"超脱"、"局中"与"局外"的统一。总之，从主体与客体的关系上来看，文学批评同时兼有科学与艺术的性质。

**四、特殊的精神生产本质**

从精神生产活动的本质上看，文学批评具有科学发现和艺术创造两种本质，可以说是一种特殊本质，即"科—艺"本质。

科学与艺术活动，都属于人类的精神生产活动。人类精神生产活动，不论是科学还是艺术，其重要的特征或根本性质，概括地说就是发现，就是创造。科学研究、理论探讨，就是发现事物的规律和本质，生产观念、思想、理论。艺术创作，就是创造艺术形象，创造艺术美。科学研究如果不能有所"发现"，艺术创作如果不能有所"创造"，或者说它们如果失落了自己的本性，也就在实际上消灭了自身，也就不能再称其为科学或艺术了，或者说它们只是徒有其名罢了。从精神生产的本质上来看，文学批评同样具有科学和艺术的性质，即既有科学的发现——揭示事物的本质和规律，又有艺术的创造——创造批评意境。

首先，文学批评同科学研究一样，也是一种发现。如托尔斯泰所说："真正评论的任务是发现，并指出作品的一线光明，没有它作品就一文不值。"③ 或如郭沫若所说："文艺是发明的事业。批评是发现的事业。文艺是在无之中创出有。批评是在砂之中寻出

① 《六说文学批评》，第 174 页。

② 《〈人间词话〉序》，姚柯夫编：《〈人间词话〉及评论汇编》，书目文献出版社，1983 年版，第 490 页。

③ ［俄］托尔斯泰娅等著，冯连附等译：《同时代人回忆托尔斯泰》上，上海译文出版社 1984 年版，第 366 页。

金。”[①] 真正的文学批评应当而且能够“发现作品的美和缺点”（普希金语），“说明隐藏在艺术家创作内部的意义”[②]，即通常所说发现作品的潜在层次的内容意义，从具体的文学现象，比较、归纳、分析、综合、概括出某些文学概念，从中抽出规律性的东西，进而形成更全面、更深刻、更带普遍性的理性认识、思想观念，为文学理论提供科学依据（这也是某些文学批评很难同文学理论区别开来的一个重要原因）。文学批评的这种发现，正是科学研究的“发现”本质的具体体现，所以说，在精神生产活动的本质上，文学批评具有科学的性质。

其次，文学批评同艺术创作一样，也是一种审美创造。正如法国文学批评家圣·佩韦所说，批评“是一种发明和永恒创造”，或如英国文学批评家王尔德所说，批评即创造，“是比创作还富于创造力”的创造。法国现代批评家蒂博代更是推崇批评的“创造”，他认为这种“创造”是“批评所固有的”，“给予一位大批评家的最高赞誉是说批评在他手中真正成为一种创造”。[③] 批评作为审美创造，至少应当包括三个方面的创造。其一是“批评意境”的创造。所谓“批评意境”是指经过批评家对作品的意境的改造、深化的结果，“是作品的意境、时代的背景和评论者的深刻感受这三者有机结合的统一体”[④]。像杜勃罗留波夫对奥勃洛莫夫的创造[⑤]、阎纲对“犯人英雄”李铜钟的创造[⑥]等，就是这种批评意境创造的典范。他们的创造已经超越了“欣赏再创造”的性质，已经不再是“有一千个读者就有一千个哈姆雷特”那种情形。也就是说批评家笔下的奥勃洛莫夫和李铜钟，已经不是原来的奥勃洛莫夫和李铜钟了，而是批评家和作家所共同创造的艺术形象了。由于其中渗透着批评家的审美理想和情感，由于批评用诗的构思对原作意境的再造，所以在批评家那里的奥勃洛莫夫和李铜钟已经成为批评家敏锐的艺术感受力和创造力的一种审美创造，已经成为比原作更高、更深邃、更广阔的批评意境了。这是批评意境的创造。其二是对作家形象的创造。这里主要是指作家论、作家评传对作家形象的塑造。优秀的文学批评特别是作家论、作家评传大都能够在对作家生平实践、创作道路、文艺思想的描述和对作家创作的评价中，塑造出作家的形象来。像瞿秋白《鲁迅杂感选集序

---

① 郭沫若：《批评与梦》，《郭沫若论创作》，上海文艺出版社，1983 年版，第 537 页。

② 《黑暗的王国》，《文学论文选》，第 152 页。

③ 《六说文学批评》，第 163 页。

④ 阎纲：《关于文学评论的写作》，《文学八年》，花山文艺出版社，1987 年版，第 561 页。

⑤ 参见《什么是奥勃洛莫夫性格?》，《文学论文选》，第 1—59 页。

⑥ 参见《“高尚的圣者和殉道者”》，《文学八年》，第 145—157 页。

言》对鲁迅形象的塑造、陈丹晨《巴金评传》对巴金形象的塑造，就是文学批评对作家形象的创造的典范。其三是对文学批评的思想美、风格美的创造。其中思想美，即文学批评的科学发现和审美创造的深刻性、独特性、鲜明性。那些思想肤浅、见解一般、观点隐晦的文学批评是根本谈不上什么思想美的。文学批评的风格美是指在批评创造和发现中表现出来的基本特色，它是批评家成熟的标志。文学批评作为一种以理论形态展开的审美创造，主要是上述几个方面的创造。这些创造，也正是艺术创作的创造本质的体现。总之，从精神生产活动的本质上看，文学批评既评价优劣，揭示艺术的本质和规律，又创造批评意境和思想美，具有科学和艺术的性质。

以上我们从掌握世界的方式、思维方式、主客体关系、精神生产的本质四个方面考察了文学批评的特殊内在机制，它表明了文学批评所兼有的科学和艺术的两种性质。确切地说，是“科—艺”的融合。正如卢那察尔斯基曾经深刻指出的那样，“这里说是两个因素，是不完全正确的”，它们“实际上是一个东西，或者至少是一个东西的两面”。①也就是说，文学批评既是一种认识活动，同时又是一种审美创造；它既有科学的真理性、客观性，又具有批评家自己的主体性、情感性；它既以抽象思维为主，又始终离不开形象思维的活动；它既主要是用理论形态掌握世界，又要运用艺术手段创造批评意境而成为批评家的审美创造。总之，真正的文学批评，是科学与艺术两种性质的融合。我们认为理论要服人，就要彻底，不能搞相对主义，模棱两可。对于文学批评的性质问题也是这样，仅仅指出它是一个“独一无二”的现象，是一个“相关概念”，“是文学”又“是科学”，是“艺术与科学的中介”，等等，虽是必要的，但却又是很不够的。在我们看来，文学批评作为艺术和科学两种因素、两种性质的融合，它已经形成一个与科学和艺术同样具有独立品格的形态，即“独立的艺术世界”。为了避免把它看成单纯的文学或把它看成单纯的科学这两种偏颇，我赞成对文学批评的性质做这样的概括：文学批评是把美学批评和社会批评融为一体的艺术性科学。它具有科学因素，但不是科学的附庸；它具有艺术因素，但不是艺术创作的附庸；它是一种采取理论形态展开的独立的审美意识，是一个独立的艺术世界——“艺术性科学”。用恩格斯的话说，就是“诗意的裁判”②。这样既可以显示出其偏重科学的一面，又避免了批评是“从科学走上艺术”的偏颇。这就

① ［苏］卢那察尔斯基著，蒋路译：《批评家普希金》，《论俄罗斯古典作家》，人民文学出版社，1958年版，第14页。

② ［德］恩格斯：《致劳拉·拉法格》（1883年12月13日），《马克思恩格斯全集》第36卷，第77页。

是我们的结论。

**小结**　本章讲述了文学批评的含义及其对象，对历代各种性质说进行了评述，集中从文学批评的特殊内在机制上论述文学批评的“艺术性科学”性质，具有文学批评学“总论”性质；特别是文学批评性质问题，实际是文学批评学的逻辑起点和理论前提，必须高度重视，准确把握。

## 复习思考题

1. 什么是文学批评？

2. 狭义的批评与广义的批评之区别是什么？

3. 文学批评的对象是什么？它与文学理论、文学史的对象有什么不同？

4. 应当如何评价文学批评性质问题上的“科学”说、“艺术（创作）”说、“科学与艺术的统一”说？

5. 文学批评的内在机制的特殊点何在？试结合实例做具体说明。

6. 应当怎样理解文学批评的“发现”和“创造”的精神生产活动本质？

7. 应当怎样理解文学批评的性质？

# 第二章　文学批评的形态

**内容提要**　文学批评的外在形态即体裁是其特殊的内在机制的外在显现，与文学批评的性质密切相关。本章介绍文学批评的基本样式，阐述其科学概括性和艺术性的基本特征，并从社会文化—文艺学—分类学上确定文学批评的体裁位置。

文学批评作为文化领域里的“艺术性科学”，不仅具有特殊的内在机制，而且具有特殊的外在形态。因此，要科学地把握文学批评的根本性质，除了研究它的内在机制外，还必须同时研究它的外在形态。

被称为“现代文化界的独裁女皇”① 的文学批评，就其外在形态的基本特征来看，完全可以说它是文艺领域中的“第十个文艺女神”②，“是一种文学体裁”③。现代文艺学的各种学派对此大都很少关注，因此就需要我们进行必要的探讨。

## 第一节　文学批评形态的基本样式

从中外文学批评史上大量的批评论著来看，文学批评的形态是极其丰富多样的，可以说文学批评是一个庞大家族，有着众多的家庭成员。

### 一、文学批评的基本样式

从中外批评实践来看，文学批评主要有以下几种样式。

---

① 《关于批评的话·第一篇》，《别林斯基论文学》，第 259 页。

② ［丹］勃兰兑斯著，李宗杰译：《十九世纪文学主流》第 5 分册，人民文学出版社，1982 年版，第 382 页。

③ 《文学批评研究》，第 1 页。

（一）论述体

这是最常见的文学批评样式。它多被运用于文学的基本原理、规律的探索和作家、作品的评论，为区别一般论说文而称之为论述文。它的基本特征是：有论说，有描述，论说和描述相结合。如瞿秋白《鲁迅杂感选集序言》对鲁迅杂文的评论，就把论说和描述结合得很好，并且论说充分详尽，描述细致具体；二者纵横交错，蔚然大观，堪称论述体长文的典范。钟嵘《诗品》对曹植诗歌的论说，堪称论述体短文的杰作。论述体就其论说性而言，很像说明文和议论文，有界说有论证。就其描述性而言，很像叙述文和描写文，有叙述有描绘。它是综合了议论文和叙述文两种文体特点的一种综合性文体。论述文要具备这两种特点，但可有所侧重，并非要求二者一半对一半。瞿秋白《鲁迅杂感选集序言》可谓并重；别林斯基《论俄国中篇小说和果戈理君的中篇小说》则以议论为主；李泽厚《美的历程》从总体上看则以描述为主。

（二）杂文体

杂文体包括杂感、笔记、随笔、序跋、诗话、评点等。基本特点是：短小精悍，生动活泼，不拘一格，方便灵活；不求大求全，而求精求深。只要精辟深刻，三言两语亦可挥洒成文。我国古代许多诗话、笔记大多就是这种体裁。可以说，它是一种传统的文学批评样式。这里对“诗话”“评点”“序跋”略做介绍。

诗话，是“中国古代诗歌理论批评的一种形式”①。诗话正式出现在宋代。第一部诗话是北宋欧阳修的《六一诗话》，以后遂成为一种广泛流行的形式。代表作有张戒《岁寒堂诗话》、严羽《沧浪诗话》、王夫之《姜斋诗话》等。诗话的特点是：不以系统的理论评析取胜，常以三言两语为一则，以表达对创作的具体问题以至艺术规律方面的问题的直接性的感受和意见。其理论价值则在这直接性的感受和意见中体现出来，可以说是具体的诗歌评论。早期诗话以记载有关诗人诗作的琐事逸闻为主，以后扩大到考订辩证、谈论句法一类内容。再进一步才更多地谈论诗歌创作理论问题，加强了它的理论批评性质，成为严格的诗话——真正的文学批评的体裁。词话、曲话，是在诗话影响下产生的，它们作为文学批评体裁的特点与诗话大体相同，同属一类。

评点，也是中国古代文学批评的一种样式。包括对诗、词、小说、戏曲的各种评点。滥觞于南宋。代表作有李贽、叶昼的《水浒》评点、金圣叹《水浒传》评点、张竹坡《金瓶梅》评点、脂砚斋《石头记》评点等。评点的特点是：有回评，对该回进行总的评

① 《中国大百科全书·中国文学》，第726页。

论；有眉批、行批，即评语写在书眉和字行间，针对某一描写、叙述发表具体见解。由此而形成这样的基本特点——发表意见自由灵活，可以在总批（序言）、回评中对全书或某章回的思想艺术特点发表见解，也可以在眉批、行批中，对某一人物、某种描写，用三言两语发表感想、看法。

序跋，也是一种常见的文学批评样式。序在书前，跋在书后，性质相同，都是对作品进行说明的文字，即作品写成后，对其写作缘由、内容、体例、目的等，加以叙述、解说。它的特点是：议论和叙事相结合。如果有所侧重，则各近似论说和叙述文。因此，古代的序跋，常常是散文名篇。序跋的写法不拘一格，极为灵活。

鲁迅的许多批评论著都是杂文体，可谓杂文体文学批评的典范。如《文学和出汗》《白莽作〈孩儿塔〉序》等，充分体现出杂文体批评短小精悍、精辟深刻的特点。

（三）赏析体

这是一种主要用于抒写对一些优秀文学作品的审美感受的文学批评样式。其一般特点是：欣赏与讲析参半。即既有对作品重要内容、人物、情节、艺术特色的欣赏（审美感受），又有对作品重要内容、情节以至语词的讲解、诠释。语言通俗流畅，平易近人，像《阅读与欣赏》和《唐诗鉴赏辞典》中周汝昌、萧涤非、周振甫等人的文章，则是赏析体的典范。赏析体中的讲析不是目的，因而也不像《中学古文选讲》那样按“题释”“主题”“特色”等格式进行讲解、串讲、分析，而是为进入欣赏（包括审美感知、审美判断以及反复品味）扫除障碍，打下基础。所以往往是对关键词语（或称文眼、诗眼、词眼）、重要情节、人物做极为简练的解释，并由此进入欣赏过程和审美感受的抒发。其重点在欣赏而不在讲析。这也是它与一般文章讲析的重要区别。由于着重抒写欣赏主体的审美感受，而不注重做准确的科学评价，因此常有见仁见智的情况。这对严格的文学批评来说是不允许的，但作为欣赏却是正常的。“有一千个读者就有一千个哈姆雷特”，讲的就是这个道理。这一点又是它与论述、杂文、评传等样式的重要区别。

（四）评传体

这是一种产生极早，而近几十年来又很兴盛的一种文学批评样式，主要用于作家研究（作家论）。《巴金评传》《中国历代著名文学家评传》是评传体文学批评的代表作。评传的特点是：有评有传，批评与传记相结合。它既为作家立传，又对作家进行评论，二者不能偏废。只有评而无传者即作家论（论述），只有传而无评者则是人物传记（散文）。它们均非“评传”。只有把批评（论）和传记（文）有机地结合起来，才具有文学批评的性质，才是真正的评传。只要把《中国历代著名文学家评传》中《龚自珍评传》与《清代人物传稿》中的《龚自珍传》略加比较，就会一目了然，准确地把握住“评传”的特点。

(五) 诗歌体

这是一种很特殊的批评样式。它采用诗的形式来对作家作品进行评论。就是说，它的形式是“诗”的，内容是“哲学”的，即用诗的形式表达哲学的内容，与以逻辑形式表达哲学意识的论述体等比较起来，不能不说是一种特殊的批评样式。它的特点就是以诗论文（诗、文、作家）。代表作如杜甫《戏为六绝句》、司空图《诗品》、郭沫若《满江红·读毛主席诗词》等。就其内容来讲，属于文学批评，而其形式则完全是诗歌的。诗体批评历史悠久，中外皆然。中国唐代大诗人差不多都写诗论，外国贺拉斯《诗艺》、布瓦洛《诗的艺术》也都是诗体。不可讳言，诗体批评有长处也有短处。长处是充满激情，形象生动，吸引人，感染力强；短处是难于做深入细致的艺术分析和充分说理。此外，剧体批评如莫里哀《〈太太学堂〉的批评》，也属于这一类。

(六) 自述体

这也是一种文学批评样式。它由作者自撰，是作者对自己创作的自白和自我批评。在作家作品研究中占有重要位置。它的特点是：作者自述创作意图和过程，也对成败得失进行反思，侧重事实而较少评价。作为批评来说，似乎缺少系统科学的评价，但它提供的事实材料却具有特别重要的意义。自述体写法灵活多样，可以是杂感，也可以是序跋，似可归入杂文体。但考虑到大多数创作经验体会篇幅较长（不像杂文那样短小精悍），笔调较平实（少用“杂文笔调”），所以单列一类。这样也许会更合适些。《中国现代作家谈创作经验》① 选编几十位作家的自述经验 130 篇，蔚为大观。其中鲁迅《〈阿 Q 正传〉的成因》、郭沫若《我的作诗经过》、姚雪垠《〈李自成〉创作余墨》，堪称自述体批评的代表作。

(七) 书信、对话体

此体也较常见。如普列汉诺夫《论艺术》（旧译《没有地址的信》）、柏拉图《文艺对话录》就是书信体和对话体的代表作。其特点是：单刀直入，便于解答问题。对话体在阐述问题的深刻性、系统性上，往往受到一定限制，比论述体等稍差。

文学批评样式还有不少，择其要者，大致为上述七种。

---

① 山东人民出版社，1980 年出版。

## 二、文学批评的基本类型

对众多的文学批评样式，按其性质来说，可以大体划分为四种基本类型。

### （一）原理批评类

原理批评类又称文学理论研究类，专指探讨文学的基本原理、特征、规律的理论论著，可以说是文学批评中的“上层建筑”，属最高层次。原理批评类，从形式上看，主要是论述体，但又几乎囊括了大部分文学批评样式。可以是长篇巨著，如《文心雕龙》；也可以是单篇论文，如阎纲《文学中的知识分子——题材问题之六》；也可以是杂文体的文学短论，如《文学与出汗》，或者是其他种种。但从内容性质上来看，原理批评则主要是探讨文学的基本规律、原理，或进行全面系统的研究阐述，或进行某一方面的研究探讨。其中不可避免地涉及作家作品，但一般说来，也只是把它们作为论据例证，而不是去做作品论、作家论。就是说，它集中于文学基本原理的探讨，是对文学现象的一种客观的理性分析和认识，而不在乎作品作家评价。据此，称之为原理批评或许比“文学研究”（范围更广）更名副其实、更准确、更科学些。《中国新文艺大系》（1976—1982）理论一集，所收的文学理论文章集中体现了这种特点。

### （二）作品批评类

作品批评类又称文学评论类，指专门对作品作家的评价和研究，即通常所说的作品论、作家论，属文学批评中的高级层次，在文学批评中占很大比重，可以说是文学批评的主体。文学评论类，从形式上看，主要是论述体，当然也包括杂文、赏析、诗歌等体裁。从内容上看，主要是集中于对作品艺术价值的评定，而不注重文学原理的研究阐述。也就是说，它是作品价值的评定，而不是对文学的分析和认识。《中国新文艺大系》（1976—1982）理论二集，十分鲜明地体现了这种特点。它收入了当代著名文学批评家茅盾、王朝闻、冯牧、阎纲、谢冕、雷达等人很有批评个性的作家作品论，不愧为这个时期的作品批评的杰作。

### （三）鉴赏批评类

鉴赏批评类又称文学赏析类，专指对一些优秀文学作品的欣赏和分析，属于文学批评中的中级层次。此类批评，从形式上看，几乎就是赏析体，比较单纯，较少用其他体裁。看一部《唐诗鉴赏辞典》，千余篇文章，几乎是一个面目，一个格式。从内容上看，它与原理批评、作品批评都有一定的差别。它基本上不做原理探讨，也不注重评价，而注重于抒写个人的审美感受。雅俗共赏，对指导阅读具有一定意义。

（四）释义批评类

释义批评类包括一般常见的作品选讲、注释、简介等文章，属文学批评中的初级层次。从形式上看，大体包括“讲析”“释义”“注释”“译注”等。从内容上看，主要是词语注释（包括古文的译注）、解题、概括段意、归纳主题、讲析艺术特色等。也就是说，为阅读扫清障碍，帮助读者理解作品的思想内容和艺术特点。从其基本内容来看，它就是阐释作品的本义，较少评价和欣赏，几乎等于述而不评，可以说是最少文学批评的性质和特征，只能说是最广义的最初级的文学批评。

文学批评体裁种类划分大体如此。值得指出的是，各种类型间的差别并不是绝对的，其划分也只是相对的。如有些赏析文章，就是很好的作品评论；有些作品评论，又具有相当的原理批评的性质。在这个问题上，不能够简单化、绝对化，同时也不宜过于粗疏或烦琐，有一个基本分类就可以了。当然，也可以按照其他分类标准去划分。例如，按照批评对象的体裁去划分，就有诗歌批评、小说批评、戏剧批评、散文批评、电影批评等等，这也是人们所认可的一种普遍流行的批评体裁分类法。

## 第二节　文学批评形态的基本特征

我们主张文学批评是一种独立的艺术世界，那么，它的形态特征是什么？毋庸讳言，这是文艺学长期不曾问津、极少研究的问题，也是一个很不容易说清的问题。然而这又是一个必须说清的问题。否则，“文学批评是一种艺术性科学”的论断，就差不多是一句空话。

我们认为，文学批评体裁的基本特征是科学概括性与艺术性的统一。换句话说，作为一种特殊体裁，它与其他文学体裁的最根本的区别，就是科学概括性和艺术性相结合。对此，需要做深入、详尽的解释和说明。

### 一、科学概括性

这是一个比较特殊的问题。在文学领域中，忌谈“科学概括性”而谈“形象性”“典型性”。这里偏谈科学概括性，确实令人费解。诚然，在小说、散文、诗歌、戏剧文学四种文学体裁中，没有哪一种是讲科学概括性的。可是对于文学批评来说，科学概括性却是它的最根本的特点之一，甚至可以说是使它成为文学批评这种特殊的文学体裁的决定性因素。关于这一点，别林斯基《关于批评的话》说得极为明确。他说：“批评是现实底意识。举例说，布阿罗、巴特、拉加尔普的作品是什么呢？那是对高乃依、拉辛、莫里哀、拉封登的作品中直接（作为现象，作为现实）反映出来的东西底清楚的意识。这儿并不是艺术促成批评或批评促成艺术，而是两者都发自时代的一种普遍精神。两者同样是时代的意识；不过批评是哲学的意识，艺术是直接的意识而已。两者有同一个内容；差别只在形式上面。”① 就是说，批评与文学作品都是时代的意识——批评是“哲学的意识”，艺术是“直接的意识”，同属于文学，而与其他社会科学相区别；又因为它们“在形式上面”的“差别”，便决定了文学批评又是一种与四种文学体裁不同的特殊的文学体裁。别林斯基关于文学批评与文学作品的“差别只在形式上面”的论述，可以说是理解文学批评体裁特点的重要理论基础。

然而，这种“差别”所蕴含的具体内容是什么呢？别林斯基这里并未详说。在我看来，这种“差别”，当是文学批评体裁的基本特征的一个重要方面——“科学概括性”。简单说来，就是以下两个方面：一是在思维方式上更多的使用抽象思维，主要是运用概念、判断、推理，对作家作品和文学现象进行分析、综合，从而得出科学的结论（别氏谓之“哲学意识”）；二是在表达上，更多采用逻辑的表述方式，直接下判断，进行推理、论证，阐述原则和原理。换句话说，是把抽象思维的过程以逻辑形式直接表现在文本中。这两点，就是所谓文学批评的科学概括性特征。用一句话说，就是“哲学意识”的“逻辑表达”。其实也就是一般学术论文的特征。这种“科学概括”，与“艺术概括”有所不同，也是一般文学体裁所没有的。所以别林斯基曾经用它来界定哲学、科学与文学的区别。② 这里用它来区别文学批评与文学创作的四种体裁，同样是行之有效的。因为这一点，确实是文学批评体裁与一般文学体裁的显著差别。因此，我们把它看作是文学批评这种特殊体裁的决定性因素，或许并不过分吧。

文学批评体裁的科学概括性，归根到底是由文学批评运用语言直接对对象进行科学把握所决定的。语言是思想的直接现实。这在作为语言艺术的特殊体裁——文学批评——则比其他文学体裁如小说、戏剧文学等表现得更明显、更突出。

## 二、艺术性

文学批评作为一种体裁，又具有一般科学论著所缺少的艺术性。它集中表现为这样两点：一是洋溢着批评家丰富的审美情感。这是一般科学论著所不具备也不必具备的。但在文学批评则是不可或缺的。二是由于采用各种艺术表现手法，对对象进行形象化描

---

① 《关于批评的话》，《别林斯基论文学》，第259页。着重号为引者所加。

② 参见《1847年俄国文学一瞥》，《别林斯基论文学》。

述、分析和评价所形成的形象性和“批评意境”，就使文学批评独具文采，优秀之作大都可以作为散文来读。这一点也是一般科学论著达不到也不必达到的，而在文学批评则是不可缺少的。否则，便不是真正的至少不是优秀的文学批评。

文学批评由于具备了科学概括性与艺术性这两个根本特征，便使它既区别于一般科学论著，又区别于一般文学体裁，而成为一种特殊体裁。这里应当注意的是，我们虽然分别论述了文学批评的科学概括性与艺术性两个特征，但在实际上这两个特征是融合在一起的。就是说，文学批评的逻辑表达应当建立在对艺术形象鉴赏和形象化描述的基础上；而形象化描述和审美情感性亦应当是科学把握的具体表现。二者应当是水乳交融地结合在一起的。优秀的文学批评，正是科学概括性与艺术性高度统一紧密结合的典范。在这一问题上，过分强调艺术性，主张把批评写成纯粹的文学作品，搞什么“只有通过诗才能批评诗”，是不好的。这样绝对化，势必削弱批评的科学性，并把相当一批文学批评排斥在文学批评之外。相反，过分强调科学概括性，完全否定艺术性，也是不对的。它势必导致文学批评非文学化，最终在实际上取消文学批评。总之，文学批评体裁的这种特点，并非是我们的臆说，它完全是由文学批评的根本性质所决定的特殊实践过程的必然产物。坚持科学概括性与艺术性的完美统一，是我们的文学批评体裁特征观。

## 第三节　文学批评是一种文学体裁

如前所述，文学批评不仅有自己的基本形态，而且其特征明显不同于诗歌、小说、散文、戏剧文学这四种文学体裁。可以说除少数诗体批评、杂文体批评、剧体批评可划归传统的文学体裁外，像杜勃罗留波夫的《什么是奥勃洛莫夫性格?》、瞿秋白的《鲁迅杂感选集序言》、鲁迅的《中国小说史略》等大量的文学批评论著，显然不属于“四分法”中的任何一种文学体裁。这种情况，无疑向我们提出了一个问题：独具体裁特征的文学批评，究竟是不是一种文学体裁？如果说是，那么它又属于“四分法”中的哪一种体裁？这是文艺学特别是文学批评学所不能回避的问题，必须做出明确科学的回答。在这个问题上，固守传统的“四分法”的观念，简单地把一小部分诗体批评、杂文体批评等划分到相应的文学体裁中去，同时又把论述体、赏析体、评传体等大部分批评摒除在四种文学体裁之外，或者根本就不承认文学批评是一种文学体裁，都是不妥当的。正确的做法应当是从客观实际出发，树立新的观念，做出科学的判断。在我看来，毫无疑问，文学批评是一种文学体裁，不过它不是传统意义上的四种文学体裁中的任何一种，而是一种独立的，即与四种文学体裁并列的第五种文学体裁。这一点也正是文学批评作为“艺术性科学”的一个特殊点。

**一、社会文化实践的检验**

实践是检验真理的唯一标准。“文学批评是第五种文学体裁”的论断，经得起目录学、出版业大量实践的检验。

首先，在文史典籍中，这种把批评视作文学的情况可以说由来已久，大致可以上溯到《隋书》。其《经籍志》就是把一些文学批评著作同诗文并列编排的。《隋书》开了先河，以下陈陈相因，成为一种惯例和传统，被称之为“诗文评”。虽然“诗文评”只是“集部的尾巴”，是诗文的“附庸”①，但毕竟是作为一种文学体裁处理的。也就是说，在古人逐渐自觉的文学观念中，文学批评（诗文评）虽在附庸地位，却能独成一类，至少也是“准文学体裁”了。

其次，在出版事业中，无论国内国外，文学批评都被看作一种文体，看作文学艺术的一个组成部分，一般“文学名著丛书”都把文学批评名著包括在内。以我国为例，20世纪30年代出版的《中国新文学大系》和近几年出版的《中国新文艺大系》，就分别出版了与小说等文学体裁卷并列的“建设理论卷”和“理论一集”“理论二集”。

再次，现代目录学中，通常是把文学批评（文学评论）作为与四种文学体裁并列的第五种文学体裁处理的。例如《新华文摘总目录》中的“文学艺术”栏，就是按诗、小说、戏剧、散文、文学评论为序编制的。② 每期的“文学艺术”栏也大体如是。《新华文摘》把文学评论（批评）作为一种与四种文学体裁并列的第五种文学体裁的做法和观念，不是个别的，而是现代目录学中占统治地位的最普遍的做法。

总之，从实践上说，文学批评完全是一种文学体裁。

**二、文艺科学的依据**

我们之所以认定文学批评是一种“文学体裁”而不是一般的“文章体裁”，是有充分的文艺科学依据的。按照现代文艺学的基本观点来说，主要是由于文学批评在文学活动系统中的位置和文学批评职能的根本性质决定的。

首先，人们公认文学活动系统是由“生活、作家、作品、读者”四个要素组成的一个系统整体，而文学批评属于“读者”这个环节。也就是说文学批评是文学活动系统整

---

① 朱自清：《诗文评的发展》，《朱自清选集》第2卷，河北教育出版社，1989年版，第353页。

② 参见新华文摘社编：《新华文摘总目录（1979—1985）》，人民出版社，1986年版，第1页。

体的一个组成部分。而批评体裁作为批评本体的一部分，当然也就是文学活动系统整体的一部分。从这个意义上说，批评体裁是文学体裁而不是文章体裁是理所当然的。文学批评作为一种文学体裁完全是由文学批评在文学活动系统中的特定位置决定的。

其次，从文学批评文本构成来看，其内容主要是对作家作品的审美判断，其根本功能是对文学活动系统四个要素之间的关系进行审美调节，也就是说批评的内容主要是审美的；而批评体裁只是表达批评的审美内容（审美判断和审美功能）的形式和工具。因此，就内容与形式的关系上看，批评的形式便由批评的内容决定而成为审美的文学体裁了。

总之，“文学批评是一种文学体裁”的论断是符合文艺学的基本原理的。现代文艺学对批评这一体裁不予论列，至少是一种疏忽。

**三、文学分类学的定位**

众所周知，我国现代文学体裁分类的“四分法”，是在中国传统的“二分法”与外国的“三分法”基础上，结合现代文学体裁的特点而形成的，它不仅以作品的体制结构、语言运用、表情达意、塑造形象等方面的特点和规律为标准，同时又以各种体裁的历史发展实际为依据。按照“四分法”的分类依据，而不是把“四分法”凝固化，看作一成不变的死框框，那就应当老老实实承认文学批评是第五种文学体裁。

首先，从文学体裁分类的重要依据——“相对稳定的文学特点和规律”来看，文学批评体裁的基本特征，特别是它在体制结构、语言运用、表情达意、塑造形象等几个主要方面所形成的特点和规律，明显的是“文学”的，而不是科学的。文学批评的“科学概括性”特点，只表明它与其他文学体裁的差异，并不能否定它的文学特征。按照文学体裁分类的这一依据来衡量文学批评体裁的基本特征，就不能不承认文学批评体裁是当之无愧的文学体裁。仅仅因为批评的“科学概括性”特点，就否定它是文学体裁是没有多少道理的，其论断本身实际上就是对文学体裁分类的根本依据的否定。这是我们所不能苟同的。

其次，从文学体裁分类的另一个重要依据——文学体裁的“历史发展实际”来看，文学批评的成熟发展，特别是文学批评进入“自觉的时代”的全新发展，使文学批评早已摆脱了“集部的尾巴”即诗文的“附庸”“小道”地位，成为文学体裁领域中一个大家族。据统计，法国从1956年到1966年之间出版了批评著作达七千种，超过诗集的总和，为小说著作的一半。① 批评体裁的这种兴盛发达的状况，为文艺学、分类学把它列为独

---

① 参见《文学批评研究》，第7页。

立的体裁提供了充分的条件。在这方面，“四分法”在其形成过程中是有先例的，有传统的。例如，小说一类，由于在中国成熟较晚，在我国传统的“二分法”及西方“三分法”中，长期以来没有引起重视，没有列为独立的体裁。但由于它本身的显著特点及优越性，特别是近、现代在世界各国的高度发展以至成为一种最流行的文学体裁，“四分法”便从它高度发展的实际情况出发，突破旧的观念，适时地把它列为独立的体裁。我们认为，这并不仅仅是为小说体裁找到了归宿，更重要的是“四分法”本身获得了发展和突破，从一个方面显示出其生命力和科学性。从某种意义上说，从新的实际出发，突破旧的观念，增设独立类别，本来就是“四分法”科学精神的题中之义。“四分法”一旦丧失了其科学精神，那它还会有什么理论活力呢？在这一问题上，现代文艺学、文学分类学的缄默，实际是理论滞后的一种表现，或者说是一种失误。现在，在实践挑战面前，如果“四分法”仍然固守旧的观念，拒不承认文学批评在文学体裁中的独立地位，它岂不成了僵死的理论教条了吗？

总之，我们说文学批评是第五种文学体裁，无论是从实践还是从理论上看，绝非无稽之谈。至于从文学批评的性质上来看，则完全是其“特殊的内在机制”的外在显现。

**小结**　本章所述文学批评论述体、杂文体、赏析体、评传体等基本样式的特点和文学批评体裁的基本特征，不仅对理解文学批评的艺术性科学性质具有重要意义，而且对于文学批评的写作也不可或缺，它是掌握批评写作程序和规律，进行批评写作实践的基础。

## 复习思考题

1. 文学批评的外在形态与文学批评的性质有什么关系？

2. 试述文学批评的基本样式如论述体、杂文体、评传体、自述体等样式的基本特征，并结合具体事例做具体说明。

3. 应当如何理解文学批评体裁的“科学概括性”特征？

4. 应当如何理解文学批评体裁的“艺术性”特征？

5. 为什么说文学批评是一种文学体裁？

6. 阅读各种批评体裁的名篇，加深对其样式特征的理解、把握。

# 第三章　文学批评的功能和任务

**内容提要**　本章讲述文学批评的功能和马克思主义文学批评的基本任务。文学批评具有工具、判断、阐释、审美等多种功能，但从根本上讲，主要是对文学系统中各种关系的调节功能，即文学与现实、文学与读者、创作与理论的关系的审美调节功能。马克思主义文学批评的任务是在正确理解文学批评的功能基础上提出来的，它要求批评应当在评价创作、继承遗产、研究新情况、繁荣社会主义文艺、探讨社会主义文学的规律等方面发挥作用。

## 第一节　文学批评的功能

### 一、关于文学批评的各种功能说

目前，对于文学批评的功能，有几种不同的意见。

(一)“工具”说

这种意见认为，文学批评是一种文艺斗争或阶级斗争的工具和武器。在阶级斗争、政治斗争和文艺斗争激烈的时候，作为一个有责任感和使命感的文艺战士，无疑是把文学批评作为斗争的工具和武器的。鲁迅不仅说过“现在是多么切迫的时候，作者的任务，是在对于有害的事物，立刻给以反响或抗争，是感应的神经，是攻守的手足”①，而且曾用他的锐利的杂文体文论同反动派的文化围剿进行过长期的战斗。时至今日，谁又能够抹杀和否定掉鲁迅那些文艺批评著作的社会价值和美学意义呢？所以说，毛泽东关于

① 《且介亭杂文·序言》，《鲁迅全集》第6卷，第3页。

“文艺界的主要的斗争方法之一，是文艺批评”① 的论断，并不是没有道理的。对于“武器”“工具”说，采取笼统的简单的否定态度，并不是一种科学的态度。但是，把文学批评仅仅当作“阶级斗争”的武器和工具，又不能不说是对文学批评功能的简单狭隘的理解。在这方面，我们是有过教训的。因此，对“工具”说应当采取科学分析的态度。

（二）“判断”说

这种意见认为，文学批评的功能是对批评对象进行评析和判断。正如别林斯基所说，“在广泛的意义上说，批评就是判断”，就是“对于艺术和文学作品的批评”。② 这种意见确实反映了文学批评的根本功能。在批评实践中，恐怕没有哪一个批评家是不用判断的。正常的批评总是要从社会学、历史学、伦理学、心理学、美学、文艺学、文化学、语言学等多方面对批评对象做出判断的。这种判断不等于粗暴简单的“判决”。反对、怀疑批评的“判断”功能是没有什么道理的。

（三）“阐释”说

这种意见认为，批评的功能是对批评对象做充分、具体、准确的阐释或阐明。正如英国批评家特里·伊格尔顿所说：“马克思主义批评的目的是更充分地阐明文学作品，这意味着要敏锐地注意文学作品的形式、风格和含义。”③ 所谓阐释包括两层意思，一是理解作品和按照作品的本来样子来解释作品，要求批评家要比较客观地对待批评对象；二是对批评对象进行主观认识和发现，要求批评家具有真知灼见。文学批评实践发展表明，强调批评家的主体意识即独立感受和创造作用，已成为一股潮流。“阐释”说把“判断”说具体化了，它实际上是进入判断和评价的必要过程。把阐释视为“述而不作”或“二道贩子”或视为批评家的随心所欲的发挥，是不正确的。

（四）“审美”说

这种意见认为，批评对象是艺术品，因此，批评就不能不是鉴赏和审美。这是符合文学艺术的审美特征的。如果文学批评不是以对作品的鉴赏和审美为前提，那么，文学批评势必会等同于社会批评或政治批评、道德批评等非文学批评一类的东西。这种意见对于正确把握文学批评的特性无疑是非常重要的。但是，把批评视为鉴赏，那么，鉴赏与批评的区别又何在呢？忽视了批评与鉴赏的区别界限，不能不说是“审美”说的一个

---

① 《在延安文艺座谈会上的讲话》，《毛泽东选集》第3卷，第868页。

② 《关于批评的话·第一篇》，《别林斯基论文学》，第258页。

③ 参见［英］伊格尔顿著，文宝译：《马克思主义与文学批评》，人民文学出版社，1980年版。

缺陷。

（五）“多功能”说

这种意见认为，批评的功能不是单一的，而是多种功能的综合。一般文学批评大体要经历这样几个过程：鉴赏和审美过程，阐释和阐明过程，判断和评价过程。也就是说，批评是以对一定的文学艺术作品的鉴赏和审美为基础，进而对它的内涵和审美方式特点加以阐释和阐明，然后从总体上对它做出判断和评价。当然，在实践中，不同的批评可以有不同的侧重，以至有鉴赏式批评、阐释性批评、判断式批评。但是，无论是哪一种批评，都要经历上述那几个过程，只不过表现形态不尽相同罢了。① 这种“多功能”说，比起各种单一功能说来，较能全面揭示出文学批评的功能。

## 二、文学批评的审美调节功能

对文学批评的功能固然可以从各个方面进行考察，但不应当忽视了文学的根本特征。如果承认文学与生活的关系是一种审美关系的话，那么，文学批评作为文学活动系统中的“自我批评”，从总体上说是一种审美调节功能。换句话说，文学批评是对文学活动系统中的四个环节之间的关系进行自我调节，以促进整个系统正常协调地运转，从而求得整个文学事业的繁荣和发展。具体说来，主要表现为以下三个方面。

（一）调节文学与现实的审美关系

作家进行创作，把生活变为作品，其中最重要的就是要正确处理文学与现实的审美关系。艺术与现实的审美关系处理得好与坏，直接影响到作品的成败、质量。当然，这种正常关系的实现，最终需要作家来完成。然而，不论是某个作家，还是整个文学活动系统，艺术审美理想的实现，艺术与现实审美关系的协调，绝不是仅仅靠作家自身的奋斗就能完成的，而是必须有赖于文学批评参与其间，进行调节，才能逐步实现。这种调节功能，主要表现为两个方面：

首先，评论作品的优缺点，深化作家对艺术与现实审美关系的理解和把握，促使作家自觉地按照艺术规律进行创作，提高创作水平。例如别林斯基《论俄国中篇小说和果戈理君的中篇小说》，对果戈理《密尔格拉得》和《小品集》的评论，深入分析了作品对农奴制丑恶本质揭露的深刻思想意义和艺术上“含泪的笑”的独特风格，强调了文学作品的价值在于真实地再现社会生活，从而使果戈理更加自觉地坚持现实主义的艺术原则，终于写出了《钦差大臣》和《死魂灵》等批判现实主义文学名著。这种事例在文学史上

① 参见陈骏涛：《文学批评：多职能的综合》，《文学自由谈》1986 年第 2 期。

并不是罕见的。

其次，评论创作倾向，使创作主潮沿着时代要求和艺术规律健康发展。对于整个文学系统也同样进行这种调节，不过它已经不是对个人而是对某种创作倾向、思潮进行整体调节了。文学发展过程中，每一时代大都有每一时代的风格、倾向、主潮，它们有健康的，也有不良倾向，这就需要通过文学批评去反对不良倾向，或对健康的文学潮流推波助澜，从而使文艺主潮、风格，按照艺术规律和时代要求向前发展。我国古代文学史上，刘勰《文心雕龙》、陈子昂《与东方左史虬修竹篇序》及韩愈、柳宗元倡导古文运动的那些文学批评著述，有力地反对了当时文坛上的不良风气，开创一代文学新风，就属这种整体调节的范例。我国现代文学史上，毛泽东《在延安文艺座谈会上的讲话》把“五四”新文学推向了一个新阶段，更是一个光辉的典范。新时期初期的文学批评，“为文学创作的主潮推波助澜”，特别是对“伤痕文学”“反思文学”“改革文学”推波助澜，所取得的成就、发挥的作用，是很令人瞩目的。

上述两方面的调节，前者属于微观的具体调节，后者为宏观的整体调节。文学批评就这样来协调文学与现实的审美关系，从而推动文学创作的繁荣和发展。

（二）调节文学与读者的交流关系

文学作品在社会中流通，即艺术与读者的交流，在整个文学活动系统中也是一个重要环节。读者通过欣赏，接受艺术的信息内蕴，得到审美享受，提高审美能力；作家又通过读者的反应、要求，调整自己的创作活动，再度进行创作，进行流通，这样反复往来，以至无穷。在这种艺术品的流通活动中，由“作品”而联结着的作家和读者之间，存在一种特殊的关系，即类似市场上生产与消费的关系。正如马克思深刻指出的那样：“艺术对象创造出懂得艺术和具有审美能力的大众，——任何其他产品也都是这样。因此，生产不仅为主体生产对象，而且也为对象生产主体。”① 社会文化市场上这种供需消费关系的正常化，特别是要摆脱消费的“最初的自然粗陋状态”和“自由化”状态，只靠所谓“商品规律”自我调节是不可能完全实现的，它必须通过文学批评参与其间，进行调节，才能真正实现，并在更高层次的水平上进行交流。这种调节主要表现为两个方面：

首先，从读者（消费）方面来说，主要是对欣赏的指导。具体来说，一是通过文学

---

① 《〈政治经济学批判〉导言》，中共中央马克思、恩格斯、列宁、斯大林著作编译局编：《马克思恩格斯选集》第 2 卷，人民出版社，1995 年版，第 10 页。

批评帮助读者选择文学作品；二是通过文学批评对文学作品深刻的思想和真正的美的阐释和评价，帮助读者深入欣赏，真正理解文学作品；三是通过对文学艺术规律的揭示，有效地提高读者的艺术趣味和欣赏能力。优秀的文学批评不仅可以帮助读者更深切地感受、理解文学作品，而且可以在欣赏方法和评论方法方面起示范作用，提高读者的欣赏能力。欣赏能力的提高离不开反复的欣赏实践，但文学批评的指导、示范作用是同样不能忽视的。总之，文学批评是从读者一方提高欣赏的层次，即“培养鉴赏力”①，“净化他的大多数读者的口味”②，以适应逐步提高的文学创作水平。

其次，从作家（生产）方面来说，主要是对创作进行调整，使其更适应读者的要求。只要有作品，就有读者。“只要是有读者群，就有明确表示出来的社会舆论，就有直截了当的批评，把小麦和莠草区别开来，并对庸劣无才或者招摇撞骗予以斥责。读者群是文学的最高法庭、最高裁判。”③ 文学批评是读者群“明确表示出来的社会舆论”“直截了当的批评”的集中反映，它把这种“社会舆论”和“批评”反馈给创作主体，必然会引起作家对自己创作的反思，进而根据“社会舆论”调整自己的创作，为适应读者的审美要求而进行艺术探索。这样，便逐步把文学创作和欣赏活动推向一个新的更高的水平。

（三）调节文学创作与文学理论的统一关系

文学创作与文学理论之间的关系，就是实践与理论的关系。文学理论来源于文学实践，同时又指导文学实践并接受文学实践的检验，达到理论与实践的统一。文学理论与文学实践的这种辩证统一关系的真正实现，离不开文学批评的调节作用。文学批评处于文学创作与文学理论之间，对作品的评价是文学理论的具体运用，即文学理论对文学实践指导作用的具体实现；同时又是对文学实践的总结，是实践向理论的飞跃和转化。因此，文学批评是一种实践性和理论性都很强的中间环节，它在文学创作与文学理论之间起着一种特殊的作用。这种作用具体表现为三个方面：

首先，在一定文学理论指导下，进行文学界的思想和艺术斗争，建设和发展一定性质的文学艺术。在阶级社会中，各个阶级特别是统治阶级都要按照本阶级的文学理论去建设发展符合本阶级利益的文学艺术。其中，文学批评是为建设特定文艺而进行的艺术

---

① ［德］黑格尔著，朱光潜译：《美学》第1卷，商务印书馆，1979年版，第20页。

② ［苏］车尔尼雪夫斯基著，辛夫艾译：《论批评中的坦率精神》，《车尔尼雪夫斯基论文学》中卷，人民文学出版社上海分社，1965年版，第167页。

③ 《1840年的俄国文学》，《别林斯基论文学》，第250页。

和思想斗争的重要方法之一。例如，在我国“五四”新文学的建设和发展过程中，马克思主义文学批评就起了极其重要的作用。新文学可以说就是在同各种非无产阶级文学流派思潮诸如“国故”派、“论语”派、“新月”派、“第三种人”“民族主义文学”派的论战中，一步一步向前发展的。任何一种新文学的建设和发展，都离不开文学批评为其制造舆论，开辟阵地。新时期发展社会主义文学艺术，也必须通过文学批评，同一切非社会主义的文学思想、思潮、流派进行斗争，否则，真正的社会主义文学艺术的建设和发展，也将是难以实现的。

其次，对文学实践进行研究评价，为丰富和发展文学理论提供思想资料。别林斯基在谈到文学批评与文学理论的关系时，曾经明确指出过批评的这一功能。他说：“理论是美文学法则的有系统的和谐的统一；可是，它有一种不利，那就是只包含在一定的时间限度里面，而批评则不断地进展，向前进，为科学收集新素材，新资料。这是一种不断运动的美学，它忠实于一些原则，但却是经由各种不同的道路，从四面八方引导你达到这些原则，这一点就是它的进步。这说明了批评为什么这样重要，这样普遍；说明了它为什么引起广泛的注意，博得这样大的声望，这样大的威力。”① 文学理论批评史上的事实也证明了这一点。像刘勰的《文心雕龙》、黑格尔的《美学》、车尔尼雪夫斯基的《艺术与现实的审美关系》以及当代美国雷·韦勒克的《文学理论》等文学理论巨著，都是建立在比较发达的文学批评基础之上的。我国当代特别是在新时期也是这样。正因为文学批评的活跃、健全发展，从而在文学与政治的关系、文学与人民的关系、文学与人性的关系、文学的真实性问题、社会主义时代的悲剧问题、文学的本质与商品性的关系问题、文学研究批评的方法问题、社会主义文学艺术的特性问题、文学典型问题及社会主义新人塑造问题、加强和改善党对文艺事业的领导等等方面，丰富和发展了马克思主义文艺理论和毛泽东文艺思想。

再次，对文学批评实践进行研究，建设科学的文学批评理论。批评实践同创作实践一样，是文学批评的重要研究对象之一，文学批评必须注重对它进行深入全面的科学研究，揭示它的本质特征和规律，建立科学的文学批评理论体系。文学批评只有这样建立在科学理论的支点上，才能真正卓有成效地发挥其审美调节功能。从某种意义上说，文学批评能否自觉进行反省，观照自身，是否具有科学的理论体系，实际上是文学批评真正成熟与否的一个重要标志。

---

① 《论〈莫斯科观察家〉的批评及其文学意见》，《别林斯基选集》第1卷，第323—324页。

综上所述，文学批评在文学活动系统中，主要起一种审美调节作用：通过调节文学与现实的审美关系来推动创作，通过调节作家与读者的交流来提高创作水平和接受水平，通过调节创作与理论的辩证统一关系来建设一定的文学理论和文学艺术，通过批评的自我调节，即调节文学—批评—理论的关系来建设发展健全的文学批评。整个文学活动系统正是在文学批评这种审美调节中，解决矛盾，达到均衡，获得协调健康的由低级向高级的逐步发展。

## 第二节　马克思主义文学批评的任务

马克思主义文学批评作为社会主义文学事业的重要组成部分，在促进社会主义文学事业的发展上，担负着重要而光荣的任务。

### 一、科学评价作品，繁荣文学创作

认真地分析、研究、评价文学作品，特别是及时地研究评价社会主义文学新作，使较低级的艺术逐渐成为高级的艺术，使不适合广大人民群众要求的艺术改变成适合广大人民群众要求的艺术，这是马克思主义文学批评最基本、最经常的任务和工作。这个工作就是人们通常所说的“浇花锄草”的工作。鲁迅曾经指出：“批评家的职务不但是剪除恶草，还得灌溉佳花，——佳花的苗。”① 在旧社会是这样，在新社会更是这样。马克思主义文学批评对文学园地破土而出的新苗，对人民群众中涌现出来的新人新作，要像园丁一样，做好浇水、施肥、培土、剪枝的工作，创造一切有利条件，使之成长起来。马克思主义文学批评家，应当是文学战线上的“伯乐”，应当把发现优秀的和比较好的作品，鼓舞作者的创作热情和创作勇气，作为自己的天职。在这里，应当根除那种一味指责“幼稚”“不成熟”的贵族老爷式的态度和在嫩苗的土地上驰马的恶意的批评家的批评。当然，这并不是说对“恶草”或者“毒草”也不剪除。这是两种性质不同的事情。对社会主义条件下，在一定的气候环境下冒出来的真正的恶草或毒草，一定要进行剪除和批判。正像毛泽东所说的那样：“对于一切包含反民族、反科学、反大众和反共的观点的文艺作品必须给以严格的批判和驳斥。”② 但是，绝不能把这种对“恶草”“毒草”的剪除扩大化，把那些只是在思想内容、政治倾向上有某种错误的文学作品也当作“恶草”

---

① 《并非闲话》(三),《鲁迅全集》第3卷，第114页。

② 《在延安文艺座谈会上的讲话》,《毛泽东选集》第3卷，第869页。

“毒草”去剪除。对这一类有缺点、有错误的作品，应当采取鲁迅所主张的“剜烂苹果”① 的方法。这里关键是把“剪除恶草”和“剜烂苹果”区别开来。也只有这样，才能真正做到“灌溉佳花”和“剪除恶草”。

在科学地评价作品中，实际上存在着两种文学批评，即初级的文学批评和高级的文学批评。所谓“初级”的文学批评，主要是指对某部文学作品进行一般评价，向读者推荐某部作品。这样的批评，这样的工作，对作家对读者都是有益的，是很需要的，对青年读者尤其必要，它至少可以帮助读者选择好作品，读好书。但是，文学批评仅仅停留在这一水平上是远远不够的。它需要更高一级的文学批评，即站在文学传统和时代的高峰，俯瞰个别优秀作品和这一时代的文学动向及发展趋势，从而做出历史的科学判断。对这种更具有理论品格的文学批评，可以称之为“高级”的文学批评。高级的文学批评以敏锐的洞察力，发现未被人发现的优秀作品，发掘不被人所理解的作品的社会意义和艺术价值，评定他们在文学中的地位，对于总结文学创作经验，探讨文学的规律及发展趋势，推动文学艺术的前进具有重大意义。文学史上那些卓越的批评家，总是把自己的文学批评提高到这种水平上。如别林斯基对果戈理的《死魂灵》、杜勃罗留波夫对冈察洛夫的《奥勃洛莫夫》、瞿秋白对鲁迅的杂文所作的极其精辟、深刻的论述那样，总是站在时代的前列，俯视时代的文学潮流，引导时代文学向前发展。我们社会主义文学的繁荣和发展，尤其需要这种高屋建瓴、雄视全局的高级的文学批评。

## 二、继承文学遗产，促进文学发展

在整个人类文学发展过程中，无论是中国还是外国，都积累了相当丰富的经验，历代杰出的作家、文艺理论家，给我们留下了丰富的文学遗产。这些都需要我们运用马克思主义的观点和方法，进行认真的研究、整理、译介和评价。尽管历代的优秀作品和论著曾经产生过重大影响，但由于时代和阶级的局限，它们并没有也不可能达到马克思主义文学批评的水平，并且往往是精华与糟粕共存。这就需要马克思主义文学批评，按照人民群众和社会主义文学艺术发展的需要，对它们加以整理、研究、总结、批判和评价，从中概括出具有规律性的东西，使之成为科学的东西，为社会主义文学所用。这是马克思主义文学批评的重要任务之一。因为，社会主义文化不是从天上掉下来的，也不是某些天才的杜撰，它是由几千年来的优秀文化发展而来的，是“吸收和改造了两千多年来人类思想和文化发展中一切有价值的东西。只有在这个基础上，按照这个方向，在无产

---

① 《关于翻译（下）》，《鲁迅全集》第5卷，第238页。

阶级专政（这是无产阶级反对一切剥削的最后的斗争）的实际经验鼓舞下继续工作，才能认为是发展真正无产阶级的文化”①。

新中国成立以来，在运用马克思主义观点和方法，有计划地深入地整理、译介、研究、评价中外优秀文学遗产方面，我们做了大量的工作，取得了一定的成绩。但是，应当承认，对社会主义文学事业的需要来说，我们做得还很不够，不仅对外国的优秀文学作品和文学理论批评论著译介、研究、评价做得不够，就是对我国古典文学理论批评遗产，诸如《文赋》《文心雕龙》《诗品》等论著以及浩如烟海的诗话、词话、曲话、小说评点、戏剧理论的研究也是很不够的，至于对我们中华民族的文学艺术的根本特征及规律的真正马克思主义的探讨和阐述，就更是寥寥无几了。在某种意义上说，我们对文学遗产，特别是对文学批评遗产的整理和研究，才仅仅是一个开始，一个开拓性的开始，这里有许多问题亟待我们认真地进行研究和探讨。

**三、研究新的情况，探讨社会主义文学的规律**

社会主义文学是新的文学，社会主义文学运动是新的文学运动，它们与以往一切剥削阶级的文学和文学运动有根本性质的不同。如果从《国际歌》算起，在我国从“五四”运动算起，已有一百多年或八十多年的历史。它积累了丰富的经验教训，包括社会主义时期的经验和教训，都需要我们用马克思主义的立场、观点和方法，认真进行总结，从中找出规律性的东西，指导社会主义文学事业更好地向前发展。这里，尤其是对新时期的文学运动应当给予更多的关注，特别注意研究新情况，解决新问题。“当前的运动的特点是什么？它有什么规律性？如何指导这个运动？这些都是实际的问题。……运动在发展中，又有新的东西在前头，新东西是层出不穷的。研究这个运动的全面及其发展，是我们要时刻注意的大课题。如果有人拒绝对于这些作认真的过细的研究，那他就不是一个马克思主义者。”② 新时期以来的文学运动和创作实践，向我们提出了一系列需要研究、探索和解决的问题，如文学的审美娱乐性和教育认识功能的关系、文学的真实性问题、文学和政治的关系问题、文学与人民的关系、文艺上的对外开放与弘扬民族文化优秀传统的关系、社会主义时代的悲剧问题、社会主义文学的民族化问题、社会主义文艺的主旋律与多样化关系问题、社会主义文艺的根本特征与规律问题、社会主义文艺的性质与商品形式及其与“市场经济”的关系问题、社会主义文艺的宏观管理问题、如何加

---

① 列宁：《论无产阶级文化》，《列宁选集》第4卷，第362页。

② 毛泽东：《中国共产党在民族战争中的地位》，《毛泽东选集》第2卷，第534页。

强和改善党对文艺的领导以完备的形式实现党对文艺的领导问题等等许多重大课题，都不可能从古典作家和经典作家的文艺论著中找出现成答案来，迫切需要我们从实践和理论的结合上，进行探讨和研究，找出规律性的东西，做出科学的总结。这是马克思主义文学批评必须完成的一项基本任务。否则，将直接影响社会主义文学事业的繁荣和发展。

在文艺战线上，马克思主义文艺批评还必须担负起贯彻中国共产党的文艺方针政策，正确进行文艺界的思想斗争和艺术斗争，反对一切错误思想倾向和不良艺术倾向的斗争的任务。“那种淡漠‘二为’方向、远离群众实践的倾向，那种迎合低级趣味、‘一切向钱看’的倾向，那种鄙薄革命传统、推崇腐朽文艺思潮的倾向，都是错误的，应该坚决反对。”① 在社会主义初级阶段，社会主义文学艺术无疑是占统治地位的。但同时还存在着各色不同政治态度的艺术品，各种各色的艺术品；存在着来自旧的剥削阶级的文学艺术和国外资产阶级文学艺术的影响；存在着无产阶级同剥削阶级的斗争；存在着社会主义同资本主义的斗争；存在着不同意识形态的斗争；存在着真善美同假恶丑的斗争；存在着各种文学流派、文学思潮、风格以及各种艺术形式之间的差异、矛盾和斗争。马克思主义文学批评的一个重要任务，就是坚决贯彻党的各项文艺方针政策，特别是“二为”方向和“双百”方针，实行艺术民主，从实际出发，同各种错误的文艺倾向做斗争，批判各种反动的文艺思想和文艺作品，正确进行文艺上两条战线的斗争，有效地进行文艺上的反对资产阶级自由化的斗争，促进文艺界对各种文艺问题的自由探讨，从而调动一切积极因素，使社会主义文艺事业沿着正确的方向向前发展。

马克思主义文艺批评，还担负着发展马克思主义文艺理论，建立具有民族特色的马克思主义文艺理论体系的重要任务。马克思主义文艺理论是在文艺实践（包括创作与批评等）中产生和发展起来的。一方面，文学批评以马克思主义文艺理论为指导；另一方面，文学批评的成果（对创作经验的总结和对文艺规律尤其是社会主义文艺规律的探讨）又丰富和发展着马克思主义文艺理论。社会主义文艺批评必须用马克思主义文艺理论来指导自己的实践，总结历史经验，研究新的情况，回答新的问题，从中得出科学的结论，使马克思主义文艺理论和毛泽东文艺思想得到新的丰富和发展。这是马克思主义文艺批评的一项责无旁贷的任务。毛泽东把马克思主义文艺理论的基本原理与中国革命文艺运动实践相结合，把马克思主义文艺理论发展到了一个新阶段，建立了具有民族特色的马克思主义文艺理论体系——毛泽东文艺思想。在新时期，结合新的文艺实践，毛泽东文

① 《中共中央关于加强社会主义精神文明建设若干重要问题的决议》。

艺思想的一些科学原则，又得到了重大发展。例如，关于文艺“为人民服务、为社会主义服务”的方向；关于不继续提“文艺从属于政治”这样的口号而提“文艺是不可能脱离政治的”；“人民是文艺工作者的母亲”；文艺战线“不能搞精神污染”，要反对资产阶级自由化；等等，都是对毛泽东文艺思想的丰富和发展，已经成为邓小平理论的一个重要组成部分。对这些可喜的成果，我们应当特别珍视。马克思主义文艺批评应当在发展马克思主义文艺理论和毛泽东文艺思想方面做出更艰苦更有成效的努力。具体说来，应当在以下诸方面进行创造性探讨：(1) 把马克思关于文艺作为掌握世界的一种独特方式的思想深入展开，把毛泽东关于形象思维的思想系统化；(2) 把马克思主义、毛泽东文艺思想的创作主体理论进一步完善系统化；(3) 把马克思主义关于现实主义、毛泽东关于“两结合”的论述展开，建设马克思主义的完整系统的创作方法论；(4) 对马克思主义、毛泽东文艺思想关于文艺批评的思想做深入专门的研究，建设系统科学的马克思主义文艺批评学；(5) 深化对社会主义文艺的根本特征和规律的探讨，建设社会主义文艺学；(6) 建立有中国特色的社会主义文艺管理学；(7) 建立马克思主义的文艺价值论；(8) 建立系统的马克思主义文艺文化学；(9) 加强对中外文化交流规律及发展趋势的马克思主义的系统研究；(10) 加强对文艺上进行“两条战线”的斗争即反对错误倾向的斗争的系统研究。马克思主义文艺理论面临着新的实践的挑战，真正的马克思主义文艺批评应当而且可以对此做出新的理论概括，实现“经典形态”到“当代形态”① 的历史转换，把马克思主义文艺理论和文艺实践推向前进和发展。在这个问题上，应当反对两种倾向，一是搞“凡是”“句句是真理”的教条主义倾向；一是怀疑、否定马克思主义文艺理论和毛泽东文艺思想的基本原理的“过时”论倾向。毛泽东指出：“马克思主义一定要向前发展，要随着实践的发展而发展，不能停滞不前。停止了，老是那么一套，它就没有生命了。但是，马克思主义的基本原则又是不能违背的，违背了就要犯错误。”② 这是我们应当采取的态度。也只有这样，把马克思主义的基本原理同中国社会主义文艺的具体实践结合起来，集中研究、探讨中华民族文艺的特殊形式和普遍规律，才能逐步建立起具有中华民族特色和当代性的马克思主义文艺学理论体系。

**小结** 文学批评的审美功能是由文学批评的“艺术性科学”性质决定的，应当牢牢

---

① 参见狄其骢：《文艺学问题》，山东大学出版社，1993年版，第177—186页。

② 《在中国共产党全国宣传工作会议上的讲话》，《毛泽东选集》第5卷，第417页。

把握住文学批评在文学系统内部的审美调节作用，排除对批评功能的误解，从而正确发挥文学批评的作用，完成马克思主义批评的基本任务。

## 复习思考题

1. 应当怎样认识各种批评功能说？特别是“工具”说，应当做何评价？
2. 试述文学批评的审美调节功能。
3. 马克思主义文学批评的基本任务是什么？
4. 怎样才能正确发挥文学批评的引导作用？结合实际，谈谈自己的看法。

# 第二编　标准论

# 第四章 文学批评标准的基本特性

**内容提要** 文学批评标准是文学批评的一个根本问题。本章讲述三个问题：批评标准是批评的中心，它不仅是进行批评的必要条件，而且对批评的科学性具有决定性作用；作为艺术科学的标准，它应当是审美性与功利性的统一，稳定性与可变性的统一，普遍性与具体性的统一；对批评标准的选择和运用，应当坚持标准与对象对应统一的原则。

## 第一节 批评标准是文学批评的中心

### 一、什么是文学批评标准

在探讨文学批评标准的问题之前，首先应当弄清楚什么是文学批评标准。

所谓文学批评标准，就是用来评价文学作品的价值的尺度。一般又把它分为两个标准，即思想标准和艺术标准。思想标准是衡量文学作品的思想性的尺度；艺术标准是衡量文学作品艺术性的尺度。

值得指出的是，这里虽然讲的是“尺度”，但并不是自然科学的尺度。此种“尺度”，无非是一种大体上的审美方向，或大体上的审美观察点。一讲尺度就把它与自然科学的标准等同起来，是错误的。

文学批评标准的客观存在，是谁也否认不了的。我国 20 世纪 30 年代，有些资产阶级文艺家否认文学批评需要标准，主张无标准的批评，被鲁迅称为“怪汉子”。鲁迅把“标准”叫作“圈子”，他说：“我们曾经在文艺批评史上见过没有一定圈子的批评家吗？都有的，或者是美的圈，或者是真实的圈，或者是前进的圈。没有一定的圈子的批评家，那才是怪汉子呢。办杂志可以号称没有一定的圈子，而其实这正是圈子，是便于遮眼的变戏法的手巾。譬如一个编辑者是唯美主义者罢，他尽可以自说并无定见，单在书籍评论上，就足够玩把戏。倘是一种所谓‘为艺术的艺术’的作品，合于自己的私意的，他就选登一篇赞成这种主义的批评，或读后感，捧着它上天；要不然，就用一篇假急进的好像非常革命的批评家的文章，捺它到地里去。读者这就被迷了眼。但在个人，如果还有一点记性，却不能这么两端的，他须有一定的圈子。我们不能责备他有圈子，我们只能批评他这圈子对不对。”① 鲁迅这话是很深刻的，他揭穿了所谓“无标准”批评的实质——所谓“无标准”只不过是“玩把戏”“遮眼的变戏法的手巾”。

总之，文学批评必须而且可以有一定的标准。这一点，已被文学批评史上的大量事实所充分证明。文学史上任何一个批评家都有一定的标准，没有标准的批评家是根本不存在的。

**二、批评标准问题是文学批评的中心**

在文学批评中，标准问题极为重要。可以说，标准问题是文学批评的中心问题。

首先，文学批评既然是对文学作品进行评价，就必须有一定的标准。批评标准是进行文学批评必不可少的条件。否则，就不能算是文学批评。鲁迅称那些没有一定标准的批评家为“怪汉子”，其理由恐怕也正在这里。批评实践中，没有标准会造成批评的混乱。正像南朝批评家钟嵘所指出的那样，由于批评者们“准的无依”“随其嗜欲”，便造成了批评上“淄渑并泛，朱紫相夺”的混乱局面。②

其次，批评标准对文学批评的科学性具有决定性的作用。这绝不是夸张。由于标准不同而对同一部作品做出各种不同甚至截然相反的评价，是文学批评史上常见的现象。大家熟悉的如《红楼梦》，就由于批评家的标准不同，产生了不同学派。正如鲁迅所说，同是一部《红楼梦》，“就因读者的眼光而有种种：经学家看见《易》，道学家看见淫，才子看见缠绵，革命家看见排满，流言家看见宫闱秘事……”③ 这里的“眼光”也就是“标准”，显然起着决定性作用。另外，当代文学中的“争鸣”作品，何尝不是由于批评标准不同造成的呢？因此，可以说，没有科学的批评标准，也就不会有科学的文学批评。一般说来，批评标准的科学性如何，直接决定着批评的科学性程度。某些批评的根本性失误，往往与标准的根本失误有直接关系。

可以说，文学批评中的许多问题，无不与标准问题有密切关系。标准问题解决不好，其他问题也往往不能得到很好的解决。

---

① 《批评家的批评家》，《鲁迅全集》第5卷，第428页。

② 参见《诗品序》，郭绍虞主编：《中国历代文论选》第1册，上海古籍出版社，1979年版，第309页。

③ 《〈绛洞花主〉小引》，《鲁迅全集》第8卷，第145页。

总之，批评标准问题非常重要，理所当然地受到历代文学批评家们的高度重视，成为文艺学研究的中心课题和学术争论的焦点。因此，确立科学的批评标准又成了文学批评中的一件非常艰难的事情。

## 第二节　文学批评标准的基本特性

无论是从批评标准本身的内在要求来看，或是从古今中外实际存在着的各种不同的批评标准来看，还是从各个批评家手中实际运用着的批评标准来看，作为艺术科学的批评标准，应当具备以下几个特性。否则，就不能称其为科学的批评标准。

### 一、审美性与功利性的统一

首先，批评标准必须具有审美性。文学是人对现实的审美反映。它有特殊的对象——以人为中心的具有审美意义的社会生活整体；它有特殊的方式——通过形象、意境，以审美的方式掌握世界。由于文学艺术反映对象和反映方式的特殊性，决定了文艺的内容和形式都是审美的，是人对现实的审美反映，是一种具有审美特质的社会意识形态。作为艺术科学的批评标准，必须深刻、集中地体现出文学艺术的这种特殊本质。换句话说，批评标准必须是审美的。我们这里姑且把批评标准体现文艺审美特质的特性称为审美性。具体说来，一是批评标准必须能够评价揭示作品在反映对象上的优劣，衡量文学反映对象在社会性、个别性、整体性、审美价值等方面所达到的高度；二是批评标准必须能够评价揭示作品在反映方式上的优劣，衡量文学反映方式如情感的真实性、形象的典型性和生动性、意境的丰蕴性以及体裁、语言等形式的创新和完美性所达到的高度；三是批评标准必须能够评价揭示作品的内容和形式在审美高度上统一的程度，衡量文学作品的形象和形象体系是否具有自己的内容和自己的形式，是否显现着作家的个性特征，是否在相对意义上实现了深刻丰富的思想内容与完美和谐的艺术形式在审美高度上的统一。总而言之，批评标准必须具有高度的审美性，必须能够衡量批评对象的审美特质。

其次，批评标准还须有功利性。所谓社会功利性，主要指批评标准应当有益于社会前进，体现出一定社会中人民、民族、阶级的利益。这在阶级社会中是不容否定的。文学批评标准总是受阶级和集团的政治观点、审美理想和艺术观点的制约，打上阶级的烙印。“各个阶级社会中的各个阶级都有不同的政治标准和艺术标准。”①如我国封建社会

① 毛泽东：《在延安文艺座谈会上的讲话》，《毛泽东选集》第3卷，第869页。

中，统治阶级就把“文以载道”作为文学批评的思想标准，具有很明显的阶级性。对于违背这一标准的文学作品、作家及理论观点，都是采取排斥的态度，甚至大兴文字狱。而被压迫阶级人民群众及不同程度上具有进步立场、反映人民意愿、坚持正确创作原则的作家、批评家，则总是坚持由《诗经》、“乐府”开创的现实主义传统和由屈原开创的浪漫主义传统，即“风雅”“风骚”精神，作为衡量文学作品的重要标准。在当代也是一样，各个阶级、国家、民族都有各自的批评标准。1986 年，根据丹麦女作家塔尼娅·布里克森的同名自传体小说改编，由德尼·波拉克导演的美国影片《走出非洲》，获第 58 届奥斯卡金像奖七项大奖，但在影片描述的地方——肯尼亚却受到冷遇。在肯尼亚首都放映时，观众寥寥，还受到肯尼亚总统莫伊没点名的指责和《肯尼亚时报》影评点名批评。① 可见，批评标准是有阶级性和民族性的。归根到底，批评标准是一定阶级、政治集团、民族的利益和审美理想的集中体现。抹杀这种特性，一味追求所谓“国际统一”标准，则是违背艺术规律、忽视民族利益和阶级利益的错误做法，将会受到阶级、民族和艺术规律的惩罚。

如何处理审美性和功利性的关系呢？表面看，二者是矛盾的，实际上并不矛盾，而是统一的。鲁迅有一段话，讲得非常透彻。他说：“在一切人类所以为美的东西，就是于他有用——于为了生存而和自然以及别的社会人生的斗争上有着意义的东西。功用由理性而被认识，但美则凭直感底能力而被认识。享乐着美的时候，虽然几乎并不想到功用，但可由科学底分析而被发见。所以美的享乐的特殊性，即在那直接性，然而美底愉乐的根柢里，倘不伏着功用，那事物也就不见得美了。并非人为美而存在，乃是美为人而存在的。”② 这里讲的艺术美与功用的关系，显然对批评标准中“审美性”与“功利性”的关系是完全适用的。我们坚持审美性与功利性的统一、一致，反对任何偏执一方的错误倾向。因此，艺术科学的批评标准，不管它以何种形态和类型出现，势必包括艺术审美标准和社会功利标准两方面的内容，二者缺一不可。否则，就不能算是科学的批评标准。

## 二、稳定性与可变性的统一

首先，文学批评标准的基本内涵应当具有一定的稳定性，其基本的原则的东西，是不能随意变更的。这就是文学批评标准的稳定性特征。稳定性主要表现在三个方面。其一，批评标准体现文学特质和创作规律的内涵是基本稳定的。例如上述关于艺术形象的

---

① 参见《新华文摘》1986 年第 6 期《世界文化之窗》。

② 《二心集·〈艺术论〉译本序》，《鲁迅全集》第 4 卷，第 263 页。

典型性、生动性，艺术形式的完美性、独创性，艺术风格的民族性，关于某种文学体裁（如小说、诗歌、戏剧文学）的审美特征的标准，以及某些特殊的艺术范畴、概念如西方的“美感”与我国古典诗歌中的“滋味”等尺度，关于艺术的功利性标准，等等，在文学批评史上可以说是长期稳定的。其二，某一历史阶段或时代通行的批评标准也是比较稳定的。一定时代或某一历史阶段的文学总有一定时代的时代特征，例如我国古代文学中的建安风骨和盛唐之音等，这种文学的时代风格特征不能不影响到该时代文学批评的标准，而且造成了批评标准在其特定时代中的相对稳定性。在我国长期的封建社会中，“文以载道”的批评标准、“教化”标准，可以说是长期稳定的，一以贯之的。中国现代文学中，无产阶级的政治标准也是稳定的，可以说统治文坛半个多世纪之久。其三，成熟的批评家所使用的批评标准也是相对稳定的。从中外文学批评史上的杰出批评家的批评实践来看，批评家一旦形成自己的确定的批评观之后，在相当时期内，他所使用的批评标准是相当稳定的。例如，19 世纪俄国三大批评家——别林斯基、车尔尼雪夫斯基、杜勃罗留波夫，在他们的批评实践中，如别氏对果戈理的评论（《论俄国中篇小说和果戈理君的中篇小说》等），车氏对托尔斯泰的评论（《列·尼·托尔斯泰伯爵的〈童年〉、〈少年〉和战争小说》），杜氏对冈察洛夫的评论（《什么是奥勃洛莫夫性格?》），所运用的批评标准可以说就是一个“现实主义”的批评标准。这个批评标准在他们各自并不太短的批评生涯中是相当突出而稳定的。所以，在文学批评史上，别、车、杜一向以“现实主义文学批评家”著称于世。在我国现代文学批评史上，瞿秋白、鲁迅、茅盾、周扬、何其芳等马克思主义文艺批评家们所运用的马克思主义文艺批评标准也是很稳定的。总之，批评标准具有稳定性，是不容忽视的。

其次，文学批评标准的基本内涵又有一定的可变性。换句话说，没有绝对不变的批评标准，无论是审美性标准还是社会功利性标准，都会随着时代和文学艺术的发展而改变自己的内涵。可变性可以说是文学批评标准的又一特征。这一点，在社会功利性标准上尤为明显。可变性主要表现在两个方面。其一，体现在标准内涵的历史性中。文学批评标准的内涵（无论是基本的还是具体的）是在长期的文学发展和批评实践中逐步积淀形成的，因此，它必须随着文学发展和批评发展而不断变化发展。由于文学的时代特征的差异，每个时代的文学批评标准也随之不同。这就是批评标准的历史性特点。如齐梁时代，文学特性受到特别重视，某些贵族诗人专门从事雕琢词句、堆砌典故的形式主义诗歌创作，于是便产生了追求艺术形式忽视内容的以“声律”为中心的批评标准。唐代古文运动兴起，便产生了提倡“风雅”“兴寄”的批评标准。又如对小说的批评，对魏晋志怪、唐宋传奇、现代小说，怎么能用同一个标准呢？总之，由于文学在一定历史时期的发展水平不同，人们对文学的规律和特征的认识水平不同，便决定了各个历史时代文学批评标准也必然有所不同，各自体现出时代的某些特点。正如毛泽东所说："我们不但否认抽象的绝对不变的政治标准，也否认抽象的绝对不变的艺术标准。"① 这一点，不仅对于每个不同历史时代是适用的，而且对于每个历史阶段来说也完全是适用的。例如在我国新民主主义阶段到社会主义阶段中，风云激荡，斗争剧烈，无产阶级文学批评的"政治标准"的具体内涵就随之不断进行调整和发展，从第一、二次国内战争时期的"反帝反封反官僚买办"，到抗日战争时期的"抗日与团结"，再到社会主义时期的"六条标准"，直到新时期的"四化建设"标准，十分明显地表现出批评标准的可变性轨迹和特征。其二，体现在批评家具体的批评实践中，可称之为批评具体性。在文学批评中，确切地说，不存在一个悬空的、抽象的批评标准。只有在批评家的批评实践中才存在衡量对象的标准。这个实践中的标准是具体的而不是抽象的。或许批评家原本是用某某观念作为标准的，但由于批评家的知识结构、心理素质、审美判断能力、批评视角等批评个性的差异，再加上具体批评对象的内在要求，便造成了批评标准的可变性。这在不同批评家面对同一批评对象进行评判而不会得出完全相同的评价的批评实践中，表现得十分明显。"红学"中同一学派中的争论（例如李希凡和何其芳的争论），也可以说是标准在具体批评实践中产生的可变性的确证。总之，按照马克思主义文艺观来看，是不存在什么绝对不变的批评标准的。我们不能只看到标准的稳定性而无视其可变性，应当同时看到稳定性和可变性，坚持稳定性与可变性的统一。

## 三、普遍性与具体性的统一

首先，批评标准应当具有普遍性。所谓普遍性，主要是指作为科学的标准它必须是关于文艺规律、特征的理论概括和科学总结，对文艺创作与批评具有一定的规范和指导作用，它应当具有丰富的内涵和较大的覆盖面。文学批评史上一些比较科学的标准大多具有不同程度的普遍性，有的可以说是有很高的普遍性。如"典型性""真实性""民族性""人民性""政治性"等标准，就属此类。它们较深刻地概括反映出艺术的某些方面的本质规律和特性，因此具有普遍的真理性，可以在较大的范围内发挥指导、规范等作用。科学的批评标准应当具备这一特性。这里应当说明，我们所说的普遍性绝不意味着越抽象、越笼统、越玄奥越好。抽象、笼统、玄奥与普遍性是完全不同的两回事，绝不

① 《在延安文艺座谈会上的讲话》，《毛泽东选集》第3卷，第869页。

能把它们混为一谈。

其次，批评标准还必须具有一定的具体性。所谓具体性，主要是说作为实践的批评标准，它的内涵是宜于具体操作的，是可以直接运用于具体的批评对象的。从这一点看来，就要求标准的内涵是具体的、明晰的、确定的。文学批评史上，特别是批评实践中所运用的标准，大多是有一定的具体性的，甚至是很具体的。例如阎纲评价王蒙《春之声》《夜的眼》的“意识流”手法①，评价陈世旭的《小镇上的将军》的艺术特色②，其标准就是很具体的。我国古代评诗的“诗法”标准，古典文学中的评点方法所运用的标准，等等，都是很具体的。相对来说，“滋味”“神韵”标准，就因其内涵不够确定、不够明晰而显得缺少具体性。这里应当指出，绝不能把具体性与鲁迅所反对的“狭窄”性等同起来。

又是普遍性，又是具体性，表面看来似乎是对立的，而实际上这对立的两极正好是互相补充、辩证统一的。在具体的批评实践中，这种互补统一性体现得尤为明显。只有普遍性的标准在实践中是很难操作运用得体的，往往大而失当；只有具体性的标准又因覆盖面小而不能适应丰富多样的批评对象，往往捉襟见肘。这就需要二者兼顾，同时运用普遍性与具体性的标准，形成二者统一的局面。如讲“真实性”，就应具体讲是什么形态的真实、什么性质的真实等等；讲“政治性”也必须讲它在各个历史时期的具体内涵。这样，势必形成一个普遍标准下又有几个具体标准的多层次内涵的局面。这种既有普遍性又不太笼统，既有具体性又不太狭窄，才是科学批评标准应有的特征。

总之，科学的批评标准，应当是审美与功利、稳定与可变、普遍与具体的统一，这六者缺一不可。否则，批评标准的科学性就会受到影响。这样的标准也许过于理想化了，太难制定了，但不能因此就放弃这种追求。因为批评标准的这些基本特性，归根到底是由批评是“运动的美学”的特性所决定的。我们只能顺应它而不能违背它。

## 第三节　批评标准的选择与运用

在文学批评实践中，批评标准的选择和运用，特别是选择好、运用好，并不是一件容易的事情。这里谈两个值得注意的问题。

---

① 《小说出现新写法——谈王蒙近作》，《文学八年》，第 164 页。

② 《习惯的写法打破了——谈〈小镇上的将军〉的艺术特色》，同上书，第 121 页。

## 一、标准的选择应与对象对应统一

当代评论家严家炎在《中国现代小说流派史》中谈20世纪文学艺术批评的一点教训时指出，文学批评的一个危险区、误区就是批评标准选择不当，“在不同质、不同元”的文学作品之间，硬要用某“元”做固定不变的标准去评判，从而否定一批可能相当出色的作品的存在价值，譬如，用现实主义标准去衡量现代主义作品或浪漫主义作品，用现代主义标准去衡量现实主义作品或浪漫主义作品，用浪漫主义标准去衡量现实主义作品或现代主义作品。他把这个区域称之为“异元批评区”或“跨元批评区”，指出“这是一种使批评标准与批评对象完全脱节的，牛头不对马嘴式的批评，犹如论斤称布、以尺量米一样荒唐”。①

这个教训是很深刻的，应当引以为训。关键问题是应当特别注意使批评标准与批评对象对应统一。一个流派、一个作家、一部作品，无不具有作为流派、作为作家、作为作品的具体的“质”或“元”。对它们进行批评，必须选择与其“质”或“元”一致的批评标准，譬如用现实主义标准去衡量现实主义作品，用浪漫主义标准去衡量浪漫主义作品，用现代主义标准去衡量现代主义作品，等等。要做到批评标准与批评对象的对应统一，应当说是可能的。因为在我们看来，批评标准并不是固定不变的、僵化的、包打天下的万能标准，而是既是稳定的、普遍的标准又是可变的、具体的标准，这就为选择与批评对象的“质”或“元”相符、相一致的批评标准，做到批评标准与批评对象相统一提供了条件。当然，要真正实现标准与对象的对应统一，还有赖于批评家对标准和对象的真正理解和把握。

## 二、标准的运用是一个“双向运动”

一位当代评论家借用时兴的说法，强调“把运用标准看成一个“‘由外向内’和‘由内向外’的双向运动”②，这是很有见地的。他把握了标准运用的一个重要问题，对破除标准运用中的机械论毛病，正确运用标准具有积极意义。

的确，无论从理论还是从实践上说，标准的运用都是一个双向的对逆运动，从来就不是什么简单的单向运动。一般说来，所谓运用标准，也就是把一些既成的、结论性的、公理性的东西（文学观念、审美理想一类原理、原则）拿来去评判作品，衡量作品，合

---

① 《走出百慕大三角区——读二十世纪文艺批评的一点批评》，严家炎：《中国现代小说流派史》，人民文学出版社，1989年版，第329页。

② 贺兴安：《评论：独立的艺术世界》，长江文艺出版社，1990年版，第60页。

则留，不合则去。实际上相当多的人也是这样做的。这种运用可以说是一种“由外向内”的单向运动。这种运用标准的方法，如果不是完全把作品看成消极的被动者，搞得太机械、太绝对，应当说是可以的。这是一方面。另一方面，标准运用还有一个与此相反的单向运动，即在具体的批评实践中，由独创性的作品突破旧的标准而提供新的标准的逆向运动。例如雨果的《克伦威尔》《欧那尼》对古典主义的理性原则及“三一律”的突破、反叛，对浪漫主义原则、标准的确立；我国当代戏剧家魏明伦的川剧《潘金莲》，对人们传统的、某种带封建性的标准的冲击和批判；等等，就是这样。正是这些为人们接受了的独创性的作品，在人们的欣赏和批评实践中动摇了旧的标准，同时产生了新的标准。这是一个与“由外向内”逆反的“由内向外”的运动。在这个逆向运动中，标准被否定也被深化了。所以有人说“为我们提供价值判断标准的是作品本身”①，是不无道理的。但如果把此当成标准运用的全部，否定那些既定的公理性的标准的运用及其普遍规范性，就又失之片面了。

科学地运用标准应当是既坚持既定的公理性的标准对作品的评判规范，同时又有新颖独创性的作品对既定标准的变革及新标准的生成，即是一个“由外向内”和“由内向外”的双向运动的辩证统一。只有这样，才可能避免标准运用上的片面机械性和主观随意性。

**小结**　批评标准对于批评来说极为重要，没有标准就不能进行批评；标准本身是否科学即是否具备其基本特性，又往往决定着批评本身的科学性。因此，在选择标准时，一定要注意结合批评对象选择科学的批评标准。在运用标准时，则要注意“由外向内”与“由内向外”的双向运动的辩证统一。

## 复习思考题

1. 文学批评为什么必须有一定的标准？
2. 为什么说标准是批评的中心？
3. 应当怎样认识批评标准的基本特性？
4. 应当怎样理解审美标准与功利标准的关系？
5. 正确选择、运用标准的原则是什么？结合实例加以说明。

---

①　参见［日］大冢幸男：《比较文学原理》。

# 第五章　文学批评标准的中西系统

**内容提要**　本章遵循对优秀遗产批判继承的原则，分别概括介绍中国和西方历代普遍流行的批评标准。中国系统介绍了孔子、刘勰、钟嵘、金圣叹、李渔、王国维、鲁迅等人的标准论，西方系统介绍了柏拉图、亚里士多德、贺拉斯、朗吉弩斯、狄德罗、莱辛、歌德、别林斯基—车尔尼雪夫斯基—杜勃罗留波夫及现代派的批评标准。

日本文艺理论家、玉川大学教授浜田正秀在其《文艺学概论》中说："文学批评的标准，说到底是因人而异的。其种类之多，几乎可与世界人口的数目并驾齐驱。"此话不无夸张，但却道出了一个基本事实——文学批评的标准确实种类繁多。对种类繁多的批评标准，浜田正秀把它们归纳成"民意测验""绝对主义（以划一的权威）""印象主义""唯我主义""实证主义"等类型。① 台湾学者姚一苇在《艺术的奥秘》中则把文学批评的基准即标准划为三类："第一，知识的批评基准；第二，规范的批评基准；第三，美学的批评基准。"其中包括"建立在人类学和民俗学上的批评基准""建立在社会学上的批评基准""建立在心理学上的批评基准""建立在考据学上的批评基准""建立在语言学上的批评基准"及"伦理""道德""宗教""美学"的"批评基准"等九种之多。② 我们认为，作为文学批评的标准，应当是"科学型"的标准。所谓科学型标准，是指按照"艺术科学"的基本原理、艺术的基本特征和规律，对文学作品进行评价的标准。它大致包括人类学标准、民俗学标准、社会学标准、道德学标准、心理学标准、语言学标准、美学标准多种。这种类型具有较高的科学性，较接近于艺术科学的标准。在这方面，中国和西方在长期的文学批评实践中，逐步形成了各具特点和不同内涵的两种标准系统，非常值得我们进行研究。

---

① 参见《文艺学概论》，中国戏剧出版社，1985 年版，第三节。

② 参见《艺术的奥秘》，漓江出版社，1987 年版，第十二章《论批评》。

## 第一节　中国文学批评标准

中国文学批评史上，历代著名的文学批评家、理论家，大多对批评标准有所论述，形成自己的标准论。它们无疑是可供建设社会主义文学批评标准借鉴的宝贵的文艺理论遗产。现按文学批评发展的三个阶段（“萌芽产生”期、“全面发展”期、“现代新格局”期）评述如下。

### 一、孔子的标准

春秋末期的思想家、政治家、教育家、儒学学派的创始人孔子，是我国文学批评史上最早提出批评标准的人。他的批评标准即论诗标准，概括地说就是“思无邪”和“兴、观、群、怨”说。“思无邪”是对《诗经》思想内容的总概括和诗歌思想内容的总要求，可以说是评诗的思想标准。① “兴、观、群、怨”是对《诗经》亦即诗歌社会功能的概括，也是评诗的一个重要标准。② 可以看出，孔子是重视用正确的思想去教育和陶冶人的性情的。这是一个注重文学的社会功能的批评标准。

孔子这一批评标准，对后世具有深远影响。《礼记》把它集中到“教化”上，即“入其国，观其俗，温柔敦厚，诗教也”，特别注重诗的教育功能。汉代《毛诗序》则以“经夫妇，成孝敬，厚人伦，美教化，移风俗”及“化下”“刺上”（“上以风化下，下以风刺上”）③ 作为评价“国风”的标准。这是“诗教”标准的继承和运用。到唐代，主张“文以载道”的一派文学家、批评家都以此作为标准，如白居易倡导的“讽谕”标准。④ 乃至近代、现代的革命文学，都在不同程度上继承了这一传统。应当说，这一批评标准是有一定的科学性的。

### 二、刘勰、钟嵘、金圣叹、李渔的标准

#### (一) 刘勰的“六义”标准

刘勰在《文心雕龙·宗经》篇中，提出了著名的“六义”论文标准。“六义”即：一，“情深而不诡”（感情深挚而不欺诈）；二，“风清而不杂”（教育意义纯正而不杂乱）；

---

① 参见《论语·为政》。

② 参见《论语·阳货》。

③ 《毛诗序》，《中国历代文论选》第1册，第63页。

④ 参见《与元九书》。

三，“事信而不诞”（所写事物真实而不虚妄）；四，“义直而不回”（意义正确而不歪曲）；五，“体约而不芜”（风格简练而不繁杂）；六，“文丽而不淫”（文辞华丽而不过分）。① 从这六点来看，显然是把内容和形式结合起来的。它不仅要求情感真挚，教化纯正，真实可信，也要求形式华美，文风简约，富有文采。这一批评标准应当说是相当科学的。这里应当注意的是，学术界有些人认为“六观”即“观位体”“观置辞”“观通变”“观奇正”“观事义”“观宫商”② 是刘勰的批评标准，如敏泽《中国文学理论批评史》、张文勋《文心雕龙简论》、唐正序《文艺学基础》等均持此观点。也有人把“六义”和“六观”结合起来，作为刘勰提出的批评标准。③ 这是不一定妥当的。我们认为，“六观”是谈批评方法，即批评鉴赏应注意采取的六个方面或六个角度，通过它来完成批评任务，它并非刘勰的批评标准。而把标准和方法合二而一，也未必是正确的。

刘勰的“六义”标准，其思想其内容是非常深刻、非常全面的，是完全符合艺术规律的。自它问世以来，一直作为古代文学理论之精华，保留在历代进步的科学的文学批评标准中，得到人们的高度重视。

（二）钟嵘的“滋味”标准

钟嵘的《诗品》一向被誉为与刘勰的《文心雕龙》齐名的文学批评专著。关于批评标准问题，台湾学者古添洪认为它有六个标准，是一个“由本及末的系统”。这六个标准是：一，以“摇荡性情”作为标准，即着眼作品的感染力，而感染又以性情为中心。这是根本的评价标准。二，以“群怨”作为评价标准，即着眼于作品的社会功能，其重心置于群怨上。这是前述根本标准的延续、衍生。三，以“滋味”作为评价标准，即着眼于作品的整个艺术效果。此条标准虽易流于印象式的模糊不清，但诗之有无滋味，还是为读者所共同认可的。四，以“风骨”作为评价标准，即着眼于作品本身之艺术。五，以“赋比兴”的运用为评价标准，即着眼于写作技巧。此标准比风骨标准更为具体。六，以“指事造形，穷情写物”作为评价标准，即着眼于运用技巧所达到的对意象的刻画成就。这是前条的艺术效果，是更为通俗化的标准。④ 古氏归纳细则细矣，但未免失之

---

① 译文参见陆侃如、牟世金：《文心雕龙译注》上册，齐鲁出版社，1981 年版，第 30 页。

② 参见《文心雕龙·知音》。

③ 参见毕万忱、李淼：《略论刘勰的文艺批评标准》，《文心雕龙论稿》，齐鲁出版社，1985 年版，第 150 页。

④ 参见《中国文学批评中的评价标准》，叶庆炳、吴宏一等：《中国古典文学批评论集》，台湾幼狮文化事业公司印行，1985 年版，第 105—106 页。

烦琐。

我认为，钟嵘之评诗标准，概括说来，就是以“滋味”为核心的审美感受标准。所谓滋味，就是由运用赋比兴手法，塑造具体生动的艺术形象，鲜明强烈地抒发慷慨悲愤之情所形成的一种艺术效果。它是包括思想内容和艺术形式两方面的要求的，是二者的融合。作为批评标准，既是思想标准，又是艺术标准，是二者合而为一的批评标准。这种所谓“滋味”，用西方美学抽象的理性说法就是“美感”，用中国的直观的具体说法就是“滋味”。“美感”与“滋味”都指在鉴赏中领略到文学艺术的魅力，受到了感动，获得了审美享受。也就是说，滋味与美感都包括两个方面：从作品来看，是作品的艺术魅力；从欣赏者来看，是欣赏者的审美感受。因此，以“滋味”为核心的批评标准从根本上说是一种审美感受标准。可以说，这是颇具中国特色的美学批评标准。“滋味”标准对后世亦有很大影响，且不说古代的“妙悟”说、“神韵”说、“意境”说，都受到了它的影响，就连我国当代的诗论家们，也大都讲究“诗味”。

(三) 金圣叹的“人物性格”标准

中国文学发展到明清时代，一向作为“小道”的小说创作已经成熟，成为“大道”。这时金圣叹在《〈水浒〉读法》及评点中所阐发的小说理论应运而生。在文学批评标准上，他提出了塑造有性格的人物形象的小说评价标准。他认为，“《水浒传》只是百看不厌”的原因，“无非为他把一百零八个人性格都写出来”[①]，“《水浒传》写一百八个人性格，真是一百八样”[②]。也就是说，《水浒传》成功的关键就在于它塑造了性格鲜明的人物形象，把一百零八个人的性格都写出来了。反之，小说中人物“只是一样”，就必然使读者“看过一遍即休”。可见，金圣叹是把创造有性格的人物形象作为衡量小说艺术成就高低的根本性标准的。对于人物性格，金圣叹既重视个性特点，又注意普遍意义，即所谓“任凭提起一个，都似旧时熟识”[③] 的境界。这与别林斯基论典型的名言“熟识的陌生人”何等相似！甚至金圣叹在第三十一回评武松送宋江时已使用了“典型”这个词：“真正哥哥既死，且把认义哥哥远送，所谓‘虽无老成人，尚有典刑’也。”（“刑”同“型”）这里的“典型”虽然与现今之“典型形象”有相当距离，但毕竟开始将它用来评价小说的人物形象了。把塑造性格作为批评标准，应当说是文学批评史上一个重大进步。

---

① 参见《读第五才子书法》，《中国历代文论选》第3册，第248页。

② 参见《读第五才子书法》，同上书，第245页。

③ 参见《读第五才子书法》，同上书，第248页。

它的基本思想可以说是与现代文学批评上的“形象性与典型性”标准相通的，具有高度的科学性。

(四) 李渔的“情、文、风教”标准

李渔的《曲话》，即《闲情偶寄》中的“词曲部”“演习部”，近人将其单独刊印，通称《李笠翁曲话》①，论述了戏曲的社会功能、结构、主脑、创新、虚实、人物形象、词采宾白及鉴赏批评，提出了一些重要的创作原则，实际上也是鉴赏批评原则，很有见地，影响广泛而深远，至今为戏曲界视为圭臬。他为《香草亭》传奇所写的序文中所提出的衡量戏曲等作品“可传与否”的“三事”尺度，集中地体现了他的戏曲文学批评标准。他说：“卜其可传与否，则在三事：曰情，曰文，曰有裨风教。情事不奇不传；文词不警拔不传；情文俱备而不轨乎正道，无益于劝惩，使观者听者哑然一笑而遂已者，亦不传。”② 这里李渔明确地把“情”“文”“风教”三事联系在一起，作为评价戏曲文学“可传与否”的标准，大体相当于现代文艺学中关于戏曲的内容（包括题材、事件、矛盾冲突之类）、形式（文词、语言）和社会功能三个方面，是应当充分肯定的。

**三、王国维、鲁迅的标准**

(一) 王国维的“意境”标准

“意境”说在我国诗论中源远流长，并非王氏首创。然而王氏“意境”说却最为系统深刻，成为“意境”说的卓越的理论代表。作为我国美学范畴的“意境”或“境界”，是指文学作品中所表现的思想感情和描绘的生活图景即情与景或意与境完美融合的广阔的艺术天地。王国维在《人间词话》中把境界（有时用意境）作为评论作品特别是诗词的根本标准。他强调，“词以境界为最上。有境界则自成高格，自有名句”，“文学之事，其内足以摅己，而外足以感人者，意与境二者而已。上焉者意与境浑，其次或以境胜，或以意胜。……文学之工与不工，亦视其意境之有无与其深浅而已”。③ 他以“境界”为标准，对我国五代、北宋、南宋等诗词做了为人称道的评价。王氏还把意境作为剧评标准。在《宋元戏曲考·元剧之文章》中说，元剧之妙，“一言以蔽之，曰：有意境而已矣。何以谓之有意境？曰：写情则沁人心脾，写景则在人耳目，述事则如其口出是也”④。可

① 通行有湖南人民出版社 1980 年版《李笠翁曲话》。

② 《笠翁一家言》卷一。

③ 《中国历代文论选》第 4 册，第 371、387 页。

④ 同上书，第 390 页。

见，意境又是整个文学的批评标准。从王氏关于意境的论述来看，所谓“意境”，是一个与“典型”大不相同的文艺学概念，完全可以说它是独具中华民族色彩的文艺学、美学的范畴。以意境作为文学特别是诗词的评价标准，是自觉而深刻地把握了中国古典诗词亦即东方文学的特质的表现，它具有很强的科学性。至少比起那种牵强附会地运用典型作为中国古典诗词的评价标准要科学得多！一个时期以来，照搬西方的典型论，意境说受到冷落，这是不应该的。我们应当重视“意境”说。

(二) 鲁迅的“真实”“美感”“社会功利”的标准

“鲁迅是中国文化革命的主将”，“鲁迅的方向，就是中华民族新文化的方向。”① 在文学批评上也是这样，鲁迅的标准论无疑代表了中国现代文学批评的方向。概括地说，鲁迅的批评标准可以说是由“真实”“美感”“社会功利”相统一而形成的科学体系。

其一，关于真实标准，鲁迅指出“艺术的真实非即历史上的真实”②，也不是“新闻”的真实③，强调真实并不等于事实，“即使有时不合事实，然而还是真实”④。艺术真实应当是反映社会现实生活的真实与艺术家真挚情感的统一，即“真相”与“真情”的统一。⑤ 在此基础上，提出了反对“瞒和骗”的创作原则⑥，把“真实”提到了艺术“生命”的高度⑦。至于人物性格的真实、题材的真实、悲剧的真实、喜剧的真实，鲁迅都做了精辟论述。总之，鲁迅把“真实”作为衡量文学作品是否反映社会生活的真实，是否具有某种认识价值的标准。

其二，关于美感标准，鲁迅把“美”“美感”视作艺术的最基本的特征，认为它是艺术“所以就叫做艺术”的根本条件。⑧ 鲁迅把“美的享乐的直接性”即普列汉诺夫所说的美感的直觉性和艺术的情感性，看作艺术美感的基本特征⑨，作为衡量文学艺术的美感价值的标准。

---

① 毛泽东：《新民主主义论》，《毛泽东选集》第 2 卷，第 698 页。

② 《致徐懋庸（1933 年 12 月 20 日）》，《鲁迅书信集》上卷，人民文学出版社，1976 年版，第 465 页。

③ 《且介亭杂文二集·不应该那么写》，《鲁迅全集》第 6 卷，第 312 页。

④ 《三闲集·怎么写》，《鲁迅全集》第 4 卷，第 23 页。

⑤ 《致曹聚仁（1934 年 4 月 30 日）》，《鲁迅书信集》上卷，第 533 页。

⑥ 参见《坟·论睁了眼看》，《鲁迅全集》第 1 卷，第 237 页。

⑦ 参见《且介亭杂文二集·什么是“讽刺”?》，《鲁迅全集》第 6 卷，第 328 页。

⑧ 参见陈广：《记鲁迅先生的一次讲话》，沈尹默等：《回忆伟大的鲁迅》，新文艺出版社，1958 年版，第 189 页。

⑨ 参见《摩罗诗力说》《诗歌之敌》《读书杂谈》。

其三，关于社会功利标准，鲁迅历来反对“非功利”论，主张艺术的“功利”论。鲁迅正确估价功利在艺术审美中的基础地位，强调文学艺术对社会前进的实际作用，主张“革命文学”、“战斗”的文学、“遵命文学”，强调文学应当成为“无产阶级解放斗争的一翼”①，以此作为评价文学艺术对社会发展前进价值的标准。

鲁迅的批评标准论内容极为丰富，精警深刻，就其基本内容来看，是与马克思主义、毛泽东思想的标准论相通的，在现代文学批评史上具有极为广泛深远的影响，无疑属于我们探讨社会主义文学批评标准的科学理论基础。

从上述中国文学批评标准的内容来看，大致包括四个方面：一是文学的社会功能，其中尤其重视“教化”作用；二是审美感受；三是作品的思想内容；四是艺术性。从这里我们可以明确作为批评标准内涵的基本范围，也可以从中汲取一些具体内容作为社会主义文学批评标准的组成部分。

## 第二节　西方文学批评标准

西方文学批评史上，从古希腊到20世纪末，历代文学批评家、理论家、美学家，大多曾对文学批评标准做过探讨，积累了丰富的理论资料。这对我们来说，也是必须批判吸收借鉴的重要的文学批评理论遗产。现按照文学批评史的三个阶段，分别评述如下。

### 一、柏拉图、亚里士多德、贺拉斯、朗吉弩斯的标准

#### （一）柏拉图的“政治效用”标准

西方文学批评史上，最早明确提出批评标准的是古希腊的哲学家、文艺理论家柏拉图，他在《理想国》里提出了文学批评的政治标准。柏拉图从维护奴隶主贵族阶级的“理想国”的利益出发，提出了以“政治效用”说为中心的批评标准。“理想国”是柏拉图政治思想的集中体现，也是他的文艺思想的出发点。他要求文艺一要有益于城邦，二要合乎城邦制定的规范，特别强调文艺的效益和作用。他宣称，诗人的“作品须对我们有益”，“并且遵守我们……所定的那些规范”。② 这里所谓有益，主要是指诗人的作品，

① 《对于左翼作家联盟的意见》，《鲁迅全集》第4卷，第236页。

② 《理想国》，［希］柏拉图著，朱光潜译：《文艺对话集》，人民文学出版社，1980年版，第56页。

“不仅能引起快感，而且对于国家和人生都有效用”①。据此，对那些创作只有快感而无效用的抒情诗、史诗等文艺作品的诗人下逐客令，“请他们到旁的城邦去”。合乎“效用”这个条件的诗人是准许进入“理想国”的。柏拉图根据“效用”标准制定了一套文艺法律和文艺规范，对文艺写什么，不写什么，用什么语言、体裁，都规定得一清二楚。比如写神和英雄，只能写得尽善尽美，不能写弱点，所以他排斥荷马史诗和悲剧作品。在音乐上，只能保留勇猛和温和的，排斥悲哀、文弱的乐调等等。一切看政治需要，看对奴隶主贵族的利益是否有效用。

柏拉图的“效用”标准与孔子的“思无邪”标准是不无相似之处的。柏拉图注意到艺术，而且偏重于采取功利主义艺术观和标准，是完全可以理解的。然而，偏重到用功利主义否定文艺的特点和规律（主要是他把“快感”即美感作用与“效用”对立起来），取消文艺的相对独立性，使文艺成为奴隶主阶级的政治附庸，就成为落后的、违反艺术科学的标准了。

（二）亚里士多德的“艺术本身”标准

亚里士多德运用唯物主义和辩证法，对古希腊丰富的文艺实践和光辉成就做了精细的分析和扼要的总结，并对柏拉图的唯心主义文艺观点进行了深入批判，建立了自己的带有唯物主义和现实主义倾向的文艺理论体系，确立了文艺的真实性、社会作用等一系列艺术原理，成为西方文艺思想的最高成就和“法典”，为西方文艺理论的建立奠定了基础。

亚氏的《诗学》第25章专论文学批评，提出了他的批评标准。他指出：“衡量诗和衡量政治正确与否，标准不一样；衡量诗和衡量其他艺术正确与否，标准也不一样。在诗里，错误分为两种：艺术本身的错误和偶然的错误。”② 这里所谓“艺术本身”的标准，也就是他在《诗学》中给艺术包括诗歌、悲剧等门类确定的一系列基本原则，以此作为衡量诗的标准。《诗学》给艺术确立的原则大体分为三个方面：一是强调史诗、悲剧、音乐应当按照“本身”所用的“媒介”而采取不同的“方式”和“对象”去“摹仿”。他强调史诗和悲剧及音乐这些艺术“所用的媒介不同，所取的对象不同，所采的方式不同”③。这“三点差别”，既从艺术的一般原理出发，又不抹杀各种艺术的特殊要求，

① 同上书，第88页。

② ［古希腊］亚里士多德、［古罗马］贺拉斯著，罗念生、杨周翰译：《〈诗学〉〈诗艺〉》，人民文学出版社，1984年版，第92页。

③ 《〈诗学〉〈诗艺〉》，第3页。

是很有见地的。二是强调“摹仿”的本质在于通过个别表现一般，通过特殊表现普遍，它不仅反映生活的表面现象，而且揭示生活的本质和规律，因而艺术比普通的生活更高更真实更美。他说，“诗人的职责不在于描述已发生的事，而在于描述可能发生的事，即按照可然律或必然律可能发生的事”，“写诗这种活动比写历史更富于哲学意味，更被严肃的对待；因为诗所描述的事带有普遍性”①；主张悲剧可以“虚构”，不必拘泥已发生的事；主张“按照人应当有的样子来描写”②，“求其相似而又比原来的人更美”③。亚氏的见解是卓越的深刻的，具有特别重要的价值。三是对悲剧的性质和特征的基本原则：悲剧的特性——“对行动的摹仿”；悲剧的主角——“遭受不应遭受厄运”的人物；悲剧的效果——“借引起怜悯与恐惧来使这种情感得到陶冶”④。

亚里士多德的批评标准虽然带有一定的局限性，但总的说来是代表了当时最高科学成就的，成为后来欧洲文艺思想界的“法典”，“雄霸了二千余年”⑤，为文学批评的科学标准的建设做出了巨大的不可磨灭的贡献。

（三）贺拉斯的“合式”标准

贺拉斯是罗马时代的著名诗人，他的《诗艺》虽然着重谈创作体会，没有进行深入的理论探讨，创见不多，但却代表了当时流行的一系列文艺信条。就文学批评标准来说，主要是强调“合式”原则和“寓教于乐”。

所谓“合式”就是从形式到内容都应当和谐统一、合情合理。在作品总体方面要注意整体美和总体效果。他用一幅画像作比，强调其各个部位不能拼凑，认为“胡乱构成”的画像或打“大红补丁”都是不好的。在人物性格方面要求“自相一致”，即人物性格和语言要切合身份、职业、民族等一般常有特征，“不可自相矛盾”。⑥

所谓“寓教于乐”就是要求作品“给人益处和乐趣”，“既劝谕读者，又使他喜爱”⑦，即强调文学在“教”与“乐”的结合上的艺术功用。

贺拉斯的这两个批评标准，一方面揭示了文艺的特点和规律，一方面又有很大局限。

---

① 《〈诗学〉〈诗艺〉》，第28、29页。

② 同上书，第94页。

③ 同上书，第50页。

④ 同上书，第19页。

⑤ ［苏］车尔尼雪夫斯基著，缪灵珠译：《美学论文选》，人民文学出版社，1957年版，第129页。

⑥ 《〈诗学〉〈诗艺〉》，第143、144页。

⑦ 同上书，第155页。

他的“性格论”只是类型化、定型化而不是典型化，他的“寓教于乐”说又有明显的贵族性质。虽然如此，它们还是产生了仅次于亚里士多德“艺术本身”批评标准的影响。究其原因，主要在于贺拉斯奠定了古典主义的理想，他把古典作品中最好的品质和经验教训总结出来，替后来的欧洲文艺指出了一条“调子虽不高而却平易近人，通达可行的道路”①。这一点至今仍可供我们借鉴。

（四）朗吉弩斯的“崇高”标准

朗吉弩斯是晚于贺拉斯的罗马时代人，被英国诗人屈莱顿称为“亚里士多德以后最大的希腊批评家”。他的《论崇高》是一部思想深刻、内容充实、产生了超越时代的影响的文艺理论批评论著。就文艺批评标准来说，最主要的是强调“崇高风格”和普遍永恒标准。

所谓“崇高风格”已经不是古希腊罗马人修辞学范畴里的“崇高”，而是审美范畴里的“崇高”的概念。在他看来，崇高是一种美，它是由主客观两方面的五种因素构成的：一是“庄严伟大的思想”，“伟大心灵的回声”；二是“强烈而激动的情感”；三是“运用藻饰的技术”；四是“高雅的措辞”；五是“整个结构的堂皇卓越”，并使人感到“狂喜”，提高人的自尊感是崇高的效果。文学作品的批评标准就应当是看其崇高与否。②

所谓“普遍永恒标准”即绝对标准，按朗吉弩斯的说法就是：“一篇作品只有在能博得一切时代中一切人的喜爱时，才算得真正崇高。如果在职业、生活习惯、理想和年龄各方面都各不相同的人们对于一部作品都异口同声地说好，这许多不同人的意见一致，就有力地证明他们所赞赏的那篇作品确实是好的。”③

朗吉弩斯的崇高标准中强调崇高的思想和情感，即是强调作家的伟大人格，具有重要意义。普遍永恒标准正确的一面是它肯定应当有标准及其人民性的重要，错误的一面则是它忽视了文学的阶级性和文学发展的历史性特点。

## 二、狄德罗、莱辛、歌德、“别—车—杜”的标准

（一）狄德罗的“启蒙文学”标准

狄德罗是启蒙运动法国思想家中最为杰出的人物，是“百科全书派”的领袖。他的美学论著和戏剧、绘画论著（《论戏剧诗》《画论》），以鲜明的唯物主义观点阐释了文艺

① 朱光潜：《西方美学史》上卷，人民文学出版社，1979年版，第107页。

② 参见《论崇高》，《西方文论选》上卷，第125页。

③ 转引自《西方美学史》上卷，第110页。

与现实的关系及现实主义艺术的若干规律问题，对促使当时文艺由为贵族服务转移到为市民资产阶级服务的轨道，以及对以后的现实主义和浪漫主义运动，都产生了积极和重大的影响。就批评标准来说，主要有以下几点值得特别注意。

其一，从文艺“应该表现时代精神”的美学原则出发，提倡并创立以现实生活为题材的“市民剧”，为资产阶级占领戏剧舞台开辟道路。市民剧是属于“悲剧和喜剧之间”的“中间状态的剧种”，即“严肃剧或正剧”，它的题材应当是“市民的、家庭的”生活中最普遍的状态，力劝作家们“要住到乡下去，住到茅棚里去”等等。“情境”即是由“家庭关系、职业关系和敌友关系等等形成的”社会环境；“对比”原则是“情境与人物性格发生冲突”，“使人物的利害互相冲突”①，即矛盾冲突，应当受到特别重视。市民剧应当“逼真”，注重“道德”教育，提高人的道德素养，“使全国人民严肃地考虑问题”，而“不那么倾向于作恶”。朱光潜在《西方美学史》中称市民剧是“话剧的祖宗”。

其二，强调绘画艺术的现实主义精神。一是重视绘画的社会生活内容，即人们的社会关系、社会风俗、日常生活、生活气息，即使对风景画、静物画，也希望看到与人类生活的联系。二是强调必须真实地表现自然，反对虚伪的矫揉造作。三是强调真善美的结合，他认为真与善结合起来就是美的。所以艺术要讲“善”，要“选择正派的主题”，那些“向人们宣扬堕落的作品都是注定要短命的”。②

### （二）莱辛的“市民剧”标准

莱辛是18世纪德国启蒙运动的杰出代表，优秀剧作家、文艺批评家。他与狄德罗相呼应，建立了德国市民剧理论，成为德国民族文学和现实主义戏剧理论的奠基人。在其重要的戏剧理论批评著作《汉堡剧评》中，体现了他的戏剧批评标准观。

首先，提倡市民剧应真实、自然地反映现实的社会生活，特别是广大市民阶级日常的社会生活。他认为“强烈的情感和崇高的思想不见得就只属于戴王冠的头脑们而不属于他自己行列中的人”，要求“找出一些中产阶级的主角，让他们穿上悲剧角色的高底鞋”。③ 他的剧作《萨拉·萨姆逊小姐》，反映了当时市民阶级的命运，是这一观点很好的体现。

---

① ［法］狄德罗著，张冠尧等译：《论戏剧诗》，《狄德罗美学论文选》，人民文学出版社，1984年版，第179页。

② 《1767年沙龙随笔》，同上书，第507页。

③ 转引自《西方美学史》上卷，第317、318页。

其次，提出戏剧应当“加强性格，鲜明地表现性格”①；人物性格应当“个性化”，即悲剧性格必须有个别性；特别主张塑造特定环境中的人物性格，他指出，“我们不应该在剧院里学习这个人或那个人做了些什么，而是应该学习具有某种性格的人，在某种特定环境中做些什么”②。

再次，强调戏剧的审美教育功能，重视美与善的统一。他把剧院看作“道德世界的大课堂”③，强调“教导我们认识善与恶、文明与可笑的特殊标志”，是艺术创作的目的。

莱辛的理论在欧洲戏剧发展史上占有重要地位，不仅巨大地推动了德国民族文学的建立和发展，而且对整个欧洲产生了巨大影响。车尔尼雪夫斯基称“《汉堡剧评》是《葛兹·封·柏利欣根》《浮士德》《强盗》以及《威廉·泰尔》根据它而产生的法典”④。马克思主义者、批评家梅林为他写了评传《莱辛传奇》。马克思高度评价他是创造德国文学的“没有资格的作家”的代表人物。⑤

### (三) 歌德的“显出特征的整体”标准

歌德是西方近代文学史上在创作和理论批评两方面都达到高峰的唯一的人。他的美学思想和文艺思想极为丰富深刻，散见于他的大量著作、谈话、书信中，由爱克曼辑录的《歌德谈话录》比较集中地表现了歌德的一些基本的美学观点和文学理论主张。就批评标准来说，最集中的一点就是强调文学艺术创作应当是一个“显出特征的”“优美的、生气灌注的整体”⑥。

首先，“这种显出特征的艺术才是惟一真实的艺术”⑦。所谓“特征”，是一事物区别于它事物的本质的规定性。艺术家必须坚持“在特殊中显出一般”⑧ 的程序，通过“对个别特殊事物的掌握和描述”，取得“意蕴”⑨。这样才称之为创作，才适宜“诗的本质”，才取得“艺术的真正生命”。

---

① [德] 莱辛著，张黎译：《汉堡剧评》，上海译文出版社，1998 年版，第 125 页。

② 《汉堡剧评》，第 101 页。

③ 同上书，第 10 页。

④ 《车尔尼雪夫斯基论文学》中卷，第 437 页。

⑤ 参见《关于出版自由的辩论》，转引自《西方美学史》上卷，第 323 页。

⑥ [德] 爱克曼辑录，朱光潜译：《歌德谈话录》，人民文学出版社，1978 年版，第 7 页。

⑦ 转引自《西方美学史》下卷，第 419 页。

⑧ 同上书，第 416 页。

⑨ 《歌德谈话录》，第 10 页。

其次，这个“显出特征”的“特征”，应当是根据生活熔铸成的“优美的、生气灌注的整体”“活的整体”，是“一种丰产的神圣的精神灌注生气的结果”，是一种“通体完美”，即“把各个部分都按计划编织成一个完整体”，“如果有些部分失败了，整体就会显得有缺陷，不管其他部分写得多么好，这样你就写不出什么完美的作品”①。歌德关于艺术的整体概念、标准，是带有独创性的，是具有辩证法因素的。他关于“显出特征”的“个别”又与黑格尔“每个人都是典型，但同时又是一定的单个人”的典型论相通。这些都是富有启发意义的，对后来产生了重要影响。

(四)“别—车—杜”的“人民性”与“现实主义”相统一的标准

别林斯基、车尔尼雪夫斯基、杜勃罗留波夫是19世纪俄国革命民主主义革命家、卓越的文学理论批评家，他们的方向是一致的，通过文学批评对俄国文学的丰富实践和经验的总结，建立了现实主义文学理论原则，阐明了它的本质及其主要特征，为俄国现实主义文学的发展开辟了道路，做出了重大贡献。就文学批评标准来说，提出了很多深刻的思想观点，可以说建立了系统的现实主义文学批评标准体系。其基本观点主要有以下几点。

其一，真实性。车氏把它看作对艺术的要求中“最重的”要求，别林斯基把它作为“第一个”标准，并且对其内涵做了唯物主义的解释。所谓真实，是“所描写的人物和其现实中的范本的逼肖，或许不足以包括一切，但却是自然派（指以果戈理为代表的俄国现实主义文学。别、车、杜没有使用过“现实主义”这一概念——笔者按）的第一个要求，不做到这一点，作品就不会有什么好东西”②。这里无疑是把真实性作为文学的生命，甚至由此提出了“艺术是现实中一切真实底复制”的定义③。关于真实性的内涵，杜氏、车氏在别氏的基础上进一步做了解释，强调三点：(1) 艺术真实是符合生活中事件的自然进程的“逻辑的真实”④。(2) 艺术真实“传达原物的主要特征”⑤，揭示“现实生活的本质、典型特点”⑥。(3) 艺术真实包含着作家对生活的正确评价和态度。作品的

---

① 《歌德谈话录》，第7页。

② 《1847年俄国文学一瞥》，《别林斯基论文学》，第35页。

③ 同上书，第136页。

④ [俄] 杜勃罗留波夫著，辛未艾译：《杜勃罗留波夫选集》第2卷，上海译文出版社，1983年版，第362页。

⑤ [俄] 车尔尼雪夫斯基著，周扬译：《艺术与现实的审美关系》，人民文学出版社，1979年版，第94页。

⑥ 《杜勃罗留波夫选集》第1卷，第274页。

价值，要根据作者的“理解是否正确”、有没有“人性的真实感情”来判断。①

其二，典型性。别、车、杜非常重视典型问题。他们把典型性看作创作“最显著的标志之一”，称“典型性就是作家的徽章”②，“典型性是创造的基本法则之一，没有它，就没有创造”③。什么是典型？它是“一个特殊世界的人们的代表，同时还是一个完整的、个别的人”④，“典型都是一个熟识的陌生人”⑤。他们既重视典型的代表性，认为“典型人物是一整类人的代表，是很多对象的普通名词，却以专名词表现出来”⑥；同时也重视典型的独特性，认为典型形象“都是新颖的，独创的，没有重复其他的形象，而是每个形象都有其各自的生命”⑦。

其三，人民性。别林斯基提出了“人民性”问题，他说“文学是人民的意识”，应当“反映人民的精神和生活”⑧。杜勃罗留波夫进一步指出，人民性不仅是“一种描写当地自然的美丽，运用从民众那里听到的鞭辟入里的语汇，忠实地表现其仪式、风习等等”，还“必须渗透着人民的精神，体验他们的生活，跟他们站在同一的水平，丢弃阶级的一切偏见，丢弃脱离实际的学识等等，去感受人民所拥有的一切质朴的感情”⑨。就是说，人民性包括表现人民的生活和愿望、要求作家用人民的观点观察一切、要摆脱贵族阶级偏见等广泛深刻的内涵。别、车、杜都把人民性作为一个重要标准。

别、车、杜的现实主义批评标准，对俄国现实主义文学的发展，对俄国文学同人民的结合，反对沙皇专制政治的斗争，做出了重要贡献。在文学理论批评史上，可以说是马克思主义之前人民性理论中最进步、最科学的理论。

### 三、“现代派”的标准

现代派文学是西方20世纪初到五六十年代先后风行的象征主义、表现主义、未来主义、超现实主义、意识流、存在主义、荒诞派、新小说派、“垮掉的一代”、黑色幽默等

---

① 《杜勃罗留波夫选集》第2卷，第363页。

② 《论俄国中篇小说和果戈理君的中篇小说》，《别林斯基论文学》，第121页。

③ 《同时代人》，同上书，第121页。

④ 《同时代人》，同上书，第121页。

⑤ 《论俄国中篇小说和果戈理君的中篇小说》，同上书，第120页。

⑥ 《论人民的诗·第二篇》，同上书，第128页。

⑦ 《〈玛尔林斯基作品全集〉》，同上书，第6页。

⑧ 《1840年的俄国文学》，同上书，第74页。

⑨ 《俄国文学发展中人民性渗透的程度》，《西方文论选》下卷，第448页。

众多文学流派的总称。这些流派相互矛盾对立，先后纵横交替，本来无统一的标准可言。然而作为与文学史上传统的基本的流派相对立的文学流派，可以说“反传统”就是现代派的批评标准。最根本的是以下几点。

其一，反对文学上流行两千多年的“模仿”说，反对现实主义的创作原则，强调表现主观心灵，认为梦境幻觉、瞬间印象、直觉和潜意识才是“最高真实”，最有价值。在象征主义看来，是表现诗人自己的“内心梦幻”，诗人被称为“梦幻诗人”；表现主义的口号是“不是现实，而是精神”“是表现，不是再现”“表现主义艺术家的整个用武之地就在幻象之中”①；意识流则着力于表现作家的“意识之流”，实际是“无意识”“潜意识之流”②；超现实主义宣称“超现实主义”是“纯粹的精神的无意识活动”③，是“梦境记录”。现代派各个流派的主张虽然不尽相同，但在反对文学艺术是现实生活的反映这一艺术观念、创作原则上是颇为一致的。这是“作者批评系统”的一个重要标准。

其二，反对传统的审美观念，强调“发掘恶中之美”，认为“人生苦恼”，“不幸”就是“美”，“忧郁”是“美的最灿烂出色的伴侣”（波德莱尔语），“梦幻”才是“纯粹的美”（马拉美语），因此，诗应当是“容纳”“一切恶劣情感的阴沟和粪池”（魏尔伦语），应当充满沮丧、痛苦、忧郁，成为“生活之恶的歌手”。现代派各个流派无不热衷描写“疯狂意识”“病态心理”“扭曲形象”“内心梦幻”，是当之无愧的“恶之花”“病态的花朵”。因此，用传统的标准来衡量它们，则只能说是“‘异化’的文学”“颠倒的艺术”（托尔斯泰语）。这是“作品批评系统”的一个重要标准。

其三，在表现手法上标榜“创新”，“彻底废弃传统的文学形式”（布列东语）。在戏剧上，未来主义提出“反戏剧”口号④，把“怪诞”推向“荒诞”；在小说上，新小说派提出了“反小说”口号⑤，对小说进行彻底“革命”，终于毁掉了小说。所谓“反”，即反叛、彻底决裂。反思想、反倾向、反人物、反情节、反语言，可以说对传统的东西无所不反。在此基础上，翻出五花八门的“新”花样。这在表现手法上也很突出，表现主

---

① ［德］埃德施米特：《创作中的表现主义》，伍蠡甫等编：《现代西方文论选》，上海译文出版社，1983年版，第152页。

② 参见伍尔芙：《现代小说》，伍蠡甫、胡经之主编：《西方文艺理论名著选编》下卷，北京大学出版社，1987年版，第149—158页。

③ ［法］布列东：《什么是超现实主义》，《西方现代文论选》，第169页。

④ ［意］马利涅蒂：《未来主义戏剧宣言》。

⑤ ［法］罗伯-葛利叶：《未来小说的道路》，《现代西方文论选》，第307—316页。

义手法、象征主义手法、意识流手法等，都与传统手法不可同日而语。这是“作品批评系统”的一个重要标准。

总之，现代派批评标准的核心是反叛、革新，从整体上看是片面的，违背艺术规律的。就某些具体标准来看，如注意内心世界的开掘，重视艺术形式和表现手法的创新，不是没有可取之处。作为一种现代文学思潮，虽走极端，但它对西方传统文学观念的冲击，对西方现代文学的发展有一定贡献，却是不容忽视的。

从上述西方文学批评标准的内容来看，主要是三个方面：一是社会功能，特别是文学的政治作用、社会教科书作用；二是注重文学反映社会现实、时代精神和人民性的思想内容；三是重视文学艺术的特征、规律。这些各个时代、各个阶级的批评标准，是研究社会主义文学批评标准问题的宝贵思想资料，无疑可以作为我们的借鉴。

中西文学批评标准，比较一致的是都十分重视文学艺术的社会功能，都强调文学为社会进步、为人民的进步斗争服务，这已经形成了一个优秀传统。中西差别较大的是艺术规律方面。中国比较注重“滋味”“神韵”“意境”等；西方则比较注重“真实性”“典型”“整体”等。作为各自的特点，同样应当引起重视。

**小结**　我们对中国和西方两种不同系统的标准加以介绍、反思，主要是为建立中国社会主义文学批评标准提供借鉴。在这里除了坚持批判继承的原则外，还应当注意同时面对中西两种不同的标准系统。

## 复习思考题

1. 简述孔子、刘勰、钟嵘、金圣叹、李渔、王国维、鲁迅的批评标准。

2. 简述柏拉图、亚里士多德、贺拉斯、朗吉弩斯、狄德罗、莱辛、歌德、“别—车—杜”及“现代派”的批评标准。

3. 中西标准系统有哪些不同？

4. 中西两个不同的标准系统，对我们有哪些启示？

# 第六章　马克思主义文学批评的基本标准

**内容提要**　马克思主义文学批评标准对于社会主义文学批评极为重要。本章从三个方面进行探讨。一是探讨马克思主义经典作家的标准论，作为中国社会主义文学批评标准的理论基础和指导原则；二是对新时期以来标准探讨进行反思、分析；三是在马克思主义、毛泽东思想科学原则指导下，从实际出发，对中国与外国的、古代与现实的思想资料进行综合，从而确定中国社会主义文学批评标准的基本内涵：深刻的思想内容、进步的政治倾向、积极的社会效益是思想政治标准的基本内容，真实性、典型、意境、风格、民族性、独创性是艺术标准的基本内容。

## 第一节　经典作家的标准论

### 一、马克思恩格斯的“三融合”标准

马克思主义创始人马克思似乎没有直接论述文学批评标准，另一创始人恩格斯则有直接的论述。早在1847年恩格斯在批评格律恩对歌德的歪曲时，曾强调指出：“我们决不是从道德的、党派的观点来责备歌德，而只是从美学和历史的观点来责备他；我们并不是用道德的、政治的、或‘人的’尺度来衡量他。”① 在1859年《致斐·拉萨尔》中，又再次明确地说：“我是从美学观点和历史观点，以非常高的、即**最高的**标准来衡量您的作品的，而且我必须这样做才能提出一些反对意见，这对您来说正是我推崇这篇作品的最好证明。”② 现在有一些人，认为这“美学观点和历史观点”就是马克思主义文艺批评

① 《诗歌和散文中的德国社会主义》，北京大学中文系文艺理论教研室编：《马克思恩格斯列宁斯大林论文艺》，人民文学出版社，1986年版，第48页。

② 同上书，第110页。

的标准。[1] 对此，也有人不以为然，认为恩格斯所说的“美学观点和历史观点”并不是批评标准，而是批评方法。指出：从语法常识来看，这里的“美学观点和历史观点”是“衡量您的作品”的方式状语，而不是“以非常高的、即最高的标准”的同位语。因此不能够说“美学观点和历史观点”就是文学批评的“最高标准”[2]。结合文学批评实践来看，把它看作批评标准似乎不符合恩格斯的原意。

那么，什么是马克思恩格斯的文学批评标准呢？我以为，把恩格斯《致斐·拉萨尔》中提出的“戏剧的未来”的“三融合”，作为恩格斯提出的批评标准较为符合恩格斯的原意。恩格斯这样说：“德国戏剧具有的较大的思想深度和意识到的历史内容，同莎士比亚剧作的情节的生动性和丰富性的完美的融合，大概只有在将来才能达到，而且也许根本不是由德国人来达到的。无论如何，我认为这种融合正是戏剧的未来。”[3] 很明显，“这种融合正是戏剧的未来”，讲的是戏剧的理想，即一种艺术理想。运用到文学批评中来，就是批评标准。照此看来，“三融合”标准大体包括：较大的思想深度——作品思想性的强弱深浅；意识到的历史内容——反映社会生活的自觉性、全面性、深刻性、真实性；情节的生动性和丰富性——即艺术性，如典型的个性化、形象的具体生动性等。总之，由这三个方面的内容“融合”在一起，形成一个完整统一的审美标准，可以称为“三融合”标准。

在文学批评实践中，马克思恩格斯运用这一批评标准，对埃斯库罗斯、阿里斯多芬、但丁、莎士比亚、狄德罗、沙多勃利昂、席勒、歌德、拜伦、雪莱、巴尔扎克、左拉、海涅、维尔特等等作家的评价，对《鲁滨孙漂流记》《小拿破仑》《政变》《农民》《穷人之歌》等作品的评价，从杨周翰等主编的《欧洲文学史》的观点来看，几乎成了这些作家和作品的“定论”。这一批评标准的科学性正确性由此可见一斑。即使在现在，它仍然具有重要的理论指导意义。

## 二、毛泽东的“政治标准”与“艺术标准”

毛泽东提出，“文艺批评有两个标准，一个是政治标准，一个是艺术标准”[4]，并且

---

① 参见陈辽：《马克思主义文艺思想史稿》，四川文艺出版社，1986年版，第245页；程代熙：《谈谈马克思主义文艺批评的标准问题》，上海师范学院中文系文艺理论教研室编：《文学理论争鸣辑要》下，上海文艺出版社，1983年版，第974页。

② 参见马莹伯：《别、车、杜文艺思想论稿》，文化艺术出版社，1986年版，第89页。

③ 《马克思恩格斯列宁斯大林论文艺》，第107页。

④ 《在延安文艺座谈会上的讲话》，《毛泽东选集》第3卷，第868页。

对其基本内涵做了详尽的论述，周恩来则在某些方面作了具体阐述、丰富和发挥。

（一）政治标准

从毛泽东的一系列文艺论著来看，毛泽东的“政治标准”的基本内涵，大体可以概括为以下三个方面：

1. 政治倾向

对这一点，在不同历史时期有不同的要求。抗日战争时期，主要是“利于抗日和团结”还是“不利于抗日和团结”：“按照政治标准来说，一切利于抗日和团结的，鼓励群众同心同德的，反对倒退、促成进步的东西，便都是好的；而一切不利于抗日和团结的，鼓动群众离心离德的，反对进步、拉着人们倒退的东西，便都是坏的。”① 在社会主义革命和建设时期，毛泽东又提出了著名的“六条政治标准”，即：“（一）有利于团结全国各族人民，而不是分裂人民；（二）有利于社会主义改造和社会主义建设，而不是不利于社会主义改造和社会主义建设；（三）有利于巩固人民民主专政，而不是破坏或者削弱这个专政；（四）有利于巩固民主集中制，而不是破坏或者削弱这个制度；（五）有利于巩固共产党的领导，而不是摆脱或者削弱这种领导；（六）有利于社会主义的国际团结和全世界爱好和平人民的国际团结，而不是有损于这些团结。这六条标准中，最重要的是社会主义道路和党的领导两条。”② 在新时期，则由邓小平提出了“四项基本原则”：“第一，必须坚持社会主义道路；第二，必须坚持无产阶级专政；第三，必须坚持共产党的领导；第四，必须坚持马列主义、毛泽东思想。”③ 可以看出，政治倾向的内涵就是“我国最大多数人民的意志和我国各党派历次宣布的共同的政治主张”。

2. 思想标准

对思想标准，毛泽东和周恩来曾有过一系列明确规定和论述。具体说来，有以下几点：第一，“新历史观点”④，即“历史唯物论”观点；第二，“民主精神与爱国精神”——“凡宣传反抗侵略、反抗压迫、爱祖国、爱自由、爱劳动、表扬人民正义及其善良性格的戏曲应予以鼓励和推广；反之，凡鼓吹封建奴隶道德、鼓吹野蛮恐怖或猥亵

① 《在延安文艺座谈会上的讲话》，《毛泽东选集》第3卷，第868页。

② 《关于正确处理人民内部矛盾的问题》，《毛泽东选集》第5卷，第423页。

③ 《坚持四项基本原则》，《邓小平文选》（1975—1982），人民出版社，1983年版，第150页。

④ 《致李鼎铭》（1944年4月29日），《毛泽东书信选集》，人民出版社，1983年版，第230页。

淫乱行为、丑化与侮辱劳动人民的戏曲应加以反对"①；第三，歌颂光明，暴露黑暗——"一切危害人民群众的黑暗势力必须暴露之，一切人民群众的革命斗争必须歌颂之"，这是革命文艺家必须正确解决的歌颂与暴露的问题。"对于人民，这个人类世界历史的创造者，为什么不应该歌颂呢？无产阶级，共产党，新民主主义，社会主义，为什么不应该歌颂呢?"② 革命文艺应当把"新的社会经济形态，新的阶级力量，新的人物和新的思想"作为"称赞或歌颂"的对象；③"暴露的对象，只能是侵略者、剥削者、压迫者及其在人民中所遗留的恶劣影响，而不能是人民大众。"④

3. 社会效果

毛泽东认为，"社会实践及其效果是检验主观愿望或动机的标准。"特别注意文学作品"在社会大众中产生的效果"⑤。作品思想艺术的好坏分别，"要看社会效果"，"判断一个作家"，必须"要看实践"，"顾及效果"，"任何一种东西，必须能使人民群众得到真实的利益，才是好的东西"。⑥ 周恩来则把这种效果分为"有利还是无利""至少应是无害"三种情况。⑦

毛泽东和老一辈无产阶级革命家都是"两个标准"的主张、执行者，因此，"政治标准"的提法在我国有极为广泛深入的影响，几乎盛行中国文坛近四十年。但从实际情况来看，其丰富内容并非"政治"所能概括的，也就是说，"政治标准"与其内涵是名不副实的。如果给予正名，"思想政治标准"的提法倒是更符合实际，而政治标准实则作为思想标准的一项内容包括在其中。如果是从这种意义上指明"政治标准"的提法的不科学性，那无疑是正确的，必要的。但因此根本否认政治标准可以作为文学批评的标准，就未必是正确的了。文学是不能够脱离政治的，在现今世界上，"为艺术的艺术，超阶级的艺术，和政治并行或互相独立的艺术，实际上是不存在的。"⑧ 文学批评怎么能够根本否

---

① 《中央人民政府政务院关于戏曲改革工作的指示》，文化部文学艺术研究院编：《周恩来论文艺》，人民文学出版社，1979年版，第28页。

② 《在延安文艺座谈会上的讲话》，《毛泽东选集》第3卷，第871、873页。

③ 《应当重视电影〈武训传〉的讨论》，《毛泽东选集》第5卷，第54页。

④ 《在延安文艺座谈会上的讲话》，《毛泽东选集》第3卷，第872页。

⑤ 同上书，第868页。

⑥ 同上书，第865页。

⑦ 参见《在音乐舞蹈座谈会上的讲话》，《周恩来论文艺》，第183页。

⑧ 《在延安文艺座谈会上的讲话》，《毛泽东选集》第3卷，第865页。

定政治标准呢？文学批评中淡化、排斥政治标准的观点，我以为是没有什么道理的，是不可取的。这里，最重要的是把政治标准放在什么位置上。

（二）艺术标准

毛泽东对艺术标准曾作过一系列论述，其基本内容大体可以概括为以下几个方面：

1. 艺术美

毛泽东对“艺术美”作过深刻论述，可以说是艺术标准的理论基础。他说：“人类的社会生活虽是文学艺术的唯一源泉，虽是较之后者有不可比拟的生动丰富的内容，但是人民还是不满足于前者而要求后者。这是为什么呢？因为虽然两者都是美，但是文艺作品中反映出来的生活却可以而且应该比普通的实际生活更高，更强烈，更有集中性，更典型，更理想，因此就更带普遍性。”① 艺术美是文艺作品作为艺术品的一个根本性的要求，也是区别艺术与非艺术的一个根本标志。毛泽东在这里不仅把艺术美看作能不能满足人民的审美要求的必要条件，而且也把艺术美作为一个重要的艺术标准。就是说，一件艺术品，如果完全没有一点艺术美，完全同普通的实际生活一样，即使再生动、再丰富，也只是生活美，那就算不上什么艺术，也就值不得进行美学批评。这一点，为马克思主义文艺批评标准奠定了可靠的逻辑和实践起点。

2. 典型化

文艺作品的艺术美何以能够比普通的实际生活“更高”“更典型”呢？毛泽东认为，根本的一条就在于“把这种日常的现象集中起来，把其中的矛盾和斗争典型化”②。显然，毛泽东是把“典型化”作为艺术标准的。在文艺批评实践中，他是坚持这一标准的。

3. 真实性

毛泽东很重视文艺的“真实性”，他要求“文艺的政治性和真实性”应当达到“完全一致”③。这里是把“真实性”作为一个独立的范畴与“政治性”并列提出来的，可见毛泽东对“真实性”的重视。以后他曾以这一标准评价郭沫若的自传小说《反正前后》，说：“《反正前后》和我那时在湖南经历的，几乎一模一样”，就是指文艺的“真实性”④。毛泽东《致刘少奇》（1958 年 2 月 10 日）、《致周世钊》（1958 年 10 月 25 日）所谈贺知章

---

① 《在延安文艺座谈会上的讲话》，《毛泽东选集》第 3 卷，第 861 页。

② 同上书，第 861 页。

③ 同上书，第 866 页。

④ 《致郭沫若》（1944 年 11 月 21 日），《毛泽东书信选集》，第 242 页。

《回乡偶书》中之“儿童”事、自己的七律《送瘟神》“坐地日行八万里，巡天遥看一千河”句，无不关涉到文艺的真实性问题。可见“真实性”是一个重要的艺术标准。

4. 艺术创新

毛泽东一贯重视艺术创新。他曾多次指出，艺术形式“应该‘标新立异’”，“为群众所欢迎的标新立异，越多越好。不要雷同。雷同就成为八股”①。他主张“以新诗为主体”②，“发展”“新体诗歌”③，集中体现出对创新的重视。在批评实践中，他曾以此肯定过谢灵运的山水诗、刘禹锡的《竹枝词》、柳永的“新声”词、云南昆明池大观楼长达一百八十字的楹联。④

5. 民族形式和风格

毛泽东历来重视文学艺术的“民族形式”。他说：“中国文化应有自己的形式，这就是民族形式。”⑤ 艺术形式要多样化，“要有民族形式和民族风格”⑥。总之，要“创造出中国自己的、有独特民族风格的东西”⑦，“应该越搞越中国化，而不是越搞越洋化”⑧。毛泽东重视民族化这一标准，正是用它来推崇楚辞、唐诗、《红楼梦》《阿Q正传》、中国书法等艺术的。

毛泽东的艺术标准论，内容极为丰富深刻，构成了一个系统的科学的艺术标准论。它对社会主义文艺批评标准无疑具有十分重要的意义。

## 第二节　新时期的各种标准说

随着新时期文艺的繁荣和发展，文艺理论界对社会主义文艺批评标准的探讨也获得相当大的进展，各种观点不断出现，至少有十多种观点，呈现一种多元化局面。⑨ 从总

---

① 《同音乐工作者的谈话》，《毛泽东论文艺》，人民文学出版社，1992年版，第95页。

② 《致臧克家等》(1957年1月12日)，同上书，第163页。

③ 《致陈毅》(1965年7月21日)，同上书，第170页。

④ 参见张贻玖：《毛泽东和诗》，春秋出版社，1987年版，第22—23、49、62、80页。

⑤ 《新民主主义论》，《毛泽东选集》第2卷，第707页。

⑥ 《同音乐工作者的谈话》，《毛泽东论文艺》，第90页。

⑦ 同上书，第97页。

⑧ 同上书，第98页。

⑨ 可参阅《新时期文艺学论争资料》《中国文学研究年鉴》《中国文学年鉴》等书刊历年有关“综述”，下述各种观点不再一一作注。

体上看，主要是三种走向。

## 一、“思想标准与艺术标准”说

新时期初始，随着文艺上的拨乱反正的深入，特别是对文学批评中“政治标准”问题的反思中，逐步形成了“思想标准与艺术标准”的走向。

### （一）“政治标准与艺术标准”

一些人主张坚持毛泽东的标准观，认为文艺不能脱离政治，因此用政治标准进行批评没有错。这些人认为，以往的失误在于把“政治标准第一”搞成了“政治标准唯一”，用“政治标准”取代了整个艺术科学的标准，特别是在“政治”本身又出了问题的时候，文学批评当然也就不能不出问题。解决问题的关键不在于取消政治标准，而在于把“政治”本身搞正确，把“政治标准与艺术标准”的关系搞正确。这种观点从我国现当代批评实践出发总结经验教训，是中肯的，涉及问题的根本，值得重视。

从实践的观点看，在现代社会中，文艺与政治的关系问题是回避不了的，“政治标准”在批评实践中（不是在口头上、理论上）也是取消不了的。问题主要在于“政治标准”的提法有问题。文学作品的思想内容是丰富的，可以包括政治、社会、道德、哲学、历史、经济、艺术、文化等观点，这是“政治标准”所不可能涵盖的，用“政治标准”去衡量非政治性的内容，势必把不属于政治问题的问题说成是政治问题，造成“政治扩大化”的不良后果。“政治标准”以偏概全、过分“突出政治”的偏颇是否认不了的。至于“政治标准第一”的问题，我以为应当具体分析，不可一概而论。

### （二）“思想标准与艺术标准”

为了纠正“政治标准”的偏颇，一些人提出“思想标准与艺术标准”说，主要是用“思想标准”替代“政治标准”。具体到“思想标准”的内涵，此说内部又有不同意见。有的认为，思想标准包括真实性、思想倾向的积极意义、社会效果的价值；有的则认为思想标准包括政治思想、道德思想、哲学思想、教育思想、军事思想、法律思想等方面的标准；有的认为，思想标准应包括反映人民的利益和表现人民的思想、感情、要求、愿望和理想的程度，反映现实生活的真实性和深刻性以及表现社会主义、共产主义精神所达到的程度。

总的看来，此说纠正了“政治标准”提法上的问题，特别是它强调社会效果、表现人民的思想情感和社会主义精神，更符合社会主义文学艺术的特性及时代的历史要求，应当充分肯定。此说是近年来最流行的标准说。

(三)“美学观点和历史观点”

有一些人主张以恩格斯提出的“美学观点和历史观点”作标准。他们认为，美学观点包括“真实性”“典型化”“形式和内容的统一”三个方面。历史观点则包括“历史观点”“从现实出发”的观点、“阶级分析”的观点。此说产生了一定影响，是一种新探索。但是，这种理解是否符合恩格斯的原意，有人提出怀疑，指出恩格斯“美学观点和历史观点”不是讲的批评标准，而是讲的批评方法。这一问题尚待进一步深入研究。

## 二、“思想性”“真实性”“艺术性”标准说

一些人从传统的“真、善、美”进行探讨，一些人从马克思主义经典作家标准论进行探讨，也有一些人从鲁迅的标准论中加以阐发，大体形成了一个“真实”“思想”“美感”的标准走向。当然，具体观点又不尽相同，甚至有很大差异。

(一)“思想性”“真实性”“艺术性”标准

此说除坚持思想标准和艺术标准之外，特别强调真实性标准的内容及其相对独立性，认为真实性是指感受的真实、情理的真实和概括的真实的统一，即真诚、真实与真知的统一。真实性既不能纳入政治性或思想性的框框，也不能被艺术性消化替代，是估量文学作品品质和价值相对独立的标准。此说同前两种观点关于艺术标准的内涵的理解也有所不同，认为把真实性、典型性、民族性、独创性统统划归艺术性名下是把艺术性内涵无限扩大，值得商榷，从而主张艺术性的内涵包括构思的独特性，描绘的生动性，结构的完整性，语言的形象性以及运用体裁的准确性和灵活性等等。

此说较新，颇有见地，值得重视。特别是对艺术标准的内涵的界定，是对传统观点的重要突破。忽视社会效果则是它的不足。

(二)“真实”“社会功利”“美感”标准

此说认为文学批评的标准应是“真实”“社会功利”“美感”标准。真实标准包括现象形态的真实、典型形态的真实以及由二者统一而具有的某种认识价值（或者说是内容的实在性和情感的真挚性的一致)。社会功利价值标准包括有助于人类与恶势力进行斗争，推动社会改革的实践活动；有助于提高人类知识水平，推动征服自然和增进社会文明；有助于陶冶人的灵魂，丰富人的社会精神生活，提高人类自身的尊严感和精神境界及道德素养。美感标准包括具体形象性、情感性、独创性。

此说是对鲁迅关于文学批评的“真实”“前进”“美”三个圈子的丰富和发挥，比前述几种标准宽泛得多，为文学批评确立了三个审美观察点和大体上的审美方向，是与传统的两个标准格局很不相同的三个标准的新格局。但也有某种不足，即对社会主义文学

艺术缺少具体鲜明的时代要求。

（三）“真”“善”“美”标准

此说认为社会主义文学批评的标准应当是“真”“善”“美”标准。“真”包括艺术真实、客观真实、本质真实，这三者的统一是衡量文艺作品的客观标准；“美”包括形象的图画性和典型性、结构的完整性和连贯性、艺术手段的精练性和准确性、风格的民族性和独创性等四个方面的具体尺度；“善”包括作品的倾向性和作品的社会效果。此说沿用传统的“真”“善”“美”概念，具有广泛的适应性，缺点是提法比较笼统，内涵不够确定，对社会主义文学艺术缺少明确具体的标准和要求。

（四）“三融合”标准

有人主张以“三融合”作为社会主义文艺批评的标准，即以恩格斯《致斐·拉萨尔》中所说的“德国戏剧具有的较大的思想深度和意识到的历史内容，同莎士比亚剧作的情节的生动性和丰富性的完美融合，大概只有在将来才能达到，而且也许根本不是由德国人来达到的”“三融合”为标准。较大的思想深度主要是文学作品的思想性的深浅强弱；意识到的历史内容即反映生活的自觉性和全面、深刻及真实性；情节的生动性和丰富性即艺术性，包括典型的个性化、形象的具体化等艺术表现。由这三个方面的内容“融合”在一起，形成一个统一的审美标准。这个标准是马克思主义创始人提出的，可以作为社会主义文艺批评标准，我以为应当坚持这一原则，但应进一步发挥，具体阐述。

**三、“审美”“愉悦”标准说**

还有一些人，特别强调文学艺术的审美特质，主张以“审美价值”“愉悦原则”等作为批评标准，形成了一种强调“审美”“愉悦”的标准走向。

（一）“审美价值”标准

这种观点认为，应把审美价值作为文艺批评标准的根本内容，强调文艺的价值不同于科学、道德价值。审美价值包括“美感价值”“情感价值”“认识价值”“心理价值”四个价值。审美是文艺区别于其他意识形态的特性，以审美价值作为文艺批评的标准是符合文艺的特性的。但这四条价值并不能完全包括文艺审美特质的内涵，所以还值得研究。

（二）“四原则”标准

有人主张以“真实”“思想”“创造”“愉悦”四原则为标准。“真实的原则即艺术总是真实的货色，无论用何种形式，总要有作家艺术家对生活的真实体验和感受。”它包括客观的真实性和主观的真诚性。“思想的原则”要求艺术作品应该使读者有所鼓舞和追求。“创造的原则”指艺术上最吸引人的东西是对未知世界和未知领域进行的开拓。“愉悦的原则”即给人们以审美享受。此说把“愉悦原则”列入批评标准，且作为“四原则”之一，实属批评标准史上的一个“开拓”，已在实践上产生影响，如影视界“以娱乐片为主体”的口号就是对此标准的反映。我们固然应当注意文学作品的愉悦作用，但把它放到什么位置是值得研究的，把它确定为一项批评标准，虽然可以包容相当一部分“地摊”文学、通俗文学，但很难评价、鼓励甚至会扼杀那些高级的所谓“愉悦性”不强的优秀文学作品。

(三)“五条”标准

有人提出了以“感染力”“真实性”“典型性”“独创性”和“健康性”为标准的五条标准说。其中真实性、典型性、独创性并无新意，只是健康性、感染力属新东西。健康性是指文艺作品的思想内容对人民群众要有益无害，不仅从中得到娱乐和休息，满足精神享受，还要有助于提高精神境界，培养良好情操和高尚的审美趣味。感染力主要指作品的感情作用。诚然，在日常生活中人们常用“健康”与否，“感染力”大小评价作品，但并无确定的内涵，以此作为批评标准，虽作了某些规范，仍然显得很抽象太笼统，很难准确把握和运用。把它运用于评价作品的思想内容，在实际上只能降低思想标准的尺度，因此，不宜作为标准。

此外，还有“为人民大众的基本标准”说、“多标准”说，这里不再赘述。

新时期各种标准说的提出及其多元并存的格局，是多年来未曾有过的，这标志着人们对这一问题的关注、思考的深入和进展。特别是对“政治标准”提法的批评、修正和对美学标准的高度重视，对建立科学的文学批评标准具有重要意义。其中某些提法不尽符合艺术科学，不足为怪，它属于科学研究中正常的现象，随着对问题探讨的逐步深入，会逐步统一到科学的批评标准上来的。

## 第三节　社会主义文学批评的基本标准

社会主义文学批评的基本标准，不会是从天上掉下来，也不应是文艺理论家杜撰的产物，它应当是根据文学艺术固有的特征和广大人民群众的审美理想及要求，在历代文学理论家提供的思想资料的基础上，特别是马克思主义经典作家的深刻论述的指导下，在新时期社会主义文学艺术发展的丰富实践中产生并逐步完善的科学系统。就其实质而言，社会主义文学批评标准，应当是马克思主义文学批评标准的“当代形态”，即由马克思主义文艺理论、毛泽东文艺思想与新时期文艺实践相结合而形成的标准论科学体系。

## 一、思想政治标准

思想政治标准是社会主义文学批评的一个基本标准。据我们的理解，它是一个“大框子”，具有丰富的历史和现实内容，决不能把它搞成狭窄的绝对不变的小框框。只有这样，它才是“艺术科学的标准”。思想政治标准的基本内容大体应当包括以下三个方面：

### （一）深刻的思想内容——较大的思想深度和意识到的历史内容

任何文学作品总是要通过一定的题材表达出一定的主题思想，并且还在一定程度上表现出一定的思想观点，如哲学观点、历史观点、政治观点、道德观点、文化观点等等各种思想观点。这些便构成了文学作品思想内容的主体，历来为批评家所重视。马克思主义、无产阶级当然也不例外。马克思主义创始人恩格斯就曾把“较大的思想深度和意识到的历史内容”作为评价文学作品的思想内容的一个重要标准。这一标准主要是用来考察文学作品的题材和主题以及所表现出来的思想观点的深刻程度，看其选材是否严格、社会思想容量是否较大、审美价值是否较高，是否通过它表现出鲜明的社会主义思想或某种深刻的思想观点等等，从而确定作品的思想价值。

所谓“深刻的思想内容”是一个较大的范畴，作为批评标准它应包含以下几个方面的内容。

其一，思想和主题——正确而深刻。

人们常说，主题是作品的灵魂。又说，思想是作品的灵魂。这两者其实并不矛盾，因为主题也是思想。强调思想和主题对于作品的重大意义是文艺学的一条基本原理。正是在这种意义上批评把思想深刻、进步、正确作为一项基本标准，肯定那些哲理诗和哲理小说以及富有深刻思想的文学作品。马克思高度评价狄更斯等“现代英国的一批杰出的小说家，他们在自己的卓越的、描写生动的书籍中向世界揭示的政治和社会真理，比一切职业政客、政论家和道德家加在一起所揭示的还要多”①。恩格斯从哲学思想的深刻性上评价狄德罗的哲理小说《拉摩的侄儿》，把它誉为“辩证法的杰作”，马克思称它为“无与伦比的作品”②。列宁也很重视艺术作品的思想倾向，他曾“在一个夏天里把《怎么办?》读了五遍，每一次都在这个作品里发现一些新的令人激动的思想”，称《怎么

① 《英国资产阶级》，《马克思恩格斯全集》第10卷，第686页。

② 转引自《狄德罗美学论文选·译本序》，《狄德罗美学论文选》，第6页。

办?》“是真正的文学”①。关于鲁迅，毛泽东曾经说过他的思想和著作“都是马克思主义的”②，说他后期的杂文，“最深刻有力，并没有片面性”，也是如此。相反，对于那种思想肤浅平庸，甚至“包含反民族、反科学、反大众和反共的观点的文艺作品，必须给以严格的批判和驳斥”③，决不能无原则地加以肯定。

对主题思想来说，应当有更加严格的要求，特别强调其正确性和深度。作品的主题思想不正确或有某些严重失误，它的社会价值也就基本上不能肯定了，至多只能够有保留地肯定其某些艺术性方面的东西。例如我们否定《荡寇志》，则主要是因为其主题思想反动、不正确。在当代文学中，我们批评电影《苦恋》，主要也是因为作品思想内容主题思想上的错误倾向。④ 在这里，马克思评价描述法国历史上关于拿破仑政变的三部著作的实践，值得我们重视。他指出，雨果的《小拿破仑》“只是对政变的负责发动人作了一些尖刻的和机智的痛骂。事变本身在他笔下却被描绘成了晴天的霹雳。他认为这个事变只是一个人的暴力行为。他没有觉察到，当他说这个人表现了世界历史上空前强大的个人主动性时，他就不是把这个人写成小人而是写成巨人了”。对蒲鲁东的《政变》，马克思指出，“他想把政变描述成以往历史发展的结果。但是，在他那里关于政变的历史构想不知不觉地变成了对政变主人公所作的历史的辩护。这样，他就陷入了我们的那些所谓**客观**历史编纂学家所犯的错误。”对于自己的《路易·波拿巴的雾月十八日》，马克思则说：“我则是证明，法国**阶级斗争**怎样造成了一种条件和局势，使得一个平庸而可笑的人物有可能扮演了英雄的角色。”⑤ 这里评判三部著作的成功和失败，最根本的标准就是看其主题思想是不是正确。马克思的评价是非常准确、科学的，我们应当从中得到启示。

其二，题材——选材要严，容量要大。

在题材问题上，鲁迅主张“选材要严，开掘要深，不可将一点琐屑的没有意思的事故，便填成一篇”⑥；恩格斯有一个提法是要表现“意识到的历史内容”。他们的提法不同，但所包含的丰富内涵是颇为一致的。大体说来应当包括两点。一是对题材要进行严

---

① 埃森：《会见列宁》，《列宁论文学与艺术》（二），人民文学出版社，1960年版，第897页。

② 《论鲁迅》，《毛泽东论文艺》，第8页。

③ 《在延安文艺座谈会上的讲话》，《毛泽东选集》第3卷，第869页。

④ 参见唐因、唐达成：《论〈苦恋〉的错误倾向》，《文艺报》1981年第19期。

⑤ 《〈路易·波拿巴的雾月十八日〉第二版序言》，《马克思恩格斯选集》第1卷，第580页。

⑥ 《关于小说题材的通信》，《鲁迅全集》第4卷，第368页。

格选择，选取“对于现代以及将来一定是有贡献的意义”① 的题材，即选择社会价值、容量较大和审美价值意义较高的题材；不加选择，把“琐屑的没有意思的事故”“实在”“写不进小说里去的人”② 作为题材是不好的，就是说选择社会生活容量较小甚至没有什么社会意义或没有什么审美价值的题材是不好的。二是选取那些在现实生活中已经存在的、真正“属于历史”的、人民群众创造历史的生活和斗争作为作品的题材。恩格斯在对玛·哈克奈斯的《城市姑娘》的评论中就为工人阶级的斗争争取题材“地位”。他说：“工人阶级对他们四周的压迫环境所进行的叛逆的反抗，他们为恢复自己做人的地位所作的剧烈的努力——半自觉的或自觉的，都属于历史，因而也应当在现实主义领域内占有自己的地位。”③ 毛泽东《在延安文艺座谈会上的讲话》中特别强调要把人民的事业作为重要题材加以歌颂和描写。在新时期，人民建设四个现代化的伟大斗争和丰功伟绩，理所当然地是社会主义文艺的重要题材。总而言之，文学作品对于人民创造历史的斗争生活视而不见，不能做出自觉的深刻的反映，也就失去了“意识到的历史内容”，不能够在自己的作品中反映出社会生活的某些本质来。这在题材选择上就不能说是严格的、很好的。

这里应当指出，社会主义不仅是一种理想、思想体系，同时也是一种实践。从马克思主义诞生，从巴黎公社、十月革命，直到我国新时期的四个现代化建设，已经有一个半世纪的历程，它“属于历史”，是人类创造历史的重要的“历史内容”。作为社会主义文艺的思想内容、主题和题材，它曾经被重视被歌颂，这是社会主义文艺的光荣。相反，作为社会主义文艺，如果对此表示淡漠、疲倦、忏悔、鄙薄，甚至进行诋毁，则无论如何都是错误的，都应受到批评。

其三，人物塑造——社会主义新人。

毛泽东在半个世纪前就提出，革命的文艺应当表现“新的人物”④。新时期以来，党中央提出，“我们的文艺，应当在描写和培养社会主义新人方面付出更大的努力，取得更丰硕的成果。要塑造四个现代化建设的创业者，表现他们那种有革命理想和科学态度、

---

① 《关于小说题材的通信》，《鲁迅全集》第 4 卷，第 367 页。

② 鲁迅：《半夏小集》，《鲁迅全集》第 6 卷，第 598 页。

③ 《致玛·哈克奈斯》，《马克思恩格斯列宁斯大林论文艺》，第 147 页。

④ 《在延安文艺座谈会上的讲话》，《毛泽东选集》第 3 卷，第 876 页。

有高尚情操和创业能力、有宽阔眼界和求实精神的崭新面貌。”① 塑造社会主义新人也是社会主义文艺批评的一个标准。

所谓社会主义新人，是指人类发展到无产阶级社会主义历史阶段所产生的，既能自觉地改造环境创造历史，同时又能改造自己的具有全面发展的人，也就是列宁所说的“作为自觉的历史活动家的人民群众”②。他们不是什么救世主，也不是什么英雄豪杰，也不同于过去时代的“新人”——贾宝玉和林黛玉（《红楼梦》）、达吉雅娜（《叶甫盖尼·奥涅金》）、罗亭（《罗亭》）、英沙罗夫（《前夜》）、叶琳娜（《前夜》）、拉赫美托夫（《怎么办?》）这样的新人。他们是具有社会主义理想而又自觉为实现这种理想而奋斗、具有高尚的社会主义道德情操的新人。他们可以是自觉的无产阶级革命英雄形象巴威尔和尼洛芙娜（《母亲》）、朱老忠（《红旗谱》）；可以是普通工人农民的形象保尔·柯察金（《钢铁是怎样炼成的》）、周挺杉（《创业》）、李秋兰（《内当家》）；可以是普通的革命战士周大勇（《保卫延安》）、吴琼花（《红色娘子军》）、董存瑞（《董存瑞》）；可以是普通的知识分子的形象罗群、冯晴岚（《天云山传奇》）、许灵均（《牧马人》）；可以是锐意改革的四个现代化建设的创业者的形象乔光朴（《乔厂长上任记》）、丁猛（《三千万》）；也可以是普罗米修斯式的共产主义殉道者的现代英雄悲剧形象李铜钟（《犯人李铜钟的故事》）；当然也可以是一个富有中国妇女传统美德、温文尔雅而又竭诚负责、柔韧有致的中年女性专家、好妻子、好医生的形象陆文婷（《人到中年》）。我们不能简单地把社会主义新人看成是某个领域新出现的人，或是在性格上有某种新特点的人。他们是具有社会主义思想气质的人，即那些具有社会主义思想觉悟的、站在时代潮流前列的具有高尚道德情操的先进人物。他们是有血有肉的普通人，然而又不是一般的普通人、好人、有独特性格的人，如李顺大（《李顺大造屋》）、陈奂生（《陈奂生上城》）、盘老五（《在没有航标的河流上》）、王老大（《笨人王老大》）、冯幺爸（《乡场上》），这些人物就不是社会主义新人。

塑造社会主义新人的形象对于反映新时期的时代精神，揭示社会主义时代现实生活的某些本质方面，实现作品的“较大的思想深度和意识到的历史内容”是十分必要的。一般说来，反映社会主义时代的文学作品，塑造了社会主义新人形象的就应肯定或基本

---

① 邓小平:《在中国文学艺术工作者第四次代表大会上的祝辞》,《邓小平论文艺》,人民文学出版社,1989年版,第6页。

② 《我们究竟拒绝什么遗产?》,《列宁选集》第1卷,第146页。

肯定。相反，对那些只写普通人、好人、具有独特性格的人的作品，要作具体分析而后加以肯定，总之，不应当把它们与塑造社会主义新人的作品等量齐观。

从无产阶级文学批评实践和马克思主义文艺理论、毛泽东文艺思想的科学原则来看，对这个思想标准较多的是强调历史唯物论观点和社会主义新人及社会主义思想这几个方面。这些侧重点是不应该淡漠的。否则，盲目崇拜照搬西方资本主义的价值观念，所谓"保持自己的社会主义性质和民族特色"①，就只能成为一句空话。总之，凡是运用历史唯物论的观点，对题材加以处理并且在表现社会主义思想、历史唯物主义、社会主义道德思想方面，达到一定深度者，便是好的，或基本好的。对这样的文学作品就应肯定，或基本肯定。凡是诋毁社会主义，鼓吹宣扬唯心史观、封建迷信思想、奴隶道德、资产阶级道德和腐朽思想等剥削阶级没落反动思想者，便是不好的，甚至是反动的，不但不能肯定，而且还要进行必要的批判。

（二）进步的政治倾向——有利于人民的利益、意志和愿望

文学作品，特别是反映历史上和现实中重大阶级斗争和政治斗争的文学作品，都不可能不表现出一定的阶级倾向和政治倾向，不能不表现出一定的政治态度。文学批评的思想政治标准的一个方面就是用来考察文学作品的政治和阶级倾向，看其对待政治斗争、阶级斗争和对人民的基本态度和倾向；看其是否真实反映、拥护、歌颂人民的理想、意志和愿望，是否有利于广大人民的共同政治主张和最大多数人民的意志，即是否表现出进步的政治倾向，从而确定文学作品的政治价值。

在马克思主义文学批评史上，很有一些以"政治性"评价作品的批评实践。如恩格斯称赞海涅的政治诗《西里西亚织工之歌》是"我所知道的最有力的诗歌之一"，称海涅是"德国当代最杰出的诗人"②；高度评价维尔特的"社会主义的和政治的诗作"，说它"就独创性、俏皮方面，尤其在火一般的热情方面，都大大超过弗莱里格拉特的诗作"③；肯定席勒的《阴谋与爱情》的"主要价值就在于它是德国第一部有政治倾向的戏剧"④；列宁对马雅可夫斯基的一首"政治题材的诗"——《开会迷》，"从政治和行政的观点"

① 江泽民：《在中国作协第五次全国代表大会、中国文联第六次全国代表大会上的讲话》，《人民日报》1996年12月17日。

② 《共产主义在德国的迅速进展》，《马克思恩格斯列宁斯大林论文艺》，第30、29页。

③ 《格奥尔格·维尔特的〈帮工之歌〉》，同上书，第136页。

④ 《致敏·考茨基》，同上书，第142页。

所作的准确评价①，更是人所共知的。毛泽东所作的“鲁迅是中国文化革命的主将，他不但是伟大的文学家，而且是伟大的思想家和伟大的革命家”的评价，何尝不是用“政治”评价作家的典范！实践证明，用进步的政治倾向作为一项标准而不是作为唯一标准，来评论作家作品，是完全符合文艺规律的，是经得起实践检验和时间的考验的。

这里应当指出的是，所谓“政治标准”并不是抽象的绝对不变的，而是在不同历史时期有其具体的内容。在我国新民主主义革命时期，总的说来，就是有利于反帝反封反官僚资本主义；在抗日战争时期，就是有利于团结和抗日；在社会主义革命和建设时期，是“六条政治标准”，最重要的是社会主义道路和党的领导两条。在新时期则是“对实现四个现代化是有利还是有害”②。这是因为，进入新时期以来，“我国经济能不能加快发展，不仅是重大的经济问题，而且是重大的政治问题”③，四化建设是“全国人民压倒一切的中心任务，是决定祖国命运的千秋大业”。

所谓“进步的政治倾向”，说到底就是是否符合或反映“我国最大多数人民的意志”“目前利益和将来利益的统一”。因此，对古代文学作品来说，就是看“它们对待人民的态度如何，在历史上有无进步意义”④，即人们通常所说的“人民性”问题。“人民性”的内涵也是丰富的，不能做狭隘的理解。直接描写并称赞人民的生活和斗争，直接抒发人民的思想感情，自然是有人民性的；那些站在人民立场上描写或暴露统治阶级没落、残暴、贪婪的本质的，也是有人民性的；而那些描写统治阶级内部政治、军事等斗争的，只要在一定程度上表现出同情人民的倾向，也是有人民性的。可见，根本的还是对人民的态度，它与历史上有无进步意义基本上是一致的。这里应当注意的是，不要把“无产阶级政治庸俗化”。

进步的政治倾向是思想政治标准的一项基本内容而不是思想政治标准的全部内容，用它来考察衡量的是文学作品的政治倾向包括本身的政治倾向和在社会中的实际政治作用而不是其他内容。在政治性方面，一切符合这个标准的，它的政治倾向就是好的、进步的或比较进步的，我们就应当肯定或基本肯定，至少不能说它政治上有什么问题而打入另册。相反，凡是不符合这个标准的，其政治倾向就是不好的，甚至是反动的，我们

---

① 参见《论苏维埃共和国的国内外形势》，《列宁全集》第33卷，第194—195页。

② 邓小平：《在中国文学艺术工作者第四次代表大会上的祝辞》，《邓小平论文艺》，第5页。

③ 江泽民：《加快改革开放和现代化建设步伐，夺取有中国特色社会主义事业的更大胜利》。

④ 毛泽东：《在延安文艺座谈会上的讲话》，《毛泽东选集》第3卷，第869页。

就不能轻易说它政治上没什么问题而任其自由泛滥。对这类文学作品应当进行批评，甚至进行必要的批判。

(三）积极的社会效益——满足人们的多方面的精神需要

作为精神产品的文学艺术作品，从来都有一个社会效果或社会效益问题。无产阶级社会主义文艺批评对这一点历来都很重视。毛泽东《在延安文艺座谈会上的讲话》中就曾明确指出，评判作品的好坏，“当然也要看社会效果”，特别指出把“只为少数人所偏爱，而为多数人所不需要，甚至对多数人有害”的作品拿来上市，是“狭隘的功利主义”，为无产阶级所不取。①

文艺的社会效益，主要是指文艺作品对社会主义革命和建设、改革开放、四个现代化建设所起到的思想文化、精神意识方面的实际作用，即是否能够“满足人民精神生活多方面的需要”②，只要能够使人们得到教育和启发，得到娱乐和美的享受，有利于提高整个社会的思想、文化、道德水平，社会效益就是好的。具体说来，社会效益大体应从以下几个方面进行考察。

其一，思想教育作用。主要是看文艺在团结人民、教育人民、提高人民思想文化道德方面的实际作用如何。

其二，认识作用。主要看文艺作品在帮助人民认识现实和历史，提高认识生活的能力的实际作用如何。

其三，审美愉悦作用。主要看文艺作品使人心旷神怡、感发兴致、陶冶性情和培养提高人们审美能力的实际作用。

其四，娱乐消遣作用。主要是看文艺作品在帮助人们娱乐休息、消愁解闷、修身养性方面所起的实际作用。

按照上述这几个满足人们精神需要的基本内容来看，凡是为广大人民群众喜闻乐见，能够最大限度满足他们多方面、多层次、多样化的日益增长的精神需要，有益于提高他们的思想、文化、道德水平，鼓舞他们积极向上，奋发进取，对社会主义精神文明建设起积极、有益而不是消极、有害的作用的，就是好的，或基本好的。相反，对满足广大人民日益增长的精神需要，提高人们思想、文化、道德水平，建设社会主义精神文明起消极的、有害的作用的，即用反动的腐朽的剥削阶级思想意识、道德观念、低级趣味腐

① 《在延安文艺座谈会上的讲话》，《毛泽东选集》第 3 卷，第 864 页。

② 邓小平：《在中国文学艺术工作者第四次代表大会上的祝辞》，《邓小平论文艺》，第 5 页。

蚀人们的灵魂，污染社会风气，败坏革命传统和优良风尚，制造迷信和愚昧落后，拉着人们倒退的，便是不好的，或是坏的。对此，就应当进行批评。

文艺作品的社会效益，就其基本内容来说，主要是指精神、思想、文化、道德领域里的效益，决非什么“票房价值”之类的经济效益，这一点是不能含糊的。思想不能当饭吃，精神恋爱不能生孩子，这是真理。但把社会效益和经济效益机械对立起来就是错误的了。从长远的观点看，它们并不矛盾。人们的思想、文化、道德水平提高了，难道不是对改革开放、四化建设、市场经济的巨大的促进吗？当然，社会主义文艺事业的繁荣和发展也要改革，也要引进市场经济机制，也不能不受到经济的制约，但这种制约和影响，也应当通过文学艺术的规律来实现，而不是把它与经济领域的一些标准等同起来。我们坚持人民群众的“目前利益”和“将来利益”的统一，这两者是完全可以统一起来的。例如，新时期以来的影片《喜盈门》《巍巍昆仑》《周恩来》《焦裕禄》，电视剧《水浒传》《红楼梦》，可以说社会效益和经济效益都是比较好的。也有一些作品的社会效益和经济效益是不甚统一的。还有一些两个效益都不太好的作品。这种情况并不奇怪，一点也不违背文学作品的社会作用的辩证法，这类事例在文学史上并不少见。我们绝对不能因此把社会效益与经济效益对立起来，用目前的经济效益排斥社会效益，甚至以牺牲社会效益去换取一时的经济效益。

## 二、艺术标准

社会主义文学批评的艺术标准的基本内涵，主要包括以下几个方面。

### (一) 文学的真实性

文学既然是社会生活的反映，那么一个首要的问题就是是否符合实际，即所谓真实性问题或艺术真实问题。马克思主义文艺理论、毛泽东文艺思想历来认为不真实的作品是谈不上艺术性的，把真实性作为构成作品艺术性的一个重要条件。这里值得注意的是，真实性是一个复杂的问题，人们的解释不同。我们认为，文学真实性是指文学艺术反映生活的真实程度，即通过艺术形象正确揭示或基本正确地揭示社会生活的本质规律、表现情感的特性。构成文学真实性的必要条件或者说真实性的内涵、特征，应当包含三个方面。一是真理性，即本质真实，要显示出事物的本质特征，要揭示出生活的本质，要符合人物固有的性格逻辑，即歌德所说的用“自由大胆的精神创造出来的”“高于第一自然”的“第二自然”。二是情感性，即情感真实，要表现出作家的真切的感受和真挚的感情，要合乎主体情感发展的逻辑，即鲁迅所说的“取下假面，真诚地，深入地，大胆地看取人生”，说真话。各种“瞒和骗”“矫情造作”“虚情假意”都与真实性相对立。三是具象性，即形象真实，它应当是作家用虚构想象、变形手段创造出来的日常现实生活图画或情境，即栩栩如生的艺术形象，它可与现实生活“形似”“神似”，也可以“形神兼备”，但不能是抽象的概念化的东西；它是一种虚拟性、假定性的真实，人们宁可信其有，但又不能把它与生活事实画等号。总之，真理性、情感性、具象性的统一是艺术真实的基本特征。通俗地说，艺术形象是虚构的，可它又是合情合理的，这就是艺术真实。艺术真实是文学批评的艺术标准之一。它主要用来衡量文学作品是否反映了一定时代社会现实生活的某些本质方面，是否具有对社会的某种程度的认识价值。真实是文学艺术的生命，是文艺的一种主要价值。正如杜勃罗留波夫所说：“作为艺术家的作家，他的主要价值，就在于他的描写的真实性”①。按照真实性标准来说，一切真实性高的或较高的作品，就是好的或较好的。相反，一切真实性不高或毫无真实性的“矫情造作”“瞒和骗”的作品，就是不好的或坏的。在评价作品的真实性时，应当特别重视作品反映生活本质的真实。列宁就用“反映出革命的某些本质的方面”，肯定托尔斯泰“是一位真正伟大的艺术家”②。对我们社会主义文艺来说，理所当然地应当注意它“通过有血有肉、生动感人的艺术形象，真实地反映丰富的社会生活，反映人们在各种社会关系中的本质，表现时代前进的要求和历史发展的趋势”③ 所达到的高度。

这里应当注意的是要正确把握真实性与政治性、艺术性的关系。真实性与政治性、艺术性有紧密联系，但又是一个独立范畴。因此，简单地用政治性、艺术性代替或排斥真实性都是不符合艺术规律的。只有把真实性作为独立的批评标准，才能够实事求是地分析评价某些复杂的文学现象及文学作品。

（二）文学典型与意境

典型与意境，是西方美学、文艺学与中国美学、文艺学关于文学艺术本质的两个中心概念。典型主要揭示了叙事性文学的本质规律，意境主要揭示了抒情性文学的本质规律，它们都是优秀文学艺术作品的标志，是文学批评的艺术标准之一。简单地用典型硬套中国文学艺术，或用意境硬套西方文学艺术，都是不合适的。

1. 典型

典型形象主要指叙事性文学中的典型人物或典型性格，是作家用典型化方法创造出

① 《黑暗的王国》，《文学论文选》，第 85 页。

② 《列甫·托尔斯泰是俄国革命的镜子》，《马克思恩格斯列宁斯大林论文艺》，第 196 页。

③ 邓小平：《在中国文学艺术工作者第四次代表大会上的祝辞》，《邓小平论文艺》，第 6 页。

来的，个性鲜明、独特、丰满而又表现一定历史时期社会生活的某些本质方面，具有高度审美价值的艺术形象。艺术形象的个性特征愈丰满、鲜明、独特，愈能深广地揭示社会生活的某些本质方面，愈能唤起人的美感，典型性就愈高，形象就愈有典型意义。典型形象是优秀叙事性文学作品的标志，它很大程度上决定着文学作品的艺术成就、社会作用、审美价值和艺术生命力。因此，艺术形象的典型性就成了艺术标准的一项重要内容。按照典型标准，典型性愈高，作品的成就也就愈高，塑造出典型形象的作品就是优秀作品。文学史上的不朽之作，大都是因为塑造了典型形象，才使其艺术生命力经久不衰的。如哈姆雷特（《哈姆雷特》）、堂吉诃德（《堂吉诃德》）、奥勃洛莫夫（《奥勃洛莫夫》）、贾宝玉（《红楼梦》）、阿Q（《阿Q正传》）、朱老忠（《红旗谱》），这些成功的典型形象，本身就说明了这些作品艺术性所达到的高度。

2. 意境

意境是指抒情性文学中由作家用“虚实结合”的方法创造出来的一种艺术世界，是作品中渗透着作者含蓄、丰富的情思，又能诱发读者想象和思索的、和谐广阔的自然和生活图景。它既不是客观生活的简单再现，也不是主观思想感情的单纯抒发，而是情景交融有机整合，主观和客观的内在的统一，是能为读者想象的广阔天地。意与境互相渗透、和谐统一，具有丰富、蕴藉的情思内涵，能引发读者的思索和想象，是意境的基本特征。意境是具有中华民族特色的美学、文艺学的中心概念，是抒情性文学优秀作品的重要标志，往往成为作家追求的一个重要目标，在批评中则是一个重要的艺术标准。按照意境标准来说，“有境界则自成高格，自有名句”，就是优秀作品，没有意境就不能算是好作品。在意境中又以意境的高低去评价作品的优劣，“上焉者意与境浑，其次或以境胜，或以意胜”。讲究意境的创造和评价，在我国已经形成了传统。意境理论经魏晋至唐正式形成，明清成熟和发展，并把它从诗歌引入其他文学领域，可以说已经成为一个科学、完整的体系，在批评中发挥着重要作用。

综上所述，可以看出，典型和意境两个概念有很大差异。概括说来，典型较适用于叙事性文学，意境较适用于抒情性文学；典型侧重于客观再现，意境侧重于主观表现；典型侧重于塑造人物形象，意境侧重于境物形象；典型求真，意境求美；典型是寓共性于个性，寓必然于偶然，意境则虚实相生，以形求神。总之，典型主要是从小说和戏剧的创作实践中总结出来的艺术创作特点和内在规律，意境主要是从诗歌和绘画创作实践中总结出来的艺术创作特点和内在规律。它们从两个不同侧面体现出西方和中国文艺理论的一个主要特色。作为艺术标准的一项重要内容，是不分轩轾的，对它们的任何偏废或生搬硬套都是违反艺术创作和批评的规律的。

(三) 文学风格和民族性

1. 文学风格

文学风格是作家的创作个性在内容与形式的统一中所表现出来的基本的艺术特色，包括作家的风格和作品的风格。鲜明、独特的风格是作家在艺术上臻于成熟的标志。在文学批评中，风格从来就是艺术标准的一项重要内容。曹丕、钟嵘、司空图、朗吉弩斯、布封这些中外大批评家都是从风格论作家的典范。按照风格的标准来说，成熟的作家应当具有自己的艺术风格；成熟的民族文艺应当具有自己的民族风格；成熟的时代文艺应当具有自己的时代风格。只有这样独具风格的作品才是优秀的作品。没有风格的作家、作品，或者风格不鲜明、不独特的作家、作品，绝不是优秀作品，充其量也只是二流三流的或更一般化的平庸之作。风格的审美类型是多样化的，有崇高风格和优美风格以及介于崇高与优美之间的“中和之美”与西方所谓“怪诞风格”等几大类型。虽然我们一般不以风格类型作为评价作家水平高低的标准，但对于我们社会主义文艺创作来说，我们主张社会主义文艺应当具有反映时代精神、社会主义思想、健康的审美情趣的崇高的社会主义风格。至少，这种崇高的社会主义风格应当成为“主旋律”，以及以主旋律与多样化相统一的格局。总之，毫无社会主义时代风格特色的作品，不能算是优秀文学作品。

2. 文学的民族性

文学的民族性是指一个民族的文学在内容和形式上所表现出来的基本特征，是一个民族文学艺术成熟的标志，也是一个民族文艺独立于世界民族之林的重要条件，是社会主义文艺批评的一个重要艺术标准。社会主义文艺的民族性，具体包括思想内容方面的民族色彩和审美意识的民族内涵以及形式方面如语言、结构、体裁、表现手法等方面的民族特点。其核心是“中国艺术要有民族形式和民族风格”，要“越搞越中国化，而不是越搞越洋化”，要具有“为中国老百姓所喜闻乐见的中国作风和中国气派”①。按照民族性的标准来说，凡是民族性鲜明又为广大人民群众所喜爱的作品就是好的或较好的。相反，脱离民族、脱离人民群众，完全照搬洋人，在艺术上毫无民族特色的“假洋鬼子”式的作品，则是不好的。

(四) 艺术形式的完美性和独创性

文学作品的思想内容，总是由一定的形式表现出来的。形式完美、新颖与否，是十

① 毛泽东：《中国共产党在民族战争中的地位》，《毛泽东选集》第2卷，第534页。

分重要的，历来被视为艺术性的一个重要标准。

关于形式的完美性，刘勰说："虎豹无文，则鞟同犬羊；犀兕有皮，而色资丹漆：质待文也"[1]，就是讲华美的形式对内容的充分表达的重要作用。从语言、结构到体裁、技巧这些形式因素，都应讲究美。就文学艺术而言，形式美既指构成艺术品的外在形式美，如声音美、色彩美、形体美、语言美等，也指内在形式美，如对称、比例、节奏、和谐、统一等。文学艺术的形式是否具有美的价值，对作品的艺术性具有重要的意义。然而对于形式的完美性来说，这仅仅是第一层，最重要的是更深的层次，即各种艺术形式应当按照创作的较高"意旨"的要求，把各个部分进行有机的组合，形成一个"通体完美的整体"。否则，就不是一件完美的作品。优秀的作品都是具有高度完美性的整体。完美性应当是艺术性的一个重要标准。

文学作品不仅应当形式完美，而且还应当是独创的、新颖的。艺术形式的独创性，历来都被认为是衡量作品的艺术性的重要标准之一。生活是无限丰富多彩的，每一事物、每一人物、一山一水、一草一木，都以自己特有的个性特征存在于世。正如马克思所说："每一滴露水在太阳的照耀下都闪耀着无穷无尽的色彩。"[2] 这就要求文学作品的表现形式应当极富独创性。也只有各种独创性的艺术形式才可能把生活本身那些不可重复、无穷无尽的个性特征充分表现出来。文艺实践证明，艺术的独创性不仅是人们审美要求多样性、新鲜感的需要，也是作家趋于成熟的一个标志，理所当然的也是文学批评的一个重要艺术标准。马克思主义文学批评一贯反对艺术上的照搬模仿、雷同八股，提倡标新立异、新鲜活泼，就是在强调艺术的独创性。独创性标准是完全符合艺术的自由创造的本质规律的。

**小结**　所谓社会主义文学批评标准，也就是马克思主义文学批评标准在社会主义初级阶段的具体形态。如果把经典作家当时的标准称为"经典形态"，那么社会主义文学批评标准就是马克思主义标准的"当代形态"。在这个问题上，必须坚持和发展马克思主义、毛泽东思想的科学原则，反对各种错误倾向，保持文学批评的"社会主义性质和民族特色"。

---

① [南朝梁] 刘勰：《文心雕龙·情采》。

② 《评普鲁士最近的书报检查令》，《马克思恩格斯全集》第 1 卷，第 7 页。

## 复习思考题

1. 什么是马克思恩格斯的批评标准?
2. 什么是毛泽东的批评标准?
3. 应当怎样看待新时期批评标准探讨的基本走向?
4. 应当怎样理解社会主义文学批评标准的基本内容?
5. 怎样才能保持文学批评的“社会主义性质和民族特色”?

# 第三编　方法论

# 第七章　文学批评的方法与运用

**内容提要**　文学批评的方法是文学批评的根本问题之一。本章阐述批评方法的构成，介绍逻辑方法、分析与综合方法、比较方法、系统论方法等一般科学方法，最后从理论和实践的结合上论述选择和运用批评方法的原则：正确处理文学观念、批评对象、批评方法之间的“制约——独立——超越”关系，坚持文学观念、批评方法、批评对象的契合统一。

## 第一节　文学批评方法的构成

### 一、文学批评方法的含义

所谓文学批评方法，是指从文学的特性出发来研究文学现象，揭示其社会价值和美学价值及其本质规律所运用的手段、途径和方式的总和。这里应当指出的是，必须是从文学的特性出发的研究手段、途径，才是文学批评方法；而只把文学作为研究材料，如历史学、社会学、心理学常把文学作为研究资料，它们的方法也就不是文学批评方法。文学批评方法又常常被称作“文学研究方法”。

### 二、文学批评方法的构成

文学批评方法包括哲学方法和一般科学方法、具体学科方法等三个层面的内容。哲学方法、一般科学方法、具体学科方法三者缺一不可，融合为一个有机统一整体。

哲学方法是最高层次，即世界观和方法论。马克思主义方法就是辩证法，它要求人们按照事物的内部矛盾运动来观察认识事物，改造世界。形而上学也是一种世界观、方法论。它要求人们孤立、静止和片面地观察、认识事物。哲学方法是一般科学方法和具体学科方法的哲学基础。作为一种文学批评方法，其哲学基础有时似乎不甚明显，但实际上是不能脱离一定的哲学方法的。这犹如文学创作方法与哲学、世界观的关系一样，它必须以某种哲学、世界观为基础。

一般科学方法是第二层。它指各门学科都普遍运用的科学方法，如观察方法、实验方法、各种逻辑方法、分析综合方法、比较方法等，甚至包括系统论、控制论、信息论等方法。这些方法是任何一种文学批评方法的基本内容，不可或缺。因此，可以称其为基本方法。

具体学科方法是第三层。它是指各门具体学科所特有的方法，如生物学中的观察法，物理学、化学的实验法等。因为具体学科方法有一定的特殊性，它们往往只适用于一定的学科，一般不适用于其他学科。

文学批评方法，就是由上述三方面的内容构成的一个有机统一体。在这三个层面中，哲学层面占有主导地位，正是通过它的沟通整合功能，才把三个层面融合为一个有机整体。因此，要实现对批评方法的整体把握，就必须重视、坚持马克思主义哲学原则的指导。

## 三、文学批评方法的多样性

由于文学批评方法内容的复杂性，便造成了文学批评方法的多样性特点。例如，确定作品作者真伪的考据学方法；探讨作品作家异同的比较方法；研究文学与现实生活关系的社会学方法；评价作品美学价值的美学方法；探讨作品创作过程和作家心理的文艺心理学方法；探讨作品与读者关系的接受美学方法；探讨作品本体意义的形式主义方法。美国古尔灵等所著《文学批评方法手册》① 论列了西方文学批评方法如“历史—传记”方法、“道德—哲学”方法、形式主义方法、心理学方法、神话与原型方法、意义标志方法、现象学方法、女权主义方法、文体学方法、类型批评方法、修辞学方法、起源法等达 17 种之多。国内学者胡经之、王岳川主编的《文艺学美学方法论》② 则集中评价和研究了 20 世纪最有影响的社会历史方法、传记方法、象征方法、精神分析方法、原型方法、符号方法、形式方法、新批评方法、结构方法、现象学方法、解释学方法、解构方法、接受美学方法等 13 种重要批评方法。实际上广泛流行于中国和西方的批评方法远比这些要多得多。

文学批评方法是多种多样的。各种方法都有特定的功能、层次、适应度。但并不是说，所有的批评方法都是合乎文学批评的规律的。毋庸讳言，在许多批评方法之中，有

① 中译本由春风文艺出版社 1988 年出版。

② 北京大学出版社，1994 年出版。

的较为合乎文学批评规律，科学性强些；有的则相反，科学性差些，甚至有的批评方法从根本上违反文学批评规律，毫无科学性可谈。我们承认批评方法的多样性，但不是对它们不分轩轾，不加区别。我们主张在文学批评中选择科学的批评方法，自觉地摒弃落后的不科学的批评方法，促进在马克思主义方法主导下的批评方法多样化。在这个问题上，无视方法的科学性，一味追新弃旧的作法，是不可取的。

## 第二节　文学批评的一般科学方法

文学批评方法是多种多样的。这里介绍几种一般科学方法。

### 一、逻辑方法

(一) 归纳法

所谓归纳法是一种由个别到一般、由实践到理论的逻辑推理方法。或者说是从具体、个别、特殊的事例或知识推导、概括出具有较高一般意义的原理或知识的方法。文学批评的归纳方法，主要指以具体的个别的文学现象为前提，推导出有关文学家、文学创作及文学思潮、创作方法等方面的理论结论的概括方法。这种方法，在中外文学批评史上，可谓历史悠久，长期而普遍地为文学批评家们所使用。

归纳法的原则是：由前提和结论两大部分组成，即以已知的个别事实为前提，通过推理，得出一般性的结论。孔子关于《诗经》的“思无邪”① 的论断，就是用归纳法对诗三百篇作了具体考察之后推导出来的一般性结论。各种《中国文学史》对某一文学流派的风格特点的概括，都是归纳法的具体运用。各种《文学概论》中讲述文学体裁的特点，也都是通过对各种具体作品特点的归纳而形成的。归纳法在文学批评中得到普遍运用。

归纳法具有一定的科学性和创造性，同时也有一定的局限性。科学性是指它从文学现象的考察中可以获得文学的普遍规律和结论。创造性是指它从已知的文学事实推导出的未知的结论和一般原理，不仅能对已知文学事实进行解释和概括，而且能够对某些新的文学事实进行说明和概括，就是说它可以创造出新的文学观念和原理。其局限性是指它本身带有很大的或然性，即由于运用材料的不完全性而导致不同的甚至矛盾的结论。归纳法不是万能的，单靠它是不可能全面深入地认识文学的本质的。

---

① 《论语·为政》。

### （二）演绎法

所谓演绎法是一种由一般知识为前提，推导出未知的个别事实结论的一种逻辑方法，即由一般到特殊的逻辑推理方法。文学批评的演绎方法是指从一般的文学原理推出有关的特殊文学现象的结论。它同归纳法一样，是一种历史悠久的文学批评方法。

作为一种批评方法，演绎法的原则与归纳法相反，它由一般到特殊，“三段论式”是其主要推理方式。例如，大前提——典型形象是优秀文学作品的标志；小前提——《阿Q正传》中的阿Q是典型形象；结论：《阿Q正传》是优秀文学作品。在文艺学教科书中，经常运用演绎法从一般原理推导出一些具体文学原则和结论，或用它来对作家作品进行评论。

文学批评的演绎法与归纳法比较起来，较少科学性和创造性。这主要是因为它的结论只能在“大前提”之内，而不能突破“大前提”的范围，推导出比“大前提”更为普遍的文学原理、结论来，所以也就很难在理论批评上有较大创造和突破。这不能不说是演绎法的一个根本性局限。另外，在评论实践中也极容易产生公式化、程式化以及简单化的毛病。

作为一种科学方法，“归纳和演绎，正如综合和分析一样，必然是属于一个整体的”①。因此，在文学批评中应当两者并用，“不应当牺牲一个而把另一个捧到天上去，应当设法把每一个都用到该用的地方，但是只有记住它们是属于一个整体，它们是相辅相成的，才能做到这一点”②。恩格斯关于运用这两种逻辑方法的论述是非常精辟深刻的。在文学批评实践中，既要归纳，又要演绎，不把二者结合起来，任何文学批评很难进行下去。例如，朱光潜先生在《悲剧心理学》中，主张“讨论悲剧问题必须以事实为基础，也即是以世界上一些悲剧杰作为基础”，即采用归纳法。他指责一些美学家、哲学家用演绎法“是从某种预拟的哲学体系中先验地演绎出理论。他们提出一个玄学的大前提，再把悲剧作为具体例证去证明这个前提”。这是“本末倒置”，“恶性循环”③。朱光潜这个说法，说起来有道理，做起来行不通。因为要以“悲剧杰作为基础”，就先得确定哪些是悲剧，这岂不是先有了“玄学的大前提”，先行“倒置”“循环”起来了吗？看来，仅用一个而完全排斥另一个，像恩格斯所说的“牺牲一个而把另一个捧到天上去”，是根

---

① ［德］恩格斯：《自然辩证法》，《马克思恩格斯选集》第4卷，第335页。

② 同上。

③ 参见朱光潜著、张隆溪译：《悲剧心理学·绪论》，人民文学出版社，1983年版，第7页。

本行不通的。文学批评史上曾经出现的“归纳万能”论应当成为历史，不能重演。我们可以有所侧重，但不可有所偏废。

## 二、分析与综合方法

分析与综合方法是文学批评中不可或缺的方法。所谓分析方法是指把研究对象分解为各个组成部分、方面、要素，然后分别加以研究，从而揭示出它们在整体中的性质和作用的一种思维方法。所谓综合方法是指把对象的各个组成部分、方面、要素联系起来，加以考察，从而把握对象的整体功能和性质、规律的一种思维方法。分析以综合为前提，综合以分析为基础，二者互相联系，互相渗透，在以事物部分与整体间的关系的客观基础上辩证地联系在一起，也可以称为辩证方法。

列宁对托尔斯泰的评论，特别是《列甫·托尔斯泰是俄国革命的镜子》，娴熟地运用了分析与综合方法，堪称典范。列宁历数托尔斯泰思想学说及创作中的各种矛盾——“一方面，是一个天才的艺术家，不仅创作了无与伦比的俄国生活的图画，而且创作了世界文学中第一流的作品；另一方面，是一个发狂地笃信基督的地主。一方面，他对社会上的撒谎和虚伪作了非常有力的、直率的、真诚的抗议；另一方面，是一个‘托尔斯泰主义者’，即是一个颓唐的、歇斯底里的可怜虫，所谓俄国的知识分子，这种人当众捶着自己的胸膛说：‘我卑鄙，我下流，可是我在进行道德上的自我修养；我再也不吃肉了，我现在只吃米粉团子。’一方面，无情地批判了资本主义的剥削，揭露了政府的暴虐以及法庭和国家管理机关的滑稽剧，暴露了财富的增加和文明的成就同工人群众的穷困、野蛮和痛苦的加剧之间极其深刻的矛盾；另一方面，狂信地鼓吹‘不用暴力抵抗邪恶’。一方面，是最清醒的现实主义，撕下了一切假面具；另一方面，鼓吹世界上最卑鄙龌龊的东西之一，即宗教，力求让有道德信念的僧侣代替有官职的僧侣，这就是说，培养一种最精巧的因而是特别恶劣的僧侣主义。”① 这是分析。列宁又指出，这些矛盾“并不是偶然的，而是十九世纪最后三十几年俄国实际生活所处的矛盾条件的表现”，是“俄国千百万农民在俄国资产阶级革命快要到来的时候的思想和情绪的表现”，“是一面反映农民在我国革命中的历史活动所处的各种矛盾状况的镜子。”② 托尔斯泰是“一位真正伟大的艺术家”③。这属于综合。可见，分析是综合的基础，综合是分析的归宿，二者紧

① 《列宁选集》第2卷，第370页。

② 同上书，第371页。

③ 同上书，第369页。

密结合，不可分割。

分析与综合方法，在文学批评方法中具有重要地位，任何一种文学批评方法都绝对离不开分析与综合方法。但分析与综合又有一定的局限，那就是如果缺乏系统整体观念，机械运用分析与综合，往往会把这种方法降低到“分割”与“组合”水平，不能真正从本质上揭示出批评对象的价值和意义。分析和综合，应当力求辩证和深刻，这才是其作为辩证方法的意义。

## 三、比较方法

比较方法是指根据一定的标准把彼此有某种联系的文学现象的内部矛盾的各个方面加以对比分析，从而确定其相同与相异之点，深入认识文学现象本质的一种方法。它是文学批评常用的一种方法，与“比较文学”不同，不能把二者混为一谈。

比较方法的基本原则主要是两点。首先是根据文学现象之间的“可比性”确定比较对象及其比较范围。所谓可比性，可以理解为不同文学现象之间的类同性、继承性等内在联系。有这种联系就可以比较，哪些方面有联系，就确定哪些方面为比较范围。比较范围是极为广泛的。例如，周恩来的作家比较《我要说的话——论鲁迅与郭沫若》①；屠格涅夫的作品比较《哈姆雷特与堂吉诃德》②；茅盾、王昆仑的人物比较《谈〈水浒〉的人物和结构》③、《红楼梦人物论》④；宋遂良的风格比较《秀丽的楠竹和挺拔的白杨》⑤；曹顺庆的诗学（文艺理论）比较《中西比较诗学》⑥ 等等，只要对象之间有某种可比性，就可以确定为比较对象，进行对照比较。其次是对照分析，探求异同。这是比较方法的中心。即在对象的比较范围内进行比照，确定比较对象的异同，特别是显著区别，从而深入把握比较对象的本质特征。例如，《论鲁迅与郭沫若》就用比较方法揭示了鲁迅与郭沫若两人的时代背景和经历的不同，并以此为出发点，揭示了鲁迅和郭沫若两人的特点：鲁迅——“最清醒的现实主义”“韧的战斗”“反自由主义”“反虚伪的精神”；郭沫若——“丰富的革命热情”“深邃的研究精神”“勇敢的战斗生活”；得出了“鲁迅是鲁

---

① 《周恩来论文艺》，第1—7页。

② 文艺理论译丛编译委员会编：《文艺理论译丛》，1958年第3期，人民文学出版社，第105—123页。

③ 茅盾：《茅盾文艺评论集》上册，文化艺术出版社，1981年版，第44—48页。

④ 生活·读书·新知三联书店，1983年出版。

⑤ 《文艺报》1979年第2期。

⑥ 北京出版社，1988年出版。

迅，郭沫若是郭沫若，‘各人自有千秋’”① 的论断。《哈姆雷特与堂吉诃德》运用比较方法分析了哈姆雷特和堂吉诃德这两个典型人物，从这两个人物的外表、地位、教养和他们对国家、对群众、对爱情等等方面的对比分析中，揭示了他们根本对立的特性，得出了“哈姆雷特身上的自我分析原则造成了悲剧，同样，堂吉诃德身上的热情原则造成了悲剧”②。《谈〈水浒〉的人物和结构》在对比中揭示了林冲、杨志、鲁达三个人物的性格特点及社会根源。《秀丽的楠竹和挺拔的白杨》则通过对比分析，把握了《山乡巨变》“秀朴、精致、明丽、含蓄”如楠竹，《创业史》“开阔、高昂、爽朗、豪迈”如白杨的迥然不同的艺术风格。

比较方法在文学批评中是必不可少的，尤其是确定一个作家、一部作品的价值和地位，更显特别重要。正如恩格斯所说，“任何一个人在文学上的价值都不是由他自己决定的，而只是同整体的比较当中决定的”③，应“结合着他的整个时代、他的文学前辈和同代人”④ 来评价。马克思、恩格斯就是运用比较方法，把拜伦与雪莱、莎士比亚与席勒、巴尔扎克与左拉相比较，揭示他们的特点，确定他们在文学上的价值和地位。他们的比较取得了举世公认的成果。

在比较中，应当注意：一是不要有意抑此扬彼。对不同体裁、不同风格的作家作品尽可评头论足，说长道短，但不可轻易分高低，定优劣，像所谓“悲剧优于喜剧”“川剧优于京剧”“李白高于杜甫”或“杜甫高于李白”“崇高胜于优美”等等比较，是不必要的，也是不妥当的。二是要注意不要胡乱比较。别林斯基曾经严厉批评这种现象。他指出：“三十年代有一位‘渊博’的批评家把普希金和拜伦相比较：他发见普希金叙事诗的主人公和拜伦叙事诗的主人公比较起来，有如小鬼之于撒旦一样，于是普希金什么都不行了。这位渊博的批评家从来没有想到，普希金没有学拜伦，就像拜伦没有学荷马一样，普希金应该作为普希金、而不作为拜伦来观察。这位渊博的批评家为拜伦叙事诗形式的表面近似所欺蒙，全不曾想到在普希金和拜伦之间，在才能的倾向与精神上面没有一点共同的地方，从而在这里去作任何比较都是不适当的。”⑤ 三是应当注意到比较方法特别是横向比较的局限——往往只能看出相对水平而难以看出历时水平。

---

① 《周恩来论文艺》，第 2—6 页。

② 《文艺理论译丛》，1958 年第 3 期，第 120 页。

③ 《评亚历山大·荣克的〈德国现代文学讲义〉》，《马克思恩格斯全集》第 1 卷，第 524 页。

④ 《诗歌和散文中的德国社会主义》，《马克思恩格斯列宁斯大林论文艺》，第 48 页。

⑤ 《别林斯基论文学》，第 269 页。

## 四、系统论方法

系统论是当代新学科。1937 年美籍奥地利生物学家贝塔朗菲首次提出一般系统论的概念，1949 年发表专著《生命问题》，进一步阐述系统原理，1968 年在加拿大正式出版专著《一般系统论：基础发展和应用》，为系统科学（包括“三论”）提供了具有指导意义的理论纲领，被世界公认为一般系统论的经典性著作。60 年代以后，系统论受到人们重视，逐步渗透到自然科学、社会科学、思维科学等一切科学知识和生产技术领域，影响之大，实属罕见。

所谓系统，简单地说，就是由相互关联、相互作用的若干因素（或成分）构成的具有特定功能的有机整体。按照这一观点来说，世界上一切现象、事物，都可以说是有机整体，自成系统，同时又互成系统。例如，文学是由生活——作家——作品——读者等四个要素构成的文学系统。它与其他上层建筑又构成上层建筑系统。而上层建筑又与经济基础构成社会这个大系统。总之，就是要用系统的观点来观察分析事物。因此，可以这样说，所谓系统论方法就是要求从系统整体观点出发，从系统与要素之间、要素与要素之间以及系统与外部环境之间相互关联和相互作用中考察对象，以达到较高目的的研究问题的科学方法。

系统论方法具有五个基本原则：(1) 整体性原则，即把事物看成由各个要素（部分）构成的有机整体，进而研究整体的构成及其发展规律。它特别强调“整体大于部分之和”，被看作系统论的基本定律。整体性原则是系统论的核心，其他原则是由它派生出来的。把握了这一原则，就把握了系统论的根本。所以要特别注意树立有机整体观念，破除机械整体观念。(2) 结构性原则，指事物是由某种结构方式组成的整体。其结构方式不同，就会影响系统整体的性质。例如，石墨、金刚石都是由碳原子组成的，只是由于碳原子的排列结合方式不同，它们的性质就截然不同。(3) 动态性原则，要求把事物看成运动的活的机体，强调从系统的生成、运动、发展、演变等方面去把握系统的性质。正如“生命在于运动”一样，文学艺术的生命力也来自不断变化着的审美运动过程。(4) 层次性原则，也叫有序性原则，指系统是按照一定的秩序和层次（等级）组成的，要求研究母系统与子系统、亚系统之间的叠加的辩证关系，即从不同层次去考察对象。如对文艺的真实性就可分为三个层次去考察——生活事实、生活真实、艺术真实三个层次。(5) 相关性原则，要求把对象放到更大的系统中去研究，即研究它与周围系统的联系，注意它内部诸要素和外部系统环境的联系性和制约性。如研究一部作品，就不能就作品论作品，应当把它放在作家整个创作系统、读者接受系统、整个文学系统，甚至社会大系统中去考察。系统论方法在20世纪70年代开始运用到文学批评中来。我国80年代中期介绍引进。林兴宅《论阿Q性格系统》① 被称为成功的尝试。该文把阿Q性格作为一个系统进行研究，更深入地切入阿Q性格之谜。首先运用整体性原则，把阿Q性格看成一个系统，并对其构成性格的要素（二十个要素，十个方面）及其构成方式（矛盾对应）做整体考察分析，指出阿Q性格的自然质是由三个基本特征“双重人格”“退回内心”“泯灭意志”巧妙结合统一，又互为因果而构成复杂性格，是奴性心理典型；其次运用动态性原则，分析阿Q性格的功能质，得出了阿Q是半封建半殖民地旧中国失败主义思潮的象征、中华民族的国民劣根性的象征、人类前史时代世界荒谬性的象征；再次用相关性原则从更大的社会系统中多角度考察，指出了阿Q性格在不同社会文化系统中的不同系统质：从社会学角度看，阿Q是乡村流浪雇农的写照；从政治学角度看，阿Q是专制主义的产物；从心理学角度看，阿Q是轻度精神病患者的肖像；从思想史角度看，阿Q是庄子哲学的寄植者；从近代史角度看，阿Q是辛亥革命的一面镜子；从哲学角度看，阿Q是异化的典型，较全面地揭示了阿Q性格的丰富性、多义性、复杂性。总之，“自然质是对阿Q性格自身固有的基本性质的规定；功能质是对阿Q性格在不同时空条件下的典型意义的历史规定；系统质是对阿Q性格在社会大系统中所产生的各种社会性的综合规定”②。它们共同组成对阿Q性格的系统认识，揭示了阿Q性格的本质意义。林兴宅的这种尝试，因对阿Q性格探讨有所突破而获得文学批评界的广泛好评。

从林兴宅的《论阿Q性格系统》和《艺术魅力的探寻》③ 对系统论方法的实践来看，系统论确有自己的优势：它可以全方位、多角度、多层次地观察分析文学现象，更加有效地认识复杂对象的整体；它的动态研究较能避免简单化、片面、静止的分析研究。但它也存在一定局限，如对复杂文学现象的核心例如阿Q性格核心“精神胜利法”揭示不够，至少使人感到不那么突出。另外，对文学作品的审美特征缺少足够的重视，过于追求理论系统分析，这对于文学批评方法来说，不能不说是一个不可忽视的缺憾。

## 第三节　文学批评方法的选择和运用

批评方法的选择和运用，最重要的是正确把握批评方法与文学观念、批评对象三者

---

① 《鲁迅研究》1984年第1期。

② 《论阿Q性格系统》，《鲁迅研究》1984年第1期。

③ 四川人民出版社，1985年出版。

的关系。只有这样，才能选择出最适宜的批评方法。

## 一、文学批评方法与文学观念

所谓文学观念，可以说是对文学根本性质和具体文学问题的看法的总和。文学观念与批评方法有着密切的关系。

首先，文学观念制约和支配批评方法。一般说来，一定的批评方法的形成和运用，都以一定的文学观念为理论基础，都受一定文学观念的指导。文学批评中诸多批评方法，文学批评的诸多流派，它们的形成，无不与相应的文学观念有直接的联系。就拿西方几种批评方法来说吧，“道德批评方法”就是以“新人文主义”文学观为理论基础的，没有“新人文主义”的“文学为人生”的文学观念，就不会有什么“道德批评方法”。“心理批评方法”就是以弗洛伊德的文学是性本能冲动的升华的文学观念为理论基础的，没有弗洛伊德的“精神分析”论文学观念，也就不会有什么“心理批评方法”。“社会批评方法”“形式主义批评方法”“原型批评方法”，无一不是建立在相应的文学观念的基础上的。文学观念的发展变化，也往往引起批评方法的变化，如“原型批评方法”就是因为荣格同弗洛伊德在文学观念上产生了重要分歧之后产生的一种新的批评方法。在我们这里，较普遍地运用社会学方法、阶级分析方法进行文学批评，与人们坚持反映论的文学观念、文学的阶级性观念不无关系。可以说，正是由于对文学根本性质的观念不同，才产生了各种不同的批评方法。批评家选择什么批评方法、怎样运用批评方法，都要受到文学观念的支配和制约。总之，批评方法是不会完全与文学观念脱离的，它们之间有一种无形的联系。

其次，批评方法又有一定的反作用和独立性。所谓反作用主要指某些批评方法对于确立一定的文学观念、更新某些文学观念的积极作用。任何文学观念的确立，都必须通过一定的批评方法。马克思主义文艺观及具体文学观念的确立，实际上都是经典作家及马克思主义文艺理论家们运用“历史—逻辑”“美学—历史”等方法所取得的科学成果。普列汉诺夫《论艺术》① 提出的“艺术起源于劳动”说，堪称这方面的范例。林兴宅关于阿Q典型的新观点的提出，与其运用系统论批评方法就有直接关系。可以说，没有特定的批评方法，要确立某种根本性的文学观念，是难以想象的，批评方法在这方面的积极作用是十分重要的。而批评方法的独立性，主要是指批评方法并不是文学观念的附庸。也就是说，某些批评方法如一般方法和某些具体学科方法中的校勘法、考据法等，可以

① 旧译《没有地址的信》，生活·读书·新知三联书店，1973年出版。

被不同的文学观念所运用。相反，在相同文学观念指导下，也可以选择运用不同的批评方法。总之，批评方法不等于文学观念，文学观念不能代替批评方法。有了某种文学观念，也并不一定就能掌握运用相应的批评方法。

在文学批评方法与文学观念的关系问题上，过分夸大批评方法的独立性，否认文学观念对批评方法的制约作用，或者过分夸大文学观念对批评方法的作用，否认文学批评方法的独立性，这两种倾向都是不科学的。它妨碍我们正确借鉴古代和外国的一些批评方法。例如，我们曾经因完全否定西方的一些文学观念而完全排斥否定其相应的批评方法，而后又不顾其文学观念如何而完全照搬移植西方的一些批评方法，甚至还有人反对用马克思主义文学观指导批评方法的选择以及对西方的一些方法加以改造，这些教训是应当记取的。

## 二、批评方法与批评对象

列宁认为，方法“是对象的内在原则和灵魂”①。批评方法毫无疑问地又与批评对象密切联系。首先是批评对象对批评方法的制约性。就批评方法的形成完善来说，是以批评对象如文学思潮、创作方法、艺术流派、体裁类型等本身的成熟为前提条件的。例如，我国古代文学理论批评中的“点悟法”，显然是以唐代注重意境创造的古代诗歌的高度发展为前提的。没有明、清小说的成熟，也就不会产生以金圣叹为代表的“小说评点”方法。当代西方的“新批评”方法、精神分析学方法、原型方法的产生流行，是绝对离不开西方现代派文学的兴盛发展的。也就是说，只有文学发展到一定阶段，提供了充分的实践基础，提出了理论研究的需要，相应的批评方法才会在一定的文学观念指导下应运而生。就批评方法的选择运用来说，批评对象对批评方法也有一定的制约作用。每一种文学类型，都有自身的特质，这就要求批评方法必须适应这一类型的特殊规律。因此，以诗歌为对象的批评方法就不能与以小说为对象的批评方法完全相同。即使是以小说或诗歌为对象，也应根据小说或诗歌的具体情况而采取不同的批评方法。例如，对都是诗歌的民间歌谣和文人诗词，其批评方法的选择运用，也应当有所区别。如果忽略了批评对象对批评方法的这种制约性，不顾批评对象的特点，采取给驴扎鼻锔的办法，势必两败俱伤，既损害了批评对象，又损害了批评方法。

其次，批评方法对批评对象又有一定的超越性。即批评方法并不局限于产生它的特定文学现象，而广泛运用于其他文学现象。例如，我们可以运用马克思主义“美学—历

① 《哲学笔记》，第95页。

史”方法评价任何文学现象，也可以运用产生于西方的现代批评方法来分析我国唐代诗歌。文学批评方法与文学批评对象的关系，就是制约性与超越性的统一。

按照批评方法与批评对象的关系，一般说来，要探讨文学作品的社会内容，宜用社会学方法、道德批评方法；探讨创作过程和注重心理描写的作品如李商隐的诗歌、陀思妥耶夫斯基的小说、现代派文学则宜用文艺心理学方法；特别复杂的文学现象用系统论方法可能更容易取得预期的效果。实际上，文学现象非常复杂，很难说运用哪一种方法绝对合适。如《红楼梦》这样的内容丰富复杂的作品，从“红学”史上不同学派的演变来看，各种方法都有用武之地，但哪一种方法也没有穷尽《红楼梦》的全部社会价值和美学价值。

**三、文学观念、批评方法、批评对象的契合统一**

在文学批评实践中，批评方法选择运用的基本原则是什么？或者说批评方法运用选择是否得体的标志是什么？概括地说，就是文学观念和对象与批评方法的契合统一。换句话说，就是要正确处理好文学观念、批评方法、批评对象之间的“制约——独立——超越”关系，使它们尽可能地互相适应、和谐统一。否则，势必走入批评误区。

（一）文学观念要与批评对象相一致

文学观念主要是对批评对象的基本性质的认识，是对具体的批评对象的把握和认识，它是具体的文学观念。这种具体的文学观念不能是先验的，即不能是批评主体从文艺学中学来的各种概念、范畴、理论体系，而是运用这些理论从这一个具体的批评对象中获得的具体文学观念。如果做得不错，没有失误，那么一般说来，所获得的具体文学观念与具体批评对象就是一致的或基本一致的，至少不是矛盾的。这样的文学观念为批评方法的选择打下了科学的基础。例如，我们要评论电影《喜盈门》，从作品的实际内容来看，它无疑是反映我国社会主义时期人们特别是农民之间的家庭伦理道德问题的电影，可以说是道德影片。有了这样一个具体文学观念，就可以进而选择与其相适应的道德批评方法了。影评《〈喜盈门〉的启示》① 主要就是用这样的观念和方法肯定电影“在表现家庭伦理道德题材方面”填补了“空白”，“作了开拓”；赞扬电影在建设精神文明方面、移风易俗方面，发挥了“强大的精神和道德力量”；揭示了隐藏在“家庭生活的后景的社会政治与经济”——“封建式大家庭彻底解体了，这是因为社会主义经济向前发展了，劳动者的经济地位独立了，所以兄弟要分家。仅仅为了一个衣橱和一块衣料而引起妯娌

---

① 《文艺报》1982年第2期。

不和、婆媳纠纷，这反映了我国人民生活还远非富裕。分家之后，老有所安幼有所养，这是中国传统的道德观念因社会主义制度而得以发扬，违反这个道德观念的便要受到谴责。这就是《喜盈门》所描写的社会生活同社会主义政治经济的关系”。这一评论是中肯的、符合实际的。又如，天安门革命诗歌是政治诗，这种政治诗的观念又必然引出其社会批评方法来，如《自有人民写春秋》[①] 等评论。相反，如果面对海明威的《乞力马扎罗的雪》、伍尔芙的《墙上的斑点》而没有“意识流文学”的观念，面对卡夫卡的《变形记》而无“表现主义文学”的观念，评艾略特的《荒原》而不知“象征主义文学”为何物，甚至看这些作品而不知是西方现代派文学，反而用现实主义文学、浪漫主义文学、道德文学的观念去解读，那就很难说是文学观念与批评对象的和谐统一、互相适应了。

在非适应性的具体文学观念指导下选择的批评方法是很难切入对象的，是打不进去的，是非失败不可的。这样的例子是不少的。列夫·托尔斯泰评论莎士比亚的重大失误，可谓文学观念与批评对象不统一而失误的一个范例。托尔斯泰晚年发表长文《论莎士比亚及其戏剧》对莎翁作了彻底否定。他说：“这个名剧（指《李尔王》）……非但不是无上杰构，而且是很糟的粗制滥造之作，如果在某时还能让某人或某些公众发生过兴趣，那么，在我们之间，除了厌恶和无聊，它再也不会唤起别的感觉的……它们不仅不能成为戏剧艺术的典范，而且尚难满足人所公认的艺术的起码要求。”在文章中，他断定“莎士比亚缺乏一种主要的塑造性格的手段——‘语言’，亦即让每个人物用合乎他性格的语言来说话”；他认为李尔、科第丽霞、奥赛罗、苔丝德梦娜、福斯塔夫和哈姆雷特等性格，“并不属于莎士比亚，而是他从他前辈的戏剧、编年史与短篇小说假借而来的。所有这些性格，不仅没有因他而有所改善，大部分还被削弱被糟蹋了”；他指责莎士比亚“完全没有分寸感”，而“没有分寸感就不可能有艺术家，尤其是剧作家”；因此，他做出这样的结论：“无可怀疑的是：莎士比亚不是艺术家，他的作品也不是艺术品。”“莎士比亚的作品，则是抄袭的、表面的、人为地零碎拼凑而成、乘兴杜撰出来的文字，与艺术和诗歌毫无共同之处”[②]。托翁评莎士比亚就以这种“彻底否定”评价而闻名于世。

托翁对莎翁的评价显然是不公平的。问题是站在19世纪批判现实主义文学顶峰的托尔斯泰，为什么错误地把站在16世纪现实主义文学高峰的莎士比亚一贬到底呢？对此，世人多所猜测。或曰“不愿向莎翁拱手折腰”——这是俗人之见。或曰“对莎士比亚时

① 《文学评论》1978年第6期。

② 《古典文艺理论译丛》第二册，第159—174页。

代的艺术发展情况的无知”——这是庸陋之识。或曰莎剧“没有以宗教原则和道德原则为基础”，“19世纪的现实主义与16世纪的现实主义各有壁垒”，“道不同不相为谋，术不同不相为友”——这是颇为有力的说法。这里所谓“道”也就是政治思想观念，所谓“术”也就是文学艺术观念。由于思想观念不同，文艺观念相左，托翁便对莎翁一贬到底。也就是说是因为文学观念与批评对象的不和谐所造成的必然结果。还有一种“心理原因”说——英国文艺批评家乔·奥威尔在《李尔王、托尔斯泰和弄人》① 中，提出了托尔斯泰集中火力诋毁《李尔王》，是因为莎士比亚在该剧中所描写的李尔王的经历（放弃王位权力后之境遇）与托尔斯泰晚年放弃自己的领地、封号和著作权，最后出走，病死在一个火车站上的经历有奇异的相似之处，似乎是莎士比亚的《李尔王》预言了托尔斯泰的最后结局，触痛了他的心境，因此莎士比亚的剧作，特别是《李尔王》便在托翁手下惨遭不测，被一贬到底，彻底否定。此说一出，便被一些人肯定，说它“既新颖又合理”，从而断定“托尔斯泰对莎士比亚的批评则是受某种心理暗示失之偏颇的”。我认为，心理因素是有的，但奥威尔说得太玄，简直成了神话。

（二）批评方法要与批评对象相适应

方法是“对象的内在原则和灵魂”。因此，这里应当遵循两条指导原则。一是要切合批评对象的客观性（即其内在原则和灵魂）。别林斯基说过：“批评永远是和它所批评的现象相适应的。”② 的确，批评方法中大多包含着批评对象中所固有的东西。这个道理就像园艺学中某些作物的种植栽培需要用大水大肥的方法，某些作物则要重酸重干的方法的道理是一样的。这种大水大肥、重酸重干的办法，显然包含着某些作物本身之特性的，这里之所以非用这种方法不可，很重要的一个原因就是由于某种作物本身的特性（即客观性）所决定的。从方法这方面来讲，就是对对象的一种适应性。选择方法就是要从批评对象的客观性出发，找出具有适应性的那种批评方法来。如果完全没有这种适应性，就不能采用。二是要服从目的性。任何批评活动都有一个特定的目的。选择方法是为了达到目的，所以必须要合目的性。正像黑格尔说的：“按照目的，我们便决定达到这目的的手段或工具。”③ 不考虑目的的方法或达不到目的的方法不是选择的好方法。这里必须注意的是，应当尽量找到一种契机，使目的性与客观性统一起来，而不应当不顾对象的

① 《世界文学》1988年第4期。

② 《别林斯基论文学》，第259页。

③ 《小逻辑》，第389页。

客观制约性，一味地为达到目的性而生硬地简单地搬用某种方法、理式去规范作品、描述作品。这样做的结果，往往不能达到预期的目的，充其量也不过是对对象的肤浅分析，讲一些人所尽知的文学理论范围内的公理常识。

列宁评论托尔斯泰，可谓被人称道的批评方法与批评对象统一的典范。托尔斯泰作为欧洲文学史上批判现实主义顶峰，博大精深，是伟大的思想家和艺术家。然而他的世界观、学说中充满着矛盾，既激烈地抨击沙俄的反动制度，同时又宣扬“勿以暴力抗恶”，这种矛盾又深深地反映在他的文学创作中，应当说，这是一个复杂的批评对象。面对着这样一个本来复杂又被一些批评家有意歪曲混淆的批评对象，运用什么样的批评方法比较合适呢？列宁选择运用了“分析与综合”方法，以托尔斯泰世界观、学说、创作中的矛盾为对象，进行具体分析，精辟地指明了其矛盾的具体内容、表现、产生根源及其社会影响，把伟大的艺术家、思想家的本来面目展现在人们面前。在这里，人们惊讶地看到，一个极为复杂的问题，在列宁的分析下迎刃而解了！其中的奥妙，很重要的一点，就是其批评方法与批评对象实现了高度的契合与统一。就是说，在列宁评论托尔斯泰中，作为批评方法的分析与综合充分发挥了自身的功能，所以能够切入问题、解决问题；也正因为如此，作为批评对象的托尔斯泰的“矛盾”的“内在原则和灵魂”，也就在分析与综合中被层层揭示出来。

文学批评史上的大量实践告诉我们，一切具有重大错误的文学批评，其失误无不与观念、方法、对象之间的某种不统一或矛盾有关，并因此使批评的科学性丧失殆尽。从历史的经验来看，可以说，在批评方法的选择运用上，关键在于观念、方法、对象的契合统一。在这三者之间，任何一种不和谐、不统一以至对立矛盾，都将直接影响到批评的科学性的高低、有无、甚至失误。这里，我们不妨再考察一下文学批评史上“鲁迅研究”的一个成功典范和一个严重失误例证。

瞿秋白30年代发表的《鲁迅杂感选集序言》，是半个多世纪以来鲁迅研究中不可多得的篇章，被鲁迅研究界称为“在思想性和艺术性上”不可企及的典范。曹靖华在同周恩来谈到鲁迅研究问题时说：“我觉得，我所看过的论鲁迅先生的文章，在思想性和艺术性上，能赶上瞿秋白同志写的《鲁迅杂感选集序言》的，还没有。”周恩来说：“我有同感。”① 鲁迅杂感是时代的产物，它作为一种新的文学体裁，其艺术特征特别是鲁迅杂感的艺术成就特点是什么？要解决这些问题，就必须采取马克思主义“美学—历史”方法，从

---

① 曹靖华：《往事漫忆——鲁迅与瞿秋白》，1980年3月26日《光明日报》。

美学和社会历史的结合上进行探索。由于“美学—历史”方法与鲁迅杂感的契合和统一，所得出的“鲁迅的杂感其实是一种‘社会论文’——战斗的‘阜利通’（feuilleton）。……急遽的剧烈的社会斗争，使作家不能够从容地把他的思想和情感熔铸到创作里去，表现在具体的形象和典型里；同时，残酷的强暴的压力，又不容许作家的言论采取通常的形式。作家的幽默才能，就帮助他用艺术的形式表现他的政治立场，他的深刻的对于社会的观察，他的热烈的对于民众斗争的同情”；“杂感这种文体，将要因为鲁迅而变成文艺性的论文（阜利通——feuilleton）的代名词”；他关于鲁迅杂感的四个特点：“最清醒的现实主义”“韧性的战斗”“反自由主义”“反虚伪的精神”的科学概括；他关于鲁迅“从进化论到阶级论，从绅士阶级的逆子贰臣进到无产阶级和劳动群众的真正友人，以至战士”的思想发展道路的阐述等等①，具有不可辩驳的力量，历经半个世纪的检验，确证是不可更易的历史结论，至今闪烁着不灭的光辉。可以断言，没有“美学—历史”方法的创造性运用，是不会有这样的伟大著作的。

在瞿文发表半个世纪之后问世的《论鲁迅的创作生涯》②，则是由于文学观念、批评方法与批评对象严重矛盾而造成重大失误的一个典型。《生涯》一文对鲁迅创作作了完全错误的评价。他认为，鲁迅的创作生涯为“1918—1925 短暂的创造时期和 1925—1936 漫长的衰退时期”两个时期；他认为，《狂人日记》是“模仿之作”，《药》是“忏悔之作”；《阿 Q 正传》“漫画式倾向”在中国现代文学史上开创了“以所谓的本质代替形象”的“危险先例”；《一件小事》《风波》《白光》《兔和猫》《鸭的喜剧》《社戏》是“泛泛之作或充数之作”；《祝福》“艺术上有毛病，具体表现在结构欠完美、布局谋篇的斧凿痕迹较重，显得生硬，小说的开头与结局是作者在没有起承转合的高招时硬性拼装的产物”；《伤逝》“僵化”，“不仅情趣僵，便是深度上，同样也僵”，是“夫子写爱情”，是“鲁迅先生亲自在宣读社会与人生的哲学讲义”；《在酒楼上》《孤独者》《离婚》“毛病同样是僵”；《野草》“晦涩迷惘”，“坠入僵化”；《故事新编》是“游戏之作”“油滑”“是三流之作”“古不古、今不今的‘夹生饭’”；《朝花夕拾》“不是真正的文学创作”；杂文“缺乏文学价值”，“不能算是创作”；鲁迅先生的译作“佶屈聱牙，不堪卒读”；只有《孔乙己》《故乡》是鲁迅先生的“代表作”“杰作”③。这样的评价显然是错误的。造成错误的原因

---

① 均见《鲁迅杂感选集序言》。

② 《青海湖》1985 年第 8 期。

③ 见《论鲁迅的创作生涯》。

是多方面的。从文学批评方法上来看，主要是错误的文学观念和错误的批评方法所造成的。作者用丹纳关于艺术家的创作生涯“都分做两个部分”的观点直接推演了鲁迅创作的两个时期；他在“艺术性唯一”的基本观念指导下，用一些简单化的似是而非的文学观念为标准，否定了鲁迅的全部文学创作。例如，用“创新”否《狂人日记》，用“缠绵悱恻”否《伤逝》，用“自然尺度”否《彷徨》，用“明白流畅”否《野草》，用“文艺价值”否《故事新编》，用“文学价值”否杂文，用艺术性否定思想性。① 以这样的文学观念怎么能不扼杀批评对象呢？他运用的批评方法——简单判决法、对号入座法、死扣模式法，实际上并不能算是真正的批评方法，所以不能不走向荒谬。总之，《生涯》的谬误是文学观念和批评方法的双重失误的直接产物。

总之，从大量批评实践来看，正确处理文学观念、文学批评方法、批评对象的关系，使它们实现较高程度的契合统一，是至关重要的。要真正实现三者的契合统一，应当注意三点：首先要有先进科学的文学观念；其次是要熟悉各种批评方法的长处与局限；再次是准确把握批评对象的“质”。这样或许可以把文学观念、批评方法与批评对象契合统一起来。

最后，应当指出，这里所谓“契合统一”不是绝对的，而是相对的。就像“红楼梦研究”那样，人们采用了各种批评方法，大都取得一定成果，也就是说它们达到了一定程度的“契合统一”。后来者的研究往往又前进一步，达到新的“契合统一”，以此往复前进，是一个永无止境的前进过程。在这里，我们不应当抱“毕其功于一役”之幻想，存“发现终极真理”之企图，只要力求做到文学观念、批评方法与批评对象大体契合统一也就相当不错了。“完全统一”是难乎其难的。但作为一种最高目标、最高境界，又是必须追求的。

**小结**　关于批评方法的构成和各种一般科学方法的基本原则，只是选择运用方法的基础。关键是如何处理观念、方法、对象三者之间的关系，求得它们的契合统一，否则势必走入批评的误区。这个问题，既是理论问题，更是实践问题，只有在批评实践中才能真正得到解决。

---

① 见《论鲁迅的创作生涯》。

## 复习思考题

1. 什么是文学批评方法？其构成因素是什么？
2. 简述逻辑、分析与综合、比较、系统论方法的基本原则。
3. 应当如何把握批评方法与批评对象的关系？
4. 应当如何把握批评方法与批评观念的关系？
5. 选择运用批评方法的正确原则是什么？结合实例加以说明。

# 第八章 文学批评方法的主要模式

**内容提要** 本章简要介绍评析几种主要的文学批评方法——道德批评方法、审美批评方法、社会批评方法、心理批评方法、形式批评方法、原型批评方法，重点阐述它们的批评理论与原则。

众所周知，在20世纪这个“批评的时代”，文学理论学派林立，文学批评方法层出不穷，形成了众多批评流派或模式。不过，真正具有重大影响，普遍流行的批评方法，也就为数不多的几种。美国文学理论家魏伯·司各特认为有“五种模式”，即“道德批评”“社会批评”“心理批评”“形式批评”“原型批评”五种模式。① 另一位美国文学理论家雷·韦勒克则认为有“马克思主义文学批评”“心理分析文学批评”“神话文学批评”“语言学和文体学文学批评”“形式主义文学批评”“存在主义文学批评”等六种趋势。② 确实，这些批评作为“模式”“流派”“趋势”，有的早在上一世纪甚至古代就已经是跨越国界在中国和西方广泛流行的批评模式或批评流派了。现在司各特和韦勒克称它们为“主要模式”“主要趋势”还是很正确的。的确，无论是道德批评、社会批评及审美批评这些传统批评，还是形式批评、心理批评、原型批评这些西方现代批评，可以说是中西文学批评史上除马克思主义“美学—历史”批评之外的几种最主要的批评模式了。对这些批评模式特别是它们的批评方法，我们应当给予充分认识和评价。

---

① 参见［美］司各特编著，蓝仁哲译：《西方文艺批评的五种模式》，重庆出版社，1983年版。

② 参见《二十世纪世界文学百科全书》“文学批评”条，《外国现代文艺批评方法论》，第571页。

## 第一节 传统批评模式

### 一、道德批评方法

(一) 概况

道德批评是文学批评的主要模式之一。它历史悠久，在中国和西方都曾长期普遍流行。在西方可追溯到柏拉图、贺拉斯，以后到锡德尼、约翰逊、狄德罗、歌德等人；在中国古代以儒家“经夫妇、成孝敬、厚人伦、美教化、移风俗”即“教化”为核心的文学批评就属于道德批评，在两千多年的封建社会中一直是占支配地位的文学批评的主流。20世纪20年代道德批评在西方成为重要流派，30年代逐渐衰微，七八十年代又受到一些批评家的重视。其代表人物是美国现代文学批评家“新人文主义”的主要代表之一欧文·白璧德，他的《批评家与美国生活》[①] 被认为是这一流派的宣言，集中阐述了道德批评的准则。我国现代文学批评史上的“学衡派”“新月派”都曾受到它的影响。

(二) 批评理论与原则

作为一种文学批评方法，道德批评的理论基础是人文主义，它主张文艺必须维护传统，表现“良心理智”和“自我克制”，关注文学作用于人的根本目的，强调用道德的知识、意志、想象，对社会对形成人的观念产生良好影响。因此，道德批评主要是根据一定的标准和原则，通过对作品的形象和主题的分析，揭示和评价作品在伦理道德方面的价值和意义。美国文艺批评家白璧德在《批评家与美国生活》中，集中阐述了道德批评方法的批评原则。概括起来，主要是以下几点：

1. “严肃的批评家所更关心的不是自我表现，而是建立正确的评价标准，用它来准确地观察事物”[②]；

2. 批评上唯一重要的是“肯定内心生活的真理”，“肯定克制原则”，以“人的法则”反对“物的法则”[③]；

3. 根据克制原则，现实主义划分为“两种类型：宗教的现实主义和人道的现实主

---

① 见《现代西方文论选》，第231—249页。

② 《批评家与美国生活》，《现代西方文论选》，第233页。

③ 同上书，第237页。

义。当克制原则中断时，出现第三种——自然主义的现实主义”①。据此而反对惠特曼的浪漫主义倾向和门肯的自由主义倾向；

4. 反对文艺上的商品化倾向，反对现代主义文艺思潮和流派。

道德批评在实践中都坚持用这些原则对文艺作品和文艺现象进行评价。美国当代文学评论家莱昂纳尔·特里林把马克·吐温《哈克贝利·费恩历险记》称为“美国文化的主要文献之一”，主要就是肯定它的道德教诲意义，可以看作道德批评方法的范例之一。20世纪美国的道德批评具有“新人文主义”的时代特点，与柏拉图、贺拉斯、狄德罗和中国古代儒家的道德批评有明显区别，但在强调文学的道德伦理规范作用上却是一脉相承的。

(三) 评析

道德批评方法强调文学批评要有正确的批评标准，强调文学对社会和人的教化作用，这是值得肯定的。这一点，它与“社会批评方法”可以说毫无二致。道德批评的影响至今犹存，恐怕也正在这一点上。因为任何批评都不能完全无视、排斥文学的道德意义和社会影响。道德批评的局限或不足，主要在于，它把一切问题统统归结为道德问题，用道德作为唯一准则，就不免失之绝对、片面了，由此而往往轻视文艺的特殊性，这是不足取的。

## 二、审美批评方法

(一) 概况

审美批评主要是指中国古代文学批评史上以辨别“诗味”和体悟“意境”，即重视诗歌意境和审美体验为基础，以“妙悟”为方法的批评模式，是文学批评的主要模式之一。它产生于中国儒学衰微、玄学兴起的魏晋时期，经由钟嵘提出“滋味”说而成熟，其后由严羽提倡“妙悟”法②、王国维标举“意境”说而形成具有中华民族特色的古典审美批评模式。它作为儒家道德批评的补充，长期流行于中国封建社会中，曾经产生过广泛影响。

(二) 批评理论与原则

实事求是地说，中国古代批评家们的批评实践极为丰富，然而较少系统地阐述自己的批评理论原则。钟嵘《诗品》、严羽《沧浪诗话》、王国维《人间词话》可谓古典审美

---

① 《现代西方文论选》，第238页。

② 《沧浪诗话·诗辨》，《中国历代文论选》第2册，第424页。

批评理论和实践的代表作。其批评理论方法的基本原则可以大致概括为以下几点：

1. 强调以诗歌的“滋味”“意境”为根本的审美标准，其中包括“意象”“神韵”“兴趣”“格调”等一系列概念范畴，形成了一个完整、系统的审美标准理论体系；

2. 在思维方式上，与审美标准相适应，主要运用以直觉思维方式为主的“妙悟”法。“妙悟”本是禅语，用来论诗，关键在“悟”。所谓“悟”是指不用抽象概念进行分析判断，而主要凭敏锐细腻的直观感受和直观想象即“心领神会”的方式品味感悟诗歌的“韵味”“意境”的方法。实际上就是马克思所说的“感觉通过自己的实践直接变成了理论家”①；钱钟书引《思辨录辑要》说“凡体验有得处，皆是悟”，并进而指出，“悟”“正自思学中来”，“乃博采而有所通，力索而有所入也”②。

3. 重视对作品艺术审美特征和批评家审美感受作直观形象的描述，往往较多采用评点方式，因此又被称为“点悟”法。

钟嵘《诗品》、司空图《二十四诗品》、严羽《沧浪诗话》、王国维《人间词话》中对诗词的品评可谓审美批评的典范。

（三）评析

中国古典审美批评模式既有其长，又有其短。第一，它以“意境”为根本标准，确实切中了中国艺术重抒情的艺术精髓，在标准与对象的关系上对应和谐，这是它成功的一个基本条件；第二，其“妙悟”法对于“意境”标准来说是比较适合的，甚至可以说，对偏重主观情、意的“意境”概念范畴，大概也只有用主观的“妙悟”法才容易把握，其他逻辑方法恐难奏效；第三，其不足是，无论“意境”范畴还是“妙悟”方法，都是多义性的抽象的体验，缺少确定性的具体概括，不但使人难以把握，从总体上还带有一定程度的唯心色彩，在一定程度上消减了它的科学性质，使人感觉它似乎更是一种审美直觉或“鉴赏式批评”。值得指出的是，审美批评的这一缺点与长处是不可分割地融合在一起的。我国著名学者季羡林说：中国古代文学批评“使用一些生动的形容词，绘形绘色，给人以暗示，资人以联想，供人以全貌，甚至给人以艺术享受，还能表现出深度；但有时流于迷离模糊。好像是神龙，见首不见尾，让人不得要领。古代文艺批评家使用的一些术语，如‘神韵’、‘性灵’、‘境界’、‘隔与不隔’、‘本色天成’、‘羚羊挂角’、

---

① ［德］马克思著，刘丕坤译：《1844年经济学—哲学手稿》，人民出版社，1979年版，第78页。

② 钱钟书：《谈艺录·妙悟与参禅》，中华书局，1984年版，第98—99页。

'无迹可寻' 等等，我们一看就懂，一深思就糊涂，一想译成外文就不知所措"①。这段名言正是对中国古典审美批评模式的一个精辟概括。

## 三、社会批评方法

### (一) 概况

社会批评又称社会学批评或社会学派文学批评，是文学批评的主要模式之一。社会批评在西方已有150多年的历史，20世纪30年代形成高潮，第二次世界大战以后曾一度衰落，60年代后又有所复兴，并取得联合国教科文组织认可，建立常设机构。社会批评方法的代表人物先后有法国文艺理论家丹纳、圣・佩韦，英国文学批评家考德威尔等。

### (二) 批评理论与原则

社会批评的理论基础是实证主义和文学社会学。圣・佩韦以其批评实践奠定了社会批评的基础，丹纳在其《艺术哲学》和《英国文学史・序言》中确立了社会批评方法的基本理论原则，法国波尔多大学文学系主任、比较文学家埃斯卡皮的《文学社会学》代表了社会批评研究的最高成就。社会批评方法的基本原则大体包括以下三点：

1. 特别强调文艺的社会性质，着重研究文艺与社会的关系。②

2. 强调文艺是种族（主要指生理遗传）、环境（主要指地理、气候）、时代（主要指心理、文化）的产物，着重考察社会生活和历史状况。③

3. 强调考察作品反映社会生活的真实程度和深度广度，探讨作家的世界观对某一集团或阶级的世界观体现得怎样，从而确定文艺作品的价值。

丹纳《英国文学史》、考德威尔《论肖伯纳：资产阶级的超人》、圣・佩韦的传记批评等可谓社会批评方法的范例。

### (三) 评析

社会批评强调文艺的社会性质，考察文艺与社会的关系，这一根本点与马克思主义文艺批评强调文艺是社会生活的反映的观点并不矛盾，在基本方向上可以说是一致的。这一点也正是社会批评之所以正确的一面。但决不能因此就把社会批评与马克思主义文艺批评混为一谈，等量齐观。在肯定社会批评正确性的一面的同时，必须看到它的根本缺陷——这也是社会批评不能与马克思主义批评等量齐观的根本原因：

---

① 《比较文学随谈》,《文汇报》1982年7月27日。

② 参阅［法］丹纳著，傅雷译:《艺术哲学》，人民文学出版社，1963年版，第7—9、第48页。

③ 参阅《英国文学史・序言》,《西方文论选》下卷，第236—241页。

第一，社会批评所强调的“种族、环境、时代”三要素，恰恰忽略了人类社会生活中最根本的东西——经济生活，而忽略了经济基础及“阶级关系”这个重要社会因素，就使社会批评不能从本质上解释社会生活现象，从而也就不可能深刻揭示文艺与社会的关系；

第二，社会批评强调社会对文艺的决定作用，但不重视文艺对社会的反作用，这无疑是把文艺看成社会生活的消极被动的派生物了：似乎有什么样的生活，就必须有什么样的文艺，它明显地把文艺与社会生活复杂的审美关系简单化了，表现出一种机械反映论的倾向；同时又否定了文艺的独立性、继承性及各种上层建筑之间的互相影响，这种绝对化倾向无疑是一种形而上学的倾向；

第三，社会批评方法具有相当的实证主义色彩，即盲目搬用自然科学的方法，声称“美学本身便是一种实用生物学”，过分追求“实在”“有用”，无视精神现象与生物现象的重要区别，用自然科学的方法去套复杂的文学现象，必然产生简单化机械化的毛病。

以上这些缺陷，给社会批评带来不好的名声。但是，正如美国当代文艺批评家魏伯·司各特所说：“这种批评的过分偏激并未破坏对文学进行社会研究的正确性。”① 马克思主义文艺批评吸收了社会批评正确性的一面，并进行了彻底改造，克服了以上缺陷，使之成为“美学—历史”批评方法的一部分。所以马克思主义文艺批评与社会批评有根本性区别，把马克思主义文艺批评与社会批评混为一谈是错误的。它们之间的区别是不容抹杀的，也是抹杀不了的。如考德威尔《论肖伯纳：资产阶级的超人》② 一文，虽然引用了马克思主义词句，但它并不是马克思主义批评而仍然是社会批评，因为它没有克服社会批评的根本缺陷，仍然停留在社会批评水平上。一些人忽视或有意抹杀马克思主义批评与社会批评之间的界限，把马克思主义批评划归社会批评，是完全错误的。在这一点上，美国文学理论家韦勒克把马克思主义文学批评视为20世纪六种文学批评中的一种独立的批评，无疑是比较明智、公正的。

除了划清社会批评与马克思主义文艺批评的界限之外，还应当注意社会批评与文艺社会学、庸俗社会学的区别。

文艺社会学是社会学的一个分支，是用社会学观点研究文艺，它是一个边缘学科，为社会批评提供理论武器。社会批评是一种实践和方法，为文艺社会学提供材料，促进

---

① 《西方文艺批评的五种模式》，第65页。

② 同上书，第67—82页。

其完善和发展。总之，社会批评是通过社会看文艺，归宿在文艺。文艺社会学是通过文艺看社会，归宿在社会。这一点，正是它们的原则区别。

庸俗社会学及其批评，是打着马克思主义的旗号，把马克思主义庸俗化，甚至把社会批评的缺陷加以发展，而形成的一种批评方法和倾向。庸俗社会学批评 20 世纪 20 年代风行于苏联，艺术理论家弗里契是其代表人物。庸俗社会学在 30 年代受到批判。庸俗社会学强调文艺作品和社会生活、经济关系直接“对应”“还原”，直接揭示经济特点，把文艺作品当成“社会学的形象化插图”，完全忽视取消文艺的审美特性，根本抹杀美学批评，使它与马克思主义批评毫不相干，而且也与社会批评相去甚远，引起人们的厌恶和反感，受到理所当然的批判。我国现代文学批评曾经受到它的影响，1966 年 2 月江青等炮制的《部队文艺工作座谈会纪要》，可谓庸俗社会学在我国的一个标本，其影响在长时期内不能彻底肃清。

社会批评作为一种主要批评模式，它不但不会消亡，而且还会发展。正如魏伯·司各特所断言：“显而易见，只要文学保持着与社会的联系——永远会如此，社会批评无论具有特定的理论与否，都将是文艺批评中的一支活跃力量。”①

## 第二节 现代批评模式

### 一、心理批评方法

(一) 概况

心理批评也叫心理分析批评、精神批评、精神分析批评、心理分析学派批评、精神分析学派批评，是现代西方颇有影响的文学批评模式之一。20 世纪初，人们把弗洛伊德的精神分析学运用到文学批评中来，便产生了精神分析学派批评。20 年代至 30 年代，心理批评在西方盛行一时，以后逐渐消敛，但其影响犹存。弗洛伊德、琼斯是这个批评流派的代表人物。

(二) 批评理论与原则

心理批评方法的理论基础是弗洛伊德的精神分析学及其以潜意识为对象、以泛性论为核心的精神分析学文艺理论，其代表作有弗洛伊德的《精神分析引论》《创作家与白日

① 《西方文艺批评的五种模式》，第 66 页。

梦》① 等。确切地说，心理批评方法是用文艺作品作材料说明精神分析学的观点。弗洛伊德这个目的和做法，由于其新的角度，便成了一种用特殊理论进行文学批评的方法。它的基本原则大体为以下几点：

1. 注重作家心理与作品的关系的分析研究，认为文艺作品是作家心理欲望的表现，通过考察作家儿童时代的性压抑和精神创伤来确定作家创作的真正意图，挖掘作品中人物的深层意蕴和微妙动机。②

2. 重视潜意识研究分析，强调精神分析批评就是研究作者、作品中人物的潜意识，直接运用精神分析学的概念去剖析人物，像精神分析学的基本理论观点“恋母情结”（“俄狄浦斯情结”）就经常被用来揭示作品中人物的性格、冲突、情节等等。③

3. 重视性欲本能的研究分析，认为人的精神活动、文艺创作是性欲受压抑后的升华表现，甚至把作品中的人物、山川、河流、花鸟、草木等都作为性生殖器官的暗示或象征。④

弗洛伊德《梦的解析》中，关于“俄狄浦斯”的分析、琼斯《哈姆雷特与俄狄浦斯》及玛·波拿巴对爱伦·坡作品的评论，是心理批评的范例。

（三）评析

1. 心理批评方法把作家的心理作为批评对象，有可能从更深的层次揭示作家的创作意图，特别是对某些虚构人物和现代派的某些病态心理作品，的确可挖掘其深层微妙意图及意蕴，因此被人称为深层批评。在这一点上，它的方法为一切现代文艺批评家“提供了研究工具”⑤，打开了用心理学观点研究文艺现象的新天地。这在文艺理论批评史上无疑具有重要意义；

2. 心理批评过分夸大无意识、潜意识、性欲本能的作用，把精神分析手段直接用于文艺批评，甚至把文艺作品当作潜意识、病态心理的“临床记录”，或者在性象征上生拉硬扯，牵强附会，具有严重的庸俗化倾向。它的评价分析很难为一般人所接受。这一重大缺陷，特别受到作家们的尖锐批评；

3. 心理批评方法严重忽略文艺作品的社会内容和艺术形式，韦勒克曾说心理批评家

---

① 见《现代西方文论选》，第138—148页。

② 参阅《精神分析引论》《创作家与白日梦》。

③ 同上。

④ 同上。

⑤ 韦勒克：《批评的概念》。

们“对作品文本的理解迟钝得令人惊讶”①。心理批评既不能说明作品的社会内容，也无法说明作品的艺术形式，也就不能从根本上说明文艺的审美本质。这是心理批评的又一严重缺陷；

总之，心理批评具有严重缺陷，即使在西方也名声不佳。在它产生发展过程中，受到社会各界的众多反对和批评，甚至弗洛伊德的弟子、儿女都不能接受他的观点并进而修正他的观点形成新的批评流派——原型批评。

4. 心理批评与文艺心理学有一定联系，但并不是一回事。心理批评是一种批评方法；文艺心理学是界于心理学与文艺学之间的边缘学科，这是不容混淆的。当然，从发展的观点看，文艺心理学又是从心理批评开始的，这又是不必讳言的。

## 二、形式批评方法

### （一）概况

形式批评也称形式主义批评、新批评，是西方最重要的批评模式之一，它包括本体批评、语义学批评、结构主义批评等许多小流派，说形式批评是这些批评的总称或许更为确切些。形式批评源于20世纪初俄国形式主义批评，盛行于四五十年代，60年代渐趋衰微。形式批评的代表人物先后有英国诗人、文艺批评家艾略特、文学理论家理查兹、法国批评家罗兰·巴特、美国文学批评家兰色姆、理论家韦勒克等。艾略特被誉为“现代批评大师”。

### （二）批评理论与原则

形式批评的各个小流派，都有自己的批评理论和方法，如“本体批评”方法②、“结构主义批评方法③、“语义学批评”方法④，因此常有争论。尽管如此，形式批评作为一个大的流派，还是有其基本的批评原则的。艾略特《批评的功能》《传统与个人才能》和理查兹《文学批评原理》奠定了形式批评的理论基础。因此，也可以说形式批评是以“本体论”文学理论和“语义学”文学理论为其理论基础的。兰色姆《新批评》确立了“新批评”这一名称，韦勒克与沃伦合著《文学理论》的第四部分“内部研究”堪称形式批评的理论总结。形式批评方法有以下几个原则：

---

① 《批评的概念》。

② 参见理查兹：《文学批评原理》。

③ 参见艾略特：《批评的功能》。

④ 参见罗兰·巴特：《叙事作品结构分析导论》。

1. 强调“文本”批评，即把文学作品看成一个独立存在的实体，否认作品与作品之外的一切因素包括作家、读者、社会生活等因素的联系，完全把批评限制在作品本身即“文本”范围之内的“内部批评”；把其他方面的批评一律称之为“外部批评”而加以反对，所以又叫“文本批评”。所谓“文本批评”也不是对“文本”进行全面研究批评，而只是对作品作形式批评。他们认为，“形式是完成了的内容”，文学作品是一个有机的生命体，文学批评只应对音律、文体、意象等形式因素研究，排斥一切和艺术形式无关的“外在因素”，所以又叫“形式主义批评”。以“文本批评”为核心这一基本原则，在形式批评各个小流派是颇为一致的。

2. 主张对文学作品的“文本”作细致的阅读、精密的分析和诠释，即“细读式”剖析。就是说，要非常审慎地阅读、琢磨、斟酌作品的每一个词，体会它的本意和言外之意，以及词句之间的微妙联系，从中把握每个单词的意义。词语搭配、句型选择、语气、音律、比喻、意象等等，都是推敲的范围。局部形式解决了，作为有机整体的作品也就解决了。有的简直把诗歌当作修辞学，把批评当作修辞学中下定义和造术语的艺术。从这一点上看，是真正形式主义批评。

艾略特对马克·吐温《哈克贝利·费恩历险记》的评论、美国批评家埃尔德·奥尔森对爱尔兰现代诗人叶芝的诗《驶向拜占庭》的评论，是形式批评的范例。

（三）评析

形式批评既有长处，也有缺陷。

其长处：一是善于分析现代派诗歌，特别是对那些难懂费解的诗歌，如波谲云诡的17世纪玄学派诗歌，意象密集的庞德诗歌，佶屈聱牙、意味深长的叶芝艾略特的诗歌，确实发现了一些不易发现的东西，其成果是显著的、公认的。这也是形式批评产生的现实基础——现代派诗歌创作呼唤形式批评；二是形式批评的“细读式”原则，对我们克服认识上的机械论与片面性，真正提高文学批评的水平具有重要启示。正如杨周翰所说：“新批评对我们的一个重要启示就是从形式到内容。”① 可以说，这正击中我们一贯重内容轻形式的要害。

其局限：一是不太适宜现代派诗歌之外的其他体裁的作品，形式批评一般对此也不屑一顾；二是“细读式”剖析过于琐屑，只见树木不见森林，很难对作品作总体观照；三是把批评限制在作品“文本”，割断作品与社会的一切联系，难以揭示出作为社会现象

---

① 杨周翰：《新批评派的启示》，《国外文学》1981年第1期。

的文艺创作的整体的本质和规律，这是形式批评的致命弱点，也是其衰落的根本原因。

## 三、原型批评方法

### （一）概况

原型批评又称神话批评、神话仪式批评，由瑞士文艺批评家荣格创立，盛行于 20 世纪五六十年代。它与心理批评有一定联系，但又有明显不同。代表人物是荣格和加拿大文艺批评家弗莱。原型批评是对心理批评方法的修正，也是对形式批评的琐细倾向的反拨，是现代西方主要批评模式之一。

### （二）批评理论与原则

弗洛伊德的学生荣格，不同意老师的“心理分析学”理论，自己另起炉灶，创立了“分析心理学”，并在这个基础上创立了“神话原型”派文艺理论（亦称分析心理学派文艺理论、神话仪式学派文艺理论）。原型批评方法的理论基础是荣格的神话原型文艺理论和英国人类学家弗雷泽的“人类学”理论。弗莱在 1957 年出版的《批评的剖析》系统地阐述了原型批评的基本理论和原则，被称为原型批评的“圣经”。原型文艺理论认为，人的无意识（潜意识）是由个人无意识和集体无意识组成的。集体无意识是人类或种族经过漫长年代而遗传下来的某种集体的、人类普遍精神的文化积淀。这种集体无意识是以表象形式亦即原始表象、原始意象反复出现的。在原始人那里，这种表象形式则是神话、仪式等形象。这种神话形象就是原型。原型批评方法就是这种“原型神话”文艺理论的具体运用。它的批评原则可以概括为以下三点：

1. 强调从心理学角度解释文艺作品，把文艺作品的心理内容，特别是由原型体现的集体无意识方面，作为批评的主要对象，对其他方面则可以忽略不顾。①

2. 倡导“远观法”，即强调从宏观上总结文艺的普遍规律，反对形式批评对作品的琐细剖析。②

3. 注重文艺作品的形式，认为神话是“文学的结构因素”，“文学总的说来是‘移位’的神话”，文学批评要成为艺术形式成因的系统研究。③

荣格《论分析心理学与诗的关系》《集体无意识和原型》和弗雷泽的《金枝》也都阐发了原型批评的基本理论观点。

---

① 参阅《批评的剖析·原型批评：神话理论》。

② 同上。

③ 同上。

在批评实践上，莫德·波德金《诗歌中的原型模式》中对艾略特的《荒原》的批评，赫尔曼的《〈拧紧螺钉〉的诗意》对《拧紧螺钉》的批评，都被称为原型批评的范例。闻一多先生40年代出版的《神话与诗》，特别是其中的《高唐神女传说之分析》《说鱼》，是原型批评在中国最早的尝试。

（三）评析

1. 原型批评方法善于考察揭示文艺现象的普遍联系，是一种颇具特色的宏观研究方法。它特别注意文艺作品同古代神话、仪式、传说的渊源关系，确是一种创见，为文学研究批评开辟了新的天地。

2. 由于侧重文艺作品的心理内容，寻找原型，而忽视作品的社会内容及时代精神，是一个重大缺陷，以至美国批评家马尔科姆·考利说这种批评“象迷信的降神会或常见的巫术表演”①。

3. 原型批评的宏观性对反拨形式批评的琐细倾向不乏积极意义，但这种宏观研究又往往失之过于粗略，有人讥称为“飞机上的考古”。

4. 原型批评主张“不包含任何审美价值的判断”②，只是“识别行为，即看出存在什么……识别包括许多东西，包括评论和解释”，也就是说只发现作品下面的一个古老的神话故事，这其实近似文学考古，与美学评价风马牛不相及，不能说不是一个致命弱点。

以上我们概略地评介了文学批评史上六种主要批评方法。当然，作为中西方文学批评的方法远不止这些。对这些批评方法，我们应当坚持运用马克思主义进行研究，不排斥，不照搬，真正做到“古为今用”“洋为中用”，批判地接受其中有益的东西，这才是我们评介这些文学批评方法的目的。

**小结** 本章对六种批评方法的概况、批评理论与原则作了介绍和评价，意在为选择方法提供广阔的天地，在批评领域中实现方法的多样化创造条件。但是，各种方法都有其产生的理论与实践基础，这是选择运用方法所不能不时刻注意的。

---

① 转引自《文学批评研究》，第147页。

② 布什：《文学史与文学批评》，转引自傅修延、夏汉宁编著：《文学批评方法论基础》，江西人民出版社，1986年版，第126页。

## 复习思考题

1. 道德批评方法的基本原则是什么？
2. 审美批评方法的基本原则是什么？
3. 社会批评方法的基本原则是什么？
4. 心理批评方法的基本原则是什么？
5. 形式批评方法的基本原则是什么？
6. 原型批评方法的基本原则是什么？
7. 阅读各种批评方法的代表作及其批评范例，加深对它们的基本原则的理解。

# 第九章 马克思主义文学批评方法

**内容提要** 本章探讨马克思主义“美学—历史”批评方法，集中阐述“美学—历史”方法的基本原则：美学原则——高度重视文学的审美特征，真正把文学作品作为审美对象，重视对批评主体的审美感受的传达描述，“按照美的规律”对文学作品进行深入分析；历史原则——坚持社会意识形态观点、历史主义观点、阶级观点；具体分析原则——准确把握作品的总倾向和艺术性质，在全面考察分析基础上作重点发掘，在整体比较中确定作品的价值。马克思主义“美学—历史”方法是各种批评流派中“最有国际性”的批评方法，在文学批评史上，具有重要意义和地位。

## 第一节 什么是马克思主义文学批评方法

在某些西方学者看来，“马克思主义文学批评”，只不过是“社会批评的一个特殊支派”。① 这种说法是不符合实际的。而在我们国内，一些人无视马克思主义批评方法的存在，更有些人把马克思主义文学批评方法视为庸俗社会学批评方法，这些都是完全错误的。

在我们看来，马克思主义文学批评方法是指由马克思主义经典作家提出并在批评实践中逐步形成的科学的文学批评方法。即在马克思主义方法论原则指导下，以美学和历史观点及辩证分析为基本原则，并容纳多种具体批评方法在内的文学批评方法。按照马克思主义创始人多次所说的“是从美学和历史的观点”②，“是从美学观点和历史观点”“来衡量”作品和作家③，我们可以说，马克思主义文学批评的方法就是“美学—历史”

① 参见《西方文艺批评的五种模式》，第63页。

② ［德］恩格斯：《诗歌和散文中的德国社会主义》，《马克思恩格斯列宁斯大林论文艺》，第48页。

③ ［德］恩格斯：《致斐·拉萨尔》，同上书，第110页。

方法。它既不是社会学批评方法，更不是庸俗社会学的方法，而是获得了公认的学术地位的一种重要的文学批评方法。西方当代文学理论权威韦勒克在《二十世纪世界文学百科全书》“文学批评”条中称它是三种“仅有的真正具有国际性的文学批评”① 的第一种。

“马克思主义的整个世界观不是教义，而是方法。它提供的不是现成的教条，而是进一步研究的出发点和供这种研究使用的方法。”② 在文学批评研究上，正是“美学—历史”方法为我们提供了“出发点”和“方法”。

## 第二节　“美学—历史”方法的基本原则

“美学—历史”方法作为马克思主义文学批评方法的基本原则是什么呢？马克思和恩格斯虽然没有作过明确详尽的理论阐述，但是我们仍然可以从他们典范性的批评实践中加以概括加以归纳。在我看来，它的基本原则主要是“美学原则”“历史原则”和“具体分析原则”。

### 一、美学原则

美学原则又称美学方法，即恩格斯所说的“美学观点”。美学原则要求把批评对象真正当作审美对象，运用马克思主义美学原理、观点来进行分析和评价。它以批评主体的审美感受为起点，以批评对象的审美特征（艺术特征）为中心，“揭示文学艺术作品的美和缺点”，最终对批评对象的艺术价值（美学价值）做出科学的判断。美学原则是贯穿批评始终的一条首要原则。马克思主义文学批评在这一点上同别林斯基是完全一致的，强调重视“美学观点”，把它作为第一个基本原则。

马克思主义文学批评的美学原则的具体要求，概括起来，主要是以下三点。

#### （一）高度重视文学的审美特征，真正把文学作品作为审美对象

在科研领域中，存在着这样一种现象，就是各种科学包括人文社会科学和自然科学在内，如文化学、社会学、政治学、经济学、伦理学、心理学、语言学、天文学、植物学等等，常常把一些文学作品作为自己的研究对象，并取得重要研究成果。我国著名史学家漆侠把我国话本小说《三言》《两拍》，作为宋史研究的材料，写出了重要史学论文

---

① 转引自《外国现代文艺批评方法论》，第579页。

② 《马克思恩格斯全集》第39卷，第406页。

《〈三言两拍〉与宋史研究》；在自然科学领域里，著名气象学、地理学家竺可桢以我国第一部诗歌总集《诗经》作为天文学材料，写出了具有世界影响的论文《廿八宿起源之时代及地点》，就是两个著名的例子。应当如何看待这种现象呢？应当说这是一种正常的现象。因为，一方面，客观事物一般都具有各种属性和价值，具备充当各种科学研究对象的条件；另一方面，各种科学对其对象都有质的规定，具备对客观事物进行各取所需式的选择的条件。在上述主客两方面条件的作用下，一种客观事物如一部文学作品，一旦进入科学研究领域，就完全可以同科学研究主体生成各种关系，如文化学的、历史学的、气象学的等等各种科学关系，成为这些科学的研究对象，以至最后形成重大研究成果。这方面大量的事例说明，在人们的科研领域里，按照科学的质的规定，对具有“多种性质和价值”的事物，进行“各取所需”式的选择，从而确立一定的主客关系，进而形成某种科学研究，这是一个普遍规律。

文学批评作为人文社会科学领域里的一个具体学科，理所当然地要遵循这个普遍规律。马克思主义“美学—历史”方法的美学原则强调“真正把文学作品作为审美对象”，并非是在一般意义上强调人文社会科学研究的这一普遍规律，而是从“文学批评”科学的特性出发，对批评及其对象的关系提出的根本原则。人所共知，文学艺术是对社会生活的审美反映，是作家艺术家的一种审美创造。作为批评对象的这种特质，别林斯基称之为“艺术本身的美学要求”①。美学原则首先要求批评家对此必须予以充分重视。就是说批评家只能用审美眼光观察、分析对象，而不能用非审美的眼光去观察、分析对象。这里对文学批评所特别强调要求的，就是必须把文学作品真正作为艺术品来进行审美分析。如果批评家不是把文学作品真正当作艺术品，以美感特征、审美感受为依据，而是对文学作品的美学要求置之不顾，从非审美的感受出发，如从文化学、政治学、伦理学、气象学等科学的眼光去感受作品，对作品进行科学分析，那就从根本上违背了美学原则，彻底背离了艺术规律，从而也就从根本上丧失了文学批评的性质，使其成为政治评论、史学论文、自然科学研究等非文学批评的东西了。这里的关键在于批评是否坚持马克思主义文学批评的美学原则，真正把批评对象作为艺术品来进行研究和评价。从某种意义上说，这一点正是文学批评立足点的重要标志。真正的文学批评，无一不是以此为起点而登堂入室的。那些以文学作品为研究对象的各种科学研究，从文学批评学的观点来看，也正是在这个立足点上失足的，可以说，它们一开始就走错了门，投错了胎。正因为如

① 《别林斯基论文学》，第261页。

此，它们也就再也不能成为真正的文学批评了！中外优秀文学批评充分证明了这一点。经典作家如马克思评莎士比亚、恩格斯评巴尔扎克、列宁评托尔斯泰可以说是坚持美学原则的典范。

（二）应当重视对批评主体的审美感受的传达描述

一般说来，文学批评家是具备一定的审美感受和审美判断能力的。因此，凡是真正的艺术品，必然会与之形成审美关系，产生一定的审美感受。相反，如果批评家面对批评对象丝毫不能产生审美感受，那么，批评对象是不是真正的艺术品，批评家是不是真正把批评对象视作艺术品，就值得怀疑了。在批评实践的最初阶段（“前批评”、鉴赏）中，审美感受的有无是至关重要的，它具有两方面的意义：一方面，它是批评对象是否是真正的艺术品的确证；一方面，它是批评主体是否真正把批评对象当作艺术品的确证。归根到底，审美感受的有无，是批评对象是不是真正的艺术品和批评主体是不是真正把对象作为艺术品进行评价的试金石。这一点，不仅是“艺术本身的美学要求”，同时也是批评是“运动的美学”的具体体现。因此真正的健全的文艺批评，既然高度重视批评对象的审美特征，理所当然地也就必须高度重视批评家的审美感受的传达和描述。这种审美描述既是前者的深入，同时也为美学分析奠定了可靠基础。从批评过程来说这一点无疑是批评从“前批评”真正进入批评的重要标志。

经典作家在对具体文学作品的评论中，无不注意鲜明、准确地传达出自己对作品的审美感受。马克思评拉萨尔的《济金根》，一开始就描述了自己的感受：“如果完全撇开对这个剧本的纯批判的态度，在我读第一遍的时候，它强烈地感动了我，所以，对于比我更容易激动的读者来说，它将在更大程度上引起这种效果。”① 这里马克思用“强烈地感动”表述了自己的审美感受。恩格斯在评《济金根》中，也描述了自己的审美感受，他说：“我间或还读一读的几本比较好的英国小说，例如萨克雷的小说，尽管有其不可辩驳的文学和文化历史的意义，也从来没有能够引起我的这样的兴趣。……但是和那些东西相比，您的《济金根》是值得另眼看待的，所以我对它不吝惜时间。第一二次读您这部从题材上看、从处理上看都是德国民族的戏剧，使我在情绪上这样的激动，以致我不得不把它搁一些时候……在读第三遍和第四遍的时候，印象仍旧是一样的。”② 这里恩格斯是用“在情绪上这样的激动”来描述自己的“兴趣”和“印象”的。在其他一些作品

① 《致斐·拉萨尔》，《马克思恩格斯列宁斯大林论文艺》，第 98 页。

② 同上书，第 105—160 页。

评论中差不多都可看到对作品的审美感受的描述。

马克思主义文艺批评家如梅林、拉法格、普列汉诺夫、卢那察尔斯基、高尔基、鲁迅、瞿秋白等批评家的作品论，也都很注重传达自己的审美感受。这一点已经成为马克思主义“美学—历史”方法的一个重要传统和特征。

当代著名优秀评论家也是如此。60年代黄秋耘在《关于孙犁作品的片断感想》中，用三百多字写下了自己的审美感受。① 70年代末，他又在《关于张洁作品的断想》中，以诗人的情致，散文的笔墨，给我们描绘了他读张洁作品时产生的充满美的意境的艺术感受：“我仿佛看到了一幅优雅而娟秀的淡墨山水画，诗情画意被笼罩在一层由温柔的伤感所构成的朦胧薄雾之中。它们有点不可捉摸，但是它们又是那么强烈地触动读者的心弦。”② 这里，批评家独特的审美感受被具象化为“一幅优雅而娟秀的淡墨山水画”！这种细致形象地美感描绘，在缺少美学批评的氛围中，是十分难能可贵的。而另外一些当代文学批评家则更善于概括、精练地表达自己的审美感受，如阎纲读金河的《打鱼的和钓鱼的》，“如食哀家梨，别有一番滋味。它拨动的，是一般人埋藏很深的那根神经”③。林兴宅读李国文的小说《月食》，“有一种梦幻感油然而生”④。弋兵读孙犁的《〈方纪散文集〉序》，“心里像是被春风吹皱了的池水”⑤。著名文艺评论家鉴赏家王朝闻的艺术评论更是处处显示出注重传达审美感受的鉴赏家的批评本色。

真正的文学批评，无不按照“艺术本身的美学要求”，描述出批评家的独特艺术感受，进而对作品进行深入的美学分析和判断。那些毫无审美感受，纯粹政治评判一类的所谓文学批评，实际上与真正的马克思主义“美学—历史”批评毫不相干。

### （三）必须“按照美的规律”对文学作品进行深入的美学分析

“美的规律”是马克思在《1844年经济学—哲学手稿》中提出的一个重要美学命题，20世纪80年代以来成为我国美学研究中的重要问题。什么是“美的规律”呢？美学界有多种理解，分歧很大。但是，对于文学艺术而言，强调文学艺术创作是“按照美的规律”掌握世界，塑造艺术形象，反映社会生活的审美创造，却是各个学派的共识。也就是说，

---

① 参见百花文艺出版社编：《孙犁作品评论集》，百花文艺出版社，1982年版，第232页。

② 刘锡庆等编：《写作文鉴》（下），中央广播电视大学出版社，1985年版，第301页。

③ 《诗可以怨——读〈打鱼的和钓鱼的〉》，《文学八年》，第358页。

④ 《小说〈月食〉中感情的诗化》，朱寨主编：《中国新文艺大系（1976—1982）·理论二集》，中国文联出版公司，1986年版，第434页。

⑤ 《真与美——读〈方纪散文集序〉》，《孙犁作品评论集》，第229页。

在马克思主义美学、文艺学看来，文学艺术的创造就是美的创造，文学艺术应该按照美的规律来创造。如果人们这种理解不违背马克思主义美学、文艺学的基本观点的话，那么，对于文学批评来说，提出“按照美的规律”对文学艺术作品进行分析和评价的原则要求，就是完全正确的了。结合马克思主义文艺学、美学的一系列论述来看，文学批评按照“美的规律”进行分析的原则，不仅涉及形式，而且涉及内容，那种把美学、审美创造仅仅归结为形式美，强调美即形式，不涉及内容的美学观点，不是马克思主义的观点。换句话说，文学艺术作为审美创造、艺术美，不仅要求形式美，而且要求内容美，它是形式美和内容美的完美统一。照此看来，“按照美的规律”的批评原则，主要应当坚持这样几个观点：

一是文学以形象反映生活的观点。马克思主义文艺学、美学认为，文学艺术是人类“掌握世界”的一种方式。① 它不同于“科学的反映”方式，是以形象这个特殊形式反映社会生活的。马克思主义经典作家及一些马克思主义文学理论批评家，曾经把这一点称为文学艺术的“最主要的特点”。正如周恩来所说，“没有了形象，文艺本身就不存在”②。成功的艺术形象被称为艺术典型，马克思主义美学、文艺学一贯主张文学艺术应当把生活中的矛盾“典型化”，“再现典型环境中的典型人物”③。人们可以不赞成“美的规律即典型的规律”的观点，但艺术形象和典型这个文学艺术反映社会生活的特殊形式，是构成审美创造、艺术美的重要因素，同时又是文学艺术创造的直接目的和要求，却是千真万确的，是谁也否定不了的一条创作规律。

二是文学以具有审美价值的、以人为中心的社会生活整体为对象和内容的观点。作为审美创造的文学艺术不仅具有特殊的反映形式，而且具有特殊的反映对象和内容。马克思主义美学文艺学认为，文学艺术的特殊对象和内容，首先是具有审美属性的生活和事物。那些与美毫无关系，或者描写后还不能与美发生联系的生活和事物，不能成为文学的对象和内容。在这种意义上讲，社会美、自然美就是文学艺术的对象和内容；而亚美、丑不是文学艺术的对象和内容，只有在作家一定的审美理想的烛照下，丑才能够进入文学艺术殿堂。其次，文学的特殊对象和内容应当具有整体性特征。所谓整体性是指部分和全体、现象和本质、主体与客体统一为一个系统整体的特征。文学艺术不能像科

---

① 参见［德］马克思：《〈政治经济学批判〉导言》，《马克思恩格斯选集》第2卷，1995年版，第19页。

② 《在文艺工作座谈会和故事片创作会议上的讲话》，《周恩来论文艺》，第175页。

③ 《致玛·哈克奈斯》，《马克思恩格斯列宁斯大林论文艺》，第14页。

学那样对生活、事物作分门别类、一部分一部分的研究，而是把生活作为一个整体系统，以它的一切方面作为反映对象和内容，即使只写某一部分，也要作整体观照，达到“以一粒米见大千世界”。文学艺术也不能像科学那样只关注事物的本质和规律，而是把具体、偶然的生活现象与其中抽象的本质、必然的规律融合为一个整体来反映。文学艺术不能像科学那样对客体冷静观照，而是注入情感，拥抱生活，把“物”“我”融为一体来反映。在现实生活中，人是“一切社会关系的总和”，以这种活生生的人为对象和内容，就把部分与全体、现象与本质、主体与客体统一为一个整体性生活了。文学艺术这种经过作家审美理想烛照过的具有审美属性的社会生活内容，无疑是审美创造、艺术美的重要因素。当然就是“按照美的规律”进行批评的一个原则。

三是文学具有特殊的审美价值的观点。因为文学艺术是由上述独特内容和独特形式完美统一为审美创造、艺术美的，所以，在马克思主义美学、文艺学看来，文学艺术虽然具有认识价值、教育价值、美感价值，但从根本上说，是一种审美教育价值，它是一种寓含认识和教育因素的美感价值。它的特点是寓教于乐，以情动人，潜移默化。那种纯粹的艺术至上的价值观和单纯的功利主义价值观都是错误的。文学艺术独特的价值及其特点，归根到底是由文学艺术是“按照美的规律”的审美创造特质决定的。所以，文学批评如果把握不住文学价值的特殊性，也就不能算是真正“按照美的规律”所进行的批评。

总之，在文学批评中进行美学分析，即“按照美的规律”进行分析，就应当坚持文学的独特形式——艺术形象、独特内容——审美内容、独特价值——审美价值三个观点。“美的规律”实际上包含了文学的审美特性、形象与典型、艺术美的构成与创造问题及文学的社会作用等一系列根本性问题，内容极为丰富。我们这里概括为三个观点，力图提供一个美学分析的基本方向与视点。如果由此而认为美学分析就是这样简单的三条，那就违背我们的初衷了！

真正的美学分析，都是以审美感受为基础而上升到理性范畴的艺术科学的审美判断。这种理性品格是文学批评深入的标志，同时也是一切真正优秀的文学批评的一个重要特征。

经典作家的作品论，为我们树立了“美学分析”的典范。在评论《济金根》时，马克思、恩格斯不约而同地对主要人物形象个性的鲜明性进行了认真分析。马克思说：“我感到遗憾的是，在性格的描写方面看不到什么特出的东西”，“甚至你的济金根——顺便说一句，他也被描写得太抽象了。”① 恩格斯说：“我觉得一个人物的性格不仅表现在他做**什么**，而且表现在他**怎样**做”，希望拉萨尔能够“把各个人物用更加对立的方式彼此区别得更加鲜明些。”② 恩格斯称赞敏·考茨基的《旧与新》：“对于这两种环境里的人物，我认为您都用您平素的鲜明的个性描写手法给刻画出来了；每个人都是典型，但同时又是一定的单个人，正如老黑格尔所说的，是一个‘这个’”，同时又中肯地指出：“爱莎即使已经被理想化了，但还保有一定的个性描写，而在阿尔诺德身上，个性就更多地消融到原则里去了。”③ 对玛·哈克奈斯的《城市姑娘》，恩格斯指出，“阿瑟·格兰特先生是一个杰作”，同时批评小说“您的人物，就他们本身而言，是够典型的；但是环绕着这些人物并促使他们行动的环境，也许就不是那样典型了”④。恩格斯在评论中还特别注意到创作方法，“我认为，我们不应该为了观念的东西而忘掉现实主义的东西，为了席勒而忘掉莎士比亚”⑤，“据我看来，现实主义的意思是，除细节的真实外，还要真实地再现典型环境中的典型人物”⑥。在评论《济金根》时，马克思和恩格斯对其体裁形式及结构、语言也都作了分析。马克思对拉萨尔说：“我应当称赞结构和情节，在这方面，它比任何现代德国剧本都高明。”⑦ 恩格斯则说：“情节的巧妙的安排和剧本的从头到尾的戏剧性使我惊叹不已。”但恩格斯又指出该“剧本在形式方面”的缺陷：“就眼前的这个剧本看来，它肯定是不能上演的。”希望拉萨尔“在为这个剧本上演加工的时候会考虑到这一点”⑧。关于剧本的语言，马克思提出：“既然你用韵文写，你就应该把你的韵律安排得更艺术一些。”⑨ 恩格斯则要求他考虑到“读”和“上演”的需要：“在韵律方面您确实给了自己一些自由，这给读时带来的麻烦比给上演时带来的麻烦还要大。”⑩ 甚至，对哈克奈斯《城市姑娘》的表现手法也加以分析，称赞它所使用的“简单朴素、不加修饰

---

① ［德］马克思：《致斐·拉萨尔》，《马克思恩格斯列宁斯大林论文艺》，第100页。

② ［德］恩格斯：《致斐·拉萨尔》，同上书，第107页。

③ ［德］恩格斯：《致敏·考茨基》，同上书，第142页。

④ ［德］恩格斯：《致玛·哈克奈斯》（1888年4月初），同上书，第147页。

⑤ ［德］恩格斯：《致斐·拉萨尔》（1859年5月18日），同上书，第109页。

⑥ ［德］恩格斯：《致玛·哈克奈斯》（1888年4月初），同上书，第147页。

⑦ ［德］马克思：《致斐·拉萨尔》（1859年4月19日），同上书，第98页。

⑧ ［德］恩格斯：《致斐·拉萨尔》（1859年5月18日），同上书，第106页。

⑨ ［德］马克思：《致斐·拉萨尔》（1859年4月19日），同上书，第98页。

⑩ ［德］恩格斯：《致斐·拉萨尔》（1859年5月18日），同上书，第106页。

的手法”，把“一个老故事”“变成新故事”① 的艺术效果。马克思恩格斯的文学批评所以取得那样高的成就，连作者都表示“公正”，其中，进行艺术分析恐怕是一个重要原因。

经典作家对作品的审美内容即构成艺术美的题材、主题等因素的分析，也为我们树立了典范。马克思、恩格斯认为，工人阶级心灵“纯洁无瑕，心地高尚”②，并且“他们那由于劳动而变得结实的形象向我们放射出人类崇高精神之光”③。无产阶级劳动群众创造了美和艺术，是推动社会文化、艺术进步和发展的重要力量。19 世纪以来，他们又成为争取人类解放斗争的重要政治、思想力量。马克思主义经典作家从工人群众斗争实践中，深深地察觉到他们在美学、文艺上的重要地位和历史性要求，长期为争取工人群众在美学、文艺上的地位进行斗争。在 19 世纪 40 年代评论当时德国“真正社会主义”诗歌代表作倍克的《穷人之歌》时，尖锐指出倍克“歌颂胆怯的小市民的鄙俗风气，歌颂‘穷人’，歌颂 Poauvre homteux（耻于乞讨的穷人）——怀着卑微的、虔诚的和互相矛盾的愿望的人，歌颂各种各样的‘小人物’”，发出了无产阶级社会主义文艺应当“歌颂倔强的、叱咤风云的和革命的无产者”的呼声。④ 50 年代评论斐·拉萨尔的剧本《济金根》时，马克思、恩格斯对农民表示了同样的关注。马克思批评拉萨尔在剧本中让“贵族代表”“占去全部注意力”，强调把“农民和城市革命分子的代表（特别是农民的代表）”“构成十分重要的积极的背景”⑤。恩格斯则批评拉萨尔“把农民运动放到了次要的地位”，“对非官方的平民分子和农民分子，以及他们的随之而来的理论上的代表人物没有给予应有的注意”，特别强调“农民运动象贵族运动一样，也是一种国民运动，也是反对诸侯的运动，遭到了失败的农民运动的那种斗争的巨大规模，与抛弃了济金根的贵族甘心扮演宫廷侍臣的历史角色的那种轻率举动，正是一个鲜明的对照”，无产阶级文学应当“充分表现出农民运动在当时已经达到的高潮”⑥。80 年代末期，恩格斯评论当时英国作家哈克奈斯以伦敦东头纺织工人生活为题材、主题的中篇小说《城市姑娘》，特别注意坚持这一重要原则。恩格斯针对作品的实际深刻指出，在 1887 年，即无产阶级已经斗争五十年之久的时候，“工人阶级对他们四周的压迫环境所进行的叛逆的反抗，他们为恢复自

---

① ［德］恩格斯：《致玛·哈克奈斯》，《马克思恩格斯列宁斯大林论文艺》，第 147 页。

② 《马克思恩格斯全集》第 27 卷，第 450 页。

③ 《马克思恩格斯全集》第 42 卷，第 140 页。

④ 《诗歌和散文中的德国社会主义》，《马克思恩格斯列宁斯大林论文艺》，第 39 页。

⑤ 马克思：《致斐·拉萨尔》，同上书，第 99 页。

⑥ 恩格斯：《致斐·拉萨尔》，同上书，第 108—109 页。

己做人的地位所做的剧烈的努力——半自觉的或自觉的，都属于历史，因而也应当在现实主义领域内占有自己的地位。”① 总之，对文学艺术独特的审美内容进行分析，是“美学分析”的重要要求。离开了这一点，也就不能称为马克思主义文学批评的“美学原则”了。

马克思主义文学批评家梅林、拉法格、普列汉诺夫、卢那察尔斯基、高尔基、鲁迅、瞿秋白、茅盾等的作品论无不具有透辟的美学分析，堪称美学分析的范例。

## 二、历史原则

历史原则就是恩格斯所说的“历史观点”，通常又被称之为历史方法或社会学方法。历史原则要求按照历史唯物主义的基本观点，对批评对象进行分析和评价。在运用历史原则方法来分析文艺现象时，应当坚持以下几个观点。

### （一）社会意识形态观点

具体说来，包括三个方面：

首先是反映论观点，即文学是社会生活的反映的观点。因此，对文学作品的评价，就应当根据其所反映的社会生活为准，而不应当从某种观念、原则出发对作品进行评价。实践是检验真理的唯一标准。在文学批评中，也应当确立生活实践标准的权威，即坚持运用文学是社会生活的反映的观点，进行文学批评。只有坚持这一观点，才能对作品的真实性、典型性、深广度及其社会作用等等做出准确评价。

其次是文学的上层建筑性质观点。文学是社会的上层建筑。对一定的文学现象、文学观点、创作倾向、文学流派、思潮、文艺方针政策等等，离开上层建筑的观点就无法说清问题，就不能揭示出它与政治、哲学、宗教、道德、阶级斗争、经济基础的关系，无法科学解释其中任何一种具体文学现象。这一点也正是马克思主义文学批评与非马克思主义文学批评的一个重要区别。

再次是文学的民族性观点。文学的民族性是文学的重要社会属性。各个民族的文学都有区别于其他民族文学的显著特点。在内容方面，主要表现在民族生活题材、主题、民族人物性格、风俗以及由民族历史文化传统和心理素质所形成的民族审美理想等等；在形式方面，则主要表现为民族语言和具有民族特点的体裁、结构及表现手法等等。在此基础上形成的民族风格又是一定民族文学成熟的重要标志。坚持文学的民族性观点，有助于我们充分认识世界各民族文学的特性和成就，有助于我们发展具有中华民族特色

---

① ［德］恩格斯：《致斐·哈克奈斯》，《马克思恩格斯列宁斯大林论文艺》，第147页。

的社会主义文学艺术。

总之，在这个问题上，必须坚持文学是社会意识形态这一马克思主义文艺理论的根本观点，当然有些问题有待于进行深入研究，但那种文学艺术“非意识形态化”的观点是不可取的。

（二）历史主义观点

历史主义观点最根本的要求，就是把问题提到一定的历史范围之内，结合当时的历史条件加以考察，追源溯流，前后比较，给作家作品以一定的历史地位。把古人现代化，按照现代意识改造古人或者按照现代意识要求古人，不是历史主义的态度和做法。

列宁说过：“在分析任何一个社会问题时，马克思主义理论的绝对要求，就是要把问题提到一定的历史范围之内。”① 这一“绝对要求”对于作家作品研究和评价，同样是适用的。任何作家都生活在一定的历史时代，任何作品都是一定历史时代的社会生活的反映，是那个时代、那个社会的产物。因此，对作家作品的评论，就不能是孤立地超时代地就作家论作家，就作品论作品，而必须把作家、作品放在其所生活、所反映的一定的社会、时代条件下，从对其社会、时代的研究及其作品的联系中，去分析作家作品的社会意义和作用以及它在当前可能产生的社会效果。换句话说，对文学作品赖以产生的社会现实的政治、经济、社会矛盾、阶级心理等方面的研究，是文学批评的前提和条件。只有这样，有了对作家作品所处历史时代社会现实的充分了解，才能对作家作品有深刻的理解和科学的分析评价。例如，列宁对托尔斯泰的思想和创作的评论，就是从对托尔斯泰所生活的具体历史时代的社会矛盾入手，把托尔斯泰和俄国革命及俄国现实联系起来，指出他的作品“反映了19世纪最后三十几年俄国实际生活所处的矛盾”，反映了“第一次俄国革命的历史特点，它的力量和它的弱点”②，提出了“托尔斯泰是俄国革命的镜子”的论断，精辟地阐明了他的文学活动对于俄国无产阶级革命斗争的意义。如果没有对托尔斯泰所处时代的俄国社会生活的充分了解，是不可能深刻理解并科学评价其作品的。毛泽东对鲁迅的评价，瞿秋白对鲁迅杂感的评价等等，都是由于批评家把对作品所反映的那个时代的社会生活的深刻了解，同作家作品紧密联系起来，从而对作家作品做出了科学的评价。对中外过去时代的文学作品和当代的一些历史题材的作品所反映的社会内容，不管国度、民族、时代的区别，而直接同现实生活挂钩，甚至作不切实际

① 《论民族自决权》，《列宁选集》第2卷，第512页。

② 《列·尼·托尔斯泰》，《列宁全集》第16卷，第322页。

的类比的“无限联系”，不是历史主义观点。

对作品是这样，对古代文论也必须这样。把自己的见解强加给古人，对古人随意生发、改造和发展，都不是历史主义的做法。在用历史主义观点来研究清理古人的遗产时，当然要用现代文学理论来论述古代文论，但不要因此就忽视“以古注古”的方法。所谓“以古注古”就是引本文自注、引作者其他著作互注、引同时代人转注、前辈后学有关论述参注，等等。“以古注古”可以说是古代文论研究中的历史主义观点的具体体现。例如，对曹丕《典论·论文》中“文以气为主”的“气”的理解，就应结合该篇中其他“气”字作注，引《与吴质书》作注，从《与钟繇书》中溯源，参照《文心雕龙》中对“气”的解释等几个方面，来理解它的含义，确定其历史地位。① 可以说，对古代文论的研究，离开了“以古注古”，是很难做出准确的解释和评价的。

(三) 阶级观点

所谓阶级观点，是指运用马克思主义的阶级观点来观察、分析评价作家、作品以及一切文学现象。马克思主义文艺理论的一个基本观点认为，在阶级社会中，文学是有阶级性的，而且文学的阶级性是文学的重要社会属性。至于作品中的人物，恩格斯有一句名言：“主要人物是一定的阶级和倾向的代表，因而也是他们时代的一定思想的代表。”②马克思和恩格斯对拉萨尔的历史悲剧《济金根》的评价，可以说是运用阶级观点的范例。剧本以德国16世纪初济金根和胡登为首的一次骑士反对皇帝和诸侯的叛乱为题材，以济金根为主人公，描写了他领导的一次骑士叛乱的经过。但是，拉萨尔从他的唯心主义历史观和唯心主义艺术观出发，对这一历史事件作了歪曲的描写，他把济金根和胡登打扮成农民运动的领袖，把济金根的失败原因归结为主人公的“狡诈”即所谓智力和伦理的“过失”，这就错误地描写了骑士和农民的现实关系，不能反映出当时贵族运动的本来面目，也就不可能揭示出它的历史的客观必然性和社会阶级根源。马克思和恩格斯不约而同地运用阶级观点一针见血地指出，济金根和胡登一方面是“当代思想的传播者，另一方面又在实际上代表着反动阶级的利益”③；“济金根的覆灭并不是由于他的狡诈。他的覆灭是因为他作为**骑士**和作为**垂死阶级的代表**起来反对现存制度”④，这就深刻地揭示出

① 参见《古代文论研究应坚持历史性原则》，《光明日报》1983年11月15日。

② 《致斐·拉萨尔》，《马克思恩格斯列宁斯大林论文艺》，第107页。

③ 同上书，第99页。

④ 同上书，第98页。

了事件的历史必然性和社会阶级根源，也澄清了拉萨尔唯心主义历史观和艺术观所造成的混乱。在我国当代文学批评史上，茅盾关于《水浒》中林冲、鲁达、杨志三个人物的评价，可以说是运用阶级观点分析人物的范例。在“水浒研究”中，金圣叹的性格分析是颇有见地的。他在评点中指出林冲、鲁达、杨志各有“胸襟”“心地”“行状”，然而是什么原因使林冲、鲁达、杨志这三条好汉如此不同，他似乎有点捉襟见肘了。而茅盾《谈〈水浒〉的人物和结构》对这三个人物的分析，显然比金圣叹高出一筹。他首先分析了三个人落草的异同，然后从思想意识上揭示三人不同遭遇的必然性：“杨志一心想做官，‘博个封妻荫子’，结果赔尽小心，依然落得一场空。林冲安分守己，逆来顺受，结果被逼得无处容身。只有鲁达，一无顾虑，敢作敢为，也就不曾吃过亏。”为什么“都是军官，都有一身好武艺”的三个人物，遭遇会如此不同，性格如此差异？茅盾接着进行了阶级分析：“杨志是‘三代将门之后，五侯杨令公之孙’，所以一心不忘做官，‘封妻荫子’，只要有官做，梁中书也是他的好上司。林冲出身枪棒教师的家庭，是属于小资产阶级的技术人员，他有正义感，但苟安于现状，非被逼到走投无路，下不来决心。至于鲁达，无亲无故，一条光棍，也没有产业，光景是贫农或手艺匠出身而由行伍提升的军官。《水浒》并没叙述这三人的出身（只在杨志口中自己表白是将门之后），但是在描写这三个人的性格时，处处都扣紧了他们的阶级成分。”这样，《水浒》就深刻而准确地揭示出了三个人的思想性格的阶级根源。因此做出了“善于从阶级意识去描写人物的立身行事，是《水浒》的人物描写的最大一个特点”的科学评价。① 这里，茅盾没讲什么阶级观点的大道理，但分明是坚持阶级观点，运用“主要人物是一定的阶级和倾向的代表”分析人物的结果。可以说，不用阶级观点，就不能这样深刻地揭示出这三个人物性格和思想上的差异，也就不会对《水浒》做出上述这个被人称之为“前无古人”的精辟论断。这里，阶级观点的运用，起了根本性的作用。由此可见，坚持阶级观点的重要性。

阶级观点在社会主义初级阶段，仍然没有过时。许多文艺现象或多或少与阶级残余有一定联系，仍然需要运用阶级观点进行分析。但是这种分析，不应当是简单贴标签式的，而应当是具体细致的。如果因为不提“以阶级斗争为纲”，就根本否认运用阶级观点，则是错误的。

总之，我们认为，历史原则至少应当包括上述三个观点即意识形态观点、历史主义观点、阶级观点。对历史原则有人叫社会历史方法、社会方法，叫法不同，基本内涵是

---

① 《茅盾文艺评论集》上册，第 45—46 页。

一致的。

## 三、具体分析原则

恩格斯在《评亚历山大·荣克的〈德国现代文学讲义〉》中指出："任何一个人在文学上的价值都不是由他自己决定的，而只是同整体的比较当中决定的。"[①] 对作家作品进行具体分析是"美学—历史"方法的第三个基本原则。具体问题具体分析，是马克思主义活的灵魂。这一点，对那些复杂的文学现象尤其显得重要。

### （一）准确把握作品的总倾向和性质

1. 关于作品的思想倾向问题

经典作家一再指出，文学作品的价值，不是由"个别细节"而"是由它的总的倾向决定的"[②]，强调对作品的思想倾向和艺术成就应当从整体上来把握，即看文学作品总的倾向如何，而分别采取不同的态度。总的倾向是进步的，革命的，好的或基本上好的，虽有某些缺点，就应该肯定或基本肯定；总倾向是不好的，坏的，反动的，就应当给予严肃的批评。这里重要的是对人民内部的各色政治态度、各种各色的艺术品，有这样或那样缺点错误，甚至是严重错误的文学作品的基本倾向，做出科学分析和准确判断，严格区分两类不同性质的矛盾，划清学术问题、认识问题、思想问题与政治问题的界线，而决不能采取攻其一点，不及其余，断章取义，以偏概全，无限上纲，置人于死地那样严重混淆不同性质的做法。在人民内部，必须实行"双百"方针，"容许包含各种各色政治态度的文艺作品的存在"，"容许各种各色艺术品的自由竞争"[③]，提倡艺术、学术中的是非问题、不同学派的"自由争论"。对于那些有这样那样缺点甚至错误的文学作品或学术、艺术观点，只要不违反"六条政治标准"或四项基本原则，马克思主义文艺批评就应当基本肯定，然后再对其错误、缺点进行分析。求全责备，乱扣帽子，一棍子打死，一笔抹杀的简单粗暴的态度和做法，绝不是马克思主义文学批评的方法。

2. 关于作品的艺术性质问题

在文学批评中，准确把握作品的艺术性质与把握作品总的思想倾向具有同等重要的意义。可惜，长期以来我们对此往往重视不够。文艺学基本原理告诉我们，文学作品的"艺术性质"是多种多样的：有现实主义的，有浪漫主义的，有现代主义的；有社会剖析

---

① 《马克思恩格斯全集》第1卷，第523页。

② ［苏］斯大林：《致费里克斯·康同志》，《马克思恩格斯列宁斯大林论文艺》，第306页。

③ 《在延安文艺座谈会上的讲话》，《毛泽东选集》第3卷，第868、869页。

的，有心理分析的；有自传性的，有社会性的；有严肃性的，有荒诞性的；有通俗娱乐性的，有高雅审美性的等等各不相同的性质。文学作品作为艺术品的这个“质”是由文学作品的构成因素所造成的，是其总体风貌和特征的集中体现。这是文学批评所绝对不能忽视的，也是绝对不能由批评家胡乱定性的。文学批评家只能通过对作品构成因素的具体分析准确地把握作品的“质”，从而对作品做出科学评价。在这里，一些批评家常常因为不慎而没有准确把握某一作品的“质”，而用某种固定不变的标准特别是与批评对象的“质”大相异趣的标准去评判，譬如用现实主义标准去衡量浪漫主义作品，用现代主义标准去衡量现实主义作品，用浪漫主义标准去衡量现代主义作品，从而错误地评价甚至否定了一些不应当否定的作品。这种无视批评对象的“艺术性质”，运用与批评对象完全脱节或根本对立的批评标准的批评，是根本错误的。这种批评同不顾作品的总倾向而否定作品一样，是一个可怕的批评误区。忽视对作品的艺术性质的定性分析，模糊或者混淆作品的质的界限，把不同艺术性质的作品混为一谈，绝不是马克思主义文学批评的方法。

（二）在全面考察和分析的基础上，对“特色”做重点发掘

所谓全面分析和考察，就是鲁迅所说的：“倘要论文，最好是顾及全篇，并且顾及作者的全人，以及他所处的社会状态，这才较为确凿。要不然，是很容易近乎说梦的。”[①]也就是全面考察作品和作者整个生活经历对创作的影响。从横的方面讲，就是要把作家某一时期的生活、思想同这一时期的作品看作相互联系的整体，进行全面的研究。从纵的方面讲，就是要把一个作家全部生活经历、创作活动以及各个时期的作品，看作前后连贯的同一发展变化的历史现象，加以全面的研究。只有这样“从事实的全部总和，从事实的联系去掌握事实”，才能全面透彻地认识作家及其创作活动的全貌，科学地评价其创作的成就和意义。忽视对作家作品全面性的考察，用某一时期的创作代替另一时期或整个作家的全面评价，用某一作品代替某一时期或整个创作的评价，用某一作品的某一个别方面的评价代替某一作品的全面评价，都是片面的。我们应当避免这种片面的批评方法。鲁迅评陶渊明就既指出陶渊明“采菊东篱下，悠然见南山”的一面，又看到其“刑天舞干戚，猛志固常在”的一面，指出“这‘猛志固常在’和‘悠然见南山’的是一个人，倘若取舍，即非全人，再加抑扬，更离真实”[②]。恩格斯对歌德的评价也是这样。他指出：“歌德有时非常伟大，有时极为渺小；有时是叛逆的、爱嘲笑的、鄙视世界的天

① 《题未定草》（七），《鲁迅全集》第6卷，第430页。

② 《题未定草》（六），《鲁迅全集》第6卷，第422页。

才，有时则是谨小慎微、事事知足、胸襟狭隘的庸人。”① 这些都是“知人论世，顾及全篇”的马克思主义文学批评全面分析的典范。

文学批评全面分析是为了避免片面性。但是，不能因此就把批评变成“甲乙丙丁，开中药铺”，而应当把发掘作品的主要特色作为批评的重点。换句话说，文学批评既应坚持全面分析的观点，又要坚持重点分析的观点，或者说是全面分析和重点分析相统一的方法。一篇作品，一个作家，总有自己的特色，即代表其面貌的独特点。否则也就失去了其存在的价值。这种特色可以表现在各个方面，或者表现在题材和主题的新开拓，或者表现为对生活独特的体验和评价，或者表现为新的形象或典型的塑造，或者表现为新的艺术表现手法和风格……批评家不应当一般地分析作品的思想内容和艺术上的成就，而应当抓住其根本点、特殊点，进行深入的分析和评判。否则，就会流于一般化。鲁迅评柔石的《二月》，就抓住了《二月》主人公萧涧秋充满内心矛盾的性格特点②；评果戈理的《死魂灵》，就抓住《死魂灵》用“几乎无事的悲剧”反映社会生活的特点③；对现代作家张资平的恋爱小说，鲁迅就只用“△”来概括，勾勒出其作品的内容、格调的“精华”④。另外，恩格斯论易卜生⑤，毛泽东论鲁迅⑥，都是在进行全面分析的基础上注重发掘其新特点的卓越的文学批评，将永远是文学批评重点分析的典范。

这里有一点应当注意，千万不要把旧时文坛上的“摘句法”当作我们所说的重点分析。摘句法不顾整个作品的艺术形象，孤立地分析某些字、句，夸大其作用，表面上像是抓住重点，实际上与重点分析毫无共同之处。鲁迅对“摘句法”深恶痛绝，他曾深刻指出：“最能引读者入于迷途的，是‘摘句’。它往往是衣裳上撕下来的一块绣花，经摘取者一吹嘘或附会，说是怎样超然物外，与尘浊无干，读者没有见过全体，便也被他弄得迷离惝怳。”⑦ 例如，王国维《人间词话》中评价分析中国古代诗词就在一些地方犯有这个毛病。正像专家指出的那样：“他评论诗词，不是对作品的整体形象进行全面的艺术分析，而是沿用旧的寻章摘句，乃至摘字立论的方法。因而不易得出完整的科学的结论，

---

① 《诗歌和散文中的德国社会主义》，《马克思恩格斯列宁斯大林论文艺》，第 47 页。

② 参见《柔石〈二月〉小引》，《鲁迅全集》第 4 卷，第 149 页。

③ 参见《几乎无事的悲剧》，《鲁迅全集》第 6 卷，第 370 页。

④ 参见《张资平氏的“小说学”》，《鲁迅全集》第 4 卷，第 230 页。

⑤ 参见《致保·恩斯特》，《马克思恩格斯列宁斯大林论文艺》，第 152 页。

⑥ 参见《论鲁迅》《新民主主义论》《在延安文艺座谈会上的讲话》等。

⑦ 《题未定草》（七），《鲁迅全集》第 6 卷，第 425 页。

有时甚至走上歧途，弄出谬误。”① 元好问《颍亭留别》是其得意之作，诗中意气风发，昂扬蹈厉的精神非常突出，按照王国维“境界”说只能是“有我之境”，但由于“摘句论诗”之故，王国维摘出“寒波淡淡起，白鸟悠悠下”两句，误判为“无我之境”。王国维有时把“境界”的有无和出没，竟然完全牵系在某一个字上。他说：“‘红杏枝头春意闹’，著一‘闹’字而境界全出。‘云破月来花弄影’，著一‘弄’字，而境界全出矣。”这里的“闹”“弄”是关键字眼，确实把诗句点活了，可谓绝妙。然而，倘若没有别的句子描绘境界的各个方面，单单是这一字一句，即使再好也无法使“境界全出”的。可见“摘句”法是不大可靠、不足为用的。

对某种文学现象包括某一作家、作品，真正做到深入细致、中肯切实的具体辩证分析，是颇不容易的事情。一篇评论的深度、水平，与此不无关系。一般说来，分析不够，就会有简单化、片面性之嫌；不作分析，就显得武断，违背学术规范，甚至成为扣帽子、打棍子。对那些复杂的文艺现象做出具体辩证的分析，则更见其功夫。1988 年 4、5 月间，就“样板戏现象”在北京、上海同时发表了林默涵和王元化的谈话②，随后又引出了著名文艺评论家陈辽《比照两篇文章》和宫商角《换一个角度来思考——与王元化先生商榷》③ 的文章。这一组文章对“样板戏现象”的分析，都有相当水平。但对它们细加比较，又不难看出其间的差异和不足。由此也就显出具体分析原则在文学批评中的重要地位和意义。分析好，大有益，这在文学批评中是千万不能忽视的。

### （三）在同整体的比较中，确定作品在文学上的价值

文学活动是一个发展着的整体，一个时代的文学也是一个整体，一个作家的文学活动也是一个整体，只不过这些整体的层次不同就是了。因此，在“同整体的比较当中”④ 决定批评对象在文学上的价值，也是具体分析原则所必不可缺少的一项环节。关于“整体比较”，恩格斯着重指出，应当尽可能地“结合着他的整个时代、他的文学前辈和同代人”“从他的发展上和结合着他的社会地位”来进行评价。⑤

其一，从作家的整个创作的发展中来决定一个作家作品的文学价值。就是说，不能

---

① 王振铎：《论王国维的“境界”说》，《〈人间词话〉及评论汇编》，第 362 页。

② 《林默涵同志谈〈红灯记〉和〈红色娘子军〉的创作与演出经过》，1988 年 4 月 27 日《中国文化报》；王元化《论样板戏及其他——上海电台朱慰慈采访记录》，1988 年 4 月 29 日《文汇报》。

③ 均见 1988 年 6 月 15 日《文汇报》。

④ 《评亚历山大·荣克的德国现代文学讲义》，《马克思恩格斯全集》第 1 卷，第 523 页。

⑤ 《诗歌和散文中的德国社会主义》，《马克思恩格斯列宁斯大林论文艺》，第 48 页。

把作家的创作活动看成静止的、孤立的、一成不变的，不能孤立地分析、评价作家的某一作品。只有这样，才能够准确评定一部作品在作家整个创作中的地位，才能准确评价一个作家的价值。经典作家的作品论、作家论，从来没有孤立地、静止地去评价一部作品和一个作家。

其二，从同代人的比较中来决定一部作品、一个作家的文学价值。只有这样横向比较，才能确定一部作品、一个作家在一定时代的地位和价值。马克思对英国诗人拜伦和雪莱的评价①，对雨果的《小拿破仑》和蒲鲁东的《政变》的评价②，恩格斯对德国诗人维尔特和弗莱里格拉特的评价③，都是在“同代人”的比较当中，确定他们各自的特征和在一定时代文学上的价值的。这些评论是“同代人”的比较的成功范例。

其三，从同文学前辈的比较中来决定一个作家、一部作品在文学史上的价值。文学是有继承性的，一个作家的文学创作、观点与他的前辈总是具有一定的联系。因此，只有把一个作家、一部作品同他的文学前辈、同文学遗产相比较，看他从前辈们那里吸取继承了什么，又在自己的创作中提供了什么新的有意义的东西，才能准确地决定一个作家一部作品在文学发展史上的地位和价值。恩格斯对意大利诗人但丁的评价④，关于马丁·路德在德国文学史上的地位⑤，无一不是在这种同“文学前辈”的比较中完成的。

总之，在具体分析中进行“整体比较”是不可缺少的。

美学原则与历史原则的关系如何？恩格斯并没有明确说明。然而按照恩格斯《致斐·拉萨尔》《诗歌和散文中的德国社会主义》中的两次表述，当是美学原则第一，历史原则第二。这一思想与别林斯基的观点是相通的。别林斯基在《关于批评的话》中这样说：“确定作品的美学上的优劣程度，应该是批评家的第一步工作。当一部作品经不住美学分析的时候，也就不值得对它作历史的批评了。”⑥ 他认为：“艺术首先必须是艺术，然后才能是一定时期的社会精神和倾向的表现。不管一首诗充满着怎样美好的思想，不管它是多么强烈地反映着当代问题，可是如果里面没有诗，那么，它也就不能表现美好

---

① 参见《马克思恩格斯论艺术》（二），人民文学出版社，1963 年版，第 261 页。

② 参见《〈路易·波拿巴的雾月十八日〉第二版序言》。

③ 参见《格奥尔格·维尔特的〈帮工之歌〉》。

④ 参见《〈共产党宣言〉1893 年意大利文版序言》，《马克思恩格斯选集》第 1 卷，第 269 页。

⑤ 参见《自然辩证法》，《马克思恩格斯选集》第 4 卷，第 262 页。

⑥ 《关于批评的话》，《别林斯基论文学》，第 261—262 页。

的思想和任何问题，我们所能看到的，不过是体现得很坏的美好的企图而已。”① 在《论俄国中篇小说和果戈理君的中篇小说》中也表示了同样的思想：“批评家应该解决的首要问题是——这篇作品确是优美的吗？这个作者确是诗人吗？如果这个问题得到解决，对作品的性质和重要性自然而然就有了解答。”② 别林斯基是主张美学分析第一，历史分析第二的。苏联马克思主义文学批评家卢那察尔斯基和别林斯基是一致的。为此，还批评过普列汉诺夫提出的“历史批评”第一、“美学批评”第二的观点。卢那察尔斯基的思想或许更接近马克思主义经典作家的本义吧！

我们认为，美学原则与历史原则应当是有机统一的，不必硬去分什么第一第二。正如卢那察尔斯基所说：“真正名副其实的批评一定要包含这两个因素（即社会批评和美学批评——引者注），而且说是两个因素，是不完全正确的。美学批评和社会批评实际上是一个东西，或者至少是一个东西的两面。”③ 别林斯基在《关于批评的话》中也表示过同样的意见：“最好只承认一种批评，让这种批评来判断艺术所表现出来的现实中的一切因素和方面。只是历史的而非美学的批评，或者反过来，只是美学的而非历史的批评，这就是片面的，从而也是错误的。批评应该是整个的，其中见解的多面性应该出自一个共同的源流，一个系统，一种艺术的观点。”④ 在马克思主义“美学—历史”方法中，美学分析不能离开历史分析。否则，就会像“新批评”即“形式主义批评”那样，完全否认文学的社会意识形态性质，从而违背马克思主义文艺理论的基本原理。同样，历史分析必须建立在美学分析的基础上。否则，离开对艺术形象的审美感受，就不成其为审美活动，也就不能做出任何正确的审美判断，而成为道德说教或政治批评一类的东西。只有把历史批评及道德、政治批评寓于美学批评之中，才能使社会历史批评进入艺术批评范畴。马克思主义“美学—历史”方法就是由美学原则与历史原则互相融合的有机统一体。

在文学批评实践中，美学原则与历史原则的统一融合又会呈现出或侧重艺术分析，或侧重内容分析的具体情况。这是文学批评的具体分析原则的体现，是完全正常和必要的。对这些各有侧重的文学批评，只要它们不是形式主义或庸俗社会学的批评，就不应当有所非议。

---

① 《1847年俄国文学一瞥》，《别林斯基论文学》，第16页。

② 《论俄国中篇小说和果戈理君的中篇小说》，同上书，第254页。

③ 《批评家普希金》，《论俄罗斯古典作家》，第14页。

④ 《关于批评的话》，《别林斯基论文学》，第262页。

马克思主义文艺批评家的一些杰作，鲜明地体现了美学原则和历史原则的融合统一。马克思对《巴黎的秘密》的评价①、恩格斯对《城市姑娘》的评价、列宁对托尔斯泰的评价，瞿秋白对《鲁迅杂感选集》的评价、鲁迅的《魏晋风度及文章与药及酒之关系》、何其芳的《论〈红楼梦〉》等等，都是“美学—历史”方法的典范。

## 第三节　“美学—历史”方法的深远意义和重要地位

马克思主义“美学—历史”批评方法，无论是在实践上还是在理论上，无不具有深远的意义和重要的历史地位。

### 一、深远意义

第一，运用“美学—历史”批评方法所作的作家作品论，经过一个世纪的实践检验，大都被公认为是这些作家、作品的定评或定论。例如，恩格斯在《致敏·考茨基》中给埃斯库罗斯——“悲剧之父”和阿里斯多芬——“喜剧之父”的称号和评价；恩格斯在《〈共产党宣言〉1893年意大利文版序言》中对但丁“是中世纪的最后一位诗人，同时又是新时代的最初一位诗人”② 的评价；在《自然辩证法》中，对马丁·路德的评价——“路德不但清扫了教会这个奥吉亚斯的牛圈，而且也清扫了德国语言这个奥吉亚斯的牛圈，创造了现代德国散文，并且创作了成为16世纪《马赛曲》的充满胜利信心的赞美诗的词和曲”③；在《致斐·拉萨尔》中对莎士比亚剧作的“情节的生动性和丰富性”“在戏剧发展史上的意义”的评价；在《致玛·哈克奈斯》中关于巴尔扎克“是比过去、现在和未来的一切左拉都要伟大得多的现实主义大师”的评价；④ 在《诗歌和散文中的德国社会主义》中对歌德所作的评价；⑤ 恩格斯对维尔特是“德国无产阶级第一个和最重要的诗人”的评价；⑥ 另外对席勒及其《阴谋与爱情》、对笛福《鲁滨孙漂流记》、对海涅及其《西里西亚织工之歌》、对欧仁·苏《巴黎的秘密》、对狄德罗、对车尔尼雪夫斯基的评价，等等，都得到了举世公认的好评，经过一个多世纪的检验，成了这些作

---

① 参见《神圣家族》第五章、第八章。

② 《马克思恩格斯选集》第1卷，第269页。

③ 《马克思恩格斯选集》第4卷，第262页。

④ 《马克思恩格斯列宁斯大林论文艺》，第148页。

⑤ 同上书，第44—66页。

⑥ 同上书，第134页。

家作品的定评，至今仍是人们研究这些作家作品的重要文献。① 即使西方一些非马克思主义学者文学史家，在研究这些作家作品时，也不能不对马克思、恩格斯的有关论述给予足够的关注。列宁对托尔斯泰的评价，如《列甫·托尔斯泰是俄国革命的镜子》《列·尼·托尔斯泰和现代工人运动》《托尔斯泰和无产阶级斗争》等评论，深刻揭示了托尔斯泰作品、学说、观点中的矛盾，精辟地阐明了托尔斯泰作品的意义、成就和价值，有力地驳斥了自由派们对他的歪曲，确立了托尔斯泰在俄国文学史上的重要地位。在中国现代文学史上，正是瞿秋白《鲁迅杂感选集序言》、毛泽东《论鲁迅》《新民主主义论》、周恩来《论鲁迅与郭沫若》正确评价了鲁迅，确立了鲁迅在中国现代文学史上"文化新军的最伟大和最英勇的旗手""中国文化革命的主将"的崇高地位。总之，马克思主义文学批评方法意义深远，不仅当时影响重大，而且现在还在继续发挥影响。

第二，运用"美学—历史"方法，概括总结文艺实践，提出一系列科学论断，建构了马克思主义文艺理论的科学体系。例如，在《〈政治经济学批判〉序言》中关于文学艺术的社会意识形态性质的论述、《〈政治经济学批判〉导言》中关于艺术掌握世界的方式的论述、《致斐·拉萨尔》中关于"莎士比亚化"的论述、《致玛·哈克奈斯》中关于现实主义和典型问题的论述、《致敏·考茨基》中关于文学倾向性问题的论述、《致斐·拉萨尔》中关于文学批评的标准和方法的论述；列宁在《党的组织和党的出版物》中关于文学艺术的党性和为劳动人民服务的论述、在评论托尔斯泰中关于文学反映社会生活本质的论述，等等，构成了马克思主义文学理论的科学体系。可以说，没有"美学—历史"方法，是很难提出这些重要科学论断，建构起马克思主义文艺理论的科学体系的。现在，在社会主义革命和建设新时期中，要面对新情况，研究新问题，探讨社会主义文学艺术的规律，"美学—历史"方法，仍然是一个十分重要的方法。

## 二、重要地位

马克思主义文学批评的"美学—历史"方法，自马克思主义经典作家创立以来，经过列宁、毛泽东以及马克思主义文艺理论批评家普列汉诺夫、梅林、拉法格、卢那察尔斯基、高尔基、鲁迅、瞿秋白等人的丰富和发展，不仅成为社会主义国家文艺批评的最主要的批评方法，而且也是当今世界上批评流派中最进步、最科学，影响最广泛、最持久的文学批评方法。

对于马克思主义文学批评方法的这一重要历史地位，已为人们所公认，甚至连一些

---

① 参见杨周翰等主编《欧洲文学史》（人民文学出版社，1964 年版）有关章节。

西方资产阶级文艺理论家、学者，也都公开坚持这一点。美国权威文艺理论家韦勒克，在《二十世纪世界文学百科全书》“文学批评”中，曾把“马克思主义文艺批评”列为世界六大批评流派之首。他认为，文学批评“在已过去的半个世纪中，至少有六种新出现的主要趋势：第一种，马克思主义的文学批评；第二种心理分析的文学批评；第三种，以荣格的文化人类学思想为基本手段的神话文学批评；第四种，语言学和文体学的文学批评；第五种，新的机体主义的形式主义文学批评；第六种，在存在主义或类似世界观影响下形成的带有新的哲学意味的文学批评”①。在这个条目中，他用了相当篇幅对马克思主义文艺批评方法作了介绍。（当然，这种介绍，只是按照他的理解进行的，与我们的理解并不完全一致，他对马克思主义文学批评的某种贬斥态度以及他把“西方马克思主义文艺批评”与马克思主义文艺批评混为一谈，是我们所不能接受的，这是应当说明的。）不仅如此，他还特别强调指出，马克思主义批评方法是仅有的三种“真正具有国际性”的文学批评的一种。应当说，他对马克思主义文艺批评方法在当今世界六大批评方法中的地位的评价，是公正的，客观的。美国的另一位文艺理论家、学者魏伯·司各特，在《西方文艺批评的五种模式》中，也把马克思主义文艺批评列为西方现代批评的五大模式之一。他认为，“19世纪结束以前，马克思和恩格斯提出了第四个因素——生产方式，从而使马克思主义的批评——社会批评的一个特殊支派，得以在三十年代获得发展”②。这里，司各特对马克思主义文艺批评显然有些误解，但他确认马克思主义文艺批评的历史地位——“五大模式”中的“一个特殊支派”，这一点不能不说是较为客观和公正的评价。

马克思主义文艺批评家同其批评方法一样，在文学批评史上，也占有重要的历史地位。关于这一点，西方学者、理论家也都给予公正客观的评价。英国学者、理论家伯拉威尔在其巨著《马克思和世界文学》一书中，对马克思的文学批评高度评价说，《致斐·拉萨尔》是“以一部作品为标准来衡量另一种，也就是说，他用的是真正的比较批评的方法。这种比较批评法并不是简单地把不同的作品互相比较一下，它涉及对文学传统的不同流派、不同种类的评价”③。韦勒克在《近代文学批评史》中列专章讨论马克思

---

① 《外国现代文艺批评方法论》，第571页。

② 《西方文艺批评的五种模式》，第63页。

③ ［英］伯拉威尔著，梅绍武等译：《马克思和世界文学》，生活·读书·新知三联书店，1980年版，第302页。

和恩格斯，称他们的论断是“确论”，是“由历史哲学贯通起来的”① 理论体系。对于列宁，法国文学理论家马歇雷在《文学生产的理论》一书中，把列宁对托尔斯泰的评价专列一章，进行研究，称列宁为“托尔斯泰的批评家”。

可见，马克思主义文学批评方法，在现代文学批评中占有极其重要的地位，是名副其实的“最有国际性”“影响最广泛、最持久”② 的文学批评方法。

在社会主义国家中，就不仅仅是各种批评流派中的一派了。它应当而且实际上已经是占统治或主导地位的批评方法。当然，坚持马克思主义文学批评方法的主导地位，并不意味着完全排斥其他的批评方法。只要有利于加强马克思主义文学批评方法在文学批评领域的地位和作用，完全应该不断吸取其他文学批评方法的有益成分，去丰富和发展马克思主义文学批评方法，使它永远充满活力。相反，借口批评方法的多样化或清算以往批评的错误，而否认马克思主义文学批评的深远意义和历史地位，甚至把它当作庸俗社会学进行批判，绝不是历史唯物主义的态度和做法。

**小结** 对马克思主义“美学—历史”方法的把握，关键在于真正理解“美学原则”“历史原则”“具体分析原则”的精神实质。也正是这些基本原则，使它同社会批评、庸俗社会学批评泾渭分明。我们希望“美学—历史”方法在批评领域里得到更加普遍的运用。

## 复习思考题

1. 什么是马克思主义文学批评方法？
2. 马克思主义文学批评方法的美学原则是什么？
3. 马克思主义文学批评方法的历史原则是什么？
4. 马克思主义文学批评方法的具体分析原则是什么？
5. 应当如何认识马克思主义文学批评方法的深远意义和重要地位？
6. 坚持运用“美学—历史”方法进行批评实践。

---

① 《近代文学批评史》第 3 卷，第 288 页。

② 参见［美］韦勒克：《二十世纪世界文学百科全书》“文学批评”条。

# 第四编　写作论

# 第十章　文学批评的写作程序

**内容提要**　本章按照批评写作的一般程序，介绍批评写作的基本技能和技巧等基本功。在批评的准备阶段，主要说明搜集材料的范围、方法、要求和材料的加工整理；在批评写作构思即研究判断阶段，集中阐明批评阅读的方法、要求，分析研究的思路、内容重点及思维方式；在批评的传达即表达阶段，对批评语言的特征和运用、情感注入、表述方式及格调把握等基本功做了阐述。

文学批评和文学创作一样，也有一个写作过程，要经过准备、构思、写作三个基本阶段。文学批评写作过程是一个艰苦复杂的精神生产过程，是对批评对象的科学认识和表现过程，是运用文学批评的标准和方法及技能的实践过程。

## 第一节　确定对象，搜集材料

文学批评写作的第一个阶段是准备阶段。在某种意义上说，文学批评写作准备阶段，也就是确定批评对象及围绕对象搜集材料的阶段。

### 一、认真选择批评对象

从理论上说，所有文学现象包括文学批评本身，都是文学批评的对象。但在批评实践中，正如不是任何生活现象都可以作为文学创作的题材一样，也并不是任何一个作家、作品和文学现象都能够作为某一具体批评、研究课题的对象的。鲁迅谈创作时说“选材要严，开掘要深”。这“选材要严”，对文学批评来说同样适用。也就是说，文学批评也有一个严格选择对象的问题。进行文学批评写作的第一步，就是要在广泛阅读的基础上，认真选择、确定好批评对象或研究课题。

怎样才能确定好批评对象呢？这里有几个原则应当遵循：

第一，批评对象应当具有一定的艺术水平，也就是说必须值得评论。换句话说，就是选择那些较好的作品或作家作批评对象，至少应当在某一方面达到相当水平。那些称不上艺术品的东西一般不配作批评对象。也就是说，有相当一部分作品没有什么价值，并不值得评论。

第二，批评对象应当具有一定的代表性。如在一定程度上体现出某种创作倾向、某种艺术风格、某种艺术流派、某种题材与主题及社会作用的作品、作家及文学现象，就可以作为批评对象。那些缺乏代表性的作品和文学现象，一般不宜作为批评对象，至少不是理想的批评对象。因为批评对象缺乏代表性，就很难写出有广泛影响的评论。虽然批评对象并不决定批评的水平，但一般说来，那些产生了巨大影响的评论，其批评对象基本上都是具有一定代表性的作品、作家及文学现象。

第三，批评对象应当具有一定的社会意义，诸如理论意义、实践意义，甚至某种否定性社会意义。这一点对于原理批评写作具有特别重要的意义。这种批评对象也可以叫研究课题。就是说要根据批评对象对文学创作、文学理论、文学批评及对社会现实等方面的意义如何来确定。如果是一些烦琐无聊毫无意义的东西，就不宜作为批评对象。

第四，批评对象还应当具有当代性。一般说来文学批评应当选择当代新人、新作、新的文学现象作为批评对象，这样有利于写出新意。文学批评在某种意义上说，就是“当代文学批评”，这是与文学遗产研究有所不同的。当然，这并不是说绝对不能选择文学史上的作家作品和文学现象作批评对象，只要有新的见解、新的视角、新的方法，完全可以对旧作“重评”，甚至作“翻案文章”。

第五，还要考虑到批评对象对批评主体的适应性。这里主要是指批评对象的难易程度与批评主体的能力的统一性，即主客观是否一致。如果批评课题难度太大，批评主体水平有限，与其勉为其难，就不如另选对象。总之，应当充分考虑到主观和客观两方面的条件，认真权衡，才可能选择确定好恰当的批评对象。

在选择自己的批评对象上，常见的毛病，往往是主客观不够平衡。或者只考虑客观需要，不顾主观水平，自出难题；或者单凭主观兴趣，不顾客观条件，钻牛角尖，结果都是劳而无功，费力不讨好。这是搞文学批评应当引以为训的。

### 二、充分占有批评材料

马克思在《〈资本论〉第一卷第二版跋》中，叙述自己的研究工作程序时这样说过，“研究必须充分地占有材料”。这句话说来简单，实际上却概括了科学研究工作的内在规律和要求。可以说，材料是科学研究工作的出发点。没有材料，就失去了研究工作的对象，因而也就无法进入研究过程。在文学批评中也完全是这样，没有材料，就不能进行批评。在“四人帮”横行时，毛泽东曾经语重心长地说：“没有诗歌，没有小说，……人民看不到材料，就无法评论。”① 创作要有素材，批评要有材料，这是不言而喻的。所以，要进行批评，就必须首先占有材料。否则，就不能进行真正的批评。

怎样才能充分地占有材料呢？严格说来，不同的批评对象有不同的占有材料法，不能强求一律。但就一般情况说来，有一些基本原则是要共同遵守的。

(一) 搜集材料的范围

文学批评的材料，非常之多，真是浩如烟海。我们应当根据批评对象的要求，明确材料的范围。

作家作品论的材料范围，一般说来，至少应当包括：第一，作者所处的时代和环境——该时代的政治、经济状况、文化艺术及学术、社会风俗、时代风尚等情况。第二，作者的生平经历和创作道路，包括作者自传、回忆录、自传性作品及其评传、传记、逸闻逸事等情况。第三，作者的有关创作体会经验及其他作品、论著，包括同类题材和主题的作品等。高尔基曾指出：“批评家并不留心文学家们关于‘他们怎样写作’所发表的公开言论，而这些言论是很需要批评家注意的。”② 第四，已经发表、出版的有关评论，包括专著、论文和其他有关文章。第五，其他作家的同类题材主题的作品，包括相似相近及相对立的一些作家作品。其中，重点是作者生平创作道路、有关作品论著、已有的评论三个方面。应当说，上述材料是“知人论世”的基本材料。没有对上述材料的基本了解，是很难作好作品作家论的。

原理批评材料范围，一般说来，至少包括以下几个方面：第一，作者的生活道路，特别是其哲学、政治观点及文艺观点；第二，作者论及该问题的有关论著，包括直接或间接的论述；第三，已经发表出版的该问题的各种批评论著；第四，历代文艺理论批评家、作家有关该问题的论述、专著，包括古今中外不同流派、不同观点的代表性言论。其中，作者的有关论著、已经出版的各种有关论著、古今中外有关言论三个方面是重点。这些材料是进行原理批评的基础。

(二) 搜集材料的方法

我们现在进行文学批评，一般说来，不需要也不可能全靠自己从事原始的材料搜集

---

① 《1975 年 7 月 14 日同邓小平同志的书面谈话》。

② ［苏］高尔基著，孟昌等译：《苏联的文学》，《论文学》，人民文学出版社，1978 年版，第 131 页。

工作，而总是在前人积累的材料基础上进行工作。换句话说，就是利用前人已有的资料成果，即现成的各种目录、索引、专题研究资料及研究概述、综述等等，去搜集掌握有关资料。常用的方法不外以下两种：

第一种，“按图索骥”。

现在有很多目录和索引，它是资料研究的成果，记录了资料搜集的情况，也大体告诉了我们有关专题的研究水平。我们进行批评材料的搜集，就可以按照目录或索引去翻检、查阅、摘录、复印。这种以目录学著作为向导，进行搜集材料的方法，可称为“按图索骥”的方法。它不失为一种切实可行，甚至是事半功倍的方法。

某些专题研究的综述、概述之类，也可以作为我们“索骥”之“图”。例如，可以从《文艺理论研究综述》① 中，得到有关“1992 年我国文艺理论”研究的一些材料。像《新时期文艺学论争资料》②，既有文艺学基本问题研究、论争综述，又有论文索引，使用起来就比较方便。

某些评论、论辩文章，作家自述、创作体会之类中的引文、注释，往往也是进一步搜集材料的指引，可以通过它获得其他有关材料。这样辗转相求，仿佛滚雪球似的，材料会越来越丰富，越来越深入。这种“图”虽然不如那些专题目录、索引集中，但仍不失为一种可供利用之“图”，万万不可轻视。因为它有一个好处，就是所搜求到的材料，有时可以弥补一些专题索引之类材料的疏忽、遗漏之不足。

第二种，“竭泽而渔”。

所谓竭泽而渔，就是用把水淘干的办法把池塘的鱼捕尽，不使一条漏网。对文学批评材料的搜集来说，这是一种必须坚持而且行之有效的方法。对作家作品论来说，差不多都采用此法，把作家的材料搜集齐全完备。如《鲁迅全集》1938 年出版之后，先后又出版了唐弢编辑的《鲁迅全集补遗》（1946 年）、《鲁迅全集补遗续编》（1952 年），1981 年又出版了《鲁迅佚文集》，可以说是这种方法的范例。对原理批评来说，“竭泽而渔”也是必要的。例如，在考察“两结合”创作方法的提出问题时③，就运用了这种方法，搜集了包括郭沫若、张光年、周恩来、竹可羽等人在 1958 年毛泽东同志论述“两结合”

① 中国社会科学院文学研究所、《中国文学年鉴》编辑委员会编：《中国文学年鉴（1993）》，社会科学文献出版社，1994 年版，第 23—45 页。

② 复旦大学出版社，1988 年出版。

③ 参见《1958 年提出“两结合”说质疑》，全国毛泽东文艺思想研究会编：《毛泽东文艺思想研究》第 3 辑，湖南人民出版社，1984 年版，第 261—268 页。

问题之前的全部重要论述，用事实驳斥了“两结合是1958年‘大跃进’中提出来的”传统说法。

竭泽而渔看似简单容易，实际上是一种非常艰苦过细的工作。把浩如烟海之大“泽”淘干，不经过艰苦的劳动，没有过细的翻检，是根本不可能的，或者不能真正“竭泽”，或者是竭泽而“漏鱼”。我们的目的不是“竭泽”，而是“捕鱼”，所以尤其注意要非常缜密过细，不使一条鱼漏网。

(三) 对材料的要求

对搜集材料的基本要求是“充分性”“准确性”“新鲜性”。

1. 充分性

材料要求尽量齐全、充分，即马克思所说的“充分地占有材料”。只有充分占有材料，才可能做出正确结论。只占有部分材料是很难得出正确结论的。文学批评因占有材料不全面而得出错误或片面的结论是常见的事。所谓齐全、充分，主要是相对于批评的具体性质、目的而言的。就文学批评材料的丰富性、广泛性而言，要做到绝对的齐全、充分，几乎是不可能的，与通常所见到的“‘全集’不全”是一个道理。只要做到大体上全就可以了。例如，对作家作品论来说，只要作家生平、体会、有关评论三项大体齐备，就算齐全、充分了。对原理批评来说，占有了“材料范围”中所列的大部分材料，就算齐备了。近年来出版的《中国现代作家作品研究资料丛书》，每位作家的资料均包括“(一) 生平资料；(二) 作家谈自己的创作；(三) 研究文选；(四) 年谱、大事记、著作系年；(五) 研究资料目录索引”等五大部分。对作家作品论来说是齐全充分的，为研究提供了方便。

对某一单项材料来说，也有一个“全”与“不全”、“充分”与“不充分”的问题。如某一作品出版以来，从未作过修改，那么只有一个版本，也就算作到了“全”。如果出过修订版，那么只有初版而无修订版或者相反，就不能谓之“全”。只有原版、修订版齐备才能算“全”。如研究曹禺的《雷雨》，就不能忽略差异较大的三种版本，即1936年文化生活版、1951年开明书店《曹禺选集》版、1952年中国戏剧版。因为《曹禺选集》中《雷雨》改动甚大，与其他版本有很大差别。它不仅对了解曹禺的创作思想非常重要，也是研究创作规律的重要材料。少了它就是不全，就是缺陷。又如研究苏联作家肖洛霍夫的《静静的顿河》，也必须掌握它在我国的三种版本。《静静的顿河》在苏联共有四种版本，即初版与1953年、1964年、1980年三次修订本。有关专家认为，“1953年版完全是斯大林现象的产物。作家为了迎合斯大林及御用评论家的批评，取悦斯大林，违心地对初版进行了大规模的修改，增删改动多达三百多处，还把斯大林的名字硬塞进书中，与列宁并列”。苏联肖洛霍夫研究专家康·普列玛认为这个版本“是《静静的顿河》整个出版史上的‘黑暗时代’或‘污点’”。作家本人对之深恶痛绝。苏共“二十大”以后，政治形势骤变，文坛“解冻”，于是肖洛霍夫对1953年版大加修改，删去了斯大林的名字和几乎全部违心的修改，基本恢复了初版原貌，这就是1964年版。1980年版是作家生前对《静静的顿河》的最后一次修订，只对1964年版作了极个别的、细微的改动。[①]《静静的顿河》在我国共有三种版本。一是40年代金文译本，称旧译本；二是1956年人民文学版本，称新版本。新版本是根据苏联的1953年版译的，它独领风骚达30年之久，我国读者和研究者绝大部分用的是这个版本；三是1988年出版的校译本。它据苏联1964年和1980年两个版本校译。研究《静静的顿河》只有1956年新版本显然是不全的。应当而且必须依靠1988年出版的校译本，这才称得上材料齐全充分。这是因“新”而全。而曹禺的《雷雨》则是因“旧”而全。不管怎样，材料应当力求齐全充分，勿使遗漏。

对于原理批评的材料，也应当力求达到齐全充分。原理批评材料的“全”，我以为要特别注意各种代表性观点，要尽量搜集到各家的观点，务必不要遗漏。否则，很容易形成片面性的论断。

2. 准确性

要求材料准确无误。按照郭沫若的说法，这一点比材料不够还重要。他曾说过：“无论作任何研究，材料的鉴别是最必要的基础阶段。材料不够固然成大问题，而材料的真伪或时代性如未规定清楚，那比缺乏材料还要更加危险。因为材料缺乏，顶多得不出结论而已，而材料不正确便会得出错误的结论。这样的结论比没有更有害。”[②]

怎样才能做到材料准确无误呢?

第一，在材料选择上，要选用第一手材料，不用或少用二手、三手的间接材料。所谓二手、三手的间接材料，系指引文和第二者使用的材料。如果这些材料不准确、有错误，再加转引、使用，就必然会造成失误。例如，曹靖华《往事漫忆——鲁迅先生谈写作》中写道：“诚如郭沫若同志所说，他（指鲁迅——引者注）‘偶有所作，必臻绝唱’，这是至当之论。”[③] 这里引用的是郭沫若《〈鲁迅诗稿〉序》中的话，原文为“偶有所作，

① 参见贾刚：《〈静静的顿河〉校译忆往》，《人民日报》1989年4月5日。

② 郭沫若：《古代研究的自我批判》，《十批判书》，人民出版社，1954年版，第1页。

③ 曹靖华：《飞花集》，上海文艺出版社，1978年版，第81页。

每臻绝唱”①。曹靖华的引文有错误，如再加引用，就会再生错误。如运用一手材料——《鲁迅诗稿》中郭沫若的手迹，就不至于产生错误。又如，陈辽《马克思主义文艺思想史稿》② 中谈到马克思、恩格斯高度评价海涅诗作的进步意义时说：“马克思把海涅的《织工之歌》称作是‘一个勇敢的战斗的呼声’，‘无产阶级在这支歌中一下子就毫不含糊地、尖锐地、直截了当地、威风凛凛地厉声宣布，它反对私有制社会。’”③ 这里有一个明显的也是十分重要的错误，就是马克思在这里所高度赞扬的“织工的那支歌”，是一首叫作《血腥的屠杀》(又译《血腥的镇压》)的歌，并不是称赞海涅的诗作《西里西亚织工之歌》。恩格斯曾称赞海涅的这首歌是“宣传社会主义的诗作”，“是我所知道的最有力的诗歌之一”④。对这第二手材料，如再加引用，则必然再误。如果认真核对马克思的原文《评“普鲁士人”的〈普鲁士国王和社会改革〉一文》⑤，就应该可以避免这种错误。再如，《中国大百科全书·中国文学》卷中关于《红旗谱》说：“《红旗谱》1958 年出版。”该卷《大事年表》中也标明是“1958 年出版”。这是完全错误的。《红旗谱》实为 1957 年 12 月出版。此书原版可以作证。如果运用《中国大百科全书》这第二手材料（相对于原版书而言，实际上《百科全书》应当具备第一手材料的性质，否则将失去《百科全书》的文献性价值），势必再度造成错误。如果运用第一手材料，就不至于发生这样的错误。

第二，在版本使用上，要注意运用善本。“善本”特指古代典籍中在学术或艺术价值上都优于一般本子的刻本或写本。推而广之，在现当代出版物中，那些具有较高学术或艺术价值的版本，也可以称之为“善本”。一般说来，善本中错误较少；善本往往经过精细校勘、修订，具有文献价值；善本中有大量的是初版本，也有手稿，保存了历史原貌，是第一手材料。这些都是我们选择运用“善本”的原因。运用善本可以增加材料的准确性，少发生错误。例如，《叶圣陶文集》有多种版本。其中，《叶圣陶散文·甲集》收入新中国成立前散文二百一十篇。据叶至善说，这是由叶圣陶“作些改动”之后编成的。这个本子对一般读者来说，自有好处，可谓“善本”。但作为批评研究叶圣陶的材料就不一定是“善本”了。又如，郭沫若的《匪徒颂》写于 1919 年末，初版于 1921 年之《女神》。诗的第二节是：“倡导社会改造的狂生，瘦而不死的罗素呀！/倡导优生学的怪论，

---

① 上海鲁迅纪念馆编辑：《鲁迅诗稿》，上海美术出版社，1961 年版，第 1 页。

② 四川文艺出版社，1986 年出版。

③ 见该书第 304 页。

④ 《共产主义在德国的迅速进展》，《马克思恩格斯全集》第 2 卷，第 591—592 页。

⑤ 《马克思恩格斯全集》第 1 卷，第 482—484 页。

妖言惑众的哥尔栋呀！/亘古的大盗、实行波尔显威克的列宁呀！/西北南东去来今，/一切社会革命的匪徒们呀！/万岁！万岁！万岁！”1928 年 6 月创造社出版的《沫若诗集》，作了重大改动，成为这样：“发现阶级斗争的谬论，穷而无赖的马克思呀！/不能克绍箕裘，甘心附逆的恩格尔斯呀！/亘古的大盗，实行共产主义的列宁呀！”三个匪徒在修改本中换了两个。这显然不是郭沫若“五四”时的思想了。对郭沫若研究来说，特别是研究郭沫若五四时期的思想来说，当然就不是可靠、准确无误的材料。再如茅盾的《徐志摩论》，最初发表在《现代》杂志二卷四期（1933 年 2 月）上，后收入“文学丛书”《作家论》中。《现代》所刊原文第一节末段是：“然而这是一种‘体’，——或一‘派’，是我们这错综动乱的社会内某一部分人的生活和意识在文艺上的反映。不是徐志摩，作不出这首诗！如果说志摩是代表的布尔乔亚诗人，大概没有人反对罢？但是我们应该加一点说明：志摩是中国布尔乔亚‘开山’的同时又是‘末代的诗人’。《猛虎集》是志摩的‘中坚作品’，是技巧上最成熟的作品；圆熟的外形，配着淡到几乎没有的内容，而且这淡极了的内容也不外乎感伤的情绪，——轻烟似的微哀，神秘的象征的依恋感喟追求。这些都是发展到最后一阶段的现代布尔乔亚诗人的特色，而志摩是中国文坛上杰出的代表者，志摩以后的继起者未见能有并驾齐驱，我称他为‘末代的诗人’就是指这一点而说的。”《作家论》中则删去了有关徐志摩是布尔乔亚诗人的重要文字：“是我们这错综动乱的社会内部某一部分人的生活和意识在文艺上的反映”，“如果说志摩是代表的布尔乔亚诗人，大概没有人反对罢？但是我们应该加一点说明：志摩是中国布尔乔亚‘开山’的同时又是‘末代的诗人’”，“这些都是发展到最后一阶段的现代布尔乔亚诗人的特色”。对于茅盾批评思想研究来说，修改本显然不能说是准确可靠的材料。①

3. 新鲜性

要求材料要新，而不要陈旧。材料有新旧。旧材料完全不用是不可能的，因此旧材料要用；然而尤其要注意发现运用新的材料，新材料对研究的深度、新度具有重要意义。

材料的新旧并不是绝对的。材料新鲜性的获得也是由各种条件决定的。1984 年北京出版社出版的舒舍予著《文学概论讲义》，系作者 1930 年至 1934 年在齐鲁大学任教时编写的讲义，虽系旧作，却是老舍研究的新的珍贵材料。《马列文论研究》第七集②发表的《插到革命背上的十二把刀子》，是第一个中文译本，无疑是学习、研究列宁《一本有才

---

① 参见茅盾：《茅盾论中国现代作家作品》，北京大学出版社，1980 年版，第 82—100 页。

② 中国人民大学出版社，1985 年出版。

气的书》这篇评论的最新材料。经典著作的最新译本如《党的组织与党的出版物》对旧译《党的组织与党的文学》来说也是新材料。如要引用，就应当用新译文。否则，在材料上说，就不免被人讥讽为材料陈旧。

## 三、材料加工和整理

材料搜集齐备以后，还要对材料进行必要的加工和整理。所谓加工整理，无非是对材料的辨伪、分类、编制目录、索引之类。加工整理后的材料，从版本目录学上来讲，已经是具有某种研究性质的科研成果了。对于批评写作来说，仍属材料范畴。这里不介绍资料成果的各种类型，只从批评写作的需要强调一下加工整理材料的注意事项。

### （一）对材料进行鉴别

材料有真伪正误。新旧材料、第一手第二手材料，概不能免。这就需要进行鉴别，特别是对第二手材料、间接材料，尤其重要。鉴别，即去伪存真，去误存正。正如郭沫若所指出的，“材料的鉴别是最必要的基础阶段”。

怎样对材料进行鉴别呢？这并不是三言两语说得清楚的。因为材料的内容性质不同，鉴别的方法也不会完全一样。这里以“鲁迅诞辰百周年”时发表的一件史料为例加以说明。1982年第一期《书林》杂志发表了沈鹏年“周作人生前回忆实录”《毛泽东到八道湾会见鲁迅》（以下简称《沈文》），文章说，“鲁迅和毛主席是见过面的”，“1920年4月7日下午，两人意气相投，一见如故地畅谈了半天”。这个材料很引人注目，几乎轰动了鲁迅研究界甚至整个文化知识界。信者有之，不信者有之，半疑半信者亦有之。当时有陈漱渝《毛泽东会见鲁迅一事不可靠》①、阮铭《主观推测与历史考证》② 进行鉴别。陈、阮二人认为这件事不可靠，材料可能出自伪造，是“猜测的创作”。他们从六个方面进行鉴别辨伪。一是指出“孤证不立”，即鲁迅日记、周作人日记对此事并无记载，就是周作人已发表的文章及未刊稿也均得不到印证；二是用鲁迅和毛泽东两位当事人的话证明“会见”一事不可靠：1933年冬鲁迅同冯雪峰、茅盾说过没有见过毛泽东③，1933年底毛泽东同冯雪峰说过“弄新文学的人，我见过李大钊、陈独秀、胡适、周作人，就是没有见过鲁迅”④；三是指出《沈文》中提到的“毛泽东当年跟新民学会会员贺树谈过跟鲁

---

① 1982年3月16日上海《报刊文摘》。

② 1982年3月24日《人民日报》。

③ 参见茅盾：《“左联”前期——回忆录（十二）》。

④ 参见《中国现代文学研究丛刊》1980年第3期。

迅会见之事”中的贺树其人身份失实，即新民学会“会员录”中没有贺树的名字，换句话说，旁证人身份失实；四是指出周作人所说因为冯雪峰文章说过鲁迅没有和毛主席见过面，就“不便置一辞”的说法，不符合周作人的实际情况，即周作人在鲁迅逝世后写了不下十万言回忆鲁迅的文字，并不顾忌别人；五是指出《沈文》所述“会见”完全是“现代方式”，不合常理，不符合当时的身份；六是周作人日记“毛泽东君来访”只能证明毛泽东见过周作人而不能证明其他。依据上述几条，断定《沈文》所述毛泽东会见鲁迅的材料是主观推测，并不可靠。我们认为陈、阮二人的结论是正确可信的。他们所用的鉴别方法即考证的方法，其基本原则大体包括（一）孤证不立；（二）运用材料本身进行反证；（三）运用其他有关材料进行互证。对一些史实材料运用考证方法进行鉴别是可行的。通过对“毛泽东到八道湾会见鲁迅”这一第二手材料的鉴别，可以显示出对材料鉴别的必要性来。

（二）对材料要进行文字校勘

有些材料特别是那些不是原刊、原版、手迹的引文、摘编、汇编、选集之类的文字资料，出现误植或是讹误或是其他错误，在所难免。对这类材料就要从文字上进行核对，也就是所谓校勘，做到正确无误时方可使用。例如，美国文艺理论权威著作《文学理论》一书，在美国出版于何时，1984年生活·读书·新知三联书店初版的中译本“前言”中说：“雷·韦勒克和奥·沃伦合著的《文学理论》一书，1942年在美国首次问世，1965年再版，1963年又刊行第三版。”① 三联版的中译本是该书唯一的中文本（限大陆），是具有权威性的版本，应当说是可信的。然而它的可信度着实令人怀疑：怎么能够“1965年再版，1963年又刊行第三版”呢？常识告诉我们，在时间上，“三版”绝对不会在“再版”之前。“前言”的说法肯定是有错误的。究竟错在哪里，又是怎么弄错的？这就要进行校勘。没有原版，不能与中译本对校，只有利用中译本进行本校。本校法就是用同一个版本进行互证，也是一种行之有效的校勘法。经查作者《第一版序》《第二版序》《第三版序》②，可以发现：“1965年再版”是“1956年再版”的误植，就是说在印刷中把“56”错排成了“65”，属印刷错误。同时，“1942年在美国首次问世”也不确。因《第一版序》中最后签署“R·韦勒克　A·沃伦 1948年5月，纽黑文”及序中提到“本书的某些段落取自”在《二十世纪英语》（尼克博克编，1946年）上发表的“两篇文章”，足

---

① 见该书第1页。

② 见该书第18—22页。

以证明“1942年”首次问世不确。至于说初版于何时？就目前本校法只能初步确定为1949年，即《第一版序》签署时间之后。同样，据《第三版序》签署时间“1962年9月”来看，第三版不会早于1962年9月，所以1963年是大体不错的。至于究竟是不是1963年，本校法已经无能为力了。要弄确切，必须与原版进行校对。经过一番校勘，《文学理论》在美国出版时间可以认定为“1949年初版，1956年再版，1963年第三版”①。可见，对某些二手材料进行文字校勘是必要的。有的材料的疑点本校法不能解决，必须找原件（手稿及其影印件）等进行校对。如“文革”中发表的《看了〈逼上梁山〉以后写给延安平剧院的信》②，由于某种原因，收信人变了，正文中涉及对郭沫若剧作的评价删掉了。在权威的《毛泽东书信选集》未出版以前，只能找《人民戏剧》创刊号（1950年4月）发表的毛泽东手迹对校。如不经校对就使用，是不能不发生错误的。又如斯诺在他的《漫长的革命》一书中，把毛泽东同他的谈话中说的“我是无法无天，叫‘和尚打伞’——无发（法）无天，没有头发，没有天”，错误地搞成“我是手执雨伞云游四方的孤僧”，这本来是由于斯诺因语言隔膜造成的对“和尚打伞——无法无天”这句歇后语造成的误解。一些西方学者把它作为毛泽东自己描述的形象和自己表白的心境，并以此来谈论毛泽东的孤独感。电视短片《毛泽东》对此材料不加核对，便重复了西方学者的错误，断言毛泽东“像手执雨伞云游四方的孤僧”。这是很值得引以为训的。③再如，对我国古代著名戏剧家关汉卿的故里——伍仁村，也是由于不查对原文，以至一错再错：1957年上海文化出版社谭正璧《元代戏剧家关汉卿》第2页、1958年湖南人民出版社野马《关汉卿生平及其作品》第5页、1960年人民文学出版社周贻白《中国戏剧史长编》第159页、1980年中国戏剧出版社张庚、郭汉城《中国戏曲通史》卷上第162页等四部专著统统把“伍仁村”错为“任仁村”④。奇怪的是各家都自称出自《祁州志》。实际上，他们可能都没有认真查阅《祁州志》，因为《祁州志》清清楚楚写明关汉卿的故里为伍仁村。现在该村仍然存在。关汉卿纪念碑就建在该村。无论是在现实中，还是在《祁州志》里，哪里有什么“任仁村”呢？如果著者认真查一下《祁州志》，恐怕就不会出现这“一字之错”了吧！可见对引用材料进行校勘是多么重要！

---

① 关于该书在美国的初版时间，目前国内有四种说法。

② 《人民日报》1967年5月23日。

③ 参见龚育之：《关于“云游孤僧”的正误》，《人民日报》1991年1月7日。

④ 参见《一字之错何其多》，《河北戏剧》1982年第6期。

## 第二节 认真研读，准确判断

在批评对象确定，材料齐备之后，便进入批评写作的构思阶段。在这个阶段中，主要工作是对材料的认真研究和深入思考，最后对批评对象的审美价值做出准确的判断。所以，批评构思阶段也就是在对材料研究基础上完成对批评对象的审美评价过程，是批评写作过程中最核心也是最艰苦的阶段。在某种意义上讲，这一阶段正是文学批评的“发现”阶段，是文学批评的“思想美”的形成过程，所以对这一阶段应当特别重视。

怎样进行批评写作构思呢？这里不去对它作一般性描述，只从批评写作的需要出发，对批评阅读和研究思路、分析重点及思维方式作一简单的介绍。因为这些都是批评写作构思阶段所必不可缺的程序。

### 一、反复阅读，认真体会

批评阅读是指批评写作过程中，为了获得审美价值判断所进行的兼有欣赏和研究在内的一种批评活动。它与欣赏有所不同，故称“批评阅读”。我们认为，批评阅读本身已经具有批评写作构思的性质，是批评构思的第一步。

#### （一）批评阅读的方法

批评阅读遵照批评写作的要求，大体沿着欣赏式阅读——研究式阅读——验证式阅读的程序，对批评对象进行反复阅读和体味。

欣赏式阅读，是指从头到尾，将作品（特别是短篇、中篇）及其他批评对象，一气读完，并力求进入作品的艺术境界，即进入欣赏境界，对作品获得一个比较完整的艺术感受和总体印象。用中国古典批评的说法就是“一气读之，总揽其起尽”①。这种阅读主要还是一种精神愉悦、美感享受，称它为“欣赏式”阅读是相当确切的。它是批评阅读的第一步。

研究式阅读，是指在欣赏式阅读基础上，对作品的各个方面、局部，进行探求、揣摩、研究的阅读。它往往是把整个作品分解为各个“部分”，一部分一部分地、一遍又一遍地去读，每部分着重思考一个方面的问题，同时对作品作必要的摘录，随时写下自己的零星的片断的想法、心得、体会及发现。这种对作品的“分解”可以是多方面的，如关于人物形象的，关于作品情节的，关于环境描写的，关于作品题材主题的，关于作品

---

① ［清］金圣叹：《贯华堂第六才子书西厢记读法》。

艺术构思的，关于创作方法的，关于艺术技巧的等等，都可以而且应当分别予以关注、思索，并力求在反复研读、品味、咀嚼、联想、比较之中，有所体会，有所发现，逐步形成一些初步感受、想法或观点。在研究式阅读过程中，常常呈现出某种凝思构想、抉幽显微的状态，确切地说是进入了艰苦的构思阶段。这也就是中国古典批评所谓“精切读之，细寻其肤寸”的方法。① 这与欣赏式阅读那种精神愉悦、审美享受是大不相同的。它是欣赏式阅读的深入，是批评阅读最重要、最持久、最艰苦的阶段。

验证式阅读，是指带着研究式阅读中形成的初步想法、体会、发现，重新阅读作品，作进一步感受、验证及综合判断的阅读。它与研究式阅读“分解”作品有别，是通读作品；但这种通读又与欣赏式阅读主要是审美愉悦不同，是对所获得的美感体验、片断想法的系统和综合，即梳理思想、周密思考，把零星的想法、观点和体会系统化、条理化、理性化，上升到科学的判断和评价。它带有归纳、系统、综合和验证的性质，因此称之为“验证式”阅读。验证式阅读是批评阅读中的最后一步，也很重要。没有它，欣赏式阅读和研究式阅读，是很难上升到真正的文学批评水平的。

文学批评阅读的三个阶段，并没有绝对的界限，它们的划分是相对的。在批评实践中，三个阶段或三种阅读方式往往是反复交叉地进行的。文学批评的构思始于这种阅读，因此可以说它是批评写作的重要的一环，对全盘影响重大，所以一定要高度重视，惨淡经营，切实用心，既不能粗心大意，也不能存在“毕其功于一役”的侥幸心理。否则，就失去了批评阅读的真正意义。

(二) 批评阅读的要求

1. 要有正确的阅读态度

批评阅读首先要求有正确的态度。这正确的态度就是审美态度，即把作品作为审美的精神产品来阅读。对于这种态度，我国著名“红学”家俞平伯先生曾经说过“一在能体会，二在能超脱”，是很正确的。怎样才能坚持这种审美态度呢？我们认为，关键是要排除各种“非审美”的不正确态度。一是嗜欲态度，它把兴趣集中在艺术品中某些可以引起生理快感的个别因素上，追求声色饮欲等感官刺激。这种态度把欣赏异化为满足生理欲求、感官刺激，甚至“食黄”的庸俗活动，是非常错误的，必须坚决反对。二是功利态度，它从满足自己的某种功利要求去阅读作品。如单纯从阅读中去求知——学习历史、经济、道德、哲学等各种知识，或者从阅读中搜集各种社会科学和自然科学的研究

① [清] 金圣叹：《贯华堂第六才子书西厢记读法》。

材料，这在文学批评中是必须排斥的。三是某种特别态度，如索隐态度，硬要从文本中解读“微言大义”，像“红学”中的索隐派那样，甚至像姚文元《评新编历史剧〈海瑞罢官〉》①，从吴晗的《海瑞罢官》中挖掘陷害整人的材料的“阴谋”态度，则是必须坚决反对的。各种非审美的态度不排除，就不能端正正确的审美态度，批评阅读的目的也就不能实现。

2. 要捕捉“第一印象”

所谓“第一印象”，是指最初欣赏式阅读中对作品所产生的初步审美感受，也可以叫作“初步印象”。第一印象往往是一种艺术直感性质的情绪感应、心理态势，诸如惊、喜、疑、惧、厌、恶等感觉，多是一些零星而不系统、模糊而不清晰、机敏而不透辟、疏散而不缜密的艺术感受和印象。这些感受和印象，由于在最初阅读中萌生，并无什么先入为主的成见，所以往往显得新鲜、真切、印迹深刻，颇类似于文艺创作过程中的“创作冲动”，往往成为对作品的评价判断的源头起点或基本观点，因此显得极为宝贵。“第一印象”的产生，主要是批评主体的艺术感受力所造成的。其零散、模糊、机敏性和清晰、缜密、系统性所达到的深刻程度，无不与批评主体的艺术感受力有直接关系。如果没有一定的艺术感受力，所谓“第一印象”、初步感受是很难获得的。因此，对已经产生的“第一印象”，哪怕是些“一闪念”的、凌乱的、模糊不清的印象和感受，也要尽量及时捕捉住它，并随时采用各种方法如笔记、札记、评点、圈点等把它记录下来，把头脑中的“第一印象”用语言物化出来，凝固下来。只要在批评阅读中注意排除各种干扰，及时捕捉住这“第一印象”，作品的基本特点是可以大体上找到的，至少也会给你某种启示和引导。抓而不紧，等于不抓。在这里是来不得半点疏忽和懒惰的。

没有“第一印象”怎么办？对于一个具有一定艺术感受力的批评主体来说，如果不是感觉“迟钝”或粗心大意的话，就是说作品没有什么鲜明特点和深刻意蕴，缺乏美。这样的作品就没有什么批评价值，也就不值得把它作为自己的批评对象去费力气了。如果是作品的意蕴太深，一时难以切入、把握，那就只好继续研究阅读，或者暂搁一时，待到自己的艺术感受力有所提高之后再去评论为好。

3. 要反复多次地仔细地阅读

对文学作品要有深切的艺术感受，对材料要有所发现，必须进行反复地阅读和细心地体察。在这里，浅尝辄止，一目十行，掐头去尾，是绝对不会进入欣赏境界，根本不

① 参见《人民日报》1965年11月30日。

能获得深切的艺术感受的。在这里，“新批评”的“细读式”原则值得借鉴。一些杰出的批评家们的批评实践为我们提供了很好的例证。恩格斯为了对拉萨尔的剧本《济金根》做出准确的评价，先后四次阅读剧本。① 对大部头的作品，长篇巨著，人物众多，头绪纷繁，生活画面目不暇接，则必须反复细心阅读，才能真正理解。否则就只能是只见枝叶，不见树干，甚至一叶障目，不见森林。列宁之所以写出精彩的托尔斯泰论，绝不是偶然的。据克鲁普斯卡娅回忆，列宁一生包括在国外及西伯利亚流放期间都在一遍一遍地读托尔斯泰的作品。甚至一本残缺了的《安娜·卡列尼娜》竟然“读了百来遍”②。对于《红楼梦》，有“红学”一家言的毛泽东同志“至少读了五遍”，并说过“不读五遍就没有发言权”③。我国当代文学批评家何其芳曾说，要写一篇评论文章，不读三遍不敢下笔。美学家朱光潜则说，不读五遍不敢下笔。可见批评家的意见是相同的，都强调反复阅读。我国古代文学理论批评家，如金圣叹评点《水浒》、毛宗岗评点《三国演义》、张竹坡评点《金瓶梅》，他们究竟读过多少遍，恐怕已经成为千古之谜了！可以想见，没有多次反复细致的阅读，是决然不会有科学性的批评的。在这个问题上，那种轻视阅读的“多读无用”的想法和“浅读辄止”的草率阅读法，甚至“不读而论”的做法，是完全错误的。

综上所述，批评阅读对于批评写作来说，是不可超越的一个重要环节。我们必须有一个科学的阅读方法，并坚持审美态度，进行反复细致的阅读。只有这样，才能有真切的体会和发现，为做出科学准确的审美评价打下坚实的基础。

**二、深入研究，准确判断**

通过批评阅读，为科学判断打下了基础，这是必要的。但文学批评不能停留在单凭直观感受和第一印象决定高低、判断好坏的鉴赏阶段。作为真正的文学批评就必须把鉴赏阶段推进到第二阶段，即审美评价阶段。也就是说，必须依靠理性思维把对作品的“第一印象”上升到理性认识，做出系统准确的评判。因为，“只有理智和情感完全融洽一致的时候，判断才可能是正确的”④。如果是原理批评，就必须通过理论思维把握文学

① 参见［德］恩格斯：《致斐·拉萨尔》。

② 参见《列宁回忆录》，中国社会科学院文学研究所文艺理论研究室编：《列宁论文学与艺术》，人民文学出版社，1983年版，第386页。

③ 1964年8月18日谈话，转引自《“红学”一家言》，龚育之等著：《毛泽东的读书生活》，生活·读书·新知三联书店，1986年版，第220页。

④ 《别林斯基选集》第1卷，第224页。

现象之间的联系，揭示出文学现象的某些本质或规律来。能不能做到这一点，是批评阅读能否上升为批评判断的关键一环。

怎样才能使批评阅读深化为科学判断呢？我们认为根本的一点，就是要善于运用材料进行周密思考，即科学分析和综合研究，从中找出带规律的东西。这里既要善于思考，又要善于判断，是一项艰苦细致复杂的思维过程，没有很强的理论思维能力并进行充分的分析综合，是不能奏效的。

(一)“披文入情，沿波讨源”

对批评对象或批评材料的研究思考，要有正确的思路。刘勰在《文心雕龙·知音》中对文学鉴赏规律的论述很值得注意。他说：“夫缀文者情动而辞发，观文者披文以入情，沿波讨源，虽幽必显。”这里“披文以入情，沿波讨源”正是文学批评中研究材料进行判断的基本思路的概括。可以这样说，以“第一印象”为起点，通过对“文”“辞”的披阅解读，把握其创作意蕴，探寻出它的形成根源，就是文学批评研究材料进行判断的基本思路。

“披文入情，沿波讨源”的思考路线，大体上是由三个步骤逐步深入下去的。第一步应当运用文艺学中的一些基本原理和知识，来确定“第一印象”在文艺学中的位置——属于什么范畴，它可能是属于人物形象塑造，也可能属于意境、风格、创作方法、语言等范畴。当我们把“第一印象”在文艺学中的确切位置定格之后，第二步就应当用该范畴的基本理论和知识去衡量它，看它究竟达到了何等程度，如是人物形象，那么这个形象的典型性如何，概括化和个性化怎样等等，应当有一个基本的判断。第三步就应当再进一步探求作品达到这个水平的途径和方法。如对人物形象来说，就看它是运用什么方法和手法塑造的。在作品中找到了这一点，也就是说大体上找到了“第一印象”之“源”。如果这三步作得没什么失误，那么可以说到此也就大体上形成了对批评对象的基本判断。这里的“三级跳”即是别氏所谓“理智和情感的融洽”的过程，实际上也是把文艺学的基本理论与具体批评对象相结合、融合的过程。在这里，正是文艺理论的基本理论和知识的穿透力和规范作用，使我们的“第一印象”，由模糊到清晰，由零星到系统，由感性到理性，最终由欣赏深化到批评。这里，理论修养和审美判断力具有决定意义。如果批评主体对文学艺术规律不甚了解或知之甚少，又缺少一定的理论思维能力，虽有第一印象，也很难“沿波讨源”，往往是一筹莫展，无能为力，落得个“山重水复疑无路”，终究不能进入“柳暗花明又一村”的境地。

批评写作过程中，对批评对象与批评材料的研究分析，由于批评体裁类型不同，具体批评的内容的差异，其思考研究路线也应当是不同的。但以第一印象为起点，沿波讨源，虽不是模式，却应该说是一种可行的思考路线。否则，将会离题太远，走入歧途。

(二) 抓住重点，深入研究

对批评对象的思考研究，不仅要有正确的思路，善于思考，同时还要善于抓住重点进行思考和研究。

1. 抓艺术特点

对作品论来说，艺术特点不能不是研究评价的根本点。所谓艺术特点即依附在艺术形象上的作品的突出特色。它可以表现在作品的内容和形式因素的各个方面，诸如，题材的某种突破和主题的某种开拓；独特的人物形象；奇特的情节、场面及细节；独特的体裁、语言及表现手法；鲜明的个人风格等等。这些都应当是作品论的重点。抓住了这些特点，就得了"气"，就有了"棋"，就有话可说，就有情可抒，就可以升华发挥。优秀批评家都非常善于抓作品作家的艺术特点。车尔尼雪夫斯基关于托尔斯泰创作的主要特征"是心理过程本身，是这过程的形态和规律……就是心灵的辩证法"的论述①；鲁迅关于《孩儿塔》诗"属于另一世界"的评价②；当代评论家阎纲对《小镇上的将军》的艺术特色所作的"习惯的写法打破了"的概括③，堪称抓特点的范例。

抓艺术特点，对于文学批评极为重要，向来为批评家们所看重，他们甚至认为"评论作品，最大的本事是抓特点"。为此，一些严肃的批评家常常给自己约法三章："没有找到该作家的作品与其他作家作品的不同点，没有找到该作家该作品与他自己的其他作品的不同点以前，不动笔。"④ 此论精当、深刻之极！我们文学批评的一个通病是不会抓特点。我们的思考研究一定要学会抓住特点，千万不要把功夫浪费在不属于作品的特点的旁枝末节上。当然，能否发现作品的特点，决定于批评者的眼力、识见和他的艺术鉴赏力，绝非一日之功，一事之功。

2. 抓主要艺术形象

对作品论来说，作品所塑造的主要艺术形象是研究分析的另一个重点。文学作品的思想性和艺术性都蕴含在艺术形象及形象体系之中，特别通过主要艺术形象集中表现出

---

① 《列·尼·托尔斯泰伯爵的〈童年〉、〈少年〉和战争小说》，《西方文论选》下卷，第426页。

② 《白莽作〈孩儿塔〉序》，《鲁迅全集》第6卷，第494页。

③ 《习惯的写法被打破了》，《文学八年》，第121页。

④ 《关于文学评论的写作》，同上书，第560页。

来。文学作品的思想性主要就是主要艺术形象的社会意义，文学作品的艺术性主要就是主要艺术形象的审美价值。因此，分析研究作品的思想和艺术价值，基本上就是研究分析作品中主要艺术形象的思想意义和审美价值。因此，优秀的文学批评从来都集中在对作品中主要人物形象的研究分析评价上。可以说，研究思考一旦离开了对艺术形象的分析，终究会导致文学批评根本性质的丧失。“红学”中的“索隐”派可算作离开艺术形象分析的典型之一。它们把《红楼梦》说成是清世祖与董鄂妃的恋爱故事，或说成是“吊明之亡，揭清之失”；或说是写“康熙末年太子夺嫡的斗争”等等，完全脱离了作品塑造的人物形象，哪里还谈得上对作品的科学评价呢？鲁迅曾经批评过的“摘句”批评法①，不顾全篇，对所需章句专事“吹嘘或附会”及“缩小、凌迟”之能事，也是离开形象分析的一种批评法。当代批评中，姚文元《评新编历史剧〈海瑞罢官〉》，说什么“罢官”是影射1959年我们党罢彭德怀的官，“退田”是影射1962年我国农业上的“小包干”②，简直离艺术形象十万八千里！现在文艺批评中，离开主要艺术形象大发宏论的现象，并未绝迹，是值得我们注意克服的。

3. 抓文学现象的本质

对原理批评来说，其批评对象一般来说是一种文学现象，它所涉及的范围极为广泛，或为各种文艺学基本问题，或为当前各种新情况新问题，或为文艺批评的各种问题，包罗万象，几乎囊括了所有文学现象。各种文学现象性质不同，差异较大，其重点是什么，并不是那么容易抓住的。从原则上说，应当把透过表面现象，把握本质规律作为研究的重点。这也就是通常所说的抓要害。非如此，便不能解决问题。一种文学现象同任何一种别的具体事物一样，总是现象与本质的对立统一体。然而，现象并不等于本质，它只是本质的外部表现，从某一方面反映出事物的本质；而本质作为现象的内部联系，深藏于事物内部，虽然看不见，摸不着，但总要呈现为某种现象表现出来。正因为这样，现象是本质的现象，本质是现象的本质，我们就可以透过现象认识事物的本质。科学研究的任务，就在于通过事物的现象揭示其本质。不从现象入手，就无法认识事物的本质。原理批评也应当这样，对批评对象及其材料，加以去伪存真、去粗取精、由此及彼、由表及里的分析研究，揭示出它的本质和规律。也只有这样，才能对症下药，真正提出解决问题的办法。新时期中，文艺理论批评界对文艺理论中的基本问题如关于艺术的本质，

---

① 参见《题未定草》(七)。

② 参见《人民日报》1965年11月30日。

关于文艺与政治的关系，关于文艺与人性、人道主义的关系，关于现实主义理论等问题的探讨；对于社会主义文艺领域中的新情况、新问题如关于社会主义文艺的本质与特征，关于坚持和发展马克思主义文艺理论和毛泽东文艺思想，关于塑造社会主义新人形象，关于加强和改善党对文艺的领导及文艺法制建设等问题的探讨；对文艺批评中基本理论问题如关于文艺批评性质、文艺批评的基本标准、文艺批评的方法等问题的探讨，都在力求通过对各种具体的文艺现象的深入研究分析中，揭示出某些本质和规律来。凡是取得优秀科研成果，例如《中国新文艺大系·理论一集》(1976—1982) 中的那些文艺理论与批评文章，还未见离开这一点的，这是很值得从事原理批评的写作进行借鉴和学习的。

(三) 调整思维方式，打开批评思路

能否把思考研究深化一步，恰当的思维方式也是很重要的。特别是在“思路不顺”“一筹莫展”的情况下，选择好恰当的思维方式，往往会起到打开思路、豁然开朗的效果，使思考研究大大前进一步。从文学批评思维学的观点来看，有几种基本的思维方式可供选择运用。

宏观思维与微观思维。前者是指站在作品上方，远距离地考察对象的思维方式，运用得当会赋予批评高屋建瓴、总览全局的恢宏气势。比较文学、原型批评当属宏观思维方式。《美的历程》可视为宏观把握中国古代文艺审美特征的成功范例。后者是指站在作品下方，近距离地透视作品的思维方式，运用得当会使批评显出目光专注、探幽入微之效。新批评的“细读法”当属此类。王昆仑《红楼梦人物论》不失为微观把握作品的成功范例。运用这两种思维，犹如看画一样，近前一步，靠近细看为微观，是一种效果；后退一步，离远观望为宏观，又是一种效果。两者都是需要的，不应偏废。但宏观不宜太远，搞成“飞机上的考古”就失去宏观的本意了。微观如果太近，则会产生“只见树木不见森林”之弊。

趋同思维与求异思维。前者是指向事物的相似性与同一性方向进行思考的思维方式，运用得当会使认识逐步深化，有所前进。丹纳的社会学批评“三要素”原则的形成，就是由“孟德斯鸠——史达尔夫人——史雷格尔——丹纳”，沿着事物的同一性一步步探求而形成的。严羽评诗的“妙悟法”的形成，就是由“李之仪——韩驹——吕本中——严羽”，顺着问题的同一性一步步前进而形成的。他们堪称运用趋同思维的典范。这种思维方式实际上就是“滚前人的雪球”，是批评上的“苏步青效应”。文学批评史上很多人是这样名垂青史的。求异思维是指向事物的差异性与非似性方向进行思考的思维方式。它以对既存批评的破坏中建设新批评而见长，有的则是“翻案文章”。一些大批评家如鲁迅、毛泽东、别林斯基、勃兰兑斯等多倾向于求异思维。当代批评家高尔泰的《愿将忧国泪，来演丽人行》①，不失为力排众议，独出己见的求异之作。80年代末的“重写文学史”及其系列“重评”，是典型的求异思维。趋同、求异的要义在于求新、求发展前进，而不在“同”“异”；一味掉书袋，或一味作翻案文章，则往往效果不好，甚至令人生厌。

直觉思维，属无序思维，是指思维过程与思维结果相重合的思维方式，它是突发性瞬间性的，其思维路线往往是无迹可寻的。严羽用“妙悟”说来概括是很准确的。一些当代学者认为“直觉思维是中国古代批评的主要思维方式”，指出“大量的诗话、词话、评点，大部分是直觉思维之点睛之笔，很少留下循序思维的痕迹，一切细节都淹没在水面下，露在水面上的多半只有思维的结论——那种吉光片羽似的妙语精言，神龙见首不见尾似的隐喻暗示，鞭辟入里振聋发聩的玄言警句”②。用直观形象表述理论观点和审美判断是直觉思维的一个重要特点。司空图《诗品》中论风格、严羽《沧浪诗话》论唐诗之“羚羊挂角，无迹可求”“如空中之音，相中之色，水中之月，镜中之象”的特点，堪称直觉思维的典范。它形象性强，是优点，然而又流于扑朔迷离令人费解，不能不说是一种缺憾。

文学批评的思维本质上是“科学—艺术”思维，即是一种吸收了逻辑思维和形象思维的长处而化合成的科学化的艺术思维或艺术化的科学思维。具备这种思维，艺术触觉相当灵敏，又能把它上升到理性水准；其直觉思维相当可靠，逻辑性也很强，可谓精确而不僵硬，模糊而不混乱，充满热情而又富于理性。文学批评家应当具备这种思维能力，从而对批评对象做出准确的审美判断。

前边我们从“思考路线”“分析重点”及“思维方式”三个方面考察了文学批评判断阶段的工作。这里应当特别指出：批评判断绝不是以批评家个人感情上的好恶作标准去判断，而必须是听命于艺术科学的标准和人民的审美理想。别林斯基说得好：“根据个人的遐思怪想、直接感受或个人的信念，是既不能肯定任何东西也不能否定任何东西的：判断应听命于理性，而不是听命于个别的人，人必须代表全人类的理性，而不是代表自己个人去进行判断。”他还指出，在涉及艺术、历史、科学等现象时，“我喜欢、我不喜

---

① 见《新华文摘》1985年第6期。

② 傅修延、黄颇：《文学批评思维学》，文化艺术出版社，1989年版，第161页。关于几种批评思维的提法均见该书。

欢”的说法，是疯子的行径。① 只有这样，在第一阶段的基础上，进行充分的理性分析研究，就大致可以上升到科学的理性判断，把文学欣赏阶段推进到一个更高的阶段——批评阶段了。

## 第三节　讲究技法，艺术表达

批评写作的最后阶段是写作阶段，即运用批评的语言和表达方法，把对批评对象的审美评价和某些本质规律的“发现”，艺术地传达的阶段。这个阶段虽然不像构思阶段那样重要，但仍然是一个不可或缺的阶段。因为没有它，前一阶段的“发现”和“判断”，就不能表达出来。换句话说，没有运用语言把审美判断和发现的物化传达过程，所谓的文学批评就只能永远停留在纯粹意识思维状态，文学批评的写作过程就只能说完成了一半，所以必须重视批评写作的阶段。

朱光潜先生把西方的一般理论著作的写作方式分为两种。一种是总结研究成果，做出一些结论后，便“过河拆桥”，不让看研究过程；一种是把探索和解决矛盾的过程和盘托出，让读者看到正在进行的活生生的思想。② 这里不讲这两种方式，只介绍批评写作中必须运用的一些基本表达方式和技巧。

### 一、批评语言

从实践上来看，文学批评作为一个独立的艺术世界——艺术性科学，有属于自己的特殊语言，这就是文学批评语言。

作为文学批评语言，它的功能是什么？又有哪些基本特点？这是一个尚未引起人们重视和开发的领域，亟待研究解决。在我看来，文学批评语言主要有两个特点。

第一，科学性。这里的科学性，并不是自然科学中用严格的定量定性的分析方法，达到对某一物质的性质、规律的精确解释，它实际上是一种科学精神。具体说来，主要是两点：首先是专门性，即使用专门术语而形成的语言系统。文学批评有自身的专门概念术语，而且已经构成了一个系统。例如，在文学批评中常见的概念术语就有艺术形象、典型人物、艺术真实、倾向性、主题、题材、内容与形式、风格、形象思维、艺术构思、社会价值、审美价值、创作方法、现实主义、浪漫主义、现代主义、文学流派等一套术

---

① 《别林斯基选集》第3卷，第573页。

② 参见［德］莱辛著，朱光潜译：《拉奥孔·附记》，《拉奥孔》，人民文学出版社，1981年版，第232页。

语概念。西方现代批评的各个流派的批评语言就更加专门化了，各自成为一个与其他流派迥然不同的语言系统。例如俄国形式主义批评以“陌生化”和“文学性”为关键概念的语言系统；英美新批评以“文本”“意图谬误”“感受谬误”“肌质”“构架”“细读”等为基本概念的语言系统；心理批评以“潜意识”“前意识”“无意识”“本我”“自我”“超我”“本能冲动”“快乐原则”“恋母情结”“梦”“升华”为核心概念的语言系统；原型批评以“个人无意识”和“集体无意识”“原型”“神话”“原始意象”“心理型”“幻觉性”为核心概念的语言系统，如此等等，可以说没有这些自成系统的批评语言也就没有这些批评流派，批评语言几乎成了这些批评流派的一个显著标志和特征，甚至只凭语言就可以大致识别批评流派了。在文学批评的具体范畴内、子系统内，也有一套专门概念术语。例如，对风格的类型，我国批评界早就有了相当丰富、已经定型的一整套概念术语。雄浑、冲淡、纤秾、沉著、高古、典雅、洗炼、劲健、绮丽、自然、含蓄、豪放、精神、缜密、疏野、清奇、委曲、实境、悲慨、形容、超诣、飘逸、旷达、流动，这是司空图对诗歌二十四种风格的描述。奔放、热烈、冷静、轻快、粗犷、委婉、细腻、诙谐、幽默、质朴、深沉、明快、秀丽、隽秀、潇洒、简洁、朴素、绚烂、华丽、缠绵、清新、刚健等等术语，则是当代文学批评家评论风格所经常运用的概念。对于文学风格来说，似乎离开了这些术语就不能对风格进行描述和评价。这种情况，不仅说明了批评语言系统的存在和必要性，同时也从另一个方面说明，只有在文学批评中大量准确运用本学科的专门概念术语，才会在最大程度上使批评语言规范化，并进而增强其科学性。这一点，专门批评家同非专门的批评、大众的批评相比较，区别是很明显的。在某种意义上说，没有一定的专门术语的运用，没有规范的批评语言，文学批评的科学性是很难实现的。其次是准确性，即专门术语的选择和分寸感。概念、术语是对事物本质的科学概括和表述。如果概念、术语选择恰当，名实相符，就准确。张冠李戴或指鹿为马，当然就谈不上准确性。那种毫无节制，过火偏激，缺少分寸感，或者世故圆滑，油腔滑调，都不能说是准确的语言。专门术语的运用及其准确性，构成了批评语言的科学性特点。

第二，艺术性。批评语言的艺术性，说到底就是“语言美”，要有文学作品语言的形象性、情感性、音乐性、简练性等基本特点。

优秀的文学批评语言是将科学性与艺术性融合在一起的。在批评语言运用上，单纯追求科学性，会显得枯燥乏味，面目可憎，像个瘪三；单纯追求艺术性，会显得华而不实，矫揉造作，分寸感差。这两种倾向基调是不同的，其科学性和艺术性的强弱也是会有差异的，这完全是正常的。也正因为如此，才有利于形成文学批评的语言风格，也正因为如此，才创造了文学批评的“语言美”。

在批评语言问题上，有两种错误观念及其倾向，应当澄清。

一是认为只有带“的”字的大长句子，才有理论性、科学性。于是就仿效俄国批评家别林斯基、车尔尼雪夫斯基、杜勃罗留波夫，搞几十字的大长句子，似乎不这样就不能写文学评论。其实这是一种误解。别、车、杜的批评之所以是大长句子，自有其原因(包括俄语本身及翻译问题在内)，也许对他们来说是适合的。即使如此，也决不能说他们的文学批评的科学性是由大长句子造成的。对我们汉语言系统来说，则更是如此。当代著名文艺评论家阎纲对此曾作过精辟的分析。他说：“我不喜欢长句，特别不喜欢‘的’字的频繁出现。出现‘的’字愈多，限制越多，概括性就愈差。这往往是表达上无能的表现。”① 为了写短评论，为了行文简约，他主张多用短句，排比句，四六对句，或引诗词入评论，以至写“绝句式评论”。他这种运用批评语言的技巧和艺术，是值得我们借鉴的，对克服批评中的“长句病”颇有意义。

二是认为只有大量运用某些新的名词、术语、概念，才有“理论氛围”。于是便出现了被称作“术语爆炸”“新名词狂轰滥炸”的倾向，或者搞术语更新，或者盲目引入自然科学术语，或者自造名词术语等等。例如，在一篇诗歌评论中，就出现了“伪饰性”“自欺性”“荒诞性”“自足性”“内折性”“收敛性”“空间性”“高敏性”“近亲性”“约束性”“非约束性”“活性”“弹性”“周期性”“对称性”“共生性”“无力性”“有力性”等几十个由“性”构成的名词术语；又如一篇诗评中，就出现了“知觉”“象志”“意蕴”“约束性域”“非约束性域”“知觉核”“知觉空间”“知觉时间”“意象”“意象品质”“意象密度”“意象优美度”“意象粗鄙度”“意象自足性”“意象内折性”“意绪”“意绪崇拜期”“意绪焦灼期、分裂期、参禅期”“青春意识”“领潮意识”“焦灼意识”“孤独意识”“逃避机制”“伪饰机制”等几十个名词术语。② 文学批评能靠这样大量引进自然科学和其他学科的术语，堆砌自己杜撰的新名词术语，创造“理论氛围”，提高水平吗？面对这一系列新名词术语，读者早已被轰得晕头转向了，除了感到它们在故弄玄虚、故作高深、装腔作势、抽象空泛、佶屈聱牙、晦涩难懂外，还能希望得到什么呢？对这种在文艺理论批评中乱用新名词术语包括自然科学术语现象，钱学森指出：它们“无非是唬唬人罢了，

---

① 《关于文学评论的写作》，《文学八年》，第 562 页。

② 参见《当前理论批评中的抽象玄虚病》，《文谈》1986 年第 3 期。

没有什么了不起"①。这是非常深刻的，可谓一言中的，揭示出了“术语爆炸”的“唬人”实质。

文学批评要用批评语言，并非是标新立异，独出心裁，确实是文学批评的内在要求。也就是说，文学批评语言是由文学批评的“艺术性科学”这一性质所决定的。文学批评作为一门科学，要对作家作品的美学和社会价值做出准确科学的评价，就不能一味强调和抒发个人感受，而应当努力贯彻科学精神，这就理所当然地要求批评语言要有科学性的特点。否则，文艺批评的“科学性”又从何实现呢？批评语言之所以要有艺术性，从根本上来讲，也是由文学批评的“艺术性科学”性质决定的。文学批评的“艺术性”仅靠科学性是难以奏效的，所以要求批评语言除了科学性之外还必须具有艺术性特点。因此，应当说文学批评语言，既不等于科学理论的语言，又不等于文学艺术的语言，而是科学理论语言和文学艺术语言的融合。这一点也许就是批评语言之所以为批评语言的根本所在。

## 二、批评情采

刘勰《文心雕龙·情采》讲文学创作中的情理与文采的关系，他把“情者，文之经；辞者，理之纬”看作文学创作的根本原则。我们认为，这一原则对于文学批评来说，也是完全适用的。可以说，批评家强烈的情感注入，会使批评增加单靠逻辑和理性力量所达不到的生气、活力和魅力。当然，这里的情感应当是审美情感，而不是那种非审美的情感废话。

### （一）要敢于抒发情感

文学艺术创作要灌注作家的情感，而作为评价文学艺术的科学的文学批评要不要表达批评者的情感呢？回答是肯定的。鲁迅就不仅明确表示过对那些“情感已经冰结了的思想家”的诗评的不满，而且还写了一些具有浓郁抒情色彩的文学批评。《白莽作〈孩儿塔〉序》便是其中的一例。白莽即殷夫，“左联”诗人，中共党员，1931 年 2 月 7 日被国民党反动派杀害于上海龙华。鲁迅当时曾写过《为了忘却的纪念》。《孩儿塔》是白莽诗作结集。鲁迅特写这篇序。作序的动力是情感：“一个人如果还有友情，那么，收存亡友的遗文真如捏着一团火，常要觉得寝食不安。”② 可以说，“捏着一团火”确切地表达了鲁迅为《孩儿塔》作序的心情和情感，它复杂而强烈，是对烈士的追怀、敬重，又是对

① 钱学森：《关于马克思主义哲学和文艺学美学方法论的几个问题》，《文艺研究》1986 年第 1 期。

② 《白莽作〈孩儿塔〉序》，《鲁迅全集》第 6 卷，第 493、494 页。

失却战友的惆怅。对诗作的评价又何尝不是饱含激情，情真意切，燃烧着“一团火”一样的感情：“这是东方的微光，是林中的响箭，是冬末的萌芽，是进军的第一步，是对于前驱的爱的大纛，也是对于摧残者憎的丰碑。一切所谓圆熟简练、静穆幽远之作，都无须来作比方，因为这诗属于别一世界。”① 可以说，“这诗属于别一世界”的精警的评价，体现着鲁迅对亡友、烈士、诗人的多么深挚的爱抚、多么热切的推崇、多么衷心的敬重啊！鲁迅的这篇《序》，之所以这样成功，不仅被称为文学批评的杰出范例，又被作为现代散文的珍品，充满火一样的感情，恐怕不能不是一个根本性的原因。当代著名评论家阎纲说他自己是“靠难以按捺的热情写文章”“靠不可遏止的义愤写文章”②，他的文学评论确实具有很强的情感色彩，所以被称为“诗人型”的评论家。

（二）要善于灌注情感

所谓“善于”，主要是指根据批评对象和论题的内容，确定情感的基调和浓淡色彩。一般说来，原理批评，对基本理论的探讨，情感太重会失去厚重感，显得轻飘飘，因此以不失厚重感为好。相对而言，作品论情感可以浓些，与批评对象的情感基调大体一致基本协调为好。曹丕《典论·论文》中说：“奏议宜雅，书论宜理，铭诔尚实，诗赋欲丽。”③ 虽然他讲的是各类文章的文体风格，但就其基本精神来说，对文学批评的抒情基调也还是适用的。文学批评的情感色彩或浓或淡，或重或轻，或显或隐，或热或冷，都应当据文学批评的内容和性质及批评体裁、对象的具体情况而定，不可一概而论。在这一方面，阎纲《“高尚的圣者和殉道者”——读〈犯人李铜钟的故事〉》④，是把握得恰到好处的。这一部中篇小说以其极大的牺牲精神，闯入了人们长期讳莫如深的重大禁区、危险地带。它是那样集中、强烈地描写了三年困难时期发生在中国农村社会主义土地上的饥荒和死亡，那样热情地讴歌了“动公仓”“抢皇粮”的“犯人”。应当如何评价它呢？如果以“暴露文学”观念来衡量，它可以够得上一个“典型”。一时间，批评界的反应出乎意外的冷寂，作者有点惴惴不安……因为这并不仅是对作品的评论，也是对一个重大理论问题的重新评说，关系重大，非同小可。批评家为作品深情讴歌的崇高英雄而动情，又被作家批判“反‘右倾’”的大胆、犀利所鼓舞，更对批评界的冷寂实际是对错误默

① 《鲁迅全集》第6卷，第494页。

② 《〈小说论集〉后记》，《文坛徜徉录》下，人民文学出版社，1984年版，第595页。

③ 《中国历代文论选》第一册，第158页。

④ 见《文学八年》，第145—157页。

认而愤慨，于是批评家再也按捺不住自己的“冲动”，既为作品辩护，又作理论澄清，毅然闯进禁区。如果说作家为我们塑造一个“动公仓”救饥民的“英雄犯人”，批评家则为我们再造了一位可以同那盗火给人间而被铁链锁在高加索山上的普罗米修斯相提并论的“高尚的圣者和殉道者”！批评家对作品的评价是公正准确的，对“暴露文学”的论述是精辟辩证的，对所谓社会主义时期的悲剧问题的回答是极其明确的，对处理抒情与说理的关系，把握抒情的基调，也是十分得体的！甚至可以说，批评的成功，批评的魅力，决不仅仅在于雄辩的论证，很重要的一个方面，还在于充溢于整篇文字中那种按捺不住的“热情”“义愤”和“冲动”！

## 三、批评表述

文学批评有自己的表述方式。“复述”和“描述”就是文学批评不可或缺的两种表述方式，是批评家的一项重要基本功。

### （一）复述

所谓复述是指对批评对象的内容和形式所作的概括性叙述，它真实地再现作品的审美意蕴，包含着批评家的艺术创造，是审美描述的基础，是文学批评的基本表述方式之一。批评家们一般都比较重视复述，正如别林斯基所说：“再没有比叙述一部艺术作品的内容更困难、更麻烦的事了。”①

怎样进行复述呢？它的目的及应当遵守的基本原则是什么？还是让我们看一看别林斯基的体会和论述吧。他说：“叙述的目的不在于显示优美的章节：不管一部作品的章节好到如何程度，它总是在对整体的关系上看才是好的，因此，叙述内容必须抱有这样一个目的——仔细探究整部作品的概念，以便显示这个概念是被诗人多么忠实地实现出来。怎么能够做到这一点呢？重抄整部作品是办不到的；可是从卓越的整体中选取一部分章节，而删弃另一部分章节，为的是不要让摘录超过应有的限度，这怎么行呢？其次，用枯燥乏味的故事，把摘录联结起来，让神情和色彩、生命和灵魂留在书中，而仅仅抓住死的骨架，这又怎么行呢？我们现在特别感到我们所负的责任的重大和困难了。……然而，我们还是像先前一样，不得不用自己的方式加以复述，同时，尽可能地保持原书的句法，摘录一些章节。”② 十分明确，复述的目的是“探究整部作品的概念，以便显示这个概念是被诗人多么忠实地实现出来”。复述的原则是：“用自己的方式加以复述，同时

① 《当代英雄》，《别林斯基选集》第 2 卷，第 271 页。

② 《当代英雄》，《别林斯基选集》第 2 卷，第 271 页。

尽可能地保持原书的句法，摘录一些章节。”最忌把复述写成说明书式的“内容提要”“作品介绍”。具体说来，也就是三点：第一，要注意传达原书的“神情和色彩”“生命和灵魂”(风格和神韵)，使读者从复述中大体感到原书的风貌。这对原理批评来说，就是忠实原作，不能引申歪曲，断章取义。切忌不要写成普通的说明或故事梗概。要真正做到传达原作的神韵风格，批评者没有对作品的意蕴和真髓的深刻领悟和把握，是不可能达到的。因此可以说这并不是单纯的技术技巧要求，而是一个很高的原则性要求。叶圣陶60年代初为短篇小说《没有织完的筒裙》写的评论《绚烂的文锦》①，用了六百多字(约为原作六分之一)复述小说的内容，巧妙地运用排比句式，揭示了小说的表层含义和深层含义，很好地传达了小说所具有的“散文诗”的神韵和风格，堪称叙述式复述的范例。第二，要注意渗透批评者的情感和评价，引导读者按照批评者的思路去理解作品。为达到这一点，常常需要按照批评的需要，重新组织材料，采用夹叙夹议的方式，进行评价。茅盾在评论短篇小说《百合花》② 的“最细致严密，同时也是最富于节奏感”的结构和“清新、俊逸”风格时，就是这种夹叙夹议式复述方法的典范。③ 阎纲的《“高尚的圣者和殉道者”——读〈犯人李铜钟的故事〉》在复述中渗透感情也是颇为成功的。第三，要注意加强概括并恰当引用原文。复述文字一般不宜太长，几十字、百十字就可以了。如对丛维熙的中篇小说《雪落黄河静无声》，阎纲就用“只消说它是‘写两个犯人间的恋爱故事’就够了”；高尔泰在《愿将忧国泪，来演丽人行》中则概括为“写两个‘右派’在劳改过程中恋爱的悲剧”。因为用字少，就要把内容化繁为简，进行概括。有人把这类复述称为概括式复述。对作品中的生动描写，精彩语言，要尽量节录引用原文。这样不仅可以避免概括产生的单调、呆滞之感，同时还可以达到传达原作神韵风格的效果。当然，节录引用原文也要注意精当，不宜太长或删节太多，以免支离破碎，不见原貌。

(二) 描述

所谓“描述”，“是一种带有直觉性的感悟性的审美心理投射”，“是对文学作品一种经验和体验的复制，它为理解和判断奠定基础，它本身也包涵着理解和判断”④，是文学

---

① 见《文艺报》1961年第7期。

② 茹志鹃作，见《延河》1958年第3期。

③ 参见《谈最近的短篇小说》，《茅盾文艺评论集》上册，第299—303页。

④ 陈鸣树：《文艺学方法概论》，上海文艺出版社，1991年版，第517页。

批评特有的表述方式之一，也可以把它称之为“审美描述”。作为批评写作的一种基本表述方式，从描述的具体对象和主观态度上，又可以把它大致分为客观描述和主观描述两种。

1. 客观描述

所谓客观描述是指侧重于形象化地描述批评对象的风格、意境、文体等客观情状的表述方式。从文学批评实践上看，偏重于客观地描述批评对象的品格，是我国文学批评在描述上的一大民族特色和传统。唐代司空图《二十四诗品》对诗歌的二十四种风格、意境，全是客观形象化的描述，几乎全然看不出批评家的主观判断，可以说是客观形象描述的一个典范。以后，宋代敖陶孙评诗，“魏武帝如幽燕老将，气韵沉雄。曹子建如三河少年，风流自赏。鲍明远如饥鹰独出，奇矫无前。谢康乐如东海扬帆，风日流丽。陶彭泽如绛云在霄，舒卷自如。王右丞如秋水芙蕖，依风自笑”，“杜牧之如铜丸走坂，骏马注坡。白乐天如山东父老课农桑，言言皆实。元微之如李龟年说天宝遗事，貌悴而神不伤”。① 明代谢榛论唐诗风格：“初唐盛唐诸家所作，有雄浑如大海奔涛，秀拔如孤峰峭壁，壮丽如层楼叠阁，古雅如瑶瑟朱弦，老健如朔漠横雕，清逸如九皋鸣鹤，明净如乱山积雪，高远如长空片云，芳润如露薰春兰，奇绝如鲸波蜃气。”② 更是客观描述的极致！中国古代文学批评中这种客观的形象化的描述，其长处是形象、生动，使人在审美直觉中领悟到作品的真谛，其短处是缺乏明确性的涵义，使人难以把握。

2. 主观描述

所谓主观描述主要是指侧重于描述批评家的审美感受如审美过程和审美印象的表述方式。巴金在《关于〈雷雨〉》中这样描述自己的审美感受：“六年前在北平三座门大街十四号南屋中客厅旁那间蓝纸糊壁的阴暗小房里，我翻读那剧本的数百页原稿时，还少有人知道这杰作的产生。我是被它深深感动了的第一个读者。我一口气把它读完，并且为它掉了泪。不错，我流过泪。但是落泪之后我却感到一阵舒畅，而且我还感到一种渴望，一种力量，在身内产生了，我想作一件事情，一件帮助人的事情，我想找个机会不自私地献出我的精力。《雷雨》是这样地感动过我。记得从前读托尔斯泰的《复活》时，我也有过同样的激动。”③ 当代文学评论家曾镇南评论王蒙的小说《相见时难》主要是描

① 《臞翁诗评》,《中国历代文论选》第二册，第135页。

② 《四溟诗话》卷三,《中国历代文论选》第三册，第113页。

③ 巴金:《巴金论创作》，上海文艺出版社，1983年版，第468页。

述评论家的审美体验过程。[①] 主观描述，无论是描写审美感受印象还是描写审美感受的过程，都明显带有评论家的情感色彩及现身说法的意味，显得亲切自然，别具感染力，有时会收到客观分析和描述所没有的特殊效果。

我们把审美描述作这样的区分，只是相对而言的，实际上客观描述和主观描述常常是兼而有之的，只是侧重点不同罢了。特别是现代文学批评把中国古代批评传统与西方批评传统结合在一起，往往更多表现为一种"综合描述"形态。这种"综合描述"已经不只在批评著述中作为一种表述方式使用，甚至成为一种批评形态以"××描述"命名了。如刘再复的《中国大百科全书·中国文学》卷的"中国文学"条目，即该卷的"序言"，初稿就是《中国文学的宏观描述》[②]；李国涛的《汪曾祺小说文体描述》[③] 等等，这些批评论著，堪称当代审美描述的范例。以《中国文学的宏观描述》为例，它从中国古代神话开始，一直到新时期的文学作了宏观描述。他首先抓住了汉语言的六个基本特征（以表意为主、单文独义、一字一音、单音字丰富、区别四声、言文分离），进而由此概括了中国文学发展的四个特点（容易引起具体意象、中国诗歌的规律和形式美、古诗的音节美、言语双轨发展）。[④] 这一描述，难度很大，它既超越又求实，是渗透着理性的客观经验的总结，审美与理性的结合成了它的重要特点。

## 四、批评格调

### （一）要善于诙谐松弛

马克思说："问题虽然要从本质上分析，但要采取诙谐的形式。"[⑤] 当代一位文学评论家说："立论要严谨，笔调要松弛。"我们赞成这种主张。一讲科学性，人们往往理解为正襟危坐，一本正经，目不斜视的教师爷口气和哲学讲义的腔调。其实不然。真正优秀的文学批评并不是那样令人生厌，而是给人轻松愉快的一种审美享受，正像人们把鲁迅的文学批评《白莽作〈孩儿塔〉序》当作散文来读一样。正因为有这样一种误解和偏颇，文学批评往往严肃正经有余，轻松活泼不足，成了历来文学批评的一种通病。这是从事文学批评写作应当注意避免克服的。

---

① 参见曾镇南：《评〈相见时难〉》，《小说林》1983 年第 1 期。

② 见刘再复：《文学的反思》，人民文学出版社，1986 年版，第 177 页。

③ 《文学评论》1987 年第 4 期。

④ 参阅《中国大百科全书·中国文学》"中国文学"条。

⑤ 《致法律顾问维贝尔》，《马克思恩格斯全集》第 30 卷，第 501—502 页。

为使文学批评避免此病，松弛笔调，不妨借鉴一下批评家们提供的一些有益的探索和经验。

第一，可以谈笑风生，寓理论于闲话趣谈之中。如秦牧《艺海拾贝》，探索文艺理论、美学理论问题，轻松自如，山南海北，海阔天空，饶有趣味，平添了多少批评魅力。

第二，可以来点幽默，寓批评于幽默之中。像毛泽东和鲁迅的一些文章。幽默可以说是消除文学批评过于严肃病的一剂良药。

第三，可以调侃，寓批评于调侃之中。调侃即嘲笑，用言语戏弄。这主要用于否定性对象。如王蒙、阎纲的一些文学评论。

法国当代文学批评家蒂博代谈到“批评中的创造”时曾说过：“一位批评家反对一部作品的最有效的武器就是滑稽模仿。”① 说是“最有效的武器”倒不见得，但它确实有效是不错的。因为你如果用嘲弄的语调和滑稽的方式来叙述它，就会使这个作品变得滑稽可笑，即使不能在这个作品的读者中间产生这种效果，至少可以在你的批评论著的读者心目中产生这种效果。如 1993 年春节期间电视剧《爱你没商量》和《皇城根儿》播出时，《中国文化报》的评论就有点这种味道，认为《爱》剧尽耍贫嘴，不知哪句真哪句假，让人生厌；《皇》剧弄神弄鬼弄不出名堂，这戏没事找事，可找了半天还是没事。该报引用当时流行的俏皮话来评论两部电视剧：“赶明儿等皇城的根儿断了，那没商量的爱也该商量完了。”这倒真是应了蒂博代所言。可见中国老百姓特别是京城观众，是深得这批评之道的个中奥妙的。

第四，可以插科打诨，也可以来一点闲笔浪墨。闲笔看似点缀，似有可无，其实“闲笔”不闲；嬉笑怒骂，皆成文章，更见其功夫。如鲁迅的一些杂文体文学批评就是这样。

总之，为了行文松弛，“诙谐的形式”都可以用。但切忌滥用和为用而用。对于整个批评写作的技术技巧也是这样，为了准确艺术地表达审美感受和判断，十八般武艺和技巧都是可以运用的。然而一旦用滥了，也会适得其反，走向反面。

(二) 要善于警策

在一些优秀的文学批评中，经常看到一些见解深刻，语意精警的句子。例如，车尔尼雪夫斯基说托尔斯泰的根本特征，“就是心灵的辩证法”；列宁称托尔斯泰是“俄国革命的一面镜子”；瞿秋白论“鲁迅从进化论进到阶级论，从绅士阶级的逆子贰臣进到无产

---

① 《六说文学批评》，第 181 页。

阶级和劳动群众的真正友人，以至于战士，他是经历了辛亥革命以前直到现在的四分之一世纪的战斗，从痛苦的经验和深刻的观察之中，带着宝贵的革命传统到新的阵营来的”发展道路①；毛泽东称“鲁迅是中国文化革命的主将，他不但是伟大的文学家，而且是伟大的思想家和伟大的革命家。鲁迅的骨头是最硬的，他没有丝毫的奴颜和媚骨，这是殖民地半殖民地人民最可宝贵的性格。鲁迅是在文化战线上，代表全民族的大多数，向着敌人冲锋陷阵的最正确、最勇敢、最坚决、最忠实、最热忱的空前的民族英雄。鲁迅的方向，就是中华民族新文化的方向”②；郭沫若称赞鲁迅书法“鲁迅先生也无心作书家，所遗手稿，自成风格。融冶篆隶于一炉，听任心腕之交应，朴质而不拘挛，洒脱而有法度，远逾宋唐，直攀魏晋”③ 等等，脍炙人口，为人称颂。这些就是文学批评中的“警策”。批评家用警策表达自己独特的见解，敏锐的感受和理论创造和发现，往往是批评的主旨和精粹之所在，也是批评足以传世之根本。正如吕本中《蒙童诗训》所说：“文章无警策则不足以传世，盖不能竦动世人。”因此，文学批评写作应当善于警策。

问题是怎样警策？陆机《文赋》说：“立片言以居要，乃一篇之警策。”就是说，在一篇文章的紧要之处，突出片言只语，作为文章的警句。从文章结构布局上看，“立片言以居要”，不失为“警策”的一个基本原则。或者居以篇首，点明题旨，高屋建瓴；或者附于篇尾，要言不烦，总括全文；或者居中，承上启下，强化观点，一锤定音。总之，要放在显赫紧要之处。另外，从修辞上看，可以运用语言修辞技巧，如排比、对仗、绝句（诗词句式）等，这是锻造警句的一条途径。但是应当明确，警策主要不是修辞技巧问题，而是对事物是否真正具有深刻透辟的认识问题。没有深刻的认识，只靠修辞技巧是很难奏效的。

一篇评论的基调，不仅仅是行文笔调，还关联到全篇的感情色彩、表述方式等。因此，要注意把它们协调起来，否则，就会别别扭扭，不伦不类。

**小结** 本章所介绍的对批评材料搜集、加工整理、分析、研究以及运用批评语言艺术地表达审美判断的种种技能技巧，与其说是理论问题，倒不如说实践问题。作为理论知识来说，并不难掌握，但作为实践技能真正运用自如，卓有成效，就不太容易了。因

---

① 《鲁迅杂感选集序言》。

② 《新民主主义论》。

③ 《〈鲁迅诗稿〉序》，《郭沫若论创作》，第701页。

此，我们还是希望通过批评实践解决问题。

## 复习思考题

1. 应当怎样搜集批评写作的材料?

2. 应当怎样进行批评研究分析和思考判断?

3. 应当怎样进行批评表述?

4. 通过批评写作实践，熟悉、体会、掌握批评写作的各种基本知识、技能、技巧，练好批评的基本功。

# 第十一章　文学批评的写作原理

**内容提要**　本章阐述几种文学体裁批评写作的基本原理。小说批评应当按照小说的基本特征的要求，注重人物形象的分析评价、环境和情节的分析评价；诗歌批评则应当按照诗歌的基本特征的要求，注重诗歌情感、意境和诗法的分析评价；戏剧文学批评则应当按照戏剧文学的基本特征的要求，注重戏剧冲突、人物和戏剧语言的分析评价（散文批评从略）。优秀的批评则应当创造性地运用各种体裁批评的写作原理和程序，发挥批评家的主体性，在“批评发现”“批评创造”“批评风格”上做出更大的努力。

在文学批评实践中，批评家面对的是各个具体的批评对象，或者是各种体裁的文学作品——小说、诗歌、散文、戏剧文学、电影文学，或者是某篇文学批评论著，或者是某种文学现象。要对它们进行批评，其写作程序虽然大体相同，但由于批评对象的体裁和性质不同，其写作也必然有许多特点和自己的特殊规律。因此，对于文学批评工作者来说，只是一般地了解批评写作程序是远远不够的，还必须深入了解和把握各种文学体裁批评的写作原理。所谓“各种文学体裁批评的写作原理”，概括地说，就是按照各种文学体裁特征进行批评写作。

## 第一节　小说批评

小说批评是作品批评中重要的一种，它以小说这种文学体裁为对象，运用与之相适应的方法、标准、手段对其进行批评。顾名思义，小说批评应当把熟谙小说和批评两方面的特点和规律作为基础。换句话说，小说批评的写作，必须以小说的体裁特征为出发点，去创造性地运用文学批评的一般标准、方法和手段。

### 一、注重人物形象的分析和评价

文艺学的基本原理告诉我们，多方面地细致刻画人物形象是小说的首要特征，有人甚至把它称之为“人物小说”。这就决定了人物形象的评价在小说批评中的重要地位。可以毫不夸张地说，要对一部小说做出全面、科学的评价，不去分析小说的人物，不去对人物形象做出价值判断，那是很难办到的。

人物形象的分析评价，其根本目标是：全面把握人物形象的思想内涵和美学内涵，正确评价人物形象的价值，揭示作品在人物形象塑造上的经验或教训。

**（一）把握主要人物形象的社会思想内涵和美学内涵**

在优秀小说中，成功的人物形象包含着丰富复杂的社会生活内容和审美理想。正如恩格斯所说：“主要人物是一定的阶级和倾向的代表，因而也是他们时代的一定思想的代表，他们的动机不是从琐碎的个人欲望中，而正是从他们所处的历史潮流中得来的。”① 小说人物形象的思想内涵和美学内涵实际也就是他们身上所透示的“历史潮流”“一定的阶级和倾向”及“思想”的代表性，以及作家通过他们所关注的人生问题和社会现实、审美理想等等。所谓把握人物形象的思想内涵和美学内涵，也就是要研究他们所处的“历史潮流”、所代表的“思想”“阶级和倾向”是什么，而作家的用意究竟何在？例如，对鲁迅《祝福》中主要人物祥林嫂的分析。我们了解了小说的情节和祥林嫂周围人物的关系之后，就会看出鲁四老爷和四婶是作为封建制度的统治者和维护者出现的，婆婆是作为“族权”的代表出现的，柳妈是作为“神权”代表而出现的，祥林嫂就是处于这种复杂多样的社会关系之中，形成了她的独特鲜明的性格和悲惨结局。所以说祥林嫂是生活在长夜漫漫的封建社会中，血泪斑斑、力图挣脱封建绳索和黑暗，结果仍然默默死去的农村劳动妇女的一个，她既是对吃人的旧社会的控诉，又是对劳动妇女同情的哀歌。对于谌容《人到中年》中的陆文婷也是一样，必须认识到这个坚忍不拔、情操高尚、灵魂淳美的形象概括了新中国一代中年知识女性的处境、意志和精神，同时又以此向读者和社会发出强烈的呼唤。不认识到这些，也就谈不上把握人物形象的思想内涵和美学内涵。

然而，成功的人物形象并不是“时代精神的单纯的传声筒”②，人物形象的思想和美学内涵并不都是赤裸裸地表现无遗的。相反，而是以一种鲜明生动的感性形态，确切地说是以其鲜明的个性特征表现出来。在小说中，我们看到的是一些富于感性特征的具体、形象、生动的性格面貌，是一些活灵活现的人物。如阿 Q 的愚昧麻木，祥林嫂的善良安

---

① ［德］恩格斯：《致斐·拉萨尔》，《马克思恩格斯列宁斯大林论文艺》，第 107 页。

② ［德］马克思：《致斐·拉萨尔》，同上书，第 100 页。

分，林黛玉的孤僻自怜，陆文婷的勤奋坚忍那样，是一些栩栩如生的活的人物。也正是在这些活灵活现的性格之中包含丰富复杂的社会思想内涵和审美内容，如人生的哲学，生活的规律等等。如阿Q性格包含着“精神胜利法”，陆文婷性格包含着中国妇女传统美德和当代知识女性的一切美德及知识分子问题。这些内涵，多数读者并不是毫无觉察的，一般说来，也会多少有些感觉，不管这些感受是模糊的还是无意识的。而作为批评家则必须深入、细致地分析把握住其性格特征所蕴含的社会思想内容和审美内容，透彻地揭示人物形象的内涵。从某种意义上讲，这一点正是小说人物分析评价的关键，是小说评论深度的一个重要标志。例如阎纲《论陈奂生——什么是陈奂生性格?》，就对陈奂生这个高晓声系列小说《“漏斗户”主》《陈奂生上城》《陈奂生转业》《陈奂生包产》的主人公的性格内涵作了深入发掘。评论家没有满足于对陈奂生这个形象那普普通通、平平常常、头脑简单、正直勤劳，既像阿Q，糊涂、屈辱、可笑、不理解革命，又像闰土，老实善良到愚昧、麻木的程度的性格特征的描述，而是通过对它的分析，挖掘出它的深层社会思想和审美内涵——“陈奂生实在像解放了的阿Q和闰土”，他“应该是国家的主人而实际上不是做主人的料”①；“陈奂生的周围，汇集了我国新时期开始的年代里农村变革的图画；陈奂生的形象，反映了这一深刻变革在农民心里所引起的反应”②；“‘陈奂生性格’将会像‘阿Q精神’那样，成为中国革命（其力量和局限）的一面镜子，成为中国社会主义革命中农民的美质和弱点的一面镜子”。③ 正是这种透辟的分析，显示出了评论家的功力和深度。

值得注意的是，小说中成功的人物其性格都是丰富复杂的，还有一些是所谓“双重性格”“复杂性格”式的“圆形人物”。批评家对此切记不能简单化地抽象出一个简单的思想观念和美学观念，而应当从人物形象的整体出发，以人物性格的各个侧面的对立统一和矛盾运动中，把握住性格核心即主导方面，从而发掘出人物形象的确定性、根本性的思想内涵。这里企图回避人物性格的“复杂性”“矛盾性”“双重性”，用某种简单的思想观念判断人物复杂性格的性质，是不可取的。新时期文学中，蒋子龙、王朔为我们创造的刘思佳和“一半是海水，一半是火焰”式的人物，就是所谓“双重性格”“圆形人物”。成功的评论正是从“半是纯洁，半是荒唐；半是严肃，半是浅薄；半是思索，半是

---

① 《文学八年》，第281页。

② 同上书，第292页。

③ 同上书，第299页。

迷惘”的令人难以捉摸的性格中，把握了人物的根本思想内涵，正如蔡翔《什么是刘思佳性格》所指出的：“这是一个复杂的性格，他以二重的心理面向生活。从而也是一个迷惘的性格，他徘徊于人生的十字路口。在我看来，刘思佳这种性格上的矛盾乃是因为他的生活愿望和现实之间的不相适应。他的迷惘是生活本身不和谐的一种必然结果。他是我们过渡时期所必然产生的一种过渡性格。”① 这是对这一“复杂性格”的一个颇有深度的分析和评价，他没有为了某种观念而忘记了人物形象的实际和生活本身。

(二) 揭示人物形象塑造的特点

分析人物形象除了把握人物形象的社会思想内涵和美学内涵外，还必须揭示人物形象塑造的特点。因为这一点往往集中体现出作家的艺术才能和作品的艺术成就。

分析人物形象的艺术特色，可以有不同层次和不同角度。从人物形象塑造的基本原则来看，应当特别抓住人物形象的真实性、典型性和塑造形象的表现方法。

文艺的真实性是艺术的生命。对于人物形象也完全如此。因此，小说评论往往都把真实性作为一个重要原则和视角。例如当代文学中关于《人到中年》的争论双方，就都在“真实性”上大做文章。许春樵在《一部有严重缺陷的影片》② 中认为陆文婷这个人物虚假，不真实。而阎纲在《为电影〈人到中年〉辩》中，第一个问题就是讲陆文婷这个人物的真实性。评论家从陆文婷这个人物的特殊个性——“忍与韧”和特殊际遇——“面临工作的、思想的、爱情的、生计的、伦理的、健康的重重困难”及作家的创作意图等方面分析了“陆文婷性格”的真实性和典型性，指出“陆文婷的心理和境遇，在当前我国知识分子中具有普遍的意义”③。阎纲的分析是颇有深度的。

当然，我们所说的文艺的真实性，并不是说它与客观存在的某些事实、人物是一回事，而是说它艺术地、典型地反映了某种客观存在。正如鲁迅所说，“不必是曾有的实事，但必须是会有的实情。”④ 把艺术真实和客观事实画上等号，混为一谈，是对文艺真实性的误解，实际上也抹杀了文艺最主要的特征。批评家的职责就是要从“合情合理”上去准确地揭示人物的真实性程度。评论家陈涌正是从这一点上指出电影《今夜星光灿烂》中杨玉香这个人物有些地方（对战士小于的爱情表白）不够真实。⑤

---

① 《上海文学》1983 年第 4 期。

② 《文艺报》1983 年第 6 期。

③ 《文学八年》，第 317 页。

④ 《什么是“讽刺”?》，《鲁迅全集》第 6 卷，第 328 页。

⑤ 参见陈涌：《文艺的真实性和倾向性》，《电影艺术》1980 年第 10 期。

典型性是人物塑造的最高目标。人物形象的典型程度是小说成就的根本标志之一。所以人物形象的分析不能不去分析人物的典型性。所谓典型性是指人物形象独特鲜明的个性和一定历史时期社会生活的本质方面相统一的程度，也就是人们常说的个性化与概括化统一的程度。人物形象的个性特征愈丰满、鲜明、独特、生动，愈能深广地概括和揭示出社会生活的某些本质方面，愈能唤起人们的美感，其典型性就愈高，形象就愈具有典型意义，小说的艺术成就就愈大，艺术生命力就愈强。典型性达到非常的高度就成为典型形象，而典型形象则是优秀作品的标志。人物分析最经常的主要还是对人物形象的典型性的分析。评论家朱寨对《人到中年》的评论就主要集中在人物形象如陆文婷、秦波及其他人物的典型性分析上。评论家从陆文婷在医学科学上的攀登、精湛造诣、道德情操、坚强毅力和她的家庭生活——作为情人、妻子、母亲方面的精神美，肯定"她的命运里概括了普遍意义的时代内容，带有普遍性"，"就其形象的丰满和深度来说，陆文婷是一个新的艺术典型"①。对秦波这个形象，作家并没有集中刻画而是分别在故事进展的不同的场面中勾勒，主要通过她圆滑的措辞，拐弯抹角的试探，和颜悦色的威胁，革命辞藻下的冷酷所揭示出的一个掩饰在革命面纱下面正在丧失革命精神的发霉的灵魂——"马列主义老太太""最难缠的高干夫人"，也主要是用"秦波不是个别孤立的人""是经常在某些场合相遇"等等，准确指出其典型性来。

在人物性格刻画上，中肯指出其真实性、典型性是必要的，但是还不够。优秀的评论还应当分析作家在塑造这些人物性格所运用的艺术手法。因为采取各种艺术手法去刻画人物性格，也是作家塑造人物形象的真功夫。例如阎纲在《〈创业史〉艺术谈》中，就集中分析了《创业史》是采用"对立的方式"刻画姚士杰——郭世富、梁生宝——高增福、梁三老汉——梁大老汉这些性格鲜明生动的人物形象的。② 朱寨则用"白描手法"概括《人到中年》刻画人物性格所采用的手法，指出作者"以精细的笔触"，"象陆文婷大夫做眼科手术那样精当微妙"地"深入到人物的心灵"，是"创作上深入人物灵魂的必由之路，是揭示出平凡中不平凡的不可缺少的技艺"。③

## 二、注重环境的分析和评价

环境描写是小说的又一重要特征。特别是长篇小说环境描写的广阔性和细致性是其

① 参见朱寨：《留给读者的思考——读中篇小说〈人到中年〉》，《文学评论》1980年第3期。

② 见西北大学中文系现代文学教研室编：《〈创业史〉评论集》，陕西人民出版社，1980年版，第527—539页。

③ 《留给读者的思考——读中篇小说〈人到中年〉》。

他文学体裁所不能企及的。有人因此称这一类小说为“空间小说”。小说评论不能不对环境进行深入的分析。

环境分析是对环境描写所起的作用的考察研究。具体说来，主要是考察环境的典型性、环境对人物性格的作用及其独特的审美价值。

小说中的环境也有一个典型性问题，它主要是指环境反映一定时代社会生活的本质和规律的程度。恩格斯评论玛·哈克奈斯的中篇小说《城市姑娘》时就曾指出小说所描写的环境“不是那样典型”①。在恩格斯看来，小说环境描写之所以不够典型，主要在于作者没有写出当时（19世纪80年代）英国社会阶级关系特别是工人阶级和资产阶级关系的具体特点，即没有描绘出工人阶级“所进行的叛逆的反抗，他们为恢复自己做人的地位所做的剧烈的努力——半自觉的或自觉的”，从而也就不能充分反映那个时代的特点。恩格斯提出，现实主义应当“真实地再现典型环境中的典型人物”②，可见对环境描写的典型性的重视，典型环境是环境描写的最高目标。

环境是人物活动的场所，是促成人物性格形成和发展的重要原因。因此，环境分析必须下力量分析环境和人物的关系，准确揭示环境对形成人物性格的作用及其在人物作用下的发展和变化。王富仁《〈呐喊〉和〈彷徨〉的环境描写》对其“由人组成的特定思想关系”这个环境的分析是很深刻的。他指出：在这里，“环境”的意义有了巨大变化，它不再主要指人物活动，物质空间，不再主要指人物所处的政治、经济环境和自然环境；而是由人组成的特定思想关系；作为中国现代小说的思想艺术最高峰的《阿Q正传》，它的高度艺术性之一就在于“鲁迅为阿Q设置了一个典型的封建等级关系的社会活动空间，一个典型的社会思想环境，在封建社会思想制约下的各种人与人的关系才被集中地表现了出来。在这种等级关系中的阿Q的各种表现也才能够得到充分的反映”；“环境的典型性带来了人物的典型性，人物的典型性同时也加强了环境的典型性，阿Q各种精神病态的表现同时也是这个思想环境的集中体现”③。当代作家中，张洁的小说创作是有风格的，她“为猴子似的精神丑陋而羞耻”，对美的探求达到了相当的深度，由此得到人们的好评和评论界的关注。评论家孙绍振对她的优点做了充分肯定，同时也指出了《爱，是不能忘记的》“轻视环境的作用，削弱了性格的必然性”，使“敏感的男女读者自然会

① 《致玛·哈克奈斯》，《马克思恩格斯列宁斯大林论文艺》，第147页。

② 同上。

③ 《写作文鉴》下，第221—222页。

发生疑问，……难道感情的产生、发展、变化不受到实践和生理基础的决定吗？环境真是这样软弱，难道对意志的内在平衡连一点干扰作用也不起吗？”指出“她回避正面表现环境，还使得她的电影文学剧本《寻求》性格与环境发生游离，产生一种张洁在小说中不屑为之的编造情节的倾向”。① 评论家这里对环境的分析很有识见。

应当指出，环境描写的独特审美价值也是环境分析的重要课题之一。这一点对“空间小说”来说尤为重要。环境描写的独特审美价值是多方面的。首先，它是“空间小说”的基本内容。巴尔扎克称自己的《人间喜剧》是“风俗研究”，“环境”无疑是这幅风俗图画的基本内容，它对揭示一定社会时代的风貌特征具有特殊社会价值和审美价值。其次，它是造成小说的地方风味特色必不可少的因素。梁斌《红旗谱》的冀中风味，老舍《骆驼祥子》的北京风味，玛拉沁夫的“草原的味”等等，无不得力于富于地方特色的环境描写。再次，是形成作家艺术风格的一个不可忽视的因素。人们用“山药蛋”派概括赵树理派艺术风格，用“荷花淀”派概括孙犁派艺术风格就是极好的说明。最近几年来，一些评论家开始注意对环境描写的历史意识、文化意识进行考察，如何西来《历史感的追求及其艺术转化》② 就是值得注意的。因为在新时期的文坛上确有《北方的河》《戈壁》这类“触及自然”的描写河流、沙漠的小说在；在外国文学史上则有契诃夫的描绘和歌颂祖国大自然的著名中篇小说《草原》在。长期以来，评论界对这类小说的深层发掘是不够的。我们希望这种评论能深入发展。

### 三、注重情节的分析和评价

生动完整的情节是小说的第三个基本特征。对特别侧重情节的小说被人称为“情节小说”“事件小说”。因此，情节分析也是小说评论不可缺少的一个重要组成部分。

情节分析主要是考察情节对刻画人物和表现主题的作用，孤立地分析情节没有多大意义。

关于情节，高尔基说过：“情节，即人物之间的联系、矛盾、同情、反感和一般的相互关系，——某种性格、典型的成长和构成的历史。”③ 简言之，情节就是人物性格成长的历史。因此，情节对人物塑造的作用如何，就成了情节成败优劣的首要标尺。对其进行分析，也就成为情节分析的重要一环。优秀的小说评论大多有精彩的分析。《谈谈“空

---

① 孙绍振：《争取高度的精神文明——试评张洁对美的探求》，《当代文学研究丛刊》1981 年第 2 期。

② 见《文艺报》1985 年 7 月 13 日。

③ 《和青年作家谈话》，《论文学》，第 335 页。

城计”——〈三国演义〉艺术散论》就是一例。“空城计”是《三国演义》中描写十分成功的章节之一，历来为人所欣赏。即使在历史上，也真有类似事件为人称道。然而，评论家并没有津津乐道于它的生动性和完整性，而是紧紧抓住它“对表现这位传奇式的人物、天才的军事家孔明的形象，自有着高度的艺术价值”，指出：“‘空城计’的合理性，是建立在两个指挥官性格基础之上的；通过这一情节，又强化了两人的性格。”谨慎与多谋，是诸葛亮行事、用兵的两大特点，也是他性格的主要特征。“空城计”并非孔明冒险妄动，而是天才军事家审时度势的运用之妙：他果敢、机智，对司马懿做到了真知。而谨慎与多疑，是司马懿的两大特点和性格的主要特征。“空城计”前他谨慎而误判诸葛亮不设空城，他多疑、乖谲，对诸葛亮只知其一，不知其二，于是上了诸葛的当。总之，“一件事刻画了两个人物的性格。……这一情节，美化了诸葛，却也并未丑化司马。假使城上坐的是马谡，其计未必可成；倘若城下来的是张郃，其计亦未必成。只有使两个饱经战事的谋略家碰在一起，棋逢对手，以诈对奸，才成此千古佳话”①。评价情节的作用，不能仅仅看它是否生动完整或紧张惊险，主要是看其对塑造人物性格所起的作用如何。正是在这种意义上，评论界一般对武侠小说、侦探小说中曲折新奇、惊险复杂的情节评价不高，常常认为是并不足取的。这种观点虽被武侠小说崇拜者们所不齿，但它却是深得情节分析的个中三昧的。试想，离开对林冲性格的作用，对“东岳庙上香”“误入白虎堂”“刺配沧州道”“风雪山神庙”的“情节分析”有什么意义呢？从另一方面说，林冲性格的分析能离开这些情节吗？

此外，情节分析还必须注意考察情节对表现主题的作用如何。从大量的小说来看，有的情节与主题有直接的联系，有的情节则没有多少直接的联系。不过，成功的情节总是与主题具有较为直接而紧密的联系，从一个特定的角度服务于主题，既可以使小说主题更加丰富，也可使小说主题得到更有力的表现，因此，从表现主题的角度来看情节的成败无疑也是一个重要的方面。例如对美国作家欧·亨利最出色的短篇小说《麦琪的礼物》的评价，评论家们一致高度评价其情节对表现主题的重要作用。对果戈理的《外套》情节的分析更是人所共知的。正如多宾所指出的，正是“这篇杰作的情节”有力地表现了“谁也不可怜人”这个“具有极广泛的典型意义的主题”②。

近年来，在小说创作中出现了“非典型化”“非情节化”的倾向。我认为，这类作品

---

① 董扶其等编：《阅读和欣赏》，古典文学部分（七），广播出版社，1983年版，第154—157页。

② 《论情节的典型化与提炼》，《文学理论学习参考资料》（上），春风文艺出版社，1981年版，第1161页。

不是不可以存在，但用它来否定对人物、环境、情节的分析则是不合适的。小说评论写作还是应当坚持从小说基本特征出发的批评原理和规律。当然，小说评论也完全可以从其他方面如风格、流派、技巧、语言、结构等等方面进行评论。特别是现当代小说发展迅猛，诸如西方超现实主义、魔幻现实主义、意识流、荒诞派等现代派、后现代派小说，具有一些全新的艺术特点，已大不同于传统小说的基本特征了。评论家应当充分注意针对小说的新发展去进行批评，这不但不违背小说批评的基本原理而恰恰是真正坚持了小说批评的基本原理。

## 第二节　诗歌批评

诗歌批评是以诗歌为对象的批评，是作品批评中重要的一种。诗歌作为一种重要文学体裁，具有自身的基本特征，诗歌批评必须按照它的基本特征进行批评，这是诗歌批评所应当坚持的基本原理和写作原则。概括起来，诗歌批评的写作主要应当集中在诗歌的情感分析、意境把握、诗法评释等三个方面。

### 一、注重诗歌情感的分析和评价

饱含着强烈的感情，是诗歌诸特征中最重要的特征。从《诗大序》“情动于中而形于言”到白居易《与元九书》“诗者：根情”，再到当代诗人艾青《诗论》“强烈的感情是写诗的第一个条件”等，历代诗人和诗论家都充分肯定这一点。不具备这一特征，便不是诗，至少不是好诗。郭沫若曾把情感比作波浪，说：“大波大浪的洪涛便成为‘雄浑’的诗，便成为屈子的《离骚》、蔡文姬的《胡笳十八拍》、李杜的歌行、但丁的《神曲》、弥尔敦的《失乐园》、歌德的《浮士德》。小波小浪的涟漪便成为‘冲淡’的诗，便成为周代的《国风》、王维的绝诗、日本古诗人西行上人与芭蕉的歌句、泰戈尔的《新月集》。”① 可以说，感情是诗歌的生命。正是由于诗歌的这一根本特征决定了诗歌评论中情感分析评价的重要地位。我们完全可以说，诗歌评论如果不能对诗歌的情感做出科学的分析评价，那它就不是深刻的、成功的。

对情感的分析评价，首先应当对情感的性质做出准确判断，看诗中所抒发的思想感情属于诗人个人还是属于一定的时代、一定的阶级或一定的人民群众。优秀的进步的诗所抒发的思想感情，总是和人民群众、先进阶级的思想感情相联系，是时代精神的体现，

---

① 《论诗三札》，《郭沫若论创作》，第238页。

是人民群众的思想感情的反映。相反，那些不屑于表现自己以外的人民的思想感情而热衷于自己的小悲欢的诗，就不能说那么伟大了。正如别林斯基所说："没有一个诗人能够由于自身和依赖自身而伟大，他既不能依赖自己的痛苦，也不能依赖自己的幸福；任何伟大的诗人之所以伟大，是因为他的痛苦和幸福深深植根于社会和历史的土壤里，他从而成为社会、时代以及人类的代表和喉舌。只有渺小的诗人们才由于自身和依赖自身而喜或忧：然而，也只有他们自己才去谛听自己小鸟般的歌唱，那是社会和人类丝毫也不想理会的。"① 当代诗歌创作中，人们高度赞赏李瑛《一月的哀思》，大都充分肯定诗人对于周恩来总理发自心灵深处的无尽的哀思，是失去伟人的"时代性悲痛"，是"全国人民对伟大无产阶级革命家沉痛哀悼与深切怀念之情"。对古代诗歌情感的分析也不能离开这一点。林兴宅评论曹操《短歌行（之一）》，就具体分析其中"所表现的慷慨悲凉是建安时期时代精神的体现。建安前后是汉末阶级斗争激烈、政治思想发生重大变化、社会生活极度动荡不安的时期，几十年内整个中原地区铁骑奔驰、兵戈交加，深重的苦难给人们的心头蒙上一层浓厚的忧郁悲凉的阴云，动荡变化的社会现实又使人们产生励精图治的慷慨壮怀，因此，悲凉慷慨是当时普遍流行的社会心理，成为建安时期的时代精神。……而他的政治地位又使他较能广泛注视社会现实，常常发出伤时悯世之叹。因此他的诗能较充分体现时代精神"②。

其次，对诗歌情感分析还应当对情感的力度即表现的强烈程度进行分析。诗评家们认为，抒情诗的力量主要取决于情感的力度，因此都比较注意对感情力度的分析。还以曹操《短歌行（之一）》为例。这首求贤诗为什么能千古流传？真正感动人的地方是什么？林兴宅认为，并不在于那些表达诗人求贤愿望的诗句，而在于"开头和结尾"的几句。"开头四句笼罩着悲凉的气氛，结尾四句则流贯着慷慨自信的旋律。……诗的开头对人生短促的感伤与结尾的重整乾坤的英雄气概属于情感的两极，它们既矛盾又统一，构成了慷慨悲凉的情感形式，同时以人生感叹的悲凉情调开始，以重整乾坤的慷慨豪情告终，体现了由悲凉向慷慨转化的过程，隐含着因果链的情感逻辑。它有两层含义：一是人生短促，但决不悲观沉沦，而要振奋精神，抓紧时间建功立业；二是个人力量有限，但决不消极无为，而要招募贤才协助统一大业。从这里可以看出：诗中表现的是以慷慨豪情为主调的积极情感状态，它像一层厚厚的浓云构成全诗的氛围，是汩汩的心泉渗透

① 《别林斯基论文学》，第 26 页。

② 《慷慨悲凉的情感范型》，《艺术魅力的探寻》，第 215—216 页。

着诗中的内容，从而产生巨大的感情力量。”① 评论家的分析是令人佩服的。又，评论家对陈子昂《登幽州台歌》的分析也是这样，强调诗中的“尖锐的时间对比和空间对比，把诗人的感情表现得非常强烈。很清楚，感情表现的集中和强烈，正是《登幽州台歌》的独特性表现。从审美心理的角度来看，它能产生一种‘震惊的效果’，所以它成了千古绝唱”②。这种分析是很深刻的。由此可见，对情感力度的分析是多么重要。

**二、注重诗歌意境的分析和评价**

如前所述，所谓意境是指文艺作品中渗透着作者含蓄、丰富的情思而形成的能诱发读者想象和思索的和谐、广阔的自然和生活图景。当代诗人柯岩解释说：“我认为意境就是文学典型化原则在诗歌创作中的具体运用。所谓‘意’就是诗人的思想感情；所谓‘境’就是诗人所描写的客观事物。当诗人的思想感情与客观事物结合起来，做到了情景交融，寓情于景，借景抒情，寓理于境，借境达理，创造出一个既可捉摸又可感觉的、既不同于生活原形、感情原形、又可感可信，神形兼备的、用极凝炼、准确、优美的语言表达出不尽之意，不尽之情的高度概括的艺术境界。”③ 意境和典型都是最高层次的艺术形象，但它们却有很多不同。简言之，意境是从抒情文学创作实践中概括出的重要和最高范畴，它是富有中华民族特色的美学范畴，似乎很难在西方文论中找到相应的概念术语。我国文艺创作批评界，特别是诗词界，历来都把它作为衡量诗歌艺术成就的一个根本标尺和最高目标，在创作与批评实践中被广泛运用。近代学者、文学批评家王国维是意境理论的集大成者，他在《人间词话》中标举意境，把意境视作诗歌艺术的最高品格和诗歌批评的最高标准。“意境”不仅是古代传统，也是现代美学的重要范畴，值得诗歌评论重视，进行深入的理论探讨和对具体作品的具体分析。

对诗歌意境，主要应当进行两方面的分析。

首先，是判定诗歌是否有意境。一般说来，作为一首抒情诗词来说，是具有抒情性艺术形象的，有人称之为意象。但它并不一定就有意境。比如有人就说冰心的《春水》(三十三) 这首诗虽然意象鲜明自然，但却没有构成意境，因为它只是表现了一种思考和印象；艾青就不认为《远和近》这首“朦胧诗”有意境，因为它只表现了一种感觉，给

---

① 《艺术魅力的探寻》，第 215 页。

② 《时空慨叹千古情》，同上书，第 233 页。

③ 柯岩：《漫谈儿童诗》，《文学评论》1979 年第 2 期。

人的东西不多。[1] 因此，对一首诗歌做出其是否有意境的评判就是有必要的了。王国维在评论中国古典诗词时，把是否做到情景交融作为起码的标准。他说："写真景物、真感情者谓之有境界。"[2] 他运用这一标准批评的有李白、温庭筠、韦庄、李煜、欧阳修、晏几道、苏轼、周邦彦、陆游等几十人，肯定宋祁《玉楼春·东城渐觉风光好》、张先《天仙子·水调数声持酒听》、冯延巳《鹊踏枝》、秦观《踏莎行》《浣溪沙》、晏殊《蝶恋花》、柳永《风栖梧》、辛弃疾《青玉案·元夕》等词"有境界"。批评姜白石"不于意境上用力，故觉无言外之味，弦外之响，终不能与第一流之作者也"。这些都应当说是很有眼光的。按现代文艺学的观点来看，只有判断诗歌是否有意境这个起码的标准是不够的，还应当有较高的标准，即看它是否具备意境的审美特征，概括说来，主要看其（一）意与境（情与景）是否互相渗透和谐统一；（二）是否具有"主于美"[3] 的丰富而蕴藉的广阔的艺术空间。这里的"主于美"非常重要，自私、无耻、贪婪、凶残等丑恶之情无论真伪，都不能成为意境；（三）是否能够引发读者的想象、思索和玩味。我们认为，只有具备这些审美特征的抒情性艺术形象，才能说有意境。否则，就难说有意境了。照此看来，中国历代诗词名篇可以说都创造了一定的意境，是当之无愧的名篇、名句。至于当代诗歌名篇，评论家也都肯定它们创造了意境，如《光的赞歌》"意境深邃"、《桂林山水歌》"意境神美"、《一月的哀思》意境"沉郁雄壮"等，给予高度评价。对于一些外国诗歌如英国现代诗人艾略特的《荒原》也有"幽玄神秘"的意境。即使叶芝的两行诗《象征》"风雨飘摇的古楼中，盲目的处士敲着钟"，似乎也不能说它完全没有一点意境吧！

其次，是分析意境的个性特征，准确说明它是什么样的意境。这一环节是前者的深入，更见功夫，也更加重要。因为它往往标志着意境分析的深度。王国维看到意境差异，把意境划为"有我之境""无我之境""意与境浑"（即"中和之境"）三种类型，这对意境特征的概括和分类是相当准确的，无疑为我们分析意境的具体特征奠定了基础。由于诗人的创作个性的差异，在"有我之境""无我之境""中和之境"三种类型中也还会表现出各自的独创性来，形成鲜明的个性特征，这才是诗歌艺术性的具体体现，尤需深入分析。例如，同属"无我之境"，陶渊明的"悠然"就不同于王维的"幽静"；同属"有我之境"，曹操的"慷慨悲凉"不同于陈子昂的"旷远深沉"；同属"中和之境"则更是

① 参见《从"朦胧诗"谈起》，《文汇报》1981 年 5 月 12 日。

② 《人间词话》，《中国历代文论选》第四册，第 371 页。

③ 宗白华：《中国艺术意境之诞生》，《艺境》，北京大学出版社，1987 年版，第 151 页。

多种多样，或高古，或雄阔，或悲慨，或缠绵，或朦胧，或豪壮，或凄清，或冷寂，或幽冷，或苍凉，等等，这些意境个性特点的分析，正是评论家大显身手的所在。

在意境分析中，除以上所说的有无及个性外，还会遇到意境的类型、高下、深浅、大小等范畴。王国维主张“境界有大小，不以是而分优劣”①，这种达观的原则态度不无道理，但在评论实践中却又很难这么超脱。作为欣赏，人有偏爱，是完全正常的。作为批评似可不必硬分高下。然而，对于境界的深浅、大小，不同诗作确有区别，似不能一概而论，这里情况复杂。我以为，只要我们把诗歌意境的个性特征具体细致地揭示在读者面前，能够使读者有所领悟而后进入境界，也就可以说是完成意境分析的使命了。

**三、注重诗法的分析和评价**

中国古典诗歌是很讲究“诗法”的。所谓“诗法”也就是表现手法。毛泽东给陈毅谈诗的信中就说过“诗要用形象思维，不能如散文那样直说，所以比、兴两法是不能不用的。赋也可以用”②。这里具体讲的是诗歌创作要运用“赋、比、兴”方法，实际上也指出了中国诗歌讲究诗法这一特点。讲究诗法，实际上也确是中国诗歌的一个显著特征。因此，不识诗法，读者便很难读懂诗。不释诗法，批评便丧失其使命，也失去了情感分析、意境分析的前提和基础。鉴于这种种需要，使诗歌批评便不能不下力量对诗法进行诠释和评价。从大量的诗评实践来看，诗法评析是古今诗评不可缺少的基本环节。

中国诗法多不胜数，水平高超，蔚成自家系统，为历代诗人诗论家所关注所探讨，成为中国诗论的一个重要内容和中国诗歌的一个优秀传统。中国古代诗人究竟创造出了多少种诗法，中国历代诗话、词话中究竟分析过多少种诗法，真可谓不得而知。在这里，我们根本不可能对此作全面的总结和分析，只是把古典诗歌中最常见的一些诗法摘要加以简单介绍。如果这种介绍能够多少引起诗歌评论的注意，我们的愿望也算是基本上达到了。

“以兴起结”，即用“兴”来渲染气氛，触景生情，或加强音乐性的表现手法。起，篇首，发端。结，篇末，结尾。以兴作为篇首发端，如《诗经·魏风·园有桃》“园有桃，其实之殽。心之忧矣，我歌且谣”，所写景物（园中桃）与所表现的思想感情（忧心）并无什么必然联系，只是在音节上韵律上起调协作用。也有起渲染烘托并点明时间地点作用的，如《诗经·周南·桃夭》“桃之夭夭，灼灼其华。之子于归，宜其室家”，

① 《人间词话》，《中国历代文论选》第四册，第372页。

② 《毛泽东书信选集》，第608页。

这桃花盛开之景，不仅对婚嫁喜气有烘托气氛作用，而且也点明了时间在春天。也有兼有“比义”的，如《诗经·周南·汉广》“南有乔木，不可休息。汉有游女，不可求思”，这里以乔木不可息暗喻游女不可求。也有用兴于篇末结尾的，即以景结尾，留下情景融洽，令人回味的画面，如南齐王融《巫山高》末二句“怃然坐相思，秋风下庭绿”，以秋风落叶的萧索画面作结，更加突出了相思失望的心情，余味无穷。又如王维《观猎》末二句“回看射雕处，千里暮云平”，野旷云低，辽阔悠远，景色如画，不仅表现出雄浑的气势，而且蕴含着不尽的余意。对以兴作结之兴，有人往往不承认是“兴”，不足为奇，是因受“兴”即“发端”的古训太深的影响之故。①

“以小见大”，即以小题材通过典型化和象征手法，借助人们的生活体验，达到表现大主题的表现手法。常见的有三种方式。一是以小景传大景，如杜审言《大酺》“梅花落处疑残雪，柳叶开时任好风”，这是用柳叶初开的小景物去写东风浩荡、春意盎然的春天景色。二是借具有典型意义的生活细节来表现重大社会内容，如韩翃《寒食》“春城无处不飞花，寒食东风御柳斜。日暮汉宫传蜡烛，轻烟散入五侯家”，以生活中的小事——寒食节传烛分火，表现了唐肃宗、代宗以后宦官专权的重大主题。三是以小事物“借端托寓”，象征重大思想内容，如黄巢的《菊花》诗“待到秋来九月八，我花开后百花杀。冲天香阵透长安，满城尽带黄金甲”，就是以菊花作为象征，寄寓造反并占据帝都的雄心。表面是咏菊，实际是反诗。

“以实写虚”，即以客观存在的实物来表现精神（意识）的东西的表现手法。这里的“虚”指人的喜怒哀乐等意识情感领域里的东西；所谓“实”就是实际景物形象，主要通过拟物的手法，借景物来比拟人的情思、心境、感觉等心理状态。如李后主词《虞美人》“问君能有几多愁，恰似一江春水向东流”，以“一江春水”写“愁”绪；贺铸词《青玉案》“试问闲愁都几许，一川烟草，满城风絮，梅子黄时雨”，以“烟草”“风絮”“梅雨”写“闲愁”。这种手法把诗人的情思“实”化了，大大加强了诗歌的艺术感染力。

值得注意的是，这里的“虚”有时指我们看不见、摸不着、既无形又无象的事物，如音乐之类。眼见为实，耳听为虚。对这种“虚”进行表现，也是以实写虚，即用有形有象的景物表现无形无象的事物的一种手法。这里实际是运用通感来表现对事物的感受。以描写音乐为例。白居易《琵琶行》描写琵琶演奏“大弦嘈嘈如急雨，小弦切切如私语。嘈嘈切切错杂弹，大珠小珠落玉盘”，就是以想象中的珠落玉盘的清脆声这些视觉形象和

---

① 参见林东海：《诗法举隅》，上海文艺出版社，1981年版。以下诸条同此。

听觉形象来描写琵琶演奏，成为描摹音乐的千古绝唱。李贺《李凭箜篌引》，用“昆山玉碎凤凰叫，芙蓉泣露香兰笑”“女娲炼石补天处，石破天惊逗秋雨”描写箜篌演奏，有形有象，声情并茂，独辟蹊径，出神入化，令古代女音乐家的弦声遗响千载，至今有声。无论是白居易的《琵琶行》，还是李贺《李凭箜篌引》，描写音乐之所以成功传神，虽然运用了其他诗法，但与运用“以形写声”的手法是有直接关系的。

“以静写动”，是指诗人把静物写得活脱跳动，富有生机，借以抒发出自己的性情的一种表现手法。它有两种类型。一种是客体给予主体的流动感。如宋朝林逋《山园小梅》中的名句“疏影横斜水清浅，暗香浮动月黄昏”，不仅在于“水清浅”“月黄昏”的背景，衬托了梅花清秀高洁的姿质，更重要的是诗人运用“横斜”“浮动”这种斜线形式美和布局的流动感，把梅花这种体态风神写得活脱跳动，富有感染力。这里“疏影横斜”包含着形式的流动感，“暗香浮动”直接写出了动感，因而梅花显得活动而有精神，也使人们仿佛从对象中看到了自身的蓬勃生机和旺盛活力——客体给予主体以流动感，静物以独立完整的形象表现出诗人的思想感情。由于林逋运用此法巧妙，遂有“脍炙天下二百年”①、“曲尽梅之体态”② 之赞赏。可见这种手法的艺术效果之高。另一种类型是主体给予客体以活动感，静物的活动带有人的主观色彩，成为思想感情的象征。这种手法又可以具体分为拟人式、带情式、飞动式、疑动式等多种方式。拟人式用以人比物的修辞手法。李白《独坐敬亭山》“众鸟高飞尽，孤云独去闲。相看两不厌，只有敬亭山”中，云和山像人一样，可以闲游，互相对坐。孤云闲游，看山解闷，把那种孤寂沉闷的心情活生生地勾画出来了。带情式即移情手法。叶绍翁《游园不值》“春色满园关不住，一枝红杏出墙来”句，就是这种手法。春色像人似的太旺盛、太顽强了，“关不住”，所以从墙头跑出来了，大大增强了春意的感受。这里实际是把感情融化到自然景物中去。飞动式即将静物写得飞动活跃，是静物自动，非移情之动。如梁朝朱记室《送别不及》“山开云吐气，风愤浪生花”句，把山写活了，也表现了诗人的思想和感情。疑动式，即表现因心理错觉而认静为动的手法。如梁元帝诗句“不疑行舫往，惟看远树来”，这是船上人的一种错觉造成的动，恰当地表现了乘船时的感觉。总之，不论是拟人、带情、飞动、疑动，都是诗人主观感受对于景物的影响，是主体给予客体的活动感，不失为化静为动的一种手法。

---

① ［宋］周紫芝：《竹坡诗话》。

② ［宋］司马光：《温公诗话》。

“以动写静”，指以声音或动态写意中之静的表现手法。它有两种类型。一种是以声音写静境。如梁朝王籍《入若耶溪》“蝉噪林逾静，鸟鸣山更幽”，这里以声写静，即寂处有音，动中见静，是利用引起人们特殊感受的声音来写静境和静意。另一种是以动态写静态，即静中有动。如谢朓《游东田》“鱼戏新荷动，鸟散余花落”，就写出了野游时所见的静境和静意。为了创造静意，以声音写静和以动态写静两种类型的手法是经常配合运用的。如王维《鸟鸣涧》“人闲桂花落，夜静春山空。月出惊山鸟，时鸣深涧中”，鸟鸣是以声音写静，花落、月出是以动态写静。两种手法结合，非常生动深刻地表现出了那种清幽闲静的境界。以动写静这种手法，必须是以静意观动景，而后以动景达静意，从而达到预期的艺术效果。如果不是这样，非但达不到“蝉噪林逾静”，甚至还会产生王安石《葛溪驿》“鸣蝉更乱行人耳”的效果。这里“静意”——以静的心情去体会和描写是其关键。

“以乐写哀”，即用乐情和乐景形象表现哀情的表现手法。乐情指欢乐情绪，乐景指和谐景象，哀情则是忧愁哀怨的不和谐的内心情绪感情。这一写法实际是运用美感的差异性来增强艺术效果，使不快的情绪更加突出。如元稹《行宫》“寥落古行宫，宫花寂寞红。白头宫女在，闲坐说玄宗”，可谓典范。它用宫花盛开，一片嫣红来表现行宫寥落，加强了时移世变的盛衰感慨；用红花比照宫女，突出了红颜易老的人生感慨；红花作为一般好景，又映现出孤凄寂寞的凄凉之感。因此，《容斋随笔》称《行宫》“语少意足，有无穷之味”。《诗薮》评论为“语意绝妙，合建（指王建）《宫词》百首，不易此二十字也”。可见，以乐景写哀情不失为一种突出内心忧愁心绪的成功手法。

“以宾拱主”，即运用绘画中“宾主”法则，以次要的人物事物来突出主要人物事物的表现手法。如汉乐府《陌上桑》写秦氏美女罗敷的美貌，并不去写她容貌如何漂亮，也不写她眉眼如何传情，而写她对旁观者所产生的影响：“行者见罗敷，下担捋髭须。少年见罗敷，脱帽着帩头。耕者忘其耕，锄者忘其锄。”罗敷的美丽形象就这样突出来了。这是写实型的宾主法。还有浪漫型的宾主法，如宋之问《浣纱篇赠陆上人》写西施的美貌，“艳色夺人目，效颦亦相夸。一朝还旧都，靓妆寻若耶。鸟惊入松网，鱼畏沉荷花”，用鱼鸟为“宾”来“拱主”，西施美貌就突出出来了。“闭月羞花”“沉鱼落雁”之成语都属于浪漫型的“宾主”法。应当注意的是，以宾拱主不同于烘托，也不等于对比，主要在于“宾”的活动都是由“主”影响并服务于“主”的。

“以夸见真”，即运用夸张之法达到艺术之真的表现手法。这里的“真”不是一般科学的真，也不是一般事实的真，而是主观情理中的真。如杜甫《古柏行》“霜皮溜雨四十围，黛色参天二千尺”，就是用“激昂之语”即夸张手法表现古柏之高大，写出诗人的主观感受，是不能用尺寸较之的。“白发三千丈”，“燕山雪花大如席”，按科学观点，有悖于理，不可思议，但在极言愁之长、雪花之大这两种主观感受却是非常真切的。

我国古代诗人创造了丰富多样的诗法，举不胜举。《楚诗词艺术欣赏》① 以楚地有关诗词为例列举了一百条诗词艺术手法。我们应当从具体作品进行具体分析，千万不能把一些具体手法简单化了。概括起来，应当注意几点。一是应当抓住诗法对表达情感、创造意境的作用，不能搞单纯的诗法分析，那就成了形式主义的东西了。二是不能把诗法分析搞成纯修辞分析，因为诗法分析固然离不开一定的修辞手段，但毕竟是一种艺术手段。三是诗法分析不宜过分琐碎。只要点出要点，能够引导读者领悟诗作，强化整体感受就可以了。如果妨碍读者的领悟和整体感受，那就适得其反了。四是应当注意现代诗歌的新的诗法，既不能排斥它们，也不能把它们与传统诗法混为一谈。

## 第三节　戏剧文学批评

戏剧批评实际上有两种。一种是以戏剧剧本为批评对象的批评，即戏剧文学批评。一种是以戏剧艺术为批评对象的批评，它不仅从文学角度，而且还要从导演、表演、舞美、音乐、道具等方面进行综合分析评价。当然，对剧本的分析仍然是其重要部分。这是戏剧艺术批评。我们这里所讲的主要是戏剧文学批评。戏剧文学批评必须按照戏剧文学的基本特征进行分析评价，概括地讲，主要应当集中在戏剧冲突、人物形象、戏剧语言三个方面。

### 一、注重戏剧冲突的分析和评价

文艺学的基本原理告诉我们，在戏剧文学中，戏剧冲突是灵魂，没有冲突就没有戏剧。所谓戏剧冲突，是指剧本中各种人物之间的复杂尖锐的矛盾斗争关系或人物自身性格的内在矛盾冲突，它是现实社会中不同思想倾向、不同阶级、不同性格的人物之间错综复杂的矛盾斗争，在剧本中高度的艺术概括和形象化反映。可以说，戏剧冲突的社会内涵和艺术处理，具体体现着剧本的思想价值和艺术价值。因此，对戏剧冲突的分析和评价，从来就是戏剧文学批评的首要课题。

首先，戏剧冲突的分析和评价，应当分析戏剧冲突是否准确、深刻地概括了社会生

---

① 李元洛著，长江文艺出版社，1984 年出版。

活的某些本质的矛盾和内容，是否蕴含了较大的思想内容和深度。戏剧冲突是生活矛盾的艺术反映，因此，不管它在剧本中是以什么性质出现的，戏剧冲突分析都应当揭示出它的社会生活的内涵来。例如，莎士比亚《威尼斯商人》中，以安东尼奥与夏洛克的矛盾双方，表现出来的友谊、爱情、仁爱和贪婪、妒恨、残酷之间的冲突，并非抽象的所谓伦理道德冲突，实际上是资本主义兴起后复杂的阶级矛盾的反映，它蕴含着作者对金钱、资本主义及其法律本质的认识和批判，也表现了他对资产阶级新女性的理想。如果我们看不到《威尼斯商人》中戏剧冲突的社会生活内涵，也就不可能正确认识和科学评价莎士比亚戏剧的重要价值了。对于曹禺的成名之作《雷雨》的戏剧冲突的分析也是这样。《雷》剧通过周、鲁两个家庭、八个人物之间的性爱、血缘纠葛和错综复杂的阶级矛盾，写出了我国二三十年代的家庭的悲剧和罪恶。虽然作者当时还不能从理论上清楚认识人物的阶级属性和特征，但在具体描写上，已经接触到了现实阶级关系的某些方面。周朴园与侍萍的矛盾分明带有阶级对立的性质，周朴园与鲁大海的冲突，更可以看出社会阶级斗争。剧本虽然从性爱血缘关系的角度写了一出家庭的悲剧，但客观上反映出中国半封建半殖民地社会的某些侧面，充满不义和邪恶的旧家庭正是整个旧社会旧制度的缩影。剧本虽然有些“太象戏”、有些“斧凿痕”，但并没有根本损害和冲淡社会矛盾这个内涵。① 如果我们看不到周鲁两家矛盾冲突的社会内涵，也就不可能认识这一名剧的深刻的思想意义。当代评论家朱寨评论《丹心谱》②，也注意了揭示围绕“03”新药的研制，在方凌轩和庄济生翁婿之间的冲突的社会内涵，即它是当时“一场大的政治斗争”“当时社会矛盾的集中反映”，是“社会上激烈进行的光明中国和黑暗中国的斗争”“社会大搏斗的一个侧面，或者说是它的一个缩影”。

其次，戏剧冲突的分析和评价，应当分析在戏剧冲突的艺术处理上所表现出来的创作个性和特色，诸如戏剧冲突的艺术处理是否具有独创性、是否尖锐激烈，以及由此而产生的戏剧效果如何，对刻画人物形象的实际作用怎样等等，都是应当加以分析评价的。例如《论夏衍戏剧艺术的创新》③，就是抓住夏衍剧作在戏剧冲突处理上的“相互衬托的双层式结构”，高度评价其“艺术创新”的。钱谷融《〈雷雨〉人物谈》分析评价该剧的矛盾冲突，既指出它“尖锐、紧张”的特色，又指出它在表现人物性格上的艺术特色：

① 参见《中国大百科全书·中国文学》“曹禺”条。

② 参见朱寨：《从生活出发——评话剧〈丹心谱〉》，《文学评论》1978年第3期。

③ 见《文学评论》1985年第2期。

“巧妙地把剧作中人物组织到作品的矛盾冲突中去，让他们各自从性格的内在要求出发与周围的人物展开斗争”，“剧情的每一步发展，都是从人物性格的相互冲突中，自然而然地、合情合理地产生出来”。①

## 二、注重戏剧人物形象的分析和评价

人物是文学描写的中心，戏剧文学也不例外。可以说，人物性格刻画是戏剧的中心。优秀的戏剧必须运用各种艺术手段塑造出具有鲜明性格的人物来。没有人物，就没有戏剧。因此，注重人物性格刻画的分析和评价，也是戏剧文学评论的重要课题。优秀的戏剧评论都是人物分析评价的范例。

戏剧人物分析与评价，与小说人物分析评价的基本原理是相同的。主要是从两个方面着眼进行。

首先，应当分析人物性格的社会思想内涵，即分析剧作家通过人物概括反映了怎样的社会生活，表现了剧作家对社会生活的哪些认识和发现。戏剧人物性格的思想内涵越丰富越深刻，概括性越高，典型性越强，剧本的思想价值就越高。中外名剧之所以为“名剧”，就是因为它们塑造的哈姆雷特、窦娥、陈白露等人物形象具有丰富深刻的社会思想内涵。莎士比亚评论、关汉卿评论、曹禺评论，无不致力于深入细致地分析评价人物性格的思想内涵上。这里仅以《〈日出〉论》② 为例，它在分析主人公陈白露的形象时就紧紧扣住这一点。正是从陈白露这个出卖自己的肉体而灵魂又在挣扎的高级交际花的性格变化过程、精神毁灭过程中，发掘出她所包含的那“损不足以奉有余”的社会制度的罪恶，进而对《日出》做出了陈白露“较之蘩漪提出的问题更加深刻更加扩大了”，“作家透过陈白露的悲剧所提出的问题，不但涉及妇女解放的道路，卖淫制度，更深刻地提出那个罪恶的剥削制度是不可救药了”的科学评价。一般人认为《日出》在《雷雨》的基础上，思想水平发展到一个新的水平，其主要原因也正在于此。

其次，应当分析人物性格刻画上的艺术特色。戏剧文学刻画人物与小说不同，有自己的基本手段和特点，它主要是通过戏剧冲突和戏剧语言来刻画人物的性格。因此，戏剧人物分析就应当注意剧本是怎样通过戏剧冲突和戏剧语言去刻画人物性格的。戏剧语言分析下边详讲，这里只讲通过戏剧冲突塑造人物形象的分析。沧海横溢，方显出英雄本色。戏剧人物性格正是通过戏剧冲突展现出来的。一部《雷雨》就是在集中而激烈的

---

① 钱谷融：《〈雷雨〉人物谈》，上海文艺出版社，1980 年版，第 14 页。

② 《文学评论》1981 年第 1 期。

人与人之间的灵魂和命运的搏斗中，刻画出了周朴园、蘩漪、四凤、侍萍等性格各异的人物形象。评论家不应一般地分析戏剧冲突对塑造人物形象的意义，而应当指出剧本运用戏剧冲突展现人物性格的具体特点来，从而对它作出判断。《〈雷雨〉人物谈》堪称戏剧人物评论的范例。

### 三、注重戏剧语言的分析和评价

作为语言艺术的一种基本体裁的戏剧文学，按高尔基的说法，它是一种“纯粹用会话——对话——把这一切表现出来”的文学形式。① 它的语言即台词，具有特别重要的作用：它是戏剧文学刻画人物、展示剧情、表现主题的最重要的手段。换句话说，运用台词即人物语言来塑造人物形象是戏剧文学的一个基本特征。因此，戏剧文学批评必须重视戏剧语言——人物语言的分析和评价。

首先，应当分析人物语言的个性化程度，即揭示人物语言在体现、透露人物性格内涵方面所达到的生动性、准确性的程度。人物语言包括人物对话和独白，它的词语、声调、色彩、内容等等无一不是一定人物性格的具体的外在显现。戏剧语言评论应当善于从人物性格的角度来分析人物语言，从中揣摩人物的心理活动和性格特征，从而确定戏剧语言的特色和水平。钱谷融评论曹禺剧本《家》中冯乐山的语言就是这样。他从冯乐山和婉儿回高家拜寿时一段对话——其实几乎是冯乐山的两次独白：“婉姑在这儿跟旧主人叙家常了吗?”与“你方才对他们说了些什么?”前后两次问话的不同语调、不同内容的对比中，揣摩出了人物的心理活动，精细地分析了人物的性格特征，深刻地揭示了冯乐山这个伪君子道貌岸然，虚伪凶残的性格特点。由此，评论家对剧本的语言做出了“勾魂摄魄，传神写真”的高度评价。② 评论家的语言分析，不愧为语言个性化分析评论的成功范例。

其次，应当分析人物语言的行动性的程度，即揭示人物语言所包含的戏剧冲突的内容和它展示戏剧冲突的具体作用和特点。戏剧人物语言不仅要表现人物性格，又要与戏剧冲突紧密相连，推动剧情向前发展。成功的人物语言具有高度的行动性，既表现出人物之间的外在冲突，又透露出人物内在的心灵冲突。戏剧语言评论就是要分析人物语言表现矛盾冲突的具体特点。《莎士比亚评论汇编》中不乏分析《哈姆雷特》语言行动性的

---

① ［苏］高尔基著，曹葆华、渠建明译：《文学书简》（下卷），人民文学出版社，1965 年版，第 11 页。

② 参见《〈雷雨〉人物谈》，第 155 页。

杰作，我国当代戏剧评论《动作性和节奏感的语言——〈霓虹灯下的哨兵〉台词创作漫谈》①，也堪称戏剧语言行动性评论的范例。

除此之外，戏剧语言分析，还应当注意到语言的艺术风格方面的特点，如郭沫若剧作语言的诗意色彩；曹禺剧作语言富有意境；莎士比亚剧作语言辞藻华丽，嘹亮悦耳；契诃夫剧作语言清俊优雅等等，显示出很高的艺术成就，也完全应当进行分析，做出科学评价。

戏剧文学是一种相当难写或最难写的文学样式，戏剧评论也可以说是相当难写的一种评论。评论家完全不必作茧自缚，应当突破一般剧评的模式，写出具有创见的剧评来。

## 第四节　关键在于发现与创造

一般说来，按照写作程序和写作原理进行写作，是可以写出一般水平的文学批评来的，但要写出优秀的文学批评论著，就恐怕很难说了。这里除了需要批评家的全面修养之外，还特别需要批评家的“创造意识”，创造性地运用写作程序和写作原理，致力于批评发现和创造。在一定意义上说，能否有所发现和创造，是文学批评能否成为优秀文学批评的关键。

### 一、注重“批评发现”

文学批评作为“艺术性科学”当然要有所“发现”。问题是：发现什么以及这种发现是否必要和可能？

从批评实践来看，批评发现主要表现在三个方面：一是发现“隐藏在艺术家创作内部的意义”②，特别是优秀作品的深层意蕴；二是发现文学新人新作，指出其“新”质所在；三是透过文学现象揭示出其本质和规律。杜勃罗留波夫《黑暗王国的一线光明》对奥斯特罗夫斯基《大雷雨》的评论③、巴赫金《陀思妥耶夫斯基诗学问题》④、茅盾《谈最近的短篇小说》中对茹志鹃的发现、阎纲《文学中的知识分子》对新时期文学中知识

① 《文汇报》1963 年 6 月 3 日。

② 《黑暗的王国》，《文学论文选》，第 152 页。

③ 《文学论文选》，第 319 页。

④ 生活・读书・新知三联书店，1988 年出版。

分子问题的论断①，堪称批评发现的典范。

文学批评的“发现”是完全必要的和可能的。因为文学用形象反映社会生活，不仅会产生“形象大于思想”的情况，而且还会出现“艺术家可能根本没有想到，他自己在描写着什么”的情况，为读者和作者深入理解作品计，批评发现就是完全必要的了。而批评发现之所以成为可能，则是由于发现的内容——作品的“意义”“新人新质”“文学规律”，并非批评家凭空臆造，而是“隐藏”在作品内部、文学队伍、文学现象之中的客观存在，批评家只不过是凭借慧眼——敏锐的艺术感受力和审美判断力“在砂之中寻出金”来罢了。如果这些东西压根就不存在，批评家即使独具慧眼，也不会“从无中创出有”来。批评写作必须在“发现”上狠下功夫，只有这样才有可能摆脱平庸。

**二、注重“批评创造”**

文学批评作为“艺术性科学”，除有所“发现”外，还必须有所“创造”。这种“创造”大体包括以下几个方面。

一是“批评意境”的创造。“批评意境”是“作品的意境、时代的背景和评论者的深刻感受这三者的有机结合的统一体”。由于经过批评家的改造和深化，批评意境就“不是作品意境的简单再现”，而是批评家“先钻到作品中去，然后跳出来同作品拉开距离，从远处、从高处再进行观察，摆在社会大背景上进行观察”，“从更高的角度来造出一个意境”②，是批评创造的重要体现和优秀文学批评的重要标志之一。当代文学批评家阎纲评中篇小说《犯人李铜钟的故事》，用马克思的话把李铜钟称作普罗米修斯式的“高尚的圣者和殉道者”，创造了这样一个意境：“在苍茫寒冷的高加索山上，用铁链缚住一个偷天火给人间的人，老鹰在啄他的肉。”③ 杜勃罗留波夫对奥勃洛莫夫的创造更是批评意境创造的典范。

二是“作家形象”的创造。我以为这是对作家论、作家评传的一个重要要求。就是说，作家评传、作家论应当塑造出作家的形象来，不能仅仅是立传、评论而已。我国当代文学批评中，作家评传、作家论在新时期以来较前繁荣，但大多评论立传有余，为作家塑造形象则不足。相对而言，西方文学批评中特别是社会学批评家如圣·佩韦、勃兰兑斯，则更注重作家的生活、经历、性格、心理、兴趣、爱好的描述，往往把作家写活

---

① 《文学八年》，第 446 页。

② 《关于文学评论的写作》，《文学八年》，第 561 页。

③ 参见《“高尚的圣者和殉道者”——读〈犯人李铜钟的故事〉》，《文学八年》，第 145—157 页。

了，塑造出一个栩栩如生的作家形象。我国当代文学批评家把勃兰兑斯创造作家形象的经验概括为“留心描写作家的外观”“注意分析作家的性格”“介绍作家的特殊经历”“评介作家的各种观点和主张”等四个方面①，是值得我们吸收借鉴的。

三是“概念范畴、理论体系”的创造。文学批评在批评理论方面应当有所创造，特别是原理批评则更应当把理论创造作为一个重要目标。其中包括文学观念、批评观念、批评形态、批评标准、批评方法、批评写作等范畴，都应当随着文学批评实践的发展有所发现、更新和创造，以至建构自成一家体系的文学批评学的理论体系来。一篇原理批评，如果在理论上没有一点创新，恐怕很难说是什么优秀文学批评。当然，这种“理论创造”又是难乎其难的。要在这方面有所作为，必须具备深厚全面的修养并进行持久的批评实践。

### 三、注重“批评风格”

作为艺术性科学的文学批评，还应当注重“批评风格”的创造。所谓文学批评的风格，是指批评家按照批评对象的内在要求，运用一定的批评标准和批评方法，进行审美判断、创造以及审美表述中，所形成的基本特色。如同艺术风格是作家成熟的标志一样，批评风格是批评家成熟的标志。中外文学批评史上的一些批评大家如鲁迅、茅盾、王朝闻、何其芳、圣·佩韦、勃兰兑斯、别林斯基、车尔尼雪夫斯基、杜勃罗留波夫等等都是创造了鲜明风格的批评家。批评风格是批评家追求的最高目标之一。在批评领域里，忽视或者不敢谈批评风格问题，只能说是缺少创造意识，没有出息的表现。

文学批评风格的创造，当然离不开风格学中的所谓客观因素和主观因素，但因它与艺术风格有所不同，而且可以说，批评风格的创造比艺术风格要困难得多，所以应当特别注意以下几点。一是注意选择适合主观因素的批评对象并逐渐形成属于自己的对象范围，这是形成风格的一个重要条件。批评对象的内在要求不仅制约批评方法，而且会直接影响批评的特点。从实践上看，完全可以说有风格的批评家都有属于自己的对象领域，他们正是在“自己的领域”里才显出优势，形成个性，创造出自己的风格来的。二是注意形成自己的批评观念和方法。批评家选择运用的批评观念和批评方法本身也是造成批评风格的一个重要因素。可以说，那些有风格的批评家都有自己一贯坚持的文学观念和批评方法。经过长期的批评实践就会逐步形成自己的风格。批评对象、批评方法、文学观念的契合统一，不仅是优秀批评的重要条件，同时也是创造批评风格的重要条件。三

① 参见贺兴安：《评论：独立的艺术世界》，第203—206页。

是注意按批评对象和批评方法的要求，选择相适应的文学批评体裁和批评语言及批评表述方式。如同形式因素对形成艺术风格具有重要作用一样，这些形式因素对批评风格的创造也是一个重要条件。可以说，有风格的批评家都有自己的表述方式、批评语言以及由此而形成的属于自己的批评体裁。总之，批评风格的创造在某种意义上说，比批评的“发现”和“创造”还要困难，绝不是仅凭这几条就可以奏效的。批评风格的创造，除了必要的客观条件外，特别需要批评家的高度修养和终生奋斗。

总之，文学批评的写作，遵循写作原理是必要的，不如此则很难入门；但不能墨守成规，还要善于发扬批评家的主体性，真正有所发现和创造，才能把批评水平提高一步。

**小结** 各种体裁批评的写作有各自的基本规律，熟悉它们的规律，对批评写作入门自然具有一定积极意义。但如果把这种基本原理视为“捷径”“窍门”即“小说作法”一类的“批评作法”，就会走向反面。这里的关键在于充分发挥批评家的主体性，在批评的发现与创造上狠下功夫。否则是很难提高批评水平的。

## 复习思考题

1. 小说批评的写作规律是什么？
2. 诗歌批评的写作规律是什么？
3. 戏剧文学批评的写作规律是什么？
4. 批评写作的关键是什么？
5. 通过批评写作实践，体会、掌握各种体裁批评的写作规律。

# 第十二章　文学批评家的修养

**内容提要**　本章从四个方面对批评家的修养提出要求。一是要求批评家要有比作家还要丰富的生活经验；二是要求批评家具备坚实的理论基础和广博的知识，弄通文艺学、批评学、马克思主义基本理论，掌握各种相关学科、交叉学科的知识；三是要求批评家具备过硬的艺术功力即敏锐的艺术感受力、高度的审美判断力、较强的批评创造力；四是要求批评家具有高尚的品德人格即批评家要有对读者和作家认真负责的精神、对批评事业永远进取的韧性品格、勇于坚持真理修正错误的胆识。

托尔斯泰早就说过："做一个名副其实的好的批评家是十分困难的。"我国现当代戏剧家曹禺也说："出现一个有权威的文艺评论家，在一定意义上说，比出现一个作家更重要，但也更困难。"① 两位大作家精辟地说明了造就文学批评家的困难性，而事实上，大批评家比大作家确实也少得多。

那么，怎样进行修养才能成为一个好的批评家呢？对此，中外文学史上的杰出批评家为我们提供了成功的范例，一些理论家也作了一些探讨。总起来看，批评家的修养与作家的修养有很多共同之处，但又有其独特性。我认为，批评家应当在阅历、学识、功力、人格等方面比作家具备更深厚的修养，他应当具备由深厚的生活基础、坚实的文艺理论和广博的文化知识、过硬的艺术功力、高尚的品德人格等几个方面融会贯通凝为一体的综合性修养。只有这样，才能卓有成效地提高文学批评能力，树立起良好的"学术形象"，成为一个名副其实的优秀的文学批评家。批评家需要立体的、全面的综合修养，如果把它们割裂开来，单项独进，即使在某一方面有较高水平，对于批评能力的培养与提高也是没有多大意义的。

---

① 曹禺：《评论需要学识胆识》，《人民戏剧》1982 年第 4 期。

## 第一节　丰富的生活经验

从生活积累方面讲，批评家应当像作家那样，具备丰富深厚的生活经验。所谓生活经验，不是指从书本中得来的各种间接的知识经验，而是指亲自从社会生活经历中直接获得的各种生活知识和体验，它是批评家对社会生活的全面认识、把握、理解、思考、发现，即他直接从生活中得来的人生体验。没有这种对社会生活的认识和体验作基础，是不可能很好地进行文学批评的，就更谈不上成为优秀批评家了。

### 一、生活体验是批评实践的根基

文学是社会生活的反映。作家艺术家没有丰富的生活原料及其独特的体验，不可能创造出优秀的文艺作品。批评家不了解社会生活，没有丰富的生活经验和人生体验，也不可能深入鉴赏和深刻评论文艺作品。“生活”对于作家艺术家来说，是进行艺术创作的根基，对于批评家来说，则是进行批评的根基。批评家评论文学作品，离不开对一定的社会生活的了解和生活体验。没有直接的或类似的生活体验，不了解社会生活，是不可能深入鉴赏和深刻批评文学作品的。对于作品中所描绘的情境，倘若批评家从未经历过、体验过，自然就难于感知，也就无从评价。古人讲“古人模写之真，往往后人耳目所未历，故未知其妙耳”①，就是讲这个道理。或如茅盾所说：“批评家所有的生活知识不能比作家更多的话，那他一个不留神就会写出公式主义的批评来。”在评论《青春之歌》时，茅盾对这个问题讲得更为透彻，他说：“要正确地理解这部作品，我们就得熟悉当时的一切情况，特别是当时青年学生的思想情况。”“评论一部反映特定历史事件的文学作品的时候，也不能光靠工人阶级的立场和马列主义的观点，还必须熟悉作为作品基础的历史情况。如果不这样做……就不可避免地会犯反历史主义的错误。”② 因此，要正确深刻地评价文学作品，就必须有丰富的生活经验和社会阅历。鲁迅作为大批评家，他的文学批评之所以那样深刻有力，很重要的一个方面，就是得力于他一直生活在那个时代的生活中，对于当时中国社会的全面深刻的了解和丰富深刻的实际感受和体验。郭沫若曾深刻指出过这一点，“二十年中都在国内和现实保持着密切的联系”，这是鲁迅成功的关

① ［元］吴师道：《吴礼部诗话》。

② 《怎样评价〈青春之歌〉?》，《茅盾文艺评论集》上册，第 366—367 页。

键，也是鲁迅为同时代许多作家批评家望尘莫及的地方。① 周扬在回顾这段历史时，也说过类似的话："鲁迅除了天才以外，主要的在于他对中国社会的深刻了解。我们'左联'之中包括很多好的同志，很有名的人，在这一点上是不如他的。鲁迅不只对整个社会非常了解，特别是对当时黑暗的政府他比谁都了解得深，……一个是对社会的了解确实深刻，一个是丰富的历史知识。这两条是很厉害的。"② 把对中国社会的深刻了解，看成是鲁迅成功的根本原因，是非常正确的。瞿秋白之所以有至今少有超过其水平的《鲁迅杂感选集序言》，我以为很重要的一点，就是因为他对当时社会生活同鲁迅一样有着直接的感受和深刻的理解。

文学批评的大量实践表明，缺乏人生体验和生活知识，是不可能对文学作品反映生活的深广度、真实度及认识价值、审美价值、思想价值做出准确的分析和科学判断的。文学批评史上欧阳修曾经因缺乏生活经验而错误指责张继的《枫桥夜泊》，他说，"姑苏城外寒山寺，夜半钟声到客船"，"句则佳矣，其如三更不是打钟时"，于是便做出了"理有不通"的批评。③ 后人叶少蕴用亲身的生活体验纠正了他的错误，指出："'姑苏城外寒山寺，夜半钟声到客船'，此唐张继题城西枫桥寺诗也。欧阳文忠公尝病其夜半非打钟时，盖公未尝至吴中。今吴中山寺实以夜半打钟。"④ 陈岩肖也说："六一居士诗话谓张继句则佳矣，奈半夜非鸣钟时。然余昔宦姑苏，每三鼓尽四鼓初，即诸寺钟皆鸣，想自唐时已然也。"⑤ 类似欧阳修这样因缺乏实际生活体验，又不甚了解民俗、僧俗、史实真相而误解作品的事情在当代也是常见的，甚至像郭沫若这样的大家也在所难免。1962 年第 5 期《人民文学》郭沫若《喜读毛主席的〈词六首〉》说："我对《娄山关》这首词作过一番研究，我起初也觉得是一天的事。……清早由遵义城动身，晚上到达娄山关，那是合情合理的。然而进一步考虑，却发现了问题。红军长征第一次由遵义经过娄山关，是在 1935 年 1 月。第二次又经过娄山关回遵义，是在当年 2 月。就时令来说都是冬天。为什么词的上阕写的却是秋天？'西风'，'雁叫'，'霜晨'，都是秋天的景物。这怎么解，要说主席写词不顾时令，那是说不过去的。因此，我才进一步知道：《娄山关》所写的不是一天的事。上阕所写的是红军长征的初期，那是 1934 年的秋天；下阕所写的是遵义会

---

① 参见《"民族形式"商兑》，《郭沫若论创作》，第 59 页。

② 赵浩生：《周扬笑谈历史功过》，《新文学史料》1979 年第 2 期。

③ 参见［宋］欧阳修：《六一诗话》，［清］何文焕辑：《历代诗话》上，中华书局，1981 年版，第 269 页。

④ ［宋］叶梦得：《石林诗话》卷中。

⑤ ［宋］陈岩肖：《庚溪诗话》。

议之后，继续长征，第一次跨过娄山关。想到了这一层，全词才好像豁然贯通了。”郭沫若大概没有想到，由于他不了解史实又无那里的实际的时令体验，只凭推理而解释错了，而且是由毛主席亲自给他作了纠正。当年毛泽东在郭文清样上将他关于《娄山关》词的解释全部删去，并以郭沫若的口吻做了说明。主席写道：“我对于《娄山关》这首词作过一番研究，初以为是写一天的，后来又觉得不对，是在写两次的事，头一阕一次，第二阕一次。……（引者删）可是我错了。这是作者告诉我的。”“在接近娄山关几十华里的地点，清晨出发，还有月亮，午后二、三时到达娄山关，一战攻克，消灭敌军一个师，这时已近黄昏了。”毛泽东还满怀深情地谈到了他的亲身体验：“南方有好多个省，冬天无雪，或多年无雪，而只下霜，长空有雁，晓月不甚寒，正像北方的深秋，云贵川诸省，就是这样。”“苍山如海，残阳如血”两句，“是在战争中积累了多年的景物观察，一到娄山关这种战争胜利和自然景物的突然遇合，就造成了作者自以为颇为成功的这两句话。”① 郭沫若由于缺少这种实际战争中的“景物观察”和体验，所以做了错误的解释，看来并不是偶然的。毛泽东对郭文清样的修改十分重要，它不仅准确解释了《娄山关》一词，而且重要的是它说明了“解诗”需要生活体验这一重要的批评原理。毛泽东最后深有感慨地说：“解诗之难，由此可见。”② “难”在何处？我理解，难就难在“解诗”外的生活体验上。批评家的生活修养之重要性由此可见，千万不能掉以轻心。

## 二、生活经历对批评观的重要影响

文学批评家都有自己的批评个性，在批评观念、标准、方法、形态以及批评对象的选择上都会有自己的特点。这些，除了学习、实践这些方面的原因之外，批评家的生活道路无疑也是一个重要因素。恩格斯在论述文艺复兴时期产生的“巨人”的特征时说：“他们的特征是他们几乎全都处在时代运动中，在实际斗争中生活着和活动着，站在这一方面或那一方面进行斗争，有人用舌和笔，有人用剑，有些人则两者并用。因此就有了使他们成为全面的人的那种性格上的丰富和力量。书斋里的学者是例外：他们不是第二流或第三流的人物，就是唯恐烧着自己手指的小心翼翼的庸人。”③ 这一论述对批评家来说也完全适用的。文学批评史上的大批评家鲁迅、瞿秋白、别、车、杜等等，不都是在时代运动实际斗争生活中形成他们的批评观并建树了他们的批评业绩吗？而像周作人后

---

① 《毛泽东对郭沫若〈喜读毛主席的词六首〉的修改》影印件，1991年12月26日《人民日报》。

② 同上。

③ 《自然辩证法·导言》，《马克思恩格斯选集》第4卷，1995年版，第262页。

来过着“莫管人家鸟事，且谈草木虫鱼”[①] 那种超然世外的名士生活，则只能导致他批评思想和实践的滑坡和转向。批评家的生活经历对其批评的具体特点也有直接影响。如法国大批评家圣·佩韦，写了大量的批评论著，大多从作家的气质、性格、心理等个人条件来解释作品，因此人们一向把他的评论称为作家的“心灵评传”。这种实证主义色彩除了孔德实证主义哲学影响外，与他曾在巴黎大学的学医经历不无关系。在诗人型批评家和理论型批评家那里，生活道路对批评的影响表现得再明显不过了。例如何其芳与周扬、孙犁与林默涵等。他们的差异与他们不同的实践活动有重要关系。

批评家的生活修养与作家的生活修养有重要区别。我赞成这样的说法：作家要深入地体验生活，主要是深；批评家要广泛地体验生活，主要是广。也就是说，在体验生活的深度上，对作家要求更高；在了解生活的广度上，对批评家要求更高；因为作家主要是写自己所熟悉的生活，而批评家就很难说只评论以自己所熟悉的那种生活为内容的作品了。所以对批评家的生活要求更广，这是符合文学批评的性质和规律的。

**三、生活修养的根本途径**

生活知识和人生体验的获得和积累，靠间接材料和渠道是不行的。鲁迅一贯主张要“参加到社会去”、去“经历”、去读现实社会这部“世间活书”。毛泽东的说法是深入生活，学习社会，是“到工农群众中去，到火热的斗争中去，到惟一的最广大最丰富的源泉中去，观察、体验、研究、分析一切人，一切阶级，一切群众，一切生动的生活形式和斗争形式，一切文学和艺术的原始材料”[②]。这是至理名言，千真万确，舍此别无他法。所以要成为一个真正的批评家，最好是有多种经历，工人、农民、战士、干部、教师、医生等三百六十行都干过，在那里“观察了又观察，研究了又研究”，自然就会得到真正的生活知识和人生体验。你上过山下过乡，当过“知青”，自然好对“知青文学”如《今夜有暴风雪》《蹉跎岁月》等作品做评价了；你当过兵，在老山顶上放过哨，在猫耳洞里睡过觉，你评论《高山下的花环》的资格就充分多了；你是一个拿手术刀的白衣天使，你一定会对《人到中年》有更深切的感触和中肯的评价……一个人的生活经历是别人无法代替的，也是无法用别的方法替代的，它对文学批评的意义更是其他方面所无法替代的。相反，批评家不能去经历，而只是在书斋里讨生活，那就只能产生小心翼翼的学者或第二流第三流的批评家，在文学圈子里混饭吃而已。

---

① 周作人：《苦茶随笔·后记》，北新书局，1935年版。

② 《在延安文艺座谈会上的讲话》，《毛泽东选集》第3卷，第861页。

当然，我们强调批评家直接的生活经历，并不意味着完全排斥从间接渠道去获得一些间接的生活知识。这种间接渠道是对根本途径的一个必要的补充。因为任何一个大批评家，不管他阅历多广多深，他也不会事事都经历过都体验过。这是再明显不过的道理。实际上，作为一个批评家也没有必要事事都去亲自体验一番。所以，在这个问题上，片面强调事事都“亲历”或绝对排斥间接渠道这两种倾向，都是愚蠢的、错误的。

## 第二节　坚实的理论和广博的知识

从学识方面讲，批评家应当具备雄厚坚实的专业理论和全面多元的文化知识结构，是全才、学者、“百科全书”式的人物。

### 一、深厚的文艺学理论基础

#### （一）理论修养决定批评的深度

作家艺术家的艺术创作需要文艺理论的指导，批评家的批评实践更离不开文艺理论和批评理论的指导。这是由文学批评的科学性质所决定的。批评家应当比作家具备更坚实更雄厚的文艺理论和批评理论的修养，否则，就不能很好地实现文学批评的科学性和创造性。实际上，优秀的文学批评家大多数同时又是文艺理论家。例如别、车、杜、鲁迅、瞿秋白等就是这样。而中国古代文艺理论与批评原本就是结合在一起的。刘勰、严羽、王国维等大家，既是理论家又是批评家，他们的论著是对作家作品的评论和对理论的阐发有机融合的统一体。实践说明，理论对于批评家来说是非常重要的，它实际上决定着批评的发现、创造及理论深度。一般说来，具有科学的理论根底，批评就会具有较高水平。如果理论根底薄弱，或理论观点不甚科学，就很难谈什么批评的科学性和高水平了。文学史上，很有一些理论水平不高的作家艺术家创作了一流的文艺作品，但很少看到没有一定理论水平的批评家写出高水平的批评论著。这一点中外皆然。这也就是文学批评家比作家艺术家更需要理论修养的一个证明。理论是行动的指南。文学批评家应当特别注意理论修养，使自己具有坚实雄厚的理论基础。

#### （二）理论修养的基本内容

在这个问题上，有一种糊涂观念，好像批评家用不着马克思主义理论，只要精通文艺学理论就行了。其实不然。我以为，就批评家的理论修养的基本内容来说，必须包括科学的文艺学和马克思主义两个方面。

1. 文艺学的基本理论

文艺学是研究文学的性质和特点及其发生、发展规律的科学；它包括文学理论、文学批评、文学史三个分支学科。文艺学这三个分支是紧密联系又各自独立的。文学理论是文学批评和文学史的基础理论，没有它的指导，批评家和文学史家就不可能具有卓越的批评眼光和史学眼光。文学批评理论是文学批评的专业应用理论，没有它就不可能具有真正科学的批评标准和批评方法，也就不会有真正的文学批评。文学史是文学批评的成果、经验及史料的汇集，没有它作参照就不可能确定作家作品在文学史上的地位和作用。所以，文学批评家应当掌握科学的文艺学基本理论和基本知识。对文艺学各个学科不熟、不懂、不通，是会严重影响文学批评水平的提高的。

这里必须指出，批评家必须特别重视文学批评理论即文学批评学的修养。文学批评学目前虽然还是一门正在建设中的新兴学科，但它的基本内容、范畴还是明确的，不但现当代文艺理论批评家作了相当的阐述，而且古代批评家们早有极为丰富的实践经验和理论探索，这些论著在一定程度上弥补了作为新兴学科的某些不够全面、系统、不够定型等不足和缺陷，应当作为深入学习、借鉴的极好教材。文学批评学对于文学批评的直接的重要作用是文学理论无论如何不能替代的，批评家必须在弄通文艺理论的基础上，进一步对文学批评学的基本理论和基本知识，如批评本质论、方法论、标准论、写作论、发展论等具有更深入全面的把握，并且尽可能熟悉了解各种批评流派、方法的基本理论观点及其特征、优缺点，只有这样才能树立起科学的主体意识，极大地提高文学批评水平。

2. 马克思主义基本理论

文学批评家除了精通文艺学的基本理论和基本知识之外，还必须加强马克思主义基本理论的修养，特别是马克思主义文艺理论和毛泽东文艺思想的修养，这是直接关系到批评成败、水平高低的一个重要条件。鲁迅是一个很能说明问题的例子。鲁迅接受了马克思主义以后，文艺批评就更加深刻有力，充满了辩证法。他深有体会地说："马克思主义是最明快的哲学，许多以前认为是纠缠不清的问题，用马克思主义的观点一看，就明白了。"① 鲁迅一语道出了马克思主义对文学批评家的重要性。过去是这样，现在也是这样，马克思主义、毛泽东思想并没有过时。可以说，批评家如果不掌握历史唯物主义基本原理，就不可能对造成人物命运、性格特征的社会根源做出正确的分析和评价，就不

① 李霁野：《回忆鲁迅先生》，新文艺出版社，1956年版，第38页。

可能对文学与人性、人道主义、异化等问题做出深刻的分析和评价。如果批评家对马克思主义政治经济学和科学社会主义的基本理论缺少足够的了解，怎么能够对反映社会主义矛盾斗争和社会主义新人形象做出科学的评价呢？鲁迅不仅自己“从别国里窃得火来，本意却在煮自己的肉”①，用马克思主义历史唯物主义的艺术论来武装自己，也劝告别人多读历史唯物主义的书籍。鲁迅是批评家学习马克思主义基本理论的榜样。

马克思主义基本理论，主要是历史唯物主义和辩证唯物主义即马克思主义哲学、政治经济学和科学社会主义学说三个组成部分。而马克思主义文艺理论和毛泽东文艺思想，作为一种文艺方面的专门科学理论，实际上是马克思主义和毛泽东思想在文学领域里的具体运用。具体说来，主要包括文学艺术的上层建筑性质、文学艺术的党性和为人民服务、为社会主义服务的根本方向、文艺源于生活高于生活的审美关系、关于现实主义和典型、形象思维、社会主义文学的民族形式和风格、文学批评的“美学—历史”方法和标准、文学发展中的批判继承及“不平衡”现象等十几个方面的科学论述，它既是社会主义文艺实践的科学总结，又是对历史上一切进步文艺理论遗产的批判继承和发展，是当今世界上最进步最科学的文艺理论，是社会主义文艺的指导方针和思想理论基础。文学批评家应当努力弄通并掌握它的基本理论观点，作为自己进行文艺批评的指南、文艺观和方法论。只有这样，才能使自己的批评具有较大的理论深度和力量。在这个问题上，任何忽视或轻视马克思主义基本理论特别是马克思主义文艺理论和毛泽东文艺思想的倾向，迷信崇拜所谓西方现代主义文艺理论和批评方法并企图用它取代马克思主义文艺理论的倾向，都是错误的，都应当得到纠正。否则，很难成为鲁迅所期盼的“真懂得社会科学及其文艺理论的”“能操马克思主义批评的枪法的”批评家。

## 二、广博的文化知识结构

### （一）文化修养关系批评的广度

“广博的知识”用时髦语言来说就是“多元、开放的知识结构”。批评家与作家比较，知识应当更加广阔、更加全面，正如茅盾谈论批评家的修养时所指出的那样：“一个批评家应当比作家具备更多方面的社会知识，更有系统地对社会生活的了解，更深刻的对社会现象的判别能力，然后才能给予作家以更有效的帮助。”② 或者如狄德罗所要求批评家应当具备的“百科全书”的知识：应当“攻读历史、哲学、伦理学、自然科学和艺术”，

① 《“硬译”与“文学的阶级性”》，《鲁迅全集》第4卷，第209页。

② 《新的现实和新的任务》，《茅盾文艺评论集》上册，第110页。

才能成为“卓越的批评家”①。鲁迅《对于批评家的希望》也要求批评家要有广博的知识。从皮亚杰认识论来看，知识是批评家进入作品的重要条件之一。从作品中能看到什么，与批评家的知识结构直接相关。知识面狭窄的人，是成不了卓越的批评家的。批评家知识广博与否，是影响批评视野广狭和高低的重要因素，作为批评家修养的重要方面，必须引起高度重视。批评家应当用新的全面的多元的知识武装头脑，把自己“学者化”，培养成“百科全书派”式的人。

批评家要具备“全面多元知识结构”，并非批评家自我标榜，而是由于批评对象的性质所要求的。文艺是一个由众多因素和层次构成的包罗万象的复杂系统。文学批评要从中探究艺术奥秘，寻找艺术规律，就不能不具备各种相关的知识作基础。否则，面对丰富复杂的艺术现象，便会显得眼界狭小，茫然无措，一筹莫展，根本不能做出任何有价值的阐释和判断。例如，作为封建社会的“百科全书”的《红楼梦》，其本身就反映了中国封建社会的各个侧面，涉及包含了社会的、历史的、哲学的、政治的、经济的、伦理的、医学的、建筑的、烹饪的等等方面的内容，要对它进行深入批评，没有相关的各种知识是根本不可能的。深入研究评论这样一部皇皇巨著，需要各方面的知识，即使评论那些短小精巧的小艺术品，也同样需要各种知识。

从中外文学批评史来看，那些大批评家可以说都是大学问家。在外国，从亚里士多德到狄德罗、别、车、杜、韦勒克等，在中国，从刘勰、钟嵘、李渔、王国维到鲁迅、茅盾、朱光潜、郑振铎、梁实秋、冯雪峰、钱钟书、何其芳等，都是身兼几“家”，如美学家、哲学家、翻译家、作家、诗人、政治家、文学史家、语言学家、文艺理论家的大学者大学问家，几乎没有哪一个是仅仅从事文学批评的。正是因为他们具备了各方面的学问，才使他们写出了那些经典性的批评论著，成为文学批评史上的大批评家的。这些事实，向人们证明了一条规律，即要成为优秀的批评家、大批评家，必须具备广博的文化知识。

### （二）广博知识的基本范围

广博知识、多元知识究竟包括哪些方面，或者说主要的基本的范围是什么呢？在我看来，主要的最基本的应当是各种社会科学知识和某些自然科学知识。我们把它分为三类。

---

① 《论戏剧诗》，《狄德罗美学论文选》，第233页。

1. 相关学科知识

众所周知，文学艺术与哲学、美学、语言学、历史学、伦理学、社会学、政治学、经济学、民俗学、心理学、文化学、地理学等学科有着紧密的联系，我们把它们称之为相关学科。它们不仅影响作家对社会生活的反映，而且往往成为一些文艺作品的重要内容。这就要求文学批评家应当对这些相关学科的基本理论和基本知识及其历史发展、代表人物、重要流派等有所了解和研究，具备一定的运用该学科的理论知识提出并解决有关问题的能力。只有这样，批评家才好对这些作品进行评论。例如，对狄德罗的中篇哲理小说《拉摩的侄儿》，如果没有对辩证法的深入研究，恩格斯怎么能够做出“辩证法的杰作”的科学评论呢？如果茅盾没有对我国春秋末年吴越战争的深入研究，他又怎么能写出《关于历史和历史剧——从〈卧薪尝胆〉的许多不同剧本谈起》这样的批评论著呢？对于创作方法、西方现代派文艺等与哲学密切相关的文学问题，没有哲学知识怎么会对它们有比较深入的了解和科学的评价呢？当代作家张承志的《北方的河》及《大坂》《戈壁》等一系列小说，“关于社会生活的描写远远逊于它对河流的描写”及“对地理学的描写”①。如果没有一点关于北方的河流及戈壁等自然、地理知识，又怎么能对那些关于大河、戈壁、草原、峡谷、高原、莽山、星宿、苍穹的描写做出评价呢！即使只是研究评价某一部作品，也需要多方面的知识：考察作品的时代背景和文化渊源，离不开历史知识和文艺史知识；探讨作品的创作过程和接受过程，离不开心理学；评价作品的艺术审美价值，离不开美学；探讨作品的社会价值，离不开社会学、经济学、政治学、伦理学等方面的知识。搞比较文学，则必须具备有关比较双方的各种知识，否则将无从谈起。总之，批评家必须尽量扩大自己的视野，掌握更多的相关学科的知识。

2. 交叉学科知识

与文学相交叉的那些学科的知识对于批评家来说也很重要。一些交叉学科如文艺社会学、文艺美学、文艺心理学这些交叉学科往往是切中文学尖端问题的锋利解剖刀。这里试举一例。20 世纪 80 年代，陕西人民出版社出版了吕俊华的《论阿 Q 精神胜利法的哲学内涵和心理内涵》，被鲁迅研究界称为一部“精彩”的学术著作。阿 Q 的“精神胜利法”是一个学术界研究多年而至今仍然是众说纷纭的“尖端”问题。该著主要从心理学的角度对阿 Q 的精神胜利法，作了多方面的分析和论证。突破了旧模式，开辟了新途径，把这一问题推进到一个新的深度。他认为，从社会心理学观点看，阿 Q 的精神胜利法是

① 王蒙：《大地和青春的礼赞》，《写作文鉴》下，第 314 页。

自尊与自卑的统一；从变态心理学观点看，阿Q的精神胜利法是变态的反抗与反抗的变态的统一；从生物心理学观点看，阿Q的精神胜利法又是自卫的反应，从而进一步揭示出了阿Q精神胜利法的真正心理内涵——虚荣即奴性心理。《内涵》一书所以能够从心理学的角度特别是变态心理学对阿Q的精神胜利法进行研究并取得一定突破，主要在于作者在文学和心理学领域里有较多的知识积累，特别是较多的变态心理学知识，也就是说有较多的文学心理学这一交叉学科的知识。这一事实说明，丰富的交叉学科知识对于批评的独到见解是多么重要。对于批评家提出具备交叉学科知识的要求是符合批评规律的，是完全必要的。

3. 自然科学、现代科技知识

鲁迅提倡作家艺术家读点“自然科学”①。这一点对于批评家来说，也是完全必要的。作家对自然科学全然无知，难免会写些违背自然科学常识的东西。同理，批评家对自然科学不了解或知之甚少，自己糊涂，当然不能对相关作品做出正确的评价。所以批评家也应当学一点自然科学，如数学、生物学、植物学等等，特别是现代科学知识。这不仅是为了应付对相关作品的鉴赏评价的需要，同时也是为了“拿科学的方法，解剖，分析，综合，证明”文学问题。② 例如近几年来，一些现代科技已经渗透到美学和文艺批评领域里，有人用电子计算机研究《红楼梦》后四十回的作者问题，有人将模糊数学引进美学、文学批评领域；也有人把耗散结构引进文学研究领域；信息论、控制论、系统论运用于文学研究批评已经并不新鲜了。批评家如果没有这些自然科学和现代科技知识是无论如何也写不出这些论著来的。退一步讲，没有一点这方面的常识，恐怕能否读懂这些论著都是问题。生活在知识爆炸、现代科技高速发展的现代社会，不懂现代科技的批评家就有很大局限性了。批评家应当尽量懂一点自然科学和现代科技，方能跟上时代的步伐。

批评家应当具备全面的文化知识，是批评家修养的独特性之一。相比较而言，其他领域里的专家就未必如此了。他们是某一方面的“天才”，而不必是各方面都通的“全才”。批评家就不一样了，必须是“全才”。为此，在文化知识积累上，应当是多多益善，宁可知道一些表面看来不必知道的东西，积累一些眼下还用不着的东西，而不能搞那种立竿见影、急功近利的实用主义对策。当然，这里所要求批评家的“广博”“研究”“懂

① 参见《致颜黎民》（1936年4月15日），《鲁迅书信集》下卷，第982页。

② 许广平：《关于鲁迅的生活》，人民文学出版社，1954年版，第36页。

得”，并非要求他们都成为专门家，这是不应当误解的。

## 三、学识积累的基本途径

批评家学识的积累同生活积累不同。如果说批评家的生活体验主要是强调阅历实践的话，那么学识积累就主要是靠认真读书学习了。虽然因其专业理论与相关学科知识的内容性质不同而应当有不同的具体途径和方法，但最基本的学习理论和各种文化知识的途径则是大体一样的，那就是认真看书学习。这一点又是任何别的什么窍门、捷径所不能替代的。

### （一）认真攻读马克思主义、毛泽东思想的基本著作

学习马克思主义基本理论的科学方法，简单地说，就是认真系统地读几本经典作家系统阐述马克思主义哲学、政治经济学和科学社会主义的著作。具体到文艺理论则应当熟读新版《马克思恩格斯列宁斯大林论文艺》和增订版《毛泽东论文艺》。这里应当指出的是，必须认真系统地读，而不是随便翻翻、搞摘编、读语录。不求甚解的随便翻翻和搞摘句学语录的方法不是科学的学习方法，它虽然也可以对马克思主义基本理论有所了解，但很难真正掌握马克思主义的基本理论，真正树立科学的世界观，对马克思主义文艺理论和毛泽东文艺思想的理解也不可能是完整的准确的。文学批评家应当搞好这个基本建设，练好这个基本功。缺少这个基本建设，没有这个基本功，不可能从根本上提高理论修养。

### （二）认真研读文艺学和文学批评学的基本论著

首先，应当集中精力，下点功夫，认真研读一两部马克思主义文艺学即用马克思主义观点指导下撰写的文艺学，如中国社会科学院文学研究所集体合作，个人负责完成的多卷本《文学原理》，真正把这部文学原理弄通了，甚至有所体会，有所论述，就可以说大体上具备了文艺学的理论基础。在此基础上，进一步涉猎一下当代中外各种不同观点、不同体系的文艺学论著，如美国耶鲁大学教授韦勒克的《文学理论》，苏联莫斯科大学教授波斯彼洛夫的《文学原理》，日本玉田大学教授浜田正秀的《文艺学概论》等，眼界就更开阔，根底就更扎实了。

其次，应当集中精力研读文学批评学。我以为在目前情况下——文学批评学正在初创时期，被普遍认可的体系完备的文学批评学专著甚少，可在三个方面下点功夫。一是读几本已经出版的文学批评学，如唐正序著《文学批评研究》、王先霈等著《文学评论教程》、潘凯雄等著《文学批评学》，这些著作尽管存在这样那样的不足或缺点，但究竟是开创性的论著，初步建构了文学批评学的体系框架，对我们树立文学批评的主体意识是

大有好处的。国外这类著作大多带有明显的个人专著、一家之说、一派之言的色彩，作为系统的文学批评学教材或许不足，但其中不乏精辟深刻的见解，如韦勒克《批评的概念》、理查兹《文学批评原理》、弗莱《批评的剖析》等，已在中西方产生一定影响，从事文学批评是不能不读的。二是读几本中外文学批评史，中国的有王运熙等主编的《中国文学批评史》（上、中、下三册），最好读七卷本《中国文学批评史》《中国近百年文学理论批评史》；国外的可读韦勒克的六卷本《近代文学批评史》等。三是读一些中外文艺批评的典范性著作，其中包括成功的典范和失误的范例。中外文学批评史上的杰作，无疑为批评家提供了批评的范本，研究这些范本，探讨它们成败得失的经验和教训，对刚刚走上批评之路的批评者的提高，具有特别的直接的意义。

（三）阅读各种社科书籍、自然科学书籍

各种文化知识包括社会科学知识和自然科学知识，除了来自直接的生活经历体验之外，大部分来自各种社会科学著作和自然科学书籍。批评家多元的文化知识只能靠“博览群书”。批评家应当用相当的时间去“阅读”各种相关学科、交叉学科、自然科学书籍，来充实自己的知识仓库。舍此是没有什么办法的。

读书、研究、做学问，并不是一件轻松的事，也不是靠短促突击所能奏效的。这里需要“持久战”，持之以恒，长期积累。有批评家说，没有十年八年的修炼功夫是不会有什么道行的，这恐怕不是危言耸听。王国维谈到治学经验时曾郑重其事地说：“古今之成大事业、大学问者，必经过三种之境界：‘昨夜西风凋碧树，独上高楼，望尽天涯路。’此第一境也。‘衣带渐宽终不悔，为伊消得人憔悴。’此第二境也。‘众里寻他千百度，回头蓦见，那人正在灯火阑珊处。’此第三境也。”① 王氏的这种经验，确实道出了治学的真谛，完全可以作为一种治学格言。对批评家的学识修养又何尝不是如此呢？

## 第三节　过硬的艺术功力

从艺术修养方面讲，批评家应当具备过硬的艺术功力。正如马克思所说：“如果你想得到艺术的享受，你本身就必须是一个有艺术修养的人。”② 克罗齐也说过同样的话：

---

① 《人间词话》，《中国历代文论选》第四册，第 372 页。

② 《1844 年经济学—哲学手稿》，第 108—109 页。

"要判断但丁，我们就须把自己提升到但丁的水平。"① 托尔斯泰则说："要进行批评，可得把自己提高到理解被批评的作品之上。"② 这种"享受""判断""批评"作品的修养，最基本的就是敏锐的艺术感受力、高度的审美判断力、较强的批评创造力。实践证明，只有具备这些艺术功力，才可能成为卓越的批评家。

## 一、敏锐的艺术感受力

文学批评家应当具有敏锐的艺术感受力。别林斯基说过："敏锐的诗意感觉，对美文学印象的强大感受力——这才应该是从事批评的首要条件，通过这些才能够一眼就分清虚假的灵感和真正的灵感，雕琢的堆砌和真实情感的流露，墨守成规的形式之作和充满美学生命的结实之作，也只有在这样的条件下，强大的才智，渊博的学问，高度的教养才有意义和重要性。"③ 普列汉诺夫说："只有极为发达的思想能力同极为发达的审美感觉结合在一起的人，才可以作艺术品的优秀批评家。"④ 别林斯基和普列汉诺夫的说法是一致的，他们所说的并不是一般人的正常的感觉，而是"敏锐的""极为发达的""诗意感觉""审美感觉"，即艺术感受力。正如马克思所说："对于不辨音律的耳朵说来，最美的音乐也毫无意义，音乐对它说来不是对象。"⑤ 具备敏锐艺术感受力是成为文学批评家的必不可少的前提条件。

优秀的批评家都是这样具有敏锐的艺术感受力的人。《堂吉诃德》中讲到两位品酒行家，凭着敏锐的嗅觉，品出了酒的"铁味和羊皮味"⑥；我国谢榛《四溟诗话》卷三中说，江南许多品酒大师可以品出"南京酒""苏州酒""镇江酒""金华酒"来。文学批评家确实应当像这些中外品酒大师们一样，具有敏锐的艺术感受力，以便从众多作家作品中辨识出其时代的、民族的、个人的特色风格来。欧阳修慧眼识王（安石）、苏（东坡），茅盾从《超人》发现冰心"杰出的文学才能"，车尔尼雪夫斯基从《童年》《少年》预见托尔斯泰的"远大前程"等，堪称批评家敏锐艺术感受力的典范。刘勰、钟嵘、司空图、金圣叹、王国维、鲁迅、圣·佩韦、别、车、杜、勃兰兑斯、艾略特都是具备这种敏锐

---

① ［意］克罗齐著，朱光潜译：《美学原理》，作家出版社，1958年版，第131页。

② 转引自吴炫编著：《文学评论十面观》，南京大学出版社，1986年版，第48页。

③ 《弗拉基米尔·别涅季克托夫诗集》，《别林斯基选集》第1卷，第224页。

④ ［俄］普列汉诺夫著，曹葆华译：《尼·加·车尔尼雪夫斯基的美学理论》，《普列汉诺夫美学论文集》第1卷，人民出版社，1983年版，第260页。

⑤ 《1844年经济学—哲学手稿》，第79页。

⑥ 参见该书第13章，第93页。

艺术感受力的批评大师。即使在我国当代文学批评家中，也并非没有这样的敏锐艺术感受力的人。例如，新时期伊始，诗坛寂寂，唯有舒婷、北岛、顾城等人初登诗坛，世人喟叹其“朦胧”难懂。诗评家谢冕敏锐地感觉到诗中闪烁着陌生颖异的思想光芒和艺术技巧及作者们的才气，从中预感到诗美的新的胎动，预言将有一批新潮诗人崛起，于是发表了《在新的崛起面前》①，昭示新人崛起，呼唤人们理解。现在人们不再对“朦胧诗”感到陌生、隔膜，他们得到了认可和肯定。这里不能不承认诗评家的艺术感受力。为新时期文学创作主潮推波助澜的“伤痕文学”评论、“改革文学”评论、“反思文学”评论的批评家，不都显现出那种敏锐的艺术感受力吗！文学批评家确实应当具备敏锐的艺术感受力。缺乏艺术感受力的人，难以鉴别艺术品的美和缺点，难以发现艺术新人，是不可能成为真正的文学批评家的，充其量也只能是空头批评家。

在这一问题上，托尔斯泰的说法是不对的。他认为：“批评家通常总是比一般人较少能够接受艺术的感染。他们大都是文笔流利的、有教养的、聪明的人，但是他们感受艺术的能力变得不正常，或者已经衰退。”② 这种所谓批评家是“笨人”，艺术感受力“比一般人较少”的说法既不符合逻辑，也不符合事实，是不正确的。不过他提出的批评家的理论分析可能导致艺术感受能力的衰退的问题，倒是值得批评家重视的。

艺术感受力并不是什么神秘的东西，它是在人们的“五官感觉”上发展起来的更高级的“审美感觉”③，准确地说，艺术感受力是通过审美过程中对审美对象的特征和意蕴的感知、想象、知解等多种感觉的综合而形成审美体验的特殊能力。通常又称审美感受力，或审美鉴赏力。艺术感受力主要表现为语言感受力、艺术想象力等几个方面。

其一，语言感受力，也称语感，即对文学作品语言美的感受能力。文学作品的语言讲究音乐美、情感美、含蓄精练美。因此，就必然相应的要求文学批评家具备对语言形式美的感受力、对语言音乐美的感受力、对语言情感美的感受力、对语言内涵、音节美、风格美的感受力。这些语言感受力是批评家必须首先具备的一种能力。对于诗歌艺术的批评尤为重要。李清照《声声慢》开头三句（“寻寻觅觅，冷冷清清，凄凄惨惨戚戚”）语言的声音、情感都很讲究。七个叠音词构成七个音步，三句诗精练地表现了情感的三个层次。真是浓郁强烈，扣人心弦，耐人寻味。贾岛的“僧敲月下门”的“敲”，王安石

① 见《光明日报》1980年5月7日。

② ［俄］托尔斯泰著，丰陈宝译：《艺术论》，人民文学出版社，1958年版，第118页。

③ 参见《1844年经济学—哲学手稿》，第79—80页。

的“春风又绿江南岸”的“绿”，鲁迅的“忍看朋辈成新鬼”的“忍”等等，无不由于作家的敏锐的语感力发现原稿意蕴不足而锤炼出来的千古佳句。批评家如果没有敏锐的语言感受力，怎么能够感受到它的语言美呢？怎么能理解把握它的丰富内涵呢？在这种情况下谈何评论呢？所以鲁迅在谈到鉴赏时，把“识字”作为起码条件，当代批评家把语感作为首要条件。他们的说法不同，但意思是一致的，应当引起重视。

其二，艺术想象力，又称艺术推想力，即通过体味作品的语言内涵，把语言符号转换或创造出新的形象体系及对创作心理过程的推想能力。其中，再现性想象主要是符号转换，即把用文学语言描绘的形象还原再度呈现出来，这是批评初始阶段就必须具备的能力。否则就根本进入不了欣赏和批评。创造性想象则不仅是形象的再现而且重要的是进行补充、丰富和发展，从而创造出新的艺术形象。这种创造性想象对于“以少总多”“空白”较大、含蓄、跳跃性强的文学作品的批评就更为必要。鲁迅对易卜生《玩偶之家》的评论《娜拉走后怎样》就是在想象的基础上进行评论的范例。不过他用了“推想”这个概念。他说：“从事理上推想起来，娜拉或者也实在只有两条路：不是堕落，就是回来。”这就明确指出了：不触动旧的社会制度，单凭个人反抗不可能求得妇女的解放。可见，艺术想象在评论中的重要作用。而茅盾对当代作家胡万春《在时代洪流中》这个短篇小说的评论，则是关于创作心理的“推想”。茅盾根据自身的创作经验，对作品的“通篇布局”作了细致入微的分析，对作者这样安排的动机作了推想：“如果把工程师和技术人员写成保守派，一筹莫展，未免落俗套，如果把工程师和技术人员写成先保守后来弄通思想帮助工人们完成了这项革新，看来也是公式化，而且不能突出技术革命的群众运动的伟大意义”，才进而做出了“作者的动机无可厚非，但客观效果则不尽符合作者的动机；因为这样一来，反倒把技术革命的群众运动的意义表现得片面和狭隘了”的评价。①这里推想入理，所以评价中肯。

**二、高度的审美判断力**

所谓审美判断力是指批评主体根据一定的审美理想和批评标准对批评对象的性质和价值的分析、评价能力。它不仅在价值属性上有别于一般科学判断，而且在判断机制上有别于一般科学判断，它是“按照美的规律”去评价作品的审美价值的能力。如果说艺术感受力主要是一种艺术直觉力，那么，审美判断力则主要是建立在艺术感受力基础之上的已经理性化、系统化的一种“知性”能力。它是批评深入的根本条件之一。

---

① 《1960年短篇小说漫评》，《茅盾文艺评论集》上册，第442页。

批评之所以需要这种审美判断力，归根到底是由文学用艺术形象反映生活的审美特性决定的。文学既表达思想又表现情感，但不是赤裸裸地表现，而是统一蕴含于艺术形象的，所以要把握艺术形象的内蕴并做出评价，没有艺术感受力不行，没有审美判断力更不行。文学批评从本质上讲是一种审美判断。审美判断力是进行批评实践的根本条件。没有它就不能称其为批评，就只能停留在阅读鉴赏阶段，根本不能成为批评家。批评家必须在艺术感受力基础上进一步培养起这种审美判断力来。

优秀的文学批评家都有很强的审美判断力，大多属于普列汉诺夫所说的“极为发达的审美感觉”的人。宋代诗评家严羽，就是这样的人。他对自己非凡的鉴别判断能力颇为自负，曾经说过：“仆于作诗不敢自负，至识则自谓有一日之长。于古今体制，若辨苍素，甚者望而知之。”①《沧浪诗话》中的《诗辨》篇论述了这种基本功，《诗评》篇则体现了这种鉴别判断力。又如明代批评家李东阳，根据《麓堂诗话》记载，他可以从容地判断出别人随便拿来的一首他没有读过的诗是“唐诗”。在进而看过两遍之后，就判断出是白居易的诗作。现代批评界的著名批评家也都具有非凡的判断鉴赏能力，如鲁迅、茅盾等大批评家无不如此。

审美判断力主要表现为美感价值、认识价值、思想教育价值的评价判断能力等几个方面。

其一，美感价值判断力。这里主要指对文艺作品的艺术创造所达到的审美高度和它满足人们的审美精神需要的程度的判断能力。西方讲美感，中国讲艺术魅力，其实是一个东西，即通常所讲的艺术价值。美感判断力也就是判断文学作品艺术价值的高低、特点如何、魅力大小的能力。从中国文艺传统出发，这种美感判断力大体是三个方面的能力。一是“滋味辨别力”或称韵味辨别力。当钟嵘首倡“滋味说”以来，中国文艺就与“味”结下了不解之缘。理论批评家讲“韵味”“诗味”“神韵”，作家艺术家则追求自己“味儿”，所以批评就成了“解味”“品味”“辨味”。钟嵘《诗品》就凭其准确的品味力品评了五言诗之“滋味”；司空图《诗品》准确地分辨出二十四种“诗味”；严羽作《沧浪诗话》辨识诗之“真味”；当代“红学”家周汝昌则自号为“解味道人”。可见“诗味”辨别之重要。二是艺术风格美学特征的品辨力。一般说来，艺术风格是作家成熟的标志，也是作家执着追求的最高艺术境界。可以说，一个成熟的作家有自己的艺术风格，一个成熟的民族的艺术有自己的民族风格，一个时代的文艺有自己的时代风格，一个阶级的

① 《答出继叔临安吴景仙书》，《中国历代文论选》第三册，第430页。

文艺有自己的阶级风格。例如李白、曹雪芹、鲁迅、毛泽东，莎士比亚、巴尔扎克、托尔斯泰、高尔基等，可以说是各种风格的典范。但仅仅这样说对一个批评家来讲是很不够的。因为在古今中外文学史上的这些大风格作家们，不仅个人风格审美形态有异，而且在时代风格、民族风格以至阶级风格方面也都具有自己的特点，这一切无不需要批评家进行精细品味辨别。一个称职的批评家应当精确地审辨出上述中国作家与外国作家民族风格的不同，应当辨识出各国各时代作家的时代风格的具体差异来，应当辨识出各个不同阶级作家的阶级风格的异同来，应当辨识出作家个人风格的美学类型特点的具体差异来等等。换句话说，就是应当精确地辨识出某一作家的风格在民族、时代、阶级、个性诸方面的特点来，这才算对作家做出了准确判断。在这里，任何粗疏、笼统都是要不得的，是辨味力低下的表现。从这个意义上讲，林非《现代六十家散文札记》① 对各家散文风格辨析是应当受到重视的。对一个新近出现的作家作品的风格特点的辨识就更加困难了，更需要辨别力了。我国五六十年代关于茹志鹃小说创作的风格特征的确认就是一例，经过众多批评家的品评，不是最后才由茅盾做出大家共同认可的评价吗？② 三是对某些作品艺术品格、性质的辨别力。鲁迅《中国小说史略》中关于“讽刺小说”和“谴责小说”的辨识评价堪称范例。对于这两类性质、品格本不相同的小说，当时批评界往往混为一谈。正是鲁迅把它们准确区别开来。在他看来，《儒林外史》“感而能谐，婉而多讽”，“无一贬词，而情伪毕露，诚微词之妙选，亦狙击之辣手”③；而《官场现形记》《二十年目睹之怪现状》“虽命意在于匡世，似与讽刺小说同伦，而辞气浮露，笔无藏锋，甚且过甚其辞，以合时人嗜好，则其度量技术之相去亦远”④。这里辨别区分甚清，剖析甚彻。自鲁迅首创至今仍沿袭其名，由此可见其辨别力之精深透辟。

其二，认识价值判断力。这里主要是指批评家根据文学作品认识作用的特点和影响其认识作用的社会现实及欣赏主体的具体性等因素，准确判断文学作品的认识价值的能力。作为社会生活反映的文学作品无不具有一定的认识价值——认识一定的社会生活和提高认识生活的能力的作用。但其认识价值又是各有差别的。影响决定其认识价值的性质和大小的因素有题材、体裁、真实性、社会现实、欣赏者具体条件等一系列因素，要

① 百花文艺出版社，1980 年出版。

② . 参见《谈最近的短篇小说》《1960 年短篇小说漫评》。

③ 鲁迅：《中国小说史略》，人民文学出版社，1973 年版，第 189、193 页。

④ 同上书，第 252 页。

对一部文学作品的认识价值做出准确评价，是需要对这些因素进行具体、辩证分析和综合判断的，并非一件容易的事情。马克思恩格斯高度评价巴尔扎克现实主义小说的认识价值，中国马克思主义“红学”家们对《红楼梦》的认识价值的高度评价，以及当代文学批评界对我国反映土改和合作化的几部长篇小说的认识价值的肯定，无不体现出批评家们准确的认识价值的判断能力。

其三，思想价值判断力。这里主要指对作品的思想教育作用的性质、大小的判断能力。作为“思想教科书”的文学作品一般都有一定的思想、道德等教育作用。这一点历来为人们所重视。中外批评史上的批评家大多是首先对历代优秀作品的思想教育价值做出充分肯定，这已经形成传统。在中国，从孔夫子到毛泽东几乎概莫能外。当代文学批评史上茅盾肯定“《青春之歌》是一部有一定教育意义的优秀作品”① 是一重要的范例。在欧洲，从柏拉图到列宁也都把教育价值放在重要地位，对其优秀作品的思想教育价值做出过充分评价。恩格斯肯定法国画家许布纳尔的一幅画“宣传社会主义”的作用，“给不少人灌输了社会的思想”②；他肯定民间故事书对培养人的“道德感”“力量”“权利”“自由”“勇气”“对祖国的爱”等方面的价值③；列宁对车尔尼雪夫斯基《怎么办?》的思想教育价值的中肯评价更是人所共知的④。没有较高的思想价值判断力是不可能做出这些精确的判断的。

这里必须指出，我们所说的审美判断力是一种综合的判断能力。美感判断力、认识判断力、思想判断力是有机统一在一起的，它们虽然各有内容和特点，但又必须充分注意文学的审美特性，所以从根本上来说，它们是一种审美价值判断力。这是绝对不能有所忽视的。否则，文学批评就会偏离其健全的轨道。

### 三、较强的批评创造力

文学批评创造力是相对于作家艺术家的艺术创造力而言的。如果说艺术家的艺术创造力是意象创造力、形象创造力的话，批评家的批评创造力则是批评意境的创造力、艺术美和缺点的发现力、艺术观念和体系的建构力。批评的最高目标是审美创造，没有创造的批评是平庸的，所以说，创造力是批评创造的关键性的功力。批评创造力主要包括

---

① 《怎样评价〈青春之歌〉?》，《茅盾文艺评论集》上册，第366页。

② 《共产主义在德国的迅速进展》，《马克思恩格斯列宁斯大林论文艺》，第27页。

③ 参见《德国的民间故事书》，《马克思恩格斯论艺术》(四)，人民文学出版社，1966年版，第401页。

④ 参见《会见列宁》，《列宁论文学与艺术》(二)，第897页。

批评发现力、审美创造力、概念范畴建构力等三个方面。

其一，批评发现力。杜勃罗留波夫曾经说过："有时候，艺术家可能根本没有想到，他自己在描写什么；但是批评家之所以存在，就是为了说明隐藏在艺术家创作内部的意义。"① 所谓批评发现力就是指批评家以自己的独特理解、体验，对作家没有明确意识到的、读者尚未深入领会到的、隐藏在作品内部的意义的"破译"、诠释、阐发能力。杜氏在奥斯特罗夫斯基《大雷雨》还没有被一般读者所认识的情况下，指出它不是平常的家庭悲剧，具有不寻常的意义；当主人公卡杰琳娜被咒骂为"无耻的女人"的情况下，指出她的投河自尽是一种抗争，从中发现了"黑暗王国的一线光明"②。这就是我们所说的批评发现力。这种批评发现力有时表现为对尚未被读者认识的文学新人的识别、举荐、推崇。茅盾从《百合花》发现茹志鹃，巴金从《雷雨》发现曹禺等，都是这种发现力的极好证明。一个批评家对新人新作熟视无睹，对于隐藏于作品的深意不能"破译"，是可悲的，没出息的。英国著名文学批评家艾略特说："批评最严厉的考验是选择一首新的好诗的能力，一种对新情况能正确应付的能力。"③ 这个论断是很正确的。真正的作家非常希望并且经常呼唤批评家的这种发现力。契诃夫曾经不无叹惜地说："没有好的批评家，许多有益于文明的东西和许多优美的艺术品就埋没了。"④ 批评家应当不负作家的厚望。

其二，审美创造力。诗歌创作讲究意境，批评论著追求批评意境的创造。这种创造意境的能力就是审美创造力，即批评家把作品的形象、时代背景和自己的深刻艺术感受有机结合为统一的新形象的能力。审美创造力主要包括批评形象创造力，批评意境的创造力，批评风格的创造力。阎纲用它创造了一个被称作普罗米修斯式的"高尚的圣者和殉道者"的形象⑤，杜勃罗留波夫用它创造了著名的奥勃洛莫夫这个典型形象⑥，瞿秋白则用它创造了鲁迅这个"中国思想界"的"真正战士"的形象⑦。大凡有卓越成就的批评家差不多都是凭着这种创造力创造了他们独特的批评风格——杜氏、瞿氏等哪一位不是有风格的批评家呢？没有审美创造力是写不出高水平的文学批评论著来的，要成为杰

---

① 《黑暗的王国》，《文学论文选》，第 152 页。

② 参见《黑暗王国的一线光明》，《文学论文选》，第 319 页。

③ ［英］艾略特著，周煦良等译：《托·史·艾略特论文选》，上海文艺出版社，1962 年版，第 56 页。

④ 转引自《文艺理论译丛》1958 年第 2 期《契诃夫文学语录》。

⑤ 参见《"高尚的圣者和殉道者"——读〈犯人李铜钟的故事〉》，《文学八年》，第 145 页。

⑥ 参见《什么是奥勃洛莫夫性格?》。

⑦ 参见《鲁迅杂感选集序言》。

出批评家就必须具有较高的审美创造力。

其三，概念范畴建构力。它主要是指批评家的概念范畴创造力和理论框架建构力。批评家要对丰富复杂的文学现象和内心世界感受做清晰的描述，周密的解析，或用理论形态把艺术创造的信息传播开来，就得借助概念、范畴、理论框架。但是，由于艺术的独创性和批评家的精神个体性缘故，他们并不能总是运用以往的理论教条和传统概念来展开批评。他们往往是凭着自己敏锐艺术感受力进行批评的阐释、判断活动，又往往是特别善于把这种具有直觉感受性质的艺术感受纳入理性的范畴，转入理性认识活动，最后归纳、演绎、概括、创造出一些新的概念范畴，进而形成对某种理论体系的建构。批评家的这种理论创造力实际就是在艺术感受力和审美判断力基础上形成的特殊的抽象能力，即主要是把复杂的外在现象和深刻的内在感受，按照一定的理论体系进行强化、规范化、系统化的能力。在批评实践中，一是表现为概念范畴创造力，即把某种并不显著的征状或刚刚出现的某种现象强化为基本特征或强化为本质，以形成某种新的概念范畴。例如文艺学中常讲的“小说的基本特征”“诗歌的基本特征”“现实主义的特征”等，就是把某些征状强化、规范化为特征。把《诗经》看作“美刺”之作，把《红楼梦》说成是“自传”等等，无一不是把特征强化的结果。司空图《诗品》把各种风格的特征强化到了无以复加的程度，竟然辨别、分析出二十四种风格来，形成系统的风格范畴。中国文学批评史上不乏具有创造力的批评家，如刘勰、钟嵘、司空图、严羽、王士禛、袁枚、李贽、王国维、何其芳、李泽厚等批评家所创造的“文心”“滋味”“韵味”“兴趣”“神韵”“性灵”“童心”“意境”“共名”“积淀”等概念范畴，至今尚有活力。二是表现为理论建构力，即把某一问题的概念、范畴系统化，建立某种完整体系的能力。在中国这种建构理论体系的批评家虽然不太多，但也不乏其人。刘勰、司空图、李渔等人就是以建构文艺理论体系而在批评史上占有重要地位的杰出人物。相对来说，西方文学批评史上的批评家更多的是以建构庞大的诗学体系见长，如《诗学》《美学》《艺术与现实的审美关系》《文学批评原理》《文学理论》等论著无不以体系完整而著称。批评家的这种批评创造力是“潜藏在批评家心灵深处的一种艺术”，是比艺术感受力和审美判断力更为难得更为宝贵的一种能力。它是批评升华的根本条件之一。

## 四、艺术功力修养的途径

在西方一些文艺理论美学家看来，艺术感受力完全是一种“艺术直觉”，这是不妥当的。但它确有相当的“直觉”性，这又是不应当否认的。我国学者说它是一种“直觉思维”，似可为人接受。它与人的资禀不无关系，所以人与人之间这种艺术感受能力确有很大差异。但是它并不是先天的，而主要是后天的，是靠多次的艺术感受或审美实践形成的。审美判断力和概念创造力则更是这样，是实践和学习的结果。所以说艺术功力的培养途径从根本上来说，就是通过艺术理论的学习和艺术批评实践来培养和提高，此外别无捷径可走。

(一) 坚持在一门艺术领域里进行反复多次的审美批评实践

《文心雕龙·知音》中“操千曲而后晓声，观千剑而后识器”，就是讲这个道理。英国经验主义美学家休谟则更具体指出要反复多次地进行审美实践，他说：“人与人之间敏感的程度可以差异很大，要想提高或改善这方面的能力，最好的办法无过于在一门特定的艺术领域里不断训练，不断观察和鉴赏一种特定类型的美。任何对象初次出现在眼前或想象当中时，引起的感受总是模糊的、混乱的，因此，在很大程度上，我们无法对它的美或丑作出判断。我们的趣味感觉不到对象里的各种优点，更不要说辨别各种优点的特性，确定它的质量和程度了。……但是他在关于这种对象获得一定经验之后，他的感觉就会更精细更深入了。”① 这的确是一种切实可行的办法。批评家通过经常的反复的在“一门特定艺术领域里的不断训练”，艺术感受力会更敏锐，审美经验会更丰富，审美判断力也会更加精确。

除直接的批评实践之外，从事一门艺术创作实践，也有助于审美判断力的提高。这里涉及艺术表现力和审美判断力的关系。茅盾曾经谈过这个问题，他说：“欣赏力高的人不一定表现能力也是高的，中国人有句老话‘眼高手低’就是这个意思。从另一方面讲，表现力高的人，总有一定高的欣赏力。”② 事实正是这样。可以说文学批评史上像鲁迅、茅盾、歌德、高尔基这样的既是大作家又是大批评家的人，其大作家的创作实践无疑是使他们对创作甘苦体会更真切，批评更中肯，以至成为大批评家的重要条件之一。中外一些著名的大批评家差不多都有一定的创作实践经验，如车尔尼雪夫斯基写过小说，别林斯基写过剧本，何其芳是诗人，王朝闻是美术家。可以肯定地说，艺术创作实践不仅对艺术表现力有重要作用，对于审美判断力的提高也大有好处，不失为一条途径。他们的经验是值得借鉴的。

(二) 坚持观赏“最好的”而不是“中等的”艺术品

马克思说过：“艺术对象创造出懂得艺术和具有审美能力的大众。”③ 这里他明确指

---

① 《论趣味的标准》，《古典文艺理论译丛》第5册，人民文学出版社，1963年版，第9页。

② 《创作问题漫谈》，《茅盾文艺评论集》上册，第388页。

③ 《〈政治经济学批判〉导言》，《马克思恩格斯选集》第2卷，1995年版，第10页。

出了欣赏对象对培养欣赏主体的决定性作用。就是说欣赏什么样的作品就会创造出、培养出什么样的欣赏主体。这是一条文艺欣赏的重要规律。正是深深理解这一规律的歌德，曾对爱克曼明确提出了培养欣赏力的具体途径，他说："鉴赏力不是靠观赏中等作品而是要靠观赏最好作品才能培育成的。所以我只让你看最好的作品，等你在最好的作品中打下牢固的基础，你就有了用来衡量其他作品的标准，估价不至于过高，而是恰如其分。"① 歌德的这一观点是非常精辟深刻的，确实是一个培养欣赏力判断力的重要途径。我国文艺批评的前辈们也多持此观点。夏丏尊就"希望诸君读高级的文艺"作品，他说，"当然犯不着去滥读无聊的低级的东西，与其读江西派的仿宋诗，不如读黄山谷、范成大，与其读《九尾龟》，不如读《红楼梦》，与其读《绿牡丹》，不如读《水浒》"，因为后者"比之前者究竟要高级得多"。② 因为优秀文学作品，其内容与形式融合得较为完美，本身往往具有一定的艺术标准规范意义，所以它对提高培养批评家鉴赏者的审美能力包括感受力和判断力有着重要作用。

当然，我们强调这一点也并不排斥涉猎不同层次的艺术品，批评家还必须阅读一些平庸的甚至一些有严重缺陷的作品。只有这样，才可以同最好的作品的比较对照中对艺术规律和艺术标准有更进一步的理解，对各种不同层次的作品有所比较，真正达到促进审美能力的培养和提高。

(三) 坚持学习、借鉴、吸收优秀批评家的宝贵经验

在批评史上，中外文学批评家在理论上为我们留下了大量的论著，在实践上为我们积累了丰富的经验。作为一个批评家，应当批判地继承这些遗产，把它们作为自己批评的借鉴。毛泽东曾经指出："我们必须继承一切优秀的文学艺术遗产，批判地吸收其中一切有益的东西，……有这个借鉴和没有这个借鉴是不同的，这里有文野之分，粗细之分，高低之分，快慢之分。"③ 学习借鉴别人的先进经验及一切先进的东西，这是不可忽视的一条途径。从批评家的功力修养方面看，学习借鉴的东西是很多的，其中这样几点是值得特别注意的。一是中外批评家的先进观念和方法，如西方现代批评方法中的新批评方法、系统论方法等，它们对于克服我们重内容轻形式、就事论事的积习有重要意义，可以提高全面分析评价及对艺术形式美的评价水平。西方 20 世纪文学理论中的某些先进观

① 《歌德谈话录》，第 32 页。

② 《怎样读》，龙协涛编：《鉴赏文存》，人民文学出版社，1984 年版，第 450 页。

③ 《在延安文艺座谈会上的讲话》，《毛泽东选集》第 3 卷，第 860 页。

念也可以吸收进来，丰富补充我们固有的文学批评观念，总之要用比我们高明的东西来丰富改造自己。二是继承别人的优良传统。像俄国民主主义批评家别、车、杜的“现实的”批评、“人民的”批评、“坦率的”批评、“美学和历史”的批评等优良传统就应当继承。像马克思主义经典作家及高尔基、鲁迅等批评家的科学的战斗批评精神更是值得学习发扬的。三是学习我国古代文学批评的具体细致的特点，克服过于宏观、空洞的毛病。总之，用中西两方面的长处，克服自己的短处，肯定会使自己的功力和文学批评水平大有进步。

## 第四节　高尚的品德人格

批评家的修养，除了生活、学识、功力之外，还必须注意加强品德人格方面的修养。这一点对于批评家来说特别重要，历来为人们所高度重视。18 世纪法国启蒙运动时期的哲学家、美学家、“百科全书派”的领袖狄德罗曾经说过：“真理和美德是艺术的两个朋友。你想当作家吗？你想当批评家吗？那就请首先做一个有德行的人。”① 20 世纪 20 年代鲁迅曾经说：“美术家固然必须有精熟的技工，但尤须有进步的思想与高尚的人格。”② 50 年代茅盾又强调说：“人格的修养应当是文艺作家所有修养中最重要的一项。”③ 这里的“首先做”“尤须有”“最重要”足以说明“高尚的人格”对批评家的重要性了。正如清代学者章学诚所说：“夫秽史者所以自秽，谤书者所以自谤，素行为人所羞，文辞何足取重？”④ 高尔基也曾指出：别林斯基的文学批评之所以有巨大的作用，是“因为他思想的力量和人格的魅力”⑤。歌德则从另一方面指出：“近代文学界的弊病，根源在于作家和批评家们缺乏高尚的人格。”⑥ 他说：“莱辛之所以伟大，全凭他的人格和坚定性!”⑦ 文学批评史也说明了这一点，古今中外优秀批评家们可以说都是“有德行的人”，都有高尚的品德人格。相反，品德低下、人格卑劣的人，是不能成为优秀文学批评家的。

---

① 《论戏剧诗》，《狄德罗美学论文选》，第 227 页。

② 《热风·随感录四十三》，《鲁迅全集》第 1 卷，第 330 页。

③ 《杂谈思想与技巧、学力与经验》，茅盾：《茅盾论创作》，上海文艺出版社，1980 年版，第 519 页。

④ ［清］章学诚：《文史通义·史德》。

⑤ ［苏］高尔基著，缪灵珠译：《俄国文学史》，上海译文出版社，1979 年版，第 240 页。

⑥ 《歌德谈话录》，第 90 页。

⑦ 同上书，第 92 页。

所谓高尚的品德人格修养，对于批评家来说，主要是应当具备对读者负责、对作家和同行尊重的精神、对事业锐意进取的韧性品格及坚持真理修正错误的胆识。换句话说，就是培养尊重人民、尊重事业、也尊重自己的人生态度和思想及学术作风。鲁迅在《门外文谈》中描述“觉悟的智识者”的人格时说：“这些智识者，却必须有研究，能思索，有决断，而且有毅力。他也用权，却不是骗人，他利导，却并非迎合。他不看轻自己，以为是大家的戏子，也不看轻别人，当作自己的喽罗。他只是大众中的一个人，我想，这才可以做大众的事业。”① 我以为，这才正是对一个真正的批评家的品德人格的准确的描述。只有具备这样高尚的品德人格，才能真正从事文学批评这个“大众的事业”，其批评才会有征服人心的巨大的思想力量和人格魅力。

## 一、对读者和作家认真负责的精神

毛泽东同志历来主张，“人是要有一点精神的”。他特别赞扬伟大国际主义战士白求恩的那种“对工作的极端的负责任，对同志对人民极端的热忱”“毫无自私自利之心的”精神，因此而称他为“一个高尚的人，一个纯粹的人，一个有道德的人，一个脱离了低级趣味的人，一个有益于人民的人”②。我以为，作为一个真正的批评家，就应当具备这种对人民对同志对工作的极端热忱和极端负责任的精神，否则就不要做什么批评家。在文学批评领域里，这种对人民对同志对工作的热忱负责精神，又具体表现为对批评家与文学的“上帝”——读者、研究对象——作家、艺术家及其同道者之间的关系的正确理解和处理。

### （一）对读者极端负责，甘为“上帝”孺子牛

在现代社会中，无论在什么地方，什么时候，人民群众作为观众和读者，总是要直接参与文学批评的，他们的鉴别和选择，对于文学作品的去留，归根到底有决定性的意义。果戈理说过，观众是剧作者的“审判官”：“一个喜剧家应当受到所有人的评判；任何观众都有权品评他，三教九流的人都是他的审判官。”③ 别林斯基说：“读者群是文学的最高法庭、最高裁判。”④ 毛泽东也说：“戏唱得好坏，还是归观众评定的。”⑤ 总之，

---

① 《鲁迅全集》第6卷，第102页。

② 《纪念白求恩》，《毛泽东选集》第2卷，第659—660页。

③ 《剧场门口》，转引自《春风》文艺丛刊1986年第3期，第2页。

④ 《1840年的俄国文学》，《别林斯基论文学》，第250页。

⑤ 《在中国共产党第八届中央委员会第二次全体会议上的讲话》，《毛泽东选集》第5卷，第344页。

正如马克思所说："人民历来就是作家'够资格'和'不够资格'的惟一判断者。"① 现代接受美学则称人民群众这个观众读者是"文学的上帝"。作为一个批评家必须充分认识理解人民群众在文学批评中的决定性作用，真正树立起"读者就是上帝"的观念，在批评活动中自觉地充当读者"上帝"的代言人，反映人民群众的意志，引导文艺欣赏阅读活动向着符合人民大众的意愿的方向发展。正像车尔尼雪夫斯基所说的那样："批评的使命在于表达优秀读者的意见，促使这种意见在人群中继续传布。"② 在这里，把批评视为"自我表现"，借批评宣扬"自己的思想""个人信念"的所谓"个性批评"，或者把读者"上帝"视为芸芸众生，把自己看作他们的"救世主"，这就完全把批评家与读者的既定关系颠倒了，弄错了。这是真正的批评家所应当认真对待的。另一方面，真正的批评家毕竟不是普通的老百姓和一般的读者观众，而是"优秀读者"，理应担负起"优秀读者"的责任，对一般读者观众不是一味"迎合"，而是进行"利导"，使读者的欣赏由低层次向高层次发展。

例如，现在社会上一些人把文艺混同于文娱，甚至完全以娱乐代替文艺，以低层次的娱乐性文艺代替和取消高层次的审美性文艺，把具有最高票房价值的娱乐即"大款艺术"之类视为最好的艺术，这本来就是比较肤浅的庸俗的艺术观念，而有些人还硬以此来充高雅，摆谱儿。对于这种艺术与娱乐混淆，高雅与低俗错位的审美欣赏倒退现象，一个真正的批评家不能冷眼旁观，无动于衷，而应当用"优秀读者"的优势和对读者"上帝"的"热忱"，去矫正、改变群众中这一部分低层次读者观众的不健康、不高雅的趣味和不够科学的审美意识和判断，引导他们向高层次的欣赏和批评发展。在这里，"迎合"就是"媚俗"，其实就是"欺骗"，与对读者负责完全属于两回事。因为即使这一部分水平较低的群众也有不断提高的要求，他们决不愿永远停留在满足于感官刺激、低层次娱乐的水平上。批评家进行"利导"，使他们向高层次提高，才是真正对他们负责。这里，"代言人"和"孺子牛"是统一的，"优秀读者的意见"与"促使这种意见在人群中继续传布"是统一的。这种统一完全符合人民群众的根本利益——目前利益和长远利益，这才是批评家真正对读者负责，才是真正摆正了他与人民群众这个"上帝"的正常关系，才是具有高尚品德人格的表现。

（二）树立主体意识，平等对待作家

批评家与作家艺术家之间是一种什么关系呢？在一些人看来，批评既然是一种评判，

---

① 《第六届莱茵省议会的辩论》，《马克思恩格斯全集》第 1 卷，第 90 页。

② 《论批评中的坦率精神》，《车尔尼雪夫斯基论文学》中卷，第 164 页。

那么批评也就是“法庭”，批评家就是“法官”，作家也就成了“被告”。这是很肤浅的理解。如果用比喻，与其说批评家是法官倒不如说批评家是“律师”更恰当些。批评家既不是作家的“戏子”，也不让作家当自己的“喽罗”。因为批评家只是依据艺术规律对作家作品进行剖析和评价，并向读者和作家说明这一切情况。批评家与作家在这里是完全平等的，他们的关系，准确地说，是一种特殊的研究主体与研究对象之间的平等关系，是律师与诉讼者的关系而不是法官与被告的关系，批评家与作家在艺术规律面前一律平等。作家按照艺术规律进行创作，批评家按照艺术规律进行批评，谁违背了艺术规律，谁就不能成功。艺术规律才是批评家和作家的“法律”，“在法律面前人人平等”，只能是这种平等关系而不能是什么别的关系。

在这里，“批评家中心论”是不对的，“作家中心论”也是不对的。具体说来，一是批评家不能以自己为“中心”，以法官自命，居高临下地对作家创作横加干涉，胡乱批评，甚至戴帽子，打棍子。批评家以自己掌握作家作品生杀大权的姿态是搞不好批评的，他越是如此，作家越是不买他的账。二是批评家不能以作家为“中心”，甘心为作家的附庸，而是必须增强主体意识，自觉地把批评作为一门独立的学术，把作家作为自己的研究对象，进行真正的科学研究。在这里，批评家对作家所作的评价即使是褒奖的，也不是像有人所说的是给作家“抬轿子”“做广告”（当然并不否认存在真的此种勾当）和“当伴郎”，是作家的附庸，更不是什么“我写你评，大家出名”的交相利、互为用的“商贾”关系。在文坛上，作家、批评家的工作不同，目的是一致的。作家用创作繁荣文艺，批评家用评论使文艺更繁荣发展，他们都是用自己独立的精神个体和艺术创造去支持促进对方的事业的。互相平等、互相联系、互相尊重、互相促进、共同提高、并行发展，这才是批评家与作家的正常的关系和应有的科学态度及主体意识。一言以蔽之，批评家应当具有自觉的主体意识，意识到自己的真正使命，既不充当文艺法官，又不作作家的附庸，应当像律师、园丁、伯乐一样，平等、公正、严肃地对待自己的研究对象——作家和作品。只有这样正确处理好批评家与作家的关系，才能真正做好批评工作。

### （三）克服门户之见，加强批评家之间的合作

在文学批评内部，也是一个多层次的关系。文学批评有初级的批评，即通常所说的一般的图书评介，向广大群众推荐作品。也有高层次的批评，即立足于时代和文艺传统的高峰，俯察时代的文艺动向和个别文艺作品，对它们做出历史的科学的评判。还有最高层次的批评，即通过对大量文艺现象的分析研究，揭示文艺的本质、特征、作用及构成、创作、发展的规律。这三个层次的批评，对广大读者、作家及批评家来说都是不可

少的。特别是对于批评家，就有一个如何处理三者的关系的问题。总的说来，三种批评既互相独立又互相联系，在实践中又往往发展为各种不同的具体形态，无论是从宏观角度来说还是从微观角度来看，都需要批评家进行自我调节，协调好它们的关系。从宏观上看，有时原理批评活跃，作品批评沉闷。有时则作品批评活跃，原理批评沉闷。从微观上看，一个批评家往往都有所侧重，并非几种批评都是全面平衡的发展的。要保持平衡协调健全的发展，从批评内部来说，就应当摆正批评家之间的关系。从事最高层次的原理批评的批评家不能轻视作品批评，去搞空中楼阁，建构经院哲学式的理论体系。那种架空的原理批评是没有什么科学价值和实际意义的。从事作家作品评论的批评家不能满足于对一般作家作品的评价而轻视最高层次的原理批评，简单地把它们看成是"空对空"，最终妨碍了自己向更高层次的发展和提高。这里最经常的是批评家必须时刻注意消除各种门户之见和文人相轻的积习，加强各个层次之间的沟通合作，否则将是难以保持批评的健全平衡的发展的。

新时期以来，特别是80年代中期以来，文学批评领域里已经打破了长期以来马克思主义批评一统天下的局面，各种批评方法、模式、流派日益活跃，向多元发展，新毛泽东思想派、新启蒙主义派、新传统派、新自由主义文学批评派、中国先锋派等多种批评流派，都有一定的位置。① 真正的批评家可以属于任何一个派流，但不能因此就搞门户之见，党同伐异。否则，批评家之间的合作就永远也不能实现。

总之，批评家与读者、作家、同行的关系，集中到一点，也就是一个对人民热忱负责的精神。没有这一点精神，是不可能做出卓越的批评的。

## 二、对批评事业永远进取的韧性品格

由于文学批评的科学性，文学批评家应当是一个"能思索""有决断""有毅力"的人，即应当具备富于进取的"韧"的品格。鲁迅堪称这种品格的典范。具体说来，这种韧性品格在文学批评中集中表现为两个方面。一是进攻性气质，大体上相当于通常所说的找缺点挑毛病。在批评家心目中没有十全十美的作品，无论是《诗经》《楚辞》，还是李白、杜甫、《红楼梦》，也无论是莎士比亚、但丁、普希金，都能挑出一二毛病来，至于横挑鼻子竖挑眼，过分苛求，扫荡一些二、三流的作品就更不在话下了。当然更多的是对艺术的缺点、痈疽的剖析和针砭。批评家这种进攻性气质，对于文坛来说是完全必

---

① 参见王富仁：《序》，吴三元、季桂起：《中国当代文学批评概观》，知识出版社，1994年版，第16—21页。

要的。不然，文坛上势必良莠不分，真赝齐观。正如有人所说，举凡大批评家没有几个不以挑剔性批评、攻击型批评为能事。他们甚至不无偏激地断言：攻击型气质是批评家诸心理素质中最根本的素质；没有这种气质，一个人即使修养、学识、艺术功力俱佳，也成不了大批评家。二是“韧”的气质，即刻苦拼命的坚强毅力。批评家不只是欣赏作品，而是探求作品的底蕴；批评家不只是指出作品的“美和缺点”，更重要的是指出造成美和缺点的原因，最终揭示出文学艺术的本质和规律。说不完的《红楼梦》，道不尽的莎士比亚，优秀文学艺术作品的底蕴是说不完道不尽的，文学艺术规律、真谛是不可能穷尽的。批评家面对这样一个无限丰富的宝库，应当像鲁迅那样，一口咬住不放，用“十年磨一剑”的“毅力”拼命刻苦地干。这种“咬筋”“毅力”和“韧”的气质，应当是批评家的品格。批评史上的那些大批评家如别、车、杜、鲁迅、茅盾、韦勒克等无一不是用毕生之精力进行探索的榜样。在批评道路上，知难而退，缺少毅力，满足于传统观念和一些陈规旧说，是不会有什么出息的。至于把批评当作“前清做八股文的‘敲门砖’”[①]，就更可悲了。即使是一个不错的批评家，一旦丢掉了这种进取精神、气质、品格，那么，他的事业也就不会有所前进，他的批评生命也就完结了。进取精神韧性品格对于批评家是至关重要的。

批评家这种韧性气质品格并不是天然就有的，它是在不断排除各种消极心理的干扰和影响中逐渐培养成的。一般说来，批评家至少应当排除“随波逐流”“名人崇拜”“市侩习气”等消极心理。不然，所谓韧性品格的培养将是一句空话。

### (一) 克服“随波逐流”

在学术上，自己没有主见，总是人云亦云，附会别人，这是批评家实践过程中一个危害极大的心理障碍。随波逐流这种消极心理主要有两种表现。一是“因循旧说”，即认可曾被历史认可的东西，也就是认可被各个时代的读者和批评家认可的东西。人家说什么，自己也跟着重复一遍，亦步亦趋，不敢越雷池一步。我国古典文学中的《诗经》研究、《楚辞》研究、《红楼梦》研究等专门课题中，往往一种观点雄霸上百年、上千年，统治几代十几代人，长期不能突破传统观念的金科玉律，这明显的是“因循旧说”心理在作祟。二是“趋附时尚”，即批评家自觉不自觉地追赶时代潮流，迎合社会上某种时髦风尚。在某些情况下，一些作家作品会在社会上形成一定影响和舆论，特别是在社会上阶级斗争政治斗争激烈的时期，这种舆论更加有力，它甚至以某种社会风尚出现，向批

① 鲁迅：《对于左翼作家联盟的意见》，《鲁迅全集》第4卷，第237页。

评家施加压力和影响，以致众多批评家都不能摆脱它的影响而给作家作品以不公正的评价。例如，我国现当代批评史上就曾长时间内不能对沈从文等作家做出公正的评价，甚至这种局面到 80 年代才有所改变。在台港美国等地区，则长期不能对鲁迅做出公正评价。这些都是批评家趋附时尚或屈从舆论而不能“思索”“决断”的典型事例。如果说因循旧说是一种惰性心理，那么趋附时尚则是一种怯懦心理。任它们作祟，批评家只能在学术上随波逐流无所作为了。批评家必须清除它们的干扰。据说，法国的教授批评家们，为了有效排除这种心理干扰，干脆对于同时代的作家作品予以回避，从不在活着的作家艺术家身上劳神。① 这种做法未免太过，但其初衷还是不错的。

（二）破除“名人崇拜”

迷信名作家，崇拜大批评家，一切以它们为标准论是非，这是干扰批评家“思索”“决断”的又一种消极心理。名作家的作品和大批评家的评论，当然具有较高的水平和一定的典范性、真理性，这是不待言的。然而对它们一旦陷入迷信和崇拜，就不正确了。这种“名人崇拜”心理在文学批评中集中表现为两个方面。一是以名人名作为批评规范，热衷于对名人名作的研究评价，最极端的是凡是名人之作一律说好。在一些批评家看来，评论名家之作成功率高，甚至认为只有攀缘名人名作才能确立自己的批评地位和名望。它可以堂而皇之地给名人的一般作品戴上杰作的桂冠。像凡·高、司汤达这些名人，之所以在生前不被承认，遭受冷眼，一个极易被人忽略的原因就是因为在当时的批评家心目中他们不是“名人”。相反，后来他们成了“名人”，他们的一切作品也都成了“名作”了。二是以大批评家的言论作公理，特别是把他们的片言只语也作为法典，作为阐发自己理论的基础。例如，17 世纪法国文艺界都恪守古典主义原则，用“三一律”衡量所有戏剧作品，合则留，不合则去。在我国当代批评界，对叙事性文学作品甚至抒情性文学作品都要用恩格斯关于现实主义的名言作最终的权威性判决。有时候，名人的片言只语就是一种标准，几乎是一句顶一万句。相反，名人没有讲过的问题，就成了禁区。这种“名人崇拜”心理，严重妨碍着批评家的独立思索决断，甚至使有的批评家离开名人名言便手足无措，不知所云。因此，必须破除这种“名人崇拜”心理。

（三）反对“市侩主义”

文学批评中的“市侩主义”即鲁迅所说的“商贾批评”，主要是指把批评作为计较恩怨、交游朋党、沽名钓誉、牟取暴利的工具，全然不把批评当作人民的事业，更不顾及

---

① 参见《六说文学批评》。

批评的科学尊严的商人市侩意识。它的名堂很多，腐蚀力很强。例如“恩怨批评”，一旦被人批评，不是反省自责，反而耿耿于怀，伺机报复，或肆意攻击对方，或在文学关系之外糟蹋诽谤，进行政治或人身攻击之类。又如“圈子批评”。中国人自古就有“三国气”“水浒气”，文坛亦然。近几年来，似乎交游朋党、哥们义气更加盛行，只要是哥们弟兄、圈中之人，不论好坏，一律说好。什么原则、标准都靠边去，完全是从感情出发，意气用事。批评家不打破“圈子”，不清除“哥们义气”的毛病，是不会对作家作品做出公正科学的评价的。再如“商贾批评”，这种批评随着商品经济大潮涌动日渐增多。它以经济效益、牟取暴利为目的，只要赚钱就有批评——当然只能是捧场的批评。这种赤裸裸的金钱关系，根本没有什么公正可言。还有“钓誉批评”，它以获取名誉、地位、权利为目的，像鲁迅揭示的那样，只把批评当作“敲门砖”“上天梯”，只要“得到了教授或别的什么位置，功成名遂”，便不干了。把批评当作沽名钓誉的工具，完全是对批评的亵渎，批评在这里已经失去真义。凡此种种名堂，其实质如一，就是惟一己私利是图的市侩主义。批评家不克服它，就不如趁早当官、经商去。

除了上述三种消极心理之外，恐怕还有其他消极心理。但这三种心理却是干扰影响批评家思索决断、韧性进取品格的大敌。批评家应当以优异的心理素质排除这些干扰，逐步培养“毅力”“韧”性。因为，“要在文化上有成绩，则非韧不可”①。这是已经被实践证明了的！

### 三、勇于坚持真理修正错误的胆识

在任何情况下都能做到坚持真理，修正错误，消除偏见，既是一种胆识，也是一种美德。一个真正的批评家就应当具备这种胆识和美德，对己对人都能够是其所是，非其所非。否则，难免会在谬误的道路上滑下去，离科学和真理越来越远。

#### (一) 以无畏的勇气坚持真理

优秀的批评家应当把艺术的规律、原则和人民群众的意见视为真理，化作自己的信念，把它看得高于一切，在任何情况下，都不畏权势不徇私情，始终坚持真理、为之斗争，甚至在必要时为真理而做出牺牲。正如别林斯基所说的那样：“无论如何，真理要比世界上一切权威更可贵。”批评家应当把真理化为自己的信念，让它“白天占据一个人的整个存在，晚上扰乱他的梦寐，使他离开外部生活福利的计算、尘世福利的顾虑，使他

---

① 鲁迅：《对于左翼作家联盟的意见》，《鲁迅全集》第4卷，第237页。

情愿牺牲自己的整个生活、目前的一切舒适、将来的一切希望”①。如果不是这样，而是“用自己的信念投机，这不仅不如沉默和忍受贫困，甚至不如干干净净地死掉”②。

中外文学批评史上，那些做出卓越贡献的大批评家可以说都有为了“促进学术和文学成就”而坚持真理的品德和特操。在俄国19世纪，别林斯基就是这样一个坚持真理原则的典范。他不畏权势，当他还是一个出身低微的文坛小卒时，就曾为了真理发表了长篇论文《文学的幻想》向当时文坛上不可一世的权威偶像挑战，显示了他的胆识。他不徇私情，当他已经成为文坛盟主著名批评家，在果戈理发表《与友人书信选集》公然为农奴制度辩护时，写了《给果戈理的信》，尖锐地批判果戈理，为了真理而牺牲了友情，从另一方面显示了他的品德胆识。在当时文坛上思想斗争的风浪中，特别是同“斯拉夫派”“自由派”的斗争中，别林斯基始终旗帜鲜明，立场坚定，可以称得上是一株独立支持的大树。他一生遭受沙皇迫害，最后贫病交加而死。可以说他为真理奋斗了一生，不愧为俄国杰出的平民知识分子革命家和民主主义文学批评家。

在中国现当代文学批评史上，中国社会的阶级斗争和政治斗争，深刻地影响冲击着批评家的思想，遂使文学批评界既造就了鲁迅这样永远坚持真理并为之奋斗终生的共产主义战士，同时也产生了相当一批被鲁迅所痛斥的“无特操”的“文人学士”③和“翻着筋斗”④的“革命小贩”式的人格低劣的所谓文学批评家作家。在这种情况下，批评家把坚持社会真理和艺术原则规律作为自己的品德、特操、人格的一种修养，加以重视培养，就显得尤其必要和可贵了。

### （二）毫无情面地修正错误

勇于坚持真理是美德，无情地修正错误更是美德。坚持真理不易，修正错误更难。有几个人能像鲁迅那样“无情面地解剖自己”呢？但是批评家又确实特别需要这种品德。不修正错误也就难以坚持真理，两者是紧密联系在一起的，是一个问题的两个侧面。缺少这一方面的品德，也是很难成为一个优秀批评家的。

在中国现代文学批评史上，鲁迅曾经说过，“我的确时时解剖别人，然而更多的是更

---

① 《1840年的俄国文学》，《别林斯基选集》第2卷，第422页。

② 《别林斯基论文学》，第255页。

③ 鲁迅：《吃教》，《鲁迅全集》第5卷，第310页。

④ 鲁迅：《上海文艺之一瞥》，《鲁迅全集》第4卷，第299页。

无情面地解剖我自己”①，“我解剖自己并不比解剖别人留情面”②，并且真正实践了自己的话，时时不忘解剖自己的“浅薄卑劣荒谬”。鲁迅解剖过自己的“中产的智识阶级分子的坏脾气”③、解剖过自己“多伤感情调”之“知识分子之常”病④、解剖过自己“只信进化论的偏颇”⑤ 等，可谓“严于解剖自己”的光辉榜样。

在俄罗斯，别林斯基也堪称这样的榜样。别林斯基一生从事文学批评，当然不能没有一点错误，可贵的是他一旦发现后就能及时公开地进行修正。众所周知，别林斯基前期由于思想不成熟，曾有过一个“与现实妥协”的时期，其间发表过一些有错误的评论。思想成熟后认识到了这些错误，就公开进行修正。如在“与现实妥协”的迷误时期发表的《〈智慧的痛苦〉》一文，他对格里鲍耶陀夫的喜剧作了轻率、过火、偏激的评价，甚至说它“不是喜剧”，“不是艺术品”。后来他公开纠正自己的错误，并对它作了重新评价，指出“它是一部最高贵的人道的作品，是对于丑恶的俄罗斯现实，对于官僚贪污犯、浪荡子，对于我们的……上流社会，对于愚昧无知、自作自受的奴才行为等等提出的有力的（并且是第一次的）抗议”⑥，称它是“第一部俄国式的喜剧”，是“艺术地表现俄国现实的第一个典范”⑦。他严厉责备自己、诅咒自己说，“我诅咒我那同丑恶现实和解的丑恶意图”，“如果我还要结结巴巴地为这一切进行辩解，就叫我的舌头烂掉!”⑧ 这一切充分显示了一个优秀批评家勇于无情面地修正错误的崇高品德人格。一个真正的批评家就应当具有这种美德。

（三）自觉消除一切偏见

莫泊桑说过：“一个真正名实相符的批评家，就应该是一个无倾向、无偏爱、无私见的分析者，……应当把自我消除得相当干净，好让自己发现并赞扬甚至于他作为一个普通人所不喜爱的、而作为一个裁判者必须理解的作品。”⑨ 作为一个批评家和一个普通人

---

① 《写在〈坟〉后面》，《鲁迅全集》第 1 卷，第 284 页。

② 《而已集·答有恒先生》，《鲁迅全集》第 3 卷，第 457 页。

③ 《〈二心集〉序言》，《鲁迅全集》第 4 卷，第 191 页。

④ 《致曹聚仁》，《鲁迅书信集》上卷，第 533 页。

⑤ 《三闲集·序言》，《鲁迅全集》第 4 卷，第 6 页。

⑥ 《别林斯基选集》第 2 卷，第 560 页。

⑦ 转引自《中国大百科全书·外国文学》，第 62 页。

⑧ 《别林斯基选集》第 2 卷，第 554 页。

⑨ 《“小说”》，《文艺理论译丛》，1958 年第 3 期，第 167 页。

其实并无两样，哪里就能“无倾向、无偏爱、无私见”呢？这是人之常情，实在难免。然而对一个真正的批评家来说，又必须把“倾向、偏爱、私见”消除干净，做一个“无倾向、无偏爱、无私见”的公正无私的纯粹的人。因为，批评作为判断“需要理性，不需要个人，个人应该代表人类的理性，而不是代表自己去判断的”①，批评家的一身“就是大众的一体，喜怒哀乐，无不相通”②。所以批评家应当自觉地把消除偏见作为一种品德进行修养。

实践证明，只有把一切偏见消除干净，才能有公正科学的批评。例如，马克思作为一个普通人、欣赏者，是有所偏爱的，他根据自己的兴趣和经验，喜爱自己所喜爱的作家作品，他并不掩饰这一点，曾公开表示：“对德国小说来讲，我是一个很大的异教徒，我认为它无足轻重，……我十分偏爱优秀的法国、英国和俄国的小说家。”③ 但是，他对作家作品的批评包括他偏爱的和不偏爱的，大多被文学史家、研究家们认为是公正的科学的。④ 其中一个很重要的原因就是他对作家作品进行批评时，能够自觉地把个人的偏见消除得相当干净。毛泽东也是这样。他偏爱中国文学，对古典诗词尤甚，不但欣赏而且多有创作，近乎成为终生嗜好。这是人所共知的。但当他作为一个批评家发言时，却并不见这种偏见了，他说：“诗当然应以新诗为主体，旧诗可以写一些，但是不宜在青年中提倡，因为这种体裁束缚思想，又不易学。”⑤ 又说：“要作今诗”，“古典绝不能要”，并提出“从民歌中吸收养料和形式，发展成为一套吸引广大读者的新体诗歌”⑥。马克思、毛泽东不愧为公正无私毫无偏见的典范。相反，如果带着偏见去批评，便不可能有公正科学的批评。例如，英国批评家乔·奥威尔带着“大英”民族偏见去评价托尔斯泰的《论莎士比亚及其戏剧》，竟然得出了托尔斯泰的偏激是所谓他“认识到莎士比亚作品是对他本人的一种威胁。人们越是从莎士比亚剧作中获得快乐，他们就越不会听从托尔斯泰的意见”⑦ 的荒谬评判。又如在美国和台港地区颇有影响的夏志清的《中国现代小说史》，由于他带着浓厚的政治偏见，便对鲁迅做出了极不公正的评价。他说鲁迅的殊荣

---

① 《别林斯基论文学》，第 258 页。

② 鲁迅：《关于太炎先生二三事》，《鲁迅全集》第 6 卷，第 546 页。

③ 《马克思恩格斯全集》第 34 卷，第 392 页。

④ 参见《马克思和世界文学》。

⑤ 《致臧克家等》(1957 年 1 月 12 日)，《毛泽东书信选集》，第 520 页。

⑥ 《致陈毅》(1965 年 7 月 21 日)，同上书，第 608 页。

⑦ ［英］乔·奥威尔作，赵一凡译：《李尔王、托尔斯泰和弄人》，《世界文学》1988 年第 4 期。

是“中共的制造品”；《阿Q正传》“结构机械，格调也近似插科打诨”，它的“国际声誉”是“过誉”；《故事新编》“浅薄与零乱”，显示出“小说家可悲的没落”；鲁迅杂文是“小题大作”“搬弄是非”“啰啰嗦嗦”；鲁迅“不能算是他那个时代的导师和讽刺家”①。就夏志清之学识来看，只能说是政治偏见在作祟。总之，作为一个文学批评家必须把一切偏见包括民族的、政治的、阶级的、小集团的、流派的、个人的等等偏见，消除得相当干净。否则，带着偏见进行批评是不可能不出问题的，是不会做出公正科学的批评来的，甚至会沦为“怀有偏见的个人批评的勇士”即“文坛上的蝗虫”②。

综上所述，批评家的品德人格修养是非常重要的。批评家必须首先加强品德人格修养，把自己培养成一个具有高尚品德人格的人，树立起尊重人民、尊重事业、尊重自己的人生态度和思想及学术作风，才能进而把自己培养成一个真正的批评家。

**小结**　“批评家比作家难作”（茅盾语），这主要是由于批评本身的性质所决定的。因此，批评家应当自觉进行修养，轻视批评家的修养是非常有害的。另外还应指出，批评家四个方面的修养，是互相独立又互相联系的一个整体，决不能把它割裂开来。否则，将不利于提高批评家的水平。

## 复习思考题

1. 批评家为什么必须具备丰富的生活经验？
2. 坚实的理论基础对批评家有什么意义？
3. 批评家为什么要具有广博的知识结构？
4. 什么是批评家的艺术功力？批评家为什么要必须具备这种功力？
5. 批评家品德人格的具体要求是什么？它对批评家有什么意义？
6. 批评家应当怎样进行修养？谈谈自己的体会。

---

① 参见夏志清：《中国现代小说史》，香港友联出版社，1985年中文版，第一章。

② 《关于批评的话·第一篇》，《别林斯基论文学》，第261页。

# 第五编　发展论

# 第十三章　文学批评的发展历程

**内容提要**　本章概述文学批评的发展历程。萌芽产生阶段——由于社会和文学的发展以及由此而形成的文学观念，促进批评逐步从哲学的统合中分化出来形成独立的学科；全面发展阶段——由于文学观念的深入发展特别是批评观念的深入发展，使文学批评获得全面深入发展；现代阶段——19世纪中期马克思主义文学批评产生、发展以至盛行世界，20世纪西方现代文论迅猛发展成“爆炸”之势，这两大奇观，形成了批评的现代新格局。

文学批评历史悠久。中国从先秦对诗三百篇的评论开始，西方从古希腊哲人对文艺的探讨开始，都已有两千多年的历史。对此，已有多种“批评史”行世，足资参阅，这里不再重复——这不是“批评学”的任务。从“批评学”的观点来看，文学批评的历史演变进程，说到底，无非是文学观念和批评观念及由此指导下的批评实践的演进。我们的任务，是通过对文学批评史的演进过程的表层考察，在更深层次上揭示文学批评的发生和发展进程，即从理论上着力探讨文学批评是怎样由创作和科学的附庸而逐渐发展成一种独立的精神活动，它又是怎样进行自省和建设，全面发展成参天大树以至20世纪文学批评的全新格局的。我们认为，可以把文学批评的发生和发展的历程大体上划分为三个阶段，即第一个阶段：萌芽发生期；第二个阶段：全面发展期；第三个阶段：现代新格局期。当然也可以简单划为“古代批评”和“现代批评”两个阶段。我们将尽量结合中国和西方特别是欧美文学批评的史料，对文学批评的三个发展阶段做出一个概括的描述。

## 第一节　文学批评的萌芽产生

关于文学批评发展的第一个阶段“萌芽发生”期，批评史家、理论家们说法不一。

我国老一辈批评史家郭绍虞称之为“文学观念演进期”，就中国文学批评来说，它包括先秦至两汉这一历史时期。① 陈晋的《文学的批评世界》称之为“哲学的统合”期，在中国，它包括“春秋战国以及两汉”，在西方，则包括“古希腊以及罗马”时期。② 潘凯雄等人合著《文学批评学》称之为“前自省”期，认为它“最为漫长、最为古老”，在西方，包括“古希腊到18世纪中叶”③，对中国的文学批评史则未论及。几家的分期，各有标准，各有道理。郭绍虞强调的是“文学观念”，陈晋看重的是“批评格局”，潘凯雄则强调“批评意识”，各执一端，当然不会统一。

在我看来，“文学观念”“批评格局”“批评意识”并不是对立的，在批评发展中三者是紧密联结在一起的，因此，也就不宜孤立地把某一点作为分期的标准。如能把三者统一起来作为标准来界划，或许较为合适些。这样，文学批评的产生期，中国当包括先秦和两汉，欧洲当包括古希腊和罗马时代。产生期的文学批评，中西方既有一些共同之处，又各具特点，自成系统。

## 一、文学是社会发展的必然产物

文学批评产生于文学相当发展之后，中外皆然。至于文学批评究竟是怎样产生的，实在像文学起源问题一样，并不是可以说得十分具体详尽的，批评史家们大多只作概略的描述。例如我国著名文学批评史家郭绍虞在《中国文学批评史》中就是这样论述的：“在文学产生并且相当发展以后，于是要整理，整理就是批评。经过整理以后，类聚区分，……也是批评的开端。于次，再要选择，选择也就是批评。选择好的、淘汰坏的，不能不有一些眼光，这眼光就是批评的眼光；同时也不能不有一些标准，这标准也就是批评的标准”，“再进一步，于是再要给以一定的评价，这就是所谓品第，而品第就更是批评了”，“但是这种批评，很容易凭各人的主观的爱好，妄加论断，于是变得批评没有准的，也就更需要批评的理论作根据。于是为批评的批评也就产生了，这样，批评理论可以指导批评，同时也可以指导作家”。④ 郭绍虞所述，有史作证，中肯可信，恐怕没有人执意反对。

中西方文学批评的产生，实在有其必然产生的原因。从文学系统内部来看，完全是

① 参见郭绍虞：《中国文学批评史》，上海古籍出版社，1979年版，第3—4页。

② 上海文艺出版社，1989年版，第248—249页。

③ 人民文学出版社，1991年版，第53—64页。

④ 《中国文学批评史》，第1页。

文学自身发展的内在要求："整理""选择""品第"这些种类型的批评的产生，并非外部因素决定的，而是文学创作发展到一定水平和规模的必然要求；而"批评的批评"的产生，则是包括欣赏者和评论者们的"评判鉴别能力"和审美需要的高度发展的必然要求。正如我国30年代的文学批评史家方孝岳所说的那样："口之于味，日之于色，耳之于声，鼻之于臭，无时无刻不在那里起'评判'的作用；评判他的美恶，鉴别他的精粗。这种评判鉴别的本能，实在是人生日常活动的中心。鉴别的本能，虽然各有高下程度之不齐，但是一样能够鉴别，这一点是不变的。"① 所以，在他看来，由于人人具有这种"批评本能"，因而"世界上的人，不能够个个都是文学家，但可以说个个都是文学批评家"，而且，由于各人的"批评本能""鉴别本能"高下不齐，那"心知而不能口达"者，"含苞未放有待于雨露"者，又必然要求能够"代达"或"点化"的批评家的产生。② 这一点，可以说是文学鉴赏的必然要求。总起来说，文学批评正是文学自身发展到一定水平的必然产物。

除此之外，从社会—文化系统来看，也有其必然要求，特别是与哲学、逻辑学、政治学、社会学甚至某些自然科学的发展水平有相当直接、重要的关系。哲学、逻辑学等文化学术部门发展到一定水平，势必把视觉伸向文学领域，把文学作为自己的研究对象和材料，这样一来，其研究也就带有一定的"文学"性质了，虽然不是现代意义上的文学批评，但无疑可以称作批评"萌芽"或"准批评"了。更为重要的是，哲学、逻辑学、道德学、社会学这些学术门类还直接为批评提供方法论和价值标准。这就使文学批评获得了真正发展的极大可能和基础。这些可以归结为文学批评产生的必要的社会文化条件。

总之，文学批评的产生正如普列汉诺夫所说，"科学的批评本身就是社会发展的结果"③。中西方文学批评产生的具体情况虽然各不相同，但是它们的萌芽产生都是社会—文化系统和文学自身发展到一定水平的必然产物。

## 二、从哲学统合到独立学科

萌芽期的批评，无论是中国先秦两汉的批评还是古希腊罗马的批评，严格说来只能是一种"准批评"，还不是现代意义上的真正的文学批评，因为当时还没有独立的"文学观念"。文学作为独立的社会文化精神现象早已存在多时，但真正独立的"文学观念"尚

① 方孝岳：《中国文学批评》，生活·读书·新知三联书店，1986年版，第1页。

② 同上。

③ 《俄国批评的命运》，《文学理论学习参考资料》下，第1294页。

未抽象出来。在先秦圣贤的思想观念中，并不存在现代意义上的明确的“文学观念”，所谓文学在他们心目中是包括文章、学术等一切文化典籍在内的广义的概念、混沌的概念，学科界限并不清楚。因此，当时只有哲学家、思想家、学术家及其著作，而没有专门的批评家及其批评论著。我们现在看到的先秦文论和古希腊文论，毫无例外地都与哲学等学术著作交织在一起，而且多数是一些片断，甚至是片言只语，系统的文论很少，它们不是哲学等学术著作的主体，只是其极小的一部分。在研究性质上也更多属于哲学等性质的研究，所以当代学者把这一时期的批评格局称作“哲学的统合”①，也有人称其为“哲学统辖”②，这是比较恰当的。

随着时代的发展，“文学观念”逐步深化之后，以至有了独立意义的“文学观念”时，文学批评才明显地从哲学等学术中分离出来，逐渐成为一种独立的学科、学术。西方的这种“分离”情况我们所见甚少，不得而知。中国的情况则完全是这样。例如《诗经》批评就是这样。先秦时期只有散见于儒、法、道、墨等哲学家思想家的学术典籍中的“诗论”，如孔子《论语》中的“诗论”，而没有什么《诗经》研究论文或专著。到汉代，情况就有了较大改变，开始出现了专门的《诗经》批评研究家，如齐之辕固、鲁之申培、燕之韩婴、赵之毛苌四家，弟子若干，可谓盛况空前。从流传到现在的《诗经》研究批评论著《毛诗》及《毛诗传笺》已经大不同于孔夫子的“诗论”了。传为毛公所作的《诗大序》（又称《诗序》《毛诗序》），属于《毛诗》的一部分。大序、小序附在《诗经》各篇之下，可见其独立的学术品格，它已经不再被哲学等学术“统合”了，已经不是哲学等学术的一部分了。再如《楚辞》批评，也有这样的“分离”过程。司马迁的《史记·屈原列传》可以说是中国文学批评史上第一部“屈原评传”，但它是《史记》的一篇，也就是说它是史学论著的一部分，它还被“统合”着。到东汉的王逸，撰写了《楚辞章句》——中国最早的一部完整的《楚辞》批评论著，才使《楚辞》批评从史学中分离出来，成为独立的《楚辞》批评。《诗经》批评和《楚辞》批评的独立于世，从实践上标志着文学批评已经脱离了哲学等学术的“统合”，成为一门独立的学术、学科了。毛公、王逸这些真正的批评家已经有了自己的名号和领地，再也不必头戴人家的高帽去招摇过市了。到此，我们可以毫不含糊的为他们“正名”说：文学批评到此真正产生了。

## 三、奠定中西批评体系的理论基石

如前所述，产生期的批评主要是确立某种“文学观念”。“文学观念”的性质如何，

① 《文学的批评世界》，第248页。

② ［苏］波斯彼洛夫著，王忠琪等译：《文学原理》，生活·读书·新知三联书店，1985年版，第3页。

对批评的性质、体系至关重要。从某种意义上讲，中西方产生期所确立的文学观念也就实际上为中西批评体系奠定了理论基石，影响着文学批评的演进和发展方向。

“言志”说是产生期中国关于“文学”的一个总体的根本性的观念。早在《尚书·尧典》中就提出了“诗言志”这一观念。所谓“志”是指志意怀抱而言，着重对社会和政治的态度和看法。也就是说，诗是表达诗人的怀抱志意的。这一观念概括了诗歌的特点和功能。先秦两汉时期众多学派坚持此说。《庄子·天下》讲“诗以道志”，《荀子·儒效》说“诗言是其志”，《毛诗序》说“诗者，志之所之”，《左传》《汉书》都讲“诗言志”，可见先秦两汉“诗言志”是普遍为人接受的文学观念。产生期确立的“言志”文学观念影响深远，被近代学者朱自清称为“诗文评的源头，从此江、淮、河、汉流贯我们整个文学批评史”①。也就是说，它不仅仅是产生期的文学观念，而且还影响制约着发展期批评观念的演进和发展，以至最终丰富和发展成中国的重言志——审美体验的批评体系。可以说“言志”说是中国文学批评体系的理论源头和基石。

“摹仿”说是产生期西方普遍流行的一个根本性的文学观念。古希腊哲人赫拉克利特最早提出“艺术摹仿自然”；以后德谟克利特作了进一步发挥，指出“我们是摹仿禽兽”；再后是苏格拉底提出，艺术不仅摹仿外形，还要摹仿心灵，“通过形式表现心理活动”，而且不应当奴隶似的临摹自然，而应当选择一些要素，去构成一个极美的整体；柏拉图则提出什么“摹仿理式”；到亚里士多德则对普遍流行的摹仿说作了全面系统的概括和总结。他指出，艺术摹仿的是“行动中的人”，是以人生为摹仿对象，提出摹仿的本质在于通过个别表现一般，通过特殊表现普遍，去揭示生活本质——“写诗这种活动比写历史更富于哲学意味，更被严肃的对待”②。这样，亚里士多德给传统的摹仿说注入了典型的最精微的意义，把摹仿说提高到了现实主义的高度，成为西方重摹仿——判断的批评体系的理论源头和基石。在此基础上，亚里士多德提出了批评主要应是对艺术本身的错误作出判断，即批评应当关注作家的艺术“表现力”问题；因此他特别强调“衡量诗”和“衡量政治”“衡量其他艺术”的“标准不一样”，提出批评应当坚持“艺术本身”的标准。③ 这是西方文学批评史上最早对批评性质、功能及标准的界定。贺拉斯则在《诗艺》

---

① 《〈诗言志辨〉序》，蔡清富等编选：《朱自清选集》第二卷“学术论著”，河北教育出版社，1989 年版，第 103 页。

② 《诗学》第 9 章，《〈诗学〉〈诗艺〉》，第 29 页。

③ 《诗学》第 25 章，同上书，第 92 页。

中进一步把批评的功能界定为“指示”创作的“磨刀石”作用。① 亚里士多德的批评观是西方批评观念发展的源头起点，影响深远。

产生期中西方还有诸如“思无邪”“兴、观、群、怨”“风教”“快感”“政治效用”等一系列观念，这里不再一一论列。

从上述中西方产生期文学观念的粗略考察，可以明显看出，中西方文学批评的基本观念、范畴大体相同，但具体内涵大不相同，特别是在“文学观念”这个根本观念上的不同倾向和鲜明的民族特点，实际上成为中国和西方两种不同批评体系的历史源头和理论基石。此后，中西方文学批评便沿着“言志——审美体验”和“摹仿——判断”两种不同的性质和方向，进入了自己的全面深入发展时期。

## 第二节　文学批评的全面发展

文学批评的全面发展期包括批评产生期之后到现代批评之前的古代文学批评。在中国包括魏晋、南北朝、唐、宋、明、清几个时代；在西方则包括中世纪、文艺复兴、启蒙运动、19 世纪几个时代。这是一个长达一千五六百年的漫长的历史时期。在这个时期内，文学批评在“文学观念”“批评观念”“批评格局”上都得到了全面的深入的发展。概括地说，文学观念的深入探讨，批评观念上的自觉反省，批评形态的多样发展，是全面发展期最显著的特点。

### 一、文学观念的深入发展

我国老一辈批评史家把“文学观念”视为文学批评发展的重要内容，把文学观念的建设演进作为文学批评史分期的一个重要标志，是很有道理的。因为文学观念是文学批评的理论基础，批评只有在正确的文学观念指导下才能按照艺术规律进行，即使对批评规律的把握也是建立在对文艺规律的深刻认识的基础之上的，所以，文学批评的发展首先就是文学观念的演变和发展。在批评全面发展期中，中西方在对文学观念的全面深入的建设上，分别做出了巨大努力并取得了可观的成就，促进了文学观念的全面深入的发展。

#### （一）中国文学观念的发展

魏晋时期是一个重要时期，鲁迅称它为“文学自觉的时代”，实际就是以“文学观

---

① 《〈诗学〉〈诗艺〉》，第 153 页。

念”的自觉为标志的。的确，是这一时期的一批重要论著最早确立了“文学观念”。如曹丕的《典论·论文》、陆机的《文赋》、挚虞的《文章流别论》等提出并论述了一系列文学的基本问题。在文学的社会地位和作用问题上，提出了“经国之大业，不朽之盛事”① 的观点；在创作问题上，论述了风格与气质的关系，提出了“文以气为主”“气之清浊有体”② 的观点；提出了“诗缘情”与“赋体物”的区别，描述了“收视反听，耽思傍讯，精骛八极，心游万仞”③ 的艺术构思的心理过程；还最早对“应感”（大体相当近世所谓“灵感”）④ 作了探讨；在文学体裁问题上，提出“本同而末异”⑤，并论述了各种文体的特点；这一系列的论述，基本上确立了文学观念。

南北朝时期对文学的认识更进一步，刘勰的《文心雕龙》和钟嵘的《诗品》对文学的性质、构成、创作、发展及批评等问题做了全面深入的论述：在文学性质、本源上，刘勰提出了“宗经”“征圣”“原道”说；在内容与形式关系上，坚持“文附质”“质待文”的原则；在风格上，有“风骨”论（风格的最高要求）、“体势”论（风格与文体的关系）、“体性”论（风格与作家情性的关系）；在创作上，有论述创作过程的“神思”说（思维特点）、“养气”说（创作的精神状态）、“熔裁”说（炼意剪裁）；在文学发展上，提出了“物色”说（文学与自然的关系）、“时序”说（文学与时代的关系）；在鉴赏批评上，刘勰提出了“知音”说（鉴赏批评的态度）、“六观”说（批评方法）、“六义”说⑥、钟嵘提出了“滋味”说（批评标准）；在诗与现实的问题上，提出了感物咏诗与抒发怨情说。这些论述大多较为深刻地揭示了文学的某些方面的本质特征和规律，形成了一个相当科学的“文学观念”，把文学批评推进到了前所未有的辉煌阶段。

唐宋时期文学观念呈诗、文分途发展的趋势。在“文”的方面，主要是对“文”与“道”的关系的探讨，唐人提出“文以明道”，宋人主张“为道而文”，明显的对文学特点重视不足，混淆了文学与学术的界限区别，这种观念真是“复古到了家”⑦。在“诗”的方面，却有深入发展。唐人对诗歌的“兴寄”“讽喻”特征多有论述，司空图对诗歌意境

---

① ［三国魏］曹丕：《典论·论文》。

② 同上文。

③ ［西晋］陆机：《文赋》。

④ 同上文。

⑤ ［三国魏］曹丕：《典论·论文》。

⑥ 以上诸说均见［南朝梁］刘勰：《文心雕龙》。

⑦ 郭绍虞：《中国文学批评史》，第4页。

问题做了探讨，提出了“韵味”说，把诗歌的风格分为雄浑、冲淡、纤秾、沉著、高古、典雅、洗炼、劲健、绮丽、自然、含蓄、豪放、精神、缜密、疏野、清奇、委曲、实境、悲慨、形容、超诣、飘逸、旷达、流动二十四种，不仅分类细密，而且描述细致形象，民族特点鲜明突出，达到了时代的高峰。① 宋人诗论很多，特别是严羽的《沧浪诗话》对诗歌的特征、体制及诗评等具有精到见解，提出了“羚羊挂角，无迹可求”“诗有别材，非关书也”② 等观点，表明对诗歌的认识又深化了一步。

明清时代文学观念的发展，主要表现在对戏曲和小说的认识上。在戏曲方面，清初李渔的曲论在明人王骥德《曲律》的基础上大大前进了一步，论述了戏曲的结构、主脑、创新、虚实、人物形象、词采宾白、鉴赏批评等一系列问题。在结构上，提出了“工师建宅”“针线紧密”“头绪忌繁”说；在“主脑”（“作者立言之本意”）上，提出了“选立主脑”说；在创新上，特别强调创新的意义，提出“新”即“事物之美”说；在人物形象上，提出了人物塑造的概括化，触及典型化问题；在词采宾白上，提出戏曲艺术的“曲文词采”与诗文词采“判然相反”的标准——“浅显有机趣”、“观听咸宜”、宾白“肖人”等观点；在戏曲鉴赏上，提出鉴赏戏曲必须懂得戏曲艺术的特点。③ 这些论述，组织严密，条理清楚，见解精辟，形成了我国第一部比较完整的戏曲理论体系，这无疑是对文学观念的重要突破和深化。在小说方面，明人叶昼、清人金圣叹做了大量论述，提出了一系列创造性的见解。如提出小说的真实性不同于“史学之妙”，也与生活真实相区别，把塑造人物形象问题提到首要位置，既注意到人物形象的个性又注意到人物形象的普遍意义。④ 明清批评家对小说艺术的这些论述，标志着文学观念的重大进步。中国文学批评经过发展期对文学的反思，特别是由总体到诗歌、戏曲、小说等体裁的具体反思，提出了一系列独到见解，深入揭示了文学的特征和规律，终于形成了一个具有特定内涵的中国古代的“文学观念”体系。

（二）西方文学观念的发展

欧洲中世纪神学统治一千年间，文学理论批评停滞不前，一片荒芜。即使有所谓批评论著如托马斯《神学大全》者，也被批评史家称之为“宗教胡言”“神学附庸”，几乎

---

① 参见［唐］司空图：《二十四诗品》。

② 参见［宋］严羽：《沧浪诗话·诗辨》。

③ 参见［清］李渔著，陈多注释：《李笠翁曲话》，湖南人民出版社，1980 年版。

④ 参见《明容与堂刻水浒传》（原题为《李卓吾先生批评忠义水浒传》），今人叶朗考证，此书为叶昼评点，详见《叶昼评点〈水浒传〉考证》一文；参见［清］金圣叹：《第五才子书施耐庵水浒传》即《水浒传》评点。

无所谓“文学观念”可谈。

文艺复兴时期一大批作家批评家对“文学观念”进行了全面反省，提出了一系列新的见解：但丁强调文学摹仿的内容是人而不是神①；达·芬奇提出文学应当像“镜子”一样忠实反映现实，创造“第二自然”②；卡斯特尔维屈罗诠释《诗学》，独抒己见，多有阐发，在亚氏情节一致律的基础上提出了时间和地点的一致律，为新古典主义提倡“三一律”奠定了基础③；马佐尼从诗人思维特点上探讨诗的本质特点，首开“形象思维”的先河④；锡德尼提出文学是历史和哲学的“结晶”，其社会作用“仅次于《圣经》”，绝不是伤风败俗⑤；此外他们还对文学的形式、语言等问题做了论述，从而使当时的“文学观念”较产生期的“文学观念”有了重大开拓和多方面的发展。此后法国的新古典主义是法国政治、经济同文艺复兴精神调和妥协的产物，在“文学观念”上以布瓦洛《诗的艺术》为法典，实际上与此前一千七百多年贺拉斯的《诗艺》“如同一个鼻孔出气”⑥。

启蒙运动时期，对文学作了更加全面深入的探讨，几乎拓展触及文学观念的各个范畴。伏尔泰论述史诗的想象、风格的共同法则⑦；卢梭坚持“善、美”统一的文学观⑧；狄德罗对戏剧的道德作用、人物性格塑造、戏剧的诗意、戏剧的想象特质等问题，提出了新的见解⑨；对艺术的摹仿的对象、画家的想象力作了探讨⑩，是这一时期的杰出代表之一；布封对风格作了全面论述，是对文学观念的范畴的新的拓展⑪；莱辛深入探讨绘画与诗的区别⑫，是文学观念走向科学的一个重要标志。

19 世纪浪漫主义运动和现实主义运动最后完成了西方文学观念的完整体系。歌德论

---

① 参见［意］但丁：《致斯加拉大亲王书》。

② 参见［意］达·芬奇：《笔记》。

③ 参见［意］卡斯特尔维屈罗：《亚里士多德〈诗学〉的诠释》。

④ 参见［意］马佐尼：《〈神曲〉的辩护》。

⑤ 参见［英］锡德尼：《为诗一辩》。

⑥ 《西方美学史》上卷，第 181 页。

⑦ 参见［法］伏尔泰：《论史诗》。

⑧ 参见［法］卢梭：《论科学与艺术》。

⑨ 参见［法］狄德罗：《论戏剧诗》。

⑩ 参见［法］狄德罗：《画论》。

⑪ 参见［法］布封：《论风格》。

⑫ 参见［德］莱辛：《拉奥孔》。

述诗与现实的关系，提出创造“第二自然”、创作方法的概念、“在特殊中显出一般”、艺术是“生气灌注的活的整体”的观点，使文学观念大大深入了一步①；席勒提出素朴的诗与感伤的诗的区别，开始探讨现实主义和浪漫主义创作方法的特点②；黑格尔给艺术定义为“理念的感性显现”，论析了各类艺术的特征③；雨果论述浪漫主义原则和根源④；巴尔扎克论述现实主义⑤；托尔斯泰提出“艺术是传达情感的工具”论⑥；别林斯基、车尔尼雪夫斯基、杜勃罗留波夫集中论述了“典型”⑦“形象思维”⑧“现实主义”⑨“人民性”⑩等问题，把文学观念推进到了历史的新高度。从文艺复兴到19世纪这些作家批评家的论述，可以看出，西方文学观念是以模仿、再现、现实主义为核心的包含了诸多具体含义的系统的文学观念体系。

中西文学观念是两种不同的诗学体系，在长期发展中，分流对峙，各呈异彩，形成鲜明对照。于是国内外一些人对此便作了这样的论断：西方是模仿再现，近代发展为表现；东方是写意表现，近代产生了写实再现。这种论断，表面看来不无道理，其实并不确切。正如中国当代著名文艺理论家狄其骢先生所指出的，中西诗学的一些范畴、概念，各有自己的含义和历史特征，言志说不同于表现说，各有自己的性质，简单地用西方诗学的一些范畴概念来规范中国文艺理论的一些概念范畴是不确切的，势必会忽视中国文学观念的特定含义和历史特征，因此是不可取的。⑪ 我们不能忽视中西文学观念演进发展的特点。

## 二、批评观念的全面自省

批评观念是文学观念的具体运用，特别是对批评实践的理论概括，是对批评本质、规律的科学认识。没有正确的批评观念，就不会有健全的文学批评。因此，批评观念的

---

① 参见《歌德谈话录》。

② 参见《论素朴的诗与感伤的诗》。

③ 参见《美学》。

④ 参见《〈克伦威尔〉序》。

⑤ 参见《〈人间喜剧〉前言》。

⑥ 参见《艺术论》。

⑦ 参见《论俄国中篇小说和果戈理君的中篇小说》《同时代人》。

⑧ 参见《艺术的概念》。

⑨ 参见《论俄国中篇小说和果戈理君的中篇小说》。

⑩ 参见别林斯基：《1840年的俄国文学》，杜勃罗留波夫：《俄国文学发展中人民性渗透的程度》。

⑪ 参见《文艺学问题》，第350—365页。

演进和发展就成为批评发展的重要内容。可以说，没有批评观念的发展也就不会有真正的批评的发展。我国当代有的学者把对批评的反省作为批评发展历史分期的根本标志①，不无道理。在中西文学批评的全面发展期，批评家们对批评自身极为关注，从批评对象、批评性质和作用、批评标准、批评方法、批评家的修养等基本问题，都做了深入精辟的论述，使文学批评观念逐渐获得科学规范和不断的发展，以致形成了中西两种大不相同的批评观念体系。

### （一）中国批评观念的演进和发展

最早对批评自身关注的是曹丕，在《典论·论文》中针对批评及主体修养提出了“审己以度人”的原则和反对“文人相轻”“贵远贱近”“向声背实”等陋习的问题。这是对批评进行自觉反省的初始标志。

南北朝时期对批评的反省真正进入自觉的全面发展时代。刘勰《文心雕龙》的《知音》《才略》《程器》等篇专论批评，《宗经》《论说》等也涉及批评问题。中国古代批评史上不讲“批评”，只讲“评论”“诗文评”。刘勰最早提出“评论”概念，并做了阐释：“评者，平理”，“论者，伦也”②。伦，即理。即评偏重评价，论偏重理论，这是中国古代最早对评论的界说。他论述了“评论”的各种问题：提出了“六义”批评标准③；提出了“六观”批评方法④；提出了理解评论作品的“披文以入情，沿波讨源”的思维路线和过程⑤；论述了批评家的修养及途径等等⑥，对批评的论述是相当全面深刻的，奠定了中国古代文学批评的理论基础。钟嵘的《诗品》是中国古代批评史上第一部诗歌批评专著。在批评观念上主要是强调“标准”的重要性，反对“随其嗜欲”“准的无依”⑦ 的批评。他提出了以“滋味”为核心的审美批评标准⑧。《诗品》正是这种标准的具体实践，被称为中国的第一部“严格的批评学”⑨。“六义”“滋味”标准强调审美，比产生期的单纯

---

① 参见潘凯雄等：《文学批评学》，第 53 页。

② ［南朝梁］刘勰：《文心雕龙·论说》。

③ 《文心雕龙·宗经》。

④ 《文心雕龙·知音》。

⑤ 同上文。

⑥ 同上文。

⑦ ［南朝梁］钟嵘：《诗品·序》。

⑧ 同上文。

⑨ 《中国文学批评》，第 75 页。

的教化标准具有重大进步，奠定了中国古代审美批评的基础，可谓“思深而意远”。

唐代司空图提出“韵外之致”“味外之旨”的评诗标准，① 并在《二十四诗品》中得以集中体现，既是对批评标准的深化，又是对批评范畴的拓展，意义深远。宋代严羽作《沧浪诗话》，对批评作了全面论述，提出了以“兴趣”为核心的“体制”“格力”“气象”“兴趣”“音节”五项批评标准②；提出了以禅论诗的“妙悟”“熟参”的评诗方法（“悟”即通过辨别诗的体制去把握诗的艺术特征；“参”即通过研读各种作品而提高识别能力）③，使批评观念得到重要发展。特别是这种“妙悟”批评方法，被当代文艺理论批评界称之为中国古代文学批评方法的主流和中国文学批评的一个根本特点。中国古代批评方法从钟嵘到司空图、严羽，特别重视对作品的审美感受体验，往往带有直观感悟的特点，其表达也不用抽象的概念而是诉诸具体的形象。这三者的统一融合，便形成了中国文学批评的一个根本性特点。古代批评家“作”而不“论”，严羽作此论述显得十分珍贵。

明清时代对批评观念的自省和建设集中在小说批评和戏曲批评两个方面。关于小说批评，提出了以塑造有代表性、鲜明个性甚至是典型人物为小说评价的根本标准。④ 关于戏曲批评，主要是强调以“情”“文”“风教”“三美具擅”的戏曲批评标准，并提出戏曲批评要符合戏曲艺术的特点。⑤ 这些论述精当，无疑是对批评观念的进一步深化和拓展。清末学者王国维的《人间词话》，集“滋味”“韵味”“神韵”之大成，成“意境”理论之体系，提出了诗词批评的“意境”（也称“境界”）标准，涉及审美批评的一系列理论问题：强调意境是“决定文学审美性质与审美效果的基本因素”；指出意境是审美批评中“涵括统摄”一切的“高级核心概念”——“根本审美批评标准”；论述了意境的不同类型；引发出“真景物、真感情”的具体的批评标准；提出了着眼于读者感受真切与否的“隔”与“不隔”的批评概念，形成了一套吸收西方批评观念超越中国传统批评的批评理论体系⑥，它是中国古代文学批评全面发展的终结和高峰。从魏晋到明清，历经一千七八百年，虽然批评实践多于批评理论的探讨，但毕竟还是对批评自身作了多方面的

---

① 参见《与李生论诗书》。

② 参见《沧浪诗话·诗辨》。

③ 同上文。

④ 参见叶昼、金圣叹《水浒传》评点。

⑤ 参见《李笠翁曲话》。

⑥ 参见温儒敏：《中国现代文学批评史》，北京大学出版社，1993年版，第一章。

多层次的研究，形成了一个具有特定内涵的注重审美体验的批评观念体系。

(二) 西方批评观念的演进和发展

西方全面发展期批评观念的发展演进，主要是围绕着批评的性质、功能和批评方法、标准进行的。中世纪神学统治，无批评观念可言。文艺复兴时期重在文学观念上的全面深入发展，在批评观念上并无什么重大发展。真正使批评观念有全面深入发展的是启蒙运动到19世纪这二三百年间。这一时期对批评的自省空前自觉，涉及的问题极为普遍。

其一，在批评功能方面，提出多种新观点。(1)“传播功能”说：茹科夫斯基讲“传播趣味”①；黑格尔讲“培养鉴赏力”②；车尔尼雪夫斯基说是“净化读者的口味”，“表达优秀读者的意见”③，这些可以归结为“传播功能”说。(2)“判断功能”说：别林斯基提出批评的功能在于“作出判断”，即“在局部现象中探寻和揭露现象所据以显现的普遍的理性原则，并断言局部现象与理想典范之间的生动的有机的相互联系的程度”④，杜勃罗留波夫则强调这种判断的准确性，应当“能够判断作者的眼光在现象的本质里究竟深入到何种程度，他在他的描写里对生活各方面现象的把握，究竟广阔到何种程度”⑤，这是“判断功能”说。(3)“社会功能”说：丹纳提出批评的功能是通过作家作品“所属的时代精神和风俗概况”去“了解一件艺术品、一个艺术家、一群艺术家”⑥；车尔尼雪夫斯基、杜勃罗留波夫亦是同道，这是“社会功能”说。还有阿诺德的批评“有益于人生”的功能说等等观点。这些论述揭示了批评的多种功能，虽然有片面之嫌，但较单一的“磨刀石”功能说无疑是重大发展和深入。

其二，在批评性质方面，探讨也是多方面的。先后有：(1)“展现心灵感受”说：拉美脱尔说批评是“分析”“从作品中接收到的印象”⑦；法朗士说批评是“批评家讲述自己的神魂在作品中的游涉”即“神游”⑧，是批评家借了拉辛、莎士比亚来谈“我自

---

① 参见［俄］茹科夫斯基：《论批评》。

② 《美学》第1卷，第20页。

③ ［苏］车尔尼雪夫斯基：《论批评中的坦率精神》。

④ 《关于批评的话·第一篇》，《别林斯基选集》第3卷，第597页。

⑤ 《黑暗的王国》，《文学论文选》，第92页。

⑥ 参见《艺术哲学》。

⑦ 《时人之批评》，《近世文学批评》，第37页。

⑧ 《神游》，《近世文学批评》，第5页。

己”[①]；刻耳说批评就是“解剖灵魂”，是“用一种永久的形式记载一个人的灵魂”[②]，这是主观印象派的说法。（2）“发现、创造”说：圣·佩韦说批评“是一种发明和永恒创造”[③]；杜勃罗留波夫说，“批评之所以存在，就是为了说明隐藏在艺术家创作内部的意义”[④]；托尔斯泰说，“真正评论的任务是发现并指出作品的一线光明”；王尔德甚至断言，“批评家是艺术家”，“批评比创作之艺术更富有创造性”[⑤]。这是“创造”说。

其三，在批评标准方面，有休谟的“趣味”说；布封的“风格”说；莱辛的“艺术的内在规律”说——《拉奥孔》“前言”提出，艺术批评应当根据艺术规律进行，它与一般人及哲学的批评不同——这是相当科学的；还有别、车、杜的现实主义、人民性标准说。

其四，在批评方法方面，丹纳提出并系统化了社会学批评方法；别林斯基提出了美学与历史相统一的批评方法，他强调“确定作品的美学上的优劣程度，应该是批评家的第一步工作”，“艺术首先必须是艺术”，必须从美学的观点来评价作品，强调批评“一定要在对时代、对历史的现代性关系中，在艺术家对社会的关系中，得到考察”，必须坚持用历史的观点来评价作品；他认为，“不涉及美学的历史批评，以及反之，不涉及历史的美学批评，都将是片面的，因而也是错误的”[⑥]。别林斯基的批评方法达到了发展期的高峰。

其五，在批评家的修养方面，也有多方面的论述，狄德罗强调批评家的道德人格修养，要求批评家“首先做一个有德行的人”[⑦]；莱辛提出批评家一定要通晓艺术规律；歌德提出批评家的“人格”不能“欠缺”，更不能“没有人格”[⑧]；莫泊桑提出批评家应当“没有先入之见”“门户观念”，“是一个无倾向、无偏爱、无私见的分析者”的要求[⑨]；别林斯基、车尔尼雪夫斯基要求批评家要“坦率”“公正”“彻底”。可见，对批评家的修

① 《生活文学》，《西方文论选》下卷，第 267 页。

② 《批评家即创造者》，《近世文学批评》，第 143 页。

③ 《文学家评传》，《西方文论选》下卷，第 195 页。

④ 《黑暗的王国》。

⑤ 《批评家就是艺术家》。

⑥ 《关于批评的话·第一篇》，《别林斯基选集》第 3 卷，第 595 页。

⑦ 《论戏剧诗》。

⑧ 《歌德谈话录》，第 90、91 页。

⑨ 《“小说”》。

养的认识是相当全面的。

从上述这些论述可以看出，全面发展期对批评的性质、功能、方法、标准等各方面都做了深入探讨，提出了一系列科学见解，已经形成了一个具有特定内涵的完整的批评观念体系。

此外，在发展期，文学批评的形态、类型等也都得到了全面多样的发展。批评家们在自己的批评实践中，成功地创立了文学批评的基本样式。本书第二章对此已有论列，此不赘述。

综观中西方文学批评的发展，虽然各自的观念体系不同，但作为批评发展的基本内容还是基本相同的，那就是中西方批评的发展最主要的是围绕着文学观念、批评观念而演进的。在全面发展期，批评观念的各个范畴、各个层面都得到比较深入的探讨，虽然中西方各自的发展还不够全面系统，如果把中西方作为一个完整系统来看，批评观念的发展就应当说是相当全面和深入了。到此，可以说文学批评经过发展期的自省和建设，已经为进入现代批评新格局时期准备了充分的条件。

## 第三节　文学批评发展的现代新格局

马克思主义文学批评的产生标志着批评进入现代阶段。照此看来，现代新格局期在西方当包括19世纪中叶至今这一百五十年。在中国当包括20世纪初特别是“五四”时期马克思主义传入中国至今这七十多年。现代批评期时间虽然较短，但批评发展迅速、深入都是全面发展期所不可比拟的。这一时期批评发展和演变的内容丰富，特点鲜明，概括地说，就是“马克思主义文学批评盛行世界”和“西方20世纪文学理论批评爆炸”这两大奇观。

### 一、马克思主义文学批评盛行世界

19世纪40年代马克思主义文学批评产生，以后又在西方和东方（主要是中国）得到普遍发展。这一事实无疑构成了现代批评期的一项基本内容和显著特点。马克思主义文学批评的发展大体可分为三个阶段。

#### （一）创立阶段

19世纪40年代，马克思、恩格斯创立马克思主义的同时创立了马克思主义文学批评。

首先，马克思主义奠定了马克思主义文学批评的理论基础。特别是马克思、恩格斯关于经济基础与上层建筑的理论，解决了经济基础和上层建筑、物质和意识、艺术和现实以及艺术与经济基础、社会意识形态的关系，确立了艺术的社会性质和地位，从而把文艺学、文艺批评“提到了科学的水平”①。这一点是此前所有批评家所没有达到的，完全属于马克思主义的一个全新的创造。正是这一点标志着文学批评进入了现代批评的新时期。

其次，确立了马克思主义文学批评的基本原则。马克思、恩格斯在其文艺论著中对文学批评的性质功能、批评标准和方法等一系列问题作过论述，特别是提出了以“较大的思想深度和意识到的历史内容及莎士比亚剧作的情节的丰富性和生动性的完美的融合”② 为基本内涵的批评标准，提出了马克思主义批评方法的“美学”原则和“历史”原则③，对批评家提出了必须具有“公正”“坦率”④ 的精神和“艺术修养”⑤，从而创立了马克思主义“美学—历史”批评。这是一种在科学文艺学指导下的文学批评，是文学批评史上最先进最科学的批评。

再次，在实践上树立了光辉范例。马克思、恩格斯有大量的文学批评实践，集中体现了马克思主义文学批评的基本原则，其中《致斐·拉萨尔》《神圣家族》《诗歌和散文中的德国社会主义》《致玛·哈克奈斯》等等，为我们树立了光辉范例。当时的马克思主义者梅林、拉法格、普列汉诺夫等人的文学批评活动也为确立马克思主义文学批评做出了重要贡献。

(二) 发展阶段

马克思、恩格斯逝世之后至 20 世纪初期的年代里，列宁在俄国革命的斗争中，发展了马克思主义文学批评，把马克思主义文学批评推进到了一个新的阶段。列宁的时代是无产阶级夺取政权建立社会主义的时代。列宁提出了“社会主义文学”“党的文学”的思想⑥，从而使这一时期的文学批评显现出鲜明的实践性和政治性的特点。一是提出“把文学批评也同党的工作，同领导全党的工作更紧密地联系起来”的思想⑦，强调可以

---

① ［苏］列宁:《什么是“人民之友”以及他们如何攻击社会民主主义者?》,《列宁选集》第 1 卷，第 8 页。

② ［德］恩格斯:《致斐·拉萨尔》。

③ 同上文。

④ 同上文。

⑤ 参见《1844 年经济学—哲学手稿》。

⑥ 参见《党的组织和党的文学》,《列宁选集》第 1 卷，第 647—651 页。

⑦ 《给阿·马·高尔基》,《列宁全集》第 34 卷，第 387 页。

“从政治方面和行政的观点”批评作家作品①，这无疑是对马克思主义文学批评的发展。二是结合无产阶级斗争评价托尔斯泰，发表了《列甫·托尔斯泰是俄国革命的镜子》《列·尼·托尔斯泰》《列·尼·托尔斯泰和现代工人运动》《托尔斯泰和无产阶级斗争》等评论，对托翁作品的思想矛盾进行了具体分析，肯定了他在文学史上的重要地位，从而使列宁赢得了“托尔斯泰的批评家”的称号。列宁的托尔斯泰论为马克思主义文学批评提供了新的范例。

（三）全盛阶段

所谓“全盛”阶段，主要是指苏联十月革命以后到80年代，马克思主义文学批评在苏联、东欧一些社会主义国家和中国独领风骚，并且在西方一些资本主义国家也不断继续深入发展的空前局面。它主要表现在三个方面：

其一，中国马克思主义文学批评的创造性发展。“十月革命”一声炮响，给中国送来了马克思主义，同时也送来了马克思主义文学批评。中国共产党人和无产阶级作家、批评家在同各种批评流派的斗争中，特别是在粉碎国民党反动派的“文化围剿”中，建立和发展了无产阶级的新民主主义文学艺术，造就了以毛泽东、鲁迅为代表的一大批马克思主义文学理论家，在实践中把马克思主义文学批评推进到了一个新的阶段——毛泽东文艺思想阶段。在文学批评上，毛泽东提出文学批评的“复杂”性；论述了批评标准的阶级性、历史性等特性，提出了无产阶级批评标准的基本内涵；强调辩证分析的批评方法；提出批评学术上的“百家争鸣”方针等，形成了一个相当完整科学的批评理论体系，为马克思主义文学批评的发展做出了卓越的贡献。鲁迅的《中国小说史略》、瞿秋白的《鲁迅杂感选集序言》、毛泽东的《论鲁迅》《在延安文艺座谈会上的讲话》《同音乐工作者的谈话》《百花齐放，百家争鸣》等论著堪称马克思主义文学理论批评的杰出范例，不仅在中国而且在世界范围内产生了广泛而深远的影响。社会主义新时期的文学批评，各种批评流派活跃，呈现出多元化的趋势，但马克思主义文学批评并没有像它的论敌们所想象的那样很快消失，而是继续坚持马克思主义、毛泽东思想的基本原则，认真克服六七十年代那种“领导权的话语形式”和“阶级论”“政治化”“庸俗社会学”的缺陷，以新的姿态和批评活力向前发展，仍然是文学批评的主潮。

其二，苏联和东欧一些国家马克思主义文学批评的发展。苏联二三十年代卢那察尔斯基、高尔基、斯大林等人的批评活动，坚持马克思主义批评原则，批判“庸俗社会

① 《论苏维埃共和国的国内外形势》，《列宁全集》第33卷，第194页。

学”，对马克思主义批评的健全发展做出了贡献。四五十年代，波斯彼洛夫、斯托洛维奇等不同学派、匈牙利卢卡契等人的进一步探讨，曾在苏联、东欧产生过广泛影响，对马克思主义文学批评的建设发展不乏启示和积极意义。

其三，西方一些资本主义国家的马克思主义文学批评的发展。其中最有影响的是马尔库塞、阿道尔诺为代表的法兰克福学派和本亚明、布莱希特、布洛赫为代表的新马克思主义派。这就是人们称之为“西方马克思主义”派的主要力量。此外还有英国的伊格尔顿和威廉斯，美国的詹姆逊等马克思主义文学理论家、批评家。他们或者对文学和其他意识形态、现实主义问题提出自己的看法，或者对文艺与现实的关系做新的理解，涉及问题相当广泛，情况也较为复杂。总起来说，他们是“置身于资产阶级的学术文化氛围中的马克思主义研究”，其中并不都是对马克思主义的误解、歪曲和“修正”。他们的存在无疑表明了马克思主义在资本主义国家的一定地位和发展。正是在这种意义上，我们视其为马克思主义兴盛发展的一个方面的重要标志。

总之，马克思主义文学批评从19世纪中期产生至今，已经整整一个半世纪了。特别是在当今科学迅速发展的时代，马克思主义文学批评竟能不断发展壮大，甚至盛行世界，独领风骚百余年，比之西方某些流派在某一国家“各领风骚几十年”来说，不能不说是中西文学批评史上的一大奇观。

## 二、西方20世纪文学理论批评“爆炸”

与马克思主义文学批评在20世纪发展壮大相对应，现代批评新格局的另一个基本内容和特点，是西方20世纪文学理论批评的多元化大发展，即通常人们所说的西方20世纪文学理论批评“爆炸”。可以说这是中西文学批评史上的又一大奇观。

对这一奇观，我国当代文艺理论家胡经之先生曾经说过两句话。一句是说，它在理论上“向多元发展”，“五花八门”，“错综复杂”，“一些传统理论仍在继续发展，许多现代理论应运而生，相互排斥又彼此补充，难于把它们作简明的概括”①；另一句是说，西方20世纪文论“在时间上，往往同一时期乃至同一年甚至同一季度，不同的流派纷至沓来，令人应接不暇”，在空间上，“不断发生错位、交流，要想在一本教科书性质的著作中详细描述这种空间变化是不可能的”②。就西方20世纪文论“爆炸”的复杂性而言，这话实在并不过分。话是这样说，不过胡先生还是编写了《西方二十世纪文论史》教材，

① 胡经之主编：《西方文艺理论名著教程·导论》，北京大学出版社，1986年版，第15页。

② 胡经之、张首映：《西方二十世纪文论史·绪论》，中国社会科学出版社，1988年版，第4—5页。

“从总体上评述了20世纪文艺理论”，而且这评述简明精当、系统完整、清晰准确。这里仅把它的历史走向和基本特点，简述如下。①

(一) 产生

西方20世纪文论爆炸，完全是西方20世纪社会经济政治和文化科学发展的产物。特别是在美国，20世纪前文艺理论批评平庸可怜，令人不屑。但进入20世纪以来，却出现了举世瞩目的空前繁荣，现代当代流行的文学理论批评都在美国进行“爆炸”——迅速在文化思想学术界引起强烈反响。这是为什么呢？我们只能从欧美现实社会和文化科学中寻找原因。

首先，西方20世纪文论与西方20世纪社会矛盾、危机有直接关系。20世纪的欧美社会，矛盾重重，错综复杂，变化万端。几十年的时间内爆发了两次世界大战。大战的结果，改变了西方社会结构和组织，给西方各国人民的精神世界带来巨大创伤，悲观与忧郁情绪弥漫欧美各地。这是尼采、柏格森以及弗洛伊德学说之所以产生流行的社会根源，也是西方文论特别偏重研究人的内心世界的现实土壤。另一方面，到20世纪中叶，西方社会文化思想界又力图从历史中吸取教益，寻求新的平衡，树立新的自尊心，扮演现代文化“带步人”“榜样”的角色。② 这也是西方现代文论得以产生发展成为“爆炸”之势的社会温床。

其次，它是西方现代派文学艺术兴盛发展的必然产物——现代派文艺的一种理论概括。众所周知，现代派是西方当代文学艺术的主潮。在仅仅几十年的时间里，就产生了象征主义、未来主义、表现主义、意识流、存在主义、荒诞派、黑色幽默、魔幻现实主义等几十个文艺流派，出现了艾略特的《荒原》、卡夫卡的《变形记》、奥尼尔的《毛猿》、海明威的《乞力马扎罗的雪》、萨特的《墙》、加缪的《局外人》、尤奈斯库的《椅子》、贝克特的《等待戈多》、海勒的《第二十二条军规》、马尔克斯的《百年孤独》等现代主义大师和经典之作。这些现代派大师和作品与传统作家作品大相径庭，它们充满现代精神，有自己特殊的内容和独特的艺术形式。这些都是用传统的观念和方法所难以深入解读和准确评价的，甚至是根本深入不进去读不懂的。创作呼唤批评。在这种情况下，以现代派文学创作为实践依据并且主要是以现代派作家作品为批评对象的西方20世纪文

① 主要根据《西方二十世纪文论史》有关章节，以下不再一一作注。

② [美] H. 斯图尔特·休斯著，陈少衡等译：《欧洲现代史（1914—1980）》，商务印书馆，1984年版，第4页。

艺理论批评就应运而生了。西方20世纪文学理论批评作为西方现代派文艺的理论总结和概括，虽然没有深厚的传统之根，但却有坚实的创作之源，所以一旦产生，便迅速成“爆炸”之势。从上述情况可以看出，西方现当代文论“爆炸”，看起来好像晴天一声霹雳，实际上并非如此，它完全是西方现当代社会现实、文化科学艺术的矛盾冲突与渗透、排斥与融合的必然结果。

（二）基本走向

西方20世纪文学理论批评爆炸，时空交叉，错综复杂，是一个互相冲撞渗透又相互排斥融合的网状交织、立体辐射的多元集合体，的确很难用一般的逻辑形式或编年史的方式去展示它的基本演变过程和走向。《西方二十世纪文论史》采用逻辑与编年相结合的方法，即从总体上按性质划分成四大系统，在系统内以编年为主线，对“爆炸”过程加以描述评释。

1. 作者批评系统

作者批评系统即通常所说的主体批评系统，主要指重视对创作主体进行研究评价的批评系统。它包括表现主义、象征主义、文艺心理学派、原型批评等批评流派，先后流行于20世纪上半叶的几十年中，是西方20世纪文学批评中的一大批评系统。作者批评系统的各个流派都有自己的理论主张和批评原则：表现主义批评主张重视作者的情感、直觉及心灵传达的研究；象征主义强调整部作品的象征性而不是象征手法，认为诗应追求超现实的真实，运用抽象思维，追求纯诗；文艺心理学派包括精神分析学派、意识流派、格式塔心理学派，强调重视文艺的审美经验和创作的无意识的研究和描述，对艺术思维的研究更细致具体、更富有哲学意味；原型批评注重从原始文化形态出发揭示创作的潜在的深层意识，重视原始意象的模式对创作的作用的研究及文学批评的文化意识等等。虽然如此，各派之间还是有共同主张的，那就是不管各派有怎样的不同，但都是以研究创作主体（作者）为己任、以艺术创造为主要对象的，只是各自注重研究的层面侧重点有所不同而已。应当指出，主体批评确实自觉地抓住了文艺学、文学批评的一个重要范围，它们在这一范围内的各个层面的研究上做出了重要贡献，产生了一批杰出的批评家和优秀论著，如象征主义批评家［法］瓦雷里《瓦雷里论艺术》对司汤达、歌德的评论，心理批评家［奥］弗洛伊德《梦的解析》关于俄狄浦斯、哈姆雷特的论述，原型批评家［加］弗莱的《批评的剖析》等等。其中心理学批评在揭示作家的心理素质方面如对意识、潜意识、意志、知觉、形象思维方面做出了重要贡献，取得了举世瞩目的成果，甚至被人称为人类文艺心理学史上的最高成就。其实，更具意义的是在于心理学派自觉地开拓了文艺学和文艺批评的一个新的领域。

2. 作品批评系统

作品批评系统即通常所说的本体批评系统，主要是指把文学作品作为独立的研究对象的批评系统。它包括先后流行的俄国形式主义、英美新批评、法国的结构主义及德、法、美的文艺符号学派，主要流行于20世纪上半叶的几十年中，是西方20世纪文学批评的一大批评系统。其中形式主义把文艺作为一种表现形式，主张批评应侧重于形式方面并采用语言学的研究方法研究文艺；英美新批评主张批评应以作品研究为中心，以作品"文本"为对象，以"细读法"为研究方法，去研究作品内在构成的各种因素，重视作品的语言分析；结构主义主张采用语言学理论术语和方法，寻求文学的深层结构模式；文艺符号学认为文艺是表现情感的符号形式，强调注重文艺符号的特征和认识作用的研究。可以看出它们之间有很大差异，但不可否认，它们之间又有一定的共同之处。最重要的共同点就在于它们都是把作品作为研究对象的，文本也好，形式也罢，结构、符号等等都属于作品范畴。应当承认它们确实抓住了文艺学、文艺批评的一个重要方面，并且做出了重要贡献。雅克布森、艾略特、理查兹、燕卜荪、兰色姆、韦勒克、索绪尔、巴特、托多洛夫、苏姗、卡西尔等是文本批评系统的杰出代表。其中，英美新批评影响最大，时间最长，占有重要地位。

3. 读者批评系统

读者批评系统即通常所说的接受批评系统或读者反应理论，指把读者作为研究对象的批评系统。它包括阅读现象学、文艺阐释学、接受美学等批评流派，是西方20世纪六七十年代风行的一大批评系统。阅读现象学是把读者作为突出的研究对象，注重研究作品与读者的关系，把审美对象与审美知觉联系起来进行考察，认为文艺批评就是说明、解释、评价。文艺阐释学注重文艺的精神价值，强调研究文艺作品与读者的关系，重视历史文化因素的阐释。接受美学主要是研究读者在对作品的接受过程中所产生的一系列因素和规律，强调读者研究的重要性和客观性。虽然如此，它们的共同性还是很明显的，就是它们都在进行读者研究批评，只是各自批评研究的层面侧重点有所不同而已。从总体上看，接受批评系统确实把握了文艺学、文艺批评的一个重要研究范围——读者这个环节，所以说它对批评发展做出了重要贡献。接受批评系统的理论和实践的代表人物和论著先后有［波］英伽登的《文学的作品》、［德］加达默尔的《真理与方法》、［德］尧斯《论接受美学》等，他们在西方20世纪文学批评中具有一定的地位。

4. 社会—文化批评系统

社会—文化批评系统是指把文艺与社会—文化关系作为研究对象的批评系统。它包括自然—经验主义、新人文主义、苏联的社会—文化学派等，是西方 20 世纪文学批评中一直流行并有一定影响的一大批评系统。自然—经验主义认为“艺术即经验”，强调把艺术与经验之间的密切联系作为研究对象；新人文主义批评主张以“人的法则”反对“物的法则”，强调文学的道德作用；苏联学派强调从文化整体结构研究文学，注重对艺术文化的各种机制和对文艺进行非文艺的文化形态学的批评研究如哲学、人类学、宗教学、神话学、考古学的研究等等。总之，虽然各派的侧重不同，但共同点还是明显的，那就是把文艺与社会—文化的关系作为重点研究的对象，注重文学的社会—文化价值，即新批评派所反对的文艺的“外部研究”。这一批评系统的确也在自己的研究阵地上做出了重要成果，产生了广泛影响。其重要人物有自然—经验主义者［美］杜威的《艺术即经验》，新人文主义批评者［美］白璧德的《批评家和美国生活》，苏联卡冈的《美学和系统方法》，新历史主义者［美］海登·怀特的《元历史：19 世纪欧洲的历史想象》，它们在西方 20 世纪文学批评中具有一定影响和地位。

西方 20 世纪文论主要就是作者批评系统、作品批评系统、读者批评系统、社会—文化批评系统四大系统。这四大系统几十个流派此起彼伏，纵横交错，互相排斥又互相融合，在短短几十年内全部演过一遍，用文论“爆炸”作概括，实在是相当准确的，确实是文学批评史上一大奇观。

## 三、现代新格局的显著特点

文学批评的现代新格局同产生期、全面发展期比较，有巨大进步和显著特点。韦勒克说：“人们把 18 世纪和 19 世纪称为‘批评的时代’，不过 20 世纪才真正当得起这一称号。”① 这话并不过分。综观现代批评一百五十年来的发展进程，可以概括为以下几个特点。

### （一）批评本体建设上的重大进步

现代批评两大主潮——马克思主义批评和西方 20 世纪批评——在批评本体建设上，同发展期比较有重大进步。如果把两大主潮看作一个系统，则这种进步性就更明显了。

首先，在对批评对象的认识和把握上大大深化了一步。以前的各种批评大多集中于某一批评对象，几十年几百年一贯制，在原地转圈圈，不能越雷池一步。现代批评则不

---

① 《二十世纪世界文学百科全书》“文学批评”条。

然。现代批评具有自己明确的对象：从总体上来看，其理解和把握的范围比以前开阔多了，真正从片面上升到了全面，从自发上升到了自觉的水平。从现代文艺学的观点来看，现代批评对批评对象的认识和把握达到了历史最高水平。“作者、作品、读者、社会—文化”这个批评对象系统是与现代文艺学对“文艺活动系统”的认识完全一致的。从局部上来看，各个批评系统或各个系统流派对对象的认识和把握也是高度自觉的，甚至矫枉过正，表现出某种程度的“片面的深刻性”。四大系统的各个流派可以说没一家例外。当然，“片面性”并不可取。现代批评各系统在自己的领域里即整个批评对象的某一环节上做出重大突破的一个重要原因，恐怕就在于它们对自己的批评对象的自觉而明晰的认识和把握。

其次，在批评理论体系的建构上具有空前的自觉性，即忙于率先建构模式。这一特点或许更加突出。西方四大批评系统的各个流派，几乎都有自己的理论模式，甚至都是先挂招牌亮旗帜，然后才是搞实务忙营业。以结构主义批评为例，他们都是建构模式的好手。那些批评家们总是首先确立一些原则模式，然后把作品纳入这个模式。从托多洛夫《〈十日谈〉的语法》可以清楚地看出这种模式。从批评本体建设上看，建构模式并不坏，它是批评意识强化的表现，是应当大大发扬的。相比之下，马克思主义文学批评系统中，建构理论体系模式的自觉性倒是有点逊色了，这是应当引起注意的。

(二) 批评主体“现代精神”的最大张扬

现代批评的两大主潮都充满着“现代精神”，换句话说，现代批评的主体性得到了充分或比较充分的发扬。

一是在批评方法上刻意求新。现代批评家不仅用人文科学、社会科学方法，而且还积极运用自然科学、现代科学技术来进行研究和批评，几十年的时间，创立了那么多批评方法，使批评方法面貌为之一新。以往那种某种方法一统天下的现象再也不能为继了，取而代之的是多元化的各种批评方法。多种声音，多种取向，多种价值，已经成为基本格局。批评方法的求新对批评发展具有重要意义。

二是理论表述上锐意创新。文学批评理论原则的表述并非易事，对概念、范畴、体系的表述甚至比对其研究界定更为艰难。西方现代批评各派的名篇佳作表述新颖，充满创新精神，新概念、新名词纷至沓来，真让人眼花缭乱，应接不暇，如直觉、潜意识、原型、精神分析、陌生化、意图谬误、文本、有意味的形式等等，各家都有一系列符合自己体系的概念、范畴，流派众多，但决不雷同。在西方20世纪批评那里，什么“发扬传统”“滚学术雪球”等等是没有地位的。可以说，无论是在建构模式体系上还是在批评方法或表述方式上，他们要的是创新精神，特别是在20世纪中期，表现出了空前的创造性。没有这种现代创新精神，恐怕就不会产生那么多流派，也不会有什么文论“爆炸”了。

（三）科学主义与人本主义的对立与融合

西方20世纪文化科学领域里一个重要特点是科学主义思潮与人本主义思潮的对立与融合。一方面，19世纪末到20世纪初期以来，实证主义、经验批判主义、逻辑实证主义、批判理性主义、科学哲学的历史主义等等，在社会文化领域中普遍流行，不仅在自然科学中而且大有“奔向”社会科学之势①，形成了弥漫西方的科学主义思潮。另一方面，两次世界大战摧残了人类，破坏了科学事业，这就使战后的人本主义思潮复兴发展起来，如尼采的唯意志论、柏格森的生命哲学以及现象学、存在主义、阐释学、西方马克思主义学派，在社会文化领域里普遍发生作用。几十年来，这两种思潮不断排斥冲撞，同时又在冲撞排斥中渗透融合，反映到文学批评领域里就形成了两种思潮既对立冲突又渗透互补。从总体上看，作者系统、读者系统、社会文化系统表现出人本主义倾向，作品系统则主要是科学主义倾向。在某种意义上说，也就是两种批评思潮。它们对立冲撞得厉害，渗透融合也是十分明显的。从实践上来看，两大思潮的逐步融合似乎是现代批评未来的发展趋势。然而这种趋势又常常被误解而受到来自科学主义和人本主义两方面的夹击。这是一个误区。过分固执己见而拒绝他人的意见，这恐怕是西方20世纪文论各派往往来去匆匆不能长久的一个原因。

马克思主义文学批评将不断发展、现代化，西方20世纪文学理论批评“爆炸”也不会马上停止，这是我们对文学批评现代格局的概括和未来的展望。我们希望马克思主义批评与西方现代文论在冲突对撞中多一点吸收融合，达到综合一体化的新阶段。然而，知音难求，未来难测。但是我们坚信一点：现代文学批评特别是马克思主义文学批评，一定会在两大主潮的撞击中，以其“当代形态”走向更辉煌的未来。历史的潮流是谁也无法阻挡或逆转的！

**小结** 综上所述，可以看出，这里所关注的只是文学批评本体的产生、发展以至成为独立科学的演变，似乎并不在意对各个历史时期的批评家及其论著作历史评价。我们

① ［苏］列宁：《又一次消灭社会主义》，《列宁全集》第20卷，第189页。

认为，这才是文学批评学发展论对批评的动态观察的基本内容，当然也就是它与文学批评史应有的区别。或许只有这样才能从更深层次上揭示文学批评的发展历程。

## 复习思考题

1. 简述文学批评的产生。
2. 中西文学批评的源头的理论基石有什么不同?
3. 在文学批评的全面发展期，中国的文学观念、批评观念有哪些发展?
4. 在文学批评的全面发展期，西方的文学观念、批评观念有哪些发展?
5. 应当如何认识马克思主义文学批评盛行世界一百五十多年这一奇观?
6. 应当如何认识 20 世纪西方现代文论“爆炸”这一奇观?
7. 回顾文学批评的发展历程，对我们的批评建设有什么启示?

# 第十四章　文学批评的发展规律

**内容提要**　本章讲述文学批评的发展规律。首先，文学创作呼唤批评，创作发展对批评发展有直接影响，甚至引发启动批评的变革、发展；其次，社会—文化和政治、哲学、现代科学是批评发展的重要力量；再次，批评本身的多元并存、互渗互补、自由争论即百家争鸣是批评发展的基本规律。

从中外文学批评发展进程中，我们明显地看到各种复杂纷纭的批评现象：不仅有批评观念的演进，也有批评形态、批评方法的变化；既有古希腊时代群星闪耀，也有中国春秋战国时期的百家争鸣；既有西方以摹仿——判断为核心的批评体系，又有中国以言志——审美为核心的批评体系；既有蓬勃发展的时代，又有停滞不前的岁月，如此等等，这是一种偶然现象呢，还是有其内在规律在起作用呢？对此，有不同的回答。我们认为，文学批评的发展过程并不是没有规律可寻的神秘过程，而是有其必然的规律的。概括地说，文学批评的历史发展主要是在“社会—文化”“文学创作”“批评自身机制”等多种因素形成的“合力”的制约影响下完成的。

## 第一节　文学创作的发展是文学批评发展的基本前提

纵观文学批评发展的进程，可以看出，在批评摆脱了创作的附庸地位获得独立以后，它也并没有与创作完全脱离干系而走自己的路，它的建设与发展，同创作仍然有直接关系。总的说来，批评与创作是同态对应，共存共荣。其中就批评自身的发展来说，不仅创作要求批评，作家呼唤批评，创作发展直接为批评发展提供实践基础，而且某些时代超前的文学创作还往往直接冲击着滞后的文学批评，激发、推动着批评本身的建设和发展。也就是说，创作的发展是批评发展的基本前提和直接动力。

## 一、创作呼唤批评

作家和创作是文学批评的对象，这是谁都明白的道理。问题是，作家和创作为什么情愿充当这个角色呢？这大概只能说是由于创作本身的特殊性质所决定的。文学创作是一种复杂的精神生产，它有极强的"精神个体性"：一方面不像物质生产那样，可以用科学规范化的方式生产出完全合乎某种规格的产品；另一方面，即使是优秀作家的创作也不可能十全十美，没有一点毛病缺点。因此，它的生产就需要有人指点帮助、切磋商讨，只有这样，才可能使创作臻于完美。曹植较早意识到了这个道理，在《与杨德祖书》中指出："世人著述，不能无病。仆常好人讥弹其文，有不善应时改定。"① 德国启蒙运动时期的剧作家、文艺批评家莱辛，曾以自己的创作实践充分肯定批评的必要性。他说："借助批评，我能写点像样的东西，而没有批评，单靠我的才能却办不到。"他还特别针对批评的否定论进行批驳说："有人说批评能窒息天才，而我却恬不知耻地说什么从批评当中获得了某种非常接近天才的东西。"② 一些作家更是身体力行，如曹雪芹创作《红楼梦》，一边创作，一边请脂砚斋进行评论，边听意见边行修改，"披阅十载，增删五次"，终于使《红楼梦》攀上了小说创作的高峰。创作需要批评，这个创作自身的内在要求，就是批评发展的动力。

现代作家对此似乎比古代作家有更自觉、更深刻的认识。鲁迅就曾明确指出："文艺必须有批评"；"这才能够使文艺和批评一同前进"。③ 在他看来，没有"真切的批评"，什么"新文艺和新批评"就不会有什么"希望"④。他热切希望等待"能操马克思主义批评的枪法的人"对他进行批评。⑤ 丁玲说："作家最怕的是人家不说话，像一块石子丢下河去没有反应。"作家对批评的呼唤是何等真诚啊！这对批评的发展来说，无疑是一种直接的、强大的驱动力，它为批评的存在和发展提供了必不可少的前提。试想，如果没有这一前提，批评的发展甚至批评的产生和存在都将是成问题的。

## 二、创作对批评发展的直接影响

从中国古代文学史来看，一般情况下，文学创作的规模水平、创作倾向、思潮、流

---

① 《中国历代文论选》第一册，第 166 页。

② 《汉堡剧评·第 101—104 篇》，第 509、508 页。

③ 《看书琐记（三）》，《鲁迅全集》第 5 卷，第 551 页。

④ 《〈文艺与批评〉译者附记》，《鲁迅全集》第 10 卷，第 302 页。

⑤ 《对于左翼作家联盟的意见》，《鲁迅全集》第 4 卷，第 236 页。

派等等，都会对文学批评产生直接的影响，使文学批评与创作呈现为大体谐调平衡的发展状态。如魏晋时期，文学发展到“自觉时代”，从而形成了以《典论·论文》为标志的文学批评的“自觉时代”。南北朝时期，创作上形成追求华美的绮靡之风，“永明体”流行，反映到文学批评上，就出现了“声律”论及沈约的“四声八病”说。唐代诗歌创作繁荣，便出现了大量的诗歌批评，有陈子昂、白居易等人的诗评论文，有皎然的《诗式》、司空图的《诗品》等诗评专著，有殷璠附有评语的《河岳英灵集》式的诗选评，可谓形式多样，内容丰富，呈现出前所未有的繁荣景象。

从文学创作体裁来看，大多是当某种体裁的创作发展到一定水平规模之后，与其对应的批评论著才应运而生。除前述诗论之外，像明清小说成熟后产生小说批评、元代杂剧成熟后产生曲论、现当代影视艺术产生后渐有影视批评等等，无不显示出文学创作的发展对批评发展的直接作用。

从创作思潮来看，也是这样。俄国19世纪别林斯基、车尔尼雪夫斯基、杜勃罗留波夫的现实主义批评，不正是在普希金、果戈理、托尔斯泰等人的现实主义创作基础上产生的吗？西方20世纪文学理论“爆炸”及各流派的兴衰，不都以其文学流派的兴衰密切相关吗？可以说，现代西方各种批评流派的兴起和发展都直接根源于各种文学创作流派的兴起和发展。创作对批评的这种直接影响，正如苏联30年代形式主义批评代表人物斯克洛斯基谈形式主义批评产生时所说：“由于未来派的现代雕塑的启发，人们已经能够理解很多东西。那时我已学会把艺术作为一个独立的系统来理解。”另一位代表人物雅克布森则说，“对我影响最大的是艺术家而非学者”①。可见，文学创作对批评发展的直接影响是多么重要。

### 三、创作引发、启动批评的变革和发展

除在一般情况下，创作呼唤批评、影响批评、促进批评发展繁荣外，在批评落后于创作的情况下，创作冲击、引发批评观念的变革，更是一种卓有成效的推动力。我国当代新时期文学批评的发展进程有力地说明了这一点。新时期伊始，批评界还在“左”的文艺观点和思想的禁锢之中，批判“黑八论”“黑线专政论”②，即在批右上与“四人帮”争功。而创作界却是揭露十年动乱的作品蔚然成风，产生了如《伤痕》《班主任》等一批

① 转引自［比］J. M. 布洛克曼，李幼蒸译：《结构主义　莫斯科—布拉格—巴黎》，商务印书馆，1980年版，第36—37页。

② “文革”中“四人帮”对新中国文艺事业的诬蔑不实之词，源出于《部队文艺工作座谈会纪要》。

批“左”、批“四人帮”的作品。批评落后于创作，形势严峻。正是“伤痕文学”引起社会风波，“引发”了文艺界的争论，“触动了”“四人帮”长期法西斯文化专制主义的思想污染，“长期‘左’的文艺理论观点的禁锢”①，启动了文学批评的活力，促使批评观念进行了重大变革和发展。仅就文学理论观念方面来讲，至少有几个重要方面因这次冲击而发生了转变和发展：一是由《伤痕》引发的对“暴露文学”观念的澄清、反拨和发展。二是由《犯人李铜钟的故事》引发的对社会主义制度下的悲剧禁区的突破。三是由《乔厂长上任记》《人到中年》深化了对社会主义新人形象的观念。除此之外，80 年代中期对文学批评方法的探讨，也与当时出现的“伪现代派”作品的冲击不无关系。文艺理论批评思想观念的这种重大变革和发展，正如别林斯基所说，是由于“新的天才出世发现了新的艺术领域，把盛行一时的批评远远地抛在自己后面，这样就给了批评以致命的打击”，从而促使批评完成的“思想运动”②。也就是说，是创作与批评的对立矛盾直接推动了批评的变革和发展。这是完全符合辩证法对立统一的普遍规律的。

总之，无论是一般情况下创作呼唤批评也好，还是特殊情况下创作直接冲击引发批评也好，最终还是由创作为批评判断提供了实践依据，才使批评不至于成为“没有根据的论断”③。当年莱辛撰写《拉奥孔》，就因为在诗的方面有了维吉尔《伊尼特》史诗中关于拉奥孔的描写，在画的方面有了 1506 年出土的拉奥孔雕像这两方面的创作做材料，才使他关于“画与诗的界限”的科学论断那样深刻有力。试想，如果仅仅只有维吉尔的《伊尼特》“诗”的材料而没有雕像的“画”的材料，莱辛关于“画与诗的界限”的论断，岂不成为“没有根据的论断”了吗？实际上，迄今为止，中外文学批评史上还未见过完全不依据任何实际创作材料而进行杜撰的所谓文学理论批评呢！国际比较文学学会会长佛克玛教授在《二十世纪文学理论》一书中，曾把“文学研究备受创作中某些流向的影响”作为“我们首先应当讨论的问题”④，应当说是很中肯的。谈论批评的发展，决不能不重视其所“备受创作”的各种影响。

---

① 《〈中国新文艺大系（1976—1982）·理论二集〉·导言》，第 7 页。

② 转引自《〈中国新文艺大系（1976—1982）·理论二集〉·导言》，第 15 页。

③ 《拉奥孔·前言》，第 3 页。

④ 转引自《西方二十世纪文论史》，第 17 页。

## 第二节 社会—文化影响是文学批评发展的重要因素

马克思主义认为，文学艺术是社会意识形态之一，它与政治、哲学、道德、宗教等等是上层建筑范畴内的关系，“政治、法、哲学、宗教、文学、艺术等等的发展是以经济发展为基础的。但是，它们又都互相作用并对经济基础发生作用”①。这个科学论断对文学批评来说也是完全适用的。就是说，文学批评作为一门独立的科学，它与政治等的关系是上层建筑范畴内的关系，它是在各种社会意识形态、文化的“互相作用”中获得发展的。政治、哲学、宗教、科学、文化等是对文学批评发展产生作用的一个重要的社会力量。

### 一、政治对批评发展的巨大作用

在阶级社会中，政治作为“阶级对阶级的斗争”，对文学批评比对文学创作具有更为直接更为深刻的作用。

首先，政治可以赋予文学批评“政论精神”色彩。从中外文学批评史来看，政治斗争、阶级斗争尖锐激烈的时代，其文学批评往往具有强烈的“政论精神”。正如普列汉诺夫所说：“在一切过渡的社会时代，批评总是充满着政论精神，有一部分简直就成为政论。”② 欧洲文艺复兴、启蒙运动、19 世纪俄国文学批评无不具有“过多的理性倾向，充满着浓烈的政论精神”，甚至还被称作“政论式批评”。从我国现代文学批评史来看，在非常政治化的二三十年代，文学批评大都具有强烈的政治色彩，不仅使主流派批评家周扬的批评“直接与政治联结”，“多是政策性的产物”，更多“表现为政治实践形态”；或像冯雪峰的批评成为注重抓倾向抓苗头，以阶级分析方法评价作家的立场与方向的“执著于政治功利的批评范式”；甚至使具有自由主义倾向的批评家也不同程度的“政治化”了：梁实秋由新人文主义人性论立场调整到反共产主义、反共产党的立场，对鲁迅、对左翼文学运动进行攻击；一向标榜实行“宽容原则”的苦雨斋的隐士周作人也不再对左翼文学实行“宽容”③。可见，政治赋予批评“政论精神”或“政治色彩”并不是个别的，而是一种普遍的规律性现象。

---

① ［德］恩格斯：《致瓦·博尔吉乌斯》，《马克思恩格斯选集》第 4 卷，1995 年版，第 732 页。

② 《俄国批评的命运》，《文学理论学习参考资料》下，第 1295 页。

③ 参见《中国现代文学批评史》，第八、七、四、二章。

其次，政治可以使文学批评成为思想政治斗争的一种工具。人所共知，我国当代文学史上几次重大政治思想斗争运动，都是首先从文艺战线发动的，而文学批评又毫无例外地充当了发动这些思想政治斗争的一个重要工具。《应当重视电影〈武训传〉的讨论》、周扬《我们必须战斗》可算是这种工具的代表。在“文化大革命”中，姚文元的《评新编历史剧〈海瑞罢官〉》和江天、初澜之流的“革命大批判”文章，是货真价实的“四人帮”阴谋夺权的舆论工具。当然，“文革”前的几次思想斗争运动与“文革”性质不同，那些文学批评代表作的作用与“四人帮”一伙的大批判也不能混为一谈。但是，政治把文艺批评变成用来进行政治斗争的工具这一点却是共同的。进步的政治是这样，没落的反动的政治也是这样。其实外国文学史上阶级斗争政治斗争尖锐激烈的时代，如文艺复兴、启蒙运动、19 世纪俄国的文学批评无不如此。当时著名的批评家，大多是革命家，他们大多是以批评为武器去进行革命政治活动的。可见，在一定的历史条件下，政治使批评变为思想政治斗争、阶级斗争的工具，是一种普遍规律，而主要不是由某些个人人为因素造成或改变的。这样讲，并不是什么对批评的玷污和损伤，或许还是一种名副其实的褒奖呢!

再次，政治可以左右批评的兴衰。由于政治在社会意识形态、文化、科学中的重要地位和作用，很自然地直接影响甚至决定批评的兴盛和衰亡。中外文学批评史上开明盛世和政治动乱的时代往往是批评活跃发达的时代。古希腊的奴隶民主制时代和我国盛唐时代，政治开明，国泰民安，学术空气自由，成为群星闪耀批评繁荣发达的时代。这是一种开明盛世模式。相反，中国春秋战国时代，礼崩乐坏，列国兼并；西方“文艺复兴”时期，肯定人的个性解放、自由，在各个领域里普遍向封建和神学统治挑战，可以说是一种变革动乱时代，但却是学术上百家争鸣批评兴旺发达的时代。这可以说是一种变革动乱模式。这种变革动乱模式，中国现代批评史上的二三十年代尤为突出。反帝反封的“五四”运动造成了这个时期文学批评的空前繁荣和重大发展。这个时期，批评流派众多，文学观念各异，什么“文学研究会”“创造社”“未名社”“太阳社”“朝花社”“左联”，什么“新月派”“学衡派”“鸳鸯蝴蝶”派，“现代评论”派，“论语”派，什么“革命文学”“人的文学”“平民文学”“为人生的文学”“为艺术的文学”“民族主义文学”等等，五花八门，多如牛毛。在批评方法、批评观念上已经大不同于中国古代文学批评了。“五四”时期文学批评的繁荣和它由古代批评转变为现代批评的重大发展，都与“五四”运动反封反帝的“政治”性质密切相关。反过来，政治腐败、反动的高压专制时代，政治扼杀、窒息文学批评也并不罕见。欧洲的中世纪政教合一的专制统治，中国汉代的

“罢黜百家，独尊儒术”，清代的文字狱高压统治，当代“文革”十年的文化专制主义，所造成的批评停滞、衰亡、毁灭是人所共知的。这些足以说明政治对批评的兴衰有至关重要的作用。

普列汉诺夫对政治给予批评的重大影响曾作过考察，他说，“有些时代，不仅批评，而且艺术创作本身也充满了政论的精神”，这是“规律”，“是不可避免的，防止这种毛病的药，谁也还没有想出来”①。其实，既然是规律，就不应说是什么“毛病”。如果硬要说是什么“毛病”的话，那也是从胎里带出来的。科学的批评包括社会批评，面对政治化的现实生活和充满政论精神的艺术创作，怎么能不充满政论精神呢？具有自觉的社会责任感和强烈的批评主体性的批评家，正是从这里获得发展自己的源泉和实现自身价值的途径。因此，我们必须充分肯定政治对批评的这种重大作用。

**二、哲学对批评发展的深刻影响**

关于批评的历史演变，学术界有人把尚未进入“自觉反思”时代称为“哲学的统合”期。② 不管你对这种提法和分期是否同意，在这一时期的批评受到哲学的深刻影响甚至被哲学“统合”这一事实是不能否认的。其实，哲学不仅对未进入自觉反思期的批评有重要影响，就是对进入自觉时代的批评甚至现代文学批评都有重要影响，只不过各个不同发展阶段的表现形式和程度大小不同而已。

其一，以涵盖一切的力量“统合”批评。在社会科学领域里的诸多学科之中，哲学本来就具有凌驾一切之上的特殊地位和作用。在文学批评的萌芽产生期，具体表现为对批评的“统合”。那时期，无论是孔门诗论，还是柏拉图的文论，在形式上内容上都不是独立的，作为文学批评论著只不过是哲学著作《论语》和《理想国》的一些章、节、片断而已。从批评对象上说，先秦批评视诗为“六经”之一，古希腊批评把诗作为工匠技艺制品，实际被作为哲学、文化学的对象来进行哲学、文化研究，文学批评的视角、本质被哲学统合了。在内容上，批评主要是自上而下，自外而内地揭示文学的共性，缺少对文学个性的分析，这在孔门诗论和柏拉图的文论中表现得非常明显，是哲学化的内容。从批评主体上说，当时没有专门文学批评家和文学理论家，只有作为思想家、哲学家的文学批评家，如孔子、柏拉图那样，批评主体被哲学统合了。总之，在批评的萌芽产生期，哲学以它涵盖一切的力量从内容到形式、从对象到主体都统合了批评，使批评成了

① 《俄国批评的命运》，《文学理论学习参考资料》下，第 1293—1294 页。

② 《文学的批评世界》，第 248 页。

哲学学术的一部分。换句话说，文学批评被非文艺学的哲学体系淹没了。哲学的这种“统合”力量，在批评的全面发展期甚至现代批评新格局时期也并未消失，而是不同程度地显示出来。从西方当代以“读者研究”为中心的“阅读现象学”“文艺阐释学”“接受美学”等几种批评的特征和发展来看，它们早先都是更多地“裹”在哲学体系的外衣里：阅读现象学在现象学哲学体系中；文艺阐释学是在现象学和哲学阐释学基础上发展起来的；接受美学虽不像前者那样“裹”在哲学体系的外衣里，也与盖格尔、海德格尔的哲学思想不无关系。① 也许这里所举西方 20 世纪文论“读者系统”中的几个流派比较特殊，但就哲学以“涵盖一切”的力量影响各种批评的作用来说，却是一点儿也不特殊的。只不过是现代批评中，哲学虽然可以先“裹”住批评于一时，但终究不能“统合”批评于始终罢了。

其二，为批评提供思想理论基础。在文学批评进入全面发展阶段和现代新格局时，哲学对批评的统合不能继续，但它对批评的作用仍然存在而且十分重要，不过它已经主要表现为给批评提供思想理论基础。正如有人所说：“一种深刻而完整的理论批评体系却总是要借助相应的哲学体系来完成。”② 事实充分证明了这一点。如丹纳的社会学批评以实证主义哲学为思想理论基础，西方现代文艺批评以西方现代哲学为思想理论基础，马克思主义“美学—历史”批评以马克思主义哲学为思想理论基础，这些已是人所皆知的事情了。不仅如此，即使文学批评中的一些具体观念也往往直接受到哲学观念的制约。如典型理论中的“共性与个性的统一”说，不就是哲学中“共性与个性”观念的直接延伸吗？社会主义文艺理论批评如此，西方现代文学批评也没什么两样。只不过我们对其知之较少，不甚其详罢了。

哲学对批评的深刻影响是客观事实，批评的发展离不开哲学的力量。至于因哲学的性质不同而产生不同的影响，那是应当另作具体分析的。

### 三、现代科学为批评的发展注入新的活力

批评在发展历程中，还受到各种高度发展的现代科学其中包括各种社会科学和自然科学的影响，它们或者与批评有机结合成为一种边缘学科，或者直接渗透于批评，形成某种文学批评方法。现代科学的介入和渗透，无疑为批评发展注入了新的活力。

首先，形成某种新的方法。自然科学向文学领域渗透，在现代科学发达的今天，已

---

① 参见《西方二十世纪文论史》第三编。

② 《文学的批评世界》，第 237 页。

经成为一种不可阻挡的潮流。自然科学渗入文学领域，往往形成一种以自然科学研究方法为标志的新的批评方法。如生物学中的系统论方法，数学中的模糊数学方法，物理学中的熵定律、测不准原理等方法、定律、概念、原理进入文学领域，已经成为人们普遍认可的批评方法。这些文学批评方法上的突破和发展，对批评发展无疑是具有重大意义的。

其次，互相结合为边缘学科。如果说哲学、政治是以居高临下的态势对文学批评发展发生作用的话，那么与批评处于并行地位的各种社会科学则是以介入的态势与批评联姻结合成一种新的边缘学科。如文艺心理学、文艺美学、文艺社会学就是文艺与心理学、美学、社会学联姻的产物。这些边缘学科以其自身的视角和方法研究文学，揭示其相应方面的规律是完全必要和可能的，并且已经显示出自身的某些优势和成效。这种与文学联姻形成的边缘学科，其本身就是文学批评的一种横向突破和发展。现代科学的介入、渗透的力量不可低估。

## 第三节　百家争鸣是文学批评发展的基本规律

如果说文学创作是文学批评产生、发展的基本前提，社会—文化、意识形态是批评发展的社会动力，那么，文学批评领域中的多元并存、互渗互补、自由争论，则既是批评繁荣的表征同时又是批评发展的基本规律。多元并存是互渗互补和百家争鸣的基本前提，百家争鸣是多元并存发展的必然趋势，正是由于这种正常的学术上的百家争鸣把文学批评推向前进发展的。

### 一、多元并存：批评发展的生态模式

文学批评发展的正常的生态模式可以说是多元并存。所谓“多元并存”是指批评系统在整体或局部范畴中，存在着各种性质根本不同的观点体系以及它们不能统一而呈现出的平行并列的多元化的批评生态。一般说来，各“元”批评大都具有自己的理论原则、批评视角和方法，具有一定的科学性，能在批评领域里占有一定的位置。但它们往往又有一定的局限性，只能揭示出文学的某些方面的规律，因此又常常受到其他“元”的批评和非难。各“元”批评都是这样。唯其如此，批评领域里的各元批评才谁也统一不了谁，很难形成大一统的一元局面，而是呈现出“多元”的、“无序”的状态。这种多元并

存状态，被学术界一些人称为文学批评发展的“一个显著特征”①。可以说这是一个很有见地的论断。

首先，从实践上看，它经得起实践的检验。在批评领域里，无论是整体还是局部，或者从历时还是共时来看，最常见最普遍的状态就是多元并存。从整体上看，当代批评就有马克思主义批评和西方现代批评并存于世。马克思主义批评又包括东欧的、苏联的、中国的几种。西方现代批评则包括主体批评、本体批评、读者批评、社会—文化批评四大系统的表现主义、象征主义、文艺心理学派、原型批评、形式主义、结构主义、新批评、文艺符号学、阅读现象学、文艺阐释学、接受美学、文化分析等十多种批评。从局部来看，如“典型”问题就有多种不同观点，从未统一于“一”；批评方法、标准、形态又何曾统一过呢?② 即使对某一具体作家作品的评论来说，又何尝不是多元并存呢? 如莎士比亚批评就有历史学派、类型学派、语言和意象学派、主题和神话学派、校勘学派等学派并存，并因此形成“莎学”。又如《红楼梦》批评，有索隐派、自传派、新红学、马克思主义红学派等多派并存，并因此形成“红学”。以上这些是整体、局部多元并存。从历时性来看，西方曾产生了柏拉图、亚里士多德、莱辛、黑格尔、别林斯基、车尔尼雪夫斯基、杜勃罗留波夫等大批评家。中国曾产生了孔子、曹丕、陆机、刘勰、钟嵘、严羽、金圣叹、李渔、王国维等大批评家。他们虽然已经成为历史，尽管他们的辉煌论著带有其时代的局限性和种种不足，但时至今日，它们并没有完全被现代科学文艺理论批评所淘汰。当人们进行文学批评学的科学探讨时，历史上那些大批评家的论著总是以自己的理论活力与当今的时兴学说并存于世，总是以绝对不能废弃的宝贵思想资料而为当今的科学理论体系所吸收。也就是说历史的与现实的并存于世，是一种历时性多元并存。从共时性来看，也是各种异元批评并存。就拿中国现代文学批评史这一特定时期来说，就是典型的多元并存：有马克思主义批评（李大钊、瞿秋白、鲁迅、冯雪峰、毛泽东）、社会历史批评（茅盾）、社会政治批评（周扬）、实用批评（成仿吾）、实用主义批评（胡适）、新人文主义批评（梁实秋）、体验现实主义批评（胡风）、印象主义批评（李健吾）、直觉美学批评（朱光潜）等性质各不相同的文学批评流行。虽然当时论争尖锐激烈，壁垒分明，终究谁也没有统一了谁。可以说正是这些不同性质的批评并存于世才构成了中国现代文学批评史的基本内容。西方 20 世纪文论“爆炸”，在几十年的短暂时间

① 《文学的批评世界》，第 240 页。

② 参见本书第二编“标准论”、第三编“方法论”。

内，一下子产生、兴盛着那么多不同性质的批评，“多种声音、多种交流、多种取向、多种价值观”，真是批评史上多元并存的一大奇观。这些可称之为共时性多元并存。总之，从实践上看，多元并存是文学批评正常发展的基本生态模式。文学批评的发展，正是在这种整体、局部、历时、共时性多元并存中完成的。“多元并存”说是经得起实践检验的。

其次，从艺术科学理论上说，它是符合文学审美特性和文学批评的性质和规律的。一方面，文学作为语言艺术，它以艺术形象反映具有审美价值的社会生活的审美特性，决定了它本身审美意蕴的丰富性、复杂性、多义性，给批评者提供了想象、创造、发现的广阔天地。另一方面，批评者的主体性、批评标准的“弹性”特征及批评方法的多样性，又使这种批评想象、创造和发现成为可能。所以，在批评领域里，多元批评的产生和并存是完全合乎批评的特性和规律的，是理所当然、势所必致，谁也阻挡不了的。如果不是这样，而是像欧洲中世纪文坛尽是一派“神学胡言”，或像“文革”十年全是清一色“大批判”，倒反而不正常了。在批评领域里，无论是整体上还是在局部、具体问题上，或者是在历时性还是共时性上，一味要求体系观点统一，评价判断一致，是难以做到，也是不应该去强求的。过去一个相当长的时期内，我们往往以强调一致统一、反对多元化而自以为得计，然而实际上它却是违背批评发展的“多元并存”规律的，至少也是对批评发展规律的不理解或误解。所以，在那些年代里，文学批评得不到健全的发展，就是完全合乎规律的事情了。批评的正常生态被破坏了，还谈什么批评发展呢！

**二、互渗互补：批评发展的建设机制**

在文学批评发展过程中，多元并存的各“元”批评并不是互相独立完全绝缘的，而是在互相联系、相互渗透补充之中深化自身建设和对文学现象的评价的。批评系统内部的各种批评“互渗互补”可以说是批评发展的又一个重要规律和特征。所谓互渗，是指不同的批评在本体建设中，互相吸收、渗透某些要素来丰富完善自身。所谓互补，是指批评需要发挥各种批评共同协作、互相补充所形成的整体功能优势来完成对文学现象的全面深入的把握和评价。互渗互补是批评进行本体建设、协调功能、推进批评健康发展的基本内在机制。文学批评正是在这种互渗互补中向着更高层次发展的。

在批评领域里，几乎到处都存在着互渗互补。它可以是纵向递进式渗补，也可以是横向融合式渗补。就各“元”批评的自身建设来说，基本上是横向渗透融合。人所共知，马克思主义“美学—历史”批评实际上是在马克思主义指导下，美学批评与历史批评渗透融合的结果。欧美现代批评也是这样。如结构主义方法就是吸收了符号学美学方法、新批评及人类学方法中的某些因素；而符号学美学方法则又是吸收了结构主义方法、心理学方法中的某些因素；至于原型批评方法则是融合了荣格分析心理学方法和弗雷泽人类学方法的结果。这些都属于横向互渗互补。就某“元”批评的一些范畴的形成发展来说，似乎递进渗透更为明显。例如中国古代审美批评中的“意境”说，可以说是历代诗话有关论述的递进渗补的产物。正如文学批评史家所指出的，意境理论源远流长，《周易》《庄子》谈“意”“象”；魏晋至唐谈“意象”“意境”；宋至清谈“情景”“神韵”“兴趣”“格调”等等，这些观点逐次渗透递补，最后成为系统的具有民族特色的美学范畴。这可以说是纵向递进式渗补，亦即人们常说的“滚雪球式”的互渗互补。以上这些无论是纵向递进渗补还是横向融合渗补，主要还是围绕批评本体建设上的渗透融合。

相比较而言，在批评功能上，则主要是互相补充。各种批评方法无不具有自己的特殊功能，它们可以在某些特定范围、角度对文学现象做出精辟的分析和科学评价。但在另一范围、角度则无能为力。也就是说，每一种方法既有自己的长处又有自己的局限。在批评领域里，根本没有一种可以包打天下，穷尽批评对象全部意蕴的批评方法。因此，要对文学现象获得全面的总体的认识和评价，就应当正确运用和协调各种方法的功能，共同协作，各扬其长，各避其短，充分发挥自身的潜能，形成批评方法的互补优势，从而使人们对文学的全面认识和评价深化、前进一步。例如，“新批评”强调文本批评，对人们认识作品是有益的，是长处，但它割断作品与社会的联系，孤立地研究作品，又是其局限性。社会批评强调研究作品与社会的联系，是其长处，但对文本缺少足够的研究又显出其不足。明乎此，在批评中充分重视发挥两种批评各自的特长，实现其批评功能上的互补，就会把对文学现象的全面认识、评价大大深化一步。这种互补优势在对某些作品的具体评价上显得十分突出。例如对《红楼梦》的批评，就应当说是在各种批评流派的互补中促进其发展的。从最早的评点派到索隐派、考证派，到何其芳、毛泽东等不同“红学”派，都在某一方面显示出自己的优势，从而从总体上把“红学”推进一步。孤立地看，各派只抓住了一个侧面，好像不足为训，但从总体上看，则是他们共同完成了对《红楼梦》的各个侧面即全面把握和评价。这就是各种批评功能的互补效应，这是某一批评即使是最好最科学的批评也很难奏效的。“红学”是在互补中得到发展的，“莎学”也是通过互补建造的。由此可认识到，互渗互补是批评领域中的普遍规律，批评的健康发展离开这个规律几乎是不可能的。

有人担心坚持互补互渗会导致自我消失，这是误解。实际上互渗互补的结果，只是吸收别人的有益的营养而丰富并增强其自身的特点，更发展了自身，完全不是什么消失自我。即使互渗互补达到了互相融合的地步而形成了新质，那也不会与旧质雷同，而是旧质优越性的综合、飞跃，所以更显出新貌，从而成为新的更高层次的批评。这已被现当代文学批评史上的大量实践所证明。

**三、自由争论：批评发展的实践形态**

毛泽东在说明“百花齐放、百家争鸣”的方针时指出：“百花齐放、百家争鸣的方针，是促进艺术发展和科学进步的方针，是促进我国的社会主义文化繁荣的方针。”强调“科学上的不同学派可以自由争论”，“艺术和科学中的是非问题，应当通过艺术界科学界的自由讨论去解决”。① 特别指出“真的、善的、美的东西总是在同假的、恶的、丑的东西相比较而存在，相斗争而发展的”②。毛泽东的这个论断对批评发展来说是完全适用的。可以说，批评学术上的“自由争论”“自由讨论”正是文学批评发展的基本的实践形态。所谓“自由争论”是指批评领域的批评和反批评、各个学派、主体之间以说理分析的平等的态度就某些学术问题进行的自由讨论和探讨，它是批评学术上辨明是非、解决问题必不可少的实践形态，批评正是通过这种学术上的实践形态获得一步步的发展的。

在批评发展过程中，虽然总趋势是“相比较而存在，相斗争而发展”，但实际情况却并非如此简单，往往出现一些情况各异的争鸣模式。其基本模式主要是三种：

其一，春秋战国时期的百家争鸣模式。当时学术界诸子百家——儒、法、墨、道等各立门户，创建学说，成一家之言。各家之间互相诘难，自由论争，激烈辩驳，形成了百家争鸣的学术争鸣奇观。争鸣既是实践过程，同时又是实践的结论结果。也就是说只有争鸣而没有什么最后的“结论”“结果”。如果说还有什么成果的话，就是争鸣的各家都给我们提供了他们各自的学说，为各个学科建设发展开了先河，作了奠基。这就和遗传学上米丘林派与摩尔根派的争论一样，虽然一时没有结论结果，但对科学发展却意义重大。只见争鸣不见结果的模式在批评史上极为常见。例如我国 30 年代的“国防文学”与“民族革命战争中的大众文学”之争，即通常所说的“两个口号”之争，争论空前激烈，不可收拾，不得已而“休战”，终于没有结论。以后几十年中，当事人死的死了，倒的倒了，升的升了，几起几落，硬要弄出个结论结果来，最终又怎么样了呢？又如我国当代的美学论争，从 50 年代到 80 年代，争来争去，又有什么结论结果？如果说有结论结果的话，那就是由 50 年代的朱光潜、蔡仪、李泽厚三派发展到 80 年代的朱、蔡、李、

① 《关于正确处理人民内部矛盾的问题》，《毛泽东选集》第 5 卷，第 418 页。

② 同上书，第 419 页。

周来祥、高尔泰、蒋孔阳、叶朗等等六七家了。所谓“百家争鸣，一家做主”，实际办不到，哪一家能做了主！既然是“百家”争鸣，就不能一家做主，大概只能由“百家”做主才行。恐怕只有这样，才是真正的百家争鸣。这种模式实际上是争鸣的各家各派分别在不同的条件下，从不同角度，用不同的方法来研究同一对象，它们之间并不是正确和错误的对立，而是各自在不同方面做出了自己的贡献。这是百家争鸣的一种基本模式。

其二，汉代《诗经》研究三家亡而一家存模式。这种模式颇有点像“三国归晋”。汉代传授《诗经》的有四家：齐之辕固、鲁之申培、燕之韩婴、赵之毛苌。简称为齐、鲁、韩、毛四家。齐、鲁、韩三家属今文经学派、毛氏属古文经学派。两个学派不仅依据的文字不同，更重要的是解说评价各异，自立门户，对立争鸣，不相上下。西汉时今文经学盛行，东汉时古文经学逐渐流行。自《毛诗序》出，郑玄作《毛诗传笺》后，《毛诗》盛行，三家衰亡。《毛诗序》和《毛诗传笺》虽属古文经学派的代表作，但它实际上是今文经学与古文经学两派长期争鸣的结论结果，正是它们为标志把《诗经》批评研究发展到一个新阶段。这种模式基本上属于正确的或基本上正确的一家同错误的或基本上错误的一家之间的讨论争鸣，结果是基本正确的一方在争鸣中克服基本错误的一方，发展了正确的主张，从而推动了科学的发展。这种模式也是百家争鸣的一种基本模式。中国现代文学批评史上对“无产阶级文学”的认识过程，就属于这种模式。围绕着这个问题，现代文学史上进行了多次重要讨论和争鸣：“五四”时期是关于“文学革命”的争论，20年代是关于“革命文学”的争论，30年代是关于“文学的阶级性”和“文艺大众化”的讨论，40年代是抗日根据地文艺界对这个问题的热烈争论。在历次论争中，争论的双方基本上可以说是基本正确的一方与基本上不正确的一方的争论。毛泽东《在延安文艺座谈会上的讲话》则是这些争论的科学总结，他所提出并详尽论述的“无产阶级文艺必须为最广大的人民群众，首先为工农兵服务”的根本方向，则是现代文学史上人们对这一问题长期探讨的最科学的理论成果。

其三，从中外文学批评发展来看，当然不止这两种模式，还有第三种“合二为一”的模式。例如欧洲科学研究方法史上的“演绎法”与“归纳法”之争，长达几百年，争论的结果并不是一方统一了另一方，也不是双方都按照自己的主张发展，而是走向第三种模式，即由恩格斯把两者统一起来了：“归纳和演绎，正如综合和分析一样，必然是属于一个整体的。不应当牺牲一个而把另一个捧到天上去，应当设法把每一个都用到该用的地方，但是只有记住它们是属于一个整体，它们是相辅相成的，才能做到这一点。”①恩格斯这里讲的归纳和演绎“属于一个整体”“相辅相成”是最好的结论。看来争论的双方形而上学气息较浓，片面性很大，基本上属于争论双方都不太正确的门户之争，最后形成两者“统一”的结果也就是完全合乎逻辑的了。与两种基本模式相比，这种模式或许有点少见、特殊罢了。

百家争鸣的情形还有种种，但其最普遍最基本的模式恐怕还是春秋战国式和汉代《诗经》研究式、欧洲逻辑方法式。中国批评如此，西方批评也不例外。贯穿“文艺复兴”三百年之久的“古今之争”，西方 20 世纪文学理论批评“爆炸”“典型”理论之争、“莎学”之争等等，都没有离开这些基本模式，而且都是在这些模式的自由论争中获得一步步的深入发展的。正如文学批评史家分析总结西方 20 世纪文艺理论繁盛的原因时所说：“文艺观点上的各抒己见、相互辩驳，是西方 20 世纪文论领域得以出现隆茂繁盛的景象的一个重要原因。”②

学术问题上的百家争鸣，其灵魂和核心就是“大家自由争论”“各种学术思想，正确的，错误的，让他们去说，不去干涉他们”，“就是社会科学，这一派，那一派，让他们去说，在刊物上、报纸上，可以说各种意见”③。只有这样，才能“相比较而存在，相斗争而发展”。我国当代文学批评的发展历程，也充分证明，百家争鸣是真理发展的规律，是科学发展的规律，也完全是文学批评这个艺术性科学的发展规律。不管是由于统治者在思想文化领域的失控而自发形成的战国诸子百家争鸣也好，或者是由于统治者自觉地实行这一方针而让“大家自由争论”也好，百家争鸣始终是文学批评繁荣和发展的表征和规律，是批评发展的基本实践形态。文学批评的健康发展，没有百家争鸣是根本不可能的。社会主义新时期的文学批评，应当自觉遵循这一规律，推动文学批评的健全发展。

**小结**　文学批评的发展固然要以文学创作为前提，要受到社会—文化因素的重要影响，但批评建设中的“百家争鸣”机制却是文学批评发展的基本规律。违背了这一规律——“多元并存”“互渗互补”“自由争论”，批评的健全发展是不可能的。

---

① 《自然辩证法》，《马克思恩格斯选集》第 4 卷，第 335 页。

② 《西方二十世纪文论史》，第 14 页。

③ 毛泽东 1956 年 5 月 2 日在最高国务会议第七次会议上的讲话，转引自宋贵仑：《毛泽东与中国文艺》，人民文学出版社，1993 年版，第 46 页。

## 复习思考题

1. 为什么说创作是批评发展的基本前提？

2. 各种社会—文化因素对批评发展有哪些影响？

3. 为什么说百家争鸣是批评发展的基本规律？

# 本卷主要参考书目

北京大学中文系文艺理论教研室. 马克思恩格斯列宁斯大林论文艺. 北京：人民文学出版社，1986.
毛泽东. 毛泽东论文艺 增订本. 北京：人民文学出版社，1992.
文化部文学艺术研究院. 周恩来论文艺. 北京：人民文学出版社，1979.
邓小平. 邓小平论文艺. 北京：人民文学出版社，1989.
唐正序. 文学批评研究. 武汉：湖北人民出版社，1986.
陈晋. 文学的批评世界. 上海：上海文艺出版社，1989.
贺兴安. 评论：独立的艺术世界. 武汉：长江文艺出版社，1990.
王先霈，范明华. 文学评论教程. 成都：四川文艺出版社，1990.
黄展人. 文艺批评学. 广州：暨南大学出版社，1991.
潘凯雄，蒋原伦，贺绍俊. 文学批评学. 北京：人民文学出版社，1991.
陈鸣树. 文艺学方法概论. 上海：上海文艺出版社，1991.
胡经之，王岳川. 文艺学美学方法论. 北京：北京大学出版社，1994.
江西省文联文艺理论研究室等. 外国现代文艺批评方法论. 南昌：江西人民出版社，1985.
[美] 古尔灵等著；姚锦清等译. 文学批评方法手册. 沈阳：春风文艺出版社，1988.
《马克思主义文艺理论研究》编辑部. 美学文艺学方法论. 北京：文化艺术出版社，1985.
方孝岳. 中国文学批评. 北京：生活·读书·新知三联书店，1986.
王运熙，顾易生. 文学批评史（上、中、下）. 上海：上海古籍出版社，1979.
黄曼君. 中国近百年文学理论批评史 1895—1990. 武汉：湖北教育出版社，1997.
温儒敏. 中国现代文学批评史. 北京：北京大学出版社，1993.
[美] 雷纳·韦勒克著；杨岂深，杨自伍译. 近代文学批评史 1—6 卷. 上海：上海译文出版社，1997.

[三国魏] 曹丕. 典论·论文.

[南朝梁] 刘勰. 文心雕龙.

[南朝梁] 钟嵘. 诗品.

[宋] 严羽. 沧浪诗话.

[清] 李渔. 李笠翁曲话.

[清] 金圣叹.《水浒》读法及评点.

王国维. 人间词话.

赵家璧. 中国新文学大系第1—4集. 上海：上海良友图书公司，1935.

李庚，许觉民. 中国新文艺大系1976—1982理论一集. 北京：中国文联出版公司，1988.

鲁迅. 中国小说史略. 北京：人民文学出版社，1973.

茅盾. 茅盾文艺评论集. 北京：文化艺术出版社，1981.

茅盾. 茅盾论中国现代作家作品. 北京：北京大学出版社，1980.

[古罗马] 亚里士多德著；罗念生译. 诗学. 北京：人民文学出版社，1984.

[古罗马] 贺拉斯著；杨周翰译. 诗艺. 北京：人民文学出版社，1984.

[古罗马] 朗吉弩斯. 论崇高//伍蠡甫等. 西方文论选. 上海：上海译文出版社，1979.

[法] 狄德罗著；张冠尧等译. 狄德罗美学论文选. 北京：人民文学出版社，1984.

[德] 莱辛著；朱光潜译. 拉奥孔. 北京：人民文学出版社，1981.

[德] 莱辛著；张黎译. 汉堡剧评. 上海：上海译文出版社，1998.

[德] 爱克曼辑录；朱光潜译. 歌德谈话录. 北京：人民文学出版社，1978.

[苏] 别林斯基著；梁真译. 别林斯基论文学. 上海：新文艺出版社，1958.

[苏] 车尔尼雪夫斯基著；辛未艾译. 车尔尼雪夫斯基论文学. 上海：人民文学出版社上海分社，1965.

[俄] 杜勃罗留波夫著；辛未艾译. 文学论文选. 上海：上海译文出版社，1984.

[美] 琉威松著；傅东华译. 近世文学批评. 上海：商务印书馆，1928.

[英] 洛奇编；葛林译. 二十世纪文学评论. 上海：上海译文出版社，1987.

[英] 艾·阿·瑞恰慈著；杨自伍译. 文学批评原理. 南昌：百花洲文艺出版社，1992.

[美] 兰色姆. 新批评. 1941.

[加] 诺思罗普·弗莱著；陈慧等译. 批评的剖析. 天津：百花文艺出版社，1998.

[美] 雷内·韦勒克著；张金言译. 批评的概念. 杭州：中国美术学院出版社，1999.

[美] 韦勒克，沃伦著；刘象愚等译. 文学理论. 北京：生活·读书·新知三联书

店，1984.

［法］蒂博代著；赵坚译. 六说文学批评. 北京：生活・读书・新知三联书店，1989.

［法］茨维坦・托多洛夫著；王东亮等译. 批评的批评. 北京：生活・读书・新知三联书店，1988.

［苏］鲍列夫著；乔修业，常谢枫译. 美学. 北京：中国文联出版公司，1986.

# 初版后记

1989年春，我开始为河北大学中文系高年级同学开设“文学批评学”选修课。1990年又把它确定为科研项目进行研究。这本《文学批评学》就是在授课内容和科研成果的基础上写成的。当时学术界只是“基本赞同创立文学批评学的构想”，眼下则有几部文学批评学专著问世。本书现在出版虽然是“起了个大早，赶了个晚集”，但我仍然为文学批评学建设的重大进展感到欣慰！

在本书的撰写、出版过程中，先后得到河北大学中文系和科研处，河北省教委社科研究基金会，河北教育出版社亚民、子平、保青同志，天津师范大学中文系黄宗高教授的支持，特别是山东大学文艺学博士生导师狄其骢教授为本书作序。对此，我谨表深切的谢意。

“文学批评学”是文艺学中的一个难题，也是一个薄弱环节。我虽对此进行研究并为同学讲授多年，但并不能说已经解决了这个难题，就是对其中的某些问题的看法也并不一定都很科学。我倒是越来越觉得，中外文学批评实践所提出的问题太多太难了，对它进行全面深入的科学总结，实在是一件不容易的事情，至于建设文学批评学新学科，恐怕不是靠某个人的一时的努力所能完成的！我之所以把本书命名为《文学批评学》，丝毫不是说已经建立了什么完整的学科体系，只不过是想表明我对建设文学批评学的科学体系的学科意识和为此而做出的一些努力而已。由于本人学识有限，本书的缺陷乃至错误在所难免，希望得到专家和读者的批评指正。

作　者

1995年12月于河北大学

# 修订本后记

在本书作为“普通高等教育‘九五’国家教委重点教材”出版之际，我想说几句话。

一是关于本书的修改。本书于 1995 年出版后，得到国内专家、同行和广大读者的鼓励和支持。1997 年国家教委把本书列为“普通高等教育‘九五’国家教委重点教材”后，我按照有关要求做了修改：调整个别章节，删改和充实部分内容，增写“内容提要”“小结”“复习思考题”，列出“参考书目”。在修改中，尽管力求本书更加科学化，更加符合教学要求，但由于本人水平有限，不足之处仍在所难免。

二是关于本书的配套教材。“文学批评学”是一门新学科，目前国内尚无一套完备、系统、适用的参考教材，致使同学学习多有不便。为此，我们特地编选了《中外文学批评名篇选读》（暂名），作为《文学批评学》的参考教材，供教学使用。如无特殊情况，也将由河北大学出版社最近出版。

三是对关心、支持本书修改、出版的教育部高教司教材处以及河北大学出版社、教务处、中文系，中国人民大学博士生导师陆贵山教授、河北大学博士生导师詹福瑞教授及责编韩宁，表示衷心感谢。

殷切希望得到专家、同行和广大读者的批评、指正！

李国华

1998 年 10 月于河北大学

# 附　录

## 迟到的总结

### ——“国家‘九五’重点教材”《文学批评学》诞生纪略

拙著“国家‘九五’重点教材”《文学批评学》1999年问世，到今年已经20年了，1995年河北教育出版社初版则已25年了，2004年我退休也15年了。其间，特别是退休以后，经常有人问我：你那部“国家‘九五’重点教材”《文学批评学》是怎样“出笼”的？在他们看来，像我这样一个普通大学的一名普通教师的一本普通著作——一个实实在在的“三普”，居然弄成我国高教“国家级重点教材”，总觉得不好理解也不愿置信，好像其中有什么“秘密”，希望“曝光”“解密”。也是，既无名校学历、名师的传承，又无博硕学位、海归光环，却能一举成功，不是神通广大就是别有“背景”。我坦诚地对他们说，我“神通”一般，更无“秘密”；要说“背景”，确有，不过那是公开的，既不特殊也不保密，那就是：当年国家教委实施“精品战略”的重大举措，让广大高校教师申报“国家重点教材”。我正好赶上这个大好机遇，便使刚出版的专著《文学批评学》一举成为“国家‘九五’重点教材”！一句话，“运气好，赶上了！”直到现在，我仍不过是普通大学一名普通退休教师！事情就这么简单，压根儿就没有那么复杂！我这样讲，人家越发不信，说我在讲“神话”！对此，当时不怎么理解，后来倒是想通了，不过反生一些“忧虑”：连当事人的话都不相信，百年之后岂不真的演成“神话”！事关乎己，我决定甘冒“自吹”之讥，对此进行“回顾总结”，用事实曝光解密“出笼”过程，破除身边的“神话”！

**一、“逼上梁山”：搞“文学批评学”**

从大学毕业后，我便从事文艺理论教学和研究，到20世纪80年代末已有20年的教学实践，怎么这时又搞起文学批评学来呢？撇开当时中文系号召教师开选修课这个偶然因素外，如从客观上来看，可以说是情势所迫，“逼上梁山”；从主观上说，则是学术良心自觉的选择。具体地说，主要是从三个方面去考虑的。

首先是有感于中文系培养的学生文学批评能力普遍偏低。从长达 20 年的教学实践中，我逐渐形成一个相当稳定的基本看法：我国中文系学生包括那些优秀学生在内，文学批评能力普遍较低；就是那些创作能力很强的学生的批评能力也是偏低的，即“创作这一手硬，批评这一手软”；中文专业本科毕业生“搞不了文学研究，写不好评论文章”的现象相当普遍，而且，河北大学与全国几乎无甚差别。这种虽然普遍但不正常的现象长期存在，不能不让文艺理论教师深感羞愧和忧虑。而且，随着我国进入改革开放的新时期，文艺方面出现许多新问题，对中文专业人才提出了更高的要求，中文系培养的人才不能很好适应现代化的需要这一问题就越发突出了。至于造成这种情况的根本原因，我认为并不是中文系学生天生缺乏文学批评的禀赋才能，而是在校期间文学批评专业的教育缺失。如果能像其他专业课程那样开设文学批评课程，中文系学生肯定会有效改变现状，提高文学批评能力。面对这种虽然普遍但不正常的现象，作为一个从事文艺学教学多年的教师，应当负起自己应尽的责任，即使不能有所作为，至少也应该尽绵薄之力，触动这种现状！一个教师所能做的，恐怕也只能是从事文学批评学研究、开设文学批评学课程，为同学讲授一些文学批评的基础知识和基本理论而已。这就是我搞文学批评学的初衷。

其次是基于我国文学批评学的长期沉寂停滞。或许是我所从事的是文艺学专业的缘故，这个几乎被国人忽略了近一个世纪之久的状况受到我的关注，而且逐步成为促使我进行文学批评学研究的一个客观学术因素。我从当时有限的阅读范围中看到我国的文学批评学同西方存在巨大差距，从国外作为“批评的时代”的 20 世纪算起，几乎有近 50—60 年的差距。一是从 20 世纪 20 年代以来，西方陆续出版了一大批文学批评学专著，如 1924 年诞生的［英］理查兹《文学批评原理》、1930 年出版的［法］阿贝尔・蒂博代《六说文学批评》、1941 年出版的［美］兰色姆《新批评》、1957 年问世的［加］诺・弗莱《批评的剖析》、1963 年出版的［美］韦勒克《批评的概念》、1975 年出版的［英］戴维・洛奇《20 世纪文学评论》、1980 年出版的［法］托多洛夫《批评的批评》等都是在世界上产生广泛影响的名著。而我们在这 60 多年间，对文学批评学的基本问题很少进行研究，成果极少。可以说我国文学理论批评界根本没有从“学科建设”的高度上提出问题进行研究，因此不仅没有出版一本文学批评学专著，而且论文也极少，就学科建设来说几乎是一个空白。虽说20世纪20年代曾经有过周全平《文学批评浅说》(1927商务印书馆版)、傅东华《文艺批评ABC》(1928世界书局版)“跑马圈地”式的研究，但以后几十年来，由于种种原因，无人问津而一片沉寂停滞不前，文学批评学在当时几乎仍然是一块未被开垦的“处女地”。如《中国新文学大系》1—4辑“理论卷”(1917—1976)收文近630篇，其中有关“批评研究”的论文不足30篇，简直少得可怜，这个数字太能说明问题了。(参见《20世纪中国文学批评研究》)二是国外文学批评学教育的高度发展。欧美国家的大学一般都开设文学批评课，大都设有批评专业，甚至有批评系、院；我国大学中文系长期不开设文学批评课(全国仅有两三所大学开选修课)，根本没有批评专业，更谈不上批评系、院。面对这种情况，作为一个文学理论研究和教育工作者，深深感到一种无形的巨大的压力。我常反问自己：究竟为什么中国人就不能对文学批评进行研究，就不能开展文学批评教育?这种“压力”何尝不是“动力”呢!

再次是对文艺理论“老大难”的深切体会。高校中文系文艺理论教材建设与改革举步维艰，逼迫人们不得不“另辟蹊径”。如前所述，当年搞文艺理论的人无不深知其中的艰险和困难。对此，我曾经在《关于文艺理论课程体系改革的探索与思考》中说过，教育界进行文学理论教学改革可谓旷日持久，举步维艰。特别是新时期的20多年来，我国高校文学理论课程体系的建设和改革，几乎成了文艺界、教育界的一个“老大难”问题。一般人要想在文艺理论领域之内搞出点成就来，绝对是很难的，几乎是不可能的。以“大师”“泰斗”级人物童庆炳先生为例。他从20世纪50年代后期就致力于文艺理论教学和研究，到80年代末已经是国内文艺理论的权威了。新时期伊始，他就以《关于文学特征的思考》的大块文章，向主流文学理论体系及其根源——别林斯基关于文学与哲学的区别的名言开火，到1989年的近10年中，所著《文学概论》已有四五个版本之多。即使如此，也还很难说有实质性的重大突破。那时，我个人从事文艺理论教学和研究也有20年了，尤其是经过1988年出版《文学概论》(本书为合著，我统筹全书体例与章节设置，并承担一半以上的内容)，对这一点就有了更深切的体会和更加充分的认识，想在文艺理论上搞出一点儿东西来，真是太过艰难了!童先生的例子，更让人清醒地意识到，像我等后学之辈，是应该认真考虑是否还在“这棵树杈上吊死”的时候了!经过慎重考虑，最终还是下定决心，调整研究方向。我的调整不是另起炉灶从零开始，那样实际上行不通也赔不起。可行的调整转型是既不脱离文艺理论这一老本行，但又不是老本行原地踏步。换句话说，新的研究方向应当以文艺理论为基础，它还能够派上用场，但又不属于文艺理论学科本身。这样，传统上作为“文艺学”的三大分支学科之一的“文学批评”就成了我所选择的研究方向。不过，我与别人不同的是把它加了一个“学”字，成为“文学批评学”。现在看来，这似乎算不了什么，但在当时，这一字之差还真是一个问题。当时新版《辞海》都没有“文学批评学”这个词条。国内这方面的学术专著也都没有此类提法，如唐正序的专著叫《文学批评研究》；王先霈的教材叫《文学评论教程》，特别说明，“文学评论是文艺学的批评论”；童庆炳《文学理论教程》初版及修订版也都把它称作“文学批评”。这个问题，涉及学科定位和命名，为此我曾特别撰文《关于文学批评学的学科定位》进行论证，为其“正名”。

这里不必讳言，当时还有一个很现实的考虑，就是“文学批评学”当时在我国还没有提到议事日程上来，这一学科作为“未被开垦的处女地”，无疑具有巨大的学术增长点，这就为研究者提供了施展才能的广阔天地。作为率先涉足者，如能在学术上有所建树，无疑是占了一个“填补空白”的便宜。如仍从事文艺理论研究，当然就不会有这个幸运了。退一步讲，即使不能“填补空白”，也属于“先行”者，可做一些“铺路”工作，非同一般。而且就我个人体会来看，花费同样的精力和投入，在文学理论领域内往往是“事倍功半”，而在文学批评学领域内则可能“事半功倍”搞出一点东西来。

基于对上述三种情势的综合考虑，加上受到 1988 年 3 月我国“举行首届文学批评学研讨会”的鼓舞——我曾把这个二百字的“会议简讯”，定性为“我国文学批评学学科观念觉醒的根本标志”——我就毅然决然地把研究方向牢牢定位于文学批评学了，并且果断地在当年暑期中文高师函授班正式“亮相”讲授。可以说，我的文学批评学研究与教学是与我国文学批评学科“世纪觉醒”同步的！由此一发而不可收，“文学批评学”课程被评为“河北大学优秀教学成果”“河北大学精品课”，文学批评学也成了我生活中不可或缺的一部分。

从近三十年来的研究实践来看，当年由研究文艺理论转而为研究文学批评学，是一个不错的、明智的选择，也可以说是一次较为成功的选择，至少比我在 20 世纪 70 年代末搞“毛泽东文艺思想研究”要好得多。尽管“毛泽东文艺思想研究”在十多年后形成了百万多字的大型成果《毛泽东文艺思想研究概览》（河北人民出版社 1992 年出版），但在当时却是不合时宜、不够明智的选择。当时曾被著名文艺评论家冯牧哂笑为“抱着一个热土豆”（他不说“烫手山芋”），让人至今记忆犹新。从文艺理论转型文学批评学过程中，或许正是吸取了当初“毛泽东文艺思想研究”的教训，才有了后来“文学批评学研究”的较为明智而现实的调整。从三十年来的发展来看，文学批评学学科建设和教育，在我国持续发展，但还不太乐观。文学批评学课程在我校或许可以长期开设下去了，至于在全国400多所高校普遍开课，恐怕还需相当长的时间，三五十年也不一定。我已古稀之年，对文学批评学虽然未能忘怀，恐怕也难见这一学科在我国高校“普遍开花”的盛况了！

## 二、综合—创新：“踩着别人的脚印走自己的路”

俄罗斯谚语说：“路走得多了，不可能不踩着别人的脚印。”我在文学批评学研究的道路上跋涉20多年，当然“不可能不踩着别人的脚印”，甚至可以说是踩着别人的脚印走路。但从治学态度、研究方法上来说，我始终坚持“走自己的路”。就是说，在前人研究的基础上搞自己的研究。“踩着别人的脚印”是基础，“走自己的路”是关键、目的。这一点，我一开始就不含糊，而且越到后来就越明确，现在反思起来则更觉其正确无误。如果说我在文学批评学上取得了一点实绩，坚持“走自己的路”是具有决定意义的。

### (一)“踩遍别人的脚印”——熟悉情况，搜集资料

1. 熟悉学科的历史和现状。在最初的几年时间里，我的所谓“研究”，主要是了解、熟悉国内外文学批评学的基本情况，包括其历史和现状，大量阅读文学批评学方面的专著、论文和文学批评的名篇杰作。概括说来，主要是三方面：一是西方20世纪的文学批评学名著和教材；二是我国的文学批评学专著和教材；三是中外文学批评名篇杰作，包括我国现当代文学批评的优秀论著。当时有人认定中国文学批评“不成熟”“不典型”，甚至说它是“儿童态”“‘半票’批评”，不值得阅读研究。我以为此论不妥。我的做法是：我国这些“资料”也很宝贵，都要读，“踩遍别人的脚印”，不留空白点。

2. 坚持科学的搜集方法。至于搜集材料，我坚持“按图索骥，竭泽而渔”的方法。当时西方20世纪的文学批评学名著——从理查兹《文学批评原理》到让—伊夫·塔迪埃《20世纪的文学批评》，国内差不多已经先后翻译出版。我用了很长一段时间，按照《社科新书目》《中国文学研究年鉴》等报刊提供的信息“按图索骥”，认真去找、去借、去读。可惜，学校图书馆此类书刊收藏较少，缺口较大，本来比较容易的事情反倒非常麻烦。例如，英国伯明翰大学戴维·洛奇编选的文学批评教材《20世纪文学评论》，河北大学图书馆没有，河北师大图书馆只有半本（上册），经过几个月的时间，费了许多周折才得一读。此等情况甚多，不再一一列举。话说回来，“搜集资料”问题，说容易也容易，说难也真难。关键在于能否少一点“浮躁气”，多一点“坐冷板凳”的功夫。

3. 明确搜集资料的目的——确定研究内容特别是创新点。搜集材料、阅读文献的目的要明确，就是通过这些材料确定自己的研究内容。经过广泛阅读研究这些论著，对文

学批评学这一学科的历史和现状做到了心中有数，我要研究的基本内容和创新点、难点以及学术价值、意义等等，也就越来越明确、越成熟了。可以说，我的研究内容和创新点绝不是靠聪明灵感、苦思冥想、凭空杜撰出来的，而是通过长期研究分析有关材料逐步明确形成的。换句话说，不掌握、不研究大量资料，对研究课题的历史现状不能烂熟于心，就失去了确定自己的研究内容及其学术定位的根基。“资料”问题，说到底还是马克思的名言：“研究必须充分地占有材料。”要真正搞一点“研究”，就一定要在“基础”上下足功夫。只有这样，“研究”才能卓有成效。

（二）“走自己的路”——从“学科”的高度去“综合—创新”

怎样确定自己的研究内容，特别是明确自己的课题的学术地位、特色和创新点呢？我的指导思想比较明确，不当“二道贩子”、不做“风派”；一定要“走自己的路”，独立思考，有所发现和创造，特别是要深入细致分析已有成果的成就与不足、优点与缺失，把它们具体综合落实到自己的研究框架之中，把文学批评学推向前进。具体说来，一是注意科学对待中西方文学批评资源。西方文学批评学学科建设起步早，学派多，成绩大，确实值得我们借鉴和学习。但一切以西方为圭臬则是不科学的。虽然我国这一学科在“批评的时代”落后于西方，但它和古代批评一样都是重要的思想资源。对中国文学批评传统不屑一顾、全盘否定，则是完全错误的。靠当“二道贩子”，移植西方那些学术个性强、极端化、意识形态色彩及民族偏见极重的学说，是不能建构起科学的文学批评学体系的。我们必须破除大行其道的“西方中心论”，同时面对中西方的文学批评资源，从中发现规律，总结经验，概括范畴，建构科学的理论体系。二是靠“综合—创新”去建构理论体系。不必讳言，我所着力研究的“批评本质、标准、方法、写作、发展”等五大基本问题，也就是国内出版的王先霈等 4 部专著教材研究的问题，即使不完全一样，也所差无几，可说是“英雄所见略同”。面对这一现实，我所必须解决的问题是：我与他们的区别是什么？我怎样“综合”？我有哪些“创新”？我的特点是什么？其实质、核心就是：你究竟以什么立足于学术之林？在这里，我坚持趋同思维与求异思维相结合，以学科建设为核心，在 10 个方面进行“综合—创新”：（1）针对《文学评论教程》等没有性质论或论述简略的情况，设立“本质论”；（2）针对《文学评论教程》等没有标准论或论述简略的情况，设立“标准论”；（3）针对《文艺批评学》等对“美学—历史”方法论述简略的情况，设立“美学—历史”方法论；（4）针对《文学批评学》对中国文学批评略而不论的情况，设立中国文学批评的专门章节；（5）针对多数专著对批评方法的论述过于详尽重复的情况，对一些批评方法则适当从简；（6）针对《文学理论教程》（人文版）

淡化马克思主义文艺理论的情况，在有关章节中加强对马克思主义文艺理论基本原理的阐述；（7）针对《文学批评学》不设批评“写作论”的情况，加强对“批评写作论”的论述；（8）针对《文艺批评学》机械拼凑、体系不强的情况，增加对几个基本范畴的联系的阐述；（9）针对我国文学批评学专著教材对文学批评体式研究薄弱的情况，设立“批评体式论”；（10）针对一些专著教材对马克思主义批评的发展不够重视的情况，在“发展论”中增加“马克思主义文学批评奇观”；等等。（参见《研究生学位课讲义》有关章节）这里的“增”“删”表面上是“量”的调整，实际上有“质”的飞跃。首先正是通过对现有成果的重大“增补”和“删简”即“综合—创新”，才建构起一个新的理论框架。其次是所谓“增补”，实则或为对某些既有结论进行新阐释（或修正或补充或延伸或发挥），直到认为“阐释到位”为止，如对“艺术性科学”和“美学—历史”方法的基本原则的进一步阐释；或为从批评实践进行概括提出新概念范畴，如“批评体式”“批评意境”“批评阅读”“批评语言”等；或为提出一些批评理论新命题加以探讨，如“批评标准选择运用的原则”命题、“批评方法选择运用的原则”命题、“批评发现与创造”命题、“批评风格”命题等等，丰富充实完善理论框架内容。

概括来说，所谓“综合”主要是对学术共识、常识性的东西进行“删除简化”。所谓“创新”主要是对问题或进行“新阐释”或概括“新范畴”或提出“新命题”，直到认为“论述到位”为止。正是这些对现有研究成果的“综合”和诸多学术“创新”，不仅成为整体框架的有力支撑，而且还是各章节的亮点，从而初步建构起文学批评学的理论体系。实践证明，正是这些综合创新，才使拙著在基本理论体系方面以“体系严整全面，知识广泛深厚”的特色，立足于我国文学批评学之林。（参见狄其骢《文学批评学·序》、周申明《建设“文学批评学”的重要收获》、蔡子谔《〈文学批评学〉》、何志钧《文学批评学学科建设刍议》等）。

（三）恪守学术规范，严谨治学

如果说“走自己的路”主要是独立思考、大胆创新的问题，那么，严谨治学就主要是严格遵守文学批评研究的学术规范的问题。既要大胆创新，又要严谨治学，二者相辅相成，缺一不可。没有创新，严谨治学就成了因循守成，创新是灵魂；没有严谨的学风，大胆创新就成了狂言妄说，严谨治学是根基。大胆创新和严谨治学，在研究实践中是高度统一在一起的。“严谨治学”无论对谁来说，都是实践问题，而不是什么理论问题，就是看你是否能够真正做到“遵守学术规范”“讲究辩证观点”“坚持实事求是”。多年来，我一直坚持从点滴做起，一丝不苟，从来不敢有所懈怠，即使这样，还生怕有所疏忽或失误。

1. 自觉遵守学术规范。当时还没有一部由国家颁发的社科研究学术规范，人们按照学术常规、惯例和道德良心来规范自己的学术活动，抵制、反对不端行为、学术歪风和学术腐败。实际上，即使国家颁布了学术规范，但它总归不是法律，是很难规范那些搞学术腐败的权势者和不端学术行为者的。我以为主要还是靠学者们的学术良心进行自律。我始终坚持做到两点：一是充分尊重他人的研究成果——对他人的研究成果的介绍、评价力求客观、准确，绝对不能故意贬低、改动。二是绝不抄袭、剽窃他人的成果，对引文都要按照规范详加注释。这里包括凡是引用他人的观点、数据、资料等，都将其原始文献的作者、篇名、书名、出版社、年月、页码一一注释清楚；不是引自原始文献或第一手资料者，则加以说明。我认为，应注而不注、胡乱注释、作伪注等，则属于不规范行为或不端行为；引文篇幅较大或不注次数较多，严重到划不清引文与著文的界限时，就涉嫌抄袭、剽窃了。（参见未刊《唐正序致李国华》）一个严肃的学者、大学教师，虽然制止不了学术腐败，但洁身自好、自觉遵守学术规范则是必须做到的。我正是秉持这种观念对全书进行注释，宁多无缺，杜绝"缺注"和"伪注"。虽有个别专家提出"注释是不是多了一点"，但学术界对此赞许有加，尤其近年来违规乱象严重，"这种治学精神其意义就极为重大"。（参见何志钧《文学批评学学科建设刍议》）

2. 时刻坚持辩证观点。这是一个思想方法问题。毛泽东在总结评价"五四"运动时，曾指出一些人思想方法上的问题就是片面性，肯定就是全盘肯定，否定就是全盘否定，好就是一切都好，坏就是一切都坏，缺少辩证分析。在学术领域，没有辩证观点是一个通病。在刚开始文学批评学研究时，我国著名文艺理论家、山东大学教授狄其骢先生曾经特别提醒我这个"印象中的朋友"，一定要时刻注意辩证地看问题，不要绝对化，不要把话讲绝。狄先生论著的这个特点让学人称道，这大概是他几十年来治学的一个经验吧。我把毛主席的教导和狄先生的忠告牢记心中，认真落实在具体研究实践中。我的"讲究辩证"，主要体现在以下两个方面：一是要坚持系统整体观。概括地说，就是要全面看问题，"必须同时面对中西两方的各种文学批评实践"，看到问题的方方面面，切记不要只看到一个侧面、一个层次、一家之言、一种材料，就匆匆忙忙做出结论，而且是讲得很绝对的那种结论。二是要抓住特殊矛盾做具体分析。对这一点，我不仅把它看作"美学—历史"方法的一个基本原则进行详尽的理论阐述，而且十分注意把它贯彻到对任何一个问题的探讨中去，对问题绝不一概而论，绝不搞一刀切。这里的"具体分析"，也就是"辩证分析"，它应当是无处不在的。由于在研究中时刻注意"辩证"，书中的基本观点大多比较扎实稳妥，较少片面极端之论，颇受好评。

3. 必须坚持实事求是原则。这是老生常谈，但又是根本原则，所以就不仅要谈，重要的是坚决落实。科学研究，一切问题都“求”到“是”——正确，不出一点差错，恐怕很难做到，但对“实事”真相，不夸大、不缩小、不“瞒”不“骗”，则是必须做到的。我称赞《毛泽东文艺论集》的注释堪称“实事求是”的典范，建议学习它的榜样（参见《准确·精当·规范——关于〈毛泽东文艺论集〉的注释》），我自当身体力行。对于材料的使用、引文的注释、批评现象的描述、批评论著的评述等等，都要坚持实事求是的原则。我认为这里主要是一个态度、学风问题。态度老实、学风端正，治学就严谨一点；否则，非但谈不上治学严谨，而且还会让人对其学风、人格产生怀疑。（参见《也谈〈宋诗选注·序〉修改之谜》）搞科研、写论文，根除“魔术”“整容”之心，确立“实事求是”之意，应该是头等大事。

我的文学批评学研究和教学，一言以蔽之曰“走自己的路”，还曾梦想走出自己的学术形象。

## 三、18年磨剑，精益求精

从20世纪80年代确立“文学批评学”研究方向，到1995年12月河北教育出版社出版专著《文学批评学》，再到1999年12月出版“国家‘九五’重点教材”《文学批评学》、创建硕士学位点，最后到2004年出版配套教材《文学批评名篇选读》，历时18年之久，占去了我大半个教学生涯，实为平生一次重大考验和历练。有人问：这么长的时间你是怎样坚持下来的？这个问题含糊不得，长话短说，主要是三点。

### （一）以“精品意识”，撰写“国家‘九五’重点教材”

如果说一开始就有“精品意识”，那是吹牛，不符合实际。但开课伊始就有“质量意识”，注意保证质量，反对粗制滥造，绝不“卖狗皮膏药”误人子弟，则是事实。就是说，即使不能够出“精品”，也一定要出“合格品”，绝不出“劣质品”或“文化垃圾”。1992年，省教委社科项目《文学批评学》结项，撰写出《文学批评学》书稿，且自认为是一个比较完整、自成体系的东西，甚至认为可以“出手”了。当时省内一家出版社乐意出版，学界同行也极力撺掇赶快出版，当时我也有点心动，几乎就要把书稿交出去了。但考虑到要确保质量，就没有“出手”。又经过三年“打磨”，才于1995年12月由河北教育出版社出版。真是“起了个大早，赶了个晚集”。或许正是由于坚持“质量意识”，才保证了本书初版的较高水平：于1996年荣获“河北省第五届社科优秀成果一等奖”。此前中文系只有著名教授詹锳的《〈文心雕龙〉的风格学》获此殊荣。

拙著《文学批评学》1995 年 12 月出版，恰逢国家教委从 1996 年 6 月开始实施高等教育教材建设的“精品战略”的重大举措，我有幸得以填表申报“国家级教材”。出乎意料的是，1997 年 4 月，我的《文学批评学》与中国人民大学《文学理论新编》、北京大学《中国现代文学三十年》等 11 部教材一起被批准为“国家‘九五’重点教材”。河北省高校由此实现了社科类国家级教材零的突破！回想当年，那是 1997 年春天，学校破天荒召开“河北大学教育改革大会”，除了有关部门负责人做报告、总结等例行程序，重头戏就是宣布一项特大好消息：我校常务副校长孙汉文的《原子光谱分析》被批准立项“国家‘九五’重点教材”！这是河大历史上的第一部，是一件大事。学校如此隆重庆贺实有必要，并不为过。因曾经搭车申报，庆贺之余自然想起自己的《文学批评学》，很不是滋味。明明被告知河大就是副校长这一部，不知为什么就是“不死心”，还特别去教务处咨询。会后十来天的一个下午，突然接到教务处的电话，叫我“去拿文件”。当我在教务处看到国家教委的红头文件时才知道，我的《文学批评学》被批准立项“国家‘九五’重点教材”了！真是“出乎意料”，当然非常兴奋了。老伴说我“得意忘形”，恐怕是相当准确形象的！这就是“秘密”，整个过程就是这么简单！当年我只是从教务处要了《申报表》，按要求填好后交上去，就算大功告成了。之后，学校怎么上报教育部，国家怎么组织专家评审，“评委”都是谁，等等，一概不知也不打听，压根儿没这个意识。我那时被批准立项，就是这样碰运气的，印象太深了，20 年过后仍然记忆犹新！

话说回来，也正是这个“意料之外”促使我马上从“质量意识”提升为“精品意识”。“精品意识”是被“立项”逼出来的。为什么？在我看来，一旦戴上“国家‘九五’重点教材”这顶“光环”——称号、荣誉，就不是你个人的私事、小事了，而是代表河北大学和我们国家文学批评学这一学科的学术水平的公事、大事了。我必须树立“精品意识”，下定决心进行拼搏，拿出“国家级”教材的水平来。文学批评学是一门新学科，具有国内先进水平的“国家级重点教材”是什么样儿？国内还没有过，不得而知。对我而言，只能从实际出发，即在初版基础上认真进行修订，力争在一些重要问题上有所发现、有所前进，最大限度地超越自己，最终落实在“修订版”上。修订工作除按照教育部的有关要求，撰写每章“提要”和“小结”“复习思考题”之外，主要集中在初版中的几个薄弱点和有意回避的难题上。1.“文学批评的体式”问题。这是文学批评学的一个重要问题，然而又是一个现代文艺学不承认、不研究又为一般人不理解、难接受的问题。正如殷国明博士《20 世纪中西文艺理论交流史论》所说，文艺理论和批评的文体形式，是“当代文艺理论和批评的最大难题”，但又“确实在理论和批评学研究中被忽视了，至今并未在理论上认真讨论过”的一个问题。他还顺便指出一本《文学批评学》“在论述文学批评性质时”“并未考虑到文艺批评本身的文体和个性问题”的缺失。(华东师大出版社 1999 年版第 247 页) 的确如此，我讲授文学批评学 15 年，对此深有体会，不断有人对此提出质疑。修改时，针对初版的不足和人们的疑问，在原有“社会文化实践的检验”的基础上，增加了“文艺科学的依据”“文学分类学的定位”两节，填补了“缺失”，使这一问题的阐述在学科的高度上深化了一步。但是，因为当时我没能及时吸收新的研究成果（我国首部专论批评体式的专著《逻辑演绎与历史描述》），总感到言犹未尽，不够满意。2. 按照“美的规律”进行批评的问题。这个重要问题初版有意回避了。究其原因，并不是认为它不重要，而是因为它太重要、太难，自知能力有限没把握讲好，就干脆避而不谈，只用一句话就把它轻轻带过去了。作为“国家级教材”还能这样“轻轻带过”吗？肯定不能，你必须为国家级教材负责、为莘莘学子负责，你别无选择。于是就有了修订版中的“按照‘美的规律’进行批评”的详尽论述。关于“美的规律”问题，在我国文艺学界至少有蔡仪、李泽厚、蒋孔阳、周来祥、董学文等七八种观点，可以说是众说纷纭、百家争鸣，谁都不能说没有道理，然而谁也统一不了谁。基于对于文学本质特征的理解，我在这里明确提出了“按照‘美的规律’进行批评就是按照文学的‘三个特殊’进行批评”的命题，并进行了初步阐述。不敢妄称“创新”，权作一家之言。我认为学术界应对这个问题继续进行研究探讨，不忙作结论求统一。3. 批评的“发现创造”问题。这也是一个难题。难的不是人们不认可，而是对于它的内在机制难以解释清楚。换句话说，批评家究竟是怎样发现和创造的呢？优秀批评家的名篇佳作无疑为我们提供了大量的成功范例，然而，对其发现创造的内在机制进行稍微深入的理论阐述者又实在少而又少。从文学批评学的专著和教材有关章节来看，这个问题刚刚提出，其创造类型、创造内容、创造方法、创造机制等一系列具体范畴都有待于进行阐述，有所突破。在修改时，我意识到了这一点，在“文学批评的写作原理”一章中，增补了“关键在于发现和创造”一节。然而，我也只是提出问题，还有待于进行深入探讨。我对初版的修订，主要就是这三点。(参见《研究生学位课讲义》有关章节) 超越自己，有所前进，谈何容易！还好，我的努力总算没有白费，经过专家的鉴定，修订本作为“普通高等教育‘九五’国家教委重点教材”终于在 1999 年由河北大学出版社出版。专家、学者、研究者、细心的读者不难发现，“国家‘九五’重点教材”与初版在“文学批评的体式”“按照‘美的规律’进行批评”“批评的‘发现创造’”等难题上的新阐释。2002 年第 6 期《文艺研究》载文高度评价“新版所做的努力”：“以期建立具有中国民族特色的社会主义

‘文学批评学’的学科体系。”（参见蔡子谔《〈文学批评学〉》）

（二）锐意进取——出版配套教材，编纂“完备”教材

“国家‘九五’重点教材”《文学批评学》出版后，我听到的大多是称赞之声。但我清醒，我以为作为文学批评学课程的教材，仅仅有一部《文学批评学》而没有相应的参考资料——《文学批评名篇选读》是不够的，还不能算是一部很适用的真正完备的教材。在某种意义上说，二者互相参证，共存共荣，才能成为一套真正具有高度实用性的完备的好教材。基于这种认识，在《文学批评学》出版后，便集中精力编选“文学批评学参考资料”《文学批评名篇选读》。《选读》一书的编辑原则、体例是很明确的：参照“普通高等教育‘九五’国家教委重点教材”《文学批评学》的内容体系编选，分为五辑，共选收中外文学批评文章40多篇，尽可能地为学生在批评选题、批评标准和方法的选择与运用、写作技巧等方面提供成功的范例。为此，特别由编者对每篇文章精心撰写“导读”。此书2004年出版，实现了“实用、完备”的夙愿，也受到读者专家的关注和好评。（参见刘波《一本重要的文学批评学教材》等评论）国内著名文艺评论家雷达预言此书可能成为“长销书”。可实际上这套教材当时重印了两次后就已断档多年，很久不能满足广大读者和教学之需了！

（三）以“学术良心”坚持“十年磨剑”

经常有人问我，你为什么这么执着，是靠什么一直坚持“18年之久”？其实我并非有什么惊人的毅力和信念，因为我不是什么“大家”“大师”，也非超凡入圣、不食人间烟火的“超人”，我自己清楚地知道自己是谁、是什么人，该怎么做。试想，一无精英们师从某某“大师”的资本，二无硕博的高学位或“海归派”的洋学历，只是河北大学这样一个非一流大学的一个本科学历的一般教师，普普通通、平平常常，如果不能靠自己沉下心来，独立思考，长期坚持，搞出一点东西来，还有什么资格立足于大学的三尺讲台呢？20年的从教经历已经让我懂得要“搞出一点东西来”，靠“短促突击”是绝对不行的，必须下苦功夫，长期奋斗。空说不行，就是看你是不是真干！在当初的日子里，条件较差，我所住的“省哲研所”小楼“阴山背后”的小平房，整个冬天不见阳光，没有暖气，阴冷阴冷，平常不到10度，最高到不了12度，我晚上写东西，都是棉衣棉帽棉鞋全服武装，一冬天过来，手、脚、耳朵上全有冻疮。到了夏天可倒好，小楼挡风不遮阳，烈日暴晒，晚上写东西，没有空调，闷热不透风，酷暑难熬，赤膊上阵，汗流浃背，可难防蚊虫叮咬，四五十万字讲义书稿，就是在这里呕心沥血，字斟句酌，一个字、一个字工工整整地写出来的。中文系高年级的选修课也就是展示平台，届时上课，书稿

就是讲义，每届学生讲一遍，正好趁机征求意见修改一遍。我当时讲课的“开场白”是：“文学批评学是选修课，国家没有统一教材。我的观点并不是‘标准答案’，只是‘一家之言’；你们是‘九十九家’，咱们实行‘百家争鸣’！”就是为了集思广益，更广泛地征求同学包括一大批中年青年高中语文教师们的宝贵意见。较为成熟的一些章节向报纸杂志投稿，则再加斟酌精雕细刻。就这样，全书十几章的初稿 50 来万字，到修改稿再到最后定稿誊清 30 万字，反复增补删改，少则十遍八遍，多则十四五遍不止。加上后来修撰“国家‘九五’重点教材”，绝对不止十七八遍！当时年富力强、精力充沛，受一些皮肉之苦、筋骨之劳，似乎已经习惯了。只是在遇到学术难题搞得一筹莫展、孤独无援、焦虑烦恼、无奈无望时，那种身心疲惫不堪才叫“苦”，当然也有“柳暗花明”时的“乐”。正是凭着一个高校教师的责任心和科研者的学术良心，使文学批评学研究在十多年的漫长岁月里，一直按照规划稳步有序地进行，终于在第 12 个年头出版了这部“国家‘九五’重点教材”！

不可讳言，18 年来，也曾遇到过一些不公、误解让人纠结、不平，更有一些名利诱惑让人心动，如“国务院特殊津贴”、某某学会“理事”之类的头衔、国家级出版社的名誉等等擦肩而过，不过这些都是在“初见成效”之后快到退休的时候了。经历过“史无前例”和“改革开放”，我已过不惑之年，对于那些名利地位虽然不敢说彻底淡泊，但确实并无多大兴趣，更无意分心去争夺了。我觉得那些头衔、称号、待遇等等固然重要，但对我来说并不是最为重要的，无愧于“国家重点教材”，确保“精品”质量，打造“传世经典”，能真正培养提高学生的能力，才是特别重要的、最为重要的！即使不能成为传世经典世代传承，也绝不能粗制滥造卖狗皮膏药误人子弟！当然也有人不以为然，说是“冒傻气”，是“阿 Q 精神”，是“宋襄公式的仁义道德”。我理解这些善意的玩笑说词，但对当年凭靠“学术良心”坚持 18 年“磨剑”，至今无怨无悔，甚至颇感自豪欣慰！我对学术界所谓“冷静、平和、公允的学术研究态度和开放的学术胸怀”（参见何志钧《文学批评学学科建设刍议》），并无异议。其实，我离真正的学术大师们“十年磨一剑”的至高境界，还差得很远，我只不过没有像“学术不端”者那样违规操作罢了！

说实话，一部“国家重点教材”，对于那些“超级大学”的“名师”“名教授”们来说，虽说算不上什么惊天动地的大事，但也绝非鸡毛蒜皮之小事。而对于普通大学的普通教师来说，就不是一件“算不上什么”的“小事”，而是一件“值得关注”“得之不易”而且可以“载入史册”的“大事”了。我现在作此“总结”实在晚了点儿，确切地说已经晚了 15—20—25 年之久，我也曾怀疑此举是否真有必要，最后还是确信“迟做总比不做好”。如果这个“回顾”和“总结”能如愿以偿，对友人释疑解惑，破除“神话”，倘若还能让后辈学子更加相信“学问主要还是靠自己”的道理，那将让人感到欣慰！

2019 年 5 月

河北大学
文学院教授文库

下卷

# 论文卷

# 第一编　文学批评学建设

# 适应人才培养的需要，建设“文学批评学”新学科

我是长期从事“文艺学”教学与研究工作的。进入新时期以来，特别是20世纪80年代后期，为了切实提高中文系汉语言文学专业学生的文学批评能力，为国家培养适应新时期社会需要的高水平的专门人才，从1989年开始尝试对中文系专业主干课程“文艺学”进行改革——开设新课程“文学批评学”。“文学批评学”是一门新学科，无论是在国外还是在国内，都没有现成的教材可用，也极少现成的经验可供借鉴，面临的困难是可想而知的。值得庆幸的是，经过近10年的实践探索，终于撰写出版了被学术界、教育界认可的教材《文学批评学》（河北教育出版社1995年出版），摸索到一些切实可行的教学方法，为切实提高中文系学生的文学批评能力，培养高水平专门人才做出了一定的贡献。对我个人来说，教学和科研能力也在实践中提高到了一个新的水平。

## 一、明确目的——从人才培养出发，开设“文学批评学”课

在长期的“文艺学”教学实践过程中，我深感中文系汉语言文学专业的学生，文学批评能力普遍较低，即使那些创作水平较高的学生，其文学批评水平也明显偏低。这种情况，对新时期文艺事业来说，是很不适应的。也就是说，现实的需要，对我们的人才培养提出了挑战。我们必须做出回答。

中文系学生文学批评能力偏低，是个别现象还是普遍现象呢？通过调查研究认识到，这种情况在国内绝非是个别现象，并不是某个大学中文系的问题，而是大多数高等院校都是这样，就连国内一些国家重点院校也不例外。即使在国外，也不是个别现象，正如美国路易斯安纳州立大学W.L.古尔灵等教授所指出的那样，“许多高年级学生学了文学课程之后，对文学批评“往往只具备种狭隘的、片面的观念”，“对那些最有成效的批评方法仍

然不甚了了”。（参见 W. L. 古尔灵等著《文学批评方法手册·编者前言》，春风文艺出版社1988 年版）可见，国内外文学专业的学生的“文学批评能力偏低”是一个普遍现象。我们认为，这种现象虽然是普遍现象，但却是一种不正常的现象，应当得到克服、纠正。

那么，造成这种不正常现象的原因和解决办法是什么呢？原因可能有种种，各国、各校的情况也决不会完全一样。但其根本原因就是大学文学专业没有设置相应的“文学批评”课程，没有给学生全面、系统地讲授文学批评的基本理论和基本知识。一般的“作品”课、“文学史”课虽然与“文学批评”不无联系，但它们并不真正讲授“文学批评”的基本理论和基本知识，应当说这根本不是它们的任务，也不应当苛求它们。学生在校四年，只有《文学概论》中的“文学批评”一章，只用几个学时讲授“文学批评”的基本理论和基本知识。作为“文艺学”或“文学概论”课程来说，也就被认为是完成了自己的任务。但是，从培养学生的文学批评能力来说，这是杯水车薪，根本无济于事。由于学生在校四年，始终不能接受有关文学批评的全面系统的教育和实践训练，其文学批评能力普遍“较低”或“偏低”的状况，也就十分自然了。

在这种情况下，解决问题的根本办法，就是从人才培养的实际需要出发，在中文系汉语言文学专业开设“文学批评”课程，给学生全面、系统地讲授文学批评的基本理论和基本知识，并组织他们进行文学批评实践和训练。我认为，只有这样，才能使学生树立科学的文学批评观，系统掌握文学批评的基本理论和基本知识，提高文学批评能力。“文学批评”课程的这一基本内容、目的和要求是明确的，也是其他课程如“文学概论”“写作”“文学批评史”“西方文论”等课程所绝对不能替代的。从课程的基本内容出发，我们把它定名为“文学批评学”。由于“文学批评学”课程的基本内容、目的和要求，在较大程度上满足了广大学生学习的实际需要，所以从 1989 年开课（选修）到现在，始终都受到广大学生的热烈欢迎。

## 二、用力治本——努力撰写“文学批评学”教材

教材是教学之本。开设“文学批评学”课程必须有合适的教材。否则，将是舍本逐末。但是，因为“文学批评学”属于国内外正在建设中的新学科：国内尚无一部正式的教材——1988 年 3 月国内“首届文学批评学研讨会”，才提出“基本赞同创立文学批评学的构想”（参见《首届文学批评学研讨会在武汉举行》，1988 年 4 月 12 日《人民日报》）——这样的专著、教材当时国内根本就没有；国外倒是有一些文学批评学专著，

如英国理查兹的《文学批评原理》、加拿大弗莱的《批评的解剖》、美国韦勒克的《批评的概念》等，进行过创立文学批评学体系的尝试。但是，西方世界的这些文学批评学著作，大多是一些学派性极强的著作，其中包括各式各样的思想倾向，特别是在意识形态上的分野，就使这些外国著作没有一部可以直接采用作为我们的教材。怎么办？是因为没有合适的教材而停课，还是下大力量编材把课开下去？面对嗷嗷待哺的学子，我们选择了撰写我们"中国自己的教材"这条路。

因为"文学批评学"是一门正在建设中的新学科，国内极少先例，特别是要撰写一部体系性和科学性都较强的马克思主义文学批评学专著、教材，需要自起炉灶、创立体系，谈何容易！如果说开设"文学批评学"这门新课是对我们的学术勇气的考验，那么，撰写"中国自己的文学批评学"教材则是对我们的学术水平的严峻考验。我们坚信，在马克思主义和毛泽东思想指导下，一定能够撰写出具有一定科学性和体系性及中国特点的文学批评学著作和教材。在对国内外"文学批评学"建设状况的充分调查研究的基础上，我们确立研究课题，制定了研究规划，明确了指导思想，就是要坚持马克思主义、毛泽东思想指导，深入研究文学批评的基本原理和规律，创立马克思主义文学批评学的科学体系，决不允许违背马克思主义的基本原理原则，去创建什么别的理论体系。在我看来，这样的文学批评学应当是以文学批评本质论为核心，其中包括批评标准论、方法论及批评写作论、发展论为基本内容的科学理论体系。"本质论"从批评本体的特殊内在机制和外在形态揭示文学批评的"艺术性科学"特质和"审美调节功能"。"标准论"从中西两种标准体系特别是马克思主义、毛泽东思想的标准论中，确定社会主义文学批评标准的基本内涵。"方法论"在介绍中西几种主要批评方法的基础上，集中阐述马克思主义"美学—历史"方法的基本原则。"写作论"主要从实际操作的角度描述批评写作的程序和基本原理及基本技术技巧，并对批评家的修养、智能结构提出原则要求。"发展论"对整个对象系统作动态研究，简略描述文学批评发生和发展的基本历程，总结概括文学批评发展的基本规律。这五论不是孤立的，而是通过"文学观念""批评方法""批评对象"三者的内在联系而有机融合成的一个不可分割、不可或缺的系统整体。这个体系框架应当是马克思主义的科学体系，至少应当是较好地体现马克思主义和毛泽东思想的基本原则的。否则，就不能算是科学性较强的适用的文学批评学教材。

值得欣慰的是，从确立课题到深入研究，经过几年的辛劳，反复修订，多次实践，《文学批评学》终于出版发行，并荣获"河北省第五届社科优秀成果一等奖。"当然。这对我来说，只不过是对我几年来所做的努力的一种认可和鼓励。我们应当在这个基础上继续为建设马克思主义文学批评学做出更大的贡献。

## 三、改革教法——坚持理论与实践相结合的方法

“文学批评”在“文艺学”的三个独立学科——文学理论、文学史、文学批评之中占有重要地位。它的一端联结着文学实践，文学实践经由文学批评而上升到文学理论；它的另一端联结着文学理论，文学理论经过文学批评而在文学实践中发挥出指导作用。由于文学批评在文艺学系统中的特殊地位和重要机制，便决定了“文学批评学”基本上是一门实践性极强的应用理论科学，而不像文学理论那样是文学的基础理论科学，至少应当说文学批评学比文学理论和文学史具有更强的实践性和应用性。换句话说，文学批评学作为文艺学中的“应用科学”一方面是极强的实践性，一方面是极强的理论性，确切地说，实践与理论的融合是文学批评学区别于其他相邻学科的最显著的特征。

基于对“文学批评学”根本性质的认识，我们认为，在教学方法上也应当与其他相邻学科有所不同。一般基础理论课程的满堂灌、注入式的教法，对于“应用科学”来说显然是不合适的。从文学批评学的“应用科学”性质出发，我们特别强调理论与实践相结合的教学方法，即在讲授理论的基础上。注意加强批评实践与训练环节，在最大程度上实现理论与实践的融合。在学时分配上，大体理论讲授占 3/4，实践占 1/4。通过讲授理论和教师指导下的批评训练和实践，使学生进一步加深对基本理论和基本知识的理解，促进了理论、知识向能力的转化，有效地提高了学生的批评能力。有的学生的批评实践还形成成果或扩展为学年论文、毕业论文，或在一些比赛中获奖。多年的实践证明，适当地加强文学批评实践训练，对于“应用科学”来说，是有效提高教学质量的一种可行的方法，这也正是文学批评作为“运动的美学”（别林斯基语）的内在要求和具体体现。

## 四、实践效果——育人、编材、学科建设上的良好效益

从 1989 年在中文系汉语言文学专业开设“文学批评学”课程以来，在人才培养、教材编写、学科建设等几个方面，可以说都取得了很好的社会效益。

在人才培养方面，切实提高了学生的文学批评能力。开课 8 年来，一直深受学生的欢迎和好评。历届学生都普遍反映本课对树立科学的批评观，掌握文学批评的基本理论和提高批评能力具有重要作用。特别是科学的批评理论的武装，为从事文学批评打下了

较为坚实的基础。

在教材建设方面，填补了空白。20 世纪 90 年代前国内一直没有这方面的教材，至今尚无统编教材。由于《文学批评学》在“设章置节”“建构体系”上充分注意从学生出发，适应教学的需要，所以这部专著同时又是一部较为适用的教材，正如山东大学文艺学博士生导师狄其骢教授所说：“《文学批评学》作为一本新教材，由于它的体系严整全面、知识广泛深厚，更是能给求学的读者一个理论与实践相结合的文学批评学模式。学习了这本教材，或许你不但懂得什么是文学批评，而且能跟着做起文学批评来。”（见本书《序》）本书已取得河北大学的支持，作为“普通高等教育‘九五’国家级重点教材”申报国家教委立项，对建设新教材具有重大意义。

在学科建设上，为建设文学批评学做出了重要贡献。“文学批评学”在国内外都属于正在建设中的新学科。国内起步更晚，1988 年“首届文学批评学研讨会”才提出“基本赞同创立文学批评学的构想”（1988 年 4 月 12 日《人民日报》）。专著《文学批评学》出版后，受到学术界的关注，被认为是“运用马克思主义、毛泽东思想建构文学批评学科学体系的一个相当成功的尝试”，是“建设‘文学批评学’的重要收获”（见《建设“文学批评学”的重要收获》，1996 年 10 月 1 日《文论报》）。“文艺学”深化改革与新学科建设的统一，对实现教学的当代先进水平具有重要意义。

近 10 年的实践，特别是在人才培养、教材编写、新学科建设上的良好的社会效益证明，我们对“文艺学”的改革——开设“文学批评学”是一种根本性的深层次的改革。新时期社会主义文艺建设的时代要求、文学批评学新学科建设的发展趋势与大学中文专业人才培养的根本目标的内在统一，互为动力，形成了一个系统整体，这就是这一改革能够坚持进行并取得丰硕成果的契机。只有这样，适应时代的需要，改革才有意义，教学水平才能有所提高，学术水平才能赶上 20 世纪 90 年代世界先进水平。相反，如果我们的改革脱离时代的要求，不能与国际国内学术发展的大趋势相一致，即使可以满足学生的一时需要，也是没有什么重大意义的，也是注定要被时代所淘汰的。总之，在我看来，中文系汉语言文学专业“文艺学”教学应当适应人才培养的需要深化改革，进一步加强“文学批评学”新学科的建设。我们的历史责任就是必须进一步深化“文艺学”改革，为创建具有中国特色的马克思主义的文学批评学做出更大的努力！

（原文载《河北高教研究》1997 年第 1 期）

# “文艺批评理论”建设：重建和发展文艺批评的一个根本问题

近几年来，为了解决文艺批评的“失语”“失态”“失落”的严重状态及发展健康的文艺批评或重建文艺批评，人们提出了许多有益的意见。但从总体上看，人们普遍忽视了一个根本问题，即“文艺批评理论”建设问题，至少这个问题尚未受到应有的重视。在我看来，文艺批评理论建设问题，对于文艺批评的重建和健康发展至关重要。如果对此认识不足，重视不够，解决不好，所谓重建文艺批评和发展健康的文艺批评也就难以实现。

## 一

文艺批评的“重建”及其健康发展，必须有科学的批评理论基础。这个道理非常简单：“没有革命的理论就不会有革命的运动”，“没有毛泽东思想，我们还会在黑暗中摸索”，“没有邓小平同志建设有中国特色社会主义的理论，就没有新时期改革开放、四个现代化建设的伟大成就。”这个马克思主义真理，在文艺领域里决不能例外。社会主义文艺创作的繁荣和发展，离不开科学的文艺理论基础，健康的社会主义文艺批评又怎么能够离开科学的文艺批评理论基础呢！

90 年代文艺批评的“困惑”“迷惘”“衰落”“委顿”“失语”“失态”“消亡”，说到底就是两种表现：一方面是棍棒批评不断，商贾批评盛行，痞子批评猖獗；另一方面是指真正的批评对此无所抗争，对多样化的创作无言以对，以至于批评主体失落，文坛少有正义之声。造成这种状况的原因即使有千条万条，但根本原因我以为只有一条：就是批评缺少科学的理论基础、指导思想和基本原则。鲁迅在谈到“革命文学”时说：“我以为根本问题是在作者可是一个‘革命人’，倘是的，则无论写的是什么事件，用的是什么材料，即都是‘革命文学’。从喷泉里出来的都是水，从血管里出来的都是血。”① 当今的文艺批评，正类似这种情况。文坛上有“假洋鬼子”就免不了棍棒批评；“儒商”市侩增多必然有商贾批评盛行；有自称“我是流氓我怕谁”的批评家，“玩批评”“痞子批评”就必然猖獗；号称“真正的”批评家胸中没有科学真理，文坛哪会有正义之声！那些“真正的”批评家腹中空空如也，文坛当然也就一片干净！批评失态、失语、衰落、消亡的根本原因只能在批评界本身、批评家自己。批评的转机、重建，必须首先加强批评理论的建设，用科学的理论、思想、原则武装作者，确立科学的文艺批评观。只有这样，批评的重建和健康发展才会有希望。

在批评理论建设问题上，西方现代批评的自觉意识很强。以美国为例，20 世纪前的文艺批评一片荒芜，为人所不齿，连美国人自己也常自惭形秽。进入 21 世纪三四十年代以来，以兰色姆、韦勒克为代表人物的“新批评”理论崛起并盛行一时，从而把文艺批评推进到了一个“自觉的时代”，以“新批评”理论为基础的美国现代批评（包括各种小流派）一扫昔日的荒芜，呈现一片繁荣景象，让人不得不刮目相看。坦率地说，我并不是西方“新批评”的崇拜者。但能够因此而否定“新批评”理论的建设对美国现代批评兴盛发展的重要作用吗？社会条件有别，意识形态不同，但道理却是相同的。我们应当从中得到启示，提高对文艺批评理论建设问题的认识程度。

## 二

所谓“文艺批评理论”，是指运用社会科学的方法，对文艺批评活动进行科学概括和总结而形成的关于文艺批评的本质、功能、标准、方法、写作及发展的基本规律与原则的科学体系。简言之，就是关于文艺批评的基本原理、原则及规律的科学，即人们所说的“文艺批评学”。“文艺批评理论”或曰“文艺批评学”在我国尚处于初创阶段，还没有固定的模式。在我看来，它的基本体系和范畴应当包括：本质论——从文艺批评的内在机制和外在形态上，阐明文艺批评这个文化领域里“独一无二”现象的“艺术性科学”的特质和审美调节功能；标准论——从社会主义文艺的实践出发，在马克思主义文艺理论指导下，以中西历代的标准为借鉴，阐明社会主义新时期文艺批评基本标准的科学内涵；方法论——在科学理解批评方法的含义的基础上，借鉴吸收中外古今先进的批评方

① 鲁迅：《革命文学》，《鲁迅全集》第 3 卷，第 544 页。

法，阐述马克思主义“美学—历史”方法的基本原则，正确处理它与现代批评方法的关系，确立“美学—历史”方法的主导地位；写作论——探讨文艺批评的写作原理和基本规律，阐明文艺批评家在生活、学识、功力、品德修养等方面的基本要求；发展论——探讨影响制约文艺批评发展的原因，揭示文艺批评发展的基本规律。作为科学的“文艺批评理论”或“文艺批评学”至少应当是以本质论为核心的包括标准论、方法论、写作论、发展论等基本范畴，通过“批评对象”“文艺观念”“批评方法”三者的内在联系而有机形成的一个完整统一的科学体系。90 年代文艺批评之所以发展到“失语”“失态”“失落”的状态，就是因为缺少这样一个科学的文艺批评理论支撑点。因此，加强批评理论建设，特别是确立科学的“特质论”“标准论”“方法论”，理所当然地成为重建文艺批评的根本问题和当务之急。

可是，从谈论“重建”批评的诸多文章来看，这个问题并没有被人们所认识，人们往往只是强调“文艺理论建设”，而对“批评理论建设”则只字不提，似乎只要加强“文艺理论建设”，文艺批评的重建就大功告成了。这其实是一种天真的想法，或者说是一种误解。必须指出，批评理论和文艺理论虽然从学科归属上说都属于文艺学，但它们并不是一回事。从它们在文艺系统中的位置来看，批评理论处于文艺理论和文艺批评实践之间，是“中介”环节。如果把批评实践称作“应用技术”，批评理论就是“应用理论”，文艺理论则是“基础理论”；对批评实践来说，批评理论具有直接的重要作用。文艺理论则是悬浮于空中的“上层建筑”，或者说是“基础的基础”。如果说文艺理论主要是解决文艺观，那么，批评理论就是解决批评观。毫无疑问，文艺理论和批评理论，对批评的重建和健康发展都有重要作用。然而，它们的差别又是显而易见的。只看到文艺理论的作用而看不到批评理论的作用，可以说是一种浅见；而不承认批评理论的作用，无视它们的差别，就只能说是一种偏见了。用强调文艺理论建设去排斥或替代批评理论建设，对文艺批评的重建和发展是不利的。我们应当走出这个误区。

## 三

文艺批评理论建设或曰文艺批评学的建设，作为新学科、新课题，首先必须解决一个指导思想和建设一个什么性质的理论体系的问题。在我看来，在当今世界文艺批评领域，马克思主义批评、西方现代批评及传统的审美批评等“多元并存”的格局中，我们必须遵照江泽民同志关于“国家要独立，不仅政治上、经济上要独立，思想文化上也要独立”① 的指示，坚持以马克思主义、毛泽东思想和邓小平建设有中国特色社会主义理论为指导，从中国新时期社会主义文艺实际情况出发，吸收中外文艺批评理论的先进成果，建设“有中国特色社会主义文艺批评理论”，即“保持自己的社会主义性质和民族特色”② 的文艺批评理论体系。这个理论应当是社会主义的，又是属于民族的；既有中国特色，又可以走向世界。否则，所谓批评理论建设，不仅没有任何积极意义，甚至会造成极大的危害。

一般地说，这个问题应当说是已经解决了。但在实践上特别是在吸收世界文化优秀成果上，仍然存在一些问题，不得不引起人们的注意。例如，在文艺本质问题上的“非意识形态化”“边缘化”观点，极力否定文艺的社会上层建筑、意识形态性质及其与政治互相影响的关系，这是明显背离马克思主义、毛泽东思想和邓小平建设有中国特色社会主义理论的基本原则的；又如，在文艺批评标准问题上，或奉西方批评的某些观点为圭臬，大肆贬损伟大的文学家、思想家、革命家鲁迅和现代大文学家茅盾，或者完全以西方的政治评判来论定中国当代作家作品，可以说是完全照搬西方资本主义价值观为标准，毫不顾及社会主义文艺批评的基本标准和民族传统的标准；再如，在文艺批评方法问题上，甚至某些教科书只介绍西方五种现代批评方法，只字不提马克思主义“美学—历史”方法和“审美批评”方法，在批评领域里搞了一个西方现代批评的一统天下，连所谓的“多元并存”格局也不见了；还有，在建构批评理论体系时，公然声称“只取西方文艺批评史的材料”，把中国几千年的文艺批评史料摒除于批评理论之外。这样建构起来的批评理论还能谈到什么社会主义性质和民族特色吗？总之，在建设什么样的文艺批评理论问题上，如何坚持马克思主义、毛泽东思想和邓小平建设有中国特色社会主义理论的指导，保持“社会主义性质和民族特色”，问题不少，值得认真研究，对那些明显的错误倾向，则必须坚决反对。

其实，强调保持社会主义性质和民族特色，与吸收外国优秀文化成果并不矛盾，应当说吸收外国优秀成果本来就是“建设有中国特色社会主义文艺批评理论”题中应有之

---

① 江泽民：《在中国文联第六次全国代表大会、中国作协第五次全国代表大会上的讲话》，《人民日报》1996年12月17日。

② 江泽民：《在中国文联第六次全国代表大会、中国作协第五次全国代表大会上的讲话》，《人民日报》1996年12月17日。

义。不过，因为我们是在扩大对外开放的环境中进行文艺批评理论建设的，这个问题就变得更加重要，也更加复杂化了。“学习和借鉴的目的在于博采众长，丰富自己的民族文化”；思想文化理论建设必须能够“抵御敌对势力对我‘西化’‘分化’的图谋”①。否则，在人家后面亦步亦趋，完全用西方的东西取代社会主义的、中华民族的优秀文化，势必成为西方资本主义的附庸和殖民文化侵蚀的俘虏，这样的文艺批评理论建设就毫不足取。

## 四

文艺批评的重建和健康发展，还必须正确处理“批评环境净化”与“批评理论建设”的关系，把批评理论建设放在第一位。所谓“批评环境”，大的方面无非是党和国家的政治局面、文艺方针政策，小的方面无非是批评家与作家、与读者、与批评家之间的复杂关系。20 世纪 90 年代以来的文艺界处在一个相当融洽和谐、宽松自由的氛围之中，应当说批评环境是新中国成立以来较好甚至是最好的时期。当然，大环境并非尽善尽美，没有一点问题；小环境之中的捧骂之风、市侩习气、痞子伎俩也还流行，显然需要进一步净化。但是，不讲批评理论建设，只讲批评环境净化，恐怕难以振奋正气、扭转“三失”、重建批评。批评环境虽然对开展健康批评有重要作用，但它无论如何只是批评的外部因素，最终还是要通过批评的内部因素才能发生作用。二者的主客关系是确定的、不能颠倒。所以，重视对批评进行“专门研究”，建设科学的批评理论，为批评奠定坚实的理论基础，才是重建和发展健康的文艺批评的根本保证。只要重视批评理论的建设，使批评建立在坚实的理论根基之上，即使目前环境差一点，也会逐渐激发活力，发挥职能，最终重振文艺批评的雄风。

这里不妨看一下 20 世纪 80 年代轰动台湾的“龙卷风”。龙应台女士是台湾青年小说评论家，1983 年在美国学成回台后，不满于评论界“温柔敦厚的互相吹捧式批评”和“尖酸刻薄的人事混杂式批评”，便操着美国“新批评”的手术刀杀上阵来。一时间评论了 13 位作家、17 部作品，在批评界掀起了一股“龙卷风”，打出了“真正凶猛的批评风气”。“龙评”所处的批评环境怎样？说是“民主自由”，然而我们看到的是有人称她为“斗士”“知音”，是“考蒂莉亚公主”，表示欢迎；也有人骂她是“妓女”“婊子”“性冷漠”等，不堪入耳；有人诅咒她“让汽车撞死，”；有人给她寄“冥纸”；有人给她寄子

① 见《中共中央关于加强社会主义精神文明建设若干重要问题的决议》。

弹；有人指控她是“左派御用文人”等等，各种下流手段无所不用其极。应当说这样的批评环境够险恶艰难的了。就是在这样的批评环境中，龙女士硬是刮起了一阵“龙卷风”，为台湾的文坛“开启了一个批评时代”！十分明显，“龙评”的成功并非得批评环境之助，而完全是坚实的理论基础之功。在我们现在的条件下，净化批评环境显然不是最重要的，不应当把它提到不适当的高度，以至有意无意地忽略或排斥批评理论建设这个文艺批评健康发展的最根本的问题。忽视批评理论建设，缺少坚实的理论基础，即使批评环境再好，恐怕也难以重建文艺批评，对此决不能有任何含糊。

## 五

从当代文艺批评的历史经验来看，无视批评理论建设终究是要吃苦头和付出代价的。回顾历史，可以说我们长期忽视了批评理论建设这个根本问题。我们清楚地记得毛泽东同志《在延安文艺座谈会上的讲话》中说过：“文艺批评是一个复杂的问题，需要许多专门的研究。”“复杂的问题”“许多专门的研究”，何等明确、深刻、精辟！半个世纪过去了，文艺界对此究竟是怎样理解的，重视的如何，进行了哪些专门研究，取得了什么重大成果？我以为，文艺界在这一问题上是有愧的，五十多年来所交的是一份不及格的答卷！特别是新中国成立以来，在指导思想、方针政策上长期忽略，不予重视；在实践上始终没有把这一工作提到日程上来。对文艺批评长期处于浅层次、低水平研究和堵窟窿、穷应付的被动状态，一直没有形成一个对文艺批评这个“复杂问题”进行“许多专门的研究”即对文艺批评进行全面系统的理论建设的良好格局，以至在 90 年代以前，国内甚至没有一部对文艺批评的基本问题和范畴进行系统深入研究，形成科学体系并产生重要影响的“文学批评学”专著。对新中国成立以来的文艺批评进行反思，虽然不能说没有发展、没有建树、没有辉煌，但总的说来是坎坷曲折、步履艰难，还常常丧失主体、越轨、变态，扮演一些极不光彩的可悲的角色，诸如什么“胡风批判”“红楼梦研究和胡适唯心主义批判”“文革”中的“革命大批判”等等。这些重大越轨、变态，虽然主要是指导思想上失误造成的，但与忽视对批评的专门研究，缺少批评理论的指导也有直接的、重要的关系，可以说，这些变态、越轨，正是文艺界长期无视、忽视批评理论建设的倾向的必然结果和历史对其进行的惩罚。

（原文载《河北大学成人教育学院学报》1999 年第 3 期）

# 关于文学批评学的学科定位

## ——论文学理论、文学批评、文学批评学的联系与区别

### 一

“文学批评学”是一门新学科。虽然西方起步较早，我国起步较晚，但中外皆然——都属于“正在建设中的新学科”。

在我国，由于80年代以前从来无人从“学科建设”高度上提出“文学批评学”问题，所谓“学科定位”问题当然也就谈不上了。随着文学理论批评界学科观念的逐步觉醒和文学批评学建设的进展，特别是20世纪90年代我国几部文学批评学“奠基作”——王先霈等著《文学评论教程》、黄展人主编《文艺批评学》、潘凯雄等著《文学批评学》、李国华著《文学批评学》出版并开始进入大学课堂之后，这个问题也就逐步提到人们面前，并且成为亟待解决的重要问题。

从实际情况来看，学术界对这个问题的认识、意见，大体有以下四种情况：

第一种情况是学术界不认为有什么“文学批评学”这样一个独立学科。例如，我国权威工具书《中国大百科全书·中国文学》卷和《辞海》2000年新版均无“文学批评学”这一条目，当然也就无所谓“学科定位”问题了。这种情况与20世纪80年代以前一样，人们是习以为常的。从我国高等院校中文专业课程设置来看，教育部90年代以前的“专业目录”不列“文学批评学”，国内绝大多数院、系、科开设的专业必修课也没有“文学批评学”课程。一般只在“写作”课程的“各种文体写作”中讲一点“文学评论写作”的基本知识，最超前的也只能开设文学批评学“选修课”，绝对不能列入“专业必修课”。这种情况说明，长期以来高等教育界实际上也不认为有什么“文学批评学”学科。当然，这种情况最近还是开始有了变化，那就是李著《文学批评学》修订本（1999年出版）被列为“普通高等教育‘九五’国家教委重点教材”，说明“文学批评学”作为一个

专业方向已经纳入国家普通高等教育学科建设之列。

第二种情况多见于高校文学理论教科书，大多坚持“文学理论”“文学批评”“文学史”三学科并立的观点，与韦勒克《文学理论》的观点并无二致。例如，童庆炳主编《文学理论教程》、吴中杰：《文艺学导论》等均有明确表述。但是，这些教科书同《辞海》一样，还没有“文学批评学”这一概念，而只有“文学批评”这个概念，而且是把“文学批评”看作“文艺学”的一个分支学科。于是，“文学批评学”这个学科就变成了“文学批评”学科。当然，这些教材并没有这样明确的理论表述。在实践中却不乏这样的表现，例如，关于某大学教学改革的报道，就把《文学批评学》搞成了《文学批评》。

第三种情况见于20世纪90年代出版的几部《文学批评学》专著，认为文学批评学属于文艺学，是文艺学的三个分支学科之一。但是，这个学科并不是“文学批评”，而是“文学批评学”。“文学批评”只是“文学批评学”学科的研究对象，而不是什么独立学科。这个观点，在几部“文学批评学”专著中是十分明确的。

第四种情况多见于报刊的一些文学评论文章，它们往往有意无意地把“文学理论”与“文学批评学”混为一谈，在他们看来，“文艺理论”与“文学批评学”是一回事。例如《小说评论》1996年第2期《重建现代文学批评的随想》与《文学评论》1996年第3期《重振文艺评论的雄风》，就表现出这种观点。这种观点其实是不承认有什么“文学批评学”学科，当属于第一种情况，只是表现为实践形态而已。当然，也有人是真诚地把文学批评学看成“文艺学（文艺理论）的一部分”的，即从理论上把二者混为一谈的。

上述情况——或者不承认其存在，或者把它看成“文学批评”，或者把它等同于“文学理论”——表明，“文学批评学”的学科定位问题，无论是在观念上还是在实践上，在我国学术界和教育界实际上并未真正得到解决，至今仍然是一个值得进一步研究解决的问题。

“文学批评学”作为一门新学科的“学科定位”问题，在西方学术界早已不是什么问题了。可以说早在20世纪20年代即［英］理查兹撰写、出版《文学批评原理》时期，就已经相当明确了，到40年代末美国著名文学理论家雷·韦勒克与沃伦合著的《文学理论》出版，大体完成了这一问题的理论总结。他在《文学理论》中明确指出：“对文学理论、文学批评和文学史三者加以区别，显然是最重要的。”他认为，文学理论“是对文学的原理、文学的范畴和判断标准等类问题的研究”，文学批评是“关于具体的文学作品的研究”。雷·韦勒克同时又指出“它们完全是互相包容的。文学理论不包括文学批评或文学史，文学批评中没有文学理论和文学史，或者文学史里欠缺文学理论与文学批评，这些都是难以想象的。”50年代雷·韦勒克又针对一些诘难和指责，特别发表《文学理论、文学批评和文学史》这篇长文，重申三者互相独立又互相包容的观点，并进一步强调指出：“这三个学科是而且将来也是各自不同的。”可以说，正是在这里确立了当今世界上普遍公认的“文学理论、文学批评、文学史是文艺学的三个独立分支学科”的观点。这个观点，无疑为文学批评学的学科定位奠定了理论基础。

现在我们如此认真严肃的探讨文学批评学的“学科定位”问题，我感到有点可悲，甚至有几分滑稽——我们不是在“炒”半个世纪以前西方文学批评界的陈年冷饭吗！然而，这又是一个必须面对的现实。因为，从学科建设上说，要真正建设和发展文学批评学这一新学科，无论是谁都是绝对不能回避、忽略、模糊其“学科定位”这个重要问题的。

## 二

众所周知，某一科学的学科定位并不是由什么理论权威钦定的，而是由学科本身的研究对象、基本范畴和根本性质所决定的。对于“文学批评学”这一新学科来说，也是如此，决不能例外。这里，我想针对那种把文学理论与文学批评学混为一谈的错误学科观念，就文学理论与文学批评学这两个学科的“研究对象”“基本范畴”和“根本性质”三个方面进行比较，看一看它们的实质性区别，进一步明确文学批评学的学科定位。

其一，文学理论与文学批评学的研究对象和内容不同。概括地说，文学理论的研究对象是“文学活动”，即通常所说的“文学的四环节——世界、作家、作品、读者”。换句话说，“文学现象”才是文学理论的研究对象。文学批评学的研究对象是“文学批评活动”，它并不是一般的“文学活动”，而是“文学活动”的一个特殊部分，即被现代文艺学称之为“读者环节”或“接受环节”中的占人数最少但层次最高的那一部分活动，我们把它称为“文学批评活动”。就文学批评的本体构成来说，大体包括“批评机制”“批评样式”“批评标准”“批评方法”“批评写作”等五个方面。从现象形态上来说，它囊括了古代的、现代的、中国的、外国的一切文学批评家、批评流派、批评论著等等一切文学批评现象。也就是说，“文学批评现象”才是文学批评学的研究对象。

与此相联系，文学理论与文学批评学的研究内容也不相同。概括地说，文学理论的研究内容是“文学”的本质、特征、功能及一般规律和原则；文学批评学的研究内容是“批评”的本质、特征、功能及一般规律和原则。这里，“文学”与“批评”泾渭分明，是绝对不容混淆替代的。

文学理论与文学批评学，作为对上述不同研究对象和内容进行研究而形成的两门科学，怎么可以把它们混为一谈呢！

其二，文学理论与文学批评学的基本范畴不同。范畴是关于对象的内容及结构的科学反映。由于文学理论与文学批评学各有自己的研究对象和内容，所以它们的基本范畴也就各不相同。概括说来，文学理论大体以“社会审美本质论”“文学创作论”“作品构成论”“文学接受论”等为基本范畴并以此构成其理论体系。其基本范畴又都包含诸如“艺术形象”“典型化”“形象思维”“现实主义”等一系列具体范畴，这里不能详述。文学批评学在我国属于正在建设中的新学科，尚无固定模式，其基本范畴也不甚统一，但大体是以“批评本质论”“批评标准论”“批评方法论”“批评写作论”等为基本范畴并构成其理论体系。其基本范畴又都包含如“科—艺机制”“批评样式”“批评标准”“现代批评方法”“批评判断力”等一系列具体范畴，这里也不能详述。只要稍加对比，就可看出它们的重要区别来。如果不是心存偏见，是决不会把它们混为一谈的。

其三，文学理论与文学批评学的学科性质不同。科学作为人类的精神活动，无论是自然科学还是社会科学，其特征或根本性质，概括来说就是发现、揭示研究对象的本质和规律。文学理论与文学批评学作为两门科学，也不能例外。具体而言，文学理论是揭示“文学”的本质和规律，集中解决“文学是什么”这一问题，并由此而决定了文学理论作为文艺学中的“基础理论”的根本性质。文学批评学则是揭示“批评”的本质和规律，集中解决“文学批评是什么”这一问题，究其实质就是探讨文学理论与文学实践特别是批评理论与批评实践相结合的规律，其中包括理论对实践的指导和实践对理论的检验的规律。由于这种性质及其在文学活动系统中的中心环节和重要枢纽地位，便决定了文学批评学作为文艺学中的“应用理论”的根本性质。简单地说，文学理论与文学批评学虽然同属于文艺学，但文学理论属于文艺学中的“基础理论”，文学批评学则是文艺学中的“应用理论”，它们的这一区别显而易见，是不能混淆的。

正是基于对上述情况的深入考察，李著《文学批评学》“绪论”曾经对“文学批评学”作过这样的界定：文学批评学是运用社会科学和人文科学的方法，以美学和文学理论为基础，对文学批评活动进行科学概括和总结而形成的关于文学批评的本质、功能、标准、方法、体裁、写作及发展的一般规律、原则的科学。简言之，文学批评学就是关于文学批评的一般原理、原则及发展规律的科学。它属于文艺学学科，是文艺学的一个重要分支学科。它指导文学批评实践，并在文学批评实践的检验中不断发展，是“运动的美学”。我国目前的权威工具书如《中国大百科全书·中国文学》卷、《辞海》2000 年版尚无“文学批评学”条目，李氏对文学批评学的界定也不一定十分周严、科学。但是，文学批评学已经成为一门具有明确研究对象和基本范畴、根本性质的科学却是难以否定的客观事实。因此，它与“文学理论——关于文学的本质、特征、分类、发展规律、社会功能、创作、构成等的原理、原则的科学”之显著区别，也就难以抹杀了。

综上所述，文学批评学作为一门建设中的新学科的学科定位，应该说是明确的，确定的。概括地说，文学批评学是文艺学中与“文学理论”“文学史”并列的一个独立学科，绝不能把它与文学理论混为一谈视为一个学科，或者把它视为文学理论的“子学科”。在这里，用文学理论“兼容”文学批评学，或者把文学批评学降格处理，都是错误的、不科学的。这就是我们关于文学批评学学科定位的基本观点。在我看来，建设中国文学批评学，就必须确立起这样一个科学的学科观念。在理论上，决不能模棱两可，含含糊糊。否则，势必严重影响文学批评学的建设和发展。

## 三

如前所述，把文学批评学定位于文艺学三个分支学科之一，那么，这个定位与学术界普遍流行的“文艺学包括三个分支学科”观念，又有什么不同呢？粗略来看，并无不同。稍加细究，确有区别。这里只对两个问题作些必要的辨析和澄清。

第一个问题，几部专著关于文学批评学的学科定位与学术界普遍流行的“文艺学三学科”观念的异同问题。

所谓“文艺学三学科”观念，是指中外学术界对文学学术或文学研究的一种学科划分，它把研究文学的科学统称为“文艺学”（准确地说是“文学学”），又按不同的研究对象进一步把“文艺学”分为三个既互相独立又互相联系的三个分支学科：文学理论、文学批评、文学史。这个观念源自何时不得而知。如果从韦勒克《文学理论》算起，已经在国内外流行半个多世纪了。我国近年来，又依据这一观念进一步把文艺学分为“文学理论、文学理论史、文学批评、文学批评史、文学史”，即由“三学科”延伸为“五学科”。

毋庸质疑，几部《文学批评学》专著关于“文学批评学”的“学科定位”的基本观点，与流行的“文艺学三学科”观念是一致的，二者之间并不存在什么根本矛盾问题。正是在这种意义上，我们才认为韦勒克“完成了这一问题的理论总结”，“为文学批评学的学科定位奠定了理论基础”，从而做出了文学批评学的学科定位问题“在西方早已不是什么问题了”的论断。

然而，问题并不这么简单，二者的不同又是显而易见的：“文艺学三学科”是把“文学批评”作为一个独立学科的；几部专著是把“文学批评学”作为一个独立学科的，“文学批评”只是“文学批评学”的研究对象而已。这里，泾水浑浑渭水清，可谓泾渭分明。照此观点来看，韦勒克把“文学批评”当作“文艺学”的一个独立学科和“文艺学三学科”把“文学批评”作为一个独立学科，恐怕不是没有问题的，至少还应当作进一步的阐述和论证。

第二问题，文学批评学作为一个独立学科的“名分”问题。

中国有一句老话说：“名正言顺”，反过来说就是“名不正则言不顺”。文学批评学作为一个新学科，应当有一个恰当、科学的名称。就现在的情况来看，则显然需要“正名”。按照前述我国流行的“文艺学三学科”的基本观念，文学批评学这一学科的名分只能是“文学批评”。我认为，这个名称是不科学的，也是不可取的。狭义的“文学批评”多指对文学作品的评价与判断，用它命名则把“文学批评”与“文学批评学”混为一谈，产生了概念混乱，其错一；用它命名则又与文学批评学的学科内容名实不符，把科学本身与研究对象等同为一，名实不符，其错二；广义的“文学批评”则把文学理论也包括进来，实际上陷入了“把文学理论与文学批评学混为一谈合二而一”的误区，用文艺理论“兼容”文学批评学 ，其错三。显而易见，用“文学批评”命名，是“名不正言不顺”的。如果说，在文学批评学尚处襁褓、萌芽之时，暂用广义的“文学批评”笼而统之也未尝不可的话，那么，在文学批评学已经基本建立起来的情况下，依然含糊其词，就毫不足取了。鉴于上述情况，我以为对文学批评学作为新学科其科学命名应当是“文学批评学”而不是“文学批评”。这个名称，既可避免上述缺陷，又不会产生上述歧义，还合乎一般科学冠名的惯例，可谓实事求是，名副其实，科学准确。我们认为应该这样为“文学批评学”进行“学科正名”。

总之，在文学批评学的学科定位问题上，我们坚持“‘文学批评学’是‘文艺学’的三个分之学科之一”的观点，反对所谓“‘文学批评’是‘文艺学’的三个分之学科之一”那样把“文学批评学”与“文学批评”或“文学理论”混为一谈的错误定位的观点。在科学研究问题上，我们绝不能有丝毫含糊或模棱两可；时刻坚持科学精神，一切都要实事求是，这是我们的根本态度和原则。

**参考文献：**

[1] [美] 韦勒克，沃伦著；刘象愚等译．文学理论 [M]．北京：生活·读书·新知三联书店，1984.

[2] [美] 雷内·韦勒克著；张金言译．批评的概念 [C]．杭州：中国美术学院出版社，1999.

[3] [英] 洛奇编；葛林等译．二十世纪文学评论 [C]．上海：译文出版社，1993.

[4] 李国华．文学批评学 [M]．保定：河北大学出版社，1999.

（原文载《河北学刊》2002年第5期）

# 20世纪中国文学批评研究

“文艺批评是一个复杂的问题，需要许多专门的研究。”

——毛泽东

“文学批评”作为文艺事业的重要一翼，历来为人们所重视。60年前，毛泽东《在延安文艺座谈会上的讲话》中曾特别提出“文艺批评是一个复杂的问题，需要许多专门的研究。”60年过去了，我们对文学批评的“专门研究”怎样？本人不揣浅陋，在此就我国文学批评研究的几个问题，例如，我国20世纪文学批评研究走过的艰难历程问题，对90年代出版的几部文学批评研究专著的评价问题，特别是对我国文学批评研究的当务之急和根本出路问题，谈谈自己的一些思考和认识。不当之处，希望同行专家学者及广大读者批评指正。

## 一

我国文学批评研究，经历了一个漫长、停滞而后崛起的艰难历程。

20世纪20年代，我国现代文学批评家们开始了对文学批评的专门研究，先后发表了《对于批评家的希望》(鲁迅，1922)、《“文学批评”管见》(茅盾，1922)及《文艺批评浅说》(周全平，1927商务)、《文艺批评ABC》(傅东华，1928世界书局)等一批论著。虽然这一批论著大多缺少对问题的深入研究，但它们“跑马圈地”把文学批评独立出来研究，无疑具有开创意义，可以说是我国文学批评专门研究的先河。可以说，他们在学科观念上的觉醒，与西方相比，几乎是同步的，至少并无多大差距。

然而，此后的近60年间，我国文学批评研究基本中断：少人问津，没有一本专著；没有一个省级、国家级的“学会”“研究会”之类的学术机构和团体；学科观念和学科建设一片沉寂，无所作为；我国文学批评研究进入了一个长达半个世纪之久的“停滞期”！首先，在引进译介外国先进研究成果上，要晚40—70年。1924年诞生的［英］理查兹的《文学批评原理》，在我国相隔近70年才翻译出版。［加］诺·弗莱的《批评的剖析》1957年问世，我国相隔40年才翻译出版。这种情况说明什么问题呢？其次，我国文学理论批评界长期缺少独立的学科观念，可以说在80年代末以前，根本就没有从“专门研究”的高度上提出问题来。因此也就很难谈得上文学批评建设！《中国新文学大系》共出版四辑（1917—1976）。其中《文学理论卷》8大卷，选文约660篇，将近600万字。据粗略统计，《中国新文学大系》第一至四辑共选编批评研究文章不过20多篇，充其量不足25万字，能说是在真正进行文学批评研究吗！《中国新文学大系》1—4辑从来不设“文学批评栏”，选文又极少，其实就是缺少或根本没有“专门研究”观念的一个明证。再次，令人遗憾的是，目前我国文学理论批评界“专门研究”观念还很淡薄，文学批评的专门研究问题至今没有得到足够的重视！例如，前年，我国“文学学术战略名家论坛”，在展望、规划21世纪文学理论研究时，有关领域、学科几乎都谈到了，唯独对“文学批评研究”的问题连提都没有提到，便是一个有力证明。[1]上述情况表明，在文学批评研究上，与20世纪的西方相比，我们至少滞后半个多世纪！

随着时间的推移，漫长的“停滞期”终于开始有所改变。其中一个重要信号是，1988年3月在武汉举行了“全国首届文学批评学研讨会”，与会专家学者提出了“基本赞同创立文学批评学的构想”。[2]《文论报》等报刊开展了“关于建设文学批评学的讨论”，发表了我国一批“关于文学批评学的构想”的文章。“首届研讨会”及其所达成的“创立文学批评学”的学术共识，曾被看作我国文学理论批评界确立“学科观念”的重要标志之一，认为它毕竟打破了长达60年之久的停滞和沉寂，使我国文学批评研究步入了一个新的阶段——“文学批评学”建设阶段，在我国文学批评研究发展史上，具有相当重要的意义。

我国文学批评研究的突破性标志，当是在90年代里推出的第一批被国内权威文学理论家称之为“体系严整”“框架合理”“真正有系统”的文学批评学专著。按出版先后它们分别是唐正序著《文学批评研究》、王先霈等著《文学评论教程》、潘凯雄等著《文学批评学》、黄展人主编《文艺批评学》、李国华著《文学批评学》（1995年专著及1999年教材新版）。这几部《文学批评学》专著的出版，对我国文学批评学建设来说无疑具有重大意义，它标志着我国文学批评研究真正发展到了“建设阶段”，宣告了我国文学批评“有‘史’无‘学’”的终结！

实现20世纪末的艰难崛起，我国经过了70多年的漫长历程。面对艰难历程进行反思，我们应当得到怎样的启示和经验教训呢！

## 二

我国20世纪末崛起的这一批《文学批评学》专著，起点较高，自成系统，对文学批评学的基本问题进行了全面系统的探讨，堪称我国文学批评学的“奠基之作”！这里特对这些专著所取得的成就和贡献，作一概略评述，以为我国文学批评学持续发展的基础和借鉴。

首先，这些专著的最大成就和贡献，就是它们“对文学批评学的基本范畴进行全面系统的分析研究，初步建构了作为一个独立学科的文学批评学的理论体系”[3]。李著出版后，文艺理论批评界又肯定它“建构了一个以文学批评本质论为核心，其中包括标准论、方法论、写作论和发展论为基本内容的文学批评学理论体系”[4]。李著修订本出版，在理论体系的建构上又向前推进了一步，学术界再次肯定它“以本质论、标准论、方法论、写作论、发展论等五大基本范畴构筑起一个完整统一的理论体系”[5]。这个体系大体由五编构成：“本质论”从批评本体的特殊内在机制和外在形态上揭示文学批评的“艺术性科学”本质；“标准论”从中西标准系统特别是从马克思主义、毛泽东思想的标准论与新时期我国文艺实践的结合上，确立社会主义文学批评的基本标准；“方法论”在介绍中西主要批评方法的基础上，集中阐述马克思主义“美学—历史”方法的基本原则；“写作论”从实践操作角度阐述批评写作的基本原理，描述批评写作的基本程序和技术技巧，进而对批评主体的修养提出基本要求；“发展论”在简略描述批评发展历程的基础上，总结概括出文学批评发展的基本规律。

值得指出的是，这个理论体系是一个具有较高的科学性、完整性、统一性的体系。第一，文学批评学作为一门独立的学科，具有自己的研究对象——“文学批评活动”。学者们以中国和西方、传统与现实的文学批评活动的内容、结构为对象，从中归纳、提炼、概括出“本质”“标准”“方法”“写作”“发展”等五大基本范畴，并对“文学批评活动”自身“所具有特殊的矛盾性”进行细致解剖和深入研究，从而建构起一个以“本质论”为中心的包括“标准论”“方法论”“写作论”“发展论”为基本内容的文学批评学的理论体系。由于著者恪守“研究对象的内容结构决定理论体系的内容”的基本原则，加上著者对研究对象的深刻理解和系统研究，从而使这个体系获得较高的科学性。第二，“文学批评学”作为一个独立的学科，本质论、标准论、方法论、写作论、发展论等基本范畴，是不可或缺的。否则，很难称其为完整的理论体系。人们已经注意到这些著作的理论框架不尽相同：潘著《文学批评学》没有“标准论”和“写作论”；王著《文学评论教程》也不设“标准论”，谈“本质”而极简略，几乎连一节都不到；黄编《文艺批评学》则没有“发展论”。我以为这是完全正常的。进一步说，文学批评学也不应当有什么固定、划一的模式。但是，我们也决不能因为上述情况就否定“写作论”“标准论”“本质论”“发展论”这几个基本范畴对于建构文学批评学理论体系的重要意义。我一直这样认为，没有“批评写作”，批评就会沦为欣赏；没有“批评标准”，必然会丧失批评的科学性；缺少“批评本质论”的理论体系必定是肤浅的。作为大学文科教材，更不能缺少这几个基本范畴。现在这个体系还算比较完整。第三，这些著作特别是李著《文学批评学》坚持“以‘文学观念’‘批评方法’‘批评对象’三者之间的内在联系为中心”，建构完整统一的文学批评学的理论体系。不仅在“本质论”和“写作论”中把“文学观念”“批评方法”“批评对象”看作“批评本体”和“批评写作程序”“批评功力”的有机成分融合进来，而且还特别在“标准论”“方法论”“写作论”中设立专门章节，深入阐述“文学观念”“批评方法”“批评对象”三者的“制约—独立—超越”关系，提出了三者“对应、契合、统一”的基本原则，从而使“本质论”“标准论”“方法论”“写作论”“发展论”有机融合成为一个统一整体。专家称它是一个相当“严整全面”“完整统一”的理论体系。

总之，这几部专著在建构理论体系上的成就非常宝贵。人所共知，“理论体系”问题对于建立一门学科来说是何等重要！唯其如此，虽然从最高标准来看，目前这个理论体系还不尽完善，甚至还有缺陷，但这不能妨碍我们充分肯定它的重大贡献。

其次，在“坚持—运用—发展”马克思主义文艺理论方面，这些专著也做出了重要贡献。马克思主义文艺理论、毛泽东文艺思想是我们社会主义文艺的指导思想，不言而喻，它也是中国文学批评学的理论基础。毫无疑问，这些专著是在坚持、运用马克思主义、毛泽东思想的基本原理去建构文学批评学的理论体系。其一，坚持为马克思主义经典论述设章置节，例如，这些专著都为恩格斯提出的“美学观点和历史观点”方法、“三融合”标准、毛泽东的批评标准论等经典论述，设立了专门章节。在红色经典被摈弃贬斥一度成为时髦，“坚持”成为空话的情况下，这些专著所做的这种体例安排本身就值得肯定。其二，更重要的是学者们十分注意结合新时期的文艺实践进行阐释发挥，为建设马克思主义当代文艺批评学而殚心竭力。如李著《文学批评学》中关于“美学—历史”

方法一章，把恩格斯的“美学观点”与马克思的“美的规律”结合起来进行论述，特别是对“美学原则”的详尽阐发实为少见，颇有特色，很见深度。另外，在坚持恩格斯“三融合”和毛泽东的批评标准论的基本精神的基础上，对我国社会主义文学批评基本标准的长篇论述，出新而不出格，颇得专家好评。看来，这些专著所做的努力，被文学理论界誉为“是运用马克思主义建设文学批评学的一个相当成功的尝试”，并不为过。当然，从更高的标准来看，对经典的理解、阐述，还值得深入研究。

再次，这些专著对一些具体范畴的研究颇有创新。这些专著没有那些前卫时髦的术语包装，但却多有独到见解和创新之处。这里略举几例：其一，对文学批评性质的“内在机制”的论述。文学批评的性质是文学批评学的根本问题，中外理论家们多有论述，虽不乏精辟见解，但多因偏执极端难成共识而成为建构文学批评学的一大难题。李著《文学批评学》专列一章，在详尽清理辨析古今中外各种“批评性质说”的基础上，深入解剖文学批评的“内在机制”即批评“本身特殊的矛盾”，从“特殊的掌握世界的方式”“特殊的思维方式”“特殊的主客体关系”“特殊的精神生产本质”四个方面，全面深入的揭示出了文学批评的“艺术性科学”的特殊性质。这里熔古铸今，超越前人，成为一种系统整合和崭新创造，不仅在揭示问题深度上有所前进，而且在方法论上也给人以启示。其二，对文学批评体裁特征的论述。这个问题，无疑是建设文学批评学的一个重要问题，正如殷国明博士所说，文艺理论和批评的文体形式，是“当代文艺理论和批评的最大难题”，但它又很少为人关注，长期无人探讨，以至于令他为之慨叹：这个问题“确实在理论和批评学研究中被忽视了，至今并未在理论上认真讨论过。”《史论》还客观指出潘氏《文学批评学》“在论述文学批评性质时”“并未考虑到文艺批评本身的文体和个性问题”的缺失。[6]可惜的是，他没有看到另外几部专著已经充分考虑并在理论上认真讨论了。如李著《文学批评学》就曾明确指出：文学批评的样式及其特征，“完全是其‘特殊的内在机制’的外在显现”。“要科学的把握文学批评的根本性质，除了研究它的内在机制外，还必须同时研究它的外在形态。”由此，李著专设《文学批评的形态》一章，一是详尽描述文学批评的多种主要样式，二是进一步论述它的“科学概括性与艺术性”特征，三是专门从社会—文化学、现代文艺学、文学分类学上为批评体裁样式进行学科定位。这里认真的理论探讨，似可弥补“被忽视”的缺憾。其三，对“文学观念”“批评对象”“批评方法”三者关系的论述。这一问题也至关重要，几部专著阙如，惟李著特别提出并分别在“标准论”和“方法论”两编中设立专节详加论述。在他看来，这个问题既是建构文学批评学理论体系的需要，同时又是批评实践的关键所在；文学批评学缺少了这一内容，势必成为脱离实际的“经院哲学”，好看而不中用，其实践意义和学术价值就会受到巨大损害。李著在《文学批评方法的选择与运用》专节中，从理论上把“文学观念”“批评对象”“批评方法”三者的关系极其简明准确的概括为“制约—独立—超越”关系；从实践上把它视作“批评方法选择、运用的基本原则”，特别强调“‘文学观念’‘批评对象’‘批评方法’的契合统一”。实践证明，李著这一独到探讨，确实抓住了文学批评的“症结”和“关键”，大大加强了该著的科学性和实用性，故而受到学术界的好评。

综上所述，20世纪末崛起的这一批专著，虽然水平不一，尚有诸多不足和缺陷，例如，对文学批评学的“中国特色”“批评创造”等问题的探讨刚刚开始，未作深入探讨，一些现实的新问题也还没有得到应有的关注。问题复杂而艰巨，可谓任重而道远！但是，它们为中国文学批评学建设所做出的贡献又是巨大的，尤其是它们初步建立了文学批评学的理论体系，为进一步建设中国文学批评学奠定了坚实基础，应当特别肯定。李著《文学批评学》被列为“高教‘九五’国家教委重点教材”，王著《文学评论教程》此前被列为“高校文科教材”。这种殊荣，完全可以说是对其重大贡献的一种充分肯定！

## 三

我国文学批评研究，长期步履艰难、停滞不前的原因是什么呢？在我看来，除去“学术环境”这个外部原因外，从“学科内部”来说，一个根本原因就是在“学科观念”上存在“误区”，种种错误的学科观念流行泛滥，成为文学批评研究的一大障碍，严重影响着文学批评研究的进程，使文学批评研究长期停滞不前、一片沉寂，甚至无从谈起。因此，树立正确的学科观念，走出各种误区，就成了我国文学批评研究的当务之急和根本出路。

误区之一：“小道”论 。我国历来只有“诗文评”的概念，进入现代社会以后才有所谓“文学批评”的观念。正像朱自清所指出的，在现代社会以前的漫长的历史发展中，“诗文评”即文学批评被看作是“集部的尾巴”“并不曾成为独立的学问”；“在一般学人心目中——只是小道，算不得学问”，它不过是“雕虫小技”“无根游谈”，而且是“小中之小，不足深论”的“小道”而已。[7]就连现代文学批评家胡风最初也把文学批评看成是“在他人底心血结晶上面指手画脚”的“最没有出息的事情”。这种观念，在中国由来已久源远流长，是一种根深蒂固的传统观念。既然这样，人们宁可“雕龙”而决不“雕虫”，那些教授、学人当然更不会把它当作“学问”去研究了。在20世纪三四十年代，朱自清先生曾经尖锐批评这种观点是“贵创作而贱批评”，不是“严肃的态度”和“郑重的态度”。

误区之二：“附庸”论。这种观点歪曲文学批评与文学创作共存共荣的关系，视文学批评为文学创作的“傧相”“伴郎”，或把它看成是长在创作之树上的“蘑菇”“木耳”之类的“寄生虫”，从根本上否认文学批评的独立品格，完全是对文学批评性质的一种错误的认识。诺·弗莱的《批评的剖析》对文学批评的性质、范围、原则和技巧等种种问题，曾作过全面、系统的探讨，特别是在《论辩式的前言》中，对在艺术家中间广泛流行的“附庸”论、“寄生虫”论进行了猛烈抨击、深刻批驳，强调指出：文学批评既不是哲学、美学、语言学及文学以外的特定理论系统的“附庸”，也不是文学的“附庸”——派生物、“寄生虫”；文学批评具有“从它所接触的艺术中独立出来的特性”，是采用“一种特殊的概念框架来论述文学”的“一门独立的学科”；视批评为“寄生虫”是“对艺术肆虐”，是“忘掉了文化传统”，“必将导致其高雅生活自身枯竭”。弗莱的论述是深刻而精辟的。唯其如此才使它成为20世纪最有影响的文学批评学经典之一。可是，他在45年前所批判的错误观念，现在我们这里仍然流行。

误区之三：“工具”论。此论源远流长，影响极广。古罗马的贺拉斯在《诗艺》中把文学批评的功能概括、比喻为“磨刀石”，说它可以使“创作这把刀子更加锋利”；现在普遍流行的说法是文学批评是“抬轿子”“吹喇叭”和“打棍子”“戴帽子”；在社会大变革时期，则成为“阶级斗争的工具”。如果说这是讲文学批评的功能，虽然偏激，但尚无大错；然而，长期以来很有一些人却把它当作文学批评性质的经典论述，这就不能不说是一个重要错误了。新时期以来，“文艺工具论”受到了深入批判和清算，可以算得上“批到批臭”了。然而“批评工具论”却没有真正受到清算，它现在仍然对文学批评研究起着很坏的影响。这种“批评工具论”，可以说是对西方文艺理论经典的误解。

误区之四：“经典误读与崇拜”——对毛泽东有关论述误解和迷信而形成的误区。众所周知，毛泽东有一句名言：“文艺界的主要的斗争方法之一，是文艺批评。”这句话的确切含义是什么呢？长期以来，人们普遍认为这句话讲的是文学批评的性质，即“文学批评是文艺斗争的工具。”甚至90年代发表的对毛泽东文艺思想进行正本清源的文章，还认定它是“对文艺批评性质的科学回答”[8]。在我看来，这实属对毛泽东这一经典论述的误读！毛泽东这里是讲“文艺界的斗争方法”问题，虽然从某种意义上来看，也可以说是讲文艺批评的“功能”问题。因此，把“文艺界的主要的斗争方法之一，是文艺批评”这句话，简单地转换成“文艺批评是文艺的斗争工具”，并进而把“工具论”当成是毛泽东对文学批评性质的界定，是不符合毛泽东的原意的，是错误的！实事求是地说，毛泽东在这里并没有去回答“文艺批评的性质”问题，所以，也就根本谈不上什么“对文艺批评性质的科学回答”。把“工具论”转换成“性质论”的“误读”，并不太可怕，改正过来就是了。更可怕的是，长期以来人们不仅陷入误读不能自拔，反而把误读当成科学而迷信崇拜！在一些人看来，经典作家已经为我们作了结论，那是终极真理，当然也就没有再去进行研究的必要了。“经典误读与崇拜”者就这样陷入“停滞期”而自以为得计，才是最可悲、最可怕的事情呢！

误区之五：把“文学理论”与“文学批评理论”混为一谈。这种观念并非某个个人的一时疏忽，而是一种普遍流行的错误观念，在文艺理论批评界、教育界都有明显的表现和相当的市场。90年代以来，“批评危机”成了人们的共识。为了“挽救批评”，文艺理论批评界的一些有识之士纷纷发表文章。这些文章虽然不乏远见卓识，但它们大都有意无意地把“文学理论”与“文学批评理论”混为一谈了。在这些人看来，要“重振批评雄风”或“挽救批评”，根本方法就是加强文艺理论建设，舍此别无他法。在他们心目中，或者根本就没有什么文学批评理论，或者把文艺理论与文学批评理论混为一谈，当成是一回事，所以“挽救批评”就只有靠文艺理论了。这种观点，虽然不无道理，但又不能不说是一种“只知有秦，不知有汉”式的错误，或者是用“文学理论”把“文学批评理论”吃掉、兼容了。持此观念，还谈什么文学批评研究呢？在教育界，这种观点的突出表现就是文艺理论独霸课堂，不给文学批评理论立足之地，径直用文艺理论替代文学批评理论，根本就不开设文学批评课程。这两种表现，其根本错误就在于完全混淆或根本没有弄清“文学理论”与“文学批评理论”这两个独立学科的界限，是一种错误的学科观念。文学理论批评史上的事实证明，把两个学科混为一谈、合而为一，对它们自身发展来说，不是幸运和双赢，而是灾难和双残。雷·韦勒克在50年代曾经特别对“文学理论”与“文学批评”的联系与区别作过精辟论述。可惜的是，他的正确观点至今尚未被我国普遍接受，一些人对错误观念仍然深信不疑。

凡此种种，不一而足。人们深陷种种“误区”不能自拔，何谈文学批评的“专门研究”呢？从我国文学批评研究的漫长历程来看，上述种种错误的学科观念，或作为一种思潮流行，甚或作为指导思想，长期以来左右文坛，负面影响既大且深，已经成为文学批评研究的一个不可逾越的思想障碍，致使我国文学批评的建设和发展举步维艰，处于“停滞期”长达60多年，以至于在20世纪的80多年的时间内，竟然与西方拉下了60多年的距离！对文学批评研究问题进行反思与展望，我们认为，现在已经到了必须彻底破除这些错误观念，坚决走出“五大误区”的时候了！否则，文学批评研究的发展非但没有希望，而且还将再度加大与西方的差距！

让我们沿着《讲话》指引的方向，确立科学的学科观念，走出学科观念的种种“误区”，对文艺批评进行更加深入的“专门研究”，以新的努力，把中国文学批评研究推进到21世纪！

参考文献：

[1]《中国文学研究面临的挑战》，《人民政协报》1999年12月29日。

[2]《首届文学批评学研讨会在武汉举行》，《人民日报》1988年4月12日。

[3] 李国华：《文学批评学》，河北教育出版社，1995年版，第2页。

[4] 周申明：《建设“文学批评学”的重要收获》，《文论报》1996年10月1日。

[5] 胡海：《融会中西，紧扣实践》，《文艺报》2000年12月3日。

[6] 殷国明：《20世纪中西文艺理论交流史论》，华东师范大学出版社，1999年版，第247页。

[7] 朱自清：《评郭绍虞〈中国文学批评史〉上卷》，《诗文评的发展》，《朱自清选集》第2卷，河北教育出版社，1989年版，第484、353页。

[8]《对文学批评性质的科学回答》，《文艺报》1992年6月30日。

（原文载《理论与创作》2003年第1期）

# 坚持理论创新，建设中国文学批评学

## ——20世纪中国文学批评学建设描述

在称为“批评时代”的20世纪，“文学批评学”作为一门建设中的新学科，在我国经过大半个世纪的漫长历程，到90年代才真正进入建设发展时期。其中，问题很多，亟待进行深入探讨解决。本人不揣浅陋，在此就我国20世纪文学批评学建设走过的艰难历程，对建设发展期出版的几部文学批评学专著的基本评价，特别是对我国文学批评学建设的当务之急和根本出路等重要问题，谈谈自己的一些思考和认识。不当之处，希望同行专家学者及广大读者批评指正。

### 一

我国20世纪文学批评学建设的历史，大体经过两个时期：一个是从20年代起长达60年的“缓慢发展期”；一个是从80年代末到21世纪初的15年的“建设发展期”。

关于我国文学批评学的“缓慢发展期”，还得从“批评的时代”的起点即20世纪20年代说起。从中外现代文学批评史来看，20世纪20年代［英］理查兹《文学批评原理》（1924）出版，标志着“批评的时代”的开始。这时，我国现代文学批评家们也开始了对文学批评的专门研究，先后发表了《对于批评家的希望》（鲁迅，1922）、《“文学批评”管见一》（茅盾，1922）及《文艺批评浅说》（周全平，1927）、《文艺批评ABC》（傅东华，1928）等一批论著。傅东华还翻译出版了［美］琉威松辑《近世文学批评》（1928）。虽然这一批论著大多缺少对问题的深入研究，但它们“跑马圈地”，把文学批评独立出来研究，可以说是开我国文学批评学的先河，无疑具有开创意义。正是从这个意义上说，他们在学科观念上的觉醒，与西方相比，几乎是同步的，至少并无多大差距。

然而，从此以后直到80年代末的漫长时间里，我国文学批评学建设却基本中断了，整个批评学界一片沉寂、无所作为、停滞不前，我国文学批评学陷入了一个长达60多年之久的“缓慢发展期”！谓予不信，请看事实：

首先是不引进译介或少引进译介外国研究成果。从20世纪20年代以来，西方陆续出版了一批文学批评学专著，像1924年诞生的［英］理查兹《文学批评原理》、1930年出版的［法］阿贝尔·蒂博代《六说文学批评》、1941年出版的［美］兰色姆《新批评》、1957年问世的［加］诺·弗莱《批评的剖析》、1960年出版的［美］韦勒克《批评的概念》等都是20世纪文学批评学的世界名著，有的还被称作“新批评”的“圣经”，被译成多国文字，在世界上产生广泛影响。但在我国却长期视而不见，充耳不闻，毫无反响，80年代末以前，连一本都没有翻译出版！现在国内流行的译本，都是80年代末以后陆续翻译出版的。这种情况说明，在翻译引进国外成果上我们实际上停滞了40—60年！

其次是对批评学的基本问题很少进行研究，成果极少。我国文学理论批评界长期缺少明确的学科观念，可以说在80年代末以前，根本就没有从“学科建设”的高度上提出问题来，因此也就没有出版一本批评学专著，批评学论文也极少！如《中国新文学大系》出版四辑（1917—1976），其中《文学理论卷》8卷，所选文章约660篇，将近600万字。它的第1—3辑，从来不设“文学批评”栏，所选批评研究文章极少，总共不过20多篇，充其量不足25万字。可以说，文学批评学研究实际上已经处于中断停滞状态。

再次是没有学术队伍和学术团体、研究机构。我国文学批评工作者少之又少，文学批评研究者更少，散兵游勇，势单力薄，基本谈不上什么“队伍”，实在无法与其他学科相比，更与所谓文艺的“一翼”地位极不相称；从学术团体、研究机构的建制上看，新中国成立以来，至今还没有一个全国性的文学批评“研究会”“学会”“协会”之类的学术团体或机构，省级的团体、机构也简直是凤毛麟角，与我国文学界多如牛毛的各种“研究会”根本无法相比。

第四是缺少专业教育和学科建设。在我国几百所高等院校的中文专业或中文系中，没有一家“文学批评学”专业，开设文学批评学课程的院校充其量也就那么十多家；作为文学批评学学科建设核心的硕士点就几个，博士点是空白。这种情况，与文学学科中那么多硕士点、博士点，相比，显得格外可怜！所以，我国文学批评学发展缓慢，队伍乏人，也就是自然的事情了。

上述情况表明，我国20世纪的文学批评学确实存在一个“60年”的缓慢发展期，唯其如此才使我们落后西方近60多年！就是在这60多年间，西方文学批评学得到飞速发展，成为文学批评史上的一大“奇观”！

关于我国文学批评学的“建设发展期”，我以为应当从20世纪80年代末算起。15年来，先后经历“学科观念觉醒”“世纪末的崛起”“持续发展”三个阶段。首先是“学科观念觉醒”阶段。谈这一问题为什么要从20世纪80年代末算起呢？根本原因就是1988年3月在武汉举行过“全国首届文学批评学研讨会”。据《人民日报》报道，在这次“研讨会”上，与会专家达成一个共识：“基本赞同创立文学批评学的构想”[1]。这个“基本赞同创立文学批评学的构想”，对文学批评学的建设来说，却非同一般，可以说它是我国文学批评学学科观念觉醒的“标志”。因为“创立文学批评学的构想”的提法，还真是“史无前例”的第一次。据我所知，此前我国还没有人提出这样的学术命题。这一学科观念的从无到有，虽然勉强一点，然而确实体现出学科观念上的觉醒，把它称之为“标志”并非夸大其词。当时的一些事实也说明了这一点：会后的一个时期即1988—1991年间，一些报刊如《文艺报》《文论报》及一些大学学报，先后开展了“关于建设文学批评学的讨论”，发表了一批研究文章，其中包括“关于建设文学批评学体系基本构想”即旨在为文学批评学理论体系描绘蓝图的长篇论文。据统计，这是20世纪发表文学批评学论文数量最多的时期，超过《中国新文学大系》1—4辑文学理论卷所收文学批评研究论文的总量的几倍。这个事实说明，我国学术界文学批评学“学科观念觉醒”，不仅是观念上的，而且是见诸实践的。从学科建设来看，“全国首届文学批评学研讨会”及其“关于建设文学批评学的讨论”，无论理论上的建树大小，它在文学批评学建设上的意义都是重大的，那就是由此实现了文学批评学学科建设观念的真正觉醒。

其次是我国文学批评学建设的“世纪末的崛起”阶段。20世纪90年代的几年内，先后有王先霈范明华著《文学评论教程》（1990），潘凯雄、蒋原伦、贺绍俊著《文学批评学》（1991），黄展人主编《文艺批评学》（1991），蒋原伦潘凯雄著《历史描述与逻辑演绎》（1994），李国华著《文学批评学》（1995），张荣翼《文艺批评学论稿》（1995）等多部文艺批评学专著和教材问世。在短时间内出版七、八部学术专著的盛况是前所未有的，它说明我国文学批评学建设已经把“构想”变为“现实”。作为我国第一批文学批评学专著教材，初步建构了文学批评学的理论体系，堪称中国文学批评学学科的奠基之作。它宣告了我国文学批评“有‘史’无‘学’”时代的结束，标志着我国文学批评学建设开始进入真正的建设发展期。此时，对国外文学批评学的研究成果的引进翻译也有了极大进展。几年间，把西方20世纪问世的文学批评学的经典之作如［英］理查兹《文学批评原理》、［法］蒂博代的《六说文学批评》、［美］雷·韦勒克的《文学理论》、［加］诺·弗莱的《批评的剖析》、［美］雷·韦勒克的《批评的概念》、［英］戴维·洛奇《20世纪文学评论》、［法］托多洛夫《批评的批评》、［法］塔迪埃《20世纪的文学批评》等专著、教材，都先后翻译出版了，数量之多超过了过去“缓慢发展期”60年的总量，成绩相当可观。这一阶段著述和译介成果突出，所谓“世纪末的崛起”可以说是当之无愧的。

再次是最近几年的“持续发展”阶段。从1999—2002这世纪之交的几年间，文学批评学呈现出持续发展的良好势头，先后出版了王先霈主编《文学批评原理》（1999）、李国华《文学批评学》（修订本，1999）、张利群《批评重构——现代批评学引论》（1999）、赖大仁《文学批评学形态论》（2000）、凌晨光《当代文学批评学》（2001）、黄书泉《文学批评新论》（2001）、鲁原《文学批评学》（2002）、周忠厚主编《文艺批评学教程》（2002）等我国第二批文学批评学专著和教材。此外，还出版了我国第一部《文学批评术语词典》（王先霈王又平主编，1999）。还有周海波《中国近百年文学体式流变史·批评卷》（1999），作为批评史著，对文学批评学建设颇有意义。这批专著和教材，对批评基本问题的研究，无论在广度上还是深度上都有新的进展，把我国文学批评学建设向前推进了一步。在这一批著作中，王著《文学评论教程》《文学批评原理》和李著《文学批评学》先后被列为“高校文科教材”“面向21世纪课程教材”和“普通高等教育‘九五’国家教委重点教材”。这种情况表明，文艺批评学作为一个专业方向已经纳入高等教育学科建设之列，标志着文学批评学教育的发展。高等院校中文系开设文学批评学课程开始成批量的增加，文学批评学开始在高等学府的课堂上占有一席之地。值得注意的是，近几年来我国省一级的文学批评家协会、文学批评中心等研究机构、学术团体相继成立，这在学术队伍的组织建设上来说，无疑也是一个历史性的突破。

综上所述，这15年可以说是觉醒、崛起、发展的15年，时间虽短，但成绩很大，为我国文学批评学学科建设奠定了坚实的基础，确实是我国文学批评学建设的辉煌时期。但我并不赞成所谓什么“批评学热”。我认为还是称之为“建设发展期”更恰当一点。平心而论，15年出版十几本专著、教材，与过去相比，固然是一大进步，但从建设“具有社会主义性质和中华民族特色”的中国文学批评学的艰巨任务来说，是远远不够的，还需要做出长期的巨大努力！

## 二

“建设发展期”诞生的这几部文学批评学专著、教材，作为我国文学批评学的“奠基之作”，它们究竟有哪些理论创新和学术贡献呢？在我看来，其中相当一部分是自成体系、颇具特色、水平较高的学术著作，其中“面向21世纪课程教材”《文学批评原理》和“‘九五’国家教委重点教材”《文学批评学》可以说是它们的代表。从整体上来看(可惜在此不能作个案分析)，这一批著作的理论创新贡献，主要表现在三个方面：

首先，它们“对文学批评学的基本范畴进行全面系统的分析研究，初步建构了作为一个独立学科的文学批评学的理论体系”[2]。这个体系大体由“五论”构成：“本质论”从批评本体的特殊内在机制和外在形态上揭示文学批评的“艺术性科学”本质；“标准论”从中西标准系统特别是从马克思主义、毛泽东思想的标准论与新时期我国文艺实践的结合上，确立社会主义文学批评的基本标准；“方法论”在介绍中西主要批评方法的基础上，集中阐述马克思主义“美学—历史”方法的基本原则；“写作论”从实践操作角度阐述批评写作的基本原理，描述批评写作的基本程序和技术、技巧，进而对批评主体的修养提出基本要求；“发展论”在简略描述批评发展历程的基础上，总结概括出文学批评发展的基本规律。学术界认为这是一个“严谨的科学性、严密的逻辑性、严整的系统性”“三位一体”的理论体系。[3]

其次，在“坚持—运用—发展”马克思主义文艺理论方面也做出了重要贡献。它们不仅坚持为马克思主义经典论述设章置节，更重要的是他们十分注意结合新时期的文艺实践对经典论述进行阐释、发挥，为建设当代马克思主义文学批评学做出巨大努力。例如，对“美学—历史”方法的基本原则问题、对社会主义文学批评的基本标准问题，对马克思主义文艺批评在文学批评“现代格局”中的地位和意义问题，大都能够结合实际详尽阐发，不仅颇有特色，而且也有深度，与那些极力淡化或根本不讲马克思主义文艺批评的“文学理论教程”(人文版)教材形成鲜明对比，曾被文学理论界誉为“是运用马克思主义建设文学批评学的一个相当成功的尝试”。

再次，对一些具体范畴的研究颇有创新。这里略举几例：其一，对文学批评性质的“内在机制”的论述。文学批评的性质是文学批评学的根本问题，在“本质论”中专列一章，深入解剖文学批评的“内在机制”即批评“本身特殊的矛盾”，从“特殊的掌握世界的方式”“特殊的思维方式”“特殊的主客体关系”“特殊的精神生产本质”四个方面深入揭示文学批评的“艺术性科学”的特殊性质，成为一种系统整合和崭新创造。其二，对文学批评体裁的论述。这个问题曾被认为是一个“被忽视了，至今并未在理论上认真讨论过”的“当代文艺理论和批评的最大难题”。[4]《历史描述与逻辑演绎》是我国第一部对文学批评体式进行认真理论探讨的学术专著，其他一些专著也作了概括的阐述。可以说，这些理论探讨，多少弥补了长期“被忽视”的缺憾。其三，对走出“跨元批评”误区的理论探讨。为解决中国现代文学批评“跨元批评”的顽症，“‘九五’重点教材”《文学批评学》把它作为一个重要理论和实践问题进行探讨：从理论上把“文学观念”“批评对象”“批评方法”三者的关系简明准确概括为“制约—独立—超越”关系；从实践上把它看作“批评方法选择、运用的基本原则”，特别强调“‘文学观念’‘批评对象’‘批评方法’的契合统一”。这一命题的提出和探讨，确实抓住了文学批评的“症结”和“关键”，大大增强了专著教材的科学性和实用性，受到学界的好评。

“持续发展阶段”出版的专著教材，虽然没有对“崛起阶段”的著作做出根本性的突破和超越，但也不乏新的贡献。概括说来，一是关注新问题，对世纪末的“批评危机”及“媒体批评”“大众批评”“学院批评”等批评现象进行探讨；二是研究范畴拓宽了，由“文学”扩展到“文艺”，成为名副其实的“文艺批评学”；三是对国外最新研究成果的及时译介，增加了学术信息量，为文学批评学建设提供了新的参照。因此，完全可以说我国文学批评学建设实现了持续发展。[5]

综上所述，“建设发展期”的这些专著、教材，对文学批评的性质和功能、批评标准和方法、批评写作和批评发展等基本问题进行了探讨，初步建构了作独立学科的中国文学批评学的理论体系，堪称中国文学批评学的“奠基之作”，为建设中国文学批评学奠定了坚实的基础。这一批著作、教材，坚持以中西文学批评现象为研究对象，特别是从中国现代文学批评的具体文学批评实践中进行概括总结、提出概念范畴，建构理论体系的创新之路，它虽然也借鉴、吸收西方 20 世纪文学批评学的研究成果，但却是以“中国文学批评学”的学术形象、品格区别于西方现代批评学派而跻身于 20 世纪的“批评的时代”的。短短 15 年的时间，成就了这样的基石，是值得引以为豪的。但是，也必须指出，这一批专著、教材，并不是完美无缺的，它们毫无例外的存在一切学科初创阶段的不足和缺陷。概括说来，主要有两个问题。一是对文学批评学的核心问题如我国文学批评学的“社会主义性质和民族特色”问题、“文学批评的发现与创造”等问题的探讨还不够深入。在我看来，这些问题艰巨复杂，并不是一时就可以解决了的，恐怕需要相当长的时期才能较好解决，可谓任重而道远！然而，这也正是我国文学批评研究者们精心研究、大有作为的广阔天地！二是文学批评学建设中开始出现低层次重复、粗制滥造，甚至严重的违规操作、学术失范现象。如新近出版的文学批评学教材、专著中，就有以普通常识替代学术研究、以低层次重复冒充理论创新的所谓“新论”之作，也有不讲注释规范、对引文出处胡乱注释——任意编造版本或刊物达七八十处的“优秀教材”，更有突破学术道德底线肆意抄袭剽窃他人专著、教材的所谓 21 世纪系列教材“教程”等等。这些现象，不仅是学者自毁形象，更严重的是对刚刚起步的文学批评学的建设与后续力量的培养造成极坏的影响。

## 三

现在的问题是，我们怎样才能与时俱进、持续发展，把我国文学批评学建设推向前进？我认为，目前应当从三个方面去努力。

第一，真正树立科学的学科观念，走出批评学建设的误区。

在文学批评学建设问题上，我们曾经有过许多经验教训。除去“学术环境”外，从“学科内部”来说，一个重要教训就是在“学科观念”上存在严重错误，没有真正树立科学的学科观念。因此，当务之急和根本出路就是要牢固树立科学的学科观念，从理论上破除错误观念，在实践中走出“误区”。所谓“科学的学科观念”，概括说来，就是坚持“文学批评学”是与“文艺理论”“文学史”既互相独立又互相联系的“文艺学”的三个分支学科之一的观点，正视文学批评学与文艺理论作为两个学科在“研究对象”“基本范畴”“根本性质”上显著区别，真正把文学批评学作为一个独立学科而不是把它当作文艺理论的“子学科”。[6]从实际情况来看，这个问题并没有真正解决。换句话说，还存在种种“误区”。误区之一：“小道论”。即把文学批评看作“雕虫小技”“无根游谈”，认为它“只是小道，算不得学问”。误区之二：“附庸论”。这种观点视文学批评为文学创作的“傧相”“伴郎”，或把它看成是长在创作之树上的“蘑菇”“木耳”之类的“寄生虫”。误区之三：“工具论”。此论源远流长，影响极广。现在普遍流行的说法是文学批评是“抬轿子”“吹喇叭”和“打棍子”“戴帽子”，“阶级斗争的工具”。误区之四：“经典崇拜论”——对毛泽东有关论述误解和迷信而形成的误区，即把毛泽东的名言“文艺界的主要的斗争方法之一，是文艺批评”这句话，简单地转换成“文艺批评是文艺的斗争工具”，并进而把“工具论”看成是对文学批评性质的界定的误解和崇拜。误区之五：把“文学理论”与“批评理论”混为一谈，合而为一。这种 观念的错误就 在于完全混淆或根本没有弄清“文学理论”与“文学批评理论”的根本界限，在理论和实践上把两个独立学科合并为一个学科——文艺理论了。正是这些错误观念严重影响着我国文学批评学建设的正常进程。[7]实践证明，不从理论上真正确立科学的学科观念，不从实践上彻底破除这些错误观念，文学批评学建设就很难向前推进一步！

第二，必须破除文学批评学中的“西方中心论”，特别在建设中国文学批评学即具有

“社会主义性质和民族特色”的文学批评学上有所创新，做出贡献。

如前所述，“建设发展阶段”初步建构了我国文学批评学的理论体系，为文学批评学的发展奠定了坚实基础，这当然是好的，也值得引以为豪。但是，这个理论体系也并非完美无缺和不可超越的，它不应该成为模式定于一尊，成为人们继续研究的束缚或障碍。从发展的观点看，我们必须有所超越，有所前进。固守模式，无所作为，不能超越，是没有出息的、可悲的。在我看来，我们应该在建设具有“社会主义性质和民族特色”的文学批评学这个根本问题上深入研究，有所超越。什么是具有“社会主义性质和民族特色”的中国文学批评学呢？它与外国文学批评学有哪些根本区别？作为现代文学批评学，怎样才能超越古代文学批评学？作为马克思主义文学批评学，同非马克思主义文学批评学的根本区别是什么？一言以蔽之曰：究竟怎样才能建构起具有“社会主义性质和民族特色”的文学批评学？这不能不说是我们刚刚开始探讨而又必须解决的一个重大课题。它不仅涉及遗产继承，更关系到理论创新；不仅涉及古代批评观念，更关系到现代批评传统；不仅涉及西方批评学术精华，更直接关系如何发掘利用我国文学批评的学术资源问题；等等，是一个极其复杂艰巨的系统工程。我国文学理论批评界多年来所探讨的马克思主义文艺学的“当代形态”、中国古代文论的“现代转换”问题，其实也就是这一问题的两个方面。也正是在这一问题上，“建设发展阶段”的著作教材，虽然作了努力探讨取得一定进展，但并不尽如人意，甚至存在诸多不足和缺陷；这一点，也正好为后人超越提供了广阔的学术空间，十分需要学人长期不懈地努力和不断地超越才能最终完成。

这里，我们不得不特别指出，要真正在建设具有“社会主义性质和民族特色”的文学批评学即“中国文学批评学”上有所创新，除了切实力戒浮躁，恪守学术规范，严谨治学，坚决杜绝恶劣学风和违规操作外，还必须破除“西方中心论”，真正坚持走自己的路。应当承认，在建设文学批评学学科上，“西方中心论”确实存在：例如 20 世纪出版的文学批评学专著［美］韦勒克的 5 卷本《近代文学批评史》、［法］塔迪埃《20 世纪文学批评》、［英］戴维·洛奇《20 世纪文学评论》毫无例外的只字不提 20 世纪的中国文学批评。这种情况说明，他们只承认西方的文学批评的学术地位，而根本不承认中国的文学批评的学术地位，是十足的“西方中心论”。问题是，“西方中心论”在我国确有影响：例如在总结我国 20 世纪文学批评时就有人“致悼词”，对我国五四以来的文学批评作了彻底否定；或者在探讨文学批评的专著中，称中国现代文学批评还处在“儿童态”，是“半票批评”，“不成熟”“不典型”，不能作为文学批评学的研究材料，竟然把中国文学批评排除在研究视野之外；或者在整部几十万字的“教程”中，绝大篇幅用来介绍西方的文学批评，中国文学批评只有极小篇幅，几乎成为西方文学批评学的翻版等，这些情况说明“西方中心论”在我国并非没有市场。我认为，不破除“西方中心”论和“追‘新’逐‘后’”风，是绝对不可能建设发展具有“社会主义性质和民族特色”的中国文学批评学的。在这一问题上，我们必须走自己的路，发扬我国现代文学批评的优秀传统，从我国文学批评的具体实践出发，进行总结概括和理论创新，建设和发展“中国文学批评学”。

第三，必须抓住当前的大好机遇，坚持持续发展。

所谓机遇，一是指 15 年来文学批评学建设的良好发展态势。应当说，我国文学批评学进入“建设发展期”的局面来之不易，更加喜人的是这个良好态势正强劲发展：引进译介外国成果大有进展；批评学术队伍不断扩大；省级的“批评家协会”时有筹备成立；批评学论文和专著持续发表出版；批评学课程开始成批量的进入大学课堂，硕士、博士学位点开始设立等等，呈现出空前未有的盛况。二是指国家教育部把文学批评学作为一个专业方向纳入高等教育学科建设之列的战略举措，对本学科的建设发展所产生的深远影响和重大作用。在我国，一个学科能否生存发展，与国家是否重视和支持有重大关系。这是不争的事实。我国一些学科的“中断—复兴—发展”的曲折历程充分证明了这一点。所以，我们应当紧紧抓住国家的重视和支持这一机遇，把 15 年来的良好态势持续发展下去。这个机遇，对文学批评学的发展来说非常关键。抓住机遇，就有望持续发展，开创新局面。否则，将很难有大的发展。

展望前景，我相信，只要我们走自己的路，坚持理论创新，就一定能够把中国文学批评学建设推向前进!

参考文献：

[1] 易明．首届文学批评学研讨会在武汉举行 [N]．北京：人民日报 1988.04.12. (8)

[2] 李国华. 文学批评学 [M]. 保定：河北大学出版社，1999，2.

[3] 蔡子谔.《文学批评学》[J]. 北京：文艺研究，2002. (6)

[4] 殷国明. 20 世纪中西文艺理论交流史论 [M]. 上海：华东师范大学出版社，1999，247.

[5] 山木. 近年来文学批评学建设述评 [N]. 北京：文艺报，2004-02-07. (8)

[6] 李国华. 关于文学批评学的学科定位 [J]. 石家庄：河北学刊，2002. (5).

[7] 李国华. 走出当前文学批评学的“误区”[N]. 北京：文艺报，2002-10-12. (8)

[原文载《河北大学学报》(哲学社会科学版) 2005 年第 6 期]

# 走出当前文学批评学的“误区”

关于我国文学批评学的建设问题，虽然有所谓“世纪末的崛起：90 年代文学批评学建设的重大突破”的提法，但从我国文学批评学学科建设和专业教育的现状来看，我们对“文学批评学”建设还很不重视，甚至还深陷种种“误区”。谓予不信，请看事实：

其一，我国各种“协会”“学会”“研究会”多如牛毛，一个古代诗人、作家、一本古典名著就有一个全国性“研究会”。然而，新中国成立以来，至今还没有一个全国性的文学批评“研究会”、“学会”、“协会”之类的学术团体或机构，省级的团体、机构也属凤毛麟角。

其二，从学术队伍来看，更是势单力薄。文学批评工作者就少，文学批评研究者更少，根本就无法与其他各种研究会相比，与所谓批评是“文艺的一翼”地位极不相称。从对文学批评的研究来看，则是零敲碎打，不成规模：20 世纪 90 年代以前，国内几乎没有出版一本文学批评学专著。批评研究论文也很少，以《中国新文学大系》（1917—1976）文学理论卷 1—4 辑为例，共选论文 660 篇，其中批评研究论文不足 20 篇，与文艺理论研究不成比例。（这里不含 1976—2000 年的情况）这种状况，与新中国成立后新建设起来的现代文学史、文学批评史、文学理论等当代“显学”更是无法相比。

其三，批评专业教育十分薄弱。50 年代以来，文学理论、文学史、文学批评史这三个相关学科就已成为中文系的重要课程、专业方向并设有多家硕士点、博士点。文学批评则不然，80 年代中期前，中文系课程体系中没有它的位置，国内没有几所高校开设这一课程，更没有一个文艺批评专业及硕士点、博士点。即使现在，这种情况也没有发生多大改变。

其四，文艺理论批评界的学科观念还很淡薄，至今尚无足够重视。例如，我国文艺理论界权威人士在展望、规划 21 世纪文艺理论批评研究时，有关领域都谈到了，唯独对文学批评学建设问题只字未提；社科研究课题中，国家级、省级的批评研究项目也少得可怜。

事实表明，“批评学”建设在我国还没有受到足够重视。如果按江泽民“八七”、“四二八”讲话提出的“四个同样重要”“五个高度重视”的要求来看，就差得更远了！

作为一门新学科——文学批评学的建设问题，为什么长期得不到应有的重视呢？原因有种种，但我认为，除去“学术环境”外，从“学科内部”来说，根本原因就在于“学科观念”存在种种错误——“小道论”“附庸论”“工具论”“理论与批评合一论”等错误观念流行泛滥，致使我们对批评学建设长期重视不够。因此，我国文学批评学建设的当务之急和根本出路，就是要牢固确立正确的学科观念，从理论上破除错误观念，在实践中走出“误区”。只有这样，我们才能把文学批评学建设推向 21 世纪！

误区之一：“小道论”。我国历来只有“诗文评”的概念，进入现代社会以来才有所谓“文学批评”的观念。在漫长的文艺史中，它一直被看作“集部的尾巴”、“不曾成为独立的学问”；在一般学人心目中，它“只是小道，算不得学问”，不过是“雕虫小技”、“无根游谈”，而且是“小中之小，不足深论”的“小道”而已。所以，人们宁可“雕龙”而决不“雕虫”，那些教授、学人就更不会把它当作“学问”来作了。这种观念，源远流长，可以说是一种根深蒂固的传统观念。

误区之二：“附庸论”。这种观点歪曲文学批评与文学创作共存共荣的关系，视文学批评为文学创作的“傧相”、“伴郎”，或把它看成是长在创作之树上的“蘑菇”、“木耳”之类的“寄生虫”。诺思罗普·弗莱《批评的剖析》的《论辩式的前言》中，对在艺术家中间广泛流行的“附庸”论、“寄生虫”论进行猛烈抨击、深刻批驳，强调指出：文学批评既不是哲学、美学、语言学及文学以外的特定理论系统的“附庸”，也不是文学的“附庸”——派生物、“寄生虫”；文学批评具有“从它所接触的艺术中独立出来的特性”，是采用“一种特殊的概念框架来论述文学”的“一门独立的学科”；视批评为“寄生虫”，是“对艺术的肆虐”，是“忘掉了文化传统”，“必将导致其高雅生活自身枯竭”。无庸讳言，“附庸论”在我国文艺家中间仍然相当流行。

误区之三：“工具论”。此论源远流长，影响极广。古罗马贺拉斯在《诗艺》中把文学批评的功能概括、比喻为“磨刀石”，说它可以使“创作这把刀子更加锋利”；现在普遍流行的说法是文学批评是“抬轿子”、“吹喇叭”和“打棍子”、“戴帽子”；在社会大变革时期，则成为“阶级斗争的工具”。如果说这是讲文学批评的功能，虽然偏激，却无大错；然而，长期以来很有一些人却把它当作文学批评性质的经典论述，这就不能不说是一种错误了。

误区之四：把“文学理论”与“批评理论”混为一谈，合而为一。这种错误观念，在文艺理论批评界、教育界颇有市场。90年代人们为“挽救批评”而发表的一些文章虽然不乏远见卓识，但它们大都有意无意地把“文学理论”与“文学批评理论”混为一谈了。在这些人看来，要“重振批评雄风”或“挽救批评”，就是加强文艺理论建设，根本就不谈什么文学批评理论，他们显然是用“文学理论”把“文学批评理论”吃掉、兼容了。在教育界，这种观点的突出表现就是文艺理论独霸课堂，不给文学批评理论立足之地，径直用文艺理论替代文学批评理论，根本就不开设文学批评课程。这两种表现，其重要错误就在于完全混淆或根本没有弄清“文学理论”与“文学批评理论”的根本界限，在理论和实践上把两个独立学科合并为一个学科——文艺理论了。

凡此种种，不一而足。正是由于这些错误观念在文学队伍、教育队伍特别是在一些科研管理部门和高等院校流行，严重影响着我国文学批评学建设的正常进程。实践证明，不彻底破除这些错误观念，肃清它们的影响，文学批评学建设就很难向前推进一步！所以，我们要把文学批评学建设推进到21世纪，就必须在理论同这些错误观念彻底决裂，在实践中从这些误区中解放出来。否则，所谓“建设”和“发展”，就只能是一句空话。让我们真正重视社科研究，坚决走出”误区”，把我国文学批评学建设推进到1世纪！

（原文载《文艺报》2002年10月12日）

# 关于文学批评学教学的探索与思考

长期以来的文艺学教学实践，使我深深感到，我国高等学校中文系学生文学批评能力普遍较低，很不适应新时期文艺事业发展的需要。究其原因有种种，各个学校的情况也不一样，但其根本原因，我认为就在于我国大学文学专业没有设置文学批评学课程，学生在校期间始终不能全面、系统的接受文学批评学的基本理论和基本知识的教育和实践。这一点，与国外高等教育的差距很大，国外不仅设有文学批评学课程、专业，甚至文学批评系、学院也并不少见。面对这种情况，作为一名文艺学教师，我感到责任重大，不能坐等教育部专业调整，而应为从根本上解决这个问题，提高学生的文学批评能力，尽自己的一份力量。于是，在 20 世纪 80 年代后期全国没有几家高校开设文学批评学课程的情况下，我甘冒风险，开始给中文系 86 级学生开设文学批评学选修课，讲授一些文学批评学的基本理论、知识及我的有限的研究成果。没有想到，此课一开，便受到同学们的极大欢迎和支持，一发而不可收。从 1989 年春开始，从未间断，一直开到现在，长达 12 年之久，成为中文系乃至河北大学持续时间最长的选修课之一。现在，经过教育界、学术界十几年的努力，文学批评学已经作为文艺学的一个专业方向，被纳入国家高等教育的学科建设之列。看到文学批评学已经正式进入大学课堂，文学批评学学科得到健康发展，不能不令人感到十分高兴！根据我十几年来的实践和体会，在大学开设文学批评学课程，在我国建设发展文学批评学学科，应当而且必须下大力量解决教材建设、教学方法、特别是学科定位这三个问题。否则，不是收效甚微，就是半途而废，甚至费力而不讨好！换句话说，我从事文学批评学教学和研究十几年，集中到一点，也可以说就是在以上三个方面花费心血，进行探索和思考。

## 一、加强文学批评学的教材建设

一般说来，我国大学中文系的专业课程大都有“部颁教材”或“教育部推荐教材”。

一般选修课程往往也有国内著名学者的学术专著可供借用和选择。文学批评学课程则不然。当时我国尚无一部国家级教材，甚至这方面的学术专著也属凤毛麟角，根本无从借用、选择或参考。至于外国，则早在 20 世纪 20 年代以来就有理查兹、兰色姆、弗莱、韦勒克等著名学者的极有影响的学术专著或教材。但是，由于学术观点不同，特别是中西方在意识形态上的分野，就使这些外国著作教材没有一部可以被直接用作我们的教材。

"教材是教学之本"。没有教材，是最大的问题。但也是最大的机遇——在客观上为我们提供了一个理论创新的广阔天地。你真要开设这门课程时，那别无选择，就只有下定决心，独立自主，撰写出自己的文学批评学教材来。在我看来，一部适用我国国情需要的文学批评学教材，应该是一个具有"社会主义性质和民族特色"的科学理论体系：它是一个以批评本质论为核心，包括批评标准论、方法论、写作论及发展论为基本内容的科学体系。"本质论"从批评本体的特殊内在机制和外在形态上，揭示文学批评的"艺术性科学"特质和审美调节功能；"标准论"从中西两种不同标准体系特别是马克思主义、毛泽东思想的标准论与社会主义文艺实践的结合上，确立社会主义文学批评基本标准的内涵；"方法论"在评介中西主要批评方法的基础上，集中阐述"美学—历史"方法的基本原则；"写作论"主要从批评实践上阐述批评写作程序和基本原理及基本技术与技巧，并对文学批评家的智能结构与品德人格修养提出原则要求；"发展论"对文学批评系统作动态研究，简略描述文学批评发生和发展的基本历程，重点总结概括文学批评发展的基本规律。这"五论"不是孤立的，而是通过"文学观念""批评方法""批评对象"三者的内在联系而有机融合成的一个不可分割的系统整体。这"五论"是不可或缺的，无论缺了哪一论，即使是理论性不强的"写作论"，也将损害这个体系的适用性。毫无疑问，这个体系应当是马克思主义基本原则与中华民族特色相结合的科学体系。否则，就不能算是科学性较强的文学批评学教材了。科学性、系统性、适用性是文学批评学教材所应具有的特点和应达到的水平。

因为自知任务艰巨、责任重大，所以自开课以来的 12 年里，丝毫不敢有所懈怠，始终坚持对文学批评学理论的深入研究和教学探索。为了建构文学批评学的理论体系，我把它确定为自己的重点研究课题，集中全部精力进行深入系统地研究。经过五年的时间，写出 30 多万字书稿、讲义。为了搞出一部较好的文学批评学教材，每讲一遍，就根据同学的意见进行一次修改。作为科研成果，得到逐步提高；作为教材也日臻完善、适用了。到 1995 年底，把建设文学批评学教材的"设想"变成了现实，由河北教育出版社出版了《文学批评学》。或许是由于拙作"初步建构了马克思主义文学批评学体系"，"体系严整全面、知识广泛深厚，为学生和读者提供了一个理论与实践相结合的文学批评学模式”，在建设这一新学科工作上做了抛砖引玉的工作，拙著于1996年荣获河北省第五届社科优秀成果一等奖。此后，我又按照教育部关于教材建设的“精品战略”要求，进行了认真修改，于1999年作为我国“普通高等教育‘九五’国家教委重点教材”由河北大学出版社出了修订本。现在我们可以自豪地说，在文学批评学这个领域里，我们已经有了自己的国家级的教材了！从无到有，我们终于在世纪末实现了零的突破。

然而，对我们来说，这只是万里长征第一步，艰巨的任务还在后头。作为一门新学科，怎样才能够创新发展、逐步完善成熟呢？概括说来，作为现代文学批评学，怎样才能超越古代文学批评学？作为中国文学批评学，怎样才能不同于西方文学批评学？作为马克思主义文学批评学，同非马克思主义文学批评学的根本区别是什么？一言以蔽之：究竟怎样才能建构起具有“社会主义性质和民族特色”的文学批评学？这确实是我们刚刚开始探讨而又必须解决的一个重大课题。它不仅涉及遗产继承，更关系到理论创新；不仅涉及古代批评传统，更关系到现代批评观念；不仅涉及西方学术精华，更关系到中国社会科学现代化进程，是一个复杂而艰巨的系统工程。要完成这样一项工程，把它建成当代一流水平的学科，谈何容易！这绝不是可以一蹴而就的，也绝不是仅靠我们这一代人就可以完成的，而是需要几代人长期不懈地进行全面深入的科学研究和理论概括才能够真正实现的。看到这些，不能不令人深感任重而道远！

## 二、改进文学批评学的教学方法

教学方法历来就是教学的一个重要环节。就文学批评学课程教学来说，教材解决之后，教学方法问题就成为我所进行探索的第二个重要问题。

一般说来，大学基础理论课或专业理论课，大都是采用所谓“灌输”的方法。此法虽不甚理想，却也算是行之有效吧，所以大学文艺理论课程教学，大多还是采用“灌输”的方法。因为此法不甚理想，人们便寻求各种措施加以补救、改进。文学批评学属于专业理论课程，在教学方法上的所谓探索，根本原则是理论与实践相结合，具体做法是基本理论灌输和批评实践相结合，即让同学在批评理论指导下进行批评实践——提高批评实践能力，同时又在批评实践中理解掌握批评理论——提高批评理论水平，真正实现理论水平与实践能力双丰收。

文学批评学的基本理论和知识，对于大学本科学生来说，基本都是“新理论”“新知识”。就课程的任务来说，应当也必须进行理论灌输。一般说来，同学大都认可、欢迎这种灌输，普遍反映开阔了视野，在批评理论上填补了空白。总的说来，每届学生大体都用整个教学课时的 2/3 时间讲授文学批评学的基本理论和基本知识。从多年的实践效果来看，基本上达到了使同学“掌握基本理论和知识，初步树立马克思主义文学批评观”这一目的。

文学批评学又与文学理论有所不同，它是一门实践性极强的“应用科学”、是“运动的美学”。文学批评学的这种性质，又决定了这门课程必须特别加强批评实践和训练。从开始安排 1/5 课时进行实践，逐渐增加到约 1/3 的课时进行实践。曾先后组织同学对“样板戏现象”“新体验”小说《翻浆》等作品进行评论、对刚发表的河北作家的长篇小说《蓝火头》（后获河北文艺振兴奖）进行评论；对硕士研究生则组织他们对一些文学理论批评论著进行评论。每次都进行讲评，然后让同学再行修改。通过反复多次的批评实践和训练，大多数同学的批评能力得到提高，个别同学还出了成果。对批评实践，同学们热情很高，都很投入。

十几年来的实践证明，按照文学批评学这一学科的“应用科学”性质，在完成“灌输基本理论”的基础上，特别加强批评实践这个环节，表面看来，确实占用了一定的时间，但是“磨刀不误砍柴工”，因为有了实际体会作基础，对基本理论的理解和掌握反而会更快、更扎实了。总之，“文学批评学课程实践化”的教学方法，从培养提高学生批评素质和能力的实际效果来看，无疑是一个行之有效的方法。文学批评学课程因此而荣获“河北大学优秀教学成果奖”，我算是交了一份合格的答卷。

## 三、明确文学批评学的学科定位

文学批评学的学科定位，本来应当说是不成问题的，至少在文学批评学起步较早、发展较快的国家来说是清楚的。但由于种种原因，在我国反倒成了问题，以至使它成为解决文学批评学教学一切问题的根本和关键。

关于文学批评学的学科定位，早在 20 世纪 40 年代末，西方最有影响的文艺理论家韦勒克在《文学理论》一书中，就曾论述过文学理论、文学批评和文学史三者的区别和包容关系，明确指出：“三者的区别显然是最重要的”。正是在这里确立了已被当今学术界公认的“文艺学包括三个独立分支学科”的观点。面对 50 年代末一些人的误解和指责，韦勒克又特别发表了《文学理论、文学批评和文学史》一文，重申上述三个分支互相独立又互相依存的观点，并且断言“这三个学科是而且将来也是各自不同的”。照此看来，文学批评学的学科定位应当说是清楚的，至少在理论上是不成问题的，而且在实践上也是相当清楚的。例如，他们称亚里士多德为理论家，而称圣伯夫为批评家。至于《文学理论》与《文学批评原理》更是泾渭分明的。西方把 20 世纪称为“批评的时代”，那里批评流派如云，文论爆炸不断，文学批评学得到长足发展，恐怕与他们对文学批评学的学科定位有明确的认识即自觉的学科意识不无关系。

但是，文学批评学的学科定位问题，在我们这里，就不那么简单了。直到现在，文艺界教育界还把文学理论与文学批评学混为一谈，围绕着西方 50 年代早已解决了的那些问题打转转。换句话说，其学科观念基本上还停留在 20 世纪 50 年代的水平。例如，文艺界有人认为解决 90 年代“文学批评危机”的关键在文学理论而不在文学批评学，对文学批评学的重要作用视而不见，径直用文学理论代替文学批评学。这种错误观念严重影响了我国文学批评学的建设和发展。又如，在我国大学中文系从来不重视文学批评学的教学，在其专业课程设置中，根本就没有文学批评学的位置，而是由文学理论不正常的承担着本应由文学批评学承担的培养和提高学生文学批评的能力的任务。再如，一些学校用写作课程中的“评论写作”替代了文学批评学的教学。的确，批评写作是文学批评学的一个重要范畴，不可或缺。但是，只讲批评写作不能称其为文学批评学，它也根本不可能完成文学批评学的任务，这里显然是把文学批评学缩小为在我国还不是独立学科的“写作课程”的一个章节了！这种做法，只能说是对文学批评学的无知或误解。以上这些糊涂观念和错误做法，表现不同，根源一样，就在于没有从根本上正确解决文学批评学的学科定位问题。所以，文学批评学的建设和发展，特别是文学批评学进大学课堂，在我们这里至今还是一个大问题。

文学批评学是以“文学批评活动系统”为研究对象而形成的关于文学批评的本质、标准、方法、写作、发展的基本规律、原则的科学体系。简言之，文学批评学就是关于文学批评的一般原理、原则及规律的科学。文学批评学属于文艺学范畴，是文艺学的一个重要分支学科。它指导文学批评实践，接受文学批评实践的检验，被称为“运动的美学”“批评理论”，就其性质来说属于文艺学中的“应用科学”。文学理论则是以“文学活动系统”为研究对象而形成的关于文学的本质、特征、社会作用及创作、接受、发生发展的基本原理、原则及一般规律的科学，属于文艺学中的“基础理论”。二者各有自己的研究对象、性质、任务、基本范畴、体系，它们虽互相联系、互相依存，但区别显著，不能混淆也不能互相替代。在文学活动系统中，文学批评学处于文学理论与文学实践特别是批评实践的中间，是使文学理论与文学实践相统一的重要枢纽，是从根本上解决文学理论脱离文学实践的顽疾的根本机制。这也就是文学批评学的重要作用、意义之所在。正因为西方对这一点有深刻的认识而形成自觉的学科意识，所以在他们那里文学理论和文学批评学作为两个独立学科都有长足的发展。当然，对他们的理论体系我们完全可以不赞成，但是对他们的经验教训则不能不认真加以借鉴和吸取。晚做总比不做好。在这个问题上的糊涂观念和错误做法再也不能继续下去了，我们必须走出误区！

现在，人们陆续看到，国家教育部在高等教育教教材建设实施的“精品战略”中，已经采取了诸如把文学批评学纳入国家高等教育的学科建设之列、出版我国第一部“普通高的教育‘九五’国家教委重点教材”《文学批评学》，批准以文学批评学为主要专业方向的硕士和博士学位点等战略举措。但是，我们是否真正认识到国家教育部这些战略举措的重要而深远的意义呢？它决不仅仅是对于一所普通大学的一名普通教师的一部普通专著的普通性质的鼓励，而主要是明确了作为文艺学的一个专业方向的文学批评学的学科定位！从这里，我们可以明确看出国家教育部在创建文学批评学新学科上的远见卓识和战略决心！作为一名从事文学批评学研究和教学多年的教师，我从这里清楚看到了文学批评学建设和发展的广阔前景，对文学批评学正式进入我国大学课堂更加充满希望和信心！

文学批评学是一门新学科，在我国刚刚起步，今后的路更长。我对文学批评学 12 年的探索，只是历史的一瞬。“路漫漫其修远兮”，让我们抓住机遇，继续探索，迎接和开创文学批评学的新世纪！

参考文献：

[1]［美］韦勒克，沃伦著；刘象愚等译. 文学理论［M］. 北京：生活·读书·新知三联书店，1984.
[2]［英］洛奇编；葛林等译. 二十世纪文学评论［C］. 上海：译文出版社，1993.
[3]［美］雷内·韦勒克著；张金言译. 批评的概念［C］. 杭州：中国美术学院出版社，1999.
[4]［英］艾·阿·瑞恰慈著；杨自伍译. 文学批评原理［M］. 南昌：百花洲文艺出版社，1992.

（原文载《河北大学成人教育学院学报》2001 年第 1 期）

# 关于文学理论课程体系改革的探索与思考

我国高等学校中文系文学理论教学改革，由来已久。作为一名文艺学老教师，我深感文学理论教学严重脱离我国文学实际，受教学生的文学理论批评能力较低，与文学创作能力比较也偏低。于是，我从80年代后期便开始对改革文学理论教学进行实践探索和理论思考。我们15年来对文学理论教学、教材的改革、建设，集中到一点，就是打破“文学理论”的“一统天下”的旧课程体系，建立“文学理论”与“文学批评学”“二分天下”的新课程体系。换句话说，就是在继续搞好“文学理论”课程教学教材建设的同时，建设文学批评学学科，开设文学批评学课程。

## 破除文学理论课程体系势在必行

我国高校文学理论教学“严重脱离实际，学生理论批评水平偏低”，是一个不争的事实，常常被一些有识之士称为“顽症”“痼疾”。教育界围绕它进行的文学理论教学改革，可谓旷日持久，举步维艰。特别是新时期的20多年来，我国高校文学理论课程体系的建设和改革，几乎成了文艺界、教育界的一个“老、大、难”问题。对此，只要回顾一下新中国成立以来对文学理论教学改革的历程就一清二楚了。60年代主要是立足于建设我们自己的文学概论体系，产生了蔡仪主编的《文学概论》和以群主编《文学的基本原理》，取代了苏联毕达可夫《文艺学引论》，功不可没。“文革”十年用“毛泽东文艺思想”取代“文学概论”，教训深刻。80年代拨乱反正以后所进行的改革，主要是建立以文学概论为主体，以美学、马列文论以及西方文论为辅的课程体系。90年代则主要是对这个体系中的某一课程进行改革，进一步完善这个体系。其中，特别是对文学概论课程的教学和教材建设，取得重大成果：出版了陈传才等著“‘九五’教育部重点教材”《文学理论新编》和童庆炳主编“面向21世纪课程教材”《文学理论教程》。不容否认，这些改革都取得一定成效，是必须充分肯定的。

然而，在我看来，这些改革，不过是对文艺理论课程体系的局部改革，还不是真正意义上对文学理论课程体系的根本改革。因为这些改革并没有真正触动、打破现行体系，所以也就不能从根本上解决体系内部的各种矛盾和问题。从实践效果上看，经过这样改革的课程体系并未真正有效地解决文学理论教学的“顽症”“痼疾”，仍然不能很好适应新时期四个现代化的需要。局部改革及其取得的重大成绩必须充分肯定，今后也还应继续进行。但是，决不能以此替代对文学理论课程体系的根本改革。换句话说，文学理论教学改革必须彻底打破现行的课程体系，建立新的科学的文学理论课程体系。只有这样，高校中文系文学理论课程建设和改革这个“老、大、难”问题，才可能得到根本解决，培养出高素质的人才，更好地适应四个现代化的需要。这才是深化文学理论教学改革的意义之所在。从我们对文学理论课程建设和改革的长期实践体会来看，对旧的文学理论课程体系进行根本改革势在必行。如果仍然因循老路，小修小补，不对其“体系”“动大手术”，是不可能从根本上医治文学理论教学的“痼疾”“顽症”的。

## 建设“文学批评学”的重要意义

为适应四个现代化进程对培养文学理论批评人才的需要，我在 1989 年开始了对文学批评学的理论思考和教学探索：作为教学，在河北大学中文系开设文学批评学选修课；作为学科建设，致力于文学批评学理论体系的建构。现在已经坚持了近 15 年之久。

“教材是教学之本 ”。解决教材是最根本的问题。在我看来，一部适用我国需要的文学批评学教材，应当是具有“社会主义性质和民族特色”的科学理论体系：它是一个以批评本质论为核心，包括批评标准论、方法论、写作论及发展论为基本内容的科学体系。“本质论”从批评本体的特殊内在机制和外在形态上，揭示文学批评的“艺术性科学”特质和审美调节功能；“标准论”从中西两种不同标准体系特别是马克思主义、毛泽东思想的标准论与社会主义文艺实践的结合上，确立社会主义文学批评基本标准的内涵；“方法论”在评介中西主要批评方法的基础上，集中阐述“美学—历史”方法的基本原则；“写作论”主要从批评实践上讲述批评写作程序和基本原理及基本技术与技巧，并对文学批评家的智能结构与品德人格修养提出原则要求；“发展论”对文学批评系统作动态研究，简略描述文学批评发生和发展的基本历程，重点总结概括文学批评发展的基本规律。这“五论”不是孤立的，而是通过“文学观念”“批评方法”“批评对象”三者的内在联系而有机融合成的一个不可分割的系统整体。系统性、适用性、科学性是文学批评学教材所应具有的特点和应达到的水平。

经过多年的努力，到1995年底，终于把“设想”变成了现实，正式出版了《文学批评学》，并于1996年荣获河北省第五届社科优秀成果一等奖。此后，我又用了四年多的时间进行了认真修改，于1999年出版了修订本，成为我国本学科唯一一部“普通高等教育‘九五’国家教委重点教材”。目前，“文学批评学”作为文艺学的一个专业方向，已经纳入国家高等教育的学科建设之列，设立了硕士、博士学位点，文学批评学课程正式进入大学课堂，文学批评学学科进入建设阶段。

就建设文学批评学新学科来说，艰巨的任务还在后头：作为一门新学科，怎样才能够创新发展、逐步完善呢？概括说来，作为现代文学批评学，怎样才能超越古代文学批评学？作为中国文学批评学，怎样才能不同于西方文学批评学？作为马克思主义文学批评学，同非马克思主义文学批评学的根本区别在哪里？一言以蔽之曰：究竟怎样才能建构起具有“社会主义性质和民族特色”的文学批评学？这不能不说是我们所面临的一个重大课题。我们应当为此做出巨大的努力！

从我们十几年的改革探索的实践来看，这种文学理论与文学批评学平行发展的课程新体系，是切实可行的，效果是良好的；也正是这种实践使我更加坚定的认识到，我国文学理论严重脱离实践的痼疾长期不能得到解决，我国文学理论教学改革之所以成为“老、大、难”问题的一个重要的学术原因，就在于学科划分不科学，导致学科（课程）设置出现缺陷；由此使我更加坚信这种实践对于我国文学理论、文学批评学这两个学科的建设与教育所具有的重要理论与实践意义：概括说来，一是对“文学理论”“文学批评学”两个学科的建设和发展提供理论基础，使中文系文学理论的各门课程按照科学的学科划分找准自己的学科定位，从而使其整个课程体系更加科学化；二是这种新的课程格局能够有效地提高学生的文学理论水平与批评能力；三是按照这种学科划分设置课程，又将极大的促进文学理论与文学批评学这两个学科的健全发展，实现“双赢”。

## 建立新的文学理论课程体系

文学理论课程体系改革的总目标，概括地说，就是要从根本上打破现行的文学理论课程体系，建立以“文学概论”（“文学原理”）与“文学批评学”两课为主，以“文艺美学”“马列文论”以及“西方文论”为辅的新型课程体系。

我们认为，现行以文学概论为主的课程体系中，根本没有“文学批评学”的地位，实际上是以“为主”的名义把“文学批评学”兼容、灭掉了，或者说是把文学理论与文学批评学混为一谈了。按照现代文艺学包括“文学理论、文学批评、文学史”三个独立分支学科的基本观点来说，文学理论与文学批评学根本就不是一个学科，而是两个独立的学科。因此，从现代学科观点来看，缺少文学批评学的课程体系是不科学的，不健全的，甚至说是畸形的；从课程内容上看，“文学概论”课程根本没有也不可能“兼容”文学批评学的基本理论和知识；从人才培养的实践效果上看，缺少文学批评学教育环节的学生的素质、能力是不全面的，尤其是文学批评能力偏低，甚至是低下的。这里还不包括中文系的“美学”课与哲学系的“美学”课并无多大区别，“马列文论”以及“西方文论”严重脱离实际的诸多问题。要真正解决文学理论教学这个“老、大、难”问题，改变文学理论教学不能适应现实需要的局面，就必须从根本上打破、改造现行课程体系，真正建起立新的科学的课程体系。

关于新的文学理论课程体系及其建设的基本思路，概括说来，主要是三个方面：

第一是完成关系到全局的具体课程“文学批评学”的建设。如前所述，我们已经基本完成文学批评学的教材建设，出版了“普通高等教育‘九五’国家教委重点教材”《文学批评学》，今后将继续完成教材的“配套教材”《文学批评学参考资料——中外文学批评名篇选读》，建设成一部完备的文学批评学教材。作为文学批评学学科建设，将出版“文学批评学建设丛书”，为学科建设积累资料并作进一步理论探讨，做出应有的贡献。

第二是在基本完成文学批评学课程建设的基础上，实施并完成对课程体系的核心课程“文学概论”课程的改革，按照文学理论（概论、原理）的性质与其在新课程体系中的位置的基本要求，撰写“文学概论”教材。我们认为，新体系中的“文学概论”教材大体应当具备这样几个条件：首先，它不应当是大而全的、兼容文学批评学的那种教材，它应当与现行《文学理论教程》一类教材的内容、体系有较大区别，与文学批评学教材有明确分工，只讲关于文学的“元”理论，近乎董学文《文学原理》的体系。其次，它应当是在马克思主义指导下，从我国文学的具体实践特别是社会主义文学实践出发而概括出的基本范畴、理论体系，即“社会主义性质与中华民族特色”相结合的理论体系。再次，它应当既吸收借鉴外国现代文学理论优秀成果又不同于外国文学理论教材，适应我国现代化需要的新型教材。这是一个很高的标准，需要我们努力奋斗。

第三是在基本完成核心课程“文学概论”的改革之后进行辅助课程的改革。就“美学”来讲，应当基本走胡经之《文艺美学》、周来祥《文艺美学原理》路子，但不能重复

《文学概论》《文学批评学》的内容。“马列文论”与“西方文论”等课程，涉及很多问题，需要另作专门探讨，这里从略。

以上三门课程的改革均包括撰（编）写新教材、重新进行课程定位、确定课时、改革教学方法等项内容。在我看来，完成了上述三方面的改革，新的科学的文学理论课程体系也就大体确立起来了，也就是说基本完成了此次文学理论课程体系的改革。

## 关键在于真正确立科学的学科观念

我国近期文学理论教学的改革与建设，谈不上“火”，但势头较好。综观各校、各家的改革，实际上是从两个方面展开的：一方面是强调文学理论应以“元”理论为主要内容的走向，董学文等著《文学原理》是其代表作；另一方面是把重点放在文学批评学建设上，王先霈主编“面向21世纪课程教材”《文学批评原理》、李国华著“‘九五’教育部重点教材”《文学批评学》是其代表作。至于辅助课程，在美学上，胡经之力图解决美学脱离文艺实践的弊病，建立了《文艺美学》。“马列文论”主要有董学文等致力于“当代形态”的建设，更有一批人在改变“西方文论”的“引进”“移植”的状况。这种情况，从个别、低一级学科来看，它们在各自的学术领域中可以说都卓有建树，甚至开创了新学科；从整体、高一级学科上来看，它们已经从学理上建构起了一个不同于80年代的文学理论课程体系的新格局。我们不能因为目前我国大多数高校还不曾或少有这种完整的课程体系设置，就否认这种新课程体系的科学性和可能性。在我看来，学科划分是学术问题，学科（课程）设置是管理问题。它们虽有密切联系，但并不是一回事情。我们决不能把它们混为一谈，更不能用管理上的缺陷去否定学术原理。

不过，目前我国教育界似乎对此还缺乏足够的认识，这也正是这个新课程体系至今还未普遍推行开来的一个重要原因。这一事实告诉我们，确立科学的学科观念对于这场改革是多么重要啊！唯此，我在这里简要说明一下“文学批评学”的学科定位问题。在我看来，文学批评学作为一门独立学科的定位应当说是明确的。文学批评学是以“文学批评活动系统”为研究对象而形成的关于文学批评的本质、标准、方法、写作、发展的基本规律、原则的科学体系。简言之，文学批评学就是关于文学批评的一般原理、原则及规律的科学。文学批评学属于文艺学范畴，是文艺学的一个重要分支学科。它指导文学批评实践，接受文学批评实践的检验，被称为“运动的美学”，就其性质来说属于文艺学中的“应用科学”。文学理论则是以“文学活动系统”为研究对象而形成的关于文学的本质、特征、社会作用及创作、接受、发生发展的基本原理、原则及一般规律的科学，属于文艺学中的“基础理论”。二者各有自己的研究对象、性质、任务、基本范畴、体系，它们虽互相联系、互相依存，但区别显著，不能混淆也不能互相替代。在文学活动系统中，文学批评学作为文学理论与文学实践特别是批评实践的中介，是使文学理论与文学实践相统一的重要枢纽，是从根本上解决文学理论脱离文学实践的“顽症”的根本机制，这也就是文学批评学的一个重要意义之所在。文艺学中的“文学理论”“文学批评（学）”“文学史”是三个互相独立的分支学科，不能混淆，也不可或缺。否则，整个文艺学学科将是畸形的、不健全的，各个分支学科也将不能得到真正健康的发展。在这个问题上的糊涂观念和错误做法再也不能继续下去了，我们必须走出误区！否则，是不能真正破除文学理论“一统天下”的旧体系，真正建立起文学理论与文学批评学“二分天下”的新体系来的。

总之，文学理论教学改革所要解决的问题，是各类大学中文系普遍存在的问题。因此，新课程体系关于课程定位与教材建设的有关原则，对于各类院校中文系的文学理论课程体系的改革和建设，应当具有普遍意义。

（原文载《云梦学刊》2003 年第 2 期）

# 中文系学生毕业论文写作

## ——《文学批评学·写作论》副编

### 第一讲 毕业论文的性质与要求

根据国家有关部门的规定，大学本科毕业生要取得“学士”学位，必须完成相应的“学位论文”。对我们中文专业的学生来说，所谓毕业论文，就是“文学学士学位论文”。不过，通常都叫作毕业论文罢了。

那么，什么是文学学士学位论文？它的性质、要求、功能是什么呢？下面，我们做一些简要说明。

**一、关于毕业论文（文学学士学位论文）的性质**

顾名思义，应当从“论文”与“学位”两个方面来把握。

（一）学术性质——文学学术论文

中文系的毕业论文首先必须是文学学术论文，这一点是不能有丝毫含糊的。也就是说，中文系的毕业论文不能是一般的“文学随笔”“札记”“杂感”“赏析”，更不能是什么“诗歌”“散文”“小说”之类的“毕业创作”等等，它首先应当是“论文”，是真正意义的“文学研究论文”，即对某一“文学问题”“文学现象”的科学研究。按照文学批评学的观点来说，就是“原理批评”“作品批评”。可以这样说，“学术性”是毕业论文的根本性质。

何谓“学术性”？在我看来，至少应当从四个方面进行考察：

1. 从内容上来说，它必须是文学学科内的基本问题，而不是文学学科之外的什么问题。

2. 从实践上来看，撰写毕业论文又是文学研究或文学批评的一部分或一个重要阶段。

3. 从存在方式上看，它是文学研究、文学批评成果的一种形式。

4. 从社会功用上看，它是科研成果交流的一种工具、途径。

从上述四个方面看，“科研性”或“学术性”是它的一个根本性质。如果不带一点“科学研究性质”，没有一点“学术价值”也就不能称其为“文学研究”或“文学批评”论文，就不能算是什么“学位论文”了。

正是在这个意义上，我们认为“随笔”“札记”“赏析”之类，因其缺少“科研性质”“批评性质”，是不能称其为真正的“学位论文”的。这一点，也正是“批评”“科研”与“随笔”“赏析”的一个重要区别。（可参考拙作《文学批评学》第二章及金开诚《话说写“随笔”》，《新华文摘》2000 年 8 月）应当说明，我们强调“论文”与“随笔”的区别，并不意味着我们赞成所谓随笔是“名人打喷嚏”的观点。

（二）学位标志——文学学士论文

中文系的毕业论文同时必须是文学学士论文，这一点也是不能有丝毫含糊的。也就是说，中文系的毕业论文不是一般的文学论文，而是与文学学士学位名实相符的文学论文，即必须达到“文学学士学位”水平。

那么，“文学学士学位水平”究竟有多高呢？这个问题确实不好规定什么精确的标准。但基本标准、大体水平还是明确的，不能含糊的。概括说来，学士论文是“大学本科”学术水平的标志，即运用全日制大学四年所学到的文学基本理论和知识，解决文学学科内的基本问题的能力和学术水平的集中体现。这是一个特定学术水平——“文学学士”水平的标志。我们既不能把它降低到“专科”水平、“学年水平”，也不能把它拔高到“文学硕士”“文学博士”水平。

我们可以比较一下“学士论文”“硕士论文”“博士论文”，看一看它们的区别，进一步加深对“学士论文”的具体把握。

学士论文，即“大学本科生的毕业论文”。国内一般（有关规定、惯例或权威观点）认为，它应当具备“能运用大学四年所学的基本理论和知识，分析和解决本学科内某一基本问题的学术水平和能力。”就“论文”本身讲，这里强调“基本问题”很重要，就是说，它不应该是没有重要意义的、无足轻重的，甚至是鸡毛蒜皮的随意一个什么问题，它应当是在本学科中带有基本性质的某个重要问题的某一侧面或某一当前疑难问题的某一点。学士论文应当在这一点上，做好文章。《学位条例·第四条》对学士学术水平的要求，就是“较好地掌握本学科的基础理论、专门知识和基本技能”和“具有从事科学研究工作或担负专门技术工作的初步能力”。很清楚，就是“基础理论和专门知识”和“科研工作的初步能力”两项。

硕士论文，即“大学研究生的毕业论文”。国内一般认为，它的“学术水平，应该更高，应该能反映出所掌握的某一专业的知识的深广度和从事科学研究的能力，对某一专业的基本问题和重要疑难问题有独立见解或新成果，对这一专业的学术水平的提高有推动作用。”《学位条例·第四条》对硕士学术水平的要求，就是“在本学科上掌握坚实的基础理论和系统的专门知识”和“具有从事科学研究工作或独立担负专门技术工作的初步能力”。显而易见，硕士与学士水平的区别主要在于“坚实”与“较好”“独立”与“初步”之间。硕士比学士略高一点。

博士论文，即“大学博士研究生的毕业论文”。国内一般认为，它的“学术水平”应当“反映出某一学科有关领域有深邃广博的知识和独立从事科学研究的能力，并能运用这些知识对某一学科提供创造性见解或成果，对学科水平提高有重要突破或对学科的发展有重要的推动作用。”这里关键是“创造性见解”。“创造性成果”是不同于“独立见解或新成果”的更高一级的要求。《学位条例·第四条》对博士学术水平的要求，就是“在本学科上掌握坚实宽厚的基础理论和系统深入的专门知识”和“具有独立从事科学研究工作的能力”“在科学或专门技术上做出创造性的成果”。看来，博士与硕士水平的区别主要是“宽厚”与“深入”与“独立能力”“创造性的成果”。博士比硕士显然高出一筹，差别是比较大的。

明确了“学士论文”“硕士论文”“博士论文”各自学术水平与区别，“学士论文”的学术定位也就大体确定了——所谓“文学学士论文”或“毕业论文”，就是具有大学中文专业本科学术水平的文学研究或文学批评文章。可以这样说，学士论文主要是看学生是否较好掌握了教育部规定的大学四年的“基础理论和专门知识”，相对而言，对学生的“科研能力”的要求不高也不是很严格，至少不是像硕士、博士那样严格。在这一问题上，我们既要注意反对“人为的提高水平”的倾向，也要注意反对“随意降低水平”的倾向。

## 二、关于毕业论文的具体要求

对中文专业的毕业论文的具体要求，主要是两个层面。

### （一）一般学术要求

这一要求，主要是指毕业论文作为学术论文应当具备的基本品质和特点。在我看来，主要有四点：

1. 学术性

所谓“学术”，是指具有一定深度的、比较专门性的、系统性的学问。就是说不能把对某什么问题的肤浅议论称为“学术”，也不能把一些零碎的知识称为“学术”。按照这样的观点，毕业论文的学术性主要是指把“学术问题”作为论题，把“学术成果”作为描述对象，把“学术见解”作为核心内容。如果不具备这几点，探讨的不是学术问题，并且又是一些零星感想，那就很难称其为学术论文了。

2. 创造性

所谓“创造性”，主要是指运用科学方法，对各种材料进行深入细致的分析、研究，创造性地解决问题。“创造性”是学术论文的生命。没有创造性的论文，只是重复前人的研究成果，即使再伟大的成果，也毫无价值。创造性具体表现为“选题新”“材料新”“方法新”“见解新”等几个方面。这一点也是“学术论文”与“教科书”“普及读物”的一个重要区别。（注意：这里丝毫没有贬低“教科书”“科普读物”的意思。两者的区别主要是由各自的性质决定的。我们不能有所误解。）

3. 科学性

所谓“科学性”，主要是指论文的结论（见解或成果）能够正确反映事物的规律，能够经得起实践检验，能够指导人们的实践。通俗一点说，就是论文的观点要正确或基本正确，起码不能是错误的。“对”“错”谁说了算？检验真理的唯一标准是实践。对于“创造性见解”尤其是这样。对于一般性的见解，基本上是参照学术界的有关定论、学术共识或权威观点进行评判。

4. 思想性

所谓“思想性”，这里主要是指论文结论的思想倾向性、政治倾向性、道德倾向性问题。这个问题，对于社会科学来说相当重要，决不能忽视。用“学术性”排斥、否定“思想性”是不对的。就是说，毕业论文的基本观点在思想、政治、道德及社会效益、精神文明方面，应当起积极的、进步的作用，应当有利于社会主义精神文明建设，有利于人类社会的进步和发展。否则，所谓“思想性”就有问题了。毕业论文“思想性”上有了问题，肯定难以通过。

总之，学士论文应当具备一定程度的“学术性”“科学性”“创造性”“思想性”。强调这几点，也就是坚持“先进文化前进的方向”。

（二）具体等级要求

从历届中文专业毕业论文的情况来看，论文的等级，或者是两级制——通过和不通过，或者是三级制——优、通过、不通过，或者是四级制——优、良、通过、不通过。那么这四级的具体要求是什么呢？简单地说来，就是：

1. 优，上述四个要求均较突出，或某一项突出，有独到见解者；

2. 良，基本具备上述四个要求，或某一项较为突出，材料与观点统一、言之成理、持之有故者；

3. 通过（及格），上述四个要求均较差，或某一方面有明显错误，材料单薄、论述乏力，观点有明显偏颇者；

4. 不及格，上述四个要求都不具备，某一方面有重要错误，材料失实、逻辑混乱，方法不当，结论错误者。

以上这四个具体等级标准虽有一定的弹性，但还是可以具体掌握、操作的，甚至水平较高的同学自己都可以评定出等级来。

**三、关于毕业论文的功能**

概括说来，毕业论文的功能主要是三个：

（1）通过论文提高科研能力（强调实践“过程”）

（2）通过论文形成科研成果（强调实践“结果”）

（3）通过论文获得学士学位（强调实践“名分”）

应当说，毕业论文的三个功能——“过程”“结果”“名分”，都是必要的，缺一不可。否则，就不是毕业论文了。这就是毕业论文的特殊点。

## 第二讲 确定选题

在《文学批评学》“第 10 章文学批评的写作程序”中，对于确立选题、作出判断、艺术表达等问题，曾经作过一些阐述。那些内容对于毕业论文写作来说，是完全适用的，请同学们注意参阅，这里不再重复。现在，主要是针对同学中普遍存在和关心的一些问题做一些必要的说明，讲一点个人体会。

所谓“选题”，是指对“文学问题”（注意：是“真问题”而不是“伪问题”）进行筛选择取，把论文所要研究和解决的问题确定下来，一般又称作“选择课题”或“确定课题”。“选题”是指论文所研究解决的问题，即论文的内容，并不是指论文的“题目”（“标题”）。“确定选题”与“确定题目”并不是一回事，不能把它们混为一谈。“选题”作为毕业论文写作的起点，是毕业论文写作的一个重要环节，涉及一系列问题，必须认真对待，决不能掉以轻心。

## 一、选题的意义

爱因斯坦曾经说过：“提出一个问题往往比解决一个问题更重要”。可见科研中选题的重要性。概括说来，主要表现在以下三个方面。

### （一）规范写作的一切活动

既然选题就是确定研究和解决的问题，那么，选题制约、规范论文写作活动的重要作用就是不言而喻的。一般说来，课题确定之后，其他所有工作如搜集材料、分析研究、进行论证、语言表达、修改定稿等等，都要围绕着它进行。换句话说，就是所有工作都要集中到这一目标上去。所做工作有无意义，都要接受“选题”的检验。游离于课题的活动要坚决排除。

### （二）决定论文的学术价值

“课题”的学术价值是客观存在的，不同的课题的学术价值也是不相同的。就课题的学术价值来说，大体有三类：开创性课题，学术价值最大；延展性课题即对现有结论加以延伸或修正的课题，学术价值相对就小一点；重复性课题，如无一点新的见解，可以说毫无学术价值，简直就是科研浪费。所以对于课题的选择就十分重要。选择是否恰当，与其学术价值的大小至关重要。“选题”犹如“选矿”。“富矿”与“贫矿”的价值一样吗?“选择”的意义在此。所以，要尽量不选“重复性课题”，以免造成“科研浪费”。

### （三）影响论文的最终成果

选题是否恰当，会直接影响甚至决定论文的最终成果和结局。恰当的选题，一般会有一个成功的结局，形成科研成果；不恰当的选题，往往会半途而废，形不成科研成果。我有这样的经历。20 世纪 70 年代末，中央新《历史问题决议》尚未诞生。当时我搞了一个课题——“毛泽东文艺思想研究”，社会价值和学术价值都很大。由于各种（主客）原因，这一课题，困难重重，举步维艰，终于以“抱了一个热土豆儿”（冯牧语）宣告中止。可以说是一个没有科研成果、没有成功结局的选题。这一科研经历，对于我来说，教训很深。对于大家来说，恐怕也足以为训了。

## 二、选题的学科定位

### （一）基本范围——“中国语言文学”

“中国汉语言文学”就“学科”来说，实际上包括“中国文学”和“汉语言文字学”两个“一级”学科。除特殊情况之外，一般不要超出这个范围。

中文专业毕业论文的选题范围，只能是“中国语言文学”而不能是其他学科。这个范围不是由谁随便指定的，而是由毕业论文的性质决定的——中文系毕业论文是“运用所学基本理论和知识解决本学科的学术问题”，所以，选题范围只能在“中国文学”和“汉语言文字学”两个“一级”学科以内。

(二) 具体定位——各个“二级”学科

现将国家技术监督局发布的《学科分类与代码》的有关“中国文学”和“汉语言文字学”的“学科分类”规定（必须遵守执行，不能违反）分列如下：

1. 中国文学

(1) 文艺学——文学理论、文学批评学。中国文艺学、外国文艺学、比较文艺学、审美文化学等；

(2) 中国古代文学——断代文学研究：先秦文学、两汉文学、魏晋南北朝文学、隋唐文学、宋金元文学、明清文学；近代文学研究；各体文学研究；民间文学研究；古代文学理论等；

(3) 中国现当代文学——重要作家作品研究、流派思潮研究、文学理论批评研究等；

(4) 民间文学。

另外，“外国文学”也在“选题范围”之内。

2. 汉语言文字学

(1) 汉语语汇学、汉语语音学、汉语语法学、汉语修辞学、音韵学；

(2) 汉语史；

(3) 训诂学；

(4) 方言学；

(5) 汉字学等。

3. 交叉学科

文艺美学、文艺心理学、文艺社会学、文学语言学、文学文化学等。

(说明：国家如有新规定，以新规定为准。)

中文专业毕业论文最终应当落实在“二级”学科或“三级”学科。如果是落实在“一级”学科中，例如《中国文学的宏观描述》(即《中国大百科全书·中国文学》，作者周扬、刘再复，此为先期发表的征求意见稿一文的题目）这样的题目，对我们来说就太大了，恐怕也只有国内少数超重量级的人物才能胜任。这里“二级”学科又称“学科专业”；“三级”学科又称“研究方向”。“学科专业”一般与教研室相对应。“研究方向”就相当专门化了，一般大学没有相应的教研室，只有研究生学位点设有相应的“研究方向”。根据历来的情况来看，我校中文专业毕业论文恰当的选题，应当落实在“二级”学科或“三级”学科中。否则，很难说是“恰当”的选题。

这里强调一下：“交叉学科”不可忽视。一是不要把“交叉学科”与“相关学科”混为一谈，毕业论文选题不能跨学科跑到相关学科里去。例如，不能因为开过《毛邓概论》课而选一个《论毛泽东思想》或《论邓小平理论》，因为它是另一个学科“马克思主义理论”，已经不属于“中国文学”学科了。二是要看到“交叉学科”的优势，提高选题意识。原因有三：第一“交叉学科”具有较大的创新价值，本身就是新视角，新开拓，传统学科一般不具备这个优势。第二“交叉学科”历史虽短，但研究成果可观，可以称之为“当代显学”。第三“交叉学科”刚刚起步，有大量课题亟待深入、开拓，在传统学科中已经很难捡到这个便宜了。同学们可以从中选题。例如，《论毛泽东文艺思想的某某问题》或《论邓小平文艺理论的某某问题》，就不失为比较恰当的毕业论文选题。

**三、选题的基本原则**

(一) 正确处理社会价值与学术价值的关系——注重学术价值

兼顾社会价值与学术价值，是一切文学研究论文包括毕业论文写作的一个基本原则，我们应当遵守，不能违背。但二者比较起来，学术价值当然是第一位的。从实际情况看来，我们的毕业论文的学术价值不是多了，而是很不够。所以，我们应当重视选题的学术价值，选择具有较大学术价值的选题。有些学术价值很强的课题，即使一时还看不出什么社会价值来，也应当毫不犹豫的确定下来，认真搞下去。为了使同学的选题具有一定的学术性，前边给大家划了“学科范围”，但要选择较大价值的选题，还必须熟悉（不是一般了解）本学科的基本内容（理论、知识）体系及其系统结构，也只有这样，才能识别选题的学术价值的大小。这里没有什么诀窍和捷径。

(二) 正确处理选题的大与小的关系——宜小不宜大

论文选题有大小，其价值自然也有大小，这是不言而喻的。但是，二者绝不是成正比的。也就是说，大题目的价值并不一定就大，小题目的价值并不一定就小。在这个问题上，一定要破除“题目大小与价值成正比”的错误观念。我国著名教授王力等研究生导师，当年曾经反复强调这个问题（参见《怎样写学术论文》，北京大学出版社，1981年版），这里不再重复。

对选题的“大与小”问题，国内知名专家学者的意见是颇为一致的，概括来说，就是主张“论文范围不宜太大”，“应该写小题目，不要搞大题目”，特别强调“小题目作大文章”，“选小的题目，专谈一个问题谈透了就好”。（王力语）毕业论文写小题目比较容易成功，应当说是经过实践检验的一个规律。违背了这一规律，十有八九搞不好。

那么，怎样才能把论文选题搞小呢？就我个人的体会来说，这里是没有绝招、诀窍、捷径的。唯一可行的办法就是对既定选题进行删除割爱。所谓“删除割爱”就是把选题中次要部分毫不可惜的删去，只保留其中最重要的部分；要动真格的，切记决不能搞“压缩”，因为“压缩”的结果仍然是“五脏俱全”，表面看来好像是小了，其实并不小。最常见的情况是不能“割爱”，即觉得那一部分都重要，舍不得删除。怎么可能每一部分都重要呢？如果真的不能删除，只能说明这时还没有真正把握住论文的中心，那就需要对论文进一步进行全面思考，直到明确了中心，可以进行删除为止。

例如：

1.《鲁迅创作论》——《鲁迅散文论》——《鲁迅散文的艺术特色》——《论鲁迅散文的深沉含蓄特色》——《论〈野草〉的艺术特色》；这一个题目从《鲁迅创作论》到《论〈野草〉的艺术特色》，经过四次删除，可以说已经小多了。

2.《论白居易文艺思想在中国文学批评史上的地位和意义》——《论白居易的文艺思想》——《论白居易〈与元九书〉》。

3.《20世纪中国文学批评研究》——《中国文学批评研究60年》——《中国文学批评学15年》——《近年来文学批评学建设述评》。

以上三例，都是经过实实在在的删除，才使选题由大变小的。其中“关于文学批评学研究”这一选题，是我本人的四篇文章。文章本身不一定有多大学术价值，但在确定选题及怎样删繁就简缩小选题上，可供大家参考。

### 四、选题举隅

下面介绍几个选题的范例，供大家学习参考。

1.《茅盾几部重要作品的评价问题》（见《鲁迅文学奖获奖丛书：理论评论》，华文出版社，1998年版）

此文是“首届鲁迅文学奖·理论评论”获奖文章，作者邵伯周。其选题非常讲究，单从大小论之，也很有一些艺术性，很值得我们学习。此题看来很大，其实并不很大。由于它运用“几部重要”“评价问题”这样的限制词，卓有成效的把大题目变小了。

2.《对文学新思潮的某些理论思考》（见《鲁迅文学奖获奖丛书：理论评论》，华文出版社，1998年版）

此文是首届“鲁迅文学奖·理论评论”提名文章，作者张炯。此题看来大得吓人，其实不然。主要是作者用“某些”（其实 就是“三个问题”）进行了限制，大题目随之变为小题目了。

3.《论金庸武侠小说的现代精神》（见《鲁迅文学奖获奖丛书：理论评论》，华文出版社，1998 年版）

此文是首届“鲁迅文学奖·理论评论”提名文章，作者严家炎。此文选题非常讲究，用“现代精神”把选题规定得极为明确，大小也很适中。在某种意义上说，可以说是“小题目作大文章”的成功范例。

## 第三讲　搜集材料

见《文学批评学》“第 10 章第一节 确定对象，搜集材料”的有关论述。

## 第四讲　执笔写作

毕业论文“写作”的一般问题，在《文学批评学》“第 10 章第三节 讲究技法，艺术表达”中已有阐述，可供参阅。这里再讲三个问题。

### 一、制订提纲

按照研究生培养方案的规定，研究生毕业论文写作必须经过“开题”这一程序以后才能进入写作。所谓“开题”，就是由导师组组成评审组对研究生的“开题报告”进行审定。所谓“开题报告”包括本课题的价值和意义、研究现状、主要研究内容及创新点等项内容，实际就是关于论文选题的可行性报告或详细写作提纲。“开题报告”通不过，不能进行论文写作。可见对“开题报告”和“写作提纲”是多么重视。学士论文不要求写“开题报告”，没有“开题”程序，但要求同学从写作实际的需要出发，一定要有“写作提纲”。

怎样编写论文提纲呢？常言道“文无定法”。“编写提纲”也无一定之规。下面就我个人的体会谈一点意见。

（一）拟好标题（题目）

“标题”即论文的题目，是论文的名称。“题目”好坏，对于论文来说极为重要。为了大家拟定题目时有所遵循，这里讲一下标题的类型和特性。

1.“标题”的几种类型

（1）说明选题范围型标题——只说明研究问题是什么，并不说明作者的观点。其好处是平实、稳妥，不足是缺少“鲜明性”，不能给人较深的印象。

（2）展示论文观点型标题——不仅说明研究问题是什么，并且直接表明作者对问题的看法、观点。优点是“鲜明性”强，给人较深的印象；不足之处是较难把握，因此也就不太稳妥。

（3）正、副题结合型标题——即把前两种类型结合起来，采用正、副标题形式的一种类型。它可以较大程度地弥补前两种标题的不足，具有一定的优越性，得到广泛运用。例如，“希特勒与艺术”，这个标题当属第一种类型，作为一部专著的名称，有明显的不足。经作者加一副题——“德国艺术史上最可耻的一章”，不仅鲜明的表示出作者的观点，而且也说明了该书的性质，因此而成为一个极好的标题。据作者说，副题是“灵感闪烁的产物”。（参见赵鑫珊：《希特勒与艺术·序》，百花文艺出版社，1996年版）

2.“标题”的四个特性

（1）确切性——准确恰当而不模棱两可；

（2）鲜明性——明快突出而不含糊隐晦；

（3）新颖性——新鲜别致而不因循守旧；

（4）简洁性——简明扼要而不烦琐芜杂。

以上四个特性，既是论文标题的一般要求，也是优秀论文标题的必备条件。不管论文采用何种类型，都不能忽略这四个要求。

在掌握标题的类型和要求的基础上，经过对论文内容的认真思考及对标题用语的反复推敲，大概就可以拟出一个像样的标题了。当然，拟一个好标题，对初学者来说是很难的，对一般科研工作者也绝非易事。

（二）搭好论文的总体框架

一篇毕业论文，一般都应有“绪论”（前言）、本论（正文）、“结语”三个部分，这也就是所谓“总体框架”。在“提纲”中，一定要安排好它们的具体内容，也就是说要规划这几个层次的具体内容：大体包括论文的总观点（即论文的“结论”）、各层次的具体观点与材料及论证方法、各个层次之间的关系等，都要确定下来，甚至每一部分的篇幅都要有一个大体规定。

“总体框架”的安排，应当尽量做到明确具体，详略分明，便于操作。如果一个“提纲”不能实施，那么它就是失败的，就应当推倒重来，直到提纲可以实施为止。

建构论文的“总体框架”，是“制订提纲”的中心，也是整个论文写作的根本、关键的一环。初学写作，一定要格外重视，把好关口，认真搞好。在搞好“总体框架”以前，不要急于动笔撰写初稿。

## 二、撰写初稿

撰写初稿时，应当注意一定要严格按照“提纲”认真撰写，除一些具体的细小部分可以改动外，一般不要轻易改动，特别要注意反对离开提纲另搞一套。除此之外，还应当强调以下几点：

### (一) 在“论”字上下功夫

论文就是论文，它不是小说或诗歌创作。只摆材料，不作论述，也不能算是论文。“无论不成文”这句话可谓至理名言。我很赞成当代学者的意见：“论文必须以论为纲，主要应当发挥自己的‘论’，论点必须明确。只是局限于叙述材料，就事论事，漫谈自己零星的感想，严格地说，那是不能算是学术论文的。”（王世德：《怎样写毕业论文和学年论文》，《怎样写学术论文》，第 32 页）不客气地说，我们一些同学写论文，不是在“论”字上下功夫，只是一味在“感想”上做文章，好像“名人打喷嚏——写随笔”；或者只是罗列材料，像资料汇编。总之，就是不像论文。

所谓“论”，就是讲道理，大道理、小道理，讲本学科中的道理。然而，这个“论”又不是空发议论，闲话连篇，而是结合事实材料进行分析说明，即“摆事实，讲道理”，讲出事实材料本身所蕴含的本质和规律，讲出事实材料在论文中的意义和作用。“小题目做大文章”，关键就在于此。从这个意义上说，有些不便于“论”的材料，就必须忍痛割爱。一切围绕“论”字做足文章。

### (二) 注意论文的逻辑性

古人云：“以其昏昏，岂能使人昭昭?”毕业论文一定要有逻辑性。毕业论文的逻辑性集中表现在两个方面：

1. 正确处理论文的总论点与各个具体论点之间的关系

一篇完整的论文，都是由总论点与分论点的有机统一形成的一个整体。总论点是分论点的集中概括，分论点是对总论点的论证。二者是统一的，不能有一点儿矛盾对立。严家炎《论金庸小说的现代精神》的总论点“现代精神”，完全是由小说在“快意恩仇”“民族关系”“正与邪”“人格”观念、“批判精神”等五个方面的具体论点所支撑所论证的。

2. 正确处理论点与材料之间的关系

论点与材料的统一，是毕业论文的另一个重要要求。二者不统一，甚至对立矛盾，是不能说明问题的。如果不是观点错误，就应当调整材料，直到二者达到统一为止。有些文章观点惊人，但不讲逻辑。例如，《不该出手偏出手》（《文论报》，1998 年 8 月 15

日）就是一例 。它认为李逵在江州劫法场“疯狂杀人”，是由于老母被老虎吃掉而导致“心理变态”的结果。这一观点很“新”，但很难成立。这里，作者为了自己的观点，竟然把梁山“大闹江州”和“李逵下山接母”两件事情的时间先后进行颠倒，完全不讲一点逻辑了。毕业论文写作，一定要避免这种不讲逻辑的错误。

（三）准确把握论文的语体基调

在《文学批评学》第 10 章“批评语言”中，强调要运用“批评语言”，以及对“批评语言”的基本特征和要求的基本精神，对毕业论文的语言来说，完全适用。这里再明确四点：

1. 准确——主要是强调用语贴切和使用专业术语，以便加强论文的科学性。

2. 简明——主要是强调用语简单明了，杜绝一切废话和容易使人费解误解的话及一切多余的话。

3. 庄重——主要是强调郑重、严肃，不在论文中嬉戏、调侃。

4. 平易——主要是强调用语平实、通俗易懂，不生造术语，故作艰深。

以上四点，是一个很高的要求。我们姑且把具备这些特性的语体称之为“科研语体”。我国一些著名的大学者，如艾思奇的《大众哲学》、朱光潜的《谈美书简》、蒋孔阳的《美学新论》等论著，既简明、平易，又准确、庄重，为我们树立了很好的榜样。我们应当认真把握论文的语体基调，注意避免那种故作高深、堆砌术语的“学术腔”。

## 三、认真修改

毛泽东曾经说过：“我看重要的文章不妨看他十多遍，认真地加以删改，然后发表。”“修改”是自我超越，上台阶，要写好论文就不能不进行修改。

（一）坚持认真修改

1. 改正错误

2. 删除余赘

3. 增补遗缺

4. 调整结构

5. 更换例证

6. 锤炼语言

（二）克服不良倾向

1. 轻视修改——不愿意修改

有一些人不愿意对自己的文稿进行修改，这是一个很坏的毛病，一定要改。哪有不改的道理呢！实践证明，许多好文章都是“修改”出来的。即使一些大家，也都坚持对自己的文章进行修改，如鲁迅、毛泽东等。我们应该有意识养成修改文章的好习惯。

2. 浅尝辄止——改一遍即止

另有一些人是不愿意进行反复修改，改一遍还可以，改第二遍就不耐烦了。这个毛病也要不得。哪有改一遍就成的道理呢！实践证明，许多好文章都不是“一次修改”出来的，而是多次修改出来的。一定要养成反复多次修改的习惯，决不能满足于改一遍即成。希望大家自我约法三章：至少修改三遍，不改三遍不能定稿。

3. 草率从事——随意改动

还有一种常见的毛病，就是草率从事，随意改动。与其这么修改还不如不修改。因为这种随意改动常见的结果，就是把原本不错的文稿改坏了。这种情形就连一些名家也在所难免，如曹禺当年修改《雷雨》、柳青修改《创业史》。当然说这二位大家的修改是“草率从事”可能过了一点。应当说他们的修改还是相当认真的。

**四、最后定稿**

所谓定稿，是指对修改后的文章的总论点、分论点、材料包括构成文章的一切“零件”，最后进行检查、审核，直到确认一切正确无误后采用语言文字确切表达出来的整个活动。“定稿”是论文写作中最后一道程序，是非常重要的一环。把住这一关，至少可以最后消灭稿件中的一些差错和疏漏。那种认为“写出初稿就大功告成”的想法与做法是完全错误的。我们一定要克服轻视“定稿”甚至忽略“定稿”程序的倾向，认真做好“定稿”工作。

从“写作实际”来看，“定稿”主要是确定“文本”的以下几项内容：

1. 标题：应能概括论文的重要内容，文字简明准确，不宜超过 20 个字。

2. 摘要与关键词：摘要是论文内容的简要陈述，是一篇具有独立性和完整性的短文。要求突出论文的新成果和新见解，行文通俗易懂，不要写成内容介绍或自我评价。关键词独立成行，3—5 个，按词条的外延大在前、小在后的顺序排列。

3. 正文：包括前言、正文、结语。这里不再一一说明。

4. 注释：凡是引文，要求按照国家有关“尾注”的格式加以注释。引文注释，就是注明引文的来源（出处）。注释的标准格式为：

序号（外加 [] ），作者，篇名，书名（论文集、专著），出版地，出版社，出版时间，页码。

如果是报刊文章，则格式为：作者，篇名，刊名，期号（第几期）。

其中，专著后加［M］，论文集后加［C］，论文集中析出文献后加［A］，期刊文章后加［J］，报纸文章后加［N］，学位文章后加［D］，研究报告后加［R］，标识不明文献后加［Z］．电子文献应注明作者、标题、网站名、日期。

这里应当注意：一是注明“书”的性质：“著”“编”“编著”。三者是有区别的，不能混为一谈。二是注释的七项要求不能随意缺项。三是绝不允许“胡乱注释”（详见“第五讲学术失范举隅”）。四是“转引”，一定要注明“转引”，不能作假。总之，要坚决遵守注释规范、

5. 参考文献：最少标 3—5 项。此项不能空缺。

所谓“参考文献”，是指在写作过程中确实参考过，真正从中得到启示的有关专著、论文或编著。所谓“完全不参考任何文献，纯粹属于个人创作”的学术论文，一般说是不可能的；即使有，也难以得到学术界专家们的认可。因此，毕业论文必须列出一定的“参考文献”。参考文献的格式为：

作者．专著［M］（文集［C］）．出版社所在地：出版社，出版时间。如：

［美］雷・韦勒克、沃伦．文学理论［M］．北京：生活・读书・新知三联书店，1984.

如前所述，“定稿”就是对以上五项内容作最后一次检查、把关、审定。问题是：论文达到什么样的水平，或者说，在什么样的情况下才能“定稿”呢？这是一个难题，不易回答。我个人认为，当自己确实认为论文中的一切都正确无误时就可以定稿了。也就是说，“定稿”意味着作者对自己的论文的一切都是深思熟虑的，至少有八九分把握，可以对论文的一切完全负责。如果自己对论文的一切特别是论文的基本观点和材料及论证方法是否正确还没有八九分把握，就不要匆忙定稿。为了确保不出差错，也可以用“征求意见稿”“未定稿”的形式先行发表，然后再行修改，直到确有把握后再定稿。

6. 署名：“定稿”的最后一项工作是署名。一般应当署真名。如有特殊需要，也可以署笔名。对一篇论文署名，既表明对完成论文所作出的贡献，也表明对论文的一切所负的责任。所以，“署名”要实事求是，绝不“违规署名”。

## 五、校对打印

“定稿”以后的工作就是校对打印。无论是电子文本还是纸质打印，都要认真校对。“打印”就是把“电子文本”打印成纸质文本，相当于手写的“誊清”。打印稿也要认真校对。不管采用何种文本，要求达到国家新闻出版署合格印刷品的标准（错符不能超过万分之三）。

(一) 纸张、版面、装订

毕业论文一律用B5纸打印。

版心适中——不要太小，也不要太大。

毕业论文一律左侧装订。

(二) 基本格式、字号

毕业论文的打印格式及字号，一般要求如下：

标题——3号黑体。

署名——4号宋体

摘要与关键词：——5号宋体。

正文（包括前言、正文、结语）——小4号宋体。一级标题——小3号黑体，二级标题——4号黑体，三级标题——小4号黑体。

注释——小5号宋体。

参考文献——5号宋体。

(三) 认真校对

所谓“校对”，是指按原稿（定稿）对照印张（“小样”或“清样”），改正排版、印刷上的错误。校对一般要求至少“三校”，就是说要出三次小样 ，与原稿校对三遍，然后再出“清样”。用改过以后实际是四校后的清样所出的印张才算是真正的成品。

国家出版署规定，优质出版物的印刷符号差错率不超过0.5/万，合格品的差错率不超过3/万。按照这一标准来说，一篇毕业论文（每篇不少于5000字）的印刷错误不能超过两个字，超过了就为不合格。“合格”的标准并不太严，但真正“达标”并不容易。为了不出和少出错误，唯一的办法就是认真进行校对。

我们要求毕业论文进行“三校”，“四校”出“清样”。争取打印达标，出合格品。坚决杜绝“错字连篇”和“关键词语”（如地名“任仁村”、人名“方宗岳”式的）错误。

这里应当明确一点，“校对”是对印张的文字错误与原稿进行对照改正文字错误，而不是对文章的内容及文字进行“修改”。因此，进行校对时，不要轻易对原文加以改动，尤其是给别人校对文章就更要遵守这一原则规定，不能给人家改动。如发现原稿确实有错，应当由作者加以改动。

# 第五讲　遵守学术规范，写好毕业论文

## 一、学术失范举隅

近几年来，“学术失范”已经成为一个非常严重的问题，受到社会各界特别是学术界、教育界的极大关注。

（一）抄袭（剽窃）

1. 蒋永清：《近代中国走向现代化的阻滞与转机》（华中师大学报·人文社科版，2000年第1期），系“剽窃之作”。据《华中师大学报》的《本刊郑重声明》说：“该文系剽窃之作。蒋永清从北京大学罗荣渠教授所著《现代化新论》（北京大学出版社1993年出版）一书的第235—280页中抄袭而成。”

2. 张汝伦：《历史与实践》，是一部“伪书”。据《中华读书报》2000年3月9日孙周兴《实践哲学的悲哀》、该报2000年4月5日孙周兴《再证张汝伦：〈历史与实践〉的抄袭性质》及该报2000年4月9日杨玉圣文章，一致指认《历史与实践》系“抄袭”德文版《哲学历史词典》而成的一部“伪书”。（参见《文摘报》2000年4月9日、4月16日“学林·学海”）

3. 王铭铭：《想象的异邦》“抄袭哈维兰《当代人类学》”。据《社会科学报》2000年12月3日署名晓声的《博导剽窃叫人如何不失望》一文剖析，王铭铭《想象的异邦》系采用“纯粹的全篇搬用法”“修正的完全搬用法”等剽窃法，“搬用了《当代人类学》10万字左右”。此事发生后，他的博士研究生还为其辩解，影响极坏，可谓性质严重，被称为“学术剽窃事件”而震动全国。

（二）重复、拼凑

《否定与徘徊》是对《批评的艺术》的“自我重复”与“拼凑”。据查《否定与徘徊》一书系学林出版社1990年4月出版，全书15万字，共19节。《批评的艺术》，中国文联出版公司1989年4月出版，全书8.9万字，共11节。两书系一人所著。据不完全统计，《否定与徘徊》一书中的“理解的困惑与逃脱理解”等6节近6万字，纯属照搬《批评》一书中的“理解：在理解与不理解之间”等6节近6万字。换句话说，15万字的《否定》一书，是用重复《批评的艺术》的6万字与其他文字拼凑而成的。与“抄袭”不同的只是“抄袭自己”而已。因此，把它称作“自我抄袭（重复）性拼凑”。它虽然与抄袭、剽窃他人性质不同，但也是学术规范所不允许的。（注意：不能把不同版本的文集说成是重复。）

(三) 胡诌

所谓“胡诌”，是指科研中不靠任何理论或实践依据，便凭空作出判断性的结论。其结论，其行为，其学风，统统都是胡诌。

1. 论文胡诌

例：“超主体通览”说（略）

2. 注释胡诌

例：专著《文学批评新论》注释“胡诌”如下：

(1) 胡诌书名：《20世纪文学批评文选》（实为《20世纪文学评论》）；

(2) 胡诌卷次：如《马克思恩格斯选集》第7卷（《选集》只有1—4卷，根本没有出版过第7卷）；

(3) 胡诌版本（出版社、出版时间）：如《别林斯基论文学》，人民文学出版社1985年出版（实为新文艺出版社1958年出版）；

(4) 胡诌刊名：如《文学批评》《小说批评》（我国现有《文学评论》和《小说评论》两刊，根本没有《文学批评》《小说批评》这样的刊物）。

不必讳言，这些“学术失范”现象，已经在大学生中产生一些不良影响，必须引起我们高度重视。

## 二、必须严格遵守“学术规范”

由于目前学术界的混乱状况，社会各界普遍要求建立并遵守“学术规范”。然而，我国至今尚无一个像一般国家法规那样的“学术规范”。国外是否有这样的“学术规范”，不得而知。但是，学术研究、论文写作应当遵守什么样的规范，在一般学人特别是老一辈学人心目中、学术生涯中，还是十分明确的：什么叫规范操作，什么是违规操作，他们分得一清二楚。现将我国著名学者曹树基关于学术规范应当包括的基本内容（见1999年1月2日《文汇报》）转述如下：

(一) 必须充分尊重他人的学术成果

一般说来，我们现在所进行科学研究，无一不是在前人科学研究的基础上进行的。在研究中，处处保持对他人已有成果的尊重，是学术研究规范的基本要求，也是学者必备的职业道德。那些“回避他人的学术成果，似乎他的研究是从空白开始的”，“在论文中不注明出处的引述他人著述”，“对所引用的成果不作说明”，“将他人著述的文句进行改写化作己有”的做法等等，都是不尊重他人成果的表现，不仅是违背学术规范的，也是违背职业道德的。

与这一点有密切联系的是“注释”。可以说“注释”在一定程度上体现出作者对前人成果的“尊重度”。所以，学术规范、学术论文都非常重视注释。《MLA文体手册和学术出版指南》专门论述了“文献注释与抄袭”问题。他指出：“学术著作的作者们一般都通过资料来源的仔细注释来承认对前人借鉴。每当引用别人的作品，都要指明所引用的资料——无论事实、观点，或是引语——及其来源。在自己的写作中未经指明出处就借用别人的思想和表达方式，即构成了抄袭”，“抄袭意味着你发表的东西给人印象是你所写的或所想的，但实际上却是别人的东西，这样做是违背职业道德的。抄袭的形式包括在重复别人的措施或名句，转述别人论点或表述别人思路时，没有恰当地指明出处”，“因此在写作中必须注明所借用的一切，不仅是直接引语和转述，而且还有信息和思想”，“对于任何如不注明，便会引起读者误解的材料，都必须指明出处。抄袭虽够不上犯法，但违背了道德和伦理”，“在任何研究和写作的阶段，都要切记防止不经意造成的抄袭恶果，一定要清楚的注释来将自己的思想和所引用别人的材料区分开来”。（见北大2002版158—159页）

（二）必须对自己的研究成果进行学术定位〗

学术研究的根本目的在于学术创新。在研究中，学者必须说明，在这个项目中，他人已经取得哪些成果，还存在哪些不足。你的研究，当然是针对这些不足而展开的，要解决什么问题，在其中占什么位置，有什么意义等等，都要加以必要的说明。缺少这一环节的研究，是不规范的。

（三）必须对自己的论点或假说进行严谨论证

在学术论文中，提出一个观点或否定一个观点，都必须进行严谨的证明，而且要求作者充分尊重既定概念的原本含义，运用既定概念进行论证。如果提出新的概念，则必须对新概念进行准确的定义。论证必须建立在充分事实的基础上，论证过程必须逻辑严谨，一般应当具有可重复性。

（四）必须遵守国家有关出版物格式的规定

按此“规范”来说，上述所举事例，“违规”“失范”是显而易见的；引起社会关注、学界公愤，是完全正常的。

2004年7月，国家教育部颁发了《高等学校哲学社会科学研究学术规范》，这是我们必须遵守的学术规范。对那些肆意违规者，我们绝不宽容，一定严肃处理。

## 三、做好“论文答辩”

(一) 在导师的指导下，独立完成论文

1. 要充分发挥导师的作用——不能脱离导师的指导自搞一套

2. 要充分发挥自己的才能——不能依赖导师的指导让老师越俎代庖

(二) 充分准备，做好“论文答辩”

1. “论文答辩”是毕业论文写作的重要程序

2. 论文答辩的内容及要求

(1) 陈述论文的主要内容

(2) 回答评审组提出的问题

1998年7月初稿，2005年7月第8次修改

# 文学批评名篇导读

本篇选自“国家‘九五’重点教材”《文学批评学》的配套教材《文学批评名篇选读》（河北大学出版社 2004 年出版）。该书“为有效提高文学批评能力，选收中外文学批评名篇 40 多篇，为同学在‘批评选题’‘批评方法’和‘批评标准的运用’‘批评写作技巧’等方面提供范例”。为切实发挥其作用，每篇配备包括“作者简介”“内容评述”“学习要点”为内容的千字《导读》一篇。本次摘收《导读》13 篇，并改题为《文学批评名篇导读》，名篇原文从略。特此说明。

2019 年 5 月

## 《对于批评家的希望》导读

本文是《文学批评学》第十二章“文学批评家的修养”的学习参考文章。

作者鲁迅（1881—1936），原名周树人，浙江绍兴人。主要著作有小说集《呐喊》《彷徨》《故事新编》；散文诗《野草》；散文集《朝花夕拾》；杂文《坟》《且介亭杂文》等多集，及《中国小说史略》等，全部收入《鲁迅全集》（16 卷）。

本文发表于 1922 年 11 月 9 日《晨报副刊》，收入杂文集《热风》，最后编入《鲁迅全集》第 1 卷。本文针对中国现代文学批评建立初期，普遍流行的“靠旧批评论”“唾余”“天经地义”去“践踏文坛”的情形，从批评主体方面寻找原因，适时地提出了发展健康的文学批评，就必须加强批评家的修养这一批评建设的根本问题。鲁迅恳切“希望”批评家从三个方面加强修养：一是希望批评家“于解剖裁判别人的作品之前”，首先“解剖裁判自己”“有无浅薄卑劣荒谬之处”；二是希望批评家具备进行批评的有关的文学艺术、社会文化等方面的基本“常识”及其鉴别判断能力；三是希望批评家对文学批评有正确的理解，能够准确区别“批评”与“溢出于事权”的“商量教训”一类“非批评”

的界限，避免“痰迷心窍”式的批评。鲁迅对于批评家的“希望”“修养”的论述，适时、深刻、精辟，不仅对于纠正批评时弊起过重大作用，而且对于现代批评的建设发展具有深远意义。

文学批评工作者学习此文，应当注意准确理解鲁迅论述的基本精神，自觉地在实践中加强作为批评家的“品德人格”“社会文化知识”“批评理论”等方面的修养，真正提高批评水平。

## 《论辩式的前言》导读

本文是《文学批评学》第一章“第二节关于各种文学批评的性质说”的学习参考文章。

作者诺·弗莱（1912—1991），加拿大文学理论家。主要著作有《批评的解剖》《同一性的寓言：诗的神话研究》《顽强的结构：文学批评与社会研究》《世俗圣经：传奇结构研究》等。

本文选自《批评的解剖》，系该书的“前言”。文章猛烈抨击、深刻批驳艺术家中流行的“附庸”论、“寄生虫”论，强调指出：文学批评既不是哲学、美学、语言学等特定理论系统的“附庸”，也不是文学的“附庸”“寄生虫”；文学批评具有“从它所接触的艺术中独立出来的特性”，是采用“一种特殊的概念框架来论述文学”的“一门独立的学科”；所谓“附庸”论、“寄生虫”论，是“对艺术的肆虐”，是“忘掉了文化传统”，“必将导致其高雅生活自身枯竭”。《批评的解剖》被誉为原型批评的“圣经”，具有很大影响。这篇“前言”也因其抨击“附庸”论与“寄生虫”论，为文学批评的独立品格“正名”，成为文学理论批评史上的名篇杰作。

文学批评工作者学习此文，应当特别注意文章关于批评是“独立的学科”的论述，正确理解文学批评的独立品格，从“附庸”论中解放出来，树立科学的文学批评观。

## 《批评中的创造》导读

本文是《文学批评学》第一章“第二节关于各种文学批评的性质说”的学习参考

文章。

作者阿贝尔·蒂博代（1894—1936），法国文学批评家。主要著作有《马拉美》《瓦莱里》《六说文学批评》等。

本文选自《六说文学批评》，是该书的第六章。文章在对“自发的批评”“职业的批评”“大师的批评”论述的基础上，对“批评中的创造”在批评中的地位、含义、产生及其与浪漫主义等问题结合批评实践作了全面论述，指出：批评中的创造是文学批评的“最高”境界；“创造就是创新”，不同于“批评中的建设”，也不是对“审美创造的模仿”，而是批评家“通过雄辩、精神、风格，给概念注入一种活力”，是“以一种独特的方式”“孕育天才”，“超越”作品；批评中的创造取决于“作品蕴涵的情感”与批评家“对它们所蕴涵的美的感觉”的“感情的交流”，而从这种感情交流的方式又产生出“创造性批评的三种方式”；创造性批评与浪漫主义共生，“浪漫主义是一种感情交流的运动，批评只有吸取了感情交流的力量才能变为创造性的批评”。文章对文学批评中的创造的论述全面系统，颇有创新突破，对文学批评性质的探讨做出了重要贡献，在文学理论批评史上具有重要地位。

文学批评工作者学习此文，应当注意全面理解文章关于“文学批评中的创造”的论述，加深对文学批评“艺术性科学”性质的理解，牢固树立科学的文学批评观。

## 《〈咀华集〉序二》导读

本文是《文学批评学》第十二章“文学批评家的修养”的学习参考文章。

作者李健吾（1906—1982），笔名刘西渭，山西运城人。主要著作有小说集《使命》、戏剧《吕雉》等，文学评论集《咀华集》《咀华二集》《李健吾戏剧评论选》《福楼拜评传》及翻译《高尔基戏剧集》《包法利夫人》等。

本文原题为《假如我是》，发表于 1937 年 5 月 9 日《大公报》，1942 年《咀华二集》出版是为序，收入《李健吾文学评论选》始改题《序二》。本文针对创作家“痛恨”“贬斥”批评家的现象，为批评家进行“正名”，认为今日创作家“造谣”“攻讦”属于“‘文人相轻’的勾当”，源于“一种心理现象：‘自见’和‘不自见’”；以曹丕因《典论》而被“推为文学的功臣”为例，证明天才并非“诗人的专利”而充分肯定批评是“一种独立的，自为完成的，犹如其他文学的部门，尊严的存在”；张扬王尔德“没有批评的官能，就没有艺术的创造”的理论，提出批评家的“使命不是摧毁，不是和人作战，而是建设，而是和自己作战”，强调批评家必须“学习”——“学着生活和读书”“在不懂之中领会”“在限制之中自由”。本文对批评家的论述充满自信，言简意赅，影响深远，是我国现代“印象主义文学批评”的理论名篇。

文学批评工作者学习此文，应当注意文章关于批评家的修养的论述，确立“独立”与“尊严”，“自见”与“建设”及“虚心学习”的观念，切实克服“文人相轻”“造谣、攻讦”等不良倾向，真正促进文学批评健康发展。

## 《走出百慕大三角区》导读

本文是《文学批评学》第四章“第三节批评标准的选择与运用”的学习参考文章。

作者严家炎（1933—　），上海宝山人。主要著作有《知春集》《求实集》《世纪的足音》《中国现代小说流派史》及与唐弢共同主编的高等学校文科教材《中国现代文学史》等。

本文发表于《文学自由谈》1989 年第 3 期，收入《中国现代小说流派史》《世纪的足音》等。作者就中国现代文学批评史上频频出现的“批评失误现象”，如成仿吾对《呐喊》、“七月派”对沙汀以及新时期“重写文学史”对丁玲的误评等现象，进行了深入的探讨，指出它们在“批评标准的选择与运用”上所犯的“使批评标准与批评对象完全脱节的”“跨元批评”或“异元批评”错误，把它称为文学批评“神秘而危险”的“百慕大三角区”。“跨元批评”现象严重影响我国文学批评的健康发展，是中国现当代文学批评的一个重要教训。作者对“跨元批评”现象的研究，可谓文学批评研究中的一个重大理论发现，其见解精辟而深刻，材料翔实而准确，论证结实而有力，表现出作者一贯“寓论于述”的批评风格，堪称文学批评的典范。

文学批评工作者学习此文，应当认真了解这些现象，反思这些失误，吸取这些教训，真正从理论上加深理解“批评标准”与“批评对象”的“对应”原则，在实践上正确处理“批评标准”与“批评对象”的关系，使自己的文学批评实践远离“百慕大三角区”，避免“跨元批评”的误区。

## 《鲁迅论》导读

作者茅盾（1896—1981），中国作家、文艺批评家、社会活动家。原名沈德鸿，浙江桐乡人。主要著作有小说《子夜》《林家铺子》等多部，评论集有《茅盾论中国现代作家作品》《茅盾评论集》（上下）等。

本文发表于《小说月报》1927 年 11 月 10 日第 18 卷第 11 期，署名方璧。后收入《茅盾论中国现代作家作品》。本文从对鲁迅的印象谈起，结合近十年来的关于鲁迅及其作品的评论，把对鲁迅杂文和小说的分析联结成为一个整体，深刻阐述了鲁迅作为思想家的精神特质和创作道路，分析了鲁迅作品的社会思想内涵和艺术特色。文章针对一些流行的错误批评，运用马克思主义“美学—历史”批评方法，一方面把作家作品放到整个时代和社会中去，着力揭示作品的社会、思想内涵，一方面又高度重视审美感受的传达描述，着力对鲁迅作品内容和形式做深入的美学分析，尤其注重从作品的主题题材把握鲁迅的创作，科学的总结了鲁迅的创作“大都是描写‘老中国的儿女’的思想和生活”，揭示“国人魂灵”的创作道路。作者成功运用“美学—历史”方法，创立了独具魅力的“作家论”批评文体，视野开阔，评析精彩，确立了鲁迅在中国现代文学史上的重要地位，把历时十年的鲁迅批评提到了一个新的高度，堪称中国现代“作家批评”的典范。

学习此文，应该注意深入理解文章运用“美学—历史”方法进行“作家批评”的具体原则要求，在批评实践中灵活运用，提高作家批评的水平。

## 《〈鲁迅杂感选集〉序言》导读

本文是《文学批评学》第七章第三节“文学批评方法的选择和运用”的学习和参考文章。

作者瞿秋白（1899—1935），中国无产阶级革命家、中国共产党的早期领导人，作家、文学批评家、翻译家，又名霜，江苏常州人。主要著作有《饿乡纪程》《赤都心史》《鲁迅杂感选集序言》《普罗大众文艺的现实问题》等，编译有《高尔基论文选集》《马克思主义文艺论文集》等，均收入《瞿秋白选集》《瞿秋白全集》。

本文是作者为自己选编的《鲁迅杂感选集》写的序言，署名何凝。1933年7月由青光书局印行。作者运用马克思主义“美学—历史”方法，不仅精辟概括了鲁迅杂文的基本特点、艺术成就，而且深入分析了鲁迅杂文产生的社会根源，从而确立了鲁迅的杂文——“文艺性的论文”“战斗的阜利通”——在中国现代文学史上的重要地位。更重要的是作者结合中国几十年来思想界的激烈变动，概括阐述了鲁迅“从进化论到阶级论，从绅士阶级的逆子贰臣进到无产阶级和劳动群众的真正的友人，以至于战士”的思想发展道路，概括出以“最清醒的现实主义”“‘韧’的战斗”“反自由主义”和“反虚伪的精神”为内涵的“鲁迅精神”，充分肯定了鲁迅在中国现代文学史上的卓越地位。《序言》的批评是相当精辟深刻的，成为鲁迅批评中具有划时代意义的篇章和中国现代文学批评史上的一座巍峨丰碑。中国现代文学批评史上多有“跨元批评”的失误教训，《序言》的成功，对避免这一类失误具有重要意义。

学习此文，应当注意作者处理“批评对象”“文学观念”“批评方法”的“制约—独立—超越”关系，坚持“批评对象”“文学观念”“批评方法”的“对立—契合—统一”的原则，创造性地运用马克思主义“美学—历史”方法，从美学和历史的结合上对批评对象进行批评。

## 《〈中国新文学大系·诗集〉导言》导读

本文是《文学批评学》第十一章第二节“诗歌批评”的学习参考文章。

作者朱自清（1898—1948），原名朱自华，江苏扬州人。主要著作有散文集《踪迹》《背影》《伦敦杂记》等，学术著作有《诗言志辩》《标准与尺度》《论雅俗共赏》《新诗杂话》《经典常谈》等，汇编为《朱自清全集》3卷。

本文是作者为本人选编的《中国新文学大系（1917—1927）·诗集》撰写的“序言”，按《中国新文学大系》的统一体例，称为《导言》。本文描述了我国现代文学头十年间的诗歌创作的发展概况，对其风格、流派特别是演变进行了深入剖析，创造性地将这一时期的诗歌分成三个流派：“自由诗派”“格律诗派”“象征诗派”，不仅细致品评形象描绘各个诗派的风格特征，而且从“五四”时代精神与诗人的禀赋素养以及外国影响等方面探源溯流，在中国现代文学批评史上第一次对这些诗派做出了精当的评价和历史定位，对我国现代文学头一个十年的诗歌创作做出了全面、系统、深入的总结，开创了现代诗歌流派批评的先河，是现代文学批评史上诗歌批评的重要篇章。

文学批评工作者学习此文，应当注意学习作者坚持审慎宽容与兼容并包的批评原则，对不同诗派的诗人、诗作进行具体分析和评价，力戒偏狭武断，真正提高文学批评的水平。

## 《谈最近的短篇小说》导读

本文是《文学批评学》第十一章第一节“小说批评”的学习参考文章。

作者茅盾生平见《〈鲁迅论〉导读》。

本文发表于《人民文学》1958 年 6 月号。本文就“最近”——1958 年上半年《新港》《延河》《人民文学》等刊物发表的十篇短篇小说进行了评论。文章首先概括评述了短篇小说创作中流行的“压缩的中篇”和“拉长的特写”两种倾向，其次对《七根火柴》等短篇小说的结构、人物与环境描写、语言等艺术技巧作了比较，再次是对茹志鹃的《百合花》进行了重点细致的评析，高度赞赏《百合花》“细致严密”，“富于节奏感”的结构，“人物形象由淡而浓”的描写特点，准确概括出小说“清新、俊逸”“富于抒情诗的风味”的艺术风格，特别高度肯定它是“表现庄严的主题”的“常见的慷慨激昂的笔调”之外的一种“其他的风格”。本文充分表现出作者一贯的热情发现奖掖新人、注意概括创作倾向、重视艺术技巧分析的批评原则和风范，特别是发现了文学新人茹志鹃，成为当代评坛的佳话。

文学批评工作者学习此文，不仅要学习文章精当的比较分析、敏锐的艺术感受和审美判断力、“夹叙夹议”的复述技巧、浅近的批评语言、娓娓而谈的表述方式等批评技巧，同时要学习发扬作者热情发现奖掖新人的批评风范。否则，是不可能有什么“批评发现”的。

## 《废墟上的精魂——〈白鹿原〉论》导读

本文是《文学批评学》第十一章第一节“小说批评”的学习参考文章。

作者雷达（1943—2018），原名雷达学，甘肃天水人。主要论著有《小说探胜》《文学的青春》《蜕变与新潮》《民族灵魂的重铸》《文学活着》《思潮与文体》及《雷达散文》等。

本文发表于《文学评论》1993年第6期。本文对当代作家陈忠实的长篇小说《白鹿原》作了全面评论，对小说在“题材驾驭”“文化意蕴”、作为“人格代表”白嘉轩等人物的塑造、“人性冲突”、作家观察历史的“文化立场”、小说的“秦腔”风格等方面的艺术成就作了高度评价，盛赞《白鹿原》较之当代几部优秀长篇小说有长足进展或超越，为我们展示了一部“民族灵魂史”——“一部宗法文化废墟上的民族精魂”，是“我国当代杰出的长篇小说”。评论界认为本文沉雄劲锐、情文并茂、多有独到见地，“是第一篇给了《白鹿原》以系统全面的准确评价的文章”。以后《白鹿原》荣获茅盾文学奖，证明了小说的成就，也是对“《白鹿原》论”的一个确证。《白鹿原》的最大贡献在于“民族秘史”，本文则是一篇真正的文化批评的范例。

文学批评工作者学习此文，除了学习其高超的写作技巧如纯熟的比较方法、真实自然的审美感受描述等，更应当认真学习其“文化批评”的精髓——发掘小说的文化意蕴，以避免堕入“只有文化，不见文学”的“文化批评”。

## 《论阿Q性格系统》导读

本文是《文学批评学》第七章第二节“文学批评的一般科学方法”的学习参考文章。

作者林兴宅（1941—　　），福建德化人。主要专著有《艺术魅力探寻》及编著《文学评论概要》等。

本文发表于《鲁迅研究》1985年第1期。作者就鲁迅创造的、在学术界颇多不同意见的阿Q典型形象，运用“系统论”方法进行了全面深入的论析。他针对流行的以单一线性逻辑关系对阿Q形象所做的简单判断，而从自然质、功能质、系统质三个方面对阿Q性格进行系统分析，指出：自然质是“阿Q是专制主义制度造成的奴性心理的典型”，表现为“泯灭意志”“返回内心”“两重人格”三个特征，这是阿Q性格自身固有的基本性质；功能质是“阿Q性格在不同时空条件下的典型意义的历史规定”，它是当时社会各阶层人士精神状态的镜子，是国民劣根性的象征，反映了前史时代世界的荒谬性，这使阿Q性格获得超越阶级、时代和民族界限的普泛性；系统质则是“阿Q性格在社会文化大系统中所产生的各种社会性的综合规定”。文章以系统论的基本原则观照阿 Q 性格的本质意义，将其视之为一个有机的性格系统，给予阿 Q 形象更为科学全面的定位。这是对以往阿 Q 典型形象研究的重要突破，是我国 20 世纪 80 年代较早运用系统论方法进行批评研究的成功范例。

学习此文，应当注意文章运用系统论的经验，准确把握系统的基本原则，运用系统论的眼光来观察研究对象，切实避免片面静止、简单分割的错误。

## 《〈呐喊〉和〈彷徨〉的环境描写》导读

本文是《文学批评学》第十一章第三节“小说批评”的学习参考文章。

作者王富仁（1941—2017），山东高唐人。主要论著有《中国反封建思想革命的一面镜子——〈呐喊〉〈彷徨〉纵论》《先驱者的形象》《文化与文艺》等。

本文是《中国反封建思想革命的一面镜子——〈呐喊〉〈彷徨〉纵论》的一节。文章就《呐喊》《彷徨》的“封建思想环境”描写作了系统全面的探讨，概括指出鲁迅思想环境描写运用的“直陈式”“单向测试式”“双向测试式”“倒转式”等四种方式，明确指出鲁迅小说的思想环境不再是人物活动、物质空间，不再主要指人物所处的政治、经济环境和自然环境；而是“由人组成的特定思想关系”，是“一个典型的封建等级关系的社会空间，一个典型的社会思想环境”，正是在这种等级关系中阿 Q 的各种表现才能够得到充分、集中体现。文章的这一论断，受到学术界的普遍好评，认为是作者以“新的眼光、新的方法”对鲁迅小说的思想环境的“新的发现，角度新颖，见解精辟”，是对传统观点的突破，对鲁迅研究和文学批评具有重要意义。

文学批评工作者学习此文，应当注意本文对小说环境批评的独到角度、方法等方面的有益经验，把“小说环境批评”的水平提高一步。

## 《“高尚的圣者和殉道者”》导读

本文是《文学批评学》第一章第三节“文学批评是艺术性科学”、第九章第三节“讲究技法，艺术表达”、第十一章第三节“小说批评”的学习参考文章。

作者阎纲（1932—　　），陕西礼泉人。主要著作有《悲壮的〈红岩〉》《小说创作谈》《〈创业史〉与小说艺术》《小说论集》《文坛徜徉录》《文学八年》等。

本文写于1980年7月。文章对张一弓的中篇小说《犯人李铜钟的故事》作了评论，首先充分肯定小说塑造了一个为使已经断粮7天的400多人不至于饿死而“动公仓”“抢皇粮”的“犯人”——“英雄”“真正共产党人”的光辉形象；同时，作者把小说的意境、背景和自己的感受融为一体，创造出一个“批评意境”——“在苍茫寒冷的高加索山上用铁链缚住一个偷天火给人间的人，老鹰在啄他的肉”，李铜钟正是这样一个普罗米修斯式的“高尚的圣者和殉道者”；文章以高度赞扬小说突破题材禁区，写“社会主义的悲剧”，“通体所高扬着的是一种悲壮之美”，“深刻的‘暴露’，使作品的歌颂显得动人之极；真切的歌颂，使作品的‘暴露’警钟沉沉”，实现了对长期流行的“暴露文学”论的严正声讨和批判，为恢复社会主义文学的现实主义传统和使命仗义执言。作者曾说他是凭着“热情”和“义愤”写文章，评论界称他的评论为“评论诗”，在这里得到了充分展现，堪称文学批评的杰作，受到普遍称赞。

文学批评工作者学习此文，应当特别注意本文对“批评意境”的创造，提高文学批评的发现和创造意识和能力，同时注意学习本文“善于注入情感”的经验和技巧，增强情彩，减少枯燥。

# 第二编　文学评论选

# 近年来毛泽东文艺思想研究概述

近年来，为了完整地准确地理解毛泽东思想的科学体系，文艺工作者和理论工作者加强了对毛泽东文艺思想的学习和研究，报刊也发表了一些这方面的文章。在一些文艺评论中，对毛泽东文艺思想颇多论及。现就已发表的一些文献、专著、论文、讲话的各种观点概述如下，以供参考。

## 一、关于《在延安文艺座谈会上的讲话》和毛泽东文艺思想体系

### (一)《讲话》

一种意见认为，1942 年的《讲话》，绝不是仅凭延安的现实本身决定得了的，而是当时中国社会生活尤其是文艺实践的产物，是百年来国际革命文艺思潮和文艺运动在中国影响的表现，是中国新文学运动特别是左翼文学运动的必然发展。马克思主义文艺理论的基本著作和基本理论的译介，新文学运动的实践及其提出的一系列问题，鲁迅、瞿秋白等人对文艺理论的贡献，构成了《讲话》的基本内容和精髓。《讲话》深刻地总结了新文学运动的经验，解决了它所提出而未解决的一系列问题，如文艺与生活、文艺与政治、思想与创作、继承与革新、普及与提高、文艺批评的标准等问题，是马克思主义文艺理论史上一块光彩夺目的理论丰碑，是划时代的文献，是中国革命文艺运动的纲领。它在历史上起过重大作用，曾使我们的文艺从内容到形式都发生了巨大变化。《讲话》遵循马克思主义普遍原理，根据中国革命的具体实践发展了的一系列根本性原则，是历久而长青的。现在它还对我们的工作具有指导意义。①

① 王大明：《左翼文艺理论与讲话》，《河北师院学报》1980 年第 4 期；丁振海：《为什么人的问题依然是根本问题》，《红旗》杂志 1981 年第 10 期；周扬：《继往开来，繁荣社会主义新时期的文艺》，《文艺报》1979 年第 11—12 期。

另一种意见认为，《讲话》论述的只是当时面临的问题，着重解决的只是文艺的外部规律，没有具体涉及文艺本身的规律。《讲话》多方面论述了马克思主义文艺理论中一系列带有根本性的问题，如文艺和生活、文艺和政治、普及与提高、继承与革新、文艺批评的两个标准问题等等，确对马克思主义文艺理论有新的丰富和发展。今天看来，它的许多观点，如社会生活是文艺的源泉、批判与继承、普及与提高的关系，还有指导意义。有些却明显的不再是正确的口号了。如"文艺为工农兵服务""文艺从属于政治"这一类口号，就导致了"工具"论、"空白"论，使文艺变成政治斗争和路线斗争的附庸，给某些领导横加干涉以口实。比如，文艺批评的"政治标准第一，艺术标准第二"，本来就不符合文艺创作的规律。以这个标准为前提，"双百"方针成了无法兑现的空话。而文艺批评中的棍子和帽子，作品的公式化概念化却与此密切相关。无论是从理论和《讲话》本身的内容上，还是从当前文艺工作实践所提出的一系列问题来看，都要把《讲话》作为历史文件看待，重新探讨。①

**（二）体系**

一种意见认为，毛泽东文艺思想作为毛泽东思想的一个组成部分，它多方面阐述了马克思主义文艺理论中一系列带有根本性的问题。例如文艺与人民、文艺与政治、文艺与革命、文艺与生活、文艺的对象、创作过程、普及与提高、文艺批评、继承与革新、形象思维等等都涉及文艺本身的规律，不仅是文艺的内部规律，而是文艺的本质规律。如果不是把"体系"神奥化，用"文艺概论"的体系去要求毛泽东同志，而是把"体系"看作是一种具有内在联系的系统的观点，应当说毛泽东文艺思想有一个完整的体系。②

另一种意见认为，毛泽东文艺思想作为毛泽东思想的一个组成部分，是有相当的系统性的。即使过样，也不能说毛泽东同志的著作中有一个完整的马克思主义文艺学的理论体系。最能集中代表毛泽东文艺思想的著作——《讲话》，多方面阐述了马克思主义文艺理论中一系列带有根本性的问题，确对马克思主义文艺理论有新的丰富和发展。但《讲话》解决的只是文艺的外部规律，没有具体地涉及文艺本身的规律。和马克思主义经典作家一样，只注意把对文艺的本质的认识置于唯物史观，发挥文艺对革命的配合作用，

---

① 朱文华、许锦根：《要把〈讲话〉作为历史文件看待》，《复旦学报》（社会科学版）1980年第6期；刘梦溪：《关于发展马克思主义文艺学的几点意见》，《文学评论》1980年第1期。

② 魏理：《马克思主义经典作家的文艺理论体系和文艺科学的发展》，《文学评论》1980年第5期；李贵仁：《〈关于发展马克思主义文艺学的几点意见〉质疑——与刘梦溪同志商榷》，《人文杂志》1980年第5期。

对文艺的内部规律，无暇做深入细致地理论探讨，或者说时代还没有提供这种可能的条件。实事求是地考察问题，毛泽东同志的著作中，还没有形成完整的理论体系。①

## 二、关于文艺与政治的关系和工农兵方向

### （一）“文艺从属于政治”

一种意见认为，“文艺从属于政治”“文艺为政治服务”的口号，是文艺的客观规律，是马克思主义文艺理论的一个基本原则。在阶级社会中，它是一个基本事实。“文艺从属于政治”“文艺为政治服务”体现着一定文艺的性质和方向，必须坚持这一原则，不能有任何动摇，否则就是放弃了文艺这个武器。②

另一种意见认为，“文艺从属于政治”“文艺为政治服务”的口号，不是唯物主义的提法，不是马克思主义文艺理论的根本原理。它对文艺和政治的关系的概括是不科学的，片面的；表述是不准确的。人们对这个口号的简单化、庸俗化的狭隘理解以及它在实践中带来的种种弊病，正是口号本身的不正确性的集中暴露。这个口号是有害的、错误的，是庸俗社会学的观点。我们不再提“文艺为政治服务”“文艺从属于政治”这样的口号，并不是说文艺可以脱离政治。文艺是不可能脱离政治的。提文艺为人民服务、为社会主义服务，则更合适，更广阔。③

再一种意见认为，“文艺为政治服务”这个口号反映了文艺的一项十分重要的使命，在历史上起过积积极作用。但它毕竟不是唯一的职责，把它不适当地夸大、绝对化，作为总口号、总任务、唯一任务，要求一切文艺作品都反映一定的政治斗争，配合一定的政治任务，这显然是不合适的。文艺为人民服务、为社会主义服务这个口号概括了文艺

---

① 见刘梦溪的文章。

② 王得后：《略论文学与政治》，《文学评论》1980 年 2 期；张建业：《文艺应该为政治服务》，《文学评论》1980 年第 2 期；敏泽：《文艺要为政治服务》，《文艺研究》1980 年第 1 期；蔡仪：《文学概念》1979 年版。

③ 王若望：《文艺与政治不是从属关系》，《文艺研究》1980 年第 1 期；梅林：《文艺和政治是上层建筑范畴内的关系》，《文学评论》1980 年第 1 期；刘纲纪：《关于文艺与政治的关系》，《文学评论》1980 年第 2 期；曹廷华：《“文艺从属于政治”是不科学的命题》，《文艺研究》1980 年第 3 期；王若水：《文艺·政治·人民》，《文艺理论研究》1980 年第 3 期；王春元：《“文艺为政治服务”是个错误的口号》，《文艺理论研究》1980 年第 3 期；常荣根：《从属论应当破除》，《南京师大学报》（社会科学版）1980 年第 1 期；周扬：《关于文艺与政治的关系》，《人民日报》1981 年 3 月 25 日；杨越：《论当前文艺口号之争》，《花城》1981 年第 1 期；陈辽：《我国当代文艺批评中的庸俗社会学》，《长江》文学丛刊 1981 年第 1 期。

工作的总任务和根本目的，它包括了文艺为政治服务，但比孤立地提为政治服务更全面、更科学，它不仅能更完整地反映社会主义时代对文艺的历史要求，而且更符合文艺规律。作为政策，党要求文艺不要脱离政治，坚持正确的政治方向，但并不要求一切文艺作品只能反映一定的政治斗争，为一定的政治服务。文艺与政治的关系问题，作为学术问题，完全可以进行讨论。①

也有的意见认为，“文艺从属于政治”的提法是不科学的，不应再提了。但“文艺为政治服务”还是正确的。我们的文艺，过去为新民主主义政治服务，现在为社会主义政治服务。文艺为政治服务与为人民服务是一致的。说文艺不为政治服务，只为人民服务，不脱离政治，又不为政治服务，这是不可思议的。《讲话》系统、全面地阐明了文艺与政治的关系，为革命文艺事业，开辟了广阔前景。②

**（二）文艺“为工农兵服务”**

一种意见认为，文艺为人民大众、首先是为工农兵服务的根本方向和根本原则是完全正确的，是对列宁提出的文学的党性原则的丰富和发展，是《讲话》的最大功绩。这一根本方向和原则的着眼点是人类的最大多数，是广大的人民群众，它并没有把文艺的服务对象绝对化，狭隘化。今天，工农兵仍然是占我国人口绝大多数的阶级和阶层。现在提“为人民服务”，不是对“为工农兵服务”口号的否定，而是对它的补充和发展，是它在现阶段的时代内容和具体特点。为工农兵服务和为人民服务，在实质上是一个意思。现在，为什么人的问题，依然是根本问题。我们要坚持为最广大的人民群众，首先是为工农兵服务的方向。③

另一种意见认为，“文艺为工农兵服务”和“文艺从属于政治”这一类观点，导致了“工具”论、“空白”论，使文艺堕落成政治斗争和路线斗争的附庸和某些领导横加干涉的口实。④

---

① 《人民日报》社论《文艺为人民服务、为社会主义服务》，1980年7月26日。

② 程秀山：《文艺为政治服务与为人民服务是一致的》，《青海湖》1980年第9期。

③ 缪俊杰：《新时期社会主义文艺的方向——对“文艺为人民服务，为社会主义服务”的一点理解》，《上海文学》1980年第7期；黄克诚：《关于对毛主席评价和对毛泽东思想的态度问题》，《解放军报》1981年4月10日；丁振海的文章；蔡仪：《文学概论》。

④ 见朱文华、许锦根的文章。

## 三、关于“百花齐放、百家争鸣”的方针

### （一）性质

一种意见认为，“双百”方针是繁荣和发展我国社会主义科学文化的基本性的长期性的方针，特别是繁荣社会主义文艺的总方针、总政策。①

另一种意见认为，社会主义文艺的总方针是“为人民服务”“为社会主义服务”，“百花齐放、百家争鸣”。即“二为”加“二百”，这两个“二”，互相联系，缺一不可。②

再一种意见认为，“双百”方针，不仅是我们的文化方针，也是我们的政治方针，是国家在思想文化领域里根本性方针，基本性、长期性的方针。③

### （二）基本精神

一种意见认为，“双百”方针的基本精神，（对此问题有种种提法，如“着重点”“重点”“要点”“关键”等等。为了行文方便，这里采用“基本精神”的提法——编者）是在坚持六条政治标准的前提下，在人民内部采取放的方针。抓住了这个着重点，就是抓住了群众基础、党对文艺的领导权和根本方法，也同文化专制主义划清了界限。④

另一种意见认为，“放”不是目的。实行“双百”方针，既要讲“放”，也要讲“争”，就是说要充分保证人民内部各种不同意见和各种作品的发表，又要积极开展各种不同意见之间的争论和各种不同题材、体裁、风格的创作之间的竞赛。⑤

还有一种意见认为，在思想文化战线上，既然存在着香花和毒草，实行“双百”方

---

① 《文艺报》特约评论员：《“百花齐放、百家争鸣”方针与艺术民主》，1978年第6期；张宝坤：《双百方针与文艺繁荣》，《社会科学辑刊》1980年第6期；顾骧：《“双百”方针杂议》，《上海文学》1980年第7期；陈辽的文章。

② 贺敬之：《对当前文艺工作的几点看法》，《文艺研究》1981年第3期。

③ 李准：《百家争鸣的方针是政治方针》，《红旗》杂志1979年第12期。

④ 周柯：《文艺批评与双百方针》，《文学评论》1978年第6期；戚方：《坚决贯彻放的方针》，《文艺报》1978年第3期；《人民日报》评论员：《批透极左路线贯彻双百方针》，《人民日报》1979年5月21日；《文艺报》特约评论员文章。

⑤ 《人民日报》评论员：《“放”与“争”》，《人民日报》1979年5月28日；郑汶：《不能左右摇摆》，《文艺报》1980年第6期；《文艺研究》评论员：《实行“二百”方针是按艺术规律办事的必由之路》，《文艺研究》1980第4期；《红旗》特约评论员：《坚定正确地执行百花齐放、百家争鸣的方针》，1980年第14期。

针势必有放有收。放与收是对立的统一。有放有收才合乎辩证法。①

**（三）“双百”方针与六条标准**

一种意见认为，贯彻“双百”方针，必须坚持以六条标准为前提，（以后又提出必须坚持以四项基本原则为前提）在人民内部采取放的方针。②

另一种意见认为，贯彻“双百”方针决不应以六条标准为前提。“双百”方针本身包含着允许不正确乃至有毒素的东西发表。如果以六条标准为前提，势必导致只放香花，不放毒草，实际上只能是取消“双百”方针。③

再一种意见认为，如果把坚持四项基本原则当作执行“双百”方针的前提条件，只准放香花，不准放毒草，那就等于否定实践对检验真理的作用，要求在一个意见、文章、作品发表之前有一个最高权威裁判者。这样做的结果，只能回到“四人帮”禁锢思想的道路上去，只放毒草，不准放香花，实际上取消“双百”方针，离开实践标准，四个坚持变成四个背离。④

还有一种意见认为，能否真正贯彻执行“双百”方针，是检验文艺领导是真坚持四项基本原则还是假坚持四项基本原则的准绳。⑤

**（四）“双百”方针与党的领导**

一种意见认为，党对文艺的领导，唯一的就是根据文艺的特点，靠马克思主义文艺理论和党的政策去领导。其中根本的一条就是贯彻“双百”方针。“双百”方针是党领导文艺和科学的基本方针和方法，是党的领导的直接体现。坚持党的领导就必须坚持“双百”方针。⑥

---

① 廖沫沙：《谈放与收》，《北京晚报》1980年2月28日。

② 向阳：《贯彻双百方针必须坚持六条标准》，《文艺报》1979年第6期；《批透极左路线贯彻双百方针》；戚方、周柯的文章。

③ 刘梦溪：《澄清四人帮在六条政治标准问题上制造的混乱》，《文艺报》1979年第3期；《关于双百方针与六条标准》，《文艺报》1979年第8期；陈登科：《对文艺工作的几点意见》，《上海文学》1979年第12期；《红旗》杂志特约评论员文章。

④ 林文山：《双百方针与坚持四项基本原则》，《光明日报》1979年7月29日。

⑤ 陈登科：《对当前文艺工作的几点看法》，《光明日报》1979年7月10日。

⑥ 吴桐：《马列主义与“双百”方针》，《人文杂志》1980年第5期；赵丹：《管得太具体文艺没希望》，《人民日报》1980年10月8日；水工：《坚持四项基本原则与贯彻双百方针》，《解放军报》1981年5月23日；戚方、《文艺报》特约评论员、《红旗》杂志特约评论员的文章。

**(五)“双百”方针与马列主义**

一种意见认为，坚持“双百”方针有利于加强和发展马克思主义的领导地位，扩大马克思主义思想阵地。概括起来说，就是在马克思主义基本立场、观点、方针的指导下，正确地坚定不移地贯彻“双百”方针，以发展科学、文艺、理论事业；而科学、理论、文艺事业的发展，反过来又能提供新的成果以丰富和发展马克思主义，从而使马克思主义保持强大生命力，加强马克思主义在思想文化领域中的领导地位。①

**(六)“双百”方针与“自由化”**

一种意见认为，“双百”方针的显著特点，就是两个“自由”(艺术上不同的形式和风格可以自由发展，科学上不同学派可以自由争论”——编者)。如果用“化”来表示其彻底性，那么，“双百”方针就是无产阶级自由化。对“自由”要作阶级分析。无产阶级自由和自由化，绝不是资产阶级自由和自由化。说“双百”方针是资产阶级自由化，是一种歪曲。②

(这种意见所批评的那种把“双百”方针说成是“资产阶级自由化”的观点，不见于报刊文章和专著，故不录。——编者)

**(七)“百家”争鸣与“两家”争鸣**

一种意见认为，从毛泽东同志说的“我们提倡百家争鸣，在各个学术部门可以有许多派、许多家，可就世界观来说，在现代，基本上只有两家，就是无产阶级一家，资产阶级一家。或者是无产阶级的世界观，或者是资产阶级的世界观”这段话，并不能推论出百家争鸣实际上是两家争鸣的结论来。把百家争鸣理解为两家争鸣，是对百家争鸣的方针的简单化理解和宣传。它既不符合我国的实际情况，也不符合毛泽东同志的原意。这种简单化的理解和宣传，违背马克思主义认识论，在实践上导致用行政手段和政治斗争方式解决精神世界的问题，给我国科学文化事业带来了有害的后果。③

---

① 赖应棠：《创作与批评》1979年11月版；吴桐、《红旗》特约评论员的文章。

② 顾骧：《双百方针杂议》；《要正确的理解和执行双百方针》，《文艺报》1980年第5期；陈丹晨：《自由的文学与资产阶级自由化》，《飞天》1981年第2期。

③ 陶德麟：《百家争鸣与两家争鸣》，《光明日报》1979年7月19日；雷声宏：《百家争鸣实际上是两家争鸣吗?》，《人民日报》1980年10月24日。

## 四、关于“革命现实主义与革命浪漫主义相结合”

### （一）“两结合”提出的社会背景

一种意见认为，“两结合”创作方法是在1957年批判“写真实”“干预生活”“现实主义——广阔的道路”论的基础上提出来的，是左倾思潮在文艺理论上的产物。①

另一种意见认为，“两结合”创作方法是1958年的产物，当时受左倾思潮的影响，人们在解释“两结合”时，把它“神化”了。这是应当澄清的。同时，当时各种创作方法都受到了左倾思潮的影响。因此，不能说“两结合”创作方法是左倾思潮的产物。②

### （二）革命现实主义与革命浪漫主义能否结合

一种意见认为，文学史上有现实主义与浪漫主义结合的传统，如《奥德赛》《浮士德》《诗经·硕鼠》《窦娥冤》等；无产阶级文艺作品有《国际歌》《母亲》《白毛女》《创业史》《红岩》《红旗谱》《毛主席诗词》等；在理论上，则早有论述，如刘勰的“酌奇而不失其真，玩华而不坠其实”、屠隆的“（诗）有虚而实，有实而虚，并行错出”、席勒的“素朴的诗”和“伤感的诗”结合、别林斯基的“现实的诗”“理想的诗”“两种因素”“汇合”、雨果的“真实之中有伟大，伟大之中有真实”、高尔基的“现实主义和浪漫主义结合”的“第三种创作方法”、周恩来同志的“革命现实主义和革命浪漫主义结合”。这些作品和论述，为革命现实主义和革命浪漫主义结合提供了创作实践和理论基础。处在社会主义时代，在无产阶级世界观指导下，革命现实主义和革命浪漫主义完全可以并且已经结合成为一种新的独立的创作方法，这就是“革命现实主义与革命浪漫主义相结合”的创作方法，简称“两结合”创作方法。“两结合”创作方法，在理论和实践上存在着、发展着。这个事实是否认不了的。③

另一种意见认为，文学史上的一些作品和无产阶级文艺作品，如《母亲》《创业史》《红岩》《红旗谱》《李自成》等等，根据它们各自的主导倾向，都可以确定其性质，或者

---

① 刘长久：《要实事求是地看待“两结合”创作方法》，《社会科学研究》1980年第5期。

② 刘光：《“两结合”创作方法与“左”倾思潮》，《社会科学研究》1980年第5期。

③ 赖应棠：《创作与批评》；蒋茂礼：《略论革命现实主义与革命浪漫主义辩证结合》，《文史哲》1979年第6期；王西平：《“两结合”创作方法管见》，《人文杂志》1980年第5期；刘长久的文章；《文学理论基础》1981年1月版。

是革命现实主义的，或者是革命浪漫主义的，没有一部作品是“两结合”的。所谓“两结合”的典范毛主席诗词也不例外，它们或者是革命现实主义的，或者是革命浪漫主义的。“两结合”的作品，截至目前，是根本不存在的。从理论上看，事物的性质是由主导方面决定的。现实主义、浪漫主义作为创作方法是有质的规定性的。二者的主导倾向是对立的，有质的不同。虽然它们相互渗透，但始终保持各自的特色，始终是双峰对峙，二水分流的。尽管它们之间河汉交错，连脉接络，却谁也不能代替谁，谁也不能吞掉谁，更没有水乳交融地合二而一，尊于一统，结合成一种新的独立的创作方法。所谓“主导”“侧重”说都是违背辩证法的，违背创作实践的。“两结合”创作方法，既否定了创作方法的质的规定性，又没有自己的本质特征，在理论和名称上都是混乱的。①

**（三）“两结合”与社会主义现实主义、革命现实主义**

一种意见认为，它与革命现实主义是不同的，革命现实主义是“两结合”创作方法的基础。②

另一种意见认为，“两结合”创作方法与社会主义现实主义的精神是一致的，是社会主义现实主义的发展。它比社会主义现实主义更科学，有更大的优越性：可以避免社会主义现实主义对处在民族、民主革命阶段的国家中的作家要求过高和对处在社会主义初级阶段的国家中的作家要求不足的局限。③

还有一种意见认为，“两结合”创作方法与社会主义现实主义是不同的。第一，社会主义现实主义单提现实主义而不提浪漫主义。第二，按社会主义现实主义的提法，涉及过去文艺史，是否也应在“现实主义”之上要安一个“奴隶社会”“封建社会”“资本主义”的帽子呢?④

**（四）实践效果**

一种意见认为，它在肯定革命浪漫主义的地位方面，具有突出的意义。它鼓舞了坚

---

① 陈辽：《“两结合”创作方法质疑》，《安徽文学》1979 年第 9 期；朱恩彬：《“两结合”能成为独立的创作方法吗?》，《文史哲》1979 年第 6 期；吕兆康：《“两结合”是一种独立的创作方法吗?》，《文艺理论研究》1980 年第 1 期；薛瑞生：《“两结合”创作方法漫议》，《人文杂志》1980 年第 5 期；吴容甫：《“二革”的创作方法能结合吗?》，《湖南师院学报》（哲学社会科学版）1980 年第 4 期；刘光的文章。

② 冯牧：《关于当前文艺创作和文艺思想的片断》，《作品》1980 年第 4 期；刘梦溪：《革命现实主义是两结合创作方法的基础——评“四人帮”对“现实主义深化”论的批判》，《文学评论》1978 年第 6 期。

③ 马莹伯：《“两结合”与社会主义现实主义》，《文艺理论研究》1980 年第 1 期；郭因：《文艺与现实的审美关系》，《江淮论坛》1980 年第 4 期。

④ 朱光潜：《谈美书简》1980 年版。

持革命浪漫主义和兼用两种创作方法的作家的创作积极性，诞生了一些较好的作品。在以革命现实主义为基调的作品中，加强了革命理想的指导，为鼓舞人民为社会主义奋斗起了一定作用。“两结合”方法对帮助作家正确地而富有远见的观察生活和描写生活，是有指导意义的。“三突出”和那些廉价的浪漫主义作品，与“两结合”创作方法没有必然的联系。①

另一种意见认为，“两结合”创作方法与实践悖逆，使名作家如曹禺、老舍的创作、修改旧作彻底失败，使整个社会主义文艺创作倒退，产生了假浪漫主义，最后导致了“四人帮”的“根本任务”论、“主题先行”论、“三突出”等谬论和造神文学。无论是从理论上，还是从创作实践上看，“两结合”方法从来就没有起过什么好作用，也没有产生过什么“两结合”的作品。②

再一种意见认为，无论从理论和实践上看，“两结合”方法，都还有待于实践的进一步检验。③

**（五）对毛泽东同志关于“两结合”论述的理解**

毛泽东同志在 1958 年曾两次谈到“两结合”问题。其中一段是：“中国诗的出路，第一条民歌，第二条古典，在这个基础上产生出新诗来，形式是民歌的，内容应该是现实主义和浪漫主义的对立统一。”另一段是：“革命精神和实际精神的统一，……在文学上，就是要革命的浪漫主义和革命的现实主义的统一。”各种意见，都引用毛泽东同志这两次谈话作论据，但对它的理解却是不同的。

一种意见认为，毛泽东同志这段话正式提出了“两结合”这种独立的新的创作方法，并且进一步提出，这种提法，并不是偶然的，而是与 1939 年关于“抗日的现实主义，革命的浪漫主义”的提法、《讲话》中关于“六更”的论述都是一致的。④

另一种意见认为，毛泽东同志这段话，只是要求文艺创作的内容应该做到革命现实主义与革命浪漫主义对立统一；或者要求两种创作方法（革命现实主义和革命浪漫主义）并用，并没有提出一种独立的新的创作方法。后来，一些同志把这段话引申为提出了

---

① 见吕兆康、周扬的文章。

② 见薛瑞生、陈辽、朱恩彬、刘光的文章。

③ 见冯牧的文章。

④ 见赖应棠、王西平、刘长久的文章；《文学理论基础》；《文学概论》。

“两结合”创作方法，这是不符合毛泽东同志这段话的原意的。①

再一种意见认为，毛泽东同志这段话中讲的“两结合”，首先是文艺的精神原则总和问题，而不仅是个创作方法问题。“两结合”是革命现实主义和革命浪漫主义两种精神原则的有机结合，或曰求实精神和追求理想精神的有机统一，“革命发展阶段论”和“不断革命论”的辩证统一，是适应我们时代和我们事业的崭新的真实反映生活本质的文艺体系、是能够继承、容纳、消化古今中外一切优秀文艺成果并把他们熔铸成当代最佳文艺类型的美学序列、是无限生动丰富，吸收一切成功的具体文艺创作手法的综合文艺结构。把它局限于创法方法的窄小范围，作简单而狭隘的规定，是目前争论的双方的根本缺漏。②

## 五、关于“政治标准第一，艺术标准第二”

一种意见认为，“政治标准第一，艺术标准第二”的原则精辟地阐明了政治标准和艺术标准的辩证关系。二者虽有第一第二之分，却不能分割，是缺一不可的。只强调其中某一标准，忽略某一标准，都是错误的。③

另一种意见认为，“政治标准第一，艺术标准第二”是由文艺为政治服务派生出来的，是一种带很大片面性的规定。它混淆了对作品的政治态度问题和文艺批评问题，割裂了对作品内容的评价和形式的评价的辩证关系。这种划分第一第二的烦琐哲学，不符合并且破坏了文艺批评的规律，很不利于文艺批评的发展。持这种意见的同志，还进一步提出，政治标准和艺术标准在作品中是统一的。文艺批评的极终标准只能是社会实践。④

再一种意见认为，“政治标准第一，艺术标准第二”，不符合文艺创作的规律。在理论上是不科学的，片面的；在实践上则给文艺带来了有害的影响——文艺批评中的帽子和棍子，使“双百”方针也成为不能兑现的空话。⑤

---

① 李浚文：《还是需要“两结合”——从一篇小说的艺术成就谈起》，《文艺理论研究》1980年第2期；陈辽、薛瑞生、朱恩彬、吕兆康的文章。

② 霍有明、胡义成：《崭新的文艺体系》，《人文杂志》丛刊《文丛》创刊号。

③ 见周柯的文章；《文学概论》。

④ 见王若望、刘纲纪的文章及陈辽《我国当代文学批评中的庸俗社会学》。

⑤ 见朱文华、许锦根的文章。

有的同志还进一步指出，文艺批评的标准应当是“美学的、历史的”标准，“真实性、政治性、艺术性”标准、“真实、社会功利、艺术美感”标准。①

## 六、关于一些具体论点

### （一）“人性”

毛泽东同志在《讲话》中曾指出：“有没有人性这种东西？当然有的。但是只有具体的人性，没有抽象的人性。在阶级社会里就只有带着阶级性的人性，而没有什么超阶级的人性。”如何理解毛泽东同志的这一论述的基本精神，也是不一致的。

一种意见认为，第一，这里所说的“人性”仅仅是指人的社会性——社会关系总和；第二，这里毛泽东同志还是认为有“人性”这个东西的；第三，“具体的人性”在阶级社会中都带有阶级性，但“带着”不等于“就是”或“相等于”。毛泽东同志并未把话说绝，而是用了“带着”这个很有分寸的字眼。也就是说在阶级性之外，还有不是阶级性或曰超阶级性的东西，即是承认肯定有人性这个东西的；第四，“没有什么超阶级的人性”是指“具体的人性”只能以阶级性和非阶级性的统一体面目呈现出来而言的。这种统一性，在阶级社会的任何情况下，都含有阶级性的一面。毛泽东同志的话，是针对那些把人性全等于阶级性的论点而言的，他强调的是阶级性，而且这里还有个潜名词：在非阶级社会中，“人性”是不具有阶级性的。——这个潜台词对于处在由阶级社会向无阶级社会过渡的人们来说，具有深刻的意义。②

有的同志还进一步指出：毛泽东同志讲，“我们主张无产阶级的人性，人民大众的人性”，这“无产阶级人性”和“人民大众的人性”恐怕不是一个含义，“人民大众的人性”是否可以作更广泛的解释，理解为人民内部的共同人性呢？是否说明了不同阶级有不同的人性，不同阶级也有相同的人性呢？认为这种理解还是可以的。③

另一种意见认为，毛泽东同志这一论述，否定了抽象的人性，肯定了具体的人性，并且说明具体的人性只能是带有阶级性的人性，而没有什么超阶级性的人性。那种认为

---

① 周志宏、周德芳：《略论文艺批评的标准》，《奔流》1980年第9期；刘再复：《论文学批评的美学标准》，《中国社会科学》1980年第6期；陈辽：《我国当代文学批评中的庸俗社会学》。

② 胡义成：《人·人性·人情》，《社会科学》1980年第1期；《试论人性》，《光明日报》1980年1月31日；《文学概论》。

③ 陈剑雨：《电影中的人性和人情》，《电影艺术》1980年第5期。

毛泽东同志肯定抽象的人性的理解，是违背毛泽东同志这一论述的原意的。①

**（二）“共同美”**

1961年毛泽东同志同何其芳同志谈话中曾经说过：“各个阶级有各个阶级的美。各个阶级也有共同的美。‘口之于味，有同嗜焉’。”（何其芳《毛泽东之歌》）对毛泽东同志这一论述的基本精神的理解，也是不尽相同的。

一种意见认为，毛泽东同志使用的“美”“共同美”的概念就是“美感”“共同美感”。所以认为毛泽东同志的这段话肯定的是“共同美感”，也就是“共同美”。②

有的同志则认为，毛泽东同志在这里肯定的是各阶级的美感差异和共同性，而并非是肯定各阶级的共同美。因为，美感和美不是一个概念，是不能混为一谈的。③

另一种意见认为，人的审美活动都是在一定的世界观指导下进行的，因此各个阶级之间不可能存在什么“共同美”的。④

还有一种意见认为，美是一种客观存在，对具有审美能力的人都是共同的，因此无所谓“阶级美”，也无所谓“共同美”。毛泽东同志这一论述讲的是美感的共同性而不是美的共同性。毛泽东同志用孟子的话“口之于味，有同嗜焉”做比喻说明的只能是人们对客观美的主观感觉（美感）的某些共同性，而不是其他。⑤

**（三）“深入生活”**

一种意见认为，这一口号从唯物主义反映论出发，阐明了文艺与生活的关系，符合艺术的规律，为作家指明了为人民服务的道路。“深入生活”，重点在于“深”和“入”，就是登堂入室，深入到事物的核心，人物的精神世界。一些优秀的革命文艺作品，都离不开深入生活这个重要条件。不能因为“四人帮”把这个口号绝对化了，就否定这个

---

① 陆荣椿：《也谈文艺与人性论、人道主义问题——兼与朱光潜同志商榷》，《社会科学辑刊》1980年第3期；丁松龄：《漫谈人性》，《浙江师院学报》1980年第1期。

② 朱光潜：《关于人性、人道主义、人情味和共同美问题》，《文艺研究》1979年第3期；钟子翱：《论共同美》，《北京师范大学学报》（社会科学版）1979年第5期；李戎：《略谈共同美》，《文艺报》1980年第4期。

③ 杨治经：《论人性与共同美》，《学术月刊》1980年第9期；朱立元、张玉能：《浅谈共同美的生理、心理基础》，《复旦学报》（社会科学版）1981年第2期。

④ 陈东冠：《再论“共同美”在哪里?》，《学术月刊》1980年第1期。

⑤ 叶茂康：《美有“阶级美”和“共同美”之分吗?》，《上海师院学报》1979年第2期。

口号。①

另一种意见认为，这个口号本身不准确，不严密，并无多少包容性和概括性，并不触及任何文艺创作中的内部规律，是庸俗社会学和机械反映论的论调，是一根作难作家的棍子。这个口号虽在革命战争时期有积极作用，但新中国成立后，总的说来，却是弊多利少，现在重提这个口号，是缺乏针对性的，没有实际意义的。②

（原文载红旗杂志社《内部文稿》1982 年第 8 期总第 86 期，1982 年 3 月 25 日）

**附记** 本文在红旗杂志社总编室编《内部文稿》1982 年第 8 期发表时，由编者把“注释”全部删去；由于需要，又以红旗杂志文艺部《文艺参考材料》印行。在当年 5 月纪念《讲话》40 周年研讨会上，著名文艺评论家李准、丁振海反馈信息说，当时你这个材料很受欢迎，你做了件好事。还讲到著名文艺评论家黄秋耘还打电话索要注释询问为什么没有注释等等。本次重印考虑到本材料没有注释确实会影响使用，便恢复了全部“注释”。特此说明。（2019 年 2 月 20 日）

① 心文：《“深入生活”不容置疑》，《编创之友》1981 年第 2 期；夏衍：《也谈深入生活》，《上海文学》1980 年第 9 期。

② 查志华：《对深入生活这个口号的再认识》，《上海文学》1980 年第 11 期。

# 关于文艺批评的标准问题

## ——学习《在延安文艺座谈会上的讲话》札记

文艺批评的标准问题，是正确进行文艺批评的一个十分重要的问题。最近几年，文艺界对这一问题展开了讨论，提出了许多有益的意见。但对无产阶级文艺批评究竟需要什么标准，却是众说纷纭，莫衷一是的。这里就这一问题，谈谈重新学习毛泽东同志《在延安文艺座谈会上的讲话》（以下简称《讲话》，引文均不再注明出处）中关于文艺批评的"基本标准"的论述的一点体会。

### 一

关于文艺批评的政治标准问题，这是当前讨论中分歧最大的问题。一种意见认为，政治标准不适用于所有文艺作品，特别是对那一部分与阶级、政治关系不大的山水诗、花鸟画、装饰艺术等等文艺作品不适用。因此认为"政治标准"的提法不科学，应当废弃。应该怎样看待这个问题呢？应当说这是毛泽东同志在《讲话》中早已解决了的问题。现在人们对这一问题提出质疑，我以为并不是对某些作品适用不适用的问题，而主要是对毛泽东同志提出的"政治标准"的含义如何理解的问题。

"政治标准"问题是在四十年前解决文艺的方向问题时提出来的。什么是它的确切的含义呢？我认为，人们对它的理解，特别是在"文革"十年中是很狭隘的，庸俗社会学的。例如，把它理解为眼前的政治运动、中心工作；某项具体方针、政策，把它等同于"阶级对阶级的斗争"等等。于是就要求文艺创作"配合运动"，"写中心"，"画中心"，"图解政策"，直接作为"专政工具"。这里的所谓"政治标准"完全成了挞伐作家的一根棍子。其实这种理解，未必符合毛泽东同志的原意。这种做法，恐怕也是毛泽东同志始料所不及的。我们应当重新学习毛泽东同志的论述，完整、准确理解"政治标准"的含义，恢复它本来的面目。

毛泽东同志对“政治标准”含义的规定，有两次。一次是《讲话》，一次是《关于正确处理人民内部矛盾的问题》。这些对政治标准的具体规定，无疑是我们理解政治标准含义的重要依据。但在今天，我们就不能仅仅局限于这些具体的词句了，而应当把所有论述联系在一起去考虑它的特定的含义。总的看来，毛泽东同志关于政治标准的含义，包括这样几层意思：首先是指文艺的政治思想倾向问题，他在《讲话》中指出：“按照政治标准来说，一切利于抗日和团结的，鼓动群众同心同德的，反对倒退、促成进步的东西，便都是好的，而一切不利于抗日和团结的，鼓动群众离心离德的，反对进步，拉着人们倒退的东西，便都是坏的。”进入社会主义以后，他又根据新的革命任务提出了“六条政治标准”①，其中重要的是社会主义道路和共产党的领导，并强调说，“在我们这样的社会主义国家里，难道有什么有益的科学艺术活动会违反这几条政治标准的吗?”按照这里对政治标准的规定来看，它在文艺批评中，主要是用来考察文艺作品的思想政治倾向，即看其是否真实反映了革命人民的生活和革命人民的理想、意志和愿望，是否歌颂和暴露了应当歌颂（一切人民群众的革命斗争）和暴露（一切危害人民群众的黑暗势力）的社会现象，看其蕴含着的政治、伦理、哲学、艺术等等思想是否有利于“我国最大多数人民的意志”和“共同的政治主张”。这里讲的是文艺作品的内容和通过它所表现出来的思想政治倾向问题。其次是指文艺的社会效果问题。《讲话》指出，评判作品的好坏，“当然也要看社会效果”，“任何一种东西，必须使人民群众得到真实的利益，才是好的东西”。“某种作品，只为少数人所偏爱，而为多数人所不需要，甚至对多数人有害，硬要拿来上市，拿来向群众作宣传”，就“不免成为最狭隘的功利主义”。这里讲的是文艺作品的社会意义即社会性问题。从上述毛泽东同志在不同历史时期对政治标准的规定，可以看出“政治标准”的含义，并不仅仅是一项“政治”内容，而是包含着作品的“内容”和“思想政治倾向”及“社会意义”三项基本内容，即通常所说的思想性、社会性和内容，也可以看出它的含义并不是抽象地绝对不变的，而是随着革命形势和任务的根本变化在不断地改变、转化和扩大的。毛泽东同志也正是这样使用“政治标准”这个概念的。他在《讲话》中批评所谓“属于政治方面”“缺乏基本的政治常识”的八种错误观点，实际上并不就都是“政治方面”，而分别属于“马克思主义基本观点”“世界观”“艺术观”“创作思想”等等几个方面的问题。② 而“六条政治标准”的内容，又显然同《讲话》的

---

① 见《毛泽东选集》第五卷，第393页。

② 参阅《毛泽东选集》第三卷，第871—876页。

规定有所不同（主要是“政治”概念的引申、转化和扩大）①。可见，把政治标准看成抽象地绝对不变的、单一的所谓“政治——阶级对阶级的斗争”是不完全符合毛泽东同志的原意的。

这里我们必须指出，在政治标准的三项基本含义中，“对待人民的态度如何”，即文艺同人民群众的关系问题，是其最核心的内容。这里的政治，是“阶级的政治”，“群众的政治”，是“我国最大多数人民的意志和我国各党派历次宣布的共同的政治主张”，是广大人民群众的目前利益和将来利益的集中表现和统一，即“党在一定革命时期内所规定的革命任务”。正是在这个意义上，把衡量作品思想（政治）性、社会性和内容的标准称为“政治标准”，应当说是符合其含义的最大实际的，是正确的。不认识这一点，看不到这一核心内容，或者把“政治”“狭隘化和庸俗化”则是不对的。

如果说上面对政治标准含义的理解把握了它的基本含义，那么，我们就可以进一步讨论所谓“政治标准”“适用不适用”于山水诗之类的作品的问题了。对山水诗、花鸟画、装饰艺术这类远离政治和阶级斗争的艺术品，硬要从中分析出所谓“政治内容和政治倾向”来，这本来就已经把“政治标准”和文艺批评庸俗化、狭隘化了，当然是要碰壁的。相反，如果运用以思想性、社会性、内容为基本含义的“政治标准”对山水诗、花鸟画这一类作品进行历史地辩证地具体分析，那么，我们就会发现，这类作品也都有一个“反映了什么样的内容，表现了什么样的思想倾向，具有什么样的社会意义”的问题。世界上是不存在不具有内容、思想性和社会性的文艺作品的。山水诗、花鸟画、装饰艺术，也决不能是例外。因此，对它们也是完全可以用“政治标准”进行分析、鉴定的。这里的问题，主要是如何理解“政治标准”的含义问题和艺术批评的方法问题。我们认为，政治标准对一切文艺作品（古今中外）都是适用的。只有把它狭隘化和庸俗化，采取教条主义的批评方法，才会产生“适用不适用”的问题。

从毛泽东同志关于政治标准的论述来看，所谓政治标准并非人为的规定的，而是由文艺“要服从党在一定革命时期内所规定的革命任务”和“文艺为人民服务，为社会主义服务”的根本方向决定的。所以它也并非人力所能废弃了的。我们现在所面临的问题，主要应当是清除多年来加在这个标准上面的许多不正确的东西，拭去那些“政治灰尘”，恢复它本来的面目，并且用新的经验和内容丰富它、发展它，使它更加适用于我们新时期的社会主义文艺，而不是用什么新提法去取代它，或者从根本上去否定它，废弃它

① 参阅《工作方法六十条》，《新华文摘》1982年第2期，第31页。

（但愿这种情况并不存在）。我以为，这才是我们对待文艺批评的政治标准问题上的正确态度和做法。

## 二

关于文艺批评的艺术标准问题，文艺界虽然存在着不同意见，但对毛泽东同志关于艺术标准的论述的认识和评价，各家则几乎是一致的。各家都程度不同地认为毛泽东同志对艺术标准没有做过专门的研究，提出过什么有理论价值的意见来①。于是乎，各家大都用“我们认为”之类的说法来添补这个“空白”了。

毛泽东同志有没有对艺术标准问题做过专门研究，提出过一些有理论价值的意见，以及应当如何评价这些意见呢？这是一个很重要的问题，是多年来一直被我们忽略的问题。由于这种“忽略”或“过失”，给人造成一种印象，好像毛泽东同志没有论述过文艺的特殊规律问题，毛泽东文艺思想只不过是经常宣传的那种“文艺社会学”之类的东西。其实这种印象是很不符合实际的，很片面的，不公平的。这里，我想就这个问题略为啰唆几句。

关于艺术标准问题，人们较多地提到的是《讲话》中的几句：“按照艺术标准来说，一切艺术性较高的，是好的，或较好的，艺术性较低的，则是坏的，或较坏的。”就这一段文字的字面意义来看，确实很难说这里提出了什么文艺批评的艺术标准。“按照艺术标准”云云，到底什么是艺术标准呢？对不住，这里并没有说出几个条条来。但是否就可以由此断定毛泽东同志没有提出过什么关于艺术标准的有价值的意见呢？我认为是不能够得出这样的结论的。因为毛泽东同志在其他地方对文艺的特点和规律，特别是无产阶级文艺规律，作过许多不失为马克思主义文艺理论史上极为精当的论述。这里仅以《讲话》为主，略举几例。

其一，关于文艺与生活的关系。《讲话》指出，“人类社会生活”“是文学艺术的唯一源泉”。一切文学家都应当到这个“最广大最丰富的源泉中去，观察、体验、研究、分析一切人，一切阶级，一切群众，一切生动的生活方式和斗争方式”，“把这种日常现象集中起来，把其中的矛盾典型化”，“创造出各种各样的人物来”，它“可以而且应该比普通的实际生活更高，更强烈，更有集中性，更典型，更理想，因此就更带普遍性”。这里讲

① 参阅近年来出版的几种《文学概论》教材，其中个别版本例外。

的六“更”“典型”、和“典型化”，属于文艺理论范畴的最重要的问题之一，它具有深刻的思想内容，很富有启发性。

其二，关于内容与形式的关系。《讲话》提出并具体分析了处于没落时期的一切剥削阶级的文艺的内容与形式之间的“矛盾”和无产阶级文艺创作中存在的不统一情况（“政治观点错误”和“标语口号式”倾向），精辟地论证了“内容和形式的统一”，这也是文艺理论范畴的重要问题。毛泽东同志对这一问题的理论探讨，也是很有启发性的。

其三，关于民族形式问题。毛泽东同志提出，“中国文化应有自己的形式，这就是民族形式”，即“中国老百姓所喜闻乐见的中国作风和中国气派”。（《新民主主义论》）新中国成立后，又多次强调“中国的艺术要有民族形式和民族风格”，要“创造出中国自己的、有独特的民族风格的东西”。（《同音乐工作者的谈话》）这都是很有针对性的文艺理论范畴的重要问题。

其四，关于独创性问题。《讲话》特别指出：“文学艺术中对于古人和外国人的毫无批判的硬搬和模仿，乃是最没有出息的最害人的文学教条主义和艺术教条主义。”新中国成立后又一再提出“应该‘标新立异’”，“不要雷同。雷同就成为八股”的问题。这也是重要的艺术理论问题。

此外，毛泽东同志还对文艺的“形象思维”“创作方法”“语言”等等问题作过精辟的论述。上述这些关于文艺的特殊规律的论述，难道不是对艺术规律问题的专门研究？难道还没有提出任何关于艺术标准的原则性意见？我以为，毛泽东同志的这些论述，是有深刻的思想内容和启发性的，实际上是特别有针对性地提出了无产阶级文艺批评的艺术标准。是否可以把它概括为这样几点呢？（1）艺术形象的典型性。主要用以衡量文学作品典型化的程度。这是衡量文学作品艺术性高低的最重要的标准；（2）艺术形式的完美性和独创性。主要用以衡量文学作品的艺术形式是否新颖，是否与内容相适应，是否充分发挥了形式的特点和作用。这也是衡量文学作品艺术性高低的重要标准，（3）艺术形式和风格的民族性、群众性。文学作品的民族形式和民族风格是一个民族、一个阶级、一个作家的艺术成熟的标志。这里主要用以衡量文学作品形式和风格的民族化、群众化的程度。这对我们的社会主义文艺的发展，有特别的意义。我们根据毛泽东同志关于艺术规律的论述，把它归纳为以上三条所谓的“艺术标准”，只是想说明，毛泽东同志曾经提出过一些很有价值的意见，而绝不是要搞什么“抽象地绝对不变的艺术标准”。文学艺术的形式和风格是最丰富多样的。如果说社会主义文艺一定要有一个政治方向的一致性的话，那么在艺术形式和风格上就绝对不允许搞什么“一致性”“标准化”，而必须是

“百花齐放”，“多样化”“自由发展”。毛泽东同志不仅是伟大的革命家，而且是无产阶级文艺史上伟大的诗人。他对中国古典诗词有深入地研究、极高的造诣、丰富的创作实践。说他没有对艺术规律做深入细致的理论探讨和专门研究，是不符合实际的。他之所以没有对无产阶级文艺批评的艺术标准象对政治标准那样做几条规定，未必不是出于伟大革命家和诗人的深思熟虑！照此看来，我们这样蹩脚地概括几条，也许是违背他的原意，做了一件蠢事。我们尽可以不去硬性概括几条，但并不能因此就否定毛泽东同志关于艺术标准论述的理论意义和价值。

近年来，人们对艺术规律包括艺术标准的研究和探讨是很有意义的。我的这些意见，完全是为着促进这种研究的深入，丝毫没有用毛泽东同志这些论述取代“文学概论”中的有关论述的意思。尽管各种“文学概论”中对艺术标准的阐述差不多都可以在毛泽东同志关于艺术规律的论述中找到根据。也就是说，那些条条，虽然各家都声明是“我们”的意见，但基本上都是毛泽东同志论述过的。这种情况，不正好说明了毛泽东同志的艺术论对我们解决艺术标准问题的深刻启发性和指导意义吗！我们之所以强调要重视、加强对毛泽东同志的这些论述的研究和学习的原因也在这里。这是不应当有任何误解的。

## 三

关于政治标准与艺术标准的关系问题。这也是在《讲话》中早已论述过的。现在的问题是人们对“文艺批评有两个标准，一个是政治标准，一个是艺术标准”和“政治标准第一，艺术标准第二”提出质疑。一种意见认为，艺术品是一个内容与形式密不可分的有机整体。因此，把政治标准与艺术标准截然分开，在理论上是不科学的，而“第一第二”的提法在实践上导致了“政治标准唯一”，忽视艺术分析，于文艺发展是不利的。这里提出的两个问题，是值得研究，可以讨论的。我以为，对这一问题，也应当作具体分析，并在此基础上，找出二者的正确关系。

毛泽东同志的确讲过“文艺批评有两个标准，一个是政治标准，一个是艺术标准”，而且还特别强调过“政治并不等于艺术，一般的宇宙观也并不等于艺术创作和艺术批评的方法”。这里确实把政治标准和艺术标准截然分开了。这样做对不对呢？这要看如何理解。如果说这种做法是把文艺作品的内容与形式截然分开，那它当然就是错的。实际上它并非这个意思。强调政治并不等于艺术，只是为了划清二者的界限，把二者鲜明地区别开来，确定它们的范畴和含义，以避免“政治即艺术，艺术即政治”的偏颇，并非要截然割断二者的联系。我们知道，文艺作品都是有内容和形式的，不存在没有内容和形式的文艺作品。而政治标准和艺术标准只不过是用来鉴别内容和形式的尺度。这里，标准和它的对象，是两个不同的范畴，是不能把它们等同起来的。对作品的分析、鉴别，同分割、肢解作品也是根本不同的两码事。如果不是把这两者完全等同起来，混为一谈，应当说把政治标准和艺术标准分开，至少在理论上还是可以和必要的。

政治标准与艺术标准的关系怎样呢?《讲话》说："任何阶级社会中的任何阶级总是以政治标准放在第一位，以艺术标准放在第二位的"。这就是人们通常所说的"政治标准和艺术标准的关系"。这种所谓"政治标准第一，艺术标准第二"的提法，就各阶级对文学的需求来看，一般是不错的，符合实际的。对那些涉及现实社会的政治、阶级斗争的文学作品尤其是如此。即使就文学作品的内容与形式的关系的一个方面—"内容决定形式"这一点上看，也是符合艺术规律的。这里的"第一，第二"显然是就其在文艺批评中的重要性而言的，并非是对作品的分析搞政治和艺术七三开。应当说在这种意义上的"政治标准第一，艺术标准第二"的提法也还是不错的。

但是，我们并不认为"政治标准第一，艺术标准第二"的提法就是二者关系的最科学的概括。因为它只讲了二者关系中的一种主要情况，并没有讲出二者关系的全部。我们也并不认为"政治标准第一，艺术标准第二"是毛泽东同志对无产阶级文艺批评的两个标准的关系的规定和提法。因为它毕竟是对各阶级处理二者关系的具体分析，虽然它也反映了这一问题的一般规律。只有毛泽东同志所说的"我们的要求则是政治和艺术的统一，内容和形式的统一，革命的政治内容和尽可能完美的艺术形式的统一"，才是无产阶级文艺批评的政治标准与艺术标准的辩证关系。这里讲的三个"统一"，即辩证法中的同一、一致，是指作为有机整体的文学作品中的思想性和艺术性、内容和形式、革命的政治内容和尽可能完美的艺术形式，互相联结、互相依存、互相融合、互相转化的那种现实的、具体的关系。它包含着"第一第二"的情况，而又远远不止于此。所以说这三个"统一"是对政治标准与艺术标准关系的最科学的理论概括。我们的同志往往不注意这一点，在实践中，就是把政治与艺术、内容与形式、革命的政治内容与尽可能完美的艺术形式联结不起来，融合不起来，统一不起来；讲"政治标准第一"，就搞"政治标准唯一"，讲"艺术标准第二"，就干脆不要艺术，讲"政治标准第一，艺术标准第二"，就把它视为二者唯一的关系，就是不承认它们在一定的条件下还会互相转化，等等。这种形而上学的理解和批评方法，恐怕与毛泽东同志上述三个"统一"的思想是相去甚远的。准确、完整理解毛泽东同志关于两个标准关系的论述，牢牢地把握政治标准和艺术标准相统一的原则，对我们肃清文艺批评中的形而上学和各种偏颇，发展马克思主义文艺批评，有重要的意义。

毛泽东同志提出的政治标准和艺术标准相统一的原则，是符合文艺创作的规律的，它不仅是无产阶级文艺批评的原则，而且也是无产阶级文艺创作的原则和要求。毛泽东同志在这里所要求“我们的”，正是一百多年前恩格斯寄希望于“将来”的。两位革命导师的思想是相通的。在他们看来，这样的高标准、高水平（“较大的思想深度和意识到的历史内容，同莎士比亚剧作的情节的生动性和丰富性的完美的融合”，亦即毛泽东同志上述三个“统一”），对其他阶级来说是不可想象的，它们是根本不可能达到的，而只有在“几千年来空前未有的人民大众当权的时代”，掌握了文艺的无产阶级，经过艺术实践和“两条战线的斗争”，才能够达到这个水平。革命导师对我们寄予多么深切的期望啊！一切文艺家都应当深刻领会、理解这一点，并为之而奋斗。否则，我们将以何面目去见革命导师呢！

如前所说，政治标准和艺术标准相统一的原则，是一个很高的要求。文学批评要做到这一点，没有正确的艺术批评方法也是不成的。毛泽东同志不仅在理论上提出了正确的批评标准和批评原则，而且注意反对教条主义的艺术批评方法，提倡辩证唯物主义和历史唯物主义的艺术批评方法。我们应当学习这种马克思主义的文艺批评方法，做到认识论和方法论的统一。

“文艺批评是一个复杂的问题，需要许多专门的研究”。以上所谈学习《讲话》的一点体会，谈不上什么专门研究。不当之处，请批评指正。

1982 年 3 月

（原文载《河北大学学报》1982 年第 3 期）

# 伟大马克思主义者的深思熟虑

## ——关于毛泽东同志的艺术标准论

### 一

毛泽东同志有无系统科学的艺术标准论？这本来是不成问题的，但在前几年也成了问题。有那么一种观点认为，毛泽东“片面强调文艺的政治功能，无视文艺的审美特性”，在文艺批评标准问题上，只讲“政治标准”，不讲“艺术标准”，所谓“政治标准第一，艺术标准第二”，实际上是“政治标准唯一”，总之，毛泽东同志的艺术标准论根本就不是什么系统的科学的艺术标准论，而是什么“功利主义”的标准论，“庸俗社会学”的标准论。特别是在资产阶级自由化泛滥时期，这种观点更成了一种时髦、一种定论，不容人们有半点怀疑。现在，究竟应当怎样看待这种观点呢？又应当怎样科学评价毛泽东同志的艺术标准论呢？我们认为，艺术标准是艺术本质特征和规律的集中体现，几乎牵涉到一切艺术问题，是艺术科学中至关重要的问题。对于毛泽东文艺思想来说也是如此。就是说，对于毛泽东同志的艺术标准的评价问题，实际上直接关系到对整个毛泽东文艺思想的评价问题。在这样一个重大问题上，那种根本否定毛泽东同志的艺术标准论的观点，是完全错误的，对它所造成的理论混乱必须予以澄清。

### 二

谈到毛泽东同志的艺术标准论，人们总是离不开他在《讲话》中所作的“按照艺术标准来说，一切艺术性比较高的，是好的，或较好的；艺术性比较低的，则是坏的，或较坏的”这段论述。似乎这段论述就是毛泽东同志艺术标准论的全部。这全然是一种谬谈，至少也是一种误解或皮相之见。毛泽东同志作为当代伟大的马克思主义者和诗人，对艺术标准做过一系列科学的论述，绝非仅此一段论述。现举要如下：

**（一）关于“艺术美”**

这是在《讲话》中提出的。他在论述社会生活是文艺的唯一源泉后说：“人类社会生活虽是文学艺术的唯一源泉，虽是较之后者有不可比拟的生动丰富的内容，但是人民还是不满足于前者而要求后者。这是为什么呢？因为虽然两者都是美，但是文艺作品反映出来的生活却可以而且应该比普通的实际生活更高，更强烈，更有集中性，更典型，更理想，因此就更带普遍性。”艺术美是文艺作品作为艺术品的一个根本性的要求，也是区别艺术与非艺术的一个根本标志。毛泽东在这里不仅把艺术美看作能不能满足人民的审美要求的必要条件，而且也把艺术美作为一个重要的艺术标准。就是说，一件艺术品，如果完全没有一点艺术美，完全同普通的实际生活一样，即使再生动、再丰富，也只是生活美，而算不上什么艺术，也不值得进行美学批评。正是这一点，为马克思主义“美学——历史”批评方法建立了可靠的逻辑和实践起点，在文艺批评中具有重要意义。

**（二）关于“典型化”**

这也是在《讲话》中提出的。文艺作品的艺术美何以能够比普通的实际生活“更高”“更理想”呢？毛泽东认为，根本的一条就在于“把这种日常的现象集中起来，把其中的矛盾和斗争典型化”。显然，毛泽东是把“典型化”作为艺术标准的。在文艺批评实践中，他也坚持了这一点。他把《红楼梦》“当历史读”，认为《红楼梦》是中国“清朝乾隆时代，中国已经有了一些资本主义生产关系的萌芽，但还是封建社会”的社会背景下产生的①，而《红楼梦》作为“民主文学”②，“不满意封建制度”③ 的民主思想，诸如作者和书中人物不满意封建制度对人的摧残、对封建家族中被迫害、被侮辱和被毁灭的人们的同情，对妇女的尊重，对光明和美好的向往与追求等等，深刻反映了那个时代的历史进步要求；他批评《金瓶梅》的作者“不尊重女性”，指出“《金瓶梅》没有传开，不只是因为它的淫秽，主要它只暴露黑暗。虽然写得不错，但人们不爱看”④；他对《阿Q正传》的高度评价等无不十分明显地体现了这一点。

---

① 参见《在扩大的中央工作会议上的讲话》。

② 转引自陆定一《教育必须与生产劳动相结合》，《红旗》1958年第7期。

③ 同①。

④ 参见龚育之、宋贵仑：《“红学”一家言》，《毛泽东的读书生活》，生活·读书·新知三联书店，1986年版，第224页。

### （三）关于“艺术创新”

重视创新，是毛泽东一贯的观点，曾在一系列有关论著中反复进行阐述。在《同音乐工作者的谈话》中指出：在表现形式上，“应该‘标新立异’”，“为群众所欢迎的标新立异，越多越好。雷同就成为八股。”具体到诗的形式，他在 50 年代《关于诗的一封信》中明确表示：“诗当然应以新诗为主体，旧诗可以写一些，但是不宜在青年中提倡，因为这种体裁束缚思想，又不宜学”。60 年代《给陈毅同志谈诗的一封信》则进一步强调：“要作今诗，则要用形象思维方法，反映阶级斗争与生产斗争，古典绝不能要。”关于中国诗的出路，他明确主张在民歌和古典的基础上进行创新。他在 50 年代说：“中国诗的出路，第一是民歌，第二是古典，在这个基础上产生出新诗来。”① 在 60 年代《给陈毅同志谈诗的一封信》中又重申这一主张：“将来趋势，很可能从民歌中吸收养料和形式，发展成为一套吸引广大读者的新体诗歌。”② 可见毛泽东同志是十分重视艺术创新，把艺术创新作为艺术标准的。这在他的批评实践中也有鲜明具体的表现。一是体现在他重视改变东晋玄言诗风的谢灵运的山水诗上，颇为赞赏谢诗的“一归自然”“在新在俊”的创新精神③；二是体现在重视唐代诗人刘禹锡的《竹枝词》《杨柳枝词》。这些诗作吸取民间歌谣的艺术营养，具有新的风格④；三是体现在重视北宋词人柳永的“新声”词，婉约派的代表人物柳永的词集《乐章集》存词 194 首，用了 17 个宫调，近百个词牌，其中只有 4 个宫调，21 个词牌是明显采用前人的旧牌，其余大都是他创作的“新声”⑤。重视柳永的词，无疑包含着赞扬他的开拓慢词，转变词风的创新精神；四是体现在对云南昆明池大观楼长达 180 字的楹联的高度评价，此联为清代孙髯题写，后经阮元做了修改。《楹联丛话》作者梁章钜认为此联“究未免冗长之讥也”。毛泽东则肯定此联“从古未有，别创一格”，对梁章钜的评价则说“此评不确”⑥；五是体现在自己诗词创作在格律的创新上，毛泽东的诗词在格律方面一般很谨严，但“绝不为格律所束缚”，陈毅、赵朴初称之为“创新”⑦。

---

① 《在成都会议上的讲话》。

② 《给陈毅同志谈诗的一封信》。

③ 参见张贻久：《对几位诗人的评价》，《毛泽东和诗》，春秋出版社，1987 年版，第 20—23 页。

④ 参见《对刘禹锡的诗“此种解释是错误的”》，《毛泽东和诗》，第 49 页。

⑤ 参见《谈婉约派柳永的词》，《毛泽东和诗》，第 62 页。

⑥ 参见《谈楹联，写楹联》，《毛泽东和诗》，第 80 页。

⑦ 参见《研究音韵、词律》，《毛泽东和诗》，第 77 页。

**（四）关于“民族化”**

这一观点毛泽东作过多次阐述。在《新民主主义论》中说：“中国文化应有自己的形式，这就是民族形式。”在《同音乐工作者的谈话》中又强调“艺术的基本原理有其共同性，但表现形式要多样化，要有民族形式和民族风格”。如何才能做到这一点呢？在《反对党八股》中提出了“民族化”的要求，“‘化’者，彻头彻尾彻里彻外之谓也”。在《同音乐工作者的谈话》中更具体讲到，“应该学习外国的长处，来整理中国的，创造出中国自己的、有独特的民族风格的东西”，“外国有用的东西，都要学到，用来改进和发扬中国的东西，创造中国独特的东西”。总之，“应该越搞越中国化，而不是越搞越洋化”。要有“中国老百姓喜闻乐见的中国作风和中国气派”。正是由于重视民族文化这一重要标准，毛泽东在欣赏与批评实践中，比较推崇具有民族形式和民族风格的作品，如小说《红楼梦》《阿Q正传》，诗词方面则有《楚辞》、唐诗①，中国书法艺术则如王羲之、怀素等②。

**（五）关于“内容和形式的统一”**

这也是毛泽东的一贯的观点。否定论者只看到毛泽东讲的“政治标准第一，艺术标准第二”，实际上毛泽东更主要还是讲内容与形式的统一，如《讲话》中所说：“我们的要求则是政治和艺术的统一，内容和形式的统一，革命的政治内容和尽可能完美的艺术形式的统一。缺乏艺术性的艺术品，无论政治上怎样进步，也是没有力量的。因此，我们既反对政治观点错误的艺术品，也反对只有正确的政治观点而没有艺术力量的所谓‘标语口号式’的倾向。我们应该进行文艺问题上的两条战线斗争。”这一著名论断，代表了毛泽东的基本观点。毛泽东的文艺批评实践，也体现了“内容和形式的统一”的观点。具体表现为三个方面：一是并不单以政治标准评诗，如对杜甫，说他的诗是“政治诗”，并说对杜甫的诗“不甚喜爱”的话。③ 在《给陈毅同志谈诗的一封信》中对其《北征》有所肯定，主要不是在思想政治上，而是在其运用了“赋、比、兴”手法。④ 又如对谢灵运，也是并不以诗人的政治品德评诗，对他“进德智所拙，退耕力不任”的政治

---

① 参见《古籍新解，古为今用》，《毛泽东的读书生活》，第215页。

② 参见权延赤：《红墙内外》，昆仑出版社，1989年版，第97—98页。

③ 参见《对几位诗人的评价》，《毛泽东和诗》，第18页。

④ 参见《给陈毅同志谈诗的一封信》。

态度和品德并不同情，却颇为重视其诗的“一归自然”风格和“匠心独运”的艺术性。①二是对艺术性高的作品特别重视，如对李白，称赞他的《将进酒》是“好诗”。② 这显然是肯定其感情奔放，气势豪迈的高度艺术性，决不因其中有“人生短促，及时行乐”的消极思想作一般评价或简单否定。对《蜀道难》也是这样评价：“《蜀道难》写得很好，艺术性很高，对祖国壮丽险峻的山川写得淋漓尽致，把人们带进神奇优美的神话世界，使人仿佛到了‘难于上青天’的蜀道上面了。”他特别说明：“对这首诗，有人从思想方面作各种猜测，以便提高评价，其实不必。”正因为重视艺术性，对李白作了“文采奇异，气势磅礴，有脱俗之气”的高度赞扬。③ 又如毛泽东1958年圈阅，于1979年出版的《诗词若干首——唐宋明朝人咏四川》，选诗83首，据专家分析，有一半以上是艺术性高过思想性的。④ 三是注重内容和形式及风格的多样化，如《词诗若干首》，就题旨而言，有词咏四川山水奇丽的，有描绘四川风土人情的，有怀古、送别、思乡的，也有抒写爱情的。就艺术形式和风格而言，有浪漫主义的，有典雅的，也有通俗质朴的。有悲歌慷慨的，也有哀怨婉转的。总之，在思想内容、意境风格、艺术形式上，可以称得上一个“广阔天地”。⑤ 这与他的“喜爱李白，不废杜甫”，“偏于豪放，不废婉约”，“革命派要做，流派也要有”⑥，提倡艺术上的“百花齐放”的思想是完全一致的。

毛泽东的论述，还有不少，这里不能一一论列。但就“艺术美”“典型化”“创新”“民族化”“内容和形式的统一”这五个方面来说，已经构成一个内涵丰富、系统的艺术标准论了。这些方面的内容或许大体相当于“艺术性”的内涵吧！（严格地讲，艺术美、典型化、民族化，已不仅仅是艺术标准的问题了。）值得指出的是，这五个具体的艺术标准，集中体现了文艺的审美特征和规律，作为艺术标准的基本内容是永远不会过时的，因此，完全可以说毛泽东是有自己的真正符合艺术科学的系统的艺术标准论的。那种所谓毛泽东“片面强调文艺的政治功能”，在批评标准问题上，“只讲政治，不讲艺术，根本没有系统科学的艺术标准论”的观点是不符合实际、根本站不住脚的。至于所谓的

---

① 参见《研究音韵、词律》，《毛泽东和诗》，第77页。

② 参见《喜爱三李的诗》，《毛泽东和诗》，第25页。

③ 参见《喜爱三李的诗》，《毛泽东和诗》，第28页。

④ 参见胡念贻：《要完整、准确地掌握毛泽东文艺思想——读〈诗词若干首〉所得的启示》，《关于文学遗产的批判继承问题》，岳麓书社，1984年版，第148—161页。

⑤ 同②。

⑥ 参见李世济：《幸福的回忆，巨大的鼓舞》，《北京日报》1977年10月24日。

“无视艺术审美特性”“政治标准唯一”“实用主义”“庸俗社会学”之类的论调，则纯属诬蔑不实之词。

## 三

如上所述，既然毛泽东有科学系统的艺术标准观，那么，又为什么在专门论述艺术标准时，没有像论述“政治标准”那样做具体论述，而只是讲了前引“按照艺术标准来说”那样一段极为宽泛、原则的话呢？这是值得我们深思的。凭那一段话就说毛泽东有系统科学的艺术标准论，难免有庸俗神化之嫌。但那样一段宽泛、原则的话，确实又给否定论者造成一种口实。毛泽东为什么做这样一段宽泛、原则的论述，确实值得我们深思。

对此，我曾在《关于文艺批评的标准问题——学习〈讲话〉的体会》中说，毛泽东之所以没有像论述“政治标准”那样具体规定几条，是出于对艺术规律的尊重，未必不是马克思主义理论家的深思熟虑。当时对此并未展开。现在我想对此作一点必要的说明。我之所以说这是马克思主义的深思熟虑，至少有以下几个方面的根据：

第一，毛泽东认为“文艺批评是一复杂的问题，需要许多专门的研究”，并说：“我这里只着重谈一个基本的批评标准问题。”这是在谈文艺批评标准问题时交代的。这里有两点值得注意。一是指出文艺批评特别是艺术标准是一个需要专门研究的复杂的艺术问题，指明了问题的性质；二是交代下面论述的主旨——“只着重谈一个基本的标准”，也就是说，毛泽东那样讲艺术标准问题是有言在先的。这可以说是一个科学研究者的严谨。遗憾的是，人们对此往往不很注意，因而常常产生种种误解。

第二，毛泽东认为自己对这个问题“还需要加以研究，才有发言权”。这一点，是毛泽东在给文艺界人士的信中反复表示的一贯的意见和态度。毛泽东是大诗人，又是大书法家，在古典诗词上造诣之深，非常人能比。60年代臧克家任《诗刊》的主编，请他谈诗，他回信说：“所谈之事，很想谈谈。……我对于诗的问题，需要加以研究，才有发言权。”① 毛泽东既写律诗、绝句，也写长短句。但他在《给陈毅同志谈诗的一封信》中却说，“律诗要讲平仄，不讲平仄，即非律诗。我看你于此道，同我一样，还未入门。我偶尔写过几首七律，没有一首是我自己满意的。如同你会写自由诗一样，我则对于长短句

① 《致臧克家》，《毛泽东书信选集》，第589页。

的词学稍懂一点。”毛泽东写了《七律·长征》那样大气磅礴的诗，填了《沁园春·雪》那样无与伦比的词，却说“稍懂一点”，也许正因为他深谙艺术规律，善于诗词创作，所以才深知“为诗之不易”①，“诗难，不易写”②。唯此深知问题之难之复杂，自己“还未入门”，“稍懂一点”，所以不做具体论述就在情理之中了。这可说是毛泽东作为一个伟大诗人的谦逊。

第三，毛泽东认为文艺批评的艺术标准作为艺术问题应当由艺术家们来解决。正如后来他讲的那样：“艺术和科学中的是非问题，应当通过艺术界科学界的自由讨论去解决，通过艺术和科学的实践去解决，而不应当采取简单的方法去解决。”文艺批评问题已经是艺术领域里的问题了。如果说其中的政治标准是属于政治性较强的艺术问题的话，那么艺术标准则是真正的艺术问题或艺术科学问题了。对政治标准做具体规定是完全必要而适当的，对艺术标准也具体规定几条就未必合适了。加上当时解放区的文艺刚刚起步，还缺少足够的实践经验来解决这一问题，所以就只能有待于将来的文艺实践和文艺家的自由讨论来解决了。毛泽东当时那样讲，可说是一个党的领导者对艺术规律的尊重和指导思想上的成熟。

总之，我们认为，毛泽东同志具有科学系统的艺术标准论，他之所以在《讲话》中对艺术标准只做原则的说明，而不是简单地作几条规定，正是一个伟大马克思主义者深思熟虑的具体表现。

1990 年 5 月 2 日于河大

（原文载《文论月刊》1990 年第 9 期）

---

① 《给陈毅同志谈诗的一封信》。

② 毛泽东：《给胡乔木同志的信》，《毛泽东诗词选》，人民文学出版社，1986 年版，第 165 页。

# 关于毛泽东同志的批评标准论

毛泽东的批评标准论自成体系，在毛泽东文艺思想中占有重要位置，对于发展和繁荣社会主义文艺关系重大。我们应当对它进行认真的研究，做出科学的评价。

## 一、关于“政治标准”论

在马克思主义文艺批评史上，毛泽东第一次明确提出“政治标准”并做了一系列具体阐述，其基本内容至少包括以下几个方面：

### （一）关于“无产阶级的政治”性

毛泽东在《在延安文艺座谈会上的讲话》中提出了“文艺的政治性”命题，并强调“这政治”是“无产阶级的政治”“群众的政治”，反对把无产阶级政治“庸俗化”。据此，对抗日时期的政治标准做了具体的规定：“一切利于抗日和团结的，鼓励群众同心同德的，反对倒退、促成进步的东西，便都是好的；而一切不利于抗日和团结的，鼓动群众离心离德的，反对进步、拉着人们倒退的东西，便都是坏的。”在 1957 年《关于正确处理人民内部矛盾的问题》中，对社会主义革命和建设时期的政治标准的具体内涵作了明确规定：“（1）有利于团结全国各族人民，而不是分裂人民；（2）有利于社会主义改造和社会主义建设，而不是不利于社会主义改造和社会主义建设；（3）有利于巩固人民民主专政，而不是破坏或削弱这个专政；（4）有利于民主集中制，而不是破坏或削弱这个制度；（5）有利于巩固共产党的领导，而不是摆脱或者削弱这种领导；（6）有利于社会主义的国际团结和全世界爱好和平人民的国际团结，而不是有损于这种团结。这六条标准中，最重要的是社会主义道路和党的领导两条。”可见“无产阶级的政治性”是一个根本的标准。

### （二）关于历史唯物主义观点

这是毛泽东给李鼎铭先生的信中提出的，也叫“新历史观点”。1944 年春夏之交，毛泽东看了陕甘宁边区参议会参议员、米脂县文献委员会李健候先生的长篇小说《永昌演义》后，写信给李鼎铭先生，信中说："此书赞美李自成个人品德，但贬抑其整个运动。实则吾国自秦以来二千余年推动社会向前进步者主要的是农民战争，大顺帝李自成将军所领导的伟大的农民战争，就是二千年来几十次这类战争中的极著名的一次。""此书如按上述新历史观点加以改造，极有教育人民的作用。"① 这里毛泽东显然是把"新历史观点"作为文学批评的标准的。此前不久，毛泽东看了《逼上梁山》后给杨绍萱、齐燕铭同志的信，也是用历史唯物主义观点去评价《逼上梁山》的。他说："历史是人民创造的，但在旧戏舞台上（在一切离开人民的旧文学旧艺术上）人民却成了渣滓，由老爷太太少爷小姐们统治着舞台，这种历史的颠倒，现在由你们再颠倒过来，恢复了历史的面目，从此旧剧开了新生面，所以值得庆贺。"② 在毛泽东看来，历史唯物主义观点无疑是一个根本性的标准。

毛泽东还运用历史唯物主义观点具体论述了文艺的歌颂与暴露问题，提出："一切危害人民群众的黑暗势力必须暴露之，一切人民群众的革命斗争必须歌颂之，这就是革命文艺家的基本任务。"他还针对当时一些"糊涂观念"及"缺乏历史唯物论的见解"，特别指出："歌颂资产阶级光明者其作品未必伟大，刻画资产阶级黑暗者其作品未必渺小"，"歌项无产阶级光明者其作品未必不伟大，刻画无产阶级所谓'黑暗'者其作品必定渺小"。在社会主义革命和建设时期，又针对电影《武训传》所反映出的思想混乱，特别强调运用历史唯物论观点，在历史题材问题上正确处理歌颂和暴露问题，要把"自1840年鸦片战争以来的一百多年中"，"向着旧的社会经济形态及其上层建筑（政治、文化等等）作斗争的新的社会经济形态，新的阶级力量，新的人物和新的思想"作为歌颂的对象。在毛泽东看来，歌颂与暴露是历史唯物主义的具体体现，甚至不无偏颇地把它作为区别资产阶级文艺家和无产阶级文艺家的根本标志。

**（三）关于文艺的真实性**

毛泽东重视文艺的"政治性"同时也很重视文艺的"真实性"问题。在《讲话》中，毛泽东特别要求革命的政治家们，从群众中来，到群众中去，而不是闭门造车，自作聪明，以期达到"我们的文艺的政治性和真实性"的"完全一致"。这里丝毫没有轻视或牺牲"真实性"而突出"政治性"的意思，而是把"真实性"作为一个独立的范畴与"政

① 《致李鼎铭》，《毛泽东书信选集》，第280页。

② 《致杨绍萱齐燕铭》，《毛泽东书信选集》，第222页。

治性”并列提出的。可见毛泽东对“真实性”的重视。此后，毛泽东还多次谈到这一问题。1944年给郭沫若的信中说：“最近看了《反正前后》，和我那时在湖南经历的，几乎一模一样，不成熟的资产阶级革命，那样的结局是不可避免的。”① 《反正前后》是郭沫若1929年写的反映自己在1910年至1911年即辛亥革命时期生活经历的传记文学作品。毛泽东在湖南亲自参加了辛亥革命，当一名小兵。他所说的“《反正前后》和我那时在湖南经历的，几乎一模一样”，就是指文艺的“真实性”。他也正是用“真实性”作为一个标准去衡量郭沫若的《反正前后》的。就是1958年同刘少奇同志谈贺知章《回乡偶书》中之“儿童”事②，同周世钊先生谈《送瘟神》“坐地日行八万里，巡天遥看一千河”句③，无不关涉到文艺的真实性问题。可见毛泽东对“真实性”标准之重视。

**(四）关于文艺的审美教育作用**

毛泽东一贯重视文艺的审美教育作用，强调文艺“使人民群众惊醒起来，感奋起来，推动人民群众走向团结和斗争，实行改造自己的环境”的作用。在文艺批评中，是把文艺的这种“惊醒”“感奋”及“养怡”“消愁破闷”④ 等美感作用作为一个批评标准的。

毛泽东还有一些论述，这里不能一一论列。仅就上述“无产阶级政治性”“历史唯物主义观点”“文艺的真实性”“文艺的审美教育作用”几个方面的内容，从“艺术科学”的观点来看，已经构成了一个系统的“政治标准”论了。应当如何评价毛泽东的这个“政治标准”论呢？人们是有不同意见的，特别是对“无产阶级政治性”，有人是根本否定的。对此，我们不敢苟同。

第一，我们认为，“政治标准”并不像有人断言的那样“根本不能作为文学批评的标准”，相反，马克思主义文学批评可以而且必须把“政治性”作为一项标准，但不是唯一标准。这一点，从根本上说，是由文学的特殊的社会审美意识形态特质及其与政治“互相影响”的基本关系所决定的。只要文学的这种根本性质不发生根本性变化，只要政治在社会生活及上层建筑中的重要地位不发生根本性变化，只要文学不脱离政治的基本关系不发生根本性变化，文学批评就不可能离开政治标准。把“无产阶级政治”作为文学批评的一项标准，既是文学的社会审美意识形态的根本特质的具体体现，同时又是“群

① 《致郭沫若》，《毛泽东书信选集》，第241页。

② 《致刘少奇》，《毛泽东书信选集》，第535页。

③ 《致周世钊》，《毛泽东书信选集》，第549页。

④ 《致刘思齐》，李树庭：《毛泽东书法艺术》，河北美术出版社，1989年版，第172页。

众的政治”“无产阶级政治”“革命的政治”，即“我国最大多数人民的意志和我国各党派历次宣布的共同的政治主张”对文学的必然要求，是完全合乎文学艺术的规律的、正确的。对此，有人指责为“狭隘的功利主义”，是毫无道理的。

第二，把“政治”作为文学批评的标准，同马克思主义的“美学观点和历史观点”并不矛盾，而是完全一致的。恩格斯说过：“我们决不是从道德的、党派的观点来责备歌德，而只是从美学和历史的观点来责备他，我们并不是用道德的、政治的、或‘人’的尺度来衡量他。”① 在有些人看来，恩格斯讲的“不是用”“政治的”尺度评论歌德，也就是“不能用”“政治的”尺度评论作家作品。他们简单地把“不是用”与“不能用”画了等号，毫不费力地找到了一条恩格斯否定“政治标准”的论据。这如果不是有意歪曲的话，至少是对恩格斯的一种误解，一种主观臆测。只要稍微注意一下恩格斯撰写此文的背景，认真阅读恩格斯的原著，不仅字面意思不会弄错，而且其确切内涵也是不难准确把握的。恩格斯的《诗歌和散文中的德国社会主义》包括两部分（或者说是两篇文章），即《卡尔·倍克〈穷人之歌〉，或“真正的社会主义”的诗歌》和《卡尔·格律恩〈从人的观点论歌德〉》，是为批判当时流行于德国的所谓“真正的社会主义”的反动流派而撰写的。这个流派在政治、哲学、文学方面都有表现。倍克和格律恩是这个流派在文学方面的代表，第一部分是对“真正的社会主义”诗歌的代表作品——卡尔·倍克的《穷人之歌》的批判；第二部分是对格律恩的《从人的观点论歌德》一书的批判。恩格斯正是从倍克和格律恩这两个代表人物，对“真正的社会主义”文学的小资产阶级实质和唯心主义文学思想及批评中的简单化倾向，进行了严厉批判。恩格斯这里所说的“我们并不是用道德的、政治的、或‘人’的尺度来衡量他”，正是针对格律恩“从人的观点”、单纯从“真正的社会主义”“党派”观点和“政治”观点评价歌德的错误倾向而言的，所强调的是在文学批评中应当坚持“美学观点和历史观点”，并没有一般地反对、否定在文学批评中用政治尺度去评论作家作品的意思。否则，又当如何理解他在这里对“真正的社会主义”文艺的政治批判和在《致斐·拉萨尔》中对拉萨尔的机会主义的批评呢？在文学批评实践中，经典作家很有一些从政治尺度衡量作家作品的事例。如恩格斯称赞海涅的《西里西亚织工之歌》是“我所知道的最有力的诗歌之一”，称海涅是“德国当代最

① 《诗歌和散文中的德国社会主义》，《马克思恩格斯列宁斯大林论文艺》，人民文学出版社 1990 年版，第 48 页。

杰出的诗人"[①]；恩格斯对维尔特的"社会主义的和政治的诗作"极为赞赏，说它"就独创性、俏皮方面，尤其在火一般的热情方面，都大大超过弗莱里格拉特的诗作"[②]；恩格斯肯定席勒的《阴谋与爱情》的"主要价值就在于它是德国第一部有政治倾向的戏剧"[③]，可谓人所共知，等等，这怎么能说经典作家根本否定用政治标准评价作家作品呢？所谓"经典作家反对用政治标准去评价文学作品"的说法是不能成立的。

第三，从"政治标准"的基本内容来看，也并不像有人所说的"只讲政治"，而是相反，它包括了"文学作品的内容"范畴的种种内容。其中"历史唯物主义观点""文艺的真实性""文艺的审美教育作用"明显地属于文学作品的思想内容。只有"无产阶级政治"属于文艺作品的"政治性"。应当说，这是一个相当系统的科学的批评标准，用"政治标准"是不能完全概括得了的。如果说毛泽东有所失误的话，并不在于具体详尽的论述政治标准，而在于他用"政治标准"去概括那些本来就不属政治标准范畴的"艺术科学的标准"的偏颇，即把"政治"的内涵扩大了，如同《讲话》中把不属于政治方面的"世界观""辩证唯物论和历史唯物论观点""艺术观""文艺理论""历史科学知识""创作思想""创作方法"等方面的问题，统统视为"政治方面""基本的政治常识"那样的失误。这一失误的严重后果，恐怕是毛泽东所始料不及的。人们在这一问题上的分歧争论，恐怕与此不无一定的关系，但从毛泽东提出的政治标准的基本原则来看，它仍是一个符合"艺术科学"的批评标准。

## 二、关于"艺术标准"论

毛泽东对"艺术标准"都有什么论述呢？对此，并不像有人断言的那样，"并没有什么论述"。恰恰相反，作为伟大的马克思主义者和伟大的诗人、书法家，毛泽东深谙文学艺术的规律，对艺术标准作了一系列精辟的论述，提出了许多重要原则，形成了一个完整的系统。

在《讲话》中，毛泽东对"艺术美"做了集中论述，这可以说是艺术标准的理论基础。他说："人类社会生活虽是文学艺术的唯一源泉，虽是较之后者有不可比拟的生动丰

---

① 《共产主义在德国的迅速进展》，《马克思恩格斯列宁斯大林论文艺》，第 30、29 页。

② 《格奥尔格·韦尔特的〈帮工之歌〉》，同上，第 134 页。

③ 《致敏·考茨基》，同上，第 142 页。

富的内容，但是人民还是不满足于前者而要求后者。这是为什么呢？因为虽然两者都是美，但是文艺作品中反映出来的生活却可以而且应该比普通的实际生活更高，更强烈，更有集中性，更典型，更理想，因此就更带普遍性。”艺术美是文艺作品作为艺术品的一个根本性的要求，也是区别艺术与非艺术的一个根本标志。毛泽东在这里不仅把艺术美看作能不能满足人民的审美要求的必要条件，而且也把艺术美作为一个重要的艺术标准。就是说，一件艺术品，如果完全没有一点艺术美，完全同普通的实际生活一样，即使再生动、再丰富，也只是生活美，那就算不上什么艺术，也就值不得进行美学批评。正是这一点，为马克思主义“美学——历史”标准和方法建立了可靠的逻辑和实践起点。在此基础上，他对艺术标准做了一系列具体论述：

**（一）关于“典型化”**

这也是在《讲话》中提出的。文艺作品的艺术美何以能够比普通的实际生活“更高”“更典型”“更理想”呢？毛泽东认为，根本的一条就在于“把这种日常的现象集中起来，把其中的矛盾和斗争典型化”。显然，毛泽东是把“典型化”作为艺术标准的。在文艺批评实践中，他也坚持了这一点。他把《红楼梦》“当历史读”①，认为《红楼梦》中贾宝玉等小说人物是“清朝乾隆时代中国已经有了一些资本主义生产关系的萌芽，但还是封建社会”的标志②，认为《红楼梦》表现了“不满意封建制度”的民主思想，诸如作者和书中人物不满意封建制度对人的摧残、对封建家族中被迫害、被侮辱和被毁灭的人们的同情、对妇女的尊重、对光明和美好的向往、追求等等，深刻反映了那个时代的历史进步要求③；他批评《金瓶梅》的作者，“不尊重女性”，指出“《金瓶梅》没有传开，不只是因为它的淫秽，主要是它只暴露黑暗，虽然写得不错，但人们不爱看”④；他对《阿Q正传》的高度评价等等，十分明显地体现了这一点。

**（二）关于“艺术创新”**

重视创新，是毛泽东一贯的观点，曾在一系列有关论著中反复进行阐述。在《同音乐工作者的谈话》中指出，在表现形式上，“应该‘标新立异’，为群众所欢迎的标新立

---

① 转引自《“红学”一家言》，《毛泽东的读书生活》，第220页。

② 《在扩大的中央工作会议上的讲话》。

③ 《在扩大的中央工作会议上的讲话》。

④ 《毛泽东的读书生活》，第224页。

异，越多越好。雷同就成为八股”[1]。具体到诗的形式，他在 50 年代《关于诗的一封信》中明确表示：“诗当然应以新诗为主体，旧诗可以写一些，但是不宜在青年中提倡，因为这种体裁束缚思想，又不易学。”[2] 60 年代《给陈毅同志谈诗的一封信》中则进一步强调：“要作今诗，则要用形象思维方法，反映阶级斗争与生产斗争，古典绝不能要。”[3]关于中国诗的出路，他明确主张在民族和古典的基础上进行创新，他说：“中国诗的出路，第一是民歌，第二是古典，在这个基础上产生出新诗来。”[4] 在《给陈毅同志谈诗的一封信》中又重申这一主张：“将来趋势，很可能从民歌中吸收养料和形式，发展成为一套吸引广大读者的新体诗歌。”[5] 可见毛泽东是十分重视艺术创新，把艺术创新作为艺术标准的。这在他的批评实践中也有鲜明具体的表现。一是体现在他重视改变东晋玄言诗风的谢灵运的山水诗上，颇为赞赏谢诗的“一归自然”“在新在俊”的创新精神。[6] 二是体现在重视唐代诗人刘禹锡的《竹枝词》《杨柳枝词》，这些诗作吸取民间歌谣的艺术营养，具有新的风格[7]；三是体现在重视北宋词人柳永的“新声”词，婉约派的代表人物柳永的词集《乐章集》存词 194 首，用了 17 个宫调，近百个词牌，其中只有 4 个调、21 个词牌是明显采用前人的，其余大都是他创作的“新声”。[8] 重视柳永的词，无疑包含着赞扬他开拓慢词、转变词风的创新精神；四是体现在对云南昆明池大观楼长达 180 字的楹联的高度评价。此联为清代孙髯题写，后经阮元作了修改。《楹联丛话》作者梁章拒认为此联“究未免冗长之讥也”。毛泽东则肯定此联“从古未有，别创一格”，对梁章钜的评价则说“此评不确”。[9] 五是体现在自己诗词创作在格律方面的创新上，毛泽东的诗词在格律方面一般是很严谨的，但“绝不为格律所束缚”，陈毅、赵朴初称之为“创新”。[10]

---

① 《同音乐工作者的谈话》，中共中央书记处研究室文化组编：《党和国家领导人论文艺》，文化艺术出版社，1982 年版，第 20 页。

② 《致臧克家等》，《毛泽东书信选集》，第 520 页。

③ 《致陈毅》，《毛泽东书信选集》，第 608 页。

④ 《在成都会议上的讲话》。

⑤ 《致陈毅》，《毛泽东书信选集》，第 608 页。

⑥ 《毛泽东和诗》，第 20—23 页。

⑦ 同上，第 49 页。

⑧ 同上，第 62 页。

⑨ 同上，第 80 页。

⑩ 同上，第 77 页。

### （三）关于“民族性”

这一观点毛泽东作过多次阐述。在《新民主主义论》中说：“中国文化应有自己的形式，这就是民族形式。”在《同音乐工作者的谈话》中又强调“艺术的基本原理有其共同性，但表现形式要多样化，要有民族形式和民族风格”①。如何才能做到这一点呢？在《反对党八股》中提出了“民族化”的要求，“‘化’者，彻头彻尾彻里彻外之谓也。”在《同音乐工作者的谈话》中更具体讲到：“应该学习外国的长处，来整理中国的，创造出中国自己的、有独特的民族风格的东西。”“外国有用的东西，都要学到，用来改进和发扬中国的东西，创造中国独特的东西。”总之，“应该越搞越中国化，而不是越搞越洋化。”② 要有“中国老百姓喜闻乐见的中国作用和中国气派”。毛泽东重视民族性这一重要标准，在欣赏与批评实践中，比较推崇具有民族形式和民族风格的作品，如小说《红楼梦》《阿Q正传》，诗词方面则有楚辞和唐诗，中国书法艺术方面则有王羲之和怀素的书法等。

毛泽东关于艺术标准的论述，当然不只这些。但就“艺术美”“典型化”“艺术创新”“民族性”这几个方面来说，已经构成一个内涵丰富系统的艺术标准了。值得指出的是，毛泽东的艺术标准论，不仅集中体现了文学艺术作为一种具有审美特性的社会意识形态的根本性质和特殊规律，同时又集中反映了广大人民群众的审美理想和要求，是完全符合“艺术科学”的科学的艺术标准论。总之，在艺术标准问题上，所谓毛泽东“不讲艺术，根本就没有系统科学的艺术标准论”的观点，是完全站不住脚的。

## 三、关于“政治标准”与“艺术标准”的关系论

关于两个标准的关系问题，人们又往往集中到“政治标准第一，艺术标准第二”上，好像这就是毛泽东关于两个标准关系的论述的全部。其实不然。毛泽东同志对两个标准的关系，曾作过一系列重要论述，至少有以下几个方面的论述。

### （一）政治标准第一，艺术标准第二

毛泽东在《讲话》中说：“任何阶级社会中的任何阶级，总是以政治标准放在第一位，以艺术标准放在第二位的。资产阶级对于无产阶级的文学艺术作品，不管其艺术成

① 《同音乐工作者的谈话》，《党和国家领导人论文艺》，第20页。

② 《同音乐工作者的谈话》，《党和国家领导人论文艺》，第20页。

就怎样高，总是排斥的。无产阶级对于过去时代的文学艺术作品，也必须首先检查它们对待人民的态度如何，在历史上有无进步意义，而分别采取不同态度。”这就是“第一第二”提法的来源。这里的“第一”“第二”的含义，我以为，主要是说明政治标准与艺术标准在其“统一”（互相联系、互相融合、互相转化）中各自的不同地位，即政治标准处于主导地位，艺术标准处于从属地位。它并不包含不管艺术性如何，只要政治内容好就行的意思；也并不包含多作政治分析，少作艺术分析的意思；更不是说文学批评就是单纯政治性评价，即所谓“政治标准唯一”。如果我们对毛泽东上述论述的含义理解不错的话，他的这一论述应当说是科学的。它是符合辩证法的对立统一规律的。对立统一的双方，必有一方处于主导地位，另一方处于从属地位。政治标准第一、艺术标准第二正表示出二者的这种对立统一。它也是符合文艺作品的构成原理的。文学作品的内容因素和形式因素是辩证统一和审美统一的。从“内容决定形式”这一点上看，“第一第二”的提法是符合艺术规律的。它又是符合文艺的阶级性和功利主义原则的，文艺批评实践已经充分证明了这一点。总之，“第一第二”作为两个标准“统一”关系中的一项基本原则是并不错的。在这一问题上，那种认为“政治标准第一，艺术标准第二”是“割裂内容与形式，违背艺术规律”的观点，那种认为“政治标准第一，艺术标准第二”是“剥削阶级实用主义”、是“庸俗社会主义批评”的观点，是站不住脚的。

**（二）政治与艺术的统一**

在《讲话》中毛泽东强调指出：“我们的要求是政治和艺术的统一，内容和形式的统一，革命的政治内容和尽可能完美的艺术形式的统一。”“我们既反对政治观点错误的艺术品，也反对只有正确的政治观点而没有艺术力量的所谓‘标语口号’式的倾向。我们应该进行文艺问题上的两条战线的斗争。”这是毛泽东对政治标准和艺术标准关系的科学概括，是他的基本观点。在我看来，这里讲的三个“统一”，即辩证法中的同一、一致，是指作为有机整体的文学作品中的思想性和艺术性、内容和形式、革命的政治内容和尽可能完美的艺术形式互相联系、互相依存、互相融合、互相转化的那种现实的、具体的关系。这一“政治标准和艺术标准相统一”的原则，与一百多年前恩格斯在评价拉萨尔的《济金根》中所提出的“较大的思想深度和意识到的历史内容，同莎士比亚剧作的情节的生动性和丰富性的完美融合”① 的著名的“三融合”原则无疑是相通的。可以说这三“统一”原则是对政治标准与艺术标准关系的最科学的理论概括。我们的一些人对毛

① 恩格斯：《致斐·拉萨尔》，《马克思恩格斯列宁斯大林论文艺》，第 107 页。

泽东的这一论述视而不见，则是非常不应该的。

关于两个标准的关系论，我们必须既看到“统一”论，又看到“第一第二”论，这样才算全面准确地把握了毛泽东的基本观点。在这里，只看某一点而忽视另一点，都是错误的。值得注意的是，毛泽东不仅在理论上做了科学的论述，而且在批评实践中也很好地坚持了这一观点。概括起来，主要表现为以下几个方面：一是并不单用政治标准评诗，如对杜甫，说他是“政治诗”，并说对杜甫的诗“不甚喜爱”的话。① 在《给陈毅同志谈诗的一封信》中对杜甫《北征》有所肯定，主要不是在思想政治上，而是在其运用了“赋、比、兴”手法。② 又如对谢灵运，也是并不以诗人的政治品德评诗，对他的政治品德并不同情，却颇为重视其诗的“一归自然”风格和“匠心独运”的艺术性。③ 二是对艺术性高的作品特别重视，如对李白，称赞他的《将进酒》是“好诗”。④ 这显然是肯定其感情奔放、气势豪迈的高度艺术性，绝不因为其中有“人生短促，及时行乐”的消极思想而做一般评价或简单否定。对《蜀道难》也是这样评价：“《蜀道难》写得很好，艺术性很高，对祖国壮丽险峻的山川写得淋漓尽致，把人们带进神奇优美的神话世界，使人仿佛到了‘难于上青天’的蜀道上面了。”他特别说明：“对这首诗，有人从思想方面作各种猜测，以便提高评价，其实不必。”⑤ 正因为重视艺术性，对李白作了“文采奇异，气势磅礴，有脱俗之气”的高度赞扬。⑥ 又如毛泽东1958年圈阅、于1979年出版的《诗词若干首——唐宋明朝人咏四川》，选诗83首，有一半以上是艺术性高过思想性的。⑦ 三是注重内容和形式及风格的多样化，如《诗词若干首》，就题旨而言，有歌咏四川山水奇丽的，有描绘四川风土人情的，有怀古、送别、思乡的，也有抒写爱情的；就艺术形式和风格而言，有浪漫主义的，也有现实主义的，有典雅精致的，也有通俗质朴的，有悲歌慷慨的，也有哀怨宛转的，总之，在思想内容、意境风格、艺术形式上，可

---

① 《毛泽东和诗》，第18页。

② 《致陈毅》，《毛泽东书信选集》，第608页。

③ 《毛泽东和诗》，第20—23页。

④ 同上，第25页。

⑤ 同上，第25页。

⑥ 同上，第27页。

⑦ 参见胡念贻：《要完整、准确地掌握毛泽东文艺思想——读〈诗词若干首〉所得的启示》，《关于文学遗产的批判继承问题》，第148—161页。

以称得上是一个“广阔天地”。① 这与他主张“革命派要做，流派也要有”②，提倡艺术上的“百花齐放”的思想是完全一致的。

综上所述，毛泽东的批评标准论，属于毛泽东文艺思想的科学原则。我们应当恢复毛泽东批评标准论的本来面目，坚持并发展它的科学原则，推动社会主义文艺的繁荣和发展。

1991 年 2 月初稿

1991 年 8 月修订

① 参见胡念贻：《要完整、准确地掌握毛泽东文艺思想——读〈诗词若干首〉所得的启示》，《关于文学遗产的批判继承问题》，第 148—161 页。

② 转引自李世济：《幸福的回忆，巨大的鼓舞》，《北京日报》1977 年 10 月 24 日。

# “1958 年提出‘两结合’”说质疑

革命现实主义和革命浪漫主义相结合的创作方法（以下简称“两结合”），在我国是什么时候提出来的？多年来学术界一直公认是在 1958 年提出来的。《辞海》和大学文科教科书，包括“文革”前的旧版和近年来的修订版都是这样提的。[①] 就是最近几年来文艺界关于“两结合”问题的讨论中，也未见过有人对这种说法提出异议。[②] 看来，“1958 年提出‘两结合’”说，已经成为定论。然而，我对此说，却深表怀疑。

“两结合”是不是 1958 年提出来的？这个问题，并非是什么理论问题，它只不过是一个考证事实的问题。事实胜于雄辩。对“1958 年提出‘两结合’”说，无论是肯定还是否定，都应当以充分的事实作依据。还是让我们看看历史事实吧！

## 一

1950 年 3 月 20 日、21 日《光明日报》发表竹可羽同志探讨“两结合”的专文《现实主义与浪漫主义结合》，在我国当代文艺史上，首次提出了“两结合”。

该文指出：

> 到了十九世纪，俄罗斯无产阶级走上了历史舞台，并成了决定性的历史力量。这以后，新的形势要求新的内容和新的形式……（引者删，下同）现实主义和浪漫

① 参阅《辞海》（文学分册），第 21 页；十四院校《文学理论基础》，第 260 页；以群：《文学的基本原理》，第 285 页；中学教师进修教材《文学概论》，第 150 页。

② 参阅《关于“革命的现实主义与革命的浪漫主义相结合”问题的讨论》，《新华文摘》1979 年第 8 期；《近年来毛泽东文艺思想研究概述》，《红旗》杂志社《内部文稿》1982 年第 8 期。

主义的关系，发展了，接近了，有了本质的改变了。……新的生活和新的人已经从蛋里孵出来了。在这样的情况下，不论现实主义，或是浪漫主义，以及它们之间的关系都开始变了。……为了了解革命向作家提出的任务，为了在革命运动最初的几步中看出日益强大起来的风暴，就得具有巨大的远见，就得升高到日常的事变之上，并了解还隐藏在未来之中的这些事变的意义。这就是说，现实主义的水平，必须提高到能够真实地正确地描写发展中的新的人物和新的生活。

浪漫主义的水平，必须从这样发展着的现实出发，超过现实或越过事变的自然过程，去描写在将来可能实现和应当实现的人物和生活。这就是说，对于现实的深刻理解和对于未来梦想的巨大信心结合在一起。这就是说，**现实主义和浪漫主义已经开始和应当紧密结合起来。浪漫主义是现实主义的浪漫主义，现实主义是浪漫主义的现实主义。**①（黑体为引者所标，下同）

该文还指出：

现实主义是从现实所达到的高处与未来的伟大目标的高处来真实地具体地说出最本质的时代精神，呼应最本质的现实要求；浪漫主义是从现实主义的基础上，越过现实去，说出人民对于明天的愿望，描写带动现实前去的远景，鼓舞人民为建设幸福的新的社会生活而斗争，并有力地鞭策旧社会的残余。正因为如此，这两者是无法分裂的，是不应当分裂的。②

该文最后还特别强调说：

在我们文艺界，还有好些问题没有得到解决。……这些尚未彻底解决的问题，基本上就是呼应现实和描写远景的问题，也就是现实主义和浪漫主义结合的问题，也就是新的艺术原则和艺术方法的有力掌握的问题。如果真正理解现实主义与浪漫主义结合，所有这些问题都是它范围之内的问题，而不是外加的问题，所有这些问题能够而且应当通过对现实主义与浪漫主义结合而达到正确解决，它不只是方法问

① 竹可羽：《论文学与现实的关系》，作家出版社1957年版，第9—11页。

② 同上，第20页。

> 题，而且是原则问题。还应该提到的是，这种新的艺术方法和艺术原则，像一切新生的东西一样，并非顺利地生长起来的，它是在各种五花八门的非现实主义、反动浪漫主义中战斗着发展长大起来的。人们也只能从不断的战斗和学习中掌握起来。

该文长达两万言，洋洋大观，几乎从各个方面对“两结合”进行了阐述。这里据本文的需要所摘录的几段文字，也许挂一漏万，不能准确地表达它的基本观点。即使如此，我们也不能否认这里对“两结合”的可能性和现实基础及基本特征、现实意义等等问题，作了相当深入的理论探讨，实际上已经提出了“两结合”。在三十几年前，就有如此详尽的理论阐述，是难能可贵的。它的一些论述，虽有某些偏颇、值得商榷的地方，但总的说来，至今仍对我们具有启发意义。

## 二

1953 年 9 月 23 日周恩来同志在中国文学艺术工作者第二次代表大会上所作的政治报告第三部分《为总路线而奋斗的文艺工作者的任务》中，对“两结合”问题做了概略而精辟的论述。

周恩来同志说：

> 我们的理想主义，应该是现实主义的理想主义；我们的现实主义，是理想主义的现实主义。革命的现实主义和革命的理想主义结合起来，就是社会主义现实主义。①

周恩来同志这里讲的“革命的现实主义和革命的理想主义结合”的问题，虽然还没有完全抛开“社会主义现实主义”这个躯壳，但就其内涵来说，是已经论述到了“两结合”问题的。他的意见乃至某些文字，不仅是与《现实主义与浪漫主义结合》一文“相通”的，而且与一九四七年在杨家岭同延安管弦乐团的同志谈话中提出的“我们革命的文艺，是革命的理想主义和革命的现实主义相结合”② 是完全一致的。而且，查阅周恩

---

① 《周恩来论文艺》，第 53 页。

② 转引自《周总理永远和我们心贴心》，《光明日报》1977 年 1 月 21 日。

来同志关于文艺问题的论著和讲话，从此以后，在讲到我们社会主义文艺的创作方法时，主要是倡导、阐述“两结合”①，再也没有提到“社会主义现实主义”了。这也说明，周恩来同志这里讲“社会主义现实主义”，只是借用其躯壳而已。诚然，他在这里并没有使用“革命浪漫主义”而使用了“革命的理想主义”，我以为，这只是属于习惯问题。“革命的理想主义”和“革命的浪漫主义”是一个意思，这对大家来说，是不会产生误解的。实事求是地说，周恩来同志的论述，虽不及《现实主义与浪漫主义结合》一文详尽，但却是对“两结合”问题做了非常精辟的概括，这恐怕是谁也不会否认的吧！

## 三

1953—1956年关于“结合”提法的一桩“公案”，充分证明“两结合”已经提出并且产生了一定社会影响，引起了文艺界的关注。

说是“公案”，也许有点言过其实。事情也是由于《现实主义与浪漫主义结合》一文引起的。此文关于“现实主义与浪漫主义结合”的论述和提法，引起了《文艺报》的关注，被认为是不可以的。于是就发表题为《对于社会主义现实主义的一些误解》的署名文章，对“现实主义与浪漫主义结合”的提法进行批评。《误解》一文以苏联著名文艺理论家日丹诺夫的话为根据，指责“现实主义与浪漫主义结合”的提法“显然是对社会主义现实主义的一种误解”②。对《文艺报》的这种批评，《现实主义与浪漫主义结合》的作者竹可羽同志不以为然，一九五六年他仍将此文收入自己的集子《论文学与现实的关系》，并且特别在其集子的《后记》中重申自己的看法。他说：“关于这篇文章，当时有一种说法，认为‘结合’这个字眼，在苏联是如何如何理解的，所以我的提法是错误的。我以为**如果连一个中国字眼的意义，也必须根据苏联某个作家或理论家的说法，那是完全没有必要的。**这个字眼，在我的文章里是不至于引起误解的。”这就是这桩“公案”的始末。这里旧事重提，并非作翻案文章，评断谁是谁非。学术问题完全可以各执己见，继续争论下去。实际上关于“两结合”问题也正是这样在争论着。之所以旧事重提，意在说明：这桩“公案”，特别是《文艺报》的批评文章，从另一个方面有力地证明了“两结合”在50年代初期业已提出，并且产生了一定的社会影响。否则，何必由《文艺报》

---

① 参阅《周恩来论文艺》，第70、152、165页。

② 敏泽：《对于社会主义现实主义的一些误解》，《文艺报》1953年第12期。

出面说话呢？

## 四

郭沫若、张光年同志1958年关于《蝶恋花·答李淑一》的通信中论及了“两结合”的问题。

张光年同志3月20日《给郭沫若同志的信》说：“我觉得，对毛主席已经发表的十九首诗词，还可以进行一些探讨，从中吸取更多的东西。例如，革命的现实主义和革命的浪漫主义相结合的方法，就是很值得探讨的。”①

郭老在回信中表示同意这一点。他说：“主席的思想感情是绝对真实的，忠魂和神仙则是假想的，所以主席的词是革命的现实主义与革命的浪漫主义的结合。”②

郭沫若、张光年同志的信都很简短，谈到“两结合”的文字也就如此。而且这里郭老讲的“结合”所指的并不是创作方法而是主席的词。真正谈“两结合”的只是张光年同志《给郭沫若同志的信》中的那一段文字。诚然，这里确实提出了“两结合”问题，并且把它明确概括为“相结合”。但是，综观他们对“两结合”的探讨，也只能说是如此而已，再没有对“两结合”进行稍微详细、深入一点的理论阐述了。凭这组通信就得出“1958年提出‘两结合’”的论断，未免夸大了它在“两结合”发展史上的地位和作用。

## 五

1958年，毛泽东同志在成都会议和党的八大二次会议上，倡导了“革命现实主义与革命浪漫主义相结合”。

在成都会议上，毛泽东同志提出：**“中国诗的出路，第一条民歌，第二条古典。在这个基础上产生出新诗来，形式是民族的，内容应该是现实主义和浪漫主义的对立统一。”**

在党的八大二次会议上，毛泽东同志再次提出：**“革命精神和实际精神的统一，……在文学上，就是要革命的现实主义和革命的浪漫主义相统一。”**

毛泽东同志1958年关于“两结合”的两次重要讲话，同他给鲁艺的题词“抗日的现

① 见《文艺报》1958年第7期。

② 见《文艺报》1958年第7期。

实主义，革命的浪漫主义”是一致的。可以说，它不仅完全符合毛泽东文艺思想，并且在一个方面丰富了他阐明的对立统一规律是宇宙根本规律的世界观，对探讨社会主义文艺的创作方法，具有重大的意义。

可以说，正是由于毛泽东同志的讲话，才使“两结合”为广大文艺工作者所认可，并掀起了全国范围内的大讨论，从而使人们对“两结合”的探讨大大深入了一步。对于1958年毛泽东同志的讲话及其后的大讨论，我们必须给予充分的估价，任何贬低和夸大都是不应该的。但是，追本溯源，从历史和逻辑上来看，毛泽东同志的讲话以及其后关于“两结合”的大讨论，在“两结合”发展史上，不管它们比以前的论述提供了多少新的东西，不管对这一切作怎样高的估价，它也只能是50年代初期人们对“两结合”开拓性的探讨的深入和继续。

从上述客观存在的事实来看，“两结合”是不是1958年提出来的，应当说是已经清楚了。我们认为，在确定“两结合”提出的确切年代问题上，重要的是历史唯物主义态度和从实际出发、实事求是的观点。事实上，“两结合”作为创作方法或创作原则，在1950年就由《现实主义与浪漫主义结合》一文从理论上明确提出来了。从那时起，到1958年关于“两结合”的大讨论的七年间，人们从来就没有停止过对“两结合”的理论探讨。例如前举竹可羽同志的《现实主义与浪漫主义结合》和周恩来同志的《为总路线而奋斗的文艺工作者的任务》、毛泽东同志的两次讲话，等等，就是不容否认的事实。这一切，都属于历史，我们决不能有任何偏见，厚此薄彼。因此，我的结论是：应当说，“两结合”在我国至少是在50年代初期提出来的。学术界一般公认的所谓“1958年提出‘两结合’”的说法与事实不符，是不能成立的。

1982年10月初稿

1983年10月第二次修改

# 伟大时代的产物

## ——“两结合”创作方法探讨（上）

### 一

革命现实主义和革命浪漫主义相结合的创作方法（以下简称“两结合”），在我国是什么时候提出来的？从60年代初期到现在，学术界一直公认是在1958年提出来的。如《辞海》1961年试行本和1979年版中关于“两结合”条就说：“两结合”是：

“1958年我国开始实施发展国民经济第二个五年计划时期，为适应客观形势的需要，并根据文学艺术本身的发展规律而提出的社会主义文学艺术的艺术方法。”①

近年来出版的高校文科教材也都这样说，如以群同志主编的《文学的基本原理》（修订本）在讲到“两结合”时就说：

“毛泽东同志……于1958年提出了革命的现实主义和革命的浪漫主义相结合的创作方法。”②

十四院校《文学理论基础》编写组著《文学理论基础》在讲到“两结合”时也是这样说的：

“毛泽东同志以马克思主义的哲学原理为指导，根据我国文学发展的历史，吸取了国际无产阶级文学的经验教训，于1958年提出了革命现实主义和革命浪漫主义相结合的创作方法（简称“两结合”）。”③

蔡仪同志主编的《文学概论》也认为：“两结合”是在我国社会主义革命和社会主义

① 《辞海》（缩印本），第2025页。

② 《文学的基本原理》1980年版，第285页。

③ 《文学理论基础》1981年版，第260页。

建设时期，毛泽东同志提出革命现实主义和革命浪漫主义相结合的创作方法。其他如李衍柱等同志编著《文学理论基础》、吉林大学中文系文艺理论教研室编著《文学概论》以及中学教师进修教材《文学概论》等教科书，都认为“两结合”是1958年提出来的。三中全会以来，文艺界、学术界对“两结合”进行了深入的讨论，形成了两种根本对立的意见，即使持不同意见的双方，也都认为“两结合”是1958年提出来的，从未见过有谁提出异议。（可参阅《新华文摘》1979年第8期《关于“革命的现实主义与革命的浪漫主义相结合”问题的讨论》和红旗杂志《内部文稿》1982年第8期《近年来毛泽东文艺思想研究概述》）。直至1984年1月，《文艺研究》第一期发表李准、丁振海同志的《关于现实和理想的结合》（认为“两结合”不是创作方法而是“创作精神、创作原则”）也认为“两结合”是1958年提出来的。总观各家的意见，所谓“1958年提出‘两结合’”的论据共有两点：一是毛泽东同志在1958年的两次讲话中提出了“两结合”①；一是郭沫若、张光年同志在1958年关于《蝶恋花·答李淑一》的通信中提出了“两结合”②。看来，1958年提出“两结合”说，已成定论。

然而，我对此说法，深表怀疑，实在不敢苟同。“两结合”提出的时间，关系着它是何种现实的产物的问题，绝非是无关紧要的。为了弄清问题，这里提出一点不同意见，和大家商讨。

## 二

关于毛泽东同志1958年提出“两结合”的问题，据说，毛泽东同志在1958年的两次讲话中提出了“两结合”。这两次讲话系指成都会议和八大二次会议上的讲话。其中一段是：“中国诗的出路，第一条民歌，第二条古典。在这个基础上产生出新诗来，形式是民族的，内容应该是现实主义和浪漫主义的对立统一。”另一段是：“革命精神和实际精神的统一，……在文学上，就是革命的现实主义和革命的浪漫主义的统一。”这是“1958年提出‘两结合’”说的一条重要事实依据，是肯定“两结合”的同志们所坚持的“毛

① 见朱晶：《“两结合”创作方法存在着发展着》，《毛泽东文艺思想研究》第一辑；王西平：《“两结合”创作方法管见》，《人文杂志》1980年第5期。

② 见吕林：《关于“两结合”创作方法的科学性问题兼论现实主义、浪漫主义的原则和特征》，《文学评论》1982年第4期。

泽东同志1958年提出‘两结合’”的事实依据。①

我认为，只凭毛泽东同志这两段话就断定“两结合”是1958年提出的，其论据是不够充分的。因为正像否定“两结合”的同志所指出的那样，这种理解未必符合毛泽东同志这两段话的原意。

毛泽东同志这两段话的含义是什么呢？人们的理解是很不一致的。肯定“两结合”的同志认为，正是在这两段话中提出了“两结合”。否定“两结合”的同志认为，这两段话是要求社会主义文艺创作应做到“两结合”，是指文艺创作的“内容”而并非创作方法。② 持第三种意见的同志认为，在这两段讲话中所提出的“两结合”的“涵义是指的革命现实和革命理想的结合或一致”，“是一种创作精神、创作原则。”③ 除此之外，也还有别种理解。总之，众说纷纭，莫衷一是，需要我们做一点认真的具体分析。

我基本上同意否定“两结合”的同志对这两段话的理解。但我认为还需做一点补充。我们要准确理解这两段话，除了要把握它的所指是什么（是“内容”而不是“创作方法”）而外，重要的是还要弄清这里讲的“统一”的含义是什么，这才是准确理解这两段话的关键所在。根据毛泽东同志关于文艺问题的一贯论述来看，这里的“统一”的概念，是有其特定的具体含义的，是不能简单地把它同“相结合”等同起来，用“相结合”代替的。毛泽东同志的文艺论著中不止一次使用过“统一”这个概念，最有代表性的是在《讲话》中关于无产阶级文艺的要求：“政治和艺术的统一，内容和形式的统一，革命的政治内容和尽可能完美的艺术形式的统一。”这里要求无产阶级文艺应做到的三个“统一”，据我个人的理解，即是：“互相依存，互相融合、一致、同一”之意。1958年讲的两个“统一”，其用法和含义应同《讲话》中的三个“统一”是一样的。至于“相结合”一词，毛泽东同志也不是没有用过，如1958年讲“教育与生产劳动相结合”就是一例。在这里，“相结合”的含义也是相当明确的，也并非可以用“统一”所能代替的。十分明显，在毛泽东同志那里，“统一”和“相结合”是两个不同的概念，各有自己特定的含义。这里“统一”的含义并非用“相结合”代替所能包容的，这是不能含糊的。肯定“两结合”的同志和持第三种意见的同志，之所以得出毛泽东同志在这两段话中提出了

① 见陈辽：《“两结合”创作方法质疑》，《安徽文学》1979年9期。

② 见李准、丁振海同志的文章。

③ 见赖应棠：《创作与批评》（修订本）；十四院校《文学理论基础》；朱晶同志的文章。否定“两结合”的同志对此理解同肯定“两结合”的同志对此理解也不一致。以此有争议的论述作论据，显然是很无力的。

“两结合”的结论，其中主要原因，显然正是用“相结合”代替了“统一”。而这种代替恰恰是不符合毛泽东同志的原意的。除非“相结合”的字样在毛泽东同志的讲话中找到出处。当然，我的意思也并非完全否认毛泽东同志在这里论及到了“两结合”的问题。但因此就把它说成是提出了“两结合”，却未必是恰当地评价了这两段话在“两结合”发展史上的地位和作用的。据此理解，我认为，以毛泽东同志1958年这两段话作为“1958年提出‘两结合’”说的论据是不够充分的。持此说的同志还援引毛泽东同志给鲁艺的题词来作证，也是十分无力的。① 有的同志甚至说什么在这个题词中首次提出了“两结合”，那就更是自相矛盾、不能自圆其说了。

这是我对所谓“毛泽东同志1958年提出‘两结合’”的看法。作为对“1958年提出‘两结合’”说的怀疑，此其一。

有同志担心，否定毛泽东同志1958年提出“两结合”，会降低毛泽东同志的威信，这是完全没有道理的。准确理解毛泽东同志讲话的原意，正确估价其在“两结合”发展史上的地位和作用，何谈降低威信呢?

关于郭沫若、张光年同志1958年关于《蝶恋花·答李淑一》的通信中提出“两结合”的问题。据说，“两结合”是在1958年4月《文艺报》刊载的同年三月郭沫若、张光年同志关于《蝶恋花·答李淑一》的一组通信中首次提出来的。② 这是“1958年提出‘两结合’”说的另一条重要事实依据，是否定“两结合”的同志所坚持的“1958年郭沫若、张光年同志关于《蝶恋花·答李淑一》的通信提出‘两结合’”的重要事实依据。看来，否定者同肯定者在“1958年提出‘两结合’”这一点上是一致的，不过只是其论据不同罢了。

我认为，仅以《关于〈蝶恋花·答李淑一〉的通信》为依据，就得出“1958年提出‘两结合’”的结论，其论据也是不够充分的。因为《通信》虽比毛泽东同志的那两次讲话早几天，但它毕竟只是提出问题，而没有对它作什么理论阐述，所以很难说它提出了“两结合”。

还是让我们具体分析一下《关于〈蝶恋花·答李淑一〉的通信》吧。

所谓《关于〈蝶恋花·答李淑一〉的通信》，其实就是张光年同志《给郭沫若同志的信》和郭沫若同志当日《给张光年同志的回信》。张光年同志《给郭沫若同志的信》说:

---

① 见吕林同志的文章。

② 见《文艺报》1958年第7期。

“我觉得，对毛主席已经发表的19首诗词，还可以进行一些探讨，从中吸取更多的东西。例如，革命的现实主义和革命的浪漫主义相结合的方法，就是很值得探讨的。”郭老在回信中表示同意这一点。他说：“主席的思想感情是绝对真实的，忠魂和神仙则是假想的，所以主席的词是革命的现实主义与革命的浪漫主义的结合。”① 郭老同张光年同志的信都很简短，谈到“两结合”的文字也就如此。而且这里郭老讲的“结合”所指的并不是创作方法而是主席的词。这样看来，真正谈“两结合”的只是张光年同志《给郭沫若同志的信》中的那一段文字。这大概就是否定“两结合”的同志所说的“郭沫若、张光年同志1958年关于《蝶恋花·答李淑一》的通信中提出了‘两结合’”的事实依据了。诚然，这里确实提出了“两结合”问题，并且把它明确概括为“相结合”。但是，综观《通信》对“两结合”的探讨，也只能说是如此而已，它再没有对“两结合”进行稍微详细、深入一点的理论探讨。正如在当年“两结合”讨论中臧克家同志所说的那样：“对于革命现实主义与革命浪漫主义结合的问题，没有从理论上作过探讨。”仅凭这组通信就得出“1958年提出‘两结合’”的论断，未免夸大了它在“两结合”发展史上的地位和作用。何况，就张光年同志的意思来看，“两结合”似乎是早已存在着的可以“吸取”“探讨”的东西。说张光年同志意在提出“两结合”，并且在实际上已经提出了“两结合”，也未必符合本人的本意。基于对《通信》的这种理解，我认为，把它作为“1958年提出‘两结合’”的论据，其论据是不够充分的。

这是我对否定“两结合”的同志所谓的“郭沫若、张光年1958年关于《蝶恋花·答李淑一》的通信提出‘两结合’”的意见。作为对“1958年提出‘两结合’”说的怀疑，此其二。

有人提出，怎样才算提出“两结合”呢？这确乎也是一个问题。我认为，提出问题和对问题的具体阐述毕竟不是一回事，不能把它们等量齐观。既然称得上提出了“两结合”，那么至少也应当对它的含义、基本特征作些起码的阐述和探讨。否则，谈何提出了“两结合”呢？如果像否定“两结合”的同志那样，可以把没有对“两结合”做最起码的理论阐述的《通信》称之为提出了“两结合”，那么，我们也就可以毫不含糊地说，在1958年以前，我国文艺界提出“两结合”的就不乏其人，不乏其作了。

① 见《文艺报》1958年第7期。

## 三

关于我国文艺界提出“两结合”的确切年代问题，这并非什么理论问题，它只不过是一个事实考证问题。对于“1958年提出‘两结合’”说，无论肯定还是否定，都应当有充分的事实作依据。这里充分的事实依据才是最为重要的。我之所以怀疑“1958年提出‘两结合’”说，主要是有这样一些事实，它们可以充分证明：在1958年之前，我国文艺界就已经有人提出了“两结合”。

这些事实是：

1. 1950年3月20日、21日《光明日报》发表的竹可羽同志探讨“两结合”的长文《现实主义与浪漫主义结合》，在我国当代文艺史上，首次提出了“两结合”。该文指出：

> “到了十九世纪，俄罗斯无产阶级走上了历史舞台，并成了决定性的历史力量。这以后，新的形势要求新的内容和新的形式……（引者删，下同）现实主义和浪漫主义的关系，发展了，接近了，有了本质的改变了。……新的生活和新的人已经从蛋里孵出来了，在这样的情况下，不论现实主义，或是浪漫主义，以及它们之间的关系都开始变了。为了了解革命向作家提出的任务，为了在革命运动最初的几步中看出日益强大起来的风暴，就得具有巨大的远见，就得升高到日常的事变之上，并了解还隐藏在未来之中的这些事变的意义。这就是说，现实主义的水平，必须提高到能够真实地正确地描写发展中的新的人物和新的生活。浪漫主义的水平，必须从这样发展着的现实出发，超过现实或越过事变的自然过程，去描写在将来可能实现和应当实现的人物和生活。这就是说，对于现实的深刻理解和对于未来梦想的巨大信心结合在一起。这就是说，现实主义和浪漫主义已经开始和应当紧密结合起来。浪漫主义是现实主义的浪漫主义，现实主义是浪漫主义的现实主义。”①

该文还指出：

> “现实主义是从现实所达到的高处与未来的伟大目标的高处来真实地具体地说

---

① 竹可羽：《论文学与现实的关系》，作家出版社，1957年版，第9—11页。

出最本质的时代精神，呼应最本质的现实要求；浪漫主义是从现实主义的基础上，越过现实去，说出人民对于明天的愿望，描写带动现实前去的远景，鼓舞人民为建设幸福的新的社会生活而斗争，并有力的鞭策旧社会的残余。正因为如此，这两者是无法分裂的，是不应当分裂的。”①

该文最后还特别强调说：

“在我们文艺界，还有好些问题没有得到解决。……这些尚未彻底解决的问题，基本上就是呼应现实和描写远景的问题，也就是现实主义和浪漫主义结合的问题，也就是新的艺术原则和艺术方法的有力掌握的问题……如果真正理解现实主义与浪漫主义结合，所有这些问题都是它范围之内的问题，而不是外加的问题，所有这些问题能够而且应当通过对现实主义与浪漫主义结合而达到正确解决，它不只是方法问题，而且是原则问题。还应该提到的是，这种新的艺术方法和艺术原则，像一切新生的东西一样，并非顺利地生长起来的，它是在各种五花八门的非现实主义、反动浪漫主义中战斗着发展长大起来的。……人们也只能从不断的战斗和学习中掌握起来。”②

该文长达两万言，洋洋大观，几乎从各个方面对“两结合”进行了阐述。这里据本文的需要所摘录的几段文字，也许挂一漏万，不能反映出它的全貌，准确地表达它的基本观点。即使如此，我们也不能否认这里对“两结合”的可能性和现实基础及其基本特征、现实意义等等问题做了相当深入的理论阐述，实际上已经提出了“两结合”。在32年前，就有如此详尽的理论阐述，是很难能可贵的。它的一些论述，虽有某些偏颇、值得商榷的地方，但总的说来，至今仍对我们具有启发意义。这里需要特别指出的是，该文对“两结合”所作的具体阐述，恰恰是1958年毛泽东同志的两段话和郭沫若、张光年同志关于《蝶恋花·答李淑一》的通讯都远远没有做到的。两相比较，前者详尽，后者简略，怎么能够说“两结合”是1958年提出的而不是1950年提出来的呢?

2. 1953年9月23日周恩来同志在中国文学艺术工作者第二次代表大会上所作的政

① 《论文学与现实的关系》，第20页。

② 同上，第23—31页。

治报告中，对“两结合”问题做了概略而精辟的论述，周恩来同志说：

“我们的理想主义，应该是现实主义的理想主义；我们的现实主义，是理想主义的现实主义。革命的现实主义和革命的理想主义结合起来，就是社会主义现实主义。”①

周来恩同志这里讲的“革命的现实主义和革命的理想主义结合起来”的问题，虽然还没有完全抛开“社会主义现实主义”这个躯壳，但就其内涵来说，是已经论述到了“两结合”问题的。他的意见乃至某些文字，都是与《现实主义与浪漫主义结合》一文“相通”的，也充分说明了这一点。而且，查周恩来同志关于文艺问题的论著和讲话，从此以后，在讲到我们社会主义文艺的创作方法时，再也没有提到社会主义现实主义了。这也说明，周恩来同志这里讲“社会主义现实主义”只是借用其躯壳而已。诚然，他在这里并没有使用“革命浪漫主义”而使用了“革命的理想主义”，我以为，这只是属于习惯问题。“革命的理想主义”和“革命的浪漫主义”是一个意思，这对大家来说，是不会产生误解的。实事求是地说，周恩来的论述，虽不及《现实主义与浪漫主义结合》一文详尽，但毕竟是对“两结合”问题做了论述的，这恐怕是谁也不会否认的吧！

3. 1953—1956 年关于“结合”提法的一桩“公案”，充分证明“两结合”已经提出并且产生了一定社会影响，引起了文艺界的关注。

说是“公案”，也许有点言过其实，事情也是由于《现实主义与浪漫主义结合》一文引起的。此文关于“现实主义与浪漫主义结合”的论述和提法，引起了《文艺报》的关注，被认为是不可以的。于是就发表题为《对于社会主义现实主义的一些误解》的署名文章，对“现实主义与浪漫主义结合”的提法进行批评。《误解》一文以苏联著名文艺理论家日丹诺夫的话为真理，指责“现实主义与浪漫主义结合”的提法“显然是对社会主义现实主义的一种误解。”② 对《文艺报》的这种批评，《现实主义与浪漫主义结合》的作者竹可羽同志不以为然，1956 年仍将此文收入自己的集子（《论文学与现实的关系》）出版，并且特别在其集子的《后记》中重申自己的看法。他说：“关于这篇文章，当时有一种说法，认为‘结合’这个字眼，在苏联是如何如何理解的，所以我的提法是错误的。我以为如果连一个中国字眼的意义，也必须根据苏联某个作家或理论家的说法，那是完全没有必要的。这个字眼，在我的文章里是不至于引起误解的。”③ 这就是这桩“公案”

---

① 见《周恩来论文艺》，第 53 页。

② 敏泽：《对于社会主义现实主义的一些误解》，《文艺报》1953 年 6 月第 12 期。

③ 见《论文学与现实的关系·后记》。

的始末。这里旧事重提，并非作翻案文章，评断谁是谁非。学术问题完全可以各执己见，继续争论下去。实际上关于“两结合”问题也正是这样在争论着。之所以旧事重提，意在说明：这桩“公案”，特别是《文艺报》的批评文章，从另一个方面有力地证明了“两结合”在50年代初期业已提出，并且产生了一定的社会影响。否则，何必由《文艺报》出面批评呢?

以上三件事实，充分说明：“两结合”在1958年之前，至少是在50年代初期已经提出来了。我们怎么能够置此事实于不顾，硬说“两结合”是在1958年才提出来的呢?

作为对“1958年提出‘两结合’”说的怀疑之论据——最重要的事实依据，此其三。

## 四

在确定“两结合”提出的确切年代问题上，重要的是历史唯物主义态度和从实际出发、实事求是的观点。“两结合”作为创作方法或创作原则，不管你承认它也好，不承认它也好，在1950年就由《现实主义与浪漫主义结合》一文从理论上明确提出来了。从那时起，到1958年关于“两结合”的大讨论的七年间，人们从来就没有停止过对“两结合”的理论探讨。例如前举竹可羽同志的《现实主义与浪漫主义结合》和周恩来同志的论述，郭沫若、张光年《关于〈蝶恋花·答李淑一〉的通信》、毛泽东同志的两次讲话等等，就是不容否认的事实。对此，我们必须采取历史唯物主义的态度，从实际出发，实事求是，做出科学的分析判断。否则，就不可能准确地揭示历史的真面目，找出“两结合”提出的确切年代。

1958年在“两结合”发展史上是非常重要的一年。这一年初，毛泽东同志发表了关于“两结合”的两次讲话，对“两结合”的探讨具有重大的意义。可以说，正是由于毛泽东同志的讲话，才使“两结合”为广大文艺工作者所认可，并掀起了全国范围内的大讨论，从而使人们对“两结合”的探讨大大深入了一步。对于1958年郭沫若、张光年同志特别是毛泽东同志的两段讲话及其后的大讨论，我们必须给予充分的估价，任何贬低和夸大都是不应该的。但是，追本溯源，从历史和逻辑上来看，1958年郭沫若、张光年的《通信》和毛泽东同志的讲话以及其后关于“两结合”的大讨论，在“两结合”发展史上，只能说是“流”(是不可阻挡的潮流)，而不能说是“源”。因为有1958年之前人们对“两结合”进行探讨的事实在，对1958年人们对“两结合”所做的一切探讨，其中包括毛泽东同志的讲话，不管它们比以前的论述提供了多少新的东西，不管对这一切作怎样高的估价，它也只能是50年代初期人们对“两结合”开拓性的探讨的深入和继续。在这里，决不能割断历史，颠倒源流。1958年和1958年之前的这一切，都属于历史，我们决不能有任何偏见，厚此薄彼。正是基于这样的认识，我们否定“1958年提出‘两结合’”说，而坚持“50年代初期提出‘两结合’”的说法。我以为，我们这种否定，与否定1958年毛泽东同志讲话的历史作用的做法，毫不相干。对于“大跃进”、左倾思潮对“两结合”的影响，也应如是观。1958年“大跃进”、左倾思潮严重泛滥，不能不严重影响到文艺领域，不能不使“两结合”也打上“大跃进”“左倾思潮”的印记。“两结合”被误解、被歪曲、被庸俗化、被神化正是这期间的事。这一切都是事实，是“两结合”发展史上的重要事实，是绝不容否认的。我们从来也没有否认过。时至今日，我们还在作肃清其影响的工作。然而，这一切只能说明“两结合”曾经受到“大跃进”、左倾思潮的影响，而不能说明“两结合”就是“大跃进”“左倾思潮的产物”①，因为，“两结合”早于1958年“大跃进”之前的50年代初期就已经提出来了，人所共知，当时现实生活中尚无“大跃进”、左倾思潮可言，何谈“‘大跃进’的产物”“左倾思潮的产物”呢？无视1958年之前的事实，只看到恰逢其时的大讨论及其严重影响，并把它夸大到不适当的地步，说什么“两结合”是“‘大跃进’的产物”“左倾思潮的产物”，不是实是求是的历史唯物主义态度。我们否定所谓“两结合”是“‘大跃进’的产物”“左倾思潮的产物”的观点，丝毫不意味着否认“大跃进”、左倾思潮对“两结合”的影响。这是两个不同的问题，不能混为一谈。

## 五

从50年代初期到1958年之前的七年间，人们一而再、再而三地对“两结合”进行探讨。即使在一段时间内这种探讨不被人所理解所接受，甚至受到不应有的指责，也从未停止过这种研究，以至在毛泽东同志讲话之后，便出现了我国新文学史上少有的在全国范围内的大讨论。这股潮流的出现，绝不是偶然的。它告诉我们，“两结合”的提出，正是时代的必然。这是个什么时代呢？简言之，这是“建立中国历史上从来没有过的人民当家做主的新型政权”“建立和发展社会主义经济，基本上完成了对生产资料私有制的社会主义改造，基本上实现了生产资料公有制和按劳分配”的时代。“社会主义制度的建

① 见刘光：《“两结合”创作方法与“左”倾思潮》，《社会科学研究》1980年第5期及吕林同志的文章。

立，是我国历史上最深刻最伟大的社会变革。”① 正如毛泽东同志所说的，这是一个“社会制度彻底变化的伟大时代，是一个翻天覆地的时代，是过去任何一个历史时代都不能比拟的。”② 处在这样一个时代，我们必须准备进行同过去时代的斗争形式有着许多不同特点的伟大斗争。在文学上，也是如此。“两结合”应运而生，实乃“社会制度彻底变化的伟大时代”的必然产物。

从上述客观存在的事实出发，我的结论是：应当说，“两结合”在我国至少是在 50 年代初期提出来的。学术界公认的所谓“1958 年提出‘两结合’”的说法与事实不符，是不能成立的；“两结合”也并不是“大跃进”“左倾思潮的产物”，而是“社会制度彻底变化的伟大时代”的产物；在以“1958 年提出‘两结合’”说为前提的所谓“两结合”是不是“大跃进”“左倾思潮的产物”的争论，只不过是堂吉诃德式的一场混战而已，对弄清“两结合”产生的时代背景、深刻认识“两结合”的精神实质，毫无意义。现在，应当是从“1958 年提出‘两结合’”说中解放出来的时候了！

1982 年 10 月初稿，1983 年 3 月修改

[原文载河北文联和河北社科联编印《文艺论文集》(1984 年 7 月) 第 115—130 页]

---

① 见《关于建国以来党的若干历史问题的决议》。

② 见《在扩大的中央工作会议上的讲话》。

# “两结合”创作方法的基本特征

## ——“两结合”创作方法探讨（下）

### 一、关于创作方法

创作方法，又叫艺术方法。它是指作家艺术家在一定的世界观指导影响下认识和反映现实，抒发思想情感，塑造艺术形象所遵循的基本原则和方法。

一般说来，作家在文学创作中，总是自觉不自觉地运用着某种创作方法的。这同现实生活中办任何一件事情一样，在做这样或那样的事情的同时，做事情的办法也就产生了。例如渡河吧，没有船或桥，怎么能谈得上渡河呢！在创作上也是这样。没有创作方法，又怎么能把现实变成艺术品呢？一些作家不大承认自己在使用某种创作方法，这在作家对自己采用的创作方法尚未自觉的情况下，倒也有几分实情，但从创作实践来说，这就不是太客观的了。我们应当尊重作家的创作经验，对作家们这一类的言论，倒宁可不要太看重、太相信了。

创作方法是随着文学的产生而产生的。最初人们在进行创作时，是不自觉地按照一定的原则，采用一定的手法的。经过长期的实践，以及对其实践经验的积累，才逐步形成一种比较完整的创作方法。其间，要经过一个长期的过程。至于对创作方法进行理论概括，就更是以后的事情了。从实际上来看，创作方法大致是由三种要素构成的。

（一）创作原则——作家处理艺术与现实的关系的基本原则。它是作家的具体的艺术观。由于作家对艺术与现实的关系的具体理解、处理不同，在写什么的问题上，就显示出不同的创作原则来。例如，有的注重写现实，有的注重写理想，有的注重写自我，等等。这种基本的创作原则，在具体作品中，都有具体的体现。例如，我国最早的文学作品《弹歌》和《羿射九日》，就表现出两种不同的创作原则：前者注重现实，后者注重理想。这种基本的创作原则，是创作方法的基本内容的重要组成部分。

（二）形象塑造的基本方法——在创作原则指导下而采用的塑造形象的基本方法。由于作家遵循的创作原则不同，在怎样写的问题上，也就表现出一定的差异来。有的按照实际生活的样式塑造形象来概括生活；有的按照理想的样式来塑造形象反映生活。不同的创作方法、其概括生活、塑造形象的途径和方法是不大相同的。像《弹歌》对生活的概括就是按照现实生活的样式进行的，而《羿射九日》则是按照幻想的样式进行的。因此，它们所塑造的艺术形象也就有很大差别。总之，不同的创作方法，在怎样写的问题上，是与创作原则相适应，而采用不同的方式和方法塑造形象去反映生活。

（三）特征性表现手法。一定的创作方法总是与一定的表现手法相联系而存在的。例如，白描一类的写实手法对于现实主义，夸张、幻想一类的手法对于浪漫主义，就起着重要作用。如果把这种表现手法从相应的创作方法中抽出去，那么这种创作方法也许就不能成立了。这种表现手法与创作方法的特征有重要关系，它对创作方法的形成有举足轻重的作用。因此，为了区别于一般的表现手法，我们可以把它称之为特征性表现手法。特征性表现手法，是创作方法的一个基本内容，它与特定的创作原则、反映方式相适应，形成某种创作方法。但是，某些特征性表现手法，又并不仅仅限于某种创作方法所独用，对此，又不可作绝对化理解。而非特征性表现手法即一般的表现手法，如叙述、描写、虚构、渲染等等，则可以为任何创作方法所运用，它既不决定创作方法的特征，对形成创作方法也不起什么作用。所以我们不把它们看作创作方法的基本内容。

以上所述创作方法的三个基本因素，是互相联系、融为一体的。其中，创作原则是核心，起主导作用，决定着相应的塑造形象的方法和表现手法。

一些人往往把创作方法同艺术手法混为一谈，认为创作方法就是艺术手法。这是不妥当的。创作方法是作家处理艺术和生活关系的基本原则和方法，艺术手法（表现手法）是表现生活的技术性的东西。艺术手法对于创作方法虽然有重要意义，但毕竟是局部性质的东西。把二者等同起来，只看到两者的联系，看不到它们的区别，是错误的。

从历史和实践的观点来看，虽然创作方法是随着文学的产生出现的，它存在于文学创作过程之中，但它并不是某一个人的发明，而是长期创作经验的积累和科学概括。创作方法的形成和发展，为一定时代的经济、政治、社会思潮以及文学发展的水平所决定，受到社会历史发展的客观规律和文艺实践的制约，又受到不同作家的不同创作个性的影响。因此，在文学领域中，创作方法从一开始就不是单一的、统一的，而是丰富多样的；丰富多样的创作方法在不同发展阶段又表现出自己的特色；它们之间又往往交错影响，产生出各种各样的创作方法；适应某些反动阶级的需要，还有一些背离文艺性质、违背创作规律的创作方法。前者如现实主义、古典主义、批判现实主义、社会主义现实主义、浪漫主义、革命浪漫主义、革命现实主义和革命浪漫主义相结合的创作方法等等；后者，如消极浪漫主义、“辩证唯物论的创作方法”“三突出”原则等等。以上这些，只是文学上几种主要的创作方法。如果详细说来，就不只这几种了。例如现实主义，就有许多种。据说，在西方，能够说出名目的现实主义就有二十多种之多，除了批判现实主义、社会主义现实主义及其开放体系、革命现实主义之外，还有大现实主义、技术现实主义、无边的现实主义、女性现实主义、心理现实主义、新现实主义、魔幻现实主义等等。①

创作方法是多种多样的。但并不是说，所有的创作方法都是合乎创作规律的。毋庸讳言，在这许许多多创作方法之中，确有一些是违背创作规律的，是不足取的。即使在可资取法的创作方法之中，也并不是不分轩轾、毫无差别的。这些创作方法，明显地存在着各自的长处和局限。稍加比较，就可以发现它们的差别。明确这一点，有助于社会主义文学创作方法的多样化，有助于采取进步的创作方法，自觉地摒弃落后的创作方法。

## 二、创作方法与文学思潮、文学风格的联系和区别

创作方法、文艺思潮、文学风格这三个概念，既有联系又有区别。了解它们之间的联系和区别，有助于理解创作方法的含义。

创作方法是一个大范畴，它可以超时代、超国家、超民族，在更广阔的范围内去观察文学上某种共同的创作倾向。例如，《红楼梦》《阿Q正传》《人间喜剧》《复活》《安娜·卡列尼娜》这些不同国度、不同民族、不同时代的作品，都因善于在作品中真实地描写现实生活，所以都可以归入现实主义。《离骚》《梦游天姥吟留别》《西游记》《巴黎圣母院》等作品，就可以把它们归入浪漫主义。由于创作方法不同，就使艺术形象产生很大差异。即使同一个作家，采用不同创作方法所创造出来的艺术形象也是很不一样的。如鲁迅，他的《阿Q正传》同《铸剑》中的艺术形象就显然不同。创作方法对艺术形象的特点具有决定性的意义。

文学思潮与创作方法就不完全相同了。文学思潮是在一定历史时期内，随着社会的政治、经济的变革和发展，在文学上由某些作家自觉提倡某一文学观点而形成的一种发生普遍影响的思想倾向和潮流。文学思潮是文学史上常见的现象。例如，欧洲 16 至 17

① 参见程代熙：《再论现实主义的源流》，《北方论丛》1981 年第 3 期。

世纪的古典主义、19 世纪的批判现实主义、浪漫主义，就是几种不同的文学思潮。这些文学思潮与创作方法的关系较为密切，可以说它们都是由这些创作方法而形成的文学思潮。但有的文学思潮就不一定是由于某一种创作方法形成的了。例如，我国“五四”新文学思潮，就没有占统治地位的创作方法，就不是因为某种创作方法而形成的。由此可见，创作方法与文学思潮是既有联系又有区别的两个不同概念。

创作方法与文学风格也有密切的联系，但也不是一回事。创作方法在一定程度上影响着作品的风格。不同创作方法的作品其风格往往不同。如李白和杜甫的风格，就与其采用的创作方法不同有很大关系。李白的飘逸，得益于浪漫主义，杜甫的沉郁是与现实主义分不开的。但是，也有采用同一种创作方法而风格迥异的。如我们现当代著名作家茅盾和老舍就是这样。他们都采用革命现实主义，但风格却有很大差异。我们应当注意创作方法与风格的联系和区别。

总之，文学风格和文学思潮与创作方法，既有联系，又有区别。在社会主义方向下，创作方法和风格以及文学思潮、流派的多样化，是文学繁荣的重要因素。社会主义文学艺术，提倡文学的创作方法的多样化，现实主义、浪漫主义、革命现实主义、革命浪漫主义、社会主义现实主义、“两结合”等等一切进步的创作方法都有用武之地。任何借口所谓“革命化”，在创作方法上取消多样化，实行单一化，都是不符合文学的客观规律的，到头来，只能受到艺术规律的惩罚。

## 三、“两结合”创作方法的基本特征

### (一)“两结合”的提出及其内涵

“两结合”作为一种独立的创作方法，在 20 世纪 20 年代末苏联讨论社会主义现实主义创作方法过程中，高尔基曾作为问题提出过，并且肯定了苏联古典作家的创作中存在现实主义和浪漫主义结合的优秀传统。① 但是，在高尔基和苏联文学界并没有提出这样一个创作方法，而是提出了“社会主义现实主义”。而“两结合”创作方法则是由我国文学界在 50 年代经过酝酿和讨论后，正式提出来的。1950 年 3 月《光明日报》发表题为《现实主义与浪漫主义结合》的文章，把它作为一种艺术方法，从其产生的现实依据、结

① 参见［苏］高尔基著，孟昌等译：《谈谈我怎样学习写作》，《论文学》，人民文学出版社 1978 年版，第 163 页；《论文学及其他》，同上书，第 38 页。

合的可能性和其基本特征等方面进行了详尽的理论阐述。① 1953 年 9 月，周恩来在第二次全国文学艺术工作者代表大会上又作了精辟的论述。② 1958 年上半年，毛泽东两次在党内会议上谈到这个问题，肯定了这一文学主张。在毛泽东的倡导下，文艺界对“两结合”进行了广泛的讨论。1960 年全国第三次文艺工作者代表大会，正式确定“两结合”为我国社会主义文学艺术的创作方法。③

“两结合”创作方法在我国 50 年代提出，绝不是偶然的。从 50 年代初期到 1958 年人们对“两结合”的大讨论，充分说明，“两结合”创作方法正是这个时代的必然产物。这是个什么时代呢？简言之，这是建立“中国历史上从来没有过的人民当家做主的新型政权”，“建立和发展社会主义经济，基本上完成了对生产资料所有制的社会主义改造，基本上实现了生产资料公有制和按劳分配”的时代。④ 社会主义制度的建立，是我国历史上最深刻最伟大的变革。正如毛泽东所说，这是一个“社会制度彻底变化的伟大时代，是一个翻天覆地的时代，是过去任何一个历史时代都不能比拟的”时代。⑤ 处在这样一个时代，我们必须准备进行同过去时代的斗争形式有着许多不同特点的伟大斗争。在文学上，如何反映这样的伟大时代呢？社会主义文学必须采用同过去时代的创作方法有着许多不同特点的新的创作方法。“两结合”创作方法就在这时应运而生了。它不是个人主观意志的产物，也不是“大跃进”的产物，而是“社会制度彻底发生变化的伟大时代”的必然产物，是其时代精神在文学上的具体反映。

那么，什么是“两结合”创作方法呢？毛泽东说，革命精神与实际精神的统一，在文学上就是革命浪漫主义和革命现实主义的统一（《八大二次会议上的讲话》）。周恩来解释说，“浪漫是理想，现实是基础”⑥，“两结合”是“以革命现实主义为基础，以革命浪漫主义为主导。”⑦ 就是说，“两结合”创作方法，是在马克思主义科学世界观的基础上，把革命现实主义和革命浪漫主义辩证地统一起来，互相渗透，融为一体而形成的一种新的创作方法。它是社会主义文学的一种基本的创作方法。它的基本精神，就是要求

---

① 参见 1950 年 3 月 20 日、21 日《光明日报》。

② 参见文化部文学艺术研究院编：《周恩来论文艺》，人民文学出版社，1979 年版，第 53 页。

③ 参见周扬：《我国社会主义文学艺术的道路》，人民文学出版社，1960 年版，第 42—53 页。

④ 《中国共产党中央委员会关于建国以来党的若干历史问题的决议》，人民出版社，1981 年版，第 7—8 页。

⑤ 毛泽东：《在扩大的中央工作会议上的讲话》，人民出版社，1978 年版，第 21 页。

⑥ 转引自鲁彦周：《总理的教诲永世铭记》，1977 年 1 月 7 日《安徽日报》。

⑦ 转引自阎纲：《学习周总理的文艺辩证法》，《山东文艺》1978 年第 6 期。

革命现实与革命理想的高度统一，即在马克思主义世界观指导下，把揭示现实的本质规律与抒发主观的理想愿望结合起来，使两者都得到充分表现，才算是“两结合”创作方法。把“两结合”看作现实主义表现手法与浪漫主义表现手法的结合、并用；或者把它看作现实主义与浪漫主义两者机械相加、按比例混合、搭配；或者把它等同于社会主义现实主义，视其为社会主义现实主义的另一提法，都不符合“两结合”的原义，而是对它的误解。至于把“三突出”创作原则说成是“两结合”创作方法的典范，则纯属对“两结合”的歪曲和篡改。

从文学史的事实来看，那些真正伟大的作品，总是表现出现实主义和浪漫主义两种精神、两种创作方法不同程度的结合。如关汉卿的《窦娥冤》，既深刻地暴露和无情地批判了当时的黑暗现实，又充满了浓郁的激情，并熟练地运用了大胆的想象和夸张一类的浪漫主义手法，被人们公认为现实主义和浪漫主义结合的优秀作品。《水浒传》是现实主义巨著，但在梁山泊好汉身上却鲜明地体现了作者“八方共域，异姓一家”的理想，表现出浓厚的浪漫主义色彩。莎士比亚的剧作，如《哈姆雷特》，更是鲜明体现了现实主义和浪漫主义的结合。以致使德国批评家史雷格尔说是浪漫主义的“模范”，是“最充实、最完备的”浪漫主义①，俄国杰出批评家别林斯基称他为“现实的诗人”，“而不是理想的诗人”②。其实，两种意见都对，又都不对，因为在莎士比亚剧作中，现实主义和浪漫主义是结合着的，所以使人们和批评家们很难说他是现实主义还是浪漫主义的。文学历史上无数事实表明，现实主义和浪漫主义虽然有明显差别，但又具有同一性，在一定条件下，是可以“合流”“结合”的。而且，把两者结合起来，会扬其所长，避其所短，对于反映社会生活的本质和规律，大有好处。在文学理论史上，早就有人注意到这种情况。刘勰关于“酌奇而不失其真，玩华而不坠其实”的观点③，王国维关于“理想与写实”“二派颇难分别”，“理想家，亦写实家”的观点④，同高尔基关于“在伟大的艺术家们身上，现实主义和浪漫主义好像永远是结合在一起的”⑤ 观点一样，都表示了现实主义与浪漫主义可以结合的深刻思想。“两结合”创作方法，正是在社会主义时代的现实基础上，在马克思主义理论指导下，对文学史上现实主义与浪漫主义结合的经验、传统的科

① ［德］史雷格尔：《关于莎士比亚的早期著作补记》，《古典文艺理论译丛》第 9 辑，第 100 页。

② ［俄］别林斯基：《俄国和一切外国剧本丛刊》，《古典文艺理论译丛》第 3 辑，第 16 页。

③ ［南朝梁］刘勰：《文心雕龙·辩骚》。

④ 王国维：《人间词话》（卷上）。

⑤ ［苏］高尔基：《谈谈我怎样学习写作》，《论文学》，第 163 页。

学总结，是对文学理论史上关于现实主义与浪漫主义相结合的思想、理论的批判继承和发展。它虽然由现实主义与浪漫主义结合而成，但它又不同现实主义和浪漫主义；它虽然继承了文学史上现实主义与浪漫主义结合的优良传统，但又与历史上的现实主义与浪漫主义结合有本质上的不同，所以可以说“两结合”是一种独立的新的创作方法。

**（二）“两结合”创作方法的基本特征**

“两结合”创作方法的基本特征是什么？人们的看法有很大分歧。我们认为，它有以下三个特征：

1. 在创作原则上，“两结合”创作方法要求革命现实和革命理想的高度统一，真实性与倾向性的完美融合。它既不像现实主义那样偏重现实，又不像浪漫主义那样追求理想，而是两种对立倾向的辩证统一。也就是说，既要坚持从实际生活出发，深刻揭示社会生活的本质和规律，同时又把革命理想溶化在对现实的描写之中，表现出现实发展的必然趋势。“两结合”强调现实与理想的高度统一，这就在创作原则上，既发扬了现实主义和浪漫主义的长处，又弥补了现实主义和浪漫主义的不足，使“两结合”较之现实主义和浪漫主义具有更大的优越性，能够更加深刻地反映现实，更加充分地表现理想。毛泽东的《念奴娇·昆仑》《七律·长征》《沁园春·雪》《七律·送瘟神》，既有对革命现实深刻的艺术概括，又迸射着无产阶级的伟大理想，二者浑然一体，天衣无缝，是现实与理想高度统一的典范。罗广斌、杨益言的《红岩》、姚雪垠的《李自成》、蒋子龙的《乔厂长上任记》《天安门诗抄》中的一些诗篇，也在较高程度上达到了现实与理想的统一。

2. 在形象塑造上，“两结合”创作方法，强调运用典型化与理想化相结合的方法，塑造社会主义新人的典型形象。它既不像现实主义那样强调用典型化的方法塑造普通人物的典型，又不像浪漫主义那样用理想化的方法塑造奇异人物的形象，而是把典型化和理想化结合起来，塑造既源于生活，又具有理想光辉的——革命英雄和社会主义新人的典型形象。“两结合”的这一要求，就在形象塑造上既弥补了现实主义和浪漫主义各自的不足（现实主义的人物理想性不足，浪漫主义人物现实性不足），又发挥了它们的特长，从而塑造出典型性格与理想性格统一的艺术形象。像梁斌的《红旗谱》中朱老忠的形象、贺敬之的《雷锋之歌》中雷锋的形象、毛泽东的《卜算子·咏梅》中梅花的形象，蒋子龙的《乔厂长上任记》中乔光朴的形象，就是现实主义典型化与浪漫主义理想化相结合，所塑造出来的典型性格与理想性格高度统一的革命英雄和社会主义新人的光辉形象。这些形象的审美价值和艺术魅力，是现实主义或浪漫主义所塑造的艺术形象很难达到的。

“两结合”创作方法则要求革命理想与革命现实的高度统一，运用典型化和理想化相结合的原则去塑造新时代的新的人物形象。它的提出为更加鲜明地反映新的时代和新的人物开辟了广阔天地。

3. 在表现手法上，“两结合”主张把现实主义的精确描绘与浪漫主义的夸张想象结合起来，采用多样化的表现手法。现实与理想相统一的创作原则，要求多种多样的艺术表现手法与之相适应：既可以运用现实主义的特征性表现手法，也可以运用浪漫主义的特征性表现手法，也可以采用西方现代主义的某些手法。总之，在现实与理想高度统一的原则下，作家完全可以根据自己的创作个性和生活经验进行大胆创造，充分发挥自己的艺术专长，广泛地吸取中外艺术中一切有用的技巧和手法。

以上是“两结合”创作方法的基本特征。由于“两结合”创作方法提出时间不长，本身较难把握，人们对它的理论探讨和自觉实践不够，加上林彪、江青反革命集团用唯心主义、形而上学的“三突出”创作原则，对它进行歪曲、篡改，以至最后彻底取代，致使在创作实践上较少产生人们公认的“两结合”作品，在理论上模糊了它的本来面目。近几年来，人们加强了对它的理论探讨，清除了林彪、江青反革命集团泼在它头上的污水，澄清了人们的一些误解，使它在帮助作家正确地而又富有远见地观察和描写生活，鲜明地反映时代精神和时代面貌，发挥出更大的作用。我们相信，在人们的实践和理论探讨中，“两结合”创作方法会逐步完善起来，成为一种普遍为作家艺术家所采用的最好的创作方法；它的被普遍采用，也一定会较多创造出“两结合”的优秀文学作品，把我国社会主义文艺推进到一个新阶段。

**附记**　本文是《两结合创作方法探讨》（下），未公开发表，后用作许桂良、李国华、黄宗高编著河北教育出版社 1988 年版《文学概论》的“第八章　文学的创作方法”的第三节，文字略有改动。

# 略论风格的成因和表现

在文学领域中，文学风格是一个重要的问题。周恩来同志曾经说过："没有独特风格的艺术就会消亡。"（《关于文化艺术工作两条腿走路的问题》）一种艺术种类，如果没有自己独特的风格，就不可能存在和发展下去。一个文艺家只有创造了独特风格，他才算对文艺事业做出了重大贡献。正如英国诗人扬格所说的，独创的作品"扩大了文艺王国，给它的版图添加了新的省份。"（《论独创性的作品》）艺术风格的百花齐放，是文艺事业繁荣和发展的一个重要标志。风格在文学艺术中具有重要的意义。

那么，作家作品的艺术风格，是怎样形成并具体表现在哪里呢？风格是作家成熟的标志，是作家艰苦劳动探索的结果。对风格的形成，秦牧曾经有过精辟的概括，他说："写作特点发展到了一定的高度，就必然形成风格。"（《艺海拾贝》，第 14 页）他认为，只有敢于"酣畅淋漓地流露这个'我'，才有'新鲜的艺术风格'"。（同上，第 63 页）对艺术风格的表现，我国古代的诗论、画论，大都着眼于意境、语言、情感表达方式等等方面。实际上，就文艺创作实践来看，艺术风格形成的原因和风格的具体表现是多方面的，它们并不仅仅局限在上述几个狭小的方面，对风格的研究，应该从更广阔的范围和更多的角度去进行。这里，仅从作家风格形成和表现的主观因素的几个方面，概略地谈几个问题。

## 使用题材的才能与习惯

作家的艺术风格，常常从他使用题材的才能与习惯性上体现出来。每个作家都有自己所熟悉的题材领域，都有自己最感兴趣、最擅长描写与驾驭的题材。在这一类题材的使用上，作家可以充分发挥自己的独创性，以致最终形成自己的风格。也就是说，作家要形成自己的风格，必须准确认识自己在这方面的特点，并以此去占有自己的题材领地。

否则，将会事倍功半。举例来说吧，普希金到奥伦堡去搜集普加乔夫的历史材料时，被当地官员当成由彼得堡派来私访的“钦差大臣”。普希金考虑到果戈理擅长于讽刺艺术的创作个性，并认为他一定会比自己更能处理好这类题材，因此，他就把这一题材让给果戈理去写。结果，产生了不朽的名著《钦差大臣》。我们可以这样假设，如果普希金自己来写，很可能写成另一种类型的作品，也可能不如果戈理写的精彩。果戈理确有驾驭此类题材的特殊才能。他对此类题材之所以处理得巧妙，是有其原因的。首先是果戈理有彼得堡小职员的生活经历，熟悉官场黑幕；其次是果戈理富于驾驭具有讽刺喜剧因素的题材的才能，即他对这类题材有浓厚的美学兴趣，高度的概括能力，甚至他的整个心灵个性都与之相适应。果戈理的例子说明，选择题材的才能与习惯性受制于生活经验与创作个性，这是一个普遍的规律。

选择、处理题材的习惯性与特长，是作家在题材上形成和显示风格的一个重要方面。英国近代小说家约瑟夫·康拉德的作品，大都以海洋为题材；美国的欧·亨利是个写纽约的作家，他表示“愿意在纽约的每一条街上都花上一生的时间”，我国现代伟大的文学家鲁迅，一生都在解剖人生，揭示国民的灵魂；当代作家沙汀在几十年的写作生涯中，笔锋从来没离开过四川农村，被人们誉为“农村诗人”；少数民族作家玛拉沁夫善写蒙古草原生活，他曾说过，写《茫茫的草原》是想“探求一下自己的风格，草原的风格，草原的味!”有的作家的小说，甚至因为选择题材的习惯性而得名，如《吕蓓卡》的作者夫妮·杜穆里埃的小说，就被称为“康沃尔小说”；哈代的小说，则被称为“威克塞斯小说”。在我国也有这样的例子。如古代的“边塞诗”；当代的“荷花淀派”作品，就是以其题材而得名的。

任何一个作家，都要不断地熟悉新的题材，尽量扩大自己的题材领域。但是，在选取什么题材作为创作对象时，则不要勉为其难，应充分发挥自己的优势，扬长避短。否则，势必费力不讨好。有独特风格的作家，有其长处。不必讳言，他们也有其短处，或曰局限性。我们甚至可以这样说，如果完全去掉其局限性，恐怕连其特殊风格也就在无形中被去掉了。这也许就是文艺创作中的一个辩证法吧。刘绍棠写《地母》就是一个例子。粉碎江青反革命集团之后，刘绍棠曾写了一篇短篇小说《地母》，没写出水平来。王蒙曾经非常中肯的劝告他说：“你写不了政治性太强的作品，这个题材应该我来写。你还是写你的运河、小船、月光、布谷鸟……田园牧歌。”刘绍棠听取了这一“知音之言”，发挥自己的优势，致力于乡土文学，结果写出了《蒲柳人家》《瓜棚柳巷》《小荷才露尖尖角》等等出色的小说。（参看刘绍棠《我看王蒙的小说》1982 年第 3 期《文学评论》）

在讨论“荷花淀派”的创作风格时，有的同志忽视这一规律，提出要“荷花淀派”克服局限，去写悲剧、写黑暗面，写轰轰烈烈的斗争场面，等等，这实在是勉为其难，大可不必。如若照此写下去，“荷花淀派”的风格，岂不要烟消云散了吗！

这里，有一点应当注意：题材固然对风格有重要意义，但不可单纯以题材论风格之优劣，把用雄浑、昂扬的笔调正面描写重大斗争题材的作品列为上品，而把用纤细、委婉的笔调写平凡生活题材的作品列为下品、甚至等外品。因为这不符合艺术风格形成与表现的普遍规律。

## 反映社会问题的集中性与连续性

纵观文学史，我们可以明显地看到这样一条规律：从作品中所反复反映的中心问题中看出作家的个性烙印，识别出作家的风格的特点。换句话说，凡是形成独特风格的作家，其创作总是不断地表现出他所反复思考与探索的某些社会问题。离开这个中心问题，想分析识别作家的风格是很难奏效的。在这方面的事例，俯拾皆是。俄国作家蒲宁的作品，基本中心问题就是爱情与死亡，表现了作者的一个重要思想——在爱与死面前人人平等。狄更斯作品的中心问题，法国文学批评史家丹纳曾归纳为一句话“行善和爱”，这确实表现出狄更斯作品的重要特点。美国当代作家索尔·贝娄作品中反复思考与表现的则是资产阶级文明的历史命运，“幸福社会”的精神危机。日本作家谷崎润一郎的作品，基本主题就是对女性的崇拜，反对男性中心的传统观念。我国现代伟大的思想家鲁迅，曾苦心探索过“现代的我们国人的灵魂”，在一个时期内，“国民性”这一中心问题，贯穿在鲁迅的各种作品中。当代著名作家赵树理很早就提倡“问题小说”，他一生致力于探求如何铲除阻碍革命发展的旧思想、旧习惯势力、旧作风。巴金的作品，中心问题可以说是摧毁旧制度，追求光明。粉碎江青反革命集团以来，创作上显示出一个明显的特点——“深沉思考”。许多作家反复思考、探索十年动乱的经验教训，根除官僚主义、反对特权；爱情与道德、民主与法制；人才开发，等等，成了“深沉思考”的中心。不少作家正在这种“中心问题”上从新的角度、新的深度，逐步形成自己作品所特有的新的思想光彩和艺术风格。刘宾雁的文学创作，从小说《本报内部消息》——《人妖之间》——《千秋功罪》；张弦的小说从《被爱情遗忘的角落》——《未亡人》——《银杏树》，都是以一贯的社会问题作为探索的中心而显示出自己独特风格的很好的例子。

大量的创作实践证明，在一定时期内，作家集中思考、探索某一两个社会问题，并以自己独特的艺术形象和新的认识角度表现出来，是很有助于形成作家、作品特有的思想光彩和独特的风格的。而且，由于作家在创作实践中，随着社会发展与自己思想、世界观的逐步完善、科学，对所思考、探索的社会问题的认识越来越全面、越深刻，会使作家对这一中心问题的艺术表现更加深沉有力，使其风格更臻于成熟、完善，从而放射出奇异的艺术光彩来。鲁迅的创作就是说明问题的极好的例子。就其对“现代国人灵魂”即“国民性”问题的思考、探索来说，后期的创作（小说和杂文）显得比前期要深刻得多、辩证得多，被毛泽东同志称为“充满了辩证法”。这是与鲁迅长期以来集中思考、探索所分不开的。在思考、探索的中心问题上，不是多多益善，而是以“新”“深”取胜。这是显而易见的。其实也就是创作上集中精力、发挥优势，重点突破的意思。

作家探索问题的深度，一般地决定于他的立场、思想水平。进步的立场和思想观点对其探索的社会问题的深度有决定性的意义。也有思想立场反动的作家偶尔写出一两篇较好的作品的例子，但那并不是普遍规律，更不能由此得出思想立场越反动越能写出思想深刻的作品的结论。在马克思主义的科学世界观没有诞生之前，一些作家，包括进步的作家、艺术家，由于种种原因没有能够找到先进的世界观，没有达到辩证唯物主义的水平，是完全可以的，我们不应当去难为他们，更没有任何理由去责难他们。但对社会主义作家来说，就不应当放任自己、原谅自己了。社会主义作家，在这一方面，应当充分利用自己比前人所无法比拟的有利条件，牢固地树立起马克思主义的科学世界观，站稳无产阶级立场，并且充分发挥这一前人无法比拟的优势，努力在探索社会问题的深度和广度上超越历史上所有其他阶级的作家，其中包括驰名中外的大作家。杜勃罗留波夫曾经非常深刻地指出：“对于当代问题的敏感，拯救了屠格涅夫君，使他在读者群里经常获得的成功得到巩固。”（《美学中的现实主义问题》，第 332 页）对当代问题的敏感，加上其独特、集中的思考和探索，将会给文学创作带来新的生命力。社会主义作家应当充分认识到这一点，自觉地去感受当代社会所出现的新的社会问题，集中精力，进行持续不断的思考和探索，最终形成自己的艺术风格，或者使已有的风格放射出更加绚丽的奇光异彩。

## 闪耀着独特光彩的人物类型系列

每一个具有风格的作家，大都有自己的独特的人物形象系列，并且由这独特的人物形象汇成一个独特的人物画廊。对具有独创性的作家来说，这独特画廊中的独特人物，是可以使人们一眼即可识别出来的“我的人物”。一个作者的风格的形成，不在于创造了多少人物，而在于是否创造出了具有独特色彩的“我的人物”的人物类型。作家在创作实践过程中，要善于找到最能充分发挥自己的才能，淋漓尽致地表达自己思想感情的人物形象世界。一经找到，在人物塑造上，必然会有一个飞跃。它将成为形成作家独特风格过程中的一个重要里程碑。这也是被文学创作实践所一再证明了的普遍规律。

还是让我们看一看这方面的事例吧。

法国作家梅里美，他笔下的人物的独特的风格色彩是多么鲜明啊！淳朴、强悍、粗犷，带有原始气息，读他的中、短篇小说《嘉尔曼》《玛特渥·法尔高纳》，谁能忘记他笔下的吉卜赛女郎嘉尔曼和科西嘉岛上的猎人法尔高纳那样性格鲜明的“原始”人的形象呢？美国作家海明威则创造了另一种闪耀着特异色彩的人物形象。他写的斗牛士、猎人、渔夫、士兵、拳击家，等等，大都带有孤独、忧郁、勇敢的“硬汉性格”特点，用作者的话来说，叫作“重压下的优雅风度”。《老人与海》中老渔夫桑提亚哥的名言“一个人并不是生来要给打败的，你尽可把他消灭掉，可就是打不败他”，充分显示了海明威的“硬汉性格”色彩。另一位美国作家伯纳德·马拉默德写的有特色的人物类型，可以说是为人类赎罪受苦的犹太人的典型，如《伙计》中的莫里斯·博伯。

我国文学史上也有许多具有风格的作家，都有自己的人物形象系列。茅盾笔下最有特色的性格类型，是那种在精神上色盲的苦闷的小资产阶级青年知识分子的形象。老舍笔下闪耀出独特光彩的主要人物性格类型，则是一些善良的、与世无争的小市民形象。赵树理却为我们创造出了另一种风格色彩的人物，他们是觉醒或正在觉醒的具有坚强、乐观、幽默性格的北方农民形象。孙犁则为我们塑造了活跃在冀中平原白洋淀水乡，美如“荷花”，清似淀水般的劳动人民中优美的女性形象。蒋子龙则为我们展示了在新时期向四个现代化进军的叱咤风云的、有胆识、有魄力，有革命理想和高尚情操又有科学态度和求实精神的“四个现代化建设的创业者”的光彩夺目的人物画廊。徐迟的报告文学，简直是为我国知识分子科学家们建造了一座座大理石般的雕像。等等，等等。类似的例子，真是举不胜举。由此可见，凡是有风格的作家，都有可以称之为“我的人物”的人物类型的画廊。没有这样的“我的人物”性格形象，所谓作家的风格将会失去光彩，甚至令人难以想象。

我们指出塑造闪耀着独特光彩的人物形象系列，对于形成艺术风格的重要意义，强调这一规律性的东西，绝不是要求作家把人物性格类型化、凝固化，更不是要求作家固守在自己的狭小的艺术领地。相反，我们主张作家要不断地放眼世界，经常开拓新的艺术天地，用丰富的艺术矿藏和无尽的生活之水，去浇铸更为丰满、更有血肉的艺术雕像。

这两者是完全一致的，统一的。在有风格的作家创作实践中，也完全证实了这一点。我们在作家的创作实践中，常常可以看到，随着作家的生活圈子，思想感情、美学理想、艺术修养的发展变化，他笔下的人物形象系列也会不断发展壮大，人物性格会不断丰满，人物的性格会不断复杂多样。这种现象并不是风格的“变异”，而是风格的发展，合乎规律的发展的一种具体表现。别林斯基在评论屠格涅夫的《猎人日记》时曾充分肯定过这一点，他说，屠格涅夫的一个重要成就，就是“由前人从未描写过的一方面描写了人民”。十分明显，作家在形成自己的风格的过程中，一方面要创造出富有自己个性特色的人物形象系列，一方面又要不断地探索，从新的角度、新的深度来塑造自己的人物。这可以说是作家在创造自己的艺术风格的艰苦劳动中所必须完成的两项重要的工作。俗语说，流水不腐，户枢不蠹，在风格问题上也是这样。一种风格，一个作家的风格，当然有其稳定的基本特征，但是这种基本特征过于凝固化，停滞了，没有任何新的发展变化和新的开拓，这种风格也就显得呆板了，显得缺少新鲜感了。在这一点上，只有使风格常处在不断的发展运动中，才会使它充满生气和活力，才能给人新鲜感。在静中求动，于稳定中求变化，这是使风格发展和成熟的重要保证。这种静中之动，稳定中之变化，是风格基本特征的丰富和补充。作家的风格，正是在这种“静与动”，“稳定与变化”的矛盾统一的辩证运动中，得到充分发展和表现的。如果这种辩证运动一旦停止了，作家的风格也将会随着黯然失色。

## 表达思想感情的特殊方式

在文学创作中，作家都要表达自己的思想感情，但并不一定都有自己的独特的表达方式。这里有意味的是，作家如果一旦找到了这种表达自己思想感情的特殊方式，他就会显示出自己的风格特色。因此，一些有风格的作家都很重视这一点。高尔基就曾特别强调艺术家们要“善于用自己的形式表达自己的观念”(《文学书简》，上册第426页)。可见，表达思想感情的特殊方式，对于作家的风格的形成，也是具有重要意义的因素之一。

从表达思想感情的特殊方式方面来分析风格的特色，也就是要从作家的笔调、感情色彩、个性特点等方面来考察风格的具体表现。这在文学批评史上是常见的。唐代诗人、诗论家司空图所著《诗品》把诗分成二十四种风格，其中像雄浑、沉着、自然、含蓄、豪放、委曲，等等，可以说主要是从表达思想感情的方式论诗文品风格的。这样做是有其道理的，是应当得到充分肯定的。

作家在创作中，由于个性、生活经验、趣味不同，表达思想感情的方式也不一样。有的表达思想感情热烈如火，如郭沫若、艾芜、峻青；有的则较为冷静、客观，如鲁迅，沙汀；有的粗犷、雄浑，如梁斌、杜鹏程、贺敬之；有的则细腻、委婉，如李瑛、茹志鹃；有的幽默、诙谐，如老舍、张天翼、赵树理；有的则含蓄、深沉、蕴藉，如王愿坚、高晓声；有的明快、朴实，如周立波、孙犁；有的在叙述描写中带着强烈的抒情色彩，如曹禺、杨沫、孙犁，孙犁被人们称为"诗人型和音乐型的小说家"；有的在叙述描写中，渗透着耐人寻味的哲理性，如柳青、王蒙。可以说，有风格的作家，都有自己表达思想感情的特定方式。也正是由于这种各个不同的思想感情的表达方式，"当人们阅读任何一篇有强烈个人感情的文章时，总觉得这么一个印象，觉得书页的背后某处似乎有一张面孔……"（《狄更斯论集》，第 144 页）。作家表达思想感情的特殊方式表现得越明显，书页背后的那张面孔就越鲜明，风格的特点也就愈突出。

作家要努力选择、掌握表达自己思想感情的特殊方式，方能形成个人独有的风格，使人们从作品中识别出作家与众不同的面孔。一个作家的特殊表达方式并不是僵死的、模式化的，它也是变化发展、不断丰富的。但是，它在发展变化中却有一定的稳定性，即保持与作家本人个性相适应的基本表达方式，在变化中仍然显示着一种核心的基本特色。一个作家不可能随心所欲地改变这种基本的特殊的表达方式。如老舍的幽默，就是在变中有不变，开始有些油滑，后来减少了庸俗味，加入了一些"细里写"与严肃的东西。但基本的幽默方式却始终没有去掉。老舍曾经想"完全把幽默放下，而另换一个风格"，但失败了，最后还是"返归幽默"。（参看《论创作》）作家的特殊表达方式与他的个性密切相关，它并不是随便采用什么表达方式都能成功的，也并不是随便可以扔掉的。老舍之所以始终采取幽默的方式，原因也主要在这里。他说过："我是个爽快的人，当说起笑话来，我的想象就能充分的活动，随笔所书，自自然然地就有趣味。叫我哭丧着脸讲严重的问题与事件，我的心沉下去，我的话也不来了。"（《论创作》，第 23 页）看来，一方面作家要根据自己的个性选择相适应的表达方式，另一面也只有与之相适应的表达方式才能从容自如地表现自己的思想感情，这种选择和适应的和谐统一，是形成作家风格的又一规律。

作家表达思想感情的方式是丰富多样的，可以说是无穷无尽的。人的思想感情有多么丰富，表达方式就有多么丰富，作家个性有多少色彩，表达方式就有多少色彩。不同作家之间，只有近似的，而无绝对相同的表达方式。同是幽默也各有特色。马克·吐温具有冷面滑稽的特点；欧·亨利的幽默中另有辛酸；张天翼的幽默显得机智明快；老舍的幽默中则常有锋利辛辣；沙汀的幽默中见出含蓄、深沉，而臧克家的幽默中则透出浓郁的抒情色彩。他们可谓同中有异，各放光彩，从不同方面赢得读者赞誉和喝彩。

作家要形成自己的风格，非要找到自己的表达思想感情的特殊方式不可。但我们论风格时，一般来说，不宜以表现方式来分优劣和高下。要像允许作家个性存在和发展一样，允许各种不同的表达方式的存在和发展。这样才会使文艺园地百花盛开，色彩斑斓，而不使人感到单调、乏味。当然，在表达方式上，也有不足为训者，如令人如坠五里云雾的晦涩法、意识流，使人倒胃口的矫揉造作法；让人生厌的味同嚼蜡的说教法……，这些拙劣的怪诞的表达方式，是理所当然地要遭到作家和读者的唾弃的。唾弃它们，正是为使文学创作中表达思想感情的特殊方式更加纯正而合乎规律的发展。

## 驾驭语言的个性特点

作家自己独特的语言，是形成艺术风格的又一重要因素。郭沫若讲，作家“要能够采择语言，驾驭语言，铸造语言……”（《如何研究诗歌与文艺》）。老舍也说：“注意‘怎么说’，才能表现出自己的语言风格。”（《人物、语言及其他》）作家驾驭语言的特点(语言的色调、遣词造句的习惯趣味、方言风味、行文笔调等等)，可以鲜明地表现出作家的风格特点。司空图谈的二十四种风格中的冲淡、典雅、劲健、绮丽、洗炼等等，主要就是从运用语言特点的角度来分析风格的。他确实抓住了作家风格的形成和表现的又一个重要方面。由于作家驾驭语言特色的差异性，从而表现出各种不同风格的色彩：或质朴平实，或华丽雕饰，或浓墨重彩，或轻描淡写，或简约凝练，或铺张扬厉，或诡谲晦涩，或犀利峭拔，或明快辛辣，等等，有的因方言特色而形成不同的韵味，如老舍的北京风味、周立波的东北风味、沈从文的湘西风味；李贺喜用“鬼”“血”“泣”等悲寒凄切的词语，从而形成凄清幽冷的风格。加之他好用诡谲语写森冷境，故又有“鬼才”之称；赵树理运用富有农村生活气息的农民风味的语言，体现他的质朴、幽默的风格，被人们称为“山药蛋派”。由于语言特点在形成风格上的重要作用，高尔基特别强调作家应“在语言中有‘自己的字眼’”。作家在驾驭语言上，有了“自己的字眼”，也就有了自己的语言风格。“自己的字眼”，这是十分重要的一点。

驾驭语言的才能、习惯、爱好，与作者的生活环境、艺术修养有密切关系。老舍如果不是在北京与下层市民有密切来往，又精心研究过各种民间文艺的生动语言，就不可能形成其“俗白”“清浅”“结实有力”的语言风格特点。海明威如果没有当记者写新闻电讯稿的训练，以及关于音乐艺术的“冰山原则”的主张，他也不会形成“电报式”的简约含蓄的语言风格。沈从文讲：“我的文字风格，假若还有些值得注意处，那只因为我记得水上人的语言太多了。”（《我的写作与水的关系》）语言风格的形成又与时代风尚、作家的思想感情、审美趣味有密切关系。中国六朝的浮艳华靡，雕琢词句的齐梁体诗风，欧洲 17 世纪古典主义矫揉造作的典雅风格，还有什么沙龙语、阶级习惯语之类，都体现了封建贵族文人的情趣，跟当时的社会风尚也有一定的关系。

在语言风格上，我们要反对脱离内容、脱离群众的文字游戏，反对晦涩、浮艳、雕琢的文风。如古典主义矫揉造作的典雅语言，把镜子说成“风韵顾问”，把袜子说成“一条不能够描的东西”，把牙齿说成“口之家具”，等等，实在令人作呕。再如法国先锋派戏剧主张“语言脱臼”，不讲规范，作品中的语言晦涩混乱，甚至于称“说话是为了什么都不说明”，如《雅克》一剧中的人物罗伯特主张“为了确定事物，只要用一个猫字就行了”。这是多么荒谬可笑啊！记得法国作家勒萨日在长篇小说《吉尔·布拉斯》中写过这么一个诗人，他认为诗的“妙处就在晦涩，只要诗人肚里明白就行了”，“要把西班牙文搅它个黑白颠倒”。现在也有人照搬西方现代派的“文字游戏”，老实说，对如此“标新立异”之文风，如此独特的语言风格，我们实在是不敢领教。因为它们最终只能是使风格泯灭，于纯正的文学风格的形成毫无积极作用。

以上我们从作家风格形成与表现的主观因素的几个方面——选择题材、确定主题、塑造人物、表达方式、运用语言——分析了风格的形成和表现。从这几个侧面我们可以看出，“风格就是人”，就是作家创作个性的具体表现。风格是人创造的。因此，作家要形成自己的风格，除了客观因素（时代、民族、阶级等）方面之外，在主观因素这方面，归结到一点，“就是发现自己，发现自己对生活、对人、对某一件事的主观态度，并用自己的形式，自己的语言把这种态度表达出来”（高尔基语）。“发现自己”，“自己的主观态度”“自己的人、事、生活”“自己的形式”“自己的语言”，简言之，“自己的”题材、人物、主题、情感方式、语言，完全是经验之谈。谈得多好！“未来是属于拥有风格的人！”让作家在创作实践中“发现自己”，形成自己独特的风格吧。

1982 年 8 月初稿，1983 年 10 月修改

（原文载《河北大学学报》1986 年第 1 期）

**附记** 本文及《人物塑造的艺术技巧》（上、下）、《形象思维的奥秘》均系与黄宗高教授合作。

# 形象思维的奥秘

文学创作离不开形象思维。对此，我们既不能采取不承认主义，也不能搞得神乎其神，而应当结合创作实践进行科学的说明和探讨。

## 敏锐的感受力和丰富的想象力——作家的特殊思维能力

作家观察、分析、体验生活，虽然不能排斥抽象思维，但主要是形象思维。形象思维的主要能力就是能敏锐地捕捉感性形象，感受形象的特殊意义，善于进行活跃的、丰富的联想。杜勃罗留波夫讲的“艺术家气质”，阿·托尔斯泰讲的“内在视力”，奥斯特洛夫斯基讲的“想象中的描写”，主要就是指作家敏锐的感受力和丰富的想象力。作家凭借这种特殊的思维能力，把对生活的特殊感受，对形象的鲜明记忆，把各种感觉、直觉、幻觉、味觉、听觉……互相交流、更换，构成各种令人激动、新奇的形象世界。

许多评论家、作家在分析某作家的创作才能时，往往首先注意他是否具有这种进行艺术创作必不可少的特殊思维能力。契诃夫曾经写信赞扬高尔基说：“您的感觉很出色。您善于雕塑，那就是说您在描写事物的时候看见它，……”臧克家曾指出青年诗人李松涛“有敏锐的诗的感觉，一接触新的事物，就能够触目会心，有动于衷，捕捉一个个片断，把它化成诗句……”。据说歌德从小就注意培养想象力，他母亲给他讲故事常没有结尾，由他来把故事讲完，这对发展他的想象力起了一定的作用。“泥人张”就具有很强的形象记忆力，生活形象经他一过目，即可鲜明地保持在他的记忆中，这是他的创作才能的一个重要表现。杜勃罗留波夫对冈察洛夫的这种能力作过极其精彩的分析，他说：“他有一种令人震惊的能力——他能够在任何一个特定的瞬间，摄住那正飞驰过去的生活现象，把握它的全部完整性与新鲜性，把它保持在自己的面前，一直保持到它整个都属于艺术家所有。”（《杜勃罗留波夫选集》卷一，62—63页）这里所讲的摄取形象，保持形象，孕育形象，占有形象的思维能力，就是形象思维中的主要能力，即感受力与想象力。这种摄取形象、保持形象的记忆力是以“感性大脑”作为生理基础的（参见日本高桥尚武《左右大脑半球记忆痕迹的差异》，齐立夫译），经过实践可以逐步提高发展起来。任何把这种能力神秘化的说法都是不科学的。

作家与哲学家、科学家的思维虽然有许多共同之处，但要特别注意他们之间的差异，各自的特殊性，抹杀了这种差异性，就会抹杀各个领域中各自的创造与贡献。有位调制高级香水的工程师，他对花的兴奋点主要集中在各种花香不同的化学结构（如酚、酯等成分）上，因此他研制出了多种令人喜爱的化妆品，但并没有产生出好诗来。这是他用科学思维的缘故。诗人对花的思维就不同，他是以心灵来感受各种花，从花的特性与人的性格、遭遇的联系中，进行想象，因此才有诗，才有“人比黄花瘦”“杏花无处避春愁”“槛菊愁烟兰泣露”等等这样感人的诗句，但他却不能去制造任何化妆品。

作家的感受力、想象力综合表现在活跃的浮想联翩活动中。作家由于生活的触发，调动了形象记忆，各种形象纷至沓来，甚至天上人间，上下几千年，纵横几万里，思潮翻滚，不能自已，这是艺术构思中形象酝酿的紧张、活跃的情况，也就是浮想联翩的思维状况。浮想联翩，使作家组合艺术世界，在想象中描绘，正如巴尔扎克所说的，好像在“脑海中的画幅上”“观看中国皮影戏一样”。这就使作家由生活进入艺术世界。浮想联翩，也可以说是作家进行“搜天斡地觅诗情”的艺术联想活动，是作家探索、发掘“诗意”的思维活动。在这一过程中，作家逐渐地把生活形象转化为自己的内心形象。英国现当代小说家伊丽莎白·鲍温说：“小说家的想象力具有一种独特的力量。这种想象力不只能创造，而且能洞见。它是一种强化剂……”（《小说家的技巧》见 1979 年第 1 期《世界文学》，第 272 页）作家凭借想象力的“创造”“洞见”“强化剂”的作用，把我们生活着的现实世界，转化成为令人眼花缭乱的各种艺术世界。

## 强烈的激情——形象思维的动力

形象思维是热的，它总是伴随着强烈的情感活动。强烈的激情，推动形象思维顺畅地奔流。这种活动有时是强烈的，不可抑制的，有时是愉快的，有时是痛苦的。作家在强烈的激情推动下进行敏捷活跃、顺畅的形象思维活动，产生了强烈的艺术冲动。此时常常会出现文思泉涌、一挥而就的惊人效果，会形成“一种神经性的发作”的情感活动极致的心理状态。作家及时放笔写去，“好像是文章在逼我，不是我在写文章一样”。（巴金语）似乎不是作家，而是作品“在我身内制造着它们自己”。（大仲马语）对这种艺术冲动，作家必须紧抓不放，奇珍异品常常就在此产生。

可以肯定地说，没有激情，就没有形象思维，也就不会有艺术。没有激情的推动，作家就不会拿起笔来写作，就是写也绝不会写好。郭沫若是个“热型”作家，他的《女神》是在“狂涛暴涨一样的写诗欲望”的推动下写的，他在写《地球，我的母亲》时，“觉得有点发狂”，写《凤凰涅槃》时，“全身都有点作寒作冷，连牙关都在打战”。（参看《我的作诗的经过》《序我的诗》等）这实际上是强烈的激情推动形象思维顺畅活动，找到了爆发感情的火山喷火口。诗人徐志摩讲到自己最早写诗的那半年时说：“我的诗情真有些像山洪暴发，不分方向的乱冲……未成熟的意念，都在指顾间散作缤纷的花雨。”（《徐志摩诗集》序）

强烈的激情的发泄、喷发，才能产生有动情力的作品，也可能带来某些缺陷（如对某个人物过于偏爱，甚或迁就感情而歪曲了某些生活真实等等），因此，有的作家提出在创作时要节制自己的情感，要搞好冷处理与热处理之间的关系。他们主张在形象思维这条热线中要适当掺进一些理智，加以节制，以免任凭感情泛滥，像脱缰的野马，乱奔乱撞。歌德曾对一位年轻诗人谈艺术创作时说，要“永远寻求节制”。不少作家谈过迁就一己的感情对创作不利的体会。巴金在《家》重版时写道：“……我对自己批判的人物给了过多的同情，有时我因为个人的感情改变了生活的真实……”在谈《憩园》创作时，他也讲了这样的体会，“我动了感情”，对一些应更严厉谴责的人物过于“偏袒”“宽大”，“理智迁就了感情”。[《巴金选集》（下），第679—680页] 老舍也谈过同样的意见，他认为创作时，只凭感情带自己走，优点是“使我的笔下常常带些感情”，缺点是常常使自己把“浮浅的见解”带进作品。（《论创作》，第5页）

在创作过程中，有时形象思维的“热点”太高，太激动，往往写不下去，必须冷静下来后才能再继续写下去。梁斌、姚雪垠在谈创作体会时，就曾讲到这种情况。我们不主张作家在认识生活与构思艺术形象时处于纯理性的，无动于衷的心理状态。但也不赞同西方一些现代派的非理性主义的，迷狂的创作冲动。把“迷狂”看作形象思维，是理论上的大倒退。我们还是同意茅盾这样一个辩证的观点：“一个文艺工作者，除了需要冷静的头脑，还需要有一副热烈的心肠。”（《论创作》，第518页）

当然，在形象思维过程中，如何处理冷热的关系，不同的作家都有自己的个性特点，是绝对不能一刀切的。对作家的不同情思我们不能抑此扬彼，也不能给他们划定一个统一固定的规格。

激情是充溢着感情的思想，是凝结着思想的感情，是感情与思想的同时爆发。在创作中，没有强烈的激情，就不会有创作，但仅仅凭借激情，也不会写出好作品，只有强烈的激情与作家的表现才能结合起来时，才可能产生杰作。没有激情就不可能成为作家，而只有激情，也不一定成为出色的作家。歌德在解答什么是诗人时这样说过："对情境的生动情感加上把它表现出来的本领，这就形成诗人了。"（《歌德谈话录》，第 90 页）

## 形象观念——用形象思维思考的重要方式

作家的形象思维总是结合着形象来进行思考的。阿·托尔斯泰讲过："在我身上，形象常常是作为产生思想与感受的一种源泉，而同时形象又永远是过程的最后的一个终点。"（《论文学》，第 72—73 页）形象思维是以形象为起点，又以形象为终点。在这个思维活动过程中，虽然在某些时候、某些方面会有纯直线的形象，但主要的方面都是凭借形象观念，即凭借着包含著作者认识结果的形象进行思考的。

南宋文学批评家严羽在《沧浪诗话·诗评》中说："唐人尚意兴，而理在其中。"别林斯基提出过，艺术"只能容忍诗情观念"的观点，而不能容忍抽象的理性观念。（《外国理论家、作家论形象思维》，第 70 页）正常的人的形象思维活动，总是渗透着理性认识的，不是从直感形象到直感形象，毫无节制，毫无方向，毫无逻辑地运行的。形象思维中必然包含着作者的认识，对生活的理解、观念，它的特点就是把认识、理解、观念渗透在形象中，即用这种包含着作者认识结果的形象观念（古人谓之"意象"）来认识和反映生活，只有在生活中获得丰富的形象观念，才可能按照形象思维的方式来认识和反映生活。形象思维就是"意象"熔铸的过程。作家不断地把理性认识熔铸到形象中去，转化成形象观念，成为形象思维中一个密不可分的组成因素。

作家只有把自己对社会生活的深刻理解与艺术把握统一起来，熔铸出包含着自己独特认识的明确形象和生动画面，他的形象思维才是有效的，能出成果的。也只有这样的文学形象才具有丰富的、耐人寻味的内涵，才是追求形象观念的要义。陈毅写《题西山红叶》中的红叶形象，就是作者对"斗争见英雄""要彻底革命"等等思想的艺术把握的产物。曹禺《北京人》中的"争抢寿木"的艺术构思，无疑是作者对"封建主义、资产阶级早晚要进棺材"深刻认识的艺术把握。其他，如茅盾《白杨礼赞》中的白杨，郑板桥的竹子，徐悲鸿的马，……无一不是包含着作者思想认识结果的形象。那种认为创作要完全凭直觉、潜意识，凭直感形象恐怕是不甚恰当的。可以这样说，作家在生活中获得的形象观念越丰富，形象思维就会越活跃，越有成效。

## “神与物游”——形象思维的最佳心境

运动员参加比赛时，要有最佳的竞技状态，作家在进行创作时，也要有最佳心境。这就是神与物游，进入角色，生活在自己幻想的艺术境界中，以致“忘掉自己的存在”。（巴金语）在写作高潮时，如果时时游离于艺术境界之外，对创作是不利的。

对于寻求神与物游这样一种最佳的创作心境，许多作家都有过精辟的论述。阿·托尔斯泰曾举巴尔扎克常跟他想象中的人物打架为例，指出“任何一个作家都必须看到他所描写的对象，直到产生幻觉，必须在自己的身上培养出这样的特性”。（《论文学》，第424页）其他如拜伦讲的“照着我们幻想的生活而生活”，福楼拜讲的“努力设想自己处于小说中人物的地位”，都是讲的神与物游的创作心境。据说，巴尔扎克经常进入这样的幻想艺术世界，自己在屋里大声怒斥笔下的人物，使来访的友人误以为他正在与人吵架，有时他竟然把来访的友人当成小说中的人物，斥责他害死他作品中的女主人公，使友人惊诧不已。在我国也有许多作家、理论家精辟地论述过设身处地，神与物游这种创作过程中神奇的心境。刘勰说过：“思理为妙，神与物游。”（《神思》）李渔也讲过：“若非梦往神游，何谓设身处地？无论立心端正者，我当设身处地，代生端正之想；即遇立志邪辟者，我亦当舍经从权，暂为邪辟之思，务使心曲隐微，随口唾出，说一人肖一人，勿使雷同，弗使浮泛。”（《闲情偶记》卷三）要达到幻觉的地步，实现神与物游的心境，作家就要变成自己作品中的人物，轮流地再现作品中的每一个人物，像契诃夫说的，写偷马贼，就要随时按偷马贼的方式说话和思索。不能设身处地，神与物游，就不懂艺术创作的个中三昧，也不可能写一人肖一人。

特别有趣的是，作家写动物、草虫、石头，也常要神与物游，把自己与动物、草虫、石头等融为一体。托尔斯泰写马写得很精彩，致使屠格涅夫看后说：“我真以为你当过马。”歌德曾赞赏17世纪德国画家鲁斯画的羊，他说：“深信画家自己也变过羊，鲁斯仿佛渗透到这些动物的灵魂里去。”我国画家曾无疑善画草虫，常就草地之间观察草虫性状，“得其天”，“方其落笔之际，不知我之为草虫耶，草虫之为我耶”。其他如画家赵子昂常爬地体会马的性格，潘天寿与花草石头交谈，等等。这些都充分说明，作家都在努力寻求与进入神与物游的创作心境。如果未能进入这种思维状态，最好暂时不要动笔。勉强为之，则无异于人工流产，强扭生瓜，只能生产畸形儿，绝不会出好作品。

作家在形象思维过程中，一旦进入神与物游这种创作心境，就可以把思想感情完全地、不留痕迹地灌注进自己创造的艺术世界中去，增强形象的感染力，突出作品的个性特点。作家在创作中忘掉自己，而在作品中却充分地肯定了自己。这是一个辩证的过程。进入神与物游的创作心境，作家就可以更好地使人物按照他们各自的性格独立地生活，避免把人物当作自己的木偶。当然，不能忘记的是，神与物游的特点对作者的思想立场提出了更高更严格的要求，它使作者更明显，更无保留地显露自己的灵魂。

（原文载《大学语文》1984 年 5 月）

# 谈谈“创作自由”

## 一

文学上的“创作自由”，是马克思主义的还是资产阶级的呢？这个问题，应当说是清楚的。因为这一点，列宁在论述无产阶级文学的党性原则时讲得很明确的。他说：

> “无可争论，文学事业最不能作机械的平均、划一、少数服从多数。无可争论，在这个事业中，绝对必须保证有个人创造性和个人爱好的广阔天地，有思想和幻想、形式和内容的广阔天地。”①

这里，第一个“无可争论”讲的是“文学事业”本身的“精神个体”性、“独创”性特征，这是根本。可以说它比文学（艺术）民主更为重要。因为在文学问题上，既不能也不需要少数服从多数，下级服从上级。这是问题的出发点。正是在这一基础上，才理所当然地提出了第二个“无可争论”——作家的个人爱好、创造性和思想、幻想、内容、形式的广阔天地。这一切，概括起来，就是“创作自由”。显而易见，“创作自由”是列宁所肯定的，是无产阶级的、马克思主义题中之义。

然而，列宁的论述并没有就此打住。他还针对某些知识分子把无产阶级文学的党性原则同无产阶级文学的创作自由对立起来的糊涂观念，特别强调指出：

> “这一切都是无可争论的，可是这一切只证明，无产阶级的党的事业的文学部

① ［苏］列宁：《党的组织和党的文学》，《列宁选集》第一卷，第648页。

分，不能同无产阶级的党的事业的其他部分刻板地等同起来。这一切绝没有推翻那个对资产阶级和资产阶级民主派是格格不入的和奇怪的原理，即文学事业必须无论如何一定成为同其他部分紧密联系着的社会民主党工作的一部分。”①

十分清楚，这里讲的是“创作自由”同党性原则的关系。一个“只证明”，一个“绝没有推翻”，再清楚不过的指明了它们的一致性。无可争论，“创作自由”是完全属于党的文学原则的基本内容的。不承认这一点，是讲不通的。

更重要的是，列宁还提出了社会主义文学是真正自由的文学：

“这将是自由的文学，因为把一批又一批新生力量吸引到文学队伍中来的，不是私利贪欲，也不是名誉地位，而是社会主义思想和对劳动人民的同情。这将是自由的文学，因为它不是为饱食终日的贵妇人服务，不是为百无聊赖、胖得发愁的‘几万上等人’服务，而是为千千万万劳动人民，为这些国家的精华、国家的力量、国家的未来服务。这将是自由的文学，它要用社会主义无产阶级的经验和生气勃勃的工作去丰富人类革命思想的最新成就，它要使过去的经验（从原始空想形式的社会主义发展成科学社会主义）和现在的经验（工人同志们当前的斗争）之间经常发生相互作用。”②

列宁关于社会主义文学是真正自由的文学的论述是非常精辟的，内容是非常丰富的。据我的理解，列宁在这里主要是在指明社会主义文学“自由”的主体、内容和指导思想。“具有党的观点”的老一辈文学家、艺术家和参加到文学事业中的“一批又一批的新生力量”，是这种“自由”的主体。也就是说，“创作自由”属于无产阶级、属于人民。“社会主义思想”和“为千千万万劳动人民服务”的方向，是这种“自由”的指导思想。而作家的个人爱好、创造性，思想和幻想、形式和内容的广阔天地，则是“创作自由”的具体、实在的内容。应当说，列宁对无产阶级文学的“创作自由”的论述是非常深刻、全面的。在某种意义上，正是列宁在这里从理论上阐明了“创作自由”的社会主义性质。列宁的论述具有极为重要的理论意义和深远的历史意义。

---

① 《党的组织和党的文学》，《列宁选集》第一卷，第648页。

② 《党的组织和党的文学》，《列宁选集》第一卷，第650页。

认真学习列宁关于党的文学的论述，可以看出，那种把“创作自由”同党性原则对立起来，摒斥在外，根本不承认它是党性原则的基本内容的观点，是没有任何理论根据的。那种不包含“创作自由”的党性原则，实际上同列宁的“党性原则”相去甚远，是十分片面的！而林彪、“四人帮”所搞的“‘自由化’批判”，把“创作自由”说成是“反党口号”“反革命口号”“资产阶级自由化口号”，则完全是对列宁关于党的文学的原则的学说的践踏和反动。

## 二

“创作自由”与资产阶级的自由的区别在哪里？怎样划清它们的界限呢？这也是一个老问题了，也应当说是清楚的。资产阶级常常把他们的自由说成是“绝对自由”。列宁曾对此作过深刻的揭露和批判。他指出：

> “资产阶级个人主义者先生们，我们应当告诉你们，你们那些关于绝对自由的言论不过是一种伪善而已。在以金钱势力为基础的社会中，不可能有实际的和真正的‘自由’。作家先生，你们能离开你们的资产阶级出版家而自由吗？你们能离开那些要求你们作诲淫的小说和图画，描写卖淫来‘充实’‘神圣’舞台艺术的资产阶级观众而自由吗？要知道，这种绝对自由是资产阶级的或者说是无政府主义的空话（因为无政府主义作为世界观是改头换面的资产阶级思想）。生活在社会中却要离开社会而自由，这是不可能的。资产阶级作家、艺术家和演员的自由，不过是他们依赖钱袋、依赖收买和依赖豢养的一种假面具（或一种伪装）罢了。”①

这里所揭露的正是“绝对自由”的主体、内容和实质。资产阶级作家、艺术家、演员——是“绝对自由”的主体。作“诲淫小说和图画”，“描写卖淫来‘充实’‘神圣’舞台艺术”——是其具体内容。而对钱袋的依赖——则是这种自由的实质。列宁对“绝对自由”的揭露是非常深刻的，它彻底打破了资产阶级“绝对自由”的假招牌，戳穿了他们的伪善。有一个时期，人们曾经把列宁对“绝对自由”的批判看作是对“创作自由”的否定和批判，实际上那是一种误解，是把“绝对自由”同“创作自由”两个不同的问

① 《党的组织和党的文学》，《列宁选集》第一卷，第650页。

题混为一谈，无疑是非常错误的。

如果承认列宁对资产阶级“绝对自由”的主体、内容和性质的揭露，并且联系他对社会主义文学“创作自由”的科学论断，我们就不难发现它们的本质区别，划清它们的原则界限。无产阶级的“创作自由”同资产阶级“绝对自由”的区别，就其根本性质来看，概略地说，有以下三点：

（1）社会主义文学的“创作自由”是建立在社会主义集体经济基础上的，它是为人民服务、为社会主义及其经济基础服务的；而“绝对自由”是建立在集团竞争的经济基础上的，它是为资本主义和少数统治阶级服务的。

（2）“创作自由”是无产阶级和广大劳动人民的自由，是多数人的自由；而“绝对自由”则是资产阶级和无产阶级中的一小部分人的自由，是少数人的自由。

（3）“创作自由”是对必然的认识——是建立在对文学的客观规律的科学认识的基础上的，因而是真正的，实在的自由；而“绝对自由”是建立在资产阶级对文学艺术的偏见基础上的，因而是伪善的，是对艺术规律的亵渎。

正是以上这些区别，从“自由”的经济基础、主体、具体内容以及认识基础上划清它们的原则界限。

自由又是一个历史范畴。无产阶级自由是历史发展的最高形态。它虽然同资产阶级自由有一定的继承性和某些共同形式，但已经是一种新的、与资产阶级自由有根本性质不同的东西了。不承认这种根本区别，硬是把“创作自由”同“绝对自由”等同起来，说成是资产阶级的东西，则无论如何都是荒谬的。

## 三

“创作自由”与“双百”方针所提倡的两个自由——艺术自由（“艺术上不同的形式和风格可以自由发展”）和学术自由（“科学上的不同学派可以自由争论）是什么关系呢？这是谈到“创作自由”问题所不能不涉及的问题。

“百花齐放，百家争鸣”的方针的基本内容，就是提倡和保证艺术自由和学术自由。不言而喻，这与列宁所说的“创作自由”是完全一致的。但我们认为，仅仅看到这一点是远远不够的。也就是说，“双百”方针绝不是一般的重申列宁关于“创作自由”的思想，而是对它的丰富和发展。从毛泽东同志50年代发表的《在省市自治区党委书记会议上的讲话》《关于正确处理人民内部矛盾的问题》等著作中有关“双百”方针的论述来看至少有以下几点：

第一，尽管列宁提出的无产阶级文学的“思想和幻想，形式和内容”的自由，具有阐发艺术的“精神个体性”“独创性”特征的意义，但只有关于“百花齐放，百家争鸣”的论述才第一次明确提出并阐发了社会主义条件下科学、文化，特别是文学艺术发展规律。

第二，对艺术、马克思主义、真理在社会主义条件下的发展规律的理论论述，是马克思主义文艺理论史上的创见。

第三，把“百花齐放，百家争鸣”这一艺术规律，明确规定为党的文艺方针，即把党的文艺政策与文艺规律，如此辩证地统一起来，“合二为一”，更是对列宁思想的伟大发展，它标志着无产阶级文学的党性原则的理论发展到了一个新的阶段，即社会主义阶段。

“双百”方针，是马克思主义同中国革命具体实践结合的产物，是“创作自由”“党性原则”在我国新的历史条件下的合乎规律的辩证发展。只要回顾一下历史，就会理解这一点。大家知道，“严格的党性是高度发展的阶级斗争的随行者和结果。反过来说，为了公开的和广泛地进行阶级斗争，必须发展严格的党性”①。文学的党性原则的提出，正是当时俄国“高度发展的阶级斗争”的“随行者和结果”。当这种历史条件发生根本性的改变，甚至不复存在的时候，党性原则的原则还能一成不变吗？按照辩证唯物主义和历史唯物主义的观点，它应当而且必须随着历史条件的改变、发展而有所变化和发展。当1956年我国社会主义改造已经基本胜利，剥削阶级已经不复存在，革命时期大规模的急风暴雨式的阶级斗争已经基本结束，我国社会主义已经进入到一个新的历史时期，党和国家迫切需要发展经济和文化的时候，应当说，它已经不同于“革命时期”的历史条件了。社会主义文艺的党性原则已经无需“为了公开地和广泛地进行阶级斗争”再向“以阶级斗争为纲”的基本方向和精神去“发展”去“完备”了。社会主义文学的党性原则如果不是停滞的僵死的绝对不变的教条，它就必须随同我国革命的具体条件发生的最深刻的变化（生产资料的社会主义改造，党的工作重点的历史性转移）而改变其内容和性质。而正是从这种具体的历史条件出发，毛泽东同志着重强调和阐述了列宁肯定过并要求绝对必须保证的“创作自由”的思想，集中论述了文学发展的规律，提出并科学阐述了以两个“自由”为中心内容的“百花齐放，百家争鸣”的方针。对“艺术自由”“学术

---

① 《社会主义政党和非政党的革命性》，《列宁选集》第一卷，第656页。

自由”如此之强调，视为党在文学领域里“实现自己的领导”的必不可少的根本性条件，把“双百”方针作为繁荣和发展社会主义文化的长期的基本方针，对社会主义文学的党性原则来说，无疑是一个重点“转移”，是一个伟大创举。只有这样，才可能真正以完备和完整的形式实现党的文学的原则。

以上就是“创作自由”“党性原则”同“双百”方针的关系。了解了这一点，对于那些把“创作自由”排斥在“双百”方针之外，把“双百”方针同文学党性原则对立起来的观点之所以错误，也就不难理解了。

1980 年 5 月

（原文载《大学语文》1983 年 3 月）

**附记** 本文发表时署名山木。

# 人物塑造的“分身术”

## ——人物塑造的艺术技巧（上）

在人物塑造这个广阔的艺术天地里，我们可以发现许许多多十分有趣的现象。其中之一，就是一些作家常常使用“分身术”来塑造各种各样的人物形象。它主要是“人物分身术”和“作家性格分借式分身术”两种。研究这种现象，探求这种艺术技巧，对我们塑造人物形象或许会有一点益处。

### 人物分身术

这种“分身术”，是在作者笔下人物身上运用“分身法”，即让人物在特定的情境下，一分为二、一分为三，甚至一分为十、百……由于它是人物自身的自我分化，我们姑且把它叫作“人物分身术”。

从一些文学创作实践来看，人物分身术又常常表现为许多不同情况。例如，常见的就有这些情况。

**第一种，魔法式分身法**

吴承恩在《西游记》中，塑造孙悟空这个人物形象时，就是采用的这种分身术。孙悟空在半天云里同诸天神厮杀时，突然拔下一撮毫毛，丢在口中，嚼碎了，喷将出去，于是乎竟变成了千百个大圣，都使一样的金箍棒，都一样的神通广大，就这样，孙悟空打退了哪吒太子，战败了托塔天王……这种分身法的运用，虽然稍显魔法，怪诞了一点，也并不一定是神奇的一笔，但谁也不能否定它在突出、强化孙悟空的性格的某些特征（神通广大）方面的作用。在某种意义上说，这种作用，似乎又是其他手段所不能奏效的。

这种魔法式分身术，在浪漫主义作品，特别是古典浪漫主义作品中，并不少见。但像《西游记》这样得体、成功，却是并不多见的。然而，毕竟由于它本身的特点和局限，所以在现实主义作品和现当代作品中，就实属罕见了。

**第二种，幻觉式分身法**

京剧《徐九经升官记》，特别是同名电影中，经过电影艺术的特殊处理（叠印），这种分身法得到形象地显现。——徐九经思想斗争十分激烈，在幻觉中出现了代表两种思想的甲、乙两个徐九经，于是，银幕上同时出现了三个徐九经，他们在热烈的进行辩论、斗争……真是神来之笔，活灵活现，妙趣横生。这种手法的运用，把徐九经复杂的内心活动具象化了，形象地展示了人物的精神世界，特别是此时此地的内心活动，对于刻画人物的思想性格起到了很好的作用，收到了极强的艺术效果。

**第三种，性格分裂式分身法**

意大利作家伊·卡尔维诺的中篇小说《一个分成两半的子爵》中，梅达尔多子爵在战场上被当胸一炮打中，分成善良的左半身与邪恶的右半身，以象征手法，表达了作者"不完美的痛苦"的思想，希望人们变得更明智，使人人变得完整，"整个世界都变完整"，"可望有个奇迹般的幸福的时代"。类似的还有聂华苓的《桑青与桃红》。桑青由于历尽痛苦与折磨，精神分裂而摇身一变，成了桃红，实际上是一个人的双重性格。西方有些作家还常常用这种分身法来表现人的变态心理、自我异化等等。

**第四种，影子式分身法**

罗丹《地狱之门》中的一组群雕《三个影子》中，那三个人实际是亚当一人，每个人都似乎是另一个人的影子。在这里，艺术家以奇特的构思，运用分身术来强化对痛苦的情感的表达。本来是用一根棍子，现在则是用三根棍子，打动读者的心弦的力量，当然就大大增强了。

**第五种，肢解式分身法**

马雅可夫斯基的《开会迷》中，那些干部由于会议成灾，不得不把身子齐腰劈成两半，分别去参加各种会议。不过，这种"肢解式分身术"在这里并不是反映人物精神分裂或双重性格，而是在揭露、讽刺、批判某种不正常的生活现象罢了。

上述种种"分身法"，都是由人物自我分身，它或者强化人物性格的某个特征，或者着重揭示人物的内心世界，或者旨在讽刺、批判人物以外的某种事物……都收到了一定的艺术效果。虽然，它在表现形式上，有些怪诞、奇异，但作为一种塑造人物的艺术技巧，却是符合艺术规律的。

# 作家性格分借式分身术

作家笔下的人物可以自我分身，同样，作家在塑造人物形象时，也可以自我分身，即作家把自己的性格或经历，分借给笔下的人物，使人物带有作者的某些影子。作家在塑造人物时，把自己的性格分借给笔下的人物，这种分身术我们姑且把它叫作家性格分借式分身术。

这种分身术，大致也有几种情况。

**第一种，性格分配法**

俄罗斯作家普希金在谈到拜伦时说，拜伦在创造人物性格时，“他把自己性格的特征分配给笔下的许多人物，他赋予一个自己的傲慢，另外的一个自己的憎恨，第三个人自己的苦闷等等……”（《致尼古拉耶夫斯基的信》）这话是不无道理的。在《恰尔德·哈罗德游记》中，他把自己思想性格中的悲观厌世、蔑视群众的思想（消极的性格），更多地分借给了主人公哈罗德，而诗人的积极性格则更多地分借给抒情主人公，由诗人自己直接抒发出来。我国著名作家巴金的《激流》同拜伦的情况极为相似。正如作者在《随感录》第一集（九）中所说的那样：“《激流》里也有我自己，有时在觉慧身上，有时在觉民身上，有时在剑云身上，或者在其他的人身上。”看来，作家在塑造人物时，把自己的某些思想性格分配给自己笔下的人物，并不是什么偶然的例外情况，而是一种常见的、切实可行的艺术技巧或手段。

**第二种，经历分借法**

我们还经常看到这种情况：作者把自己不同时期的生活经历和性格，分借给笔下的一些不同的人物。例如高尔基对列夫·托尔斯泰的分析评价那样：列夫·托尔斯泰笔下的人物聂赫留道夫、列文、卡列宁，“所有这些人物，都是他精神发展上的几个阶段罢了”（《俄国文学史》，第487页）。日本小说家太宰治的《斜阳》中的四个登场人物，评论界也认为是太宰治的分身。弟弟直治是他的前期，母亲与和子反映了他的中期，而文人上原则是他的后期。美国作家海明威笔下的人物也有类似情况。

上述这两种情况，只是相对的。作家的性格与作家的经历是密切联系在一起的，我们往往很难把二者截然分割开来。这里只是有所侧重而已。实际上，更多的情况，则是属于第三种情况，即作家同时把自己的某些经历和性格分借给笔下的人物。比如，郭老创作历史剧《屈原》和《蔡文姬》就是极能说明问题的例子。可以说，《屈原》中屈原的独白“雷电颂”实际上是郭老的感慨。而《蔡文姬》中的蔡文姬，郭老则明确地说：“蔡文姬就是我!”这里，作家不是把自己的性格和经历都借给笔下的人物了吗？历史剧是如此，那些自传体文学作品就更不能是例外了。

作家把自己的某些性格和经历分借给自己笔下的人物，对于增强人物形象的真实性和思想感情的真挚性，有重要作用。像拜伦之于哈罗德，托尔斯泰之于聂赫留道夫、郭老之于屈原、蔡文姬，在塑造人物的艺术技巧上，绝不能否定它们得益于“性格分借式分身术”。作为塑造人物形象的艺术技巧，性格分借式分身术是具有重要意义的，是完全符合艺术规律的。

## 几点启示

探讨人物塑造的分身术，有什么意义呢？我们认为，它至少给我们一些有益的启示。

首先，在人物塑造上，作家使用的手法和技巧是多种多样的，应当允许作家有一个广阔的创造天地。像“人物分身术”这类较为奇异的手法、技巧，是不应当受到非议的。

其次，作家在塑造人物时，完全可以把自己的性格、经历分借给自己笔下的人物，大可不必害怕人物带上自己某些主观色彩与性格烙印，要像巴金说的，“要表现自己的人格，不要隐瞒自己的内心”(《巴金谈文学创作》，1982 年 4 月 1 日《文学报》)。在创作中，既敢于在人物身上烙上自己主观个性的印记，又不把人物写得像自己，更不把人物写成自己的传声筒，这样的作家才是高明的作家，这样的人物形象才是成功的形象，才会具有强烈的感染力。

再次，读者应当正确认识作家同他笔下的人物的关系。作者自己同他笔下的人物既有密切的联系又有严格区别。我们绝不能因为人物塑造上的分身术，就把作者同他笔下的人物混在一起，即使属于“蔡文姬就是我”之类的情况也不能把二者混为一体。简单地把人物看成作者的化身是十分有害的。可以这样说，作品中既没有作者，又处处有作者。很少有作者不承认笔下某些人物有自己的影子，也很少有作者同意说笔下某个人物是自己的化身。我们应当从人物身上看出作者，又不把人物当成作者本人。这样认识，似乎较合实际。

以上所谈人物塑造的分身术——人物分身术和作家性格分借式分身术，是作家塑造人物形象的艺术技巧或艺术手段，而不是人物性格的两重性或几重性问题。作家笔下的人物的性格应是一元的，但塑造人物形象的艺术手段却完全可以是多种多样的。这是两个不同性质的问题。我想，这是不应当引起误解的吧。

(原文载《大学语文》1984 年 9 月)

# 人物的独立性与作者的权力

## ——人物塑造的艺术技巧（下）

作为塑造人物的一种手段，“分身术”是一种有意味的现象。同样，在塑造人物过程中，作者笔下的人物命运与作者的权力（或曰人物的独立性与作者的主观性），也是很有趣的现象。探索人物独立性与作者的权力的关系，对塑造人物不是毫无意义的。

### 人物按照自己的性格，过着独立的生活，甚至牵着作者的鼻子走

这话并非危言耸听，而是许多作家成功的经验。如阿·托尔斯泰就曾经这样说过，作品中的人物活起来之后，“他们开始过着独立的生活，他们的独立性达到了这样的地步，以致往往拉着自己的创造者——作家跟着他走，……这样，才达到了真正引人入胜的境地”（《论文学》，第 57 页）。

事实上，这种事例举不胜举。在创作过程中，人物常常出乎作者的意料，干出作者没有想到的事情来，甚至与作者抗争，做出作者不喜欢、不愿意的事情来。如大家熟悉的例子：普希金笔下的达吉亚娜（《叶甫盖尼·奥涅金》）就同作者开了个玩笑：她没有等待追求她的奥涅金而是同另一个贵族结了婚；列夫·托尔斯泰对他笔下的安娜·卡列尼娜（《安娜·卡列尼娜》），虽然不愿意，也不得不让她卧轨自杀；法捷耶夫的美蒂克（《毁灭》）终于没有自杀，而是开了小差……这种情况说明，作者笔下的人物，一旦站了起来，形成了自己的性格，他就取得了自己独立生活的权利，就会按照自己的性格生活，甚至会牵着作者的鼻子走。在这时候，我们不能不承认，作者笔下的人物已经获得了独立性。对于作家笔下人物的这种既得的独立性，高明的作者，一般是尊重他们的自由，顺从他们的意志，对于他们的行动是不轻易加以干涉的，甚至只是惊讶地注视着、思考着他们下一步将会走到哪里去。

这种情况，表面上看，作家好像放弃了自己的权力，放纵了人物，似乎是一种损失，

实际上，这种“放弃”，并没有造成“损失”，而是由笔下的人物作为向导，把我们带进了“真正引人入胜的境地”。以上几部作品的艺术成就，就是很好的例证。由此可见，承认、尊重人物的独立性，是塑造人物的一个重要特点和规律。在一定意义上说，违背了它，往往会自讨苦吃，给创作造成某种损失。

## 作家根据自己对人物的理解与把握，给人物安排一定的生活和结局

我们承认作家笔下人物的独立性，这是一个方面。但是，从另一方面——作者塑造人物的主观能动性来探索这一特点与规律，仅仅强调“人物牵着作者的鼻子走”似乎就不够全面，也不能准确说明塑造人物过程中作者与人物的复杂、微妙的关系了。这里，我们丝毫不能忽视作者在塑造人物过程中的主观能动性——作者调动、指挥人物的权力。

我们先考察一下创作实践。这方面的例子也是举不胜举的。如人们共知的例子：意大利作家卡洛·科洛迪的童话《木偶奇遇记》，最初连载到木偶匹诺曹被两个裹着煤炭袋子的黑人捆绑起来，吊在一棵大树上，就结束了。这样的结局，遭到读者的抗议。他不得不续写下去。于是，在匹诺曹快被吊死的时候，一位美丽的青发仙女赶着车来救他了……最后，木偶匹诺曹变成了一个真的活的好孩子。——科洛迪竟然续写了二十多期，比匹诺曹被吊之前的十几期还要多。原来的“结局”，成了人物成长过程中的一个“转机”。

鲁迅笔下的阿Q的“大团圆”，也是一例。按照鲁迅的意思，阿Q是“渐渐向死路上走”，或许还要“多活几星期的罢？”但因为编辑《晨报副刊》的伏园不在，“大团圆”一章便马上登出来了。待到伏园回京，阿Q已经枪毙了一个多月了。由于“《阿Q正传》大约作了两个月，我实在很想结束了”，所以，“会逢其适”——伏园不在，由人代庖，阿Q便这样匆促地“大团圆”了。（《〈阿Q正传〉的成因》）

又如茅盾写《腐蚀》。原计划写小昭被害就结束。后来却改为：小昭被害成了赵惠明生活的转折点。按照作者的说法是，“迫于要求，将就地‘拖’出来的”。（《茅盾论创作》，第83—85页）其原因，或许有三：一是读者要求给赵惠明一条自新之路；二是作者认为这样处理也合理；三是《大众生活》（《腐蚀》的连载者）要求多“拖”几个星期。于是，赵惠明有了转机，成了现在的命运和结局。

再如巴金写《秋》，也是这样处理的。他改变了原来让觉新自杀的“灰色结局”，没有让觉新自杀。为什么？按作者的意思，一是“他（觉新）本人想活”，二是“自己也受不了阴暗的结局”。（《巴金选集》下册，第650页）

其实，这样的事例太多了。它们充分说明，作家在塑造人物时，如何安排人物的生活道路、命运，甚至某些具体活动，除了尊重人物的独立性之外，是完全有调动、指挥人物的权力的，是可以充分发挥作者的主观能动性的。否认这一点，是不符合创作实际的。作家塑造人物的这种主观能动性，在“改编”“续作”这种特殊的创作过程中，就更是显而易见了。如高鄂之续《红楼梦》，金圣叹腰斩《水浒》，以及俞万春之《结水浒》（即《荡寇志》）；夏衍改编小说《林家铺子》为电影、周克芹改编小说《许茂和他的女儿》为电影，等等。人们尽可以评论他们续作、改编的功过得失，但丝毫不能否定他们在原作基础上进行再创造，特别是对原作中人物的命运、结局进行艺术处理的权利。如果，我们承认以上种种事实，坚持从实际出发，那么，就应当肯定地说，在人物塑造中，作家对人物的主动权，是创造人物的一个特点和规律。在一定的条件下，作者掌握着指挥人物的权力。这种指挥可以是出色的、创造性的，也可以是笨拙的、失败的。但是，几乎可以说未曾有哪个作家完全放弃这种权利。在这一点上，只有成败、优劣之分，但无有无、可否之分。也正是由于作家在塑造人物过程中，坚持运用自己的这一权力，才能够在作品中显示出作者的个性色彩，给人物打上作者的印记。可见，这是创作过程中一个必不可少的因素。

## 人物的独立性与作家的艺术处理权是辩证统一的

在人物塑造过程中，一方面人物按照自己的性格，过着独立的生活，甚至牵着作家的鼻子走，另一方面，作家又有充分的权力，完全可以调遣指挥人物去行动，甚至给人物重新安排命运和结局。这两方面的关系如何呢？表面看来，它们是矛盾的，对立的，实际上却是统一的，他们都是作者对人物性格认识深化的结果。

对此，我们可以从两方面去理解。

首先，人物独立性的获得，是作家对人物性格深刻理解的结果。所谓人物的独立性，就作者来说，就是要尊重人物的自由，注意按照人物的性格逻辑，让人物去做符合他的性格的事情。它的获得，并不是很容易的，是需要具备一定的条件。一是人物已经在一定的环境中生活，并形成了一定的性格，即人们常说的，人物已经站起来了。二是作者已经进入角色，与人物共同生活。一般地说，大致具备了这样的条件，人物才能独立地生活，而这，正是作者对人物性格及其生活逻辑的深刻把握。这里，看来无“我”，实则处处有“我”在，只不过由于作家已经“入乎其内”而不见于“我”罢了。创作中达到这种境界，是很难得的。一旦来临，往往会产生杰作。前面所举的《叶甫盖尼·奥涅金》《安娜·卡列尼娜》《毁灭》，不正是在这种由“人物牵着鼻子走”的境界中，产生的杰作吗？

其次，作家对人物的权力，也完全是对人物性格及其生活的深刻理解和把握。表面看来，它似乎带有某些主观随意性，实际上这里是丝毫容不得半点主观随意性的。例如，鲁迅之于阿Q的“大团圆”，虽然因伏园不在而提前了几星期，但“大团圆”这结局，却不是“随意”给的，鲁迅自己就曾经明确否认过这一点，他说：他是“将‘大团圆’藏在心里，……其实‘大团圆’倒不是‘随意’给他的”。(《〈阿Q正传〉的成因》)可见，这种结局并不是随意性的产物，而是作家对生活、对人物的深刻理解的结果。像科洛迪续作《木偶奇遇记》、茅盾写《腐蚀》、巴金写《秋》等等，无一不是作家对生活、对人物深刻认识、理解的结果，无不渗透着作家的美学理想。这里，读者的“要求”“抗议”，正是生活的呼声和要求；作家对人物的艺术处理权，正是生活的历史要求和人民的正义呼声的回声。作家对人物的调遣，似乎是“出乎其外”超然于人物的本身逻辑的，实际上，它仍然是作家对生活、对人物深刻认识的结果。只不过因为人民的呼声和要求，使作家的这种认识比平常时期更加迅速地深化、升华罢了。这里，作家的认识是以人民的要求和呼声为基础的，它丝毫不是什么脱离生活、迎合读者的主观随意性。把它同主观随意性混同起来，显然是不合适的。

由此可见，无论是人物牵着作家走，还是作家指挥人物走，作为塑造人物过程中的一种现象，它们都属于创作过程，都是作家认识生活并逐步深化的过程，是作家对人物性格逐步理解、进一步把握的过程，是作家在人物身上浇灌心灵、着我色彩的过程。他们的关系，似乎可以借用王国维《人间词话》中的一句话来说明，那就是“对自然人生，须入乎其内，又须出乎其外。入乎其内，故能写之。出乎其外，故能观之。入乎其内，故有生气。出乎其外，故有高致”(《人间词话新注》)。二者尽管其形式有很大不同，但他们都是作家对人物、生活的认识的结果。这是毋庸置疑的。如果人为地把它们对立起来，那倒是错误的了。我们在这里研究这种现象，探求二者的关系，其目的也就是要在创作过程特别是塑造人物过程中，既注意避免把人物当作木偶一样来任意摆弄，又注意不当人物的尾巴，努力做到“入乎其内”，与“出乎其外”的统一，把实际生活中的人物典型化，塑造出各种各样的人物来。

（原文载《大学语文》1985年1月）

# 关于谚语中的精华与糟粕问题

关于谚语中的精华与糟粕问题，既是一个理论问题，也是一个实践问题。在编选《中国谚语集成·河北卷》中，这个问题更加突出尖锐了，急需认真研究解决。我以为，这个问题的解决，必须弄清谚语的性质、鉴别谚语精华与糟粕的标准以及这个问题本身的实质，否则，是不会真正解决的。下面，结合编选集成的实践和体会，谈谈个人对这个问题的具体意见，与同志们商讨。

## 一、关于谚语的性质问题

这个问题相当重要。可以说，它是解决谚语的精华与糟粕的根本前提。这个问题不解决，或解决不好，谚语中的精华与糟粕问题也就不能解决或解决不好。比如把谚语作为词汇来看的“汉语知识丛书”，大多不能正确甚至不能提出这个问题。因此，我们必须首先对谚语的性质，做出科学的解释。

那么，什么是谚语的性质呢?

前举那些“汉语知识丛书”关于谚语的界说，对其性质的认识，作为语言学著作，从语言学角度探讨谚语的语义、结构、语法功能、修辞手法等方面，进而全面科学地揭示谚语的性质，是语言学题中应有之义。这些著作，在我看来，不乏真知灼见，颇具学术水平，是应当充分肯定的。然而，在“语言学”之外，特别是在“文艺学”之内，仅仅限在语言学的认识范围之内，哪怕是很有见地的认识，也就显得不够全面、科学了。这里还需要有一个文艺学的认识。

从文艺学的观点来看，谚语的性质是什么？在这方面，古人今人的一些论述，或从某一方面，或从全面上，科学地揭示了谚语的性质。如，我国古代著名的文艺理论家刘勰，在他的《文心雕龙》中，就曾对谚语作过精辟的论述。他说：“谚者，直语也。丧言不及文，故弔称谚。廛路浅言，有实无华……夫文辞鄙俚，莫过于谚。”（《书记》）“所谓‘谚’，是直质的话。丧弔父母的话不能有文采，所以弔辞也叫‘谚’。民间的谚语，也是有实无华的。文辞鄙俗，没有超过谚语的了。”（语译参见陆侃如、牟世金《文心雕龙译注》）这里诚如一些语言学专家、汉语知识丛书所说，它从表达意义上说明了谚语明快、简练的特点。但是，却往往忽视了它的另一层意思，即在刘勰看来，谚语同二十三种杂文一样，是一种文体。因此才把它放《书记》篇中加以论述。《书记》是《文心雕龙》文体论（共 21 篇）的最后一篇。它共论述了六类（各含四种）共二十四种杂文体裁。谚语是第六类中的第四种。也就是说，谚语是文体论中最末一种体裁。应当说，刘勰这一思想，是很有见地的，很值得称道的。虽然他把谚语放在最后一把交椅上，但究竟是肯定了谚语的文体地位。它的学术价值和意义，远在指明谚语表达上的特点之上。可惜的是，我们往往忽视了这一点而陷入某种片面性、盲目性。倒是文艺家们较为重视刘勰这一思想。如，钟敬文先生主编的《民间文学概论》中，就强调谚语的这一特性。在“谚语”专章中，开宗明义第一句话、就明确指出：“民间谚语是人民口头创作中的一种很有特点的体裁。它形式短小，形象生动，是劳动人民智慧的结晶，其中有不少包含着丰富的生产知识和生产经验，有的还具有深刻的哲理和教训意味。”（《民间文学概论》，第 312 页）《辞海》（修订版）的“体裁”“文体”部虽不设专条，但在“词语”部中，也表示了与此大致相同的意思。“谚语”的释文说：“熟语的一种。流传于民间的简练通俗而富有意义的语句，大多反映人民生活和斗争的经验。……谚语也是民间文学的一种形式……”（第 398 页）刘勰的“文体”论、钟敬文的“民间文学的体裁”论、《辞海》的“民间文学的形式”论，是相通的，都是肯定谚语的文学体裁的特性。明确、强调这一点，具有重要意义。它不仅划清了谚语与俗语、成语、格言、歇后语的界限，而且突破了语言学的范畴，从文艺学、美学上揭示了谚语的本质。

谚语既然是民间文学的一种体裁，那么它都有哪些作为体裁的基本特征呢？根据我的理解，谚语同其他文学体裁相比较，主要有以下三个基本特征。

第一，从谚语的形式上看，篇幅短小，语言精练、是它的基本特征。

这里的“形式”是指篇幅和语言这两种形式因素。谚语的形体有多种，如单句型、复句型、谣谚型。单句型中有三、四、五、七、八言成句的不同类型。其中复句型谚语最多，单句型次之，三四句以上的不多，谣谚（歌谚）更为少见。因此可以说，在文学这个大家族中，谚语的篇幅是最小的、最短的。三字谚（如“斤鸡叫”）在谚语中并不少见，但在其他体裁特别是它的近邻如诗、对联中，也是极为罕见的。所以说，篇幅短小是一特征。谚语的语言非常精炼，它常常以最经济的词句表达最丰富的思想内容。有人说谚语的精炼达到了惊人的程度，当是很恰当的。像“斤鸡叫”这则谚语，仅三个字就概括了一条养鸡经验。意思十分清楚，是说公鸡长到一斤多重就会打鸣报晓了。真可谓增一字太多，减一字太少，是再精炼不过了。其他类型的谚语，无论是单句谚还是复句谚、谣谚，也都具有精炼的特点。诗的语言也具有精炼的特点，但谚语的语言比诗更精炼。有人说谚语是艺术短语，是语言的结晶，是不过分的。谚语的短小和精炼是紧密联系在一起的。唯其篇幅短小，语言就不能不精炼。唯其语言惊人的精练，才能使篇幅短小。这两个特征，其实也就是一个特征，它实在是一个问题的两个方面。简言之，谚语在形式上的基本特征就是惊人的精炼。

第二，从谚语反映社会生活的方式来看，高度的概括性，是它的基本特征。

文学是通过形象反映生活的。谚语当然不能例外。但从实际情况来看，谚语反映社会生活的方式同其他文学体裁相比较，确有其特殊性。例如，对地主老财凶残、狠毒的剥削阶级本性的揭示，戏剧《白毛女》是通过黄世仁的形象实现的，小说《红旗谱》是通过冯老兰的形象实现的，诗歌《王贵与李香香》是通过崔二爷的形象实现的。黄世仁、冯老兰、崔二爷都是成功的艺术形象。地主阶级的凶残狠毒的阶级本性就是通过它们反映出来的。而谚语则是这样揭露的：“蝎子尾巴马蜂针，最毒不过财主的心”，“世上财主一样狠，天下乌鸦一般黑”。这里并没有塑造像黄世仁、冯老兰、崔二爷这样的人物形象，而是用抽象的“财主”和“狠”“毒”这样一些概念、词语，去揭示地主阶级的本质的。它虽然也具有一定的形象性，但毕竟与前述三种文学体裁（小说、戏剧、诗歌）的反映形式有所不同。可以说，谚语基本上是以概念判断的方式去揭示事物的本质和规律以及生产、斗争、生活的各种经验。它虽然也通过修辞手法取得一定的形象性，但一般并不如同其他文学体裁那样去塑造艺术形象来反映生活，而是以高度形象化的语言概括来反映生活。由于这种概括往往借助于形象化词语和修辞手段直接完成，就使它在形式上更接近于科学概括和抽象，而与艺术形象的概括性有所不同。为区别谚语同其他体裁的这种不同，这里姑且把它称作概括性。(我们承认“概括性”并不能准确表示出它们的区别和谚语本身的特性。）这种概括性正是谚语在反映生活的方式上的基本特征。

也许有人对此怀疑不解。其实，“语言是思想的直接现实”（马克思语）。谚语的概括性正是其作为语言艺术的特点的具体表现。如果因为使用了“概括性”的概念，就把它排斥于文学之外，那是完全不应该的。

第三，从谚语的思想内容上看，科学性是它的基本特征。

所谓科学性，是指谚语所表达的事理、对事物的认识、对敌斗争、生产斗争的经验以及各种生活经验，直接来源于实践，大都有一定的科学根据，符合事物的发展规律，能够在一定程度上反映出事物的某些本质。这一点，自然谚中的农谚、气象谚表现得最为明显。许多农谚，深刻地反映了农业生产应当掌握节气安排农事活动的重要规律。如，“头伏萝卜二伏菜，三伏有雨种荞麦”，就是农业生产经验的科学总结。“础润而雨，月晕而风”，就是经过反复验证，证明它是符合科学原理，正确反映气象变化规律的具有高度科学性的气象谚语。社会谚总的说来，也是具有科学性的。如，“不入虎穴，焉得虎子”“失败是成功之母”“什么树开什么花，什么阶级说什么话”，就都有科学性。一般说来，凡是坚持辩证法唯物论的观点，强调社会实践的重要性、肯定人民群众在历史上的作用，揭示一定的客观真理的谚语，都具有一定的科学性。因此，我们以为，科学性是谚语在思想内容上的一个基本特征。

应当说明，这里的科学性是就文学与生活的关系而言的，它类似于文艺学中的艺术真实性，但又不能完全画等号，故称科学性。对谚语，既可用科学眼光来看，也可用艺术眼光来看。对小说、诗歌一类，则只能用艺术眼光去看，而不能用科学眼光去看。这就是谚语的科学性与艺术真实性的不同所在。

综上所述，谚语不仅是词汇、熟语，更重要的它是一种文学体裁。精炼、概括性、科学性则是作为一种文学体裁的谚语的基本特征。这就是我们对谚语性质的认识。

## 二、关于鉴别谚语中的精华与糟粕的基本标准问题

什么是鉴别谚语的精华与糟粕的基本标准呢？很明确，就是无产阶级文学批评的思想政治标准，谚语作为具体的文学作品，无产阶级文学批评的标准对它当然是适用的。然而由于谚语的特殊性，它必须具有自己的基本标准，在这个问题上，简单地里用无产阶级文学批评的基本标准去套，显然是行不通的，要不得的。那么，什么是鉴别谚语的精华与糟粕的标准呢？从谚语的性质、特征和思想内容出发，我们认为，大致可以概括为以下几条标准。

**第一，科学性**

这是由谚语的科学性决定的。它主要用以衡量生活谚、生产谚、自然谚，看其是否具有科学依据，是否符合生产、自然的客观规律。凡是具有一定科学依据，符合生产经验、规律的，就是好的，就是精华。凡是不符合事物发展规律，缺乏科学根据的，就是

不好的，就是糟粕。

例如，对华北地区的种棉花的农谚，“谷雨前，去种棉”“清明前，好种棉”“枣芽发，种棉花”，就主要是用科学性去鉴别。应当说，在华北地区这个广阔的地域内，它们都是可行的，都有一定科学依据。但其中前两则，在某一特定的小地域内，或特殊气象条件下，就不一定可行，即科学性会打折扣。相对而言，第三则谚语强调按枣树发芽的情况去确定播种时间，比起按死节气下种，就科学得多了。因为，华北地区的枣树，一般是在清明、谷雨时节发芽。但又因当年的气候冷暖可能早些或晚些。用枣树发芽的时间去确定下种时间，就更加因地制宜了。总之，这三条谚语都有一定的科学性，但程度不同。其中第三条最强，另外两条差些。如果，在流行地区上做出更具体的说明，则会多少增强一点科学性。如山西一带关于种瓜点豆季节的农谚：“清明前后，种瓜点豆”（晋南）、“谷雨前后，种瓜点豆”（晋中）、“立夏前后，种瓜点豆”（晋北）、“小满前后，种瓜点豆”（大同），由于流行地区注得非常具体，就使它们都有很强的科学性。

又如，气象谚：“春打六九头”“瑞雪兆丰年”“月晕而风，础润而雨”“八月十五云遮月，正月十五雪打灯”，这些关于时令、气象预测，对农业生产的影响的谚语，经过长期实践的检验，证明都是有科学性的。而对“冬天打雷，遍地是贼”“扫帚星出来天下不太平”这些谚语，就经不住科学的检验。打雷、扫帚星这些自然现象，同社会的治乱，并无必然联系，也并不发生直接影响。实际上，它已不是气象规律的概括，而是违反科学的迷信思想了，显然属于谚语中的糟粕一类。

谚语的科学性如何，不以人们的主观意志为转移，而完全靠实践来检验。社会谚靠社会实践检验，生产谚靠生产实践检验，自然谚靠科学实验检验。凡经得起实践检验，证明其符合事物客观规律的，就是具有科学性的，就是精华。反之，就是糟粕。

**第二，思想性**

它主要用来衡量社会谚的思想性。即看社会谚语在道德、哲学、文化艺术等方面，是表现了人类进步思想、民主主义和社会主义思想体系，还是表现了落后、迷信思想和剥削阶级思想体系。凡是表现进步思想、社会主义思想体系的，就是好的。反之，凡是宣扬落后、反动的剥削阶级思想意识的，则是不好的。这是一个基本的标准。针对各类社会谚语，应当有一些相应的具体标准。

在哲学观点方面，概括说来，凡是表现了辩证唯物生义和历史唯物主义或朴素唯物主义、辩证法的，就是好的。凡是宣扬迷信、唯心史观的，就是不好的。如，宣传唯心史观的，“英雄造时势”；宣扬“宿命”论的，“人的命，天注定，胡思乱想不顶用”；宣传“血统”论的，“龙生龙，凤生凤，老鼠儿子会打洞”，“老子英雄儿好汉，老子反动儿混蛋”；宣扬“奴才哲学”的，“知足常乐，能忍自安”；宣扬封建主义人生观的，“人不为己，天诛地灭”，“人为财死，鸟为食亡”，“万般皆下品，唯有读书高”，这些谚语显然属于糟粕。

在道德观点上，概括说来，就是看其是否表现了人类的美德，是否表现了无产阶级社会主义的道德观。凡是宣传剥削阶级道德观点，不利于社会主义道德发展的谚语，即不道德的谚语，都属于糟粕。如，宣扬“金钱万能”的，“钱能通神”，“有钱能使鬼推磨”；宣扬“男尊女卑”的，“男当家，女插花”，“媳妇不打，上房揭瓦”，“嫁鸡随鸡，嫁狗随狗”；宣扬封建伦理道德的，“不孝有三，无后为大”，“女子无才便是德”，这些谚语，当属于糟粕。

在艺术方面，凡是宣扬封建主义、资产阶级文学艺术观，与人类进步文艺观、马克思主义文艺观、社会主义文学艺术的根本方向相背离、相抵触的，当视为糟粕。如，“学会文武艺，货与帝王家”，“少不看《红楼》，老不看《西游》”。

谚语的内容无比丰富、广泛，因此，鉴别谚语思想性的具体标准也应当随之而非常丰富广泛。但是，不管它有多少个具体标准，都不应当违背一个基本标准，这个基本标准就是看它在思想观点上，究竟属于什么思想体系。凡属于人类进步的思想体系，属于社会主义思想体系的，就是精华，凡属于腐朽的剥削阶级思想体系的，就是糟粕。这个评价谚语思想性的基本标准、原则，是不能含糊的。

**第三，政治性**

所谓政治性，主要是看其是否具有进步的政治倾向，即看其对待人民的态度，对待重大阶级斗争、政治斗争的基本倾向。看其是否表现了人民的理想、意志和愿望，是否有利于人民的共同政治主张和最大多数人民的意志，从而确定谚语的政治价值，在今天，特别对那些新的事理谚、时政谚，就是要用“六条政治标准”“四项原则”去考察它们的政治倾向。凡是具有进步政治倾向，不违反“六条政治标准”“四项原则”的，就是好的，否则就是不好的。对古谚中的这类谚语，则是考察它对人民的态度，即是否具有人民性的问题。如，今谚中的时政类中的一些谚语：“水流千遭归大海，人心向着共产党”，“政策顺人心，黄土变成金”，“大锅饭养懒汉，责任制出好汉”，它们表现了进步的政治倾向，表达了人民的意志、理想和愿望，就应当充分肯定。而古谚中那些诬蔑劳动人民的谚语，就是属糟粕。对古今谚中的时政谚、事理谚，不去作政治鉴别，不承认它们具有政治倾向，是完全错误的。

以上是鉴别谚语的精华与糟粕的基本标准。

应当说明，谚语中的精华与糟粕，并不都是如此泾渭分明。可以说，有相当一部分是精华与糟粕参半，蜜糖与砒霜杂糅在一起的。对此类谚语，应当特别慎重。我认为，对它们，除了要用上述基本标准去鉴别之外，还应当考察它们的现实意义，即在今天对我们的社会主义事业（政治、经济、军事、文化等等）的实际意义如何——是有利、有害、无害，从而做出准确的评价和判断。例如，对“害人之心不可有，防人之心不可无”“各扫门前雪，莫管他家瓦上霜”这些谚语，就应当做出具体分析。应当说，这两条古谚所宣扬的“明哲保身”处世哲学并非无产阶级思想、哲学，但在剥削阶级高压统治下，却未尝不是人们保全自己、求生存、消极自卫的一种方法和经验。对此，不宜一概否定和肯定。

## 三、关于谚语中的精华与糟粕问题的实质

我们认为：谚语中的精华与糟粕问题，其实质，属于同一民族中的两种不同的民族文化。

“两种民族文化”，源于列宁《关于民族问题的批评意见》。列宁明确指出：

> “每一个现代民族中，都有两个民族。每一种民族文化中，都有两种民族文化。”（《列宁全集》第20卷，第15页）

列宁具体解释说：

> “每个民族的文化里面，都有一些哪怕是还不大发达的民主主义和社会主义的文化成分，因为每个民族里面都有劳动群众和被剥削群众，他们的生活条件必然会产生民主主义的和社会主义的思想体系。但是每个民族里面也都有资产阶级的文化（大多数的民族里还有黑帮和教权的文化）。而且这不仅是一些‘成分’，而是占统治地位的文化。”（同上，第6页）

列宁的“两种民族文化”学说，思想内容非常深刻。第一，它指出了阶级社会中存在着两种民族文化。这是对文化史的基本事实的科学概括，古今中外文化发展史无不如

此。第二，它运用马克思主义的实践论和阶级论的基本原理，指出了两种民族文化的阶级性质，揭示了造成两种民族文化的根本原因。这两种文化，是两种不同性质的文化。一种是反映劳动人民群众的政治愿望和思想感情，为劳动人民服务的，民主主义和社会主义的文化，它是劳动人民的文化。一种是反映剥削阶级政治愿望，为剥削制度服务的统治阶级的文化，它是剥削阶级的文化。造成这两种不同性质的原因，则是“他们的生活条件”。也就是说，由于劳动人民群众被压迫、被剥削的经济、政治地位，直接参加生产实践、阶级斗争等“生活条件”，遂使他们产生具有“民主主义的和社会主义的文化成分”的文化。而剥削阶级，则由于他们压迫、剥削劳动人民的政治、经济地位、脱离社会生产实践等“生活条件”，而造成了占统治地位的剥削阶级的思想和文化。分清两种民族文化的阶级性质，对认识民族文化具有重要意义。第三，进一步指出，具有“民主主义和社会主义的思想”的劳动人民的文化，才是无产阶级所要批判继承的优秀文化遗产。而对于剥削阶级腐朽反动的文化，则应当进行彻底批判和摒弃。这对无产阶级批判继承文学遗产具有重要指导意义。总之，列宁的这一学说，思想非常深刻，是无产阶级批判继承文化遗产的重要理论基础。

那么，对谚语这种劳动人民的口头创作，反映人民的生活和思想感情（主要是生产斗争、阶级斗争、社会生活经验）的民间文学，应当怎样认识其中的精华与糟粕呢？我们认为，列宁的“两种民族文化”学说虽然是针对现代民族文化而言的，但它的基本原理对民间文学中的谚语来说，也同样适用。按照“两种民族文化”学说来看，谚语中的精华，是劳动人民的文学，属于民主主义和社会主义思想体系。谚语中的糟粕，是剥削阶级的文学，属于剥削阶级思想体系。它们是阶级性质、思想性质根本不同的两种文学。但可肯定地说，谚语中的精华与糟粕问题，就其实质来说，当“属于同一民族的两种不同的民族文化”。只有坚持这样的观点，才能真正从阶级性质、思想性质上讲清问题。我们应当坚持列宁关于两种民族文化学说，去认识谚语的精华与糟粕问题。

这里值得说明的是，为什么在劳动人民的文学中，还会出现非劳动人民的文学成分？它的原因何在？我以为，这个问题仍然应当用列宁的“两种民族文化”学说去解决。

按照列宁“两种民族文化”的观点来看，造成谚语中的两种民族文化的根本原因，不外乎这样几个方面。一是占统治地位的统治阶级思想的影响。在阶级社会中，“统治阶级的思想在每一时代都是占统治地位的思想”（马克思、恩格斯《德意志意识形态》）。在文化上也是这样。统治阶级的文化（封建地主阶级、资产阶级、黑帮和教权的之化）“是占统治地位的文化”。在这种“社会上占统治地位的精神力量”的影响下，被统治阶级的思想文化，不能不打上统治阶级思想文化的烙印。作为劳动人民的文学的谚语，其中的局限、糟粕很大一部分就是统治阶阶思想影响的结果。二是劳动群众具体复杂的生活条件的必然产物。在阶级社会中，劳动人民包括了被统治被压迫的一切阶级，如奴隶阶级、农民、市民、工人、小资产阶级、民族资产阶级等等，都属于劳动人民。它们的生活条件并不一样。有“必然会产生民主主义和社会主义思想体系”的“生活条件”，也有不会产生民主主义和社会主义思想而会产生非民主主义、非社会主义思想的“生活条件”。而且，由于劳动人民的各个阶级同统治阶级同处于一个社会之中，在社会生活中的各个领域里，它们断然不会天马行空，独往独来，而是互相依存、互相联结、互相影响。这样长期影响、渗透的结果，使谚语这种劳动人民的文学中产生一些非劳动人民的思想意识，就是非常自然的事情了。如果不发生这种现象，不产生这种糟粕，倒是不可思议的事情了。三是在谚语的产生、流传和发展过程中，所必然产生的消极结果。谚语产生于民，流布于口。但又常常被文人学士采录加工于文字著述之中。这虽然于谚语的流传有益，但又难免产生“移花接木”的情况，即借谚语表达自己的思想感情或渗透统治阶级的思想意识，这就常常使一些谚语出现两种思想并存，精华与糟粕参半的情况。这是一种情况。另一种情况是，原本是统治阶级经典、信条的漫天大谎，老百姓信以为真，接受下来，流行开来，也就成了谚语。把这类东西当作人民的创造，其实是张冠李戴，然而它确实又为谚语增加了糟粕。这两种情况，在谚语产生、流传、发展过程中，似乎是不可避免的正常现象。由此而造成的谚语中精华与糟粕，是谚语发展中上述正常现象的消极结果。

综上所述，谚语中的精华与糟粕问题，完全是历史发展的必然结果。究其实质，则属于“同一民族的两种不同文化”。不承认这一点，不是马克思主义的观点。

（原文载《河北大学学报》1987 年第 4 期）

# 河北歌谣综论

## ——《中国歌谣集成·河北卷》前言

·

### 河北概况

河北省位于华北平原北部，北跨内蒙古高原，南濒黄河、东临渤海，西倚太行，环卫京津，毗邻晋、豫、鲁、辽、内蒙古五省区。地跨北纬36度03分—42度40分，东经113度27分—119度50分之间，总面积18.77万平方公里。居民除汉族外，还有回、蒙、满、朝、壮等41个民族，人口6108万。因位于黄河下游之北而得名“河北”。

河北历史悠久。早在四五十万年以前，“北京人”“山顶洞人”这些华夏先民就在这里休养生息。四千年前，黄帝部落自陕西北部东迁，最后定居于河北涿鹿一带。“涿鹿之战”“阪泉之战”后，黄帝、炎帝、蚩尤部落互相融合，自称“华夏”，成为中华民族的基础。尧、舜、禹也都在河北活动过。《汉书》中有“冀，尧所都，故禹治水自冀州始”的记载。传说中的“禹治九州”，冀亦为九州之一，故河北简称为“冀”。河北不愧为华夏文明的发祥地。

夏、商、周、春秋、战国时期，河北境内有燕、赵和中山国等诸侯国。中山原名鲜虞，是发祥于太行东麓滹沱河畔的少数民族国家，春秋时始改为“中山”国，战国时期发展成为强国。燕国为战国七雄之一，“蓟”为国都，下都在今易县。赵国亦为七雄之一，建都邯郸。故河北又有“燕赵”之称。

秦统一六国后，设郡县，河北设右北平、渔阳、上谷、代郡、广阳、常山、巨鹿、邯郸等八郡。汉置幽、冀两州。魏、晋、北朝、隋朝设幽州总管府。唐代改州设河北道。“河北”作为正式行政区划自此始。宋代改道设路，为河北东路和河北西路。辽代属西京、中京、南京诸道。金代置路，分属西京、北京、中都、河北东、河北西、大名府等路。元、明、清三代，均建都于北京，元称“大都”，明、清称“北京”，河北为“直隶省”，直属中央政府管辖长达七百年，是为京畿重地。清乾隆以后，张家口、承德、内蒙古一些州县陆续并入，直隶省境又逐渐扩大，大体形成了现代的区划。

辛亥革命以后，于 1928 年改“直隶省”为“河北省”，省会津、京，时有变迁。1937 年建立晋察冀边区政府，1941 年建立晋冀鲁豫边区政府，1948 年 5 月—1949 年 3 月，平山县西柏坡为中共中央和人民解放军总部所在地。

华北人民政府成立后，于 1948 年 8 月 1 日成立河北省人民政府，保定为省会。现今河北省省会驻石家庄市，行政区划为一地（衡水）十市（石、保、唐、秦、张、承、邢、邯、沧、廊），辖 141 县（市）。

几千年来，我们的祖先在这里创造了辉煌灿烂的物质文明和优秀文化。万里长城、大运河、安济桥、避暑山庄……凝结着河北劳动人民的伟大智慧；江山代代出人杰，中医祖师扁鹊，儒家思想集大成者荀子，杰出的数学家和天文学家祖冲之，伟大的戏曲家关汉卿，伟大的小说家曹雪芹，早期马克思主义者李大钊……他们灿若星汉、辉耀华夏，永放光芒。

河北人民不仅刻苦耐劳智慧聪明，而且热爱祖国、酷爱自由，富于反抗压迫反抗侵略的革命精神。在两千年的历史中，举行过黄巾、窦建德、刘六、刘七等上百次反封建压迫的农民起义斗争，也曾发生过荆轲刺秦王、刘秀走国、常山平乱、义军抗金、清末的义和团反帝灭洋运动。抗日战争时期，河北境内又有长城抗战、冀东暴动、雁翎队、百团大战、冉庄地道战、狼牙山战斗、黄土岭战役、冀中反扫荡，建立了晋察冀、晋冀鲁豫两大抗日根据地；解放战争时期有邯郸起义、平津战役等，这些伟大壮举，在河北的历史上树立了一座座丰碑，为河北的历史铸造了辉煌！

河北人民丰富多彩、波澜壮阔的社会生活，不仅是河北歌谣产生的丰富源泉，而且歌谣活动——从歌谣的创作、运用、流传到歌谣的采录、整理和研究，从来就是河北人民社会政治文化活动、劳动生产、爱情婚姻、家庭生活的一个重要部分。“诗可以兴，可以观，可以群，可以怨”，人们用歌谣组织生产劳动；用它歌颂英雄人物和美好的事物，用它怨刺上政和鞭挞丑恶事物；男女之间还用它来谈情说爱；对儿童来说，歌谣又成了对他们进行启蒙的重要教材；甚至在同敌人浴血奋战时又是响彻云霄的战歌等等。“歌谣文理，与世推移”，每个时代都有每个时代的歌谣，周有“国风”、汉有“乐府”，唐有“杨柳枝”，宋、明有“山歌”，及至近代，有“义和团歌谣”“抗战歌谣”“新民歌”等等。河北歌谣源远流长，璀璨夺目，是华夏文化的浩浩长卷中不可多得的精彩篇章。

# 河北歌谣的思想内容

河北歌谣是河北劳动人民自己的创作，是他们伟大斗争生活的反映。诗言志，歌缘情。河北歌谣固然有受难受伤者的呻吟和控诉，但更多的是劳动人民战天斗地和反抗压迫、反抗侵略的战斗怒吼和呐喊！不少歌谣如同挥向敌人头上的大刀、长矛，惊天地、泣鬼神，令一切侵略者、压迫者胆寒却步！忧患意识，反抗精神——燕赵慷慨悲壮之士的风采和燕赵艺术精神，在河北歌谣中得到了充分的展现。

河北歌谣，题材广阔多样，思想丰富深刻，可大体分为 9 大类：

劳动歌。它是劳动生活的产物。在从事农业、畜牧业、渔业、煤矿等生产劳动中产生了相当数量的劳动歌谣，主要有农田歌，渔、牧、猎歌，矿工歌、拉船号子、夯歌、叫卖歌。它们的直接功用和起因，或者是协调动作，组织生产，提高效率，如“夯歌”“拉船号子”，或者是传授各种劳动经验和生产知识，如《二十四节农忙歌》《鱼汛歌》《狩猎歌》等。大量的歌谣直接歌颂劳动，表达人定胜天的强烈愿望，抒发对劳动的热爱和自豪感，如《两只手》《农夫赞》。歌颂劳动这一基本主题在新歌谣中表现得更为突出，像《眨眼搬走两座山》《钻工之歌》，完全是当家做主后的农民、工人对自己的劳动发自心底里的赞颂。

生活歌。它是直接反映河北人民社会生活和日常家庭伦理道德的歌谣，其题材内容非常丰富，数量较大，传唱也广，是河北人民色彩斑斓的生活画卷。在社会生活方面，大量的是深刻反映旧社会农民、工人、长工、妇女、童工、叫花子的苦难生活的“苦难歌”，也有一些反映劳动人民在新社会里安居乐业的幸福歌。在日常家庭生活方面，母女、父子、夫妻之间的礼法亲情，婆媳、姑嫂、妯娌之间的情感纠葛和伦理冲突，甚至姑嫂勃豀、叔嫂斗法也得到了惟妙惟肖的反映。这些“家事”，在现代人看来难免觉得有点滑稽可笑，但在旧社会里却是实实在在而又极为普遍的家庭悲剧。比较起来，那些反映旧社会旧礼教、旧道德桎梏下的童养媳、小女婿、光棍、寡妇及失去娘亲的孩子的身心痛苦的歌，完全可以说是直接对旧礼教、旧道德的血泪控诉。昔日的《小白菜》《小寡妇上坟》，至今唱来是那样凄楚。值得庆幸的是，我们从新的《后母歌》《寡妇歌》《姑嫂贤》中，已经看到社会现实历史性转变的折光。“劝教歌”规劝人们发扬传统美德，摒弃陈规陋习，虽有某些旧的处世哲学和人生箴言之嫌，但对新时代的精神文明建设，不无积极意义。“文变染乎世情，兴废系于时序”，人们送走了贫穷和苦难，迎来了幸福和欢乐；告别了吃人的旧礼教道德，改变为亲如手足和睦融洽的新的家庭关系。河北人民生活的这种历史性变迁，在歌谣里得到了充分的显示。

仪式歌。主要是伴随各种民间礼俗和祭祀仪式而唱诵的歌谣。如："节令歌"主要讲述农历八大节的来历，描述节日的活动，它们或者洋溢节日的欢庆气息，或者表达某种祈望。"婚嫁歌"主要是在婚礼程序上助兴添彩，对婚礼程序、来历的述说，如《结婚仪式歌》《下亲歌》（即下轿歌）等，它们往往具有明显的地方色彩和鲜明的民俗特点。"祭奠歌"大多属于原始宗教崇拜遗风，迷信色彩较浓。随着社会的发展，唯物主义思想的日益深入人心，有相当多的祭奠仪式、风俗已被淘汰，名存实亡，仅存某些歌谣了。某些巫婆神汉进行迷信活动的"诀术歌"，则是十分少见了。

情歌。我们把河北情歌大体划分为初识、起誓、相思、热恋四部分。实际上，燕赵儿女的恋爱婚姻，并不主要是通过唱情歌完成的。表达男女之间的纯洁真挚、深沉热烈的爱慕之情，对重情轻财、忠贞不渝的爱情的赞颂，是河北情歌的基本内容。"莲藕靠根不在水，相好靠情不在钱"（《相好靠情不在钱》），"不爱红花爱青藤，妹妹不嫌哥家穷"（《妹妹不嫌哥家穷》）的爱情观念，"筋骨打断情不断，宁死不把哥哥丢"（《宁死不把哥哥丢》），"生不丢来死不丢，我俩相好到白头"（《生不丢来死不丢》）的忠贞爱情，至今值得称赞；"千里的闪电百里雷，心里有谁就是谁"（《你走那个山梁我走沟》）的磊落大方的自由恋爱，在媒妁之言父母包办的封建礼教的严酷统治之下，真好似是青天之下的霹雷闪电，令今人也不得不刮目相看！

历史传说故事歌。它是河北歌谣的重要组成部分。古代作为九州之一，近代作为京畿重地的河北，各个历史时期的重大历史事件和重要人物，如王莽赶刘秀，刘、关、张桃园三结义，隋炀帝旱地行舟，名相魏徵拒礼，都得到了反映；流传在中华大地的牛郎织女、白蛇传、梁山伯与祝英台、孟姜女哭长城、三皇姑出家等传说、故事以及一些深受老百姓喜爱的戏曲人物也都有歌谣传诵。

革命斗争歌。它实际是近代河北人民反帝反封建的历史斗争歌谣，从太平天国起义到义和团运动和辛亥革命都有反映，其中最重要的是义和团歌谣。20 世纪初，震惊中外使帝国主义侵略者闻风丧胆的义和团运动，从赵三多扯旗举事到廊坊大捷，最后失败，都在河北，它为河北也为中国近代史谱写了一曲悲壮之歌。义和团失败了，但反映义和团运动的"义和团歌谣"却与世长存。义和团歌谣是义和团反帝反封建斗争的一部分，它是愤怒的河北人民对清政府的昏庸无能和帝国主义的侵略罪行的无情揭露和控诉，是义和团民向敌人进攻时的战歌，形象地反映了义和团运动的整个过程，显示了人民群众的反帝爱国的革命精神，堪称义和团运动的一部史诗。无论从史学上看，还是从文学上看，都有很高的价值。

抗战歌。抗日战争时期，在共产党的领导下，河北大地上创建了晋察冀和晋冀鲁豫两个抗日根据地。八路军、武工队、妇救会……抗日健儿浴血奋战在太行山和华北平原上，到处是抗日杀敌的战场。游击战、地道战、破袭战、地雷战……河北人民演出了中国历史上反侵略战争的雄壮的一幕。人民战争的海洋汇成了抗日歌谣的海洋。河北抗日歌谣既丰富多样，又流传甚广。抗战初期，歌谣救亡活动普遍开展，“参军支前歌”——《赶快上战场》《送郎上战场》唱遍了每一座城市和村庄，发挥了很好的宣传鼓动作用。《黄土岭》《游击队似神仙》《雁翎队》《劝降歌》等“战斗歌”对各地的战斗、反扫荡及时做出了反映，是抗日军民英勇战斗的生动写照。“英模赞歌”对河北抗日英雄、模范人物的壮烈事迹和英勇献身精神作了赞颂和歌唱，《狼牙山五壮士》《子弟兵母亲戎冠秀》《节振国》等歌谣至今使人们记忆犹新。

抗战歌谣和义和团歌谣、革命斗争歌是爱国主义、英雄主义的集中发扬。燕赵自古多慷慨悲壮之士，从荆轲到狼牙山五壮士，一脉相承。正是这一代代英雄豪杰谱写了这一曲曲慷慨悲歌。然而，由于抗日战争有了共产党的领导，有了先进思想的武装，抗战歌谣在“较大的思想深度”和“意识到的历史内容”上，比斗争歌和义和团歌谣更加深广，也更加威武雄壮、灿烂辉煌。

时政歌。诗可以怨，当然也可以颂，怨和颂又总是紧密联系在一起的。河北的时政歌主要有两部分内容：一是对旧社会的黑暗政治和新社会的贪污腐败等丑恶现象的讽刺歌；二是各根据地当家做主人、翻身得解放的各族人民对毛泽东、共产党、社会主义充满激情的赞颂之歌。《毛泽东是咱大救星》《主席走遍全国》《天大地大不如党的恩情大》等优秀颂歌，不仅唱遍了河北山山水水，而且唱遍了祖国江河大地。

儿歌。在河北歌谣中，儿歌也占有一定地位。在河北儿歌中，除了传统儿歌外，还有相当一部分是新儿歌，如抗日儿歌、新中国成立以来的新儿歌。它们把河北人民的英勇抗战和建设社会主义的光辉业绩及某些科学知识，用地方语言再现出来，使河北儿歌从内容到形式都增添了地方特色。

## 河北歌谣的艺术形式

河北歌谣不但思想内容丰富，而且艺术形式丰富多彩。它体裁多样，韵律整齐，节奏性强，手法巧妙，形式与内容完美统一，慷慨悲壮的燕赵风格鲜明突出，许多歌谣不失为世代传诵的永葆艺术魅力的艺术珍品。

首先，河北歌谣体裁多样，从目前搜集到的歌谣体裁来看，至少有30种。除民谣（即徒歌）外，主要的种类体裁有山歌、劳动号子、小调、歌舞调、说唱调等。

山歌，主要是指人们在山间田野劳动时所唱的歌谣。它的题材广泛，曲调爽朗，节奏流畅，是河北西部、北部人民十分喜爱的一种体裁。在太行山区的南起武安、涉县，中经井陉、平山、阜平、涞源，北到张北、沽源、围场一带普遍流传，当地或叫《山歌调》，或叫《信天游》，或叫《爬山调》，或叫《撇白菜》，或叫《烂席片》等等。山歌为两句一节，每首节数不等。上下句押韵，节与节之间可以换韵。每句字数不限，表现手法上常用比兴。如平山山歌《你走那个山梁我走沟》："1. 你走山梁我走沟，咱二人定计摆摆手。2. 房高房低长荒蒿，因为盼你踩成一条道"，充分体现出山歌乐观、豪放、流畅的特征。

劳动号子，包括《夯歌》《拉船号子》《渔民号子》等。它是繁重的群体劳动的有机组成部分，大多由领唱者即兴编词众人相和而成，其音乐、节奏与劳动节奏吻合，具有曲调简单、长短自由、简明直接、坚实有力、粗犷豪迈的特征。

小调，也叫小曲，有《都山小调》《茉莉花》《捡棉花》《小白菜》《送情郎》《锔大缸》《妈妈娘好糊涂》《小放牛》等十几种。依曲填词，合辙押韵，节奏分明，根据表达情感的需要，可以增加衬字衬词。曲终为一节（段），每首节数不等，可一节、两节，最多可达十几节。由于曲调的地方风格和各地生动的衬字衬词，便形成了这类优美委婉、细腻的特点和浓郁的地方特色和多种异文。如《茉莉花》就有南皮《茉莉花》、滦县《茉莉花》、昌黎《茉莉花》种种。

歌舞调，民间歌舞又称"花会"，是一种歌与舞结合的民间综合艺术形式。河北歌舞有太平跷、旱船、秧歌、扇鼓、花鼓、霸王鞭等十几种。正式演出时，歌是歌舞的一部分，平时就当歌谣来咏唱。由于舞蹈动作和演唱形式多为一问一答的对唱，便形成了上下对句整齐、节奏匀称流畅、每段较短而段数较多的特点。如《扇鼓·对花》《旱船调·对花》，每节为两句对答，一直到十节之多。

说唱调，也叫数唱调或叫卖调，有《卖钢针调》《卖香料调》等多种。曲调兼有说唱和各地小调的特点，数唱性很强。长篇大套，比小调、歌舞、山歌都长。每句字数多少不限，大体押韵，也可以换韵。一般不分节，往往一贯到底。隆尧《卖钢针》和昌黎《香料歌》就分别具有当地说唱的特点。

由于这些曲调的大量运用，使河北歌谣音乐特点鲜明。概括地说就是：旋律激昂流畅，节奏平稳铿锵，曲式结构规整简练，调式调性符合规律又不乏独创，演唱风格质朴自然、乐观健康，同时又普遍受到当地地方戏曲和歌舞及说唱艺术的影响。例如西、北部的山歌受晋西北"山曲"、内蒙古"爬山调"、当地"东路二人台"的影响；东、北部的秧歌调则受到当地"评戏""二人转"和"乐亭大鼓"的影响；冀中小调又具有"河北梆子"等地方戏曲和"西河大鼓"等说唱艺术的风格。这种主旋律突出而又丰富多样的曲调，很为当代音乐家们所欣赏。

民谣，也就是不配曲演唱的徒歌，是河北歌谣的一个重要体裁。民谣虽然不配曲演唱，但它的韵律讲究，节奏性强，朗朗上口，极易为老百姓们传唱。河北民谣有四言、五言、七言等多种形式，押韵情况多样；或首句入韵，然后隔句押韵，一韵到底，且多用"仄"声韵，以求顺口、悦耳，或是首句不入韵，然后隔句押韵，中间换韵，甚至换几次韵；或是句句押韵，一韵到底；还有儿化韵、"头"字韵，"了"字韵等。韵律的巧妙运用，不仅在一定程度上弥补了不能配曲演唱的不足，而且在传唱的群众性广泛性上具有更大的优势，这恐怕正是歌谣作为语言艺术独立发展的一条重要途径。义和团歌、抗战歌、新民歌大多为徒歌，便是明证。

其次，讲究诗法，手法巧妙，比兴多彩，是河北歌谣的又一特色。

河北歌谣的表现手法，经过历代的传唱和千万人的锤炼，许多作品的表现手法非常巧妙，极为精彩。如《巧媳妇擀面唱古人》："巧媳妇，能姑娘，/过门三天下厨房。/鲁班哩升子拿在手，/来至在薛礼白袍一面缸。/挖住大将薛仁贵，/倒至在老包黑盔正当央。/范单水瓢拿在手，/李三娘水桶在这厢。/舀来北方壬癸水，/泼喇喇倒了白袍一脊梁。……"这里，把巧媳妇拿升子从面缸里挖白面、倒在盔子里，舀水放水等和面最初的动作、程序及所用物品、器具，依照它们之间的某种联系，把古人名艺术化，如用升子引出鲁班，把白袍将化作白面，用包拯化作面盔等等，一直用了 30 多个传说、典故和 70 多个古代人名，才完成了和面、擀面的全部过程。巧媳妇这面条非同寻常，她凭着"能"和"巧"调动了千军万马、能工巧匠，才和成面、擀成片、切成条。可以说是古代无数名人共同合作的成果。面条擀成了，"巧姑娘，能媳妇"的光彩照人的形象也跃然纸上！它运用了比喻、借代、双关等多种艺术手法，是那样自然和谐，技巧娴熟，形象贴切，意味深长，妙趣横生，真是巧夺天工，堪称中外诗歌、歌谣中的绝唱！《二毛荣》全用间接描写，烘云托月、浓笔渲染，刻画了一个"罗敷女"的形象，堪称河北的《陌上桑》。《撇白菜》则是以构思精巧取胜，它把天上与人间，王母与玉花糅在一起，富于浪漫主义色彩和魅力，给人以思想启迪和艺术享受。

诗有诗法，比兴两法是不得不用的，赋也可以用。河北歌谣继承发扬了《诗经》特别是“国风”多用比兴的优秀传统，往往用身边的器物、景物起兴言志抒怀。用“小白菜”起兴诉苦，用“麻野鹊”起兴斥责忤逆不孝，用天地河海比喻党的恩情，用闪电雷鸣起兴表达忠贞之爱，可以说在各种题材和体裁的歌谣中，几乎没有不用比兴的。普遍运用比兴手法，确实收到了“多彩”的艺术效果。相对来说，“赋——直言其事”的手法，则更多地用来“怨”“言志”和抒情。义和团歌谣，主要就是运用赋的手法，以揭露帝国主义侵略者：“见宝就抢夺，见人就开火”，揭露宗教侵略：“明着来传教，暗地把人骗”，有些歌谣直接喊出“官家是咱死对头，杀他们一个也不留”“还我江山还我权，不杀洋人誓不完”的“反清灭洋”口号。为什么闹义和团？“神助拳，义和团，只因鬼子闹中原”，直接说出了原因；“灭洋教，杀洋人，穷人不怕拿破仑”则痛快淋漓地展现了燕赵儿女的冲天的反帝精神。在这里，如果没有“赋”的普遍运用，恐怕很难显示出义和团的反帝精神和英雄气概。赋的作用不可低估。甚至在缠绵徘侧，多用比兴的情歌中，赋也普遍运用。如“你要去，我就缠”“妹妹不嫌哥家穷”“宁死不把哥哥丢”“闰年闰月你都有，为啥不闰五更天”，都收到了很好的艺术效果。

河北歌谣的艺术形式，无论是体裁还是各种表现手段，其产生和发展都离不开河北人民波澜壮阔绚丽多彩的生活源泉。随着河北人民生活的日益丰富发展，经过千锤百炼，河北歌谣将更加日臻完美，成为燕赵文化艺术和整个华夏文化艺术的宝贵财富。

## 河北歌谣的搜集、整理和研究

河北歌谣——无论是古代歌谣还是现代歌谣，还是传统歌谣或新歌谣的流传和发展，主要是靠河北人民世世代代经久不衰的传承：或靠民俗活动如逢年过节的“花会”“歌舞”及婚丧嫁娶的礼仪活动来传承；或靠群众的口头如母亲祖母教儿孙说唱歌谣来传承；或靠一些集体劳动生产来传承，如夯歌、船号等劳动号子，或靠宗教活动如一些巫婆神汉的迷信活动使巫歌诀术得以流传等等。由于民间歌谣的这种传承特性，不仅使河北歌谣继承了《诗经》的优秀传统，而且也因传承主体的地理环境、历史时代、民族风俗、审美意识、文化修养等条件的差异，遂使河北歌谣打上浓郁的地方特色，在内容和形式上不断丰富充实、臻于完美。近现代以来，由于社会的迅猛发展前进，京、津现代意识和媒介的“辐射”和冲击，周边五省区的文化“包围”和交流影响，更使河北歌谣的流传和发展难于封闭自守而更多吸收和开放。实际上，正是这种多边开放和交流及现代艺术和媒介的介入，给河北歌谣巨大冲击和影响，更为河北歌谣广泛流传和发展插上翅膀，使它冲出河北，走向全国的四面八方，飞向世界的五大洲四大洋，创造了河北歌谣的新辉煌！

河北歌谣的流传和发展，有力地推动了河北歌谣的搜集、整理和研究，把“中国歌谣学”的建设和发展推进到了一个新的历史阶段。从《诗经》中看到有关河北地区的歌谣来看，河北歌谣的搜集整理已有三千年的历史了。《诗经》中的“卫风”“齐风”“魏风”里搜集整理了许多出自河北地区的歌谣。汉之毛公编撰《毛诗故训传》，开诗经、歌谣研究的先河，不仅使“诗三百”首得以流传，而且奠定了歌谣整理和研究的优良传统。他功德无量，影响深远，他所讲学研究的故地被誉为“诗经村”，至今犹存，盛名远扬。汉代以后的许多文化学术典籍中时常可以见到河北的歌谣，汉之《幽州谣》，北齐之贝州（今河北清河县）谣，唐、宋、元、明、清各代都有搜集和整理。清人杜文澜《古谣谚》中收集的有关河北歌谣大概是河北古代歌谣的集大成了。20 世纪初，马克思主义者李大钊对河北歌谣的整理研究，具有划时代的意义。二三十年代，北京大学出版的《歌谣周刊》，刊载了不少民间艺术家搜集的河北歌谣，影响遍及全国。1955 年文化生活出版社出版的《晋察冀妇女歌谣》，搜集了大量流行于晋察冀地区反映妇女生活的歌谣，是我国第一部妇女歌谣专集。50 年代末，河北曾经大规模地发动群众采风活动。1958 年河北人民出版社出版的《河北新民歌》，集中反映了这时期涌现的优秀民歌。1960 年，人民文学出版社出版的《河北歌谣》，收集了大量传统歌谣、颂歌及这个时期的新歌谣。1960 年上海文艺出版社出版的《义和团歌谣》，计有 150 多首。《义和团歌谣》是我国历史歌谣中少见的专集，在学术界产生很大震动。郭沫若、周扬选编的《红旗歌谣》也选编了不少河北歌谣。1979 年河北人民出版社出版的《河北民歌选》，收集了传统民歌、革命民歌及新民歌的精华。80 年代初在河北石家庄市成立了“中国歌谣学会”，编辑出版了中国第一家专门性质的《中国歌谣》报。80 年代中期，在国家文化部、国家民委、中国民研会联合发起的大规模搜集整理民间歌谣活动中，河北的民间文学工作者进行了史无前例的搜集和整理。《中国歌谣集成·河北卷》不仅集这次大规模搜集和整理的重要成果之大成，而且是坚持运用马克思主义的基本观点对河北歌谣的内容、形式、风格、传承等方面进行系统地科学研究的结晶。

巍巍太行、千里平原，既是河北人民从事生产劳动的场所，也是他们歌唱自己生活劳动的好地方。燕赵儿女的精神风范，由歌谣的传布得以进一步弘扬。在建设社会主义现代化和精神文明的伟大进程中，河北歌谣必将发挥更大的作用，放射出更加璀璨的光芒！

**附记** 《中国歌谣集成·河北卷》是“国家社科重大项目”和“国家艺科重点项目”，由中国 lSBN 中心 2004 年出版，本人为常务副主编，与副主编许来渠合作完成《前言》。本次刊印将题目改为“河北歌谣综论——《中国歌谣集成·河北卷》前言”。

# 河北各类歌谣简述

## 劳动歌简述

在辽阔的河北大地上，劳动人民世世代代从事农业、渔业、牧业等各种生产劳动。正像我们的祖先创造了“杭育”诗那样，河北人民在劳动中创造了内容丰富、形式多样、充满浓郁生活气息的“杭育”歌——劳动歌谣。根据劳动的性质和歌谣的内容，大致可分为八类：

农田歌：或是反映“以农为本”“以农为乐”，充满了农民的乐观、自信和自豪，如《农夫赞》《七十二行庄稼为强》《一车粪肥一车歌》；或是描述各种生产劳动情景的过程；或是各种农田种植节令经验，如《二十四节歌》，是各地农民长期生产经验的科学结晶，通俗易懂，朗朗上口，妇幼皆知。其中有的歌谣，名同事异，主要是由于各地自然地理条件差异所造成的，是生产经验的科学性的具体表现。

渔牧猎歌：主要反映东部沿海渔民渔业劳动生产和北部牧猎生活，语言质朴，具有较高的实用价值。

拉船号子：是我省运河两岸、白洋淀、沿海一带船工、纤夫们的劳动号子，粗犷、雄壮、豪放有力。

夯歌：是打夯劳动不可缺少的部分，用它来协同动作，曲调固定单纯，内容则是即景多变，表现出劳动集体的力量和气概。其中也有一些夯歌，描写细致，曲调优美，如《百花名》（小硪号子）就另具一格，很有特点。

织绣歌：主要再现手工纺纱、织布、刺绣的情景，情感细腻真挚，曲调婉转有致。

矿工歌：主要是煤矿工人的劳动歌，集中反映新旧社会煤矿工人的劳动情景，雄壮有力，像《闹煤海》《钻工之歌》，显示出工人阶级的豪迈气概和大无畏精神。

工匠歌：反映了各种民间工艺工匠，如木匠、铁匠、石匠、窑匠等各种行业的劳动生产过程和实践经验，语言质朴，实用性强。

叫卖歌：是民间各种小商小贩、个体经营者走街串巷兜售货物时，为招徕顾客或介绍产品而诵唱的歌。其中，《卖钢针》《卖年画》《香料歌》等很有特色。

## 生活歌简述

生活歌是反映人民社会生活和日常生活的歌谣。因为它与人们的休养生息紧密相连，所以内容极为丰富，题材十分广泛，河北生活歌谣堪称燕赵大地劳动人民的生活画卷。按题材内容大体分为9类：

苦难歌：集中反映旧社会河北人民的苦难。有工人苦歌、农民苦歌、长工苦歌、童工苦歌、乞丐苦歌、妇女苦歌等，遍及社会各个阶层、阶级、行业。这些歌谣直接诉说身受的苦难和辛酸，虽然还不能深刻揭示出造成苦难贫穷的原因，却也抒发了劳动人民对社会黑暗、阶级压迫的不平和愤慨。其中，《黎民苦》《渔民苦》《交皇贡》《妇女诉苦》《鹦歌苦》等有较高的社会价值和艺术价值。

家事歌：是劳动人民的"家务事，儿女情"。这类歌富有浓郁的生活情趣，渗透着较浓的伦理道德观念，有较高的科学价值和艺术价值。其中，《小两口争灯》既是反映夫妻美满生活的赞歌，又是"充满辩证法的杰作"，从一个方面显示了劳动人民的丰富想象和惊人智慧，可以说是民间的《天问》和《天对》。《媳妇冤屈诉不完》《我也用它打婆婆》是反映婆媳生活的佳作；《小姑赞》《贤良嫂》《陪姑娘》《小姑似虎狼》是反映姑嫂生活的杰作。

后母歌：虽然形式单调，然而诉说后母虐待的苦情却极为真切，像《小白菜》等流传极广，是这类歌谣之代表作。而《夸后娘》则以讴歌新型的母子关系而引人注目。

童婚歌：童婚是旧社会造成的一种畸形的婚姻。这类歌主要是"小女婿""童养媳"的苦情和不平之歌，它集中而深刻地揭示了旧社会所造成的这种畸形现象及其罪恶；生动形象，风趣洗练，具有较高的艺术价值和科学价值。其中，《小女婿抬水》《童养媳》等流传极广，可谓家喻户晓，人人皆知。

骂媒人歌：集中诉说对媒人的怨恨，语言质朴，情感强烈。

鳏寡歌：分两部分。一是光棍苦歌，集中反映光棍的愁苦生活，如《光棍苦》《光棍哭妻》流传极广；二是寡妇苦歌，集中反映寡妇的苦难生活。《寡妇难》《小寡妇上坟》

为代表作。其中《改嫁》等则反映了人们伦理观念的变化，特别是妇女的觉醒和解放。

劝教歌：内容极为丰富，大多是对旧社会遗留下来的一些恶习、陋俗、恶风、邪气如吃、喝、嫖、赌、懒、馋、贪、不孝、不义等进行规劝和教育，弘扬人民的传统美德和处世哲学，虽然其中也有些封建性的糟粕，但大部分或主导方面如勤俭、好学、忠贞、孝道等都具有一定的进步和教育意义，如《十劝歌》《劝孝歌》《敬老歌》等。

生活知识歌：主要是介绍各种生活知识的歌，如《生活经》《食疗谣》《看时辰谣》《健身谣》，有一定科学价值。

风土歌：集中反映了各地的风物名胜和各民族的风俗人情等，语言简练、朗朗上口，概括性强，具有一定的社会和民俗价值。其中，《河北名胜》《承德八大处》《沧州狮子定州塔》等在省内外广泛流传。

## 情歌简述

长期以来，河北作为京畿重地，封建势力盘根错节，封建思想道德统治严密，劳动人民的爱情根本没有合法地位，情歌也被加上“下流小调”“有伤风化”的罪名。但是，爱情作为劳动人民生活的一个方面并不能被完全禁止，情歌依然在劳动人民中间广为流传。他们通过情歌对唱谈情说爱，并在婚礼仪式、节日活动等民间礼仪中演唱，或者是在山间、田野、场院、作坊等劳动、织作或闲暇时自唱自娱。这些情歌自由地抒发了青年男女真诚相爱的思想情感，充分表达了他们对爱情自由的美好憧憬，形象地表现了劳动人民纯朴健康的恋爱观、审美情操和他们对封建礼教的蔑视和反抗精种，是河北人民的爱情生活的真实反映。

河北情歌按爱情的一般过程，大体分为初识歌、起誓歌、相思歌、热恋歌四类。

初识歌：主要描绘男女最初相识、相交的情景，表达恋人最初的互相爱慕之情。其中多为互相赞美和试探，如《撇白菜》《唱个小曲试妹心》。

起誓歌：主要是恋人表达对爱情的忠贞不渝、永不变心、誓死相爱的情怀，如《哪怕人头就落地》《宁死不把哥哥丢》。十分明显，这类情歌大都显示出恋人们与摧残爱情的封建势力誓死斗争到底的决心和气概。

相思歌：主要是被拆散的情人们倾诉离别思念之情。《你才是哥哥的命根根》《想情郎（一）》，是其代表作，充分表现了被旧社会封建势力摧残的男女恋人的相思之苦。其中，晋察冀革命根据地妇女的“革命情歌”如《情哥哥参军三年多》《情哥参军去打仗》

所表现的相思情，则为之一新，别具一格，与传统情歌迥然不同，洋溢着“新的群众的时代”特征。

热恋歌：主要描绘男女热烈相爱的情景，抒发浓烈的爱恋之情。一些歌谣不讳写实，不避礼俗，把情人们高粱地里相会，五更天时偷情，男欢女爱做了绘声绘色的展现，如《十杯酒》《四辈扛长工》等。

河北情歌同其他歌谣一样，鲜明地表现出燕赵儿女的“慷慨悲壮”风格。在思想内容上，突出表现了青年男女们的真挚情感和他（她）们重情轻财、忠贞不渝的爱情观以及他（她）们敢做敢为、光明磊落的豪壮情怀：“不爱红花爱青藤，妹妹不嫌哥家穷”，“千里闪电百里雷，心里有谁就是谁”，堪称古今情歌中的绝唱。在艺术形式上，体裁丰富多样，既有曲调婉转的“四辈上工调”“五更调”“送情郎调”，也有乡土气息浓郁的地方小调——“冀中小调”“张北小调”“燕山小调”，大量粗犷奔放的“山歌调”“爬山调”“撇白菜调”更为河北情歌添彩增色。河北情歌在技巧上也很讲究，引人注目的是各地的情歌大都普遍而贴切地运用身边的事物景致起兴、作比，“高粱开花”“山梁山沟”等等都是爱情的象征，它不仅使情歌格调清新，意境独特，而且富有地方特色，内容和形式高度统一，使河北情歌成为一支动人心神的精美之歌，具有很高的艺术价值。

## 历史传说故事歌简述

历史传说故事歌，包括历史歌、传说歌、故事歌、古人名歌。

历史歌主要是讴歌自汉代王莽赶刘秀以来各个历史时期所发生的历史事件和历史人物。其中，广泛流传的“三国歌”，不仅有《三国五更》《三国叹十声》，而且有《夸俺正定赵子龙》。这是因为赵子龙是河北正定人，刘备、张飞是河北涿州人，刘、关、张桃园三结义也在涿州。《隋炀帝下扬州》对隋炀帝昏庸无道的揭露是入木三分的。由于他生前干尽了伤天害理之事，民歌说他“死后变成一条大蠢牛，牛拉车，牛耕地，蠢牛不走鞭子抽，牛老了卖到回民手，一刀割断老牛头，剐下牛肉肠肝卖，千刀万剐大报仇”。河北晋州是唐代名相魏徵的家乡，在那里至今还流传着《魏徵拒礼》等歌谣。《嘉靖六年大水淹》叙述了河间的一对姐妹是怎样流浪街头，又怎样“身穿着烂布衫，花哩布儿把头绾，买了根竹棍钉上铜钱，一头儿拴的是红绒线，起名儿叫作霸王鞭……”。霸王鞭这种民间歌舞形式，就是在人们逃荒躲灾流浪街头卖唱的生活中产生的。从《河间府志》看，这是个真实的故事，具有较高的史料价值。这首歌谣曲调优美，是少见的近关系转调的小套曲，民间把它作为“莲花落”的源头一直传唱至今，可见其艺术价值。

河北的传说歌也是十分丰富的，上至玉皇大帝、王母娘娘、各路神仙，下至牛郎织女、白蛇、梁山伯祝英台和孟姜女，都有民歌广泛传唱。新乐市的《孟姜女哭长城（二）》长达216行，分思夫、寻夫、哭夫、守七、叹夫五个篇章。这在省内则是为数不多的。唐山一带流传的《梁山伯与祝英台》《白娘子怨》词曲都很美，为吕远等著名音乐家称道。井陉苍岩山方圆百里广泛流传着三皇姑的民歌。传说中的三皇姑追求民间纯真的爱情，为孝敬父王，宁舍手眼，为普济众生自己苦修行的品德深入人心。长歌《三皇姑出家》曾在《中国歌谣》报上发表，这里节选了其中三章。

故事歌中首篇当推著名民歌手阎三妮唱的长达200行的《撇白菜》。她的《撇白菜》与众不同，把天上人间糅合在一起来唱。西天佛祖的鹤童思凡下界和民女玉花“撇白菜”，惊动了玉皇、哪吒、孙悟空，最后让观音、王母来解围：“王母见娘家有人来，忙喊玉花上前庭。玉花忙把姐姐叫，满朝不知西和东。玉花笑着开言道，‘那是我儿你外甥’。”故事诙谐幽默，意味深长，饶有风趣，充满浪漫主义的诗情画意。

古人名歌把历史、传说、故事中的许多人名巧妙地连缀在一起，妙趣横生。其中宁晋县的《巧媳妇擀面唱古人》，把和面、擀面、切面、煮面用的所有原料、工具和各个劳动环节都巧妙地和古人名糅在一起，通过想象、比兴、双关等艺术手法融叙事抒情于一体，真是巧夺天工，令人叫绝。一个光彩照人的劳动妇女形象——“巧媳妇、能姑娘”，就这样用无数个古人名塑造成功了！这里充分显示出了民歌手非凡的艺术创造力。

## 革命斗争歌简述

革命斗争歌是指中国近代史上反帝反封建的历史斗争歌谣。河北革命斗争歌分为三部分：农民起义歌、义和团歌、辛亥革命歌。

农民起义歌主要是歌唱闯王起义和太平天国的歌。这两次伟大的农民起义影响深远，河北各地都有歌唱他们的歌谣。

义和团歌主要是歌唱义和团运动的歌谣。发生在河北的义和团运动阻止了帝国主义瓜分中国的阴谋，促进了资产阶级民主革命的兴起，是中国近代史上最伟大的反帝爱国运动之一。义和团歌谣揭露、抨击了帝国主义侵略者的残暴罪行，再现了义和团占涿州、打廊坊、攻大红门等战斗情景，显示了中国人民反帝反封建的英勇气概和大无畏精神。义和团歌谣短小精悍，激扬慷慨，雄壮有力，豪气冲天。它形象生动地记录了义和团运动的战斗历程，是义和团运动的一部史诗，是中国歌谣的辉煌篇章，是近代史上的一曲响彻云霄的慷慨悲壮之歌。

辛亥革命歌是反映辛亥革命的歌谣。辛亥革命是我国近代史上一个重要的里程碑。伟大的革命先驱孙中山领导的这次革命，推翻了清王朝，结束了延续两千年的封建制度，受到全国人民的拥护。但是窃国大盗袁世凯依靠北洋军阀的力量和帝国主义的支持，窃取了辛亥革命的果实，又把人民推入军阀混战的灾难之中。有不少歌谣反映了人民群众要求民主、热爱自由的鲜明态度。

燕赵自古多慷慨悲壮之歌。河北人民特别富于斗争精神，具有悠久的反抗压迫和侵略的革命传统。革命斗争歌表现了河北人民的革命斗争精神。

## 抗战歌简述

河北是抗日战争的主战场。1937 年“七·七”事变以后，在中国共产党领导下，太行山上，白洋淀里，长城内外，保定周围，铁路线上，创建了晋察冀和晋冀鲁豫两个抗日根据地。八路军、游击队、武工队、雁翎队和回民支队，开展了游击战、地道战、地雷战，给日寇摆下了天罗地网，演出了一场空前的人民战争威武雄壮的活剧。抗日歌谣就是在这场战争的烽火中产生的，根据其内容，我们把它分为参军支前歌、战斗歌和英模赞歌三个部分。

参军支前歌，主要表现抗日根据地人民群众踊跃参军，积极支援前线的运动。有歌唱动员参军的，如《送郎参军》《参军歌》等；有歌唱拥军支前的，如《慰劳歌》《纳鞋底》《送军衣》等。这些歌谣具有宣传鼓动性，有力地促进了人民群众团结抗日的伟大斗争。

战斗歌，主要是反映军民齐心协力，英勇奋战，打击敌人的歌谣。这些歌谣歌唱了百团大战、黄土岭战斗、狼牙山战斗；歌唱了地道战、地雷战这些伟大创举；抒发了神八路、武工队、雁翎队、儿童团那些惊天地、泣鬼神、壮山河的英雄气概。如《百团大战》《黄土岭》《游击队真能干》《雁翎队》《冉庄地道战》等。

英模赞歌，主要是歌颂抗日英雄和支前模范的歌谣。这部分歌谣，歌唱了左权将军，歌唱了抗日英雄节振国，歌唱了子弟兵母亲戎冠秀，歌唱了狼牙山五壮士，歌唱了抗日游击大队长和抗日小英雄，还有国民党抗日将领等，如，《左权将军小唱》《节振国》《戎冠秀》《狼牙山五壮士》《温小玉》《宋哲元》等。

河北抗战歌谣形式丰富多样，既有各地的民歌小调，又有大量的徒歌和童谣，题材极为广泛，反映了晋察冀抗日根据地军民同日寇八年浴血奋战的各个侧面，既是中国人民抗日战争的壮丽画卷，又是对中国人民战胜侵略者的英雄的深情礼赞，堪称中国人民抗日战争的光辉史诗。

**附记** 《中国歌谣集成·河北卷》将河北歌谣分为九大类，每类冠以“简述”一篇，这里所选6篇均为本人撰写，特此说明。

2019年5月

# 人民为诗人立传

## ——评传说《盛唐才子王之涣》

凝结着龙河人民深厚感情的人物传说《盛唐才子王之涣》由翟公福搜集整理，同读者见面了。传说20余篇，讲述了王之涣的动人故事。就笔者所见，这样详尽、丰富，实属少见，很值得一读。

《盛唐才子王之涣》（以下简称《王之涣》）成功地再现了我国盛唐诗人王之涣的形象，塑造了诗人好侠倜傥的性格，使我们大致领略到一代诗人的熠熠风采。传说主要从三个方面刻画诗人的性格。一是通过王之涣任衡水、文安主簿、县尉时惩处奸商恶霸的故事，刻画作为“王青天”的形象。二是写王之涣任职期间敢于为民请命，解民危难的故事，展现诗人好侠的性格。三是通过诗人创作生涯中的逸闻趣事，突出王之涣的诗人才华，着力刻画王之涣的“诗人”形象。

王之涣的形象蕴含丰厚，特别是在揭示他诗歌创作上取得非凡成就的原因方面，颇有深意。王之涣为官从政，虽有政绩，却不以官留名。王之涣为诗人存诗虽少，却以唐诗“压卷之作”彪炳诗史。何也？原因很多，但最根本的一条，还是传说所集中表现的那样：王之涣或为官或为诗人与劳动人民有着密切的血肉联系。他从政为官敢于秉公执法，为民做主，惩恶除霸，救民水火，甚至甘冒“欺君之罪”写假折去骗取皇粮；当他被诬告后不能为民做主时，便“拂衣去官”。他从艺为诗，不仅“究文章之精”，“穷经籍之奥”（《王之涣墓志铭》），而且更重要的是跟伎学艺，与渔谋诗。这一切无不贯穿着他与劳动人民的血肉联系，无不表现出他对劳动人民的深刻同情和鲜明立场。这一点不仅成为他诗歌创作的原动力，使他从歌伎与渔翁那里吸取了丰富的营养，使得他的诗歌创作语言朴实，对仗工丽，声调自然，便于诵唱；更重要的是，这种对劳动人民深刻同情和鲜明立场，化为诗情，熔铸在他的诗作之中，奠定了他的诗作的慷慨悲壮的基调和悲壮苍凉的风格，使他的《凉州词》（“黄河远上”）无论在思想性还是在艺术性上，都在王昌龄《出塞》（“秦时明月”）、王翰《凉州词》（“葡萄美酒”）之上。在思想性上，这三首诗都表现了同情征戍者不幸的进步立场，各有千秋。然王之涣写征人之怨更直接，使人很容易联想到怨“君恩”，思想性较强。在艺术性上王昌龄诗有“头重之病”（《姜斋诗话》），王翰诗后两句究竟是“悲伤语”还是“谐谑语”曾有歧义。而王之涣诗则较为完美，从未受到批评。可见，“旗亭画壁”“诗压群豪”确非偶然。正是同人民的血肉联系，赋予了这些诗作的旺盛的艺术生命，使他成为盛唐著名诗人。一切伟大的文学艺术家的艺术生命，就在于他们**“总是被一条条无形的线和人民大众联系在一起”（马克思语）**。王之涣的形象又一次揭示了这一真理。

由于《王之涣》把王之涣与人民的血肉联系作为诗人形象的根本内涵，贯穿在他的整个活动中，巧妙地把“父母官”的形象与“诗人”形象有机的熔铸在一起，遂使王之涣的形象更加丰满、充实，具有一定的普遍意义，成为近年来民间文学中不可多得的具有典型性的艺术形象。

《王之涣》讲述了王之涣许多动人故事，具有较高的史料价值。王之涣是我国唐代著名诗人，在诗歌史上享有盛名。他的诗作散佚太多，《全唐诗》仅存六首，其中《登鹳雀楼》《凉州词》脍炙人口，传诵不绝，甚至《凉州词》已被文学史家称之为唐诗七绝“压卷”之作。然而，可惜的是这样一位大诗人的生平事迹一直湮没不彰，史书记载甚少。《旧唐书》无传，《新唐书》无志，唯《唐才子传》《唐诗纪事》略有记载，然皆语焉不详。人们只是在 20 世纪 60 年代出土的《唐故文安郡文安县尉太原王府君墓志铭（并序）》中，才知道他是山西太原王昱的第四子，“幼而聪明，秀发颖悟，不盈弱冠，则究文章之精；未及壮年，已穷经籍之奥”。成年后，以“门子”为冀州衡水县主簿。不久父母去世，又被人诬告，拂衣去官。在家 15 年，结识文坛名士，游历了京师、洛阳及黄河上下，后在“亲密懿交”的劝说下，才又出仕，“复补文安郡文安县尉”，具有一定政绩，在即将升任京官时不幸身染重病，于天宝年间卒于官舍，享年 55 岁。（参见《王之涣》，《中国历代著名文学家评传》第 2 卷）传说所记载的这些传说故事，如《智赚皇粮》《对联传信》《惩贪官》《诗压群豪》《酒楼遇伶官》《学艺》，尽管事件和细节不一定都符合事实，它们还是有一定现实基础，具有一定史料价值的。甚至《诗焚》叙述王之涣的诗作因其表弟抄录时不慎失火被焚烧而散失殆尽的故事，我们宁可信其有而不可信其无。王诗散佚太多是何原因呢？《诗焚》是否会道出一点其中的奥秘呢？故事发生在王之涣作县尉的衡水、文安，传说又长期流传在这一带，这是偶然的巧合，还是事出必然呢？也就是说，王之涣作为这一带的“父母官”赢得了子民的信赖和敬仰，因而才有他的子民以自己的口碑世代相传，为他树碑立传。传说毕竟是传说，它虽然与《王之涣墓志铭》相吻合，具有重要价值，但也大可不必过分拘泥，以此为传。

《王之涣》为诗人王之涣造了“像”，立了“传”，虽然略嫌粗疏，不够十分丰满，但对于各种史书都“语焉不详”甚至无志无传的王之涣来说，已属难得，翟公搜集整理更是不易，我在此表示祝贺！

（原文载《民间文学研究》1987 年第 3—4 期合刊）

**附记**　《盛唐才子王之涣》，由中国民间文艺出版社 1989 年出版，作者把本文用作序言，个别文字有所改动。

# 华夏“中医学家”第一人

## ——长篇小说《神医扁鹊》秦越人形象的意义

一民同志的长篇小说《神医扁鹊》问世，可喜可贺！

《神医扁鹊》究竟有什么突出的创新值得祝贺呢？在我看来，就是因为它成功塑造了我国战国时期的著名“民间游医秦越人”的生动形象，展现了中医学“始祖”“医圣”的光辉风采，赞颂了他所特有的“最美乡村医生”式的“服务奉献精神”和他历尽艰辛、刻苦研究、实践探索、建构中医学理论体系的“科学创新精神”，使“神医扁鹊”从“神话”回到“现实”，恢复了中医学“始祖”秦越人的本来面目，从而成为我国中医学事业发展的一面镜子。这就是长篇小说《神医扁鹊》的意义所在。

### 中国老百姓“只知‘神医扁鹊’而不知‘民间游医秦越人’”

中国人特别是中国现当代人，了解认识两千多年以前春秋战国时期的民间游医秦越人，主要是通过什么途径呢？毫无疑问是通过《史记》等典籍所载史料及口头流传于中华大地的民间传说故事。那么，人们从那里了解认识到的又是一个怎样的“民间游医秦越人”呢？可以肯定地说，人们所了解认识到的基本上是一个超凡脱俗、神乎其神、不食人间烟火的“神医”“扁鹊”或“神医扁鹊”。

这是为什么呢？概括地说就是有关正史在“造神”，这些正史硬是把一个浑身乡土气、烟火味十足的“民间游医秦越人”包装打造成了一个神乎其神、超凡脱俗、空前绝后的一个“超人”——“神医扁鹊”！这也难怪，凡是载入正史的帝王将相、达官显贵、老爷太太少爷小姐、才子佳人、三教九流等等，无一不是被“神化”了的，秦越人也不例外。且看《史记·扁鹊仓公列传》关于扁鹊成医行医的记载：“扁鹊以其言饮药三十日，视见垣一方人。从此视病，尽见五脏症结。”按此记载，扁鹊按神人长桑君的话吃“神药”、饮“上水”三十天以后，俨然成“神”，至少有了常人所没有的“特异功能”：

可以隔墙看人。用此等视力诊病，能隔着衣衫看清五脏六腑的病灶。太厉害了，现代人的透视、CT、B超也不过如此吧！这还是民间游医秦越人么？不是了，一月之间就成“神医扁鹊”了。秦越人摇身一变成神之后，当然神气十足、活灵活现起来，一登宫庭神坛，便演出一系列“今古奇观”的绝妙场面：“奇诊赵简子”，“四望齐桓侯”，救活虢太子，割瘤秦武公……扁鹊这些神乎其神的“医术”（神术），已经成了流传千年家喻户晓的“神话”“传奇”了。显而易见，在这里，民间游医秦越人从“学医——神授”始，到“行医——奇诊”终，成了地道的“神话”！

人们、一般老百姓就是通过这样的“神话”故事认识“神医扁鹊”的。在这里，秦越人已经是“神”、是“扁鹊”、是“神医”，而不是“常人”了。即使是在民间传说故事里，也不是“秦越人”而是被“神化”了的“神医”或“扁鹊”。确切地说，在当今老百姓那里几乎是“只知‘神医扁鹊’，而不知‘民间游医秦越人’”。

## 从“神话”回到“现实”，恢复了秦越人华夏“中医学第一人”的真面目

什么是“民间游医”呢？“民间游医”这个称谓如果不是作者的创造的话，那可能就是来自古代官方正史，即官方所赐了。我觉得用现代老百姓通俗语言来说，也许就是曾经流行于20世纪六七十年代的“赤脚医生”，或者说就是当下流行的热词“中国最美乡村医生”吧。不过，这里主要是指秦越人用中国乡村医生独创的、自成体系的中国草药（方剂），中国诊法（望、闻、问、切），中国医术（针灸），中国医规（六不治），中国医教（授徒），为中国老百姓防治瘟疫、治疗常见疾病，处理医患、医术传承发展的行医实践，他的医术高超、医德高尚、医费价廉，对于在上古生产力低下、战乱频繁的生存条件下，解除中国乡村老百姓的疾病痛苦，正常繁衍生息，那真是功莫大焉，简直就是上古时期的“赤脚医生”或“最美乡村医生”！不过扁鹊的医诊服务范围要广阔到燕赵、齐鲁、秦晋、韩魏等诸侯列国区域，这一点是当今活动在自己家乡十里八乡的“赤脚医生”和“最美乡村医生”所望尘莫及的。

如果说用“中国最美乡村赤脚医生”还可以赞扬秦越人的那种“服务奉献精神”的话，用它来表现秦越人对于创建发展“中医学”事业的卓绝贡献和“科学创新精神”，就差强人意了。而恰恰是这一点，才是秦越人作为中华“医祖”——“中医学第一人”（范文澜语）的最大贡献和亮点。小说《神医扁鹊》浓墨重彩，充分展示了秦越人对“中医

学”的创造和发现：以自己创造的以“独取寸口”为核心的“中医诊断学”、从师学来的独具民族特色的“中医针灸学”、亲身验证总结出来的“中草药（方剂）学”以及妇科、儿科、五官科的临床治疗医术为基本实践内容，和以《难经》《内经》《外经》为基本医学理论系统相统一，构建起完全不同于西方医学的“中医学”科学体系。正是这个“医术”和“医理”有机统一、辩证实用的“中医学”，为其后几千年传承发展至今还在造福中国人和全人类的“中医学”事业，奠定了丰富的实践和坚实的理论基础。也正是秦越人对“中医学”的重大创造和发现，奠定了他在中医学史上“第一人”的崇高地位！如果没有这个中医学的伟大的实践和理论的创新发现，他或许也就只能是一个上古时期的“最美乡村赤脚医生”，而不是世界上独一无二的历史最悠久的“中医学”的始祖、祖师爷了。从这种意义上说，史家称其为“神医”“扁鹊”并不为过，秦越人也是当之无愧的。上古“最美乡村医生”和中医学“始祖、神医、扁鹊”的完美融合，这才是“民间游医秦越人”这个人物形象的本来面目和重要意义。

## 运用现实主义的创作原则，如实再现学医行医生涯，铸成秦越人丰满鲜活的艺术形象

那么，长篇小说《神医扁鹊》是怎样成功塑造“民间游医秦越人”的形象的呢？从创作思想上说，主要是坚持现实主义创作原则的产物；从创作实践上说主要就是通过人物自己“做什么”和“怎样做”（恩格斯语）的多种磨难中熔铸而成的。

首先，小说写秦越人从医学医，没有遵从《史记》“造神”的老套，把秦越人写成非“常人”，也没有把他的学医写成“神授”之离奇故事。而是直面现实，确认秦越人是“人”，是一个土生土长、有血有肉、为正史《史记》所记载的真实人物，也就是说他是一个有合法“户籍”可考的人，他不像神农、黄帝等医学先辈是“神”、是“仙”、是“龙”、是“帝”，出没三界，天马行空，见首不见尾，虽有诸多传说故事，但终究被正史视为“神话”，在世间无“户籍”可载可查。小说牢牢把握住秦越人“是‘人’不是‘神’”这个根本底线，让他走了一条“常人”成医的“常规”之路，如实地描述秦越人学医拜师长桑君、跟伊祁真人研读经典、落难汤邑向“艾仙”学艾灸、周游列国搜集偏方、访学天下名医绝技，蓬山亲尝奇药，绘制药源分布图等等几十年漫长学医行医实践，从而集当时医学成果和乡医智慧之大成于一身，使秦越人的精湛医术和系统精辟的医学理论来得合理自然，绝不牵强，比起《史记》所述之“神话”情节要真实可信得多。

其次，突出描写秦越人漫长的医学实践，不断科学总结经验，终于有所发明创造，撰写出开创构建我国中医学的传世经典《内经》《外经》《难经》，成为奠基中医学理论体系的始祖、第一人。小说把“医”“巫”之争和权贵“信巫鄙医”贯穿于秦越人献身探索、刻苦攀登医学高峰的细致真实描写和他奇诊赵简子、救活虢太子、四望齐桓侯、割瘤秦武公的医术传奇故事之中，越发具有先进科学文明与落后迷信野蛮相斗争而演进发展的丰富历史内涵，从而使人物形象更加真实丰满高大，绝非《史记》等正史典籍所造之“神医”形象所能比。

最后，小说没有像《史记》把秦越人行医写成“扁鹊”行医那么“神”那么“奇”，以至让人感到其“神乎其神”，觉得“玄乎”“近巫”“近妖”，大有被“忽悠”“被骗”的味道。而是反其道而行之，按照实际生活样子，如实描绘出既有医学理论创造又有精湛医术的“中医学家”秦越人，屡次施展绝技的精彩场面，如大量为民间老百姓治病的“拦棺救产妇”“针灸治中风”“咸阳除儿瘟”“治愈耳目痹”的奇迹，也有为宫廷治病的“奇诊赵简子”“四望齐桓侯”“救活虢太子”“割瘤秦武公”四大神奇医案，如此等等，以至越传越神，演成“神话”，人们也就随之把他当成“神医扁鹊”而崇敬膜拜，久而久之，反而不知“游医秦越人”了！真是“假作真时真亦假”。其实，《史记》所述神医扁鹊之“四大奇迹”，只不过是华夏第一中医学家秦越人独创的“诊断学”“望、闻、问、切”和独特的“针灸”“草药”临床治疗术的炉火纯青的实践和出神入化的几场实演而已。小说凭着现实主义的如实描写，充分展示出了四大奇迹产生的理论支撑和实践基础，使得神医扁鹊完成由“神”到“人”的角色蜕变，回归到“华夏中医学家第一人”秦越人的伟大形象，显得真实自然，少了一些“突兀”“神化”之嫌，更加深刻地反映出上古时期社会生活和中医学人物、中医文化的某些方面的本质来。

《神医扁鹊》是小说，《史记》是史学经典，秦越人是它们共同的传主，它们应该有同，但更应该有异，否则压根就不该再有小说产生了。而小说《神医扁鹊》的价值和贡献，就在于它坚持现实主义创作原则，正确处理正史史料、传说与文学创作的关系，按照现实生活的样式，再现各种社会人物和社会生活的关系，在充分展示秦越人几十年的医学实践和理论探索，特别是在着力描写秦越人给老百姓治病如“治乡瘟”“治瘟疫”“治带下”“除儿瘟”事迹的基础上，把秦越人“四大奇迹”作为几个“亮点”来写，无疑收到“锦上添花”“相得益彰”的艺术效果，有效避免了正史“拔高”“神化”人物的倾向。小说这种把人物“人化”“平民化”实为“现实化”的艺术处理，使神医扁鹊完成了由“神”到“人”的回归，绝不是对人物的“矮化”“粗俗化”“庸俗化”，而恰恰相反，是坚持唯物史观和按照“美的规律”（恩格斯）进行艺术创造的体现。这一点，在当下的传记文学创作中，无疑是应该特别值得肯定和赞扬的。

## 华夏第一中医学家的形象，是发展我国中医事业的一面镜子

中国古代儒家崇尚“三不朽”即“立功、立言、立德”（《左传》）的“完人”，秦越人正堪称“功、言、德”兼备的完人形象。以此为鉴，可以基本见出我国当代中医学事业的若干被遮蔽的真面目来。中医学虽然历史悠久延绵不断，这可以引以骄傲，但当今创新无多，发展乏力，着实可悲。中医教育传承虽然为数不少，却难得真传，仅得皮毛，少见奇效。医不讲德，医患紧张，不可开交。……中医界乃至整个医学界都可以读一读，照一照。

当年，《神医扁鹊故事集》问世，我曾希望一民“把史料整理和文学创作融于一炉”，走出一条适合自己的“通俗文学创作的新路”。（《郑一民小说论》，《河北小说论》下册）一晃 30 年过去了，我真没想到将近古稀的他，竟然还像当年一样刻苦勤奋，笔耕不辍！当他把这“砖头”一样的《神医扁鹊》贡献出来之时，就不仅让人眼前一亮，更重要的是让人深感他走“新路”收获的“厚重”分量，所以我再次对一民同志表示祝贺！

（原文载《燕赵文化》2014 年第 2 期）

# 只为“失独”鼓与呼

## ——读长篇报告文学《中国“失独”家庭调查》感言

我虽曾涉足文艺评论，可自2005年退休以来，就与当今之“创作”基本绝缘了。然而就在最近的日子里，却被《啄木鸟》2015年11月的长篇“调查报告”《中国“失独家庭”调查》（以下简称《调查》）所吸引，确切说是被“绑架”，一口气读完了它。平心而论，这样敏感的题材一般作家往往不去触碰，此类作品有规模有深度者尤其少见，像这样站在“中国梦”的立场，全景式深刻反映“失独”家庭生活，为其“痛”哭泣、为其“自救”鼓气，为其建立扶助制度向党、国家、社会呼吁，堪称“史诗”的长篇报告文学，实属“凤毛麟角”，值得“特别关注”。或许因为是“同命人”或“职业病”之故，我为它掉了泪，禁不住要为它说几句。

### 惊人魂魄的“失独”家庭生存状态

人所共知，在我国20世纪80年代实行“只生一孩”计生政策之后，逐渐生成了一个由五十、六十、七十岁以上的老年人组成的“‘失独’家庭”群体。据说在我国约有100万，而且在十几年内还将以每年几万的数额增长。那么，这样一个曾经“为国家做出贡献”的“失独”家庭，是不是“优先分享改革发展成果”呢？（见中共中央、国务院《关于全面加强人口和计划生育工作统筹解决人口问题的决定》，以下简称《关于人口问题的决定》）他（她）们现在生活得怎样呢？报告文学《调查》为我们做了真实而形象的回答，它用现实主义的笔触，真实再现了“失独”家庭的“失独之痛”和“负痛自救”的“生存”状态。

在一个人口13亿多的泱泱大国里，对于“一个人”的早逝，真是微不足道。但是，在实行计生政策的中国，对那些“只生一个孩子”的家庭来说，其独生子女去世无疑是比“七级地震”还严重的“天塌地陷”的大事，顷刻之间就把一个温馨幸福的家庭彻底毁掉，把“失独”父母打入“痛苦”深渊，让他们从此永远忍受人间“超级痛苦”——“‘失独’之痛”的煎熬！《调查》为我们展示了他们的“‘失独’之痛”——

或者像海军航空兵优秀飞行员中尉军官任宁川的父母亲那样，在儿子宁川壮烈牺牲之后 2920 个日日夜夜里，以“给在天堂的儿子写信”打发时光；以同样的方式，一位新疆失独妈妈 6 年里给女儿写了一百多万字的信；网上写给天堂儿女的信就有 4500 万之多；或者像北戴河某老人那样，每天至少有二十小时与 27 岁去世的儿子“团圆”在 QQ 世界里；更多的是建立 QQ 群，同命人网上聊天、倾诉；全国已有 280 万“失独”QQ 群，她们终日“生活”在网络之中；或者像长沙某夫妻那样，在儿子去世之后把一只叫“毛毛”的贵宾犬当“儿子”，组成特殊的“三口之家”生活；或者像 77 岁的一位老教授那样，9 年来一直与儿子生前最后一次早餐吃剩下的一块馒头为伴度日；或白天上班，夜晚抱着孩子的骨灰哭泣；或者像武汉王某的妈妈那样，女儿走后十年来，每到大年三十，就去女儿墓地清洗碑石，号啕大哭，挨到天晚后一个人踯躅在偏僻冷寂的街头；或者像广铁集团的某夫妻特别是妻子发展到精神失控、歇斯底里，对丈夫凶狠施暴致伤；更有杭州一对“失独”夫妇为女儿过完百天祭日，跳楼、服毒自杀；苏州某区 8 户 12 个“失独”老人，6 人精神抑郁、二人精神分裂。等等不一而足。“失独”父母们认为这样可以排解“失子之痛”，可现实是：越是这样，痛将更痛！《调查》用现实主义的白描手法，逼真的再现出失独家庭“痛将更痛”的“生存”状况，为读者打开一幅形象的中国“失独”家庭“痛中生存”图！

《调查》同时着力再现了“失独”家庭忍痛“自救”的壮举。如果说《调查》第二章是作者为“失独”之“痛”而“哭”，那么《调查》第四章则是作者在为“失独”家庭的“自救”在“鼓”！在这里，让我们看到的是“失独”者们在“擦干眼泪、揩净鲜血”奋起“自救”的壮举。他们“清醒”地知道，既然选择了生，就不要那样找死——像前例或精神分裂或自杀身亡，那是死路一条，于是便忍着“悲恸”踏上艰难而漫长的“自救之路”——

或者像湖南怀化“失独”者那样，成立“协会”，互相关爱，疏导心理，抚慰心灵，从最初抱团取暖到逐渐融入社会；或者像上海“星星港”的 18 位失独父母那样，特别是赶赴“5.12”汶川地震救灾区，用亲身经历去安抚失独者；或者自强自慰，甘冒风险、强忍痛苦做试管婴儿；或者像自由撰稿人为儿子子尤编辑出版作品、替儿子续写博客；或者“沿着女儿‘为国家牺牲’的路，为社会尽一份力”，改行去做义工；或者像常州市公路运输总公司书记那样，在战胜“创伤后应激障碍”后，投入自救工作，向市计生委建言献策，引起市政府高度重视，采取重大举措，为失独家庭建成二十几座“春晖家园”，等等。这里《调查》礼赞的是“失独”家庭带着泪水进行“自救”的壮举，让我们看到了当年“为国家做出贡献”的父母，在不可抗拒的灾难面前挺起伤痕累累的脊梁！他们以不同的方式和作为，共同奏出一部悲壮激越震撼人心的“自救”乐章！

概括地说，一方面是“失独”家庭在忍受人类“超级痛苦”的煎熬，作者为之恸哭陈情可谓现代《陈情表》；另一方面是“失独”家庭在“自救”之路上忍痛前行，作者为之“壮举”击鼓、谱写的“自救”《进行曲》。正是这反差强烈的两个侧面，熔铸成了一幅色彩斑斓的中国“失独”家庭的生存图卷，交汇成了一部悲壮的交响乐章！而这，就是中国“失独”家庭的完整真实的生存状态。面对百万“失独家庭”这般生存状态，政府和社会怎么办？这，无疑是对政府的执政责任和社会文明的一个严峻考验。

## 系统科学的“失独”深层探究

报告文学特别是调查反映“事件”“问题”类型的报告文学，它的职责就是深度调查事件、现象的前因后果、发展结局，即对其社会背景、各种因素、包括其前世今生、来龙去脉等等进行系统全面的调查研究，进而做出科学判断和报道。这就是传统的报告文学的议论性或政论性特点。在我看来，无论这一点现在时兴与否，都是《调查》的一大亮点。

概括来说，《调查》对“失独”成因的调查探究，是把“失独”作为纯粹自然“个案”和社会政治文化两个方面综合起来，作为一个系统来进行的。

从自然“失独”个案来看，《调查》开篇为我们展示了形形色色极具偶然性但又是极为常见的“‘失独’之因”。概括起来主要是这样几种：或者是不治之症夺去生命，或者是被滚落的山石击中，或者是地震、泥石流等；这些属于不可抗拒的病魔天灾横祸，即“天有不测风云”。或者死于车祸，我国校车事故触目惊心，据统计每年有超过万名青少年其中多是独生子女死于车祸，或像海军优秀飞行员在飞行中壮烈牺牲，或公务员死于工作岗位上；或者“过劳死”；或“自杀”身亡；或被杀害等等；这十多种情况与“天灾”有别，或应归结为“人祸”一类，所谓“人有旦夕祸福”。《调查》把“‘失独’个案之因”大体归结为“天灾人祸”是相当客观的。

然而仅从“失独个案”去探寻原因，就显得片面肤浅，是远远不够的。《调查》超越个案，站在“中国梦”的立场上，从家、国、民族文化等更高层面，深入揭示“失独问题”的成因和危害。作者用百万“失独”且每年新增几万的严酷事实向“禁区”挑战，指出“失独”作为一种“社会现象”之所以在特定时间特定人群中以特定规模持续发生，是与当时我国实行“只生一孩”的计生政策分不开的。在1980年中共中央《关于控制我国人口增长问题致全体共产党员、共青团员的公开信》（以下简称《中共中央公开信》）和2001年我国第一部《人口与计划生育法》就已经把“只生一个孩子”与“独生子死亡”的内在联系讲清楚了。就是说，“失独”本来就是“只生一个孩子”政策的题中之义，二者是互相依存、结为一体的。说白了，“失独”就是“只生一个孩子”政策的衍生物。“独”之不存，“失”将焉附？这是显而易见的。在此基础上，《调查》对“失独问题”进一步从“人祸”即计生政策执行过程中“人为”的种种负面因素开掘。指出由于一些地方政府或有关部门长期种种“不作为或乱作为”，把本来简单的问题复杂化，最终酿成如“自杀”“集体进京”等等“‘失独’问题”。就是说“失独问题”并不是突发的，“冰冻三尺非一日之寒”，主要是实行“计划生育”政策35年来的“‘不作为’或‘乱作为’”日积月累的结果。各级地方政府、有关部门如果真正按照国家政策切实帮扶他们做到老有所依，还会有所谓“失独问题”吗？当然，国家计生政策本身所谓“要注意想办法解决”（《中共中央公开信》），“地方人民政府应当给予必要的帮助”（《人口与计划生育法》）也确有过于“原则、笼统”之嫌。但是，这不能够成为地方政府“不作为和乱作为”及推诿扯皮的借口和理由。这才是对“失独问题”成因的实事求是的态度和科学认识。这里必须纠正有关部门那种动辄拿“维稳”说事，给正当诉求维权扣上“摸黑”计生国策的大帽子，来掩盖自身过失推卸责任的错误做法。

人所共知，在“只生一个”的特殊年代，“独生子”的“死”和“生”，从来就不是一个家庭小事，而是有关“基本国策”的大事。正如李克强同志所说：“民之疾苦，国之要事”！（2015年3月5日第十二届全国人民大会第三次会议）《调查》专设一章，从“失独”毁灭家庭、危害国家人口安全和民族文化三个层面，集中揭示“‘失独’之殇”的“国之要事”性质。《调查》指出“失独”首在“家殇”，就是“家破人亡”，导致“终老无依”、断绝香火，使这一家族消失！进而指出“失独”是“国殇”，像海军航空兵飞行员、苹果系统的“中文输入法”软件的开发者这样的精英的早逝，本身就是国家人才折损，同时加速国人老龄化、危及国家人口安全，是地道的“国殇”！再次指出“失独”还是“中华民族文化之殇”。人是文化的创造者又是传承延续者，人口繁衍和文明发展密不可分。“人”都没了，势必导致文化灭绝，遑论什么延续传承？“失独”无疑也是“文化之殇”！总之，“失独之殇”毁灭家庭，是“家殇”；殃及国家，是“国殇”；殃及民族文化传承，是“民族文化之殇”！在我看来，《调查》这样定位，才真正把握了问题的根本性质，是相当精辟深刻、雄辩有力的，它绝不只是对“国之要事”的极好注脚，更重要的是真正找出成因，找到打开死结的钥匙，为“建立‘失独’家庭扶助制度”提供了坚实的思想支撑。恕我直言，反思35年的历程，如果地方政府及有关部门和社会各界能较早这么认识，真把“失独”当作“国之要事”来办，还会发生“重‘生’轻‘死’”或“‘不作为’或‘乱作为’”等乱象，酿成如今的“‘失独’问题”吗?！这应该是一个值得记取的深刻教训。

由于作者身为计生干部既熟谙国家的有关法规和政策，又对实际情况体察入微，就使《调查》对“失独”性质、成因的探究，高屋建瓴、系统科学，颇见政论特色和思想深度。可谓尽职尽责，其胆、其识、其论，都值得称道。

## 为“建立‘失独’家庭扶助制度”呼

众所周知，党和国家从2001年制定《人口与计划生育法》以来，一直在为“建立失独家庭扶助制度”而不懈努力。《调查》为这个非常重要而急迫的问题建言献策、奔走呼号，可谓又一突出亮点。

明眼人不难发现，《调查》第五章用明显有别于前几章的较为轻松欢快的笔调，回顾了党和国家有关“扶助‘失独’政策”的出台，大体勾勒出国家层面上“失独”扶助工作既紧锣密鼓又谨慎缓慢的进展历程。从2001年《人口与计划生育法》、2013年国家卫计委等五部委《关于进一步做好计划生育特殊困难家庭扶助工作的通知》（以下简称国家五部委《通知》）的14年间，党中央国务院及相关部委发布十多份文件，召开七八次专门会议，研究对于“失独”家庭实施扶助的政策、方案、试点等等问题，或规定“政府应当给予必要的帮助”；或提出他们“应优先分享改革发展成果”、国家应“积极探索建立扶助制度”；都是围绕妥善解决“失独”家庭“老有所养、病有所医、难有所帮、精神愉快”问题。《调查》对此特别用时尚语言称赞这是“特别的爱给特别的你”！特别高度评价党和国家的这些重大举措“不仅在中国历史上，就是在世界历史上也属罕见。”称2013年国家五部委《通知》是“关爱‘失独’家庭划时代的文件”！确实，在这一文件下发以后，地方政府大多积极响应，有所动作甚至有所作为。与以前相比，可以说是“划时代”的进步变化！这，确实不愧为惠泽“失独”家庭的“关爱之美”，确实让“失独”家庭或可走出痛苦深渊，获得重生的几多希望！

更加令人欣喜的是《调查》还为人们展示出国家“失独”家庭帮扶工程“试点”：“常州模式”。常州模式包括专供“失独”家庭使用的集“心理援助、医疗、文化、娱乐”活动于一体的“春晖家园”；有关“医疗、养老、临终”的系列关爱政策和近20项日常生活不可或缺的援助服务等等，可谓“失独”家庭的“养老家园”！真是让人感到安度晚年大有希望！但愿“常州模式”不是“形象工程”，能够尽快在全国推广！

《调查》把中央和国家的“关爱”“扶助”定位于“正在路上的关爱之美”，值得赞赏，它是作者秉持现实主义原则做出的“诗意”论断。如果不是这样，所谓“划时代”“史上罕见”的评价就有廉价宣传、溢美之嫌了。好就好在“正在路上的关爱之美”既充分肯定了党和国家的不懈努力和作为，又充分看到了国家政策真正落实到每一个家庭的艰巨性。从实讲，对现有政策法规，“失独”家庭和地方政府、有关部门、基层工作者多有反映。一言以蔽之曰：制度缺位，时间滞后，政策笼统，措施乏力，致使“失独”家庭不仅没有“优先分享改革发展成果”，而且至今还“生存”在“常人难于体验的痛苦”之中。唯其如此，《调查》用全力呼吁国家以最高“法律”定位“失独”的社会性质、地位、扶助制度，明确国家和地方政府、有关部门的权责及监督机制，即用“制度手杖”“笼子”有效规范地方政府、有关部门的不作为（把扶助举措搁在“路上”）或乱作为（把好政策曲解跑偏），确保党和国家“失独”扶助制度政策切实落实到每一个“失独”家庭。在我看来，“扶助制度”对失独家庭和计生政策都是不可或缺的，《调查》这样为党、为国、为民、为“失独”家庭的深情呼吁，真正抓住了解决问题的关键，具有特别意义和作用！我为之点赞。

末了，我作为一个年已古稀的“失独”老人，在此补呼一句：“失独事，从来急”，制度建立能不能快一点！像用15年才出台《关于人口问题的决定》那样，再用15年出台就医养老送终的“绿色通道”，对我等古稀高龄“失独”家庭还有多大实际意义呢——那时恐怕早已见马克思去了！所以我要说：“好制度要‘只争朝夕、登堂入室’，不要总‘在路上’、永‘不到家’！”

2015年12月30日初稿

2016年1月15日修订

# 关于文艺理论批评中清除“左”的思想影响的若干思考

在文学理论批评中，多年来一直存在这样一种现象：对于某些不同观点和失误，过去说是右的倾向，现在说是“左”的影响。说法不一，实无两样，即都是用“左”右论是非，定功过。应当如何对待这种“以‘左’右论是非”的现象呢？本文仅结合近年来文学理论批评领域中的一些情况，对这一问题作些初步探讨。

## 能否把一切都归咎于“左”的影响

人所共知，在文学理论工作中，“左”的影响是惨重的。对这一点，认识不足是错误的。但是，因此就把文学理论中任何具体问题上的失误和不同观点，都笼统地归咎于“左”的影响，统统看成是“左”的思想和产物，也是不对的。因为，这种笼统的说法，在很多情况下并不符合实际，也很难揭示问题的实质，对问题的解决并无多少实际意义。

让我们看一些具体实例。

**例一，关于郭老所著《李白与杜甫》一书中“扬李抑杜”的倾向问题。**

该书出版于十年动乱之中，有很多问题受到“左”的思想的影响，这是不言而喻的。于是，就有一些人把它说成是“左”的思想的产物。甚至有人更明确地说《李白与杜甫》并不是郭老的观点，郭老不过扮演了一个传声筒的角色。诚然，我们并不否认郭著可能受到毛泽东同志某些具体观点的影响。但是，把书中的“扬李抑杜”的倾向统统归结为“左”的影响，说成是“左”的思想的产物，却未必合适。因为稍微熟悉中国文学史的人都知道，自从李杜诞生之后，这种“扬李抑杜”的倾向，我就已经作为“扬杜抑李”的对立面，存在于“李杜研究”之中了。这种观点，已经存在千百年了。当今对李杜的研究，其成熟、深度，绝非古人所能比。但是在李杜评价上，是“扬李抑杜”还是“扬杜抑李”，至今也并未归于一统。郭老的观点，作为一种学术观点，与古人是一脉相承的。我们怎么能把这种古已有之的观点，笼统地说成是“左”的思想的产物呢？这岂不是由郭老而株连古人，也给古人戴“左”的政治帽子吗？有人说，《李白与杜甫》的观点与他60年代“李杜齐名”（“双子星座”）的观点是矛盾的，这个变化，显然是受“左”的影响。这倒是实事，也并非没有道理。但是，实事求是地说，一个人的学术观点的变化，是有多种原因的，并非一定是由某一种思想观点决定的。对于郭老这一观点的变化，也应当具体分析。这里我们应当看到，郭老的“扬李抑杜”并不是对“李杜齐名”的彻底否定，二者之间仍然存在某些必然的联系；更重要的是，还应当看到，郭老一生崇尚浪漫主义，这恐怕是郭老“扬李抑杜”的根本原因。看不到这一点，把它说成是“左”的影响，言不由衷，恐怕是不符合实际的！而且，就“李杜研究”问题来说，怎么可以用“左”右去论是非呢？

**例二，关于“两结合”创作方法问题**。

这是一个正在讨论的问题。关于它的产生问题，有一种观点说它是“左”倾思潮的产物，是1958年“大跃进”的产物。我认为这种说法是不正确的，因为有足够的事实证明，“两结合”作为一种独立的创作方法，早在我国50年代初期就以相当完整的理论形态提出来了。当时我国政治生活领域中，并没有什么“左”的思潮，谈何“左”的影响呢？从时间上看，“两结合”提出在先，“大跃进”泛滥在后，其间相隔七八年之久，风马牛不相及，怎么能够说“两结合”是“大跃进”的产物呢？在这里，硬把它同“左”的影响扯在一起，是毫无道理的。

**例三，关于文学与生活的关系问题**。

在拨乱反正中，有人把毛泽东同志关于文学艺术“源于生活，高于生活”的观点说成是“极左”，并用车尔尼雪夫斯基“美是生活，生活高于文学艺术”的观点对其进行批判。文学与生活的关系问题，作为学术问题，当然可以讨论。不能因为毛泽东同志说了话，就不许别人有不同意见。但是，轻易地把毛泽东同志的这个意见说成是“极左”，就未必妥当。因为，毛泽东同志这个观点在文学理论史上，也是早已有之的。亚里士多德、歌德、黑格尔，就持这种观点，只不过他们没有毛泽东同志的论述彻底、深刻、科学罢了。这个问题，显然也是难以用“左”右的概念来解决的。

**例四，关于典型问题**。

马克思主义认为，典型是一定的阶级和倾向的代表。近年来批判了“阶级斗争为纲”的错误，这种观点也被戴上了“左”的帽子。其实，典型问题，几百年来，众说纷纭，至今未统于一。我们怎么不顾事实，忽然之间，把不同于自己的某一典型说宣布为“左”的理论观点呢？在这里，死抱住“左”右的观点去论断是非，容不得不同观点，岂不是太狭隘了一点！

总之，诸如此类远离政治的具体理论问题举不胜举。对它们都是不能用“左”右一类政治概念来解决的。除此之外的那些与政治关系密切的一些理论问题，是不是就可以用“左”右的概念来解决呢？我们认为，也未必尽然，其中有些可以，有些似乎不可。这里也让我们看一看一些具体事例。

**例五，关于文学与政治的关系问题**。

这是一个政治性很强的文学基本理论问题。在这个问题上，近年来指出“从属论”的功过是完全正确的，是多少年来少见的突破。但是，人们又往往随之把“服务论”也说成是“左”的产物。这就未必妥当了。因为人所共知的事实是，在中外文学史上，主张“文学为政治服务”的观点早已有之。孔夫子、柏拉图、普列汉诺夫、列宁等等，不乏其人。可以说，这种“服务论”是我国文学理论史上的一种传统观点。当今学术界中的这一观点，与历史上这一传统观点不无联系。我们怎么能无视这一点，给它扣上一顶“左”的帽子呢？对这个问题，能否完全用“左”右论是非，还很值得研究。

**例六，关于文学批评的标准问题**。

政治标准的提法，近年来常常被说成是“左”的产物。公平而论，“政治标准”的提法确有偏颇。但因此就把它说成是“左”倾思想的产物，却未必不偏颇。因为在中外文学史上，主张这种观点者也是不乏其人的。而且，就各个阶级在处理两个标准的关系时，又都是坚持政治标准第一，艺术标准第二的。如孔子、柏拉图、普列汉诺夫、列宁等等。对此，怎么能用“左”右的观念去论是非、定功过呢？

**例七，关于马克思主义文艺理论是否具有完整的体系问题**。

一家说无，一家说有。作为学术观点，说有可，说无也可。这里绝对不能把不同观点视为“左”或右。否则，探讨、争论就无法进行下去了。

这类问题实在不少。总之，它们大都与政治有着较为直接、紧密的联系，政治性很强，往往更多地受到政治的左右。这种情况确与一般的学术问题有所不同。不承认这一点，不是唯物主义。但是这类问题并不因此而改变其学术问题的性质。如果不顾这一基本事实，而片面强调它的特殊（政治）性，而用“左”右去评判，也是不恰当的。

从上述一些具体情况来看，在文学理论批评中的具体问题上，无论是与政治没有什么关系的，还是与政治关系甚密的，大都不宜用“左”右一类概念来评判。即使硬要用

“左”右来规范，也并不能真正解决问题。其原因十分简单，因为这些问题，无论是与政治无关还是关系密切的，毕竟是文学理论问题，不属于政治范畴，所以也就不宜用“左”右去解决。事实证明，在具体理论问题上，毫无例外地一概使用“左”右概念，笼统地把一切不同意见和失误都说成是“左”的思想影响的结果，对于解决问题是毫无意义，而且往往会混淆学术问题与政治问题的界限，把事情弄颠倒了。这种把一切问题都笼统地归咎于“左”的简单化的做法，实际上仍然是采用搞政治斗争的方法来搞学术问题的老方法，靠它是不能真正解决学术领域里的问题，开拓新的局面，而且还会导致重复“左”的错误。

## 关键在于“‘左’的思想影响”的实质

平心而论，当人们不加分析地把“‘左’的影响”这一概念运用到任何一个具体问题时，这一特定的概念的含义往往就含糊不清了。这也许是发生问题的真正根本原因之一。因此，我们就不能不弄清“‘左’的思想影响”的实质。

回顾新中国成立以来文学理论工作走过的坎坷道路，可以清楚地看出，“左”的思想影响在以下几个方面十分突出：

其一，把文学活动直接纳入政治运动的轨道，所谓文学活动实际上已经成为政治运动的一部分。如：对胡风文艺思想的批判和对“揭露阴暗面”理论的批判，以及所谓“文艺史上的儒法斗争”。

其二，把不同的理论观点和具体探讨，同政治思想问题等同起来，动不动戴上政治帽子。如，对“文学是人学”“写真实”“现实主义广阔道路论”“中间人物”问题，都扣上了“资产阶级人性论、人道主义”“修正主义文艺思想”“资产阶级文学主张”一类政治帽子。

其三，对文学理论问题，往往采用行政命令、“决议”的形式，匆匆忙忙作政治结论。其中最主要者，如林彪、江青炮制的所谓《部队文艺工作座谈会纪要》。

其四，文学理论批评中的庸俗社会学猖獗。它不是按照文学的特点和规律，运用马克思主义文艺理论的基本原理分析、研究、解决文学问题，而是采用庸俗社会学的观点和方法，把一切文学理论问题都同“阶级斗争”“政治”“路线”联系起来，以至做出完全违背文学规律、不符合实际情况的错误结论。如，典型问题上的“一个阶级一个典型”，文学与生活的关系上的“写本质”论、在“文学与人性”问题上的“只能写阶级性，不能写人性”之类的结论，就是较典型的庸俗社会学的方法和结论。

文学理论批评中的庸俗社会学的方法，既是“左”的思想影响的具体表现，同时又是“左”的思想、路线得以推行的得力工具。

从上述这些情况来看，人们通常所说的“左”的思想的影响，并不主要是作为一种社会思潮的所谓思想影响，确切地说，是属于领导地位的政治权力或者是在指导方针上的“左”倾错误在文学领域里的影响。这才是“左”的思想影响的实质。试想，仅仅是一种“左”的社会思潮，没有居于领导地位的政治权力起作用，它何以有如此之大的威力呢？当然，我们强调指出这一点，并非完全否认“左”的思想作为一种社会思潮对文学理论研究的影响。任何一种社会思想，特别是占统治地位的思想，总是会对文学理论的研究产生这样或那样的影响的。“左”的思想当然不能是例外。

如果上述对“左”的思想影响的含义和实质的理解大致不错的话，我以为在文学理论工作上是不宜使用类似“左”的思想影响的一类政治概念的。在这一点上，我觉得应当充分重视斯大林关于在文艺方面不使用“右倾”或“左倾”的概念的意见。斯大林这样说：

“我认为在文艺方面（以及在戏剧方面）提出‘右倾分子’和‘左倾分子’的问题这一提法本身是不正确的。‘右倾’或‘左倾’的概念目前在我国是党的概念，更确切地说是党内的概念。‘右倾分子’或‘左倾分子’就是离开真正党的路线而倾向于这一或那一方面的人。因此，把这些概念应用于像文艺、戏剧等等非党的和无比广阔的领域，那就奇怪了。这些概念在文艺界党的（共产党的）某个小组还可以应用。在这种小组里可能有‘右倾分子’和‘左倾分子’。但是在文艺发展的现阶段，把这些概念应用于有各种各样的流派以至反苏维埃的和完全反革命的流派的文艺界，那就是把一切概念都颠倒了。如果在文艺界运用阶级方面的概念，甚至‘苏维埃的’‘反苏维埃的’‘革命的’‘反革命的’等等概念，那是最正确的。”（《答比里——别洛采尔柯夫斯基》）。

斯大林这里讲的具体概念同我们所说的概念不同，但是他所坚持的要分清楚党的问题和“文艺问题”的界限，不能用党的概念去解决文艺问题的基本精神，对我们是完全适用的。回顾我们走过的坎坷历程，不正是因为没有注意划清问题的界限，在文学理论问题上乱戴政治帽子，从而使文学理论工作蒙受重大的损失吗？斯大林的意见并没过时，是多么值得我们沉思啊！

# 反“左”应当限制在一定范围之内

我们认为不能把文学理论中的任何具体问题上的一些失误和不同意见，都笼统地归咎于“左”的影响，并且还认为不应当把“左”右一类属于政治范畴的概念简单地运用到文学理论的一切领域中来，但这并不是说在文学问题上一概都不能提“左”的或右的影响，要从根本上取消反对或清除“左”的影响这一提法。相反，在文学领域中，根据实际情况出发，进行反对各种错误倾向，其中包括反对“左”右的倾向，是毫不含糊的。在文学理论中，特别是一些与政治关系密切的问题，我们可以而且应当旗帜鲜明地提出这个问题。

根据上述对“左”的思想的影响的实质的理解，我们为在这样一些问题的范围内，提出反“左”或反右的问题较为合适。

**第一，在“党对文艺工作的领导”方面**。

1984年秋天，党中央曾经提出克服和防止领导上的“左”的倾向。在同年召开的中国作家协会会员代表大会上，党中央再次提出反对领导上的“左”的倾向问题。胡启立同志在祝词中指出：“党对文艺工作的领导，存在着‘左’的倾向，在一个相当长的时期，干涉太多，帽子太多，行政命令太多。”这里，特别强调“党对文艺工作的领导，存在着‘左’的倾向”，是值得注意的。它明确了“左”的范围，为正确进行反对“左”的倾向指明了方向，具有特别的意义。党对文艺工作的领导，无论是思想政治领导，还是组织领导，其本身就是政治问题，并且，在实行其领导过程中，确实存在着发生“左”或右的倾向的问题，从实践经验来看，似乎是难免的。因此，根据实际情况出发，进行反对“左”的或右的倾向的斗争，就是理所当然的事情了。当然，在这里也可能存在正确与否的问题，但它都不存在混淆政治与学术问题的界限、性质的问题。

**第二，在党和国家的文艺方针政策方面**。

党的文艺方针、政策，除总方针外，还涉及各个方面，其中至少包括关于文艺工作者的政策、关于出版、稿酬的政策、关于文学遗产的整理、研究、出版的方针、关于管理体制、剧目管理和戏曲改革的政策、关于中外文化交流和对外开放的政策等等。这些文艺政策，属于政治范畴，是党的路线、指导思想的具体体现，在其制定和实行过程中，也确实会发生“左”或右的问题。有的本身就可能存在某种倾向，有的则由于实际情况的发展变化，而暴露出某种倾向。这些情况，在我们当代文学史上，并不是罕见的。在这个范围内，运用“左”或右的提法，是可以的。实际上，根据实际情况，修改、调整某些文艺方针政策，其中也包含了克服和纠正某些“左”右倾向。

**还有，就是文学理论批评中的庸俗社会学**。

在这些范围中，我认为，应当主要地限制在党和国家的文艺方针政策和对文艺的领导上，而不应当毫无限制地简单地运用到任何具体领域。

把“左”右的概念限制在党对文艺工作的领导和文艺方针政策方面，对于在文学领域中清除“左”的思想影响具有重要意义。只有这样，才真正有利于在文学理论中清除“左”的影响。在文艺领域里，反对“党对文艺工作的领导”和文艺方针政策方面的左的倾向，当然也属于艺术斗争，但究其实质，应当说是文艺领域中的政治斗争，它同文艺中的具体问题之间的争论乃至不同的艺术观点之间的斗争的性质，毕竟有所不同，是不可一概而论的。如果能够把“左”右概念，严格限制在党的领导和方针政策范围内，而不是普遍运用在任何具体问题上，就可以基本上划清政治问题与学术问题的原则界限，至少可以避免在任何问题上都戴“左”右的政治帽子，混淆政治与学术问题的性质，把学术问题纳入政治问题的轨道。这样做只会改善、加强党对文艺工作的领导，终究有利于社会主义文学事业的发展。对此，任何怀疑和担心都是不必要的。

在实际工作中，完全可以做到这一点。例如，中央在解决社会主义文艺的总方针的做法，就给我们树立了一个范例。关于社会主义文艺的总方针问题，无疑是文学理论中政治性最强的问题。从实践上来看，在这个问题上的任何理论探讨和不同意见，最容易戴上“左”右、“教条”“僵化”以及“修正主义”之类的政治帽子，似乎这是一个很难划清界限的问题，是危险地带，是禁区。但中央在调整文艺工作的总口号时，却十分明确地划清了两个问题的原则界限。正如《人民日报》社论中所说：

“作为学术问题，如何科学地解释文艺与政治的关系，人们完全可以自由展开讨论。作为政策，党要求文艺事业不要脱离政治，坚持正确地政治方向，……我们希望各级党委严格地执行党的统一的文艺方针政策，坚定不移地贯彻文艺为人民服务、为社会主义服务这个方向。”(1980 年 7 月 26 日《人民日报》)

在这里，什么是政治问题，什么是学术问题，什么是学术问题的政治性，什么是政治问题的学术性，以及党的文艺政策与文艺规律的统一性问题，都是泾渭分明、一目了然的。由于严格把握了两个问题的原则界限，所以解决问题的方法也就有所不同了。一方面，因为是学术问题，属于“如何解释文艺与政治的关系”的是非问题，所以人们就“完全可以自由展开讨论”，百家争鸣，通过文艺界的自由讨论去解决，通过艺术实践去解决，而不应当通过政治手段、行政命令的方法去解决。在学术问题的争鸣、讨论中，任何观点只要不违反宪法、法律，就不能戴政治帽子。另一方面，因为是政治问题，是“各级党委严格地贯彻执行党的统一的文艺政策”，同党中央保持一致的问题。在这个问题上是不能百家争鸣，自行其是另搞一套的。在这里，执行不执行中央统一的政策，如何执行中央统一的政策，就有一个“左”右的问题。因此，提出反对“左”或右的倾向问题，并通过恰当的批评与自我批评，以及必要的思想斗争，以求得问题的解决，统一到中央的统一政策上来，是完全必要的。在这里，就其思想政治根源来说，是不妨戴一点儿政治帽子的。严格区分问题的性质，分别采取不同的方法，这才是反对错误倾向的正确作法。表面上看，这样做似乎是党放松了对文艺的领导，文艺又似乎是在一定程度上脱离了政治。其实不然，唯其如此，才真正加强了党对文艺的领导，更加科学地解决了文艺同政治的关系，使党的文艺政策同文艺规律得到了高度地统一。实践证明，我们文艺工作总方针的解决，不仅极大地促进了社会主义文艺创作的繁荣发展，同时也促进了文学理论的开拓和前进。

在文学理论批评中，如何清除“左”的思想影响，根除“以‘左’右论是非”的观念，是一个长期不能解决的老问题了。这个问题，说到底，仍然是如何理解和处理文学与革命、学术与政治的关系问题。这既是实践问题，又是理论问题，很需要结合实践进行深入的理论探讨。本文所谈只不过是对某些具体问题做了一点初步思考，这些意见是否正确，还需大家批评指教。

1985 年 3 月初稿，同年 10 月修改于河大科学报告会

# 坚持马克思主义文艺理论的科学原则

## ——在省文艺界“三项教育”培训班的讲座

省委宣传部文艺处给我出了一个题目，叫我讲一讲“马克思主义文艺观——马克思主义文艺理论的基本观点”。这个题目太大了！马克思主义文艺理论绝不是国内某人所说的“不成体系”，只是一些“断简残篇”。从马克思、恩格斯、列宁、斯大林到毛泽东、周恩来、邓小平，他们的文艺论著，就我们看到的就有中国社科 83 版《马恩论艺术》1—4 卷、人文 1983 年版《列宁论文学与艺术》、中央文献 2002 年版《毛泽东文艺论集》，至少不下 300 万字，对文艺的本质特征、创作活动、本体构成及接受、发展等基本问题，有系统、深刻的论述，被我国著名的美学家文艺理论家朱光潜称为是一个“比过去任何美学大师所构成的体系都更宏大更完整”的经过实践检验的科学的文艺理论体系。马克思主义经典作家在文艺学上的重要地位，不仅在我们这里是确定了的，即使在西方的学术界也是彪炳史册、声名显赫的——美国韦勒克 6 卷本《近代文学批评史》为马恩设了专章，法国马歇雷在《文学生产的理论》一书中称“列宁是托尔斯泰的批评家”，英国柏拉威尔有《马克思与世界文学》巨著流行于世。对这样一个“宏大”的理论体系，在这短暂的时间里，就我个人有限的水平是根本不可能讲清楚的。因此，我首先声明，我这里充其量只能就几个基本观点，选录个别的重要论述，作一简要的介绍，很难谈得上完整、系统的理解马克思主义文艺理论的基本精神，而且难免会有选择不当、概括不准等等过失，希望大家理解、批评指正。

### 一、关于文艺的社会本质的基本观点

### ——文艺与经济、政治、革命、社会主义、人民的关系

#### （一）文艺是“社会的意识形态”的观点

——马克思在《〈政治经济学批判〉导言》、恩格斯在《社会主义从空想到科学的发

展》《在马克思墓前的讲话》《致符·博尔吉乌斯》《致康·施米特》等著作中明确肯定文学艺术是社会的上层建筑的“意识形态”，除指出基础决定上层建筑，上层建筑具有反作用的一般关系即“互相作用（影响）”外，还特别强调它的特殊性质——属于“更高地悬浮于空中的思想领域”，它随着经济基础“或快或慢地发生变革”，经济基础对它是“最终的支配作用”。

——毛泽东在《矛盾论》《新民主主义论》等论著中，强调“上层建筑对于经济基础的反作用”，“在一定条件下，又转过来表现为主要的决定的作用”；在《关于正确处理人民内部矛盾的问题》中，指出社会主义时期“上层建筑和经济基础又相适应又相矛盾的情况”。“两个批示”说“社会经济基础已经改变了，为这个基础服务的上层建筑之一的艺术部门，至今还是大问题”，体现出这一观点；然而，由于情况失察，铸成错误。

在这个问题上，我们的教训是机械的简单的看待文艺的社会的意识形态性质，忽视其特殊性，犯了恩格斯晚年曾经批评过的那种简单化错误。新时期以来，对文艺的意识形态问题多有探讨，出了一些成果，国家文艺美学研究中心谭好哲《文艺与意识形态》值得一读。近年来出现的“边缘化”说法，闪烁其词，不知所云，我以为它不是马克思主义观点，至少值得商榷。

**（二）文艺与政治“互相作用”的观点**

——恩格斯在《致符·博尔吉乌斯》中强调出：“政治、法（律）、哲学、宗教、文学、艺术等的发展是以经济发展为基础的。但是，它们又都互相作用（影响）并对经济基础发生作用（影响）。”对此，人们称为“互相作用”论或“互相影响”论。

——毛泽东在《新民主主义论》坚持“互相作用”论，指出“一定的文化是一定社会的政治和经济的反映，又给予伟大影响和作用于一定社会的政治和经济；而经济是基础，政治是经济的集中表现。这是我们对于文化和政治、经济的关系及政治和经济的关系的基本观点。”在《讲话》中又明确指出：“在现在世界上，一切文化或文学艺术都是属于一定的阶级，属于一定的政治路线的。为艺术的艺术，超阶级的艺术，和政治并行或互相独立的艺术，实际上是不存在的。”“文艺是为地主阶级的，这是封建主义的文艺。文艺是为资产阶级的，这是资产阶级的文艺。”这是人们常说的“文学的阶级性”论。

——邓小平主张“不能脱离”论，在《目前的形势和任务》中指出：“不继续提文艺从属于政治这样的口号”，“但是，这当然不是说文艺可以脱离政治。文艺是不可能脱离政治的。”

在这个问题上，一方面“把无产阶级的政治和政治家庸俗化，是不对的”，应当深刻吸取教训；另一方面所谓政治同文艺“离婚”说，也是不对的。

**（三）文艺为“革命、人民、社会主义服务”的观点**

——列宁在《党的组织和党的文学》提出“文学应当成为党的文学”，“文学事业应当成为无产阶级总的事业的一部分，……‘齿轮和螺丝钉’”，“党的工作的一个组成部分。”强调应当“提出”“发展”“以完备和完整的形式实现这个原则。”强调文艺“不是为饱食终日的贵妇人服务，不是为百无聊赖、胖得发愁的‘几万上等人’服务，而是为千千万万劳动人民，为这些国家的精华、国家的力量、国家的未来服务”。“艺术是属于人民的”，“他们有权利享受真正伟大的艺术”。人们通常称之为“文学的党性原则”。（为讲述方便，用旧译文。）

——毛泽东在《讲话》中进一步提出文艺为“最广大的人民大众”服务的方向的理论，对文艺为谁服务与如何服务等一系列问题做出了科学的论述。主要有：我们的文学艺术都是为人民大众的，首先是为工农兵的；要实现这个方向，文艺工作者必须深入社会生活，获得源泉；必须与工农兵打成一片，改造感情和思想立场；要处理好普及与提高问题；要正确处理文艺与政治、革命事业的关系；文艺批评的基本标准问题；要清除对文艺问题的各种“糊涂”观念等等。毛泽东的文艺“为最广大的人民大众服务”的方向，是文艺理论史上的一座里程碑，一直是指导我们文艺事业繁荣发展的指导方针。

——邓小平在《祝辞》中强调：我们“不是要求文学艺术从属于临时的、具体的、直接的任务”。《祝辞》还详尽论述了“文艺属于人民”“人民是文艺工作者的母亲。一切进步文艺工作者的艺术生命，就在于他们同人民之间的血肉联系。忘记、忽略或是割断这种联系，艺术生命就会枯竭。人民需要艺术，艺术更需要人民”。

在这个问题上，几十年来所谓“工农兵方向”的概括，我以为有所偏颇，并不十分准确。另外一个重要教训是往往不顾文学艺术规律，“要求文学艺术从属于临时的、具体的、直接的任务”。现在的问题是人民大众真正“享受伟大的艺术”并不是很多，给他们大量低级（不是普及）庸俗（不是通俗）的所谓“大众艺术”倒是不少。有些“服务”，实际上变成了“迎合”“媚俗”，败坏大众的欣赏趣味，造成精神污染。

**（四）关于文艺的社会作用**

——马克思论英国现代小说的认识作用。（略）

——恩格斯论巴尔扎克小说的认识作用。（略）

——恩格斯《致敏·考茨基》指出：“在当前条件下，小说主要是面向资产阶级圈子里的读者，……因此，如果一部具有社会主义倾向的小说通过对现实关系的真实描写，来打破关于这些关系的流行的传统幻想，动摇资产阶级世界的乐观主义，不可避免的引起对于现存事物的永世长存的怀疑，……这部小说也完全完成了自己的使命。”

——毛泽东《讲话》指出：“革命的文艺，应当根据实际生活创造出各样的人物来”，“使人民群众惊醒起来，感奋起来，推动人民群众走向团结和斗争，实行改造自己的环境。”

在这个问题上，主要是不能历史地看问题，把“资本主义”条件与“社会主义”条件混为一谈；并且对文艺的作用的特殊性认识不够，把它等同于其他社会科学，实际上也就取消了文艺应当发挥的社会功能。

## 二、关于文艺特质、规律的基本观点
## ——关于文艺的审美、源泉、创作、现实主义、典型、人物塑造

在这个问题上，经典作家论及了整个“文艺活动系统”，构成了文艺学的完整的理论体系。现择要讲几个基本观点。

**（一）关于文艺审美特质的观点**

——马克思在《1844年经济学—哲学手稿》中提出“人的本质力量对象化”、“劳动创造了美”“人也按照美的规律来建造”等美学的根本问题。在《导言》中提出“艺术的掌握世界的方式”这个文艺本质特征问题。这个观点在文艺学界影响广泛，基本达成共识，初步形成“审美反映论”的文艺特质论。

——毛泽东在《讲话》中，提出“艺术美与生活美的区别”和“艺术美的创造”问题。

在这个问题上，主要是研究不够深入。

**（二）关于文艺是社会生活反映的观点**

——列宁在《列夫·托尔斯泰是俄国革命的镜子》中，提出文学是反映生活的“镜子”的观点。

——毛泽东在《讲话》中，论述了社会生活是文艺的唯一源泉。毛泽东强调文艺源于生活，又高于生活，科学论述了文艺与生活的关系，是文艺学史上最科学的源泉论，具有巨大的理论意义。

在这个问题上，所谓“机械反映论”的批评、指责，并不符合事实。所谓多元源泉论（“苦闷的象征”“梦的升华”等）不是唯物主义的源泉论。

**（三）关于作家熟悉生活、深入生活的观点**

——列宁多次强调作家“要观察，就应该在下面观察”，“到农村或外地的工厂（或前线），去观察人们怎样以新的方式建设生活”。（《致高尔基》）

——毛泽东在《讲话》中，要求作家“必须到群众中去，必须长期地无条件地全心全意地到工农群众中去，到火热的斗争中去，到唯一的最广大最丰富的源泉中去，观察、体验、研究、分析一切人，一切阶级，一切群众，一切生动的生活形式和斗争形式，一切文学和艺术的原始材料，然后才有可能进入创作过程”。“深入生活”论为作家的创作道路指明了方向，具有重要实践意义。

在这个问题上，把“深入生活”视为“惩罚论”，即对作家的惩罚，从文艺创作规律上说是肤浅荒谬的，是武断不负责任的指责。

**（四）关于现实主义、真实性、倾向性、典型问题的观点**

1. 关于现实主义

——恩格斯在《致玛·哈克奈斯》中指出“巴尔扎克，我认为他是比过去、现在和将来的一切左拉都要伟大得多的现实主义大师”。

——毛泽东《讲话》中说，“我们是主张现实主义的”。

2. 关于典型与典型环境

——恩格斯在《致玛·哈克纳斯》中指出提出：“现实主义的意思是，除细节的真实外，还要真实地再现典型环境中的典型人物。”

——马克思《致斐·拉萨尔》提出人物形象应“莎士比亚化”，反对“席勒式”。

——毛泽东《讲话》中进一步提出“典型化”：“文艺就把这种日常的现象集中起来，把其中的矛盾典型化，造成文学作品或艺术作品。”

3. 关于真实性、倾向性

——恩格斯在《致约翰·迪茨》中说，不要“任何的装腔作势，一切都是真正生活的流露”。

——恩格斯《致斐·拉萨尔》中，指出：“我不反对倾向诗本身。”“可是我认为倾向应当从场面和情节中自然而然地流露出来，而不应当特别把它指出来”。

——毛泽东《讲话》强调“我们的文艺的政治性和真实性才能够完全一致”。

在这个问题上，主要问题是把真实性、倾向性对立起来；把“艺术真实”与“现实生活”“生活事实”等同起来；把“典型”同“本质”“主流”等同起来；还有人否定文艺要创造典型。

**（五）关于塑造社会主义新人形象的观点**

——恩格斯很重视小说的人物塑造，在《大陆上的运动》中指出：“近十年来，在小说的性质方面发生了一个彻底的革命，先前在这类著作中充当主人公的是国王和王子，现在却是穷人和受轻视的阶级了，而构成小说内容的，则是这些人的生活和命运、欢乐和痛苦。最后，他们发现，作家当中的这个新流派——乔治·桑、欧仁·苏和查·狄更斯就属于这一派——无疑的是时代的旗帜。”

——恩格斯在《诗歌和散文中的德国社会主义》中指出：“倍克歌颂胆怯的小市民的鄙俗气，歌颂‘穷人’，歌颂（耻于乞讨的穷人）——怀着卑微的、虔诚的和互相矛盾的愿望的人，歌颂各种各样的‘小人物’，然而并不歌颂倔强的、叱咤风云的和革命的无产者。”

——恩格斯在《致玛·哈克奈斯》中，进一步为战斗的无产阶级在现实主义领域中争取地位：“工人阶级对他们四周的压迫环境所进行地叛逆的反抗，他们为恢复自己做人的地位所做的极度的努力——半自觉的或自觉的，都属于历史，因而也应当有权在现实主义领域内要求占有一席之地。”

——毛泽东在《讲话》中，提出我们的文艺应当描写“新的人物，新的世界”。“对于人民，这个人类世界历史的创造者，为什么不应当歌颂呢？无产阶级，共产党，新民主主义，社会主义，为什么不应当歌颂呢？”

——毛泽东在《致杨绍萱、齐燕铭》中指出：“历史是人民创造的，但在旧戏舞台上（在一切离开人民的旧文学旧艺术上）人民却成了渣滓，由老爷太太小姐们统治着舞台，这种历史的颠倒，现在由你们再颠倒过来，恢复了历史的面目，从此旧剧开了新生面，所以值得庆贺。”

——在《歌颂什么，反对什么》中，再一次强调歌颂“新的经济形态，新的阶级力量，新的人物和新的思想”。

——邓小平在《祝辞》中，提出：“我们的文艺，应当在描写和培养社会主义新人方面付出更大的努力，争取更丰硕的成果。要塑造四个现代化建设的创业者，表现他们那种有革命理想和科学态度、有高尚情操和创造能力、有宽阔眼界和求实精神的崭新面貌。”

在这个问题上，问题较多，“社会主义新人形象”席位不够突出，各路诸侯（帝王宫妃、武侠好汉、好莱坞英雄、情场高手）分庭抗礼平分秋色；“社会主义新人形象”水平也不够高，还有“高大全”的烙印；还有糟蹋经典（改编《沙家浜》，糟蹋阿庆嫂等）、丑化中伤新人（《荣誉的十字架》中伤劳模杨怀远）的倾向。如果从题材上说，往往走两个极端："题材决定"论或"题材无差别"论。

**（六）关于形象思维的观点**

——毛泽东《致陈毅》，明确指出，"诗要用形象思维，不能如散文那样直说，所以比、兴两法是不能不用的。赋也可以用"。"宋人多数不懂诗是要用形象思维的，一反唐人规律，所以味同嚼蜡。""要作今诗，则要用形象思维方法"。

在这个问题上，主要是深入研究不够，恐怕要借助于现代科学、心理学的深入研究，才能攻克难题。

## 三、关于文艺批评的基本观点
## ——关于批评性质、功能、标准、方法、批评家

**（一）文艺批评的性质与功能的基本观点**

1. 关于文学批评的性质

——恩格斯晚年（1893 年）称赞巴尔扎克的批判现实主义小说是"诗意的裁判"，其中有"了不起的革命辩证法"！根据恩格斯对巴尔扎克的评价，"诗意的裁判"包含着强烈的批判精神、要从辩证法的高度按照艺术创造规律去评价作品等基本内涵，因此，可以把"诗意的裁判"看作是恩格斯关于文学批评性质的一个观点。

——毛泽东在 1942 年《讲话》中，讲到文学批评问题时，有一句话："文艺批评是一个复杂的问题，需要许多专门的研究。"这里，似乎包含他对文学批评性质的深刻理解。可惜他没有进行阐述。

2. 关于文艺批评的功能

——马克思强调要把批评与批判区别开来，在《〈黑格尔法哲学批判〉导言》中指出：批判"不是解剖刀，而是武器"，"它的主要感情是愤怒，主要工作是揭露"。

——列宁在《致高尔基》的信中强调"把文学批评也同党的工作，同领导全党的工作更紧密地联系起来"，发挥文学批评的作用。

——毛泽东在《讲话》中指出："文艺界的斗争方法之一，是文艺批评。"这也就是人们所说的"工具论"。有人说这是对文艺批评性质的科学回答，其实是一种误解。实际上这里讲的是文艺批评的一种功能。

在这个问题上，主要问题是把"性质"和"功能"混为一谈，用"工具论"取代文

学批评的“艺术科学”性质，于是问题就来了，导致文学批评越轨。

**（二）关于文艺批评的标准**

——恩格斯就剧本《济金根》在《致斐·拉萨尔》提出：“德国戏剧具有较大的思想深度和意识到的历史内容，同莎士比亚剧作的情节的生动性和丰富性的完美融合，大概只有在将来才能达到，而且也许根本不是由德国人来达到的。无论如何，我认为这种融合正是戏剧的未来。”这是恩格斯的批评标准，学术界称作“三融合”标准。他们的批评实践运用的正是这一标准。

——毛泽东在《讲话》等文章中对文艺批评标准做过一系列论述，内容极其丰富，形成一个完整的体系。就“政治标准”来说，包括“政治性”“思想性”“社会效果”三方面的内容；就“艺术标准”来说，包括“艺术美”“典型化”“真实性”“艺术创新”“艺术风格”“民族形式”等六方面的内容。就两个标准的关系来说，有“政治标准第一，艺术标准第二”和“政治与艺术的统一、内容与形式的统一、革命的政治内容与尽可能完美的艺术形式的统一”及“进行两条战线的斗争”的论述。

——邓小平在新时期对“政治标准”的内容又有新的调整，提出了“现代化”标准。

在这个问题上，主要问题一是只看见“政治标准”，并且把它庸俗化，又看不到、也不承认毛泽东的艺术标准，搞成了政治标准唯一；二是把基本标准的不同时期的具体内涵割裂开来、绝对化，对立起来，用今天否定昨天，犯‘反历史主义’错误。至于“政治标准”提法的缺陷已经得到纠正。

**（三）关于文艺批评的方法**

——恩格斯先后在1847年《诗歌和散文中的德国社会主义》和1859年《致斐·拉萨尔》中，讲到“我是从美学观点和历史观点”评价歌德和《济金根》的。“美学—历史”方法被认为是马克思主义的文艺批评方法。他们的批评实践体现出明确的美学原则和历史原则。“美学—历史”方法获得中西批评理论界的普遍认可和高度评价，被美国《20世纪世界文学百科全书》认为是“最有国际性”“影响最广泛、最持久”的批评方法之一。我国90年代某教科书《文学理论教程》（人文版）从根本上掩盖这一事实，极不妥当。

——毛泽东强调写文章要注意辩证分析，克服片面性；晚年曾强调提倡鲁迅所说的“剜烂苹果”的方法，基本上没有严格意义上的文艺批评方法论，但他极为丰富的批评实践体现出极为多样的批评方法，极富现代意义，可惜至今还没有进行深入发掘研究。

在这个问题上，我们的批评通常不大注意批评方法，不能进行深入的具体分析，大部分批评出于一般化状态，精品不多。

**（四）关于文艺批评家**

1. 艺术应由人民来评定

——马克思提出“人民历来就是‘够资格’和‘不够资格’的唯一判断者”的观点。

——毛泽东指出：“戏唱得好坏，还是归观众评定的。”

——邓小平在《祝辞》指出：“作品的思想成就和艺术成就，应当由人民来评定。”

2. 批评家应有艺术修养

——马克思还提出批评家的修养问题——“如果你想得到艺术的享受，你本身就必须是一个有艺术修养的人”。

——邓小平强调文艺家应当成为“名副其实的人类灵魂工程师”。

3. 批评家要学习马克思主义理论

——毛泽东《讲话》（略）。

——邓小平《祝辞》（略）。

在这个问题上，主要问题是批评家的缺少基本的修养，学习马克思主义理论的也存在一些问题，所以文艺批评软弱无力，大批评家和批评精品较少，批评队伍不成规模。其根源之一，在于我国大学中文系普遍缺少文艺批评学学科，没有文艺批评教育。

马克思主义文艺理论还有以下基本观点值得重视：（1）关于艺术生产；（2）关于百花齐放、百家争鸣；（3）关于文艺遗产的批判继承；（4）关于艺术创新；（5）关于文艺的民族性。这里从略。

今天就讲到这里，谢谢大家。

2004年12月13日

# 鲁迅研究有“盲区”

## ——鲁迅“文学批评理论研究”之一

关于鲁迅的文学批评理论的研究，应当是“鲁迅研究”的一个重要领域，理应占有重要地位和丰硕的研究成果。然而，实际情况却不尽然，而且糟糕得简直使人难以相信。可以说，鲁迅研究界对鲁迅的文学批评理论研究水平较低，数量较少，高水平的研究成果更是难得；说严重一点，简直可以称得上是一个“盲区”。所谓“盲区”，主要是指我国新时期早期出版流行的“中国现代文学史”教科书不讲鲁迅的文学批评理论，中期出版流行的“中国现代文学批评史”教科书不讲鲁迅的文学批评理论、鲁迅文学批评研究专著不讲鲁迅的文学批评理论，最近出版流行的“批评理论与实践”教科书根本不讲鲁迅的批评理论与实践的一系列相互关联融为一体的客观事实。由于在上述四个领域内，鲁迅文学批评理论研究严重缺失，甚至被彻底摒除于外，几乎到了完全被遮蔽掩盖的严重的程度，故而称其为“盲区”。

谓予不信，请看下列事实。

### 一

首先，新时期出版的权威性的工具书和中国现代文学史教材，对鲁迅的文学批评包括理论与实践，都毫无例外的略而不论。

例证之一，1986 年出版的《中国大百科全书·中国文学》卷的“鲁迅”条目。该条全面评述了鲁迅在文学艺术上所取得业绩。在“散文家”“小说家”和“理论批评家”三个栏目中均有鲁迅，都以参见“鲁迅”条目处理。作为“散文家”“小说家”的鲁迅，在“鲁迅”条目中均可见到较为全面深入的评述；至于鲁迅的文学批评（理论与实践），在“鲁迅”条目中基本上没有论列，所谓“理论批评家”的鲁迅这一条目形同虚设，充其量只不过是编者开出的一张空头支票而已。倒是在《中国文学》卷“中国现代文学理论批评”条目中对“理论批评家”的鲁迅有所论列，但由于该条体例所限，对其论列则是略而不详，难见全貌。《中国大百科全书》在国内是最具有权威性的工具书，无疑反映了当时对鲁迅的文学批评（理论与实践）研究的最高水平。然而《中国大百科全书》却用鲁迅的文学创作业绩遮蔽了鲁迅的文学批评业绩，确实在客观上造成了鲁迅文学批评理论与实践研究的缺失。

例证之二，1987年北京大学出版社出版的钱理群等著“普通高等教育‘九五’教育部重点教材”《中国现代文学三十年》。该著作为“中国现代文学史教材”，对作为文学“一翼”的文学批评，在三个十年中各列一节进行评述：第一个十年为“胡适、周作人与新文学初期理论建设”；第二个十年的茅盾专章中，专列“理论批评与其他方面的贡献”一节；第三个十年专列“毛泽东《在延安文艺座谈会上的讲话》”与“文学思潮、论争与胡风等的理论批评”两节。著者十分重视鲁迅的文学创作，在第一、第二两个十年中各列一章，详加评述；对鲁迅的文学批评（无论是批评实践还是批评理论），对不起，第一个十年没有论列——他不如胡适和周作人；第二个十年也没有论列——他不如茅盾；因此，也许不是因此，客观事实是：鲁迅的文学批评理论与实践的的确确是没有被论列。平心而论，该著究竟还是列了几节文学批评，比起只论创作不论批评的传统的文学史来，不能不说是一种进步。然而，让人弄不明白的是，鲁迅的文学批评（包括实践与理论）真的比不上同期的周作人、胡适、茅盾等人而不够资格载入文学史册吗?

“创作”遮掩“批评”，可以说是“盲区”在“中国现代文学史”领域中的基本模式。

## 二

其次，新时期出版的权威性的中国现代文学理论批评史和中国现代文学批评史教材，只重视鲁迅文学批评实践的研究，对鲁迅文学批评理论则缺少应有的论述。

例证之三，1986、1988年贵州人民出版社出版的王永生主编的《中国现代文学理论批评史》。该书是我国第一部中国现代文学批评史教材。可以说，该书卓有成效地扭转了中国现代文学史对现代文学批评“略而不论”的传统格局，对建立中国现代文学批评史学科奠定了基础。在第一、第二个十年即上册和中册中，均设专章对鲁迅的文学批评进行评述，特别是对其批评实践的评述应当说是相当系统、深入的，鲁迅的文学批评在中国现代文学批评史上的地位是确定的、突出的。然而，在我看来，该著对鲁迅的文学批评理论并未予以足够的重视，基本没有进行系统、深入的论述。这种情况，可以说是称之为用鲁迅的“批评实践”遮掩了鲁迅的“批评理论”。这不能不说是一个缺憾。

例证之四，2002 年复旦大学出版社出版的许道明著“普通高等教育‘十五’国家级规划教材”《中国现代文学批评史新编》。该书评述了 31 位中国现代文学批评家，鲁迅以一章之篇幅列入其中。该章对鲁迅的批评历程、批评业绩、批评特色及在“左联”时期的批评“旗手”地位等加以评述，还特别对《〈中国新文学大系·小说二集〉导言》详加剖析。略显不足的是该书只是重视鲁迅的批评实践及其对文学理论的贡献，对鲁迅的批评理论则并未加以评述。

《理论批评史》与《批评史新编》，对鲁迅评述还是有一定区别的。《理论批评史》对鲁迅的文学批评实践论列详尽，《批评史新编》则相对简略重点突出。两著相同之处在于它们都没有对鲁迅文学批评理论进行评述。名曰“理论批评史”，按理应该是“理论”与“批评”并重。实际上却“重批评实践，轻文学理论”。《批评史新编》虽与《理论批评史》不同，但不知是什么原因对鲁迅文学批评理论竟然也是略而不论。总之，在两部“理论批评史”中鲁迅的文学批评理论就被略而不论了。

“批评实践”遮掩“批评理论”，可以说是“盲区”在“中国现代文学批评史”领域中的模式。

## 三

再次，新时期出版的权威性的中国现代文学理论批评史教材，只重视鲁迅文学理论的研究，对鲁迅文学批评理论则缺少应有的论述。

例证之五，2002 年中国文联出版社出版的黄曼君主编的“‘九五’国家教委重点教材立项选题”《中国 20 世纪文学理论批评史》。该书晚于《中国现代文学理论批评史》16 年，对鲁迅的文学理论批评，用“浪漫主义诗学观”“现实主义文艺思想”“对马克思主义文学理论的贡献”三章（节）分前、中、后三个时期进行评述，可以说是对鲁迅的文学理论做了比较系统、详尽、深入的评述。但对鲁迅的批评论列则仅以很小篇幅进行评述，显得简略粗疏，不够详尽，在客观上给人一种鲁迅的文学批评理论无足轻重的印象。名曰“理论批评史”，按理应该是“理论”与“批评”并重。实际上却“重文学理论，轻文学批评”。鲁迅的文学批评理论就这样没有得到应有的重视而被简略了。

“文学理论”遮掩“批评理论”，可以说是“盲区”在“中国现代文学理论批史”领域中的又一模式。

## 四

第四，新时期出版的一些有影响的鲁迅文学批评研究专著，往往也是只限于对鲁迅的文学批评实践进行评述，而缺少对鲁迅文学批评理论进行研究。

例证之六，1984 年贵州人民出版社出版的王永生著《论鲁迅的文艺批评》。该书是新时期以来第一部全面系统研究鲁迅文学批评的学术专著。全书以鲁迅在历次文艺论争中的功绩与鲁迅关于中外古今一系列作家作品分为 29 个专题进行评述，材料丰富，立论公允，论据充分，是鲁迅研究史上难得的鲁迅文学批评研究专著。其不足，就是它对鲁迅文学批评理论并未进行评述。

例证之七，2004 年新华出版社出版的卜召林著《鲁迅文学批评研究》。该书晚于《论鲁迅的文学批评》20 年，其体例和论述内容相类，也是一部全面系统研究鲁迅文学批评的学术专著，它以鲁迅关于中外古今一系列作家作品及鲁迅文学批评的特点等分为 14 个专题进行评述，材料比较丰富，论述也较为全面，立论平实，通俗可读，作为鲁迅文学批评研究专著虽无太多新意深意，但在鲁迅文学批评研究论著缺少的情况下，足以聊备一格。该书专列一章，集中论述鲁迅文学批评理论的特点，略有新意，虽欠深刻，却也难得。但该书缺少对鲁迅文学批评理论的基本内容进行归纳整理和评述，难见其全貌，作为鲁迅文学批评研究专著来说，不能不说是一个缺憾。

“批评实践”遮掩“批评理论”，可以说是“盲区”在“鲁迅文学批评研究”领域中的常见模式。

## 五

第五，新时期出版的一些有关中国现代文学批评理论与批评实践的权威性的教材、文献，则更甚一步，堂而皇之地将鲁迅批评理论和批评实践统统摒除在外。

例证之八，1993 年北京大学出版社出版的温儒敏著《中国现代文学批评史》。该书以批评家的“‘理论个性与批评特色’‘实际影响’‘代表性’”为选择标准，评述了中国现代文学批评史上王国维、周作人、茅盾等 14 位文学批评家。作者特别在“自序”中声明，鲁迅等人不在论列之中，并说明不被论列的理由。不管怎么说，在这部《中国现代文学批评史》中，鲁迅作为现代文学批评家而未被论列，却是客观事实。这种情况尽管有著者所说的理由，然而并不能让人解除疑惑，甚至令人更加不解！

例证之九，2005 年高等教育出版社出版的王一川主编的“北京市高等教育精品教材立项项目”《批评理论与实践教程》。该书按照“第一，有特定的理论视点；第二，有具体的文本批评；第三，有独特的批评理论特色；第四，有一定的现实意义”的选取标准，选取了“意境论批评（王国维）、节奏论批评（宗白华）、人格论批评（李长之）、象征论批评（梁宗岱）、印象论批评（李健吾）、语言论批评（朱光潜、叶公超）、阶级论批评（周扬、胡风等）”七种“主要形态”。十分明显，在编者看来，鲁迅的批评理论与实践，达不到上述“四条选取标准”，当然也就不是“中国现代文学批评理论的主要形态”。因此，该书对鲁迅的文学批评理论与实践略而不论。

例证之十，2003 年上海文艺出版社重印的胡适选编《中国新文学大系·建设理论集》（1917—1927）。该书选入文学理论文章 46 篇，可谓集中国现代文学第一个十年文学理论重要文献之大成；然而，鲁迅的文章竟然连一篇也没有入选。这一事实足以说明，编者是全然无视鲁迅的文学理论与批评理论的。该书并非新时期出版，本不属于本文论列范围，但因其对鲁迅过分不公，也就被拿来作证了。《中国新文学大系·建设理论集》虽然与《批评理论与实践教程》性质不同，但它摒除鲁迅却是相同的。

“张献忠考秀才”的方式，可以说是“盲区”在“批评理论”领域中的模式。

## 六

从上述情况可以看出，对鲁迅文学批评理论研究的缺失，并非是个别局部性的缺失而是普遍全局性的缺失，已经成为鲁迅研究中一个“盲区”：

它并非是以某一种模式的缺失，而是以多种模式的缺失；

它并非是某一短暂时间的缺失，而是一个长时期的缺失；

它并非是在低层次里的缺失，而是在高层次里的缺失；

它并非是某一个人某一部著作的缺失，而是多人多部著作的缺失。

因为“盲区”面积极广，存时极长，人们对此似乎已经习以为常。可见“鲁迅文学批评理论研究缺失”已经严重到了何种程度！

那么，究竟是什么原因造成鲁迅文学批评理论研究的“盲区”呢？应当说情况复杂，原因很多，需要作具体分析。

第一种情况，《中国大百科全书》“中国文学”卷和《中国现代文学三十年》，对鲁迅的文学批评理论与实践研究缺失，主要表现形式为“用‘创作’遮掩‘批评’”；其原因可能有多种，其中很重要的一个原因，恐怕就是“因袭惯例”，因为它们属于“文学”学术专著而不是“批评”学术专著，故而因袭“重创作，轻批评”的惯例，顺理成章的用“创作”遮蔽掩盖了“批评”。《百科全书》或许是撰稿时疏忽所致。早期产生的这种情况当然是可以理解的，而且，将来“中国现代批评史”学科逐步建立、发展、成熟，文学史不讲批评就成为合乎学科分工的事情了；但上述对鲁迅文学批评理论略而不论的事实却是不应否认的。

第二种情况，两部中国现代文学理论批评史教材对鲁迅文学批评理论研究的缺失，主要表现形式为“用‘批评实践’遮掩‘批评理论’”；究其原因，虽然各异，但与著者缺少“批评理论观念”不无关系。众所周知，20世纪末之前，虽然学术界有所谓“批评的时代”之称，但那是说外国，在我国实在还谈不上。当时，我国文学批评学建设才刚刚起步，既不成熟，又不普及，所谓“批评理论”的观念在人们即使在一些学者的头脑中，还比较淡薄，尚不足构成“批评史”的“视角”，自然也就不能有所谓“鲁迅文学批评理论研究”了。

第三种情况，《中国20世纪文学理论批评史》对鲁迅的文学批评理论与实践研究缺失，其表现形式为“用‘文学理论’遮掩‘批评理论’”；其原因，主要在于重视“文学理论”，轻视“文学批评”的传统观念。名曰“理论批评史”，按理应该是“理论”与“批评”并重。实际上却是“重文学理论，轻文学批评”。因此，鲁迅文学批评理论就被简略了。

第四种情况，两部鲁迅文学批评研究专著，对鲁迅文学批评理论缺失的原因，恐怕主要是“批评理论观念”的缺失，与第二种情况相似，可以归为一类，所不同的只是表现在鲁迅文学批评研究领域罢了。

第五种情况，《中国现代文学批评史》《批评理论与批评实践》及《中国新文学大系·建设理论集》三部论著，既不讲鲁迅的批评理论也不讲鲁迅的批评实践，可谓将鲁迅彻底摒除出局——客观效果如此。这种缺失的表现形式为“用‘评选’行‘摒除’”；至于原因，各家自有具体说法。温氏除正面说明入选标准外，主要强调其书源于选修课讲义、本书主要展示重点景观而非全景等等，给人一种似是而非的印象。《批评理论与实践教程》和《大系》编者对此未加具体说明，我们也就不得而知。在我看来，摒除鲁迅的真正原因恐怕主要不在于著者所述之评选标准和具体理由，那标准和理由并无差错，而主要在于著者对鲁迅文学批评理论与实践的基本评价上：在他们按照各自的评选标准进行选择，鲁迅的文学批评理论与实践注定是不够资格而落选，当然也就不能列入《中国现代文学批评史》。这种评选及其结果，颇像“张献忠考秀才”，这一点恐怕才是鲁迅被“摒除”的根本原因。《批评理论与实践教程》和《中国新文学大系·建设理论集》编者虽无说明，但也不会相去甚远。

综上所述，不管情况怎样复杂，原因有多少种，它所造成的客观事实是极为简单清楚的，那就是“鲁迅文学批评理论研究缺失”严重，已经成为“盲区”。它是客观存在，绝非凭空造出，也绝不是危言耸听。唯其如此，在这里分析“盲区”的原因，其实已经不那么重要了。重要的是，鲁迅研究的这个“盲区”向我们尖锐地提出了一个重要问题，那就是：“鲁迅究竟有没有批评理论呢？如果有，它的基本内容是什么？对它应当作怎样评价呢？”对这个问题，从理论上或口头上看，应该不成问题，大概都会做出肯定回答，因为即使那些在自己的专著里不予论列或开空头支票者也不是没有公开表示否定意见吗！但从实际上看，还真成问题，至少并不那么简单；否则，为什么会长期存在“盲区”呢？这一点，恐怕才是问题的实质、症结之所在。

为此，我真诚希望鲁迅研究界，能够加强“鲁迅文学批评理论研究”，尽快解决“盲区”问题，还鲁迅的历史真面目。这样提出问题，不会被认为是“神化”或“仰视”吧！

2006年10月

（原文载《乌鲁木齐职业大学学报》2007年第4期）

# 第三编　学术规范探究

# 准确·精当·规范

## ——关于《毛泽东文艺论集》的注释

中央文献出版社最近出版的《毛泽东文艺论集》，作为《毛泽东论文艺》第五版，在选篇、编辑、题解、注释等方面，比前四版都有提高，不失为人们学习和研究毛泽东文艺思想的最好的版本。尤其是它的注释，准确、精当，严谨、规范，体现出编者高度的科学精神和良好的治学风范。在当前“学风不正、注释失范”日盛的情况下，实在值得称赞。

首先，《论集》的编者特别注意在任何情况下都坚持“实事求是”的原则，这是使注释准确、精当的根本保证。如：

1. 311 页“［4］李希凡”，原注为“因写《关于〈红楼梦简论〉及其他》一文受到重视”，与事实有出入。新注增加“与蓝翎合”四字即“因与蓝翎合写《关于〈红楼梦简论〉及其他》”，就恢复了这一事实的真相。

2. 319 页“［6］”直接采用《毛泽东书信集》原注：“牛郎星不属大熊星座，它是天鹰星座中的 a 星”，于牛郎星之位置及毛泽东“记错”之事，可谓恰到好处。

3. 20 页“［1］”：“毛泽东引用的‘诗要如银针之响于幽谷’这句话，没有查到出处。”这种注法本身就是实事求是。

上述这三种注释的情况各不相同，注法也不一样，但都坚持“实事求是”，丝毫没有因人、事、物不同而采取实用主义作法，所以才确保了注释的准确精当。

其次，坚持为读者“释疑”原则，适当增加注释条目，效果很好。如：

1. 313 页“［2］《全唐诗话》”、283 页“［2］《永昌演义》”及“［3］李健侯”这三条注释均系新增注释，非常必要，弥补了前几版的缺陷。

2. 313 页关于贺知章的注释，主要是在原注基础上加以补充。原注“贺知章，唐代诗人”，太简单了。新注补充为“贺知章（659—约 744），字季真，越州永兴（今浙江萧山）人，唐代诗人。”作为人物注释已够规范，比旧注显然好多了。

3.256页“[2]”是新增的关于“座谈会纪录”的说明，它所提供的情况，对于我们研究毛泽东与胡风是很有意义的。

上述这三种情况，当然也可以不注。现增加新注，则表明编者为读者服务的一种精神，十分可贵。

再次，坚持“修正错误”的原则，对原注中存在的各式各样的错误及时加以修正，实属难得。如：

1.对不甚妥帖的原注加以修改，如283页关于李鼎铭，原注为“开明绅士”，新注将其改为“民主人士”，好极了！这绝不只是一般称谓问题，它反映出编者的政策水平（统一战线观念）和科研水平。

2.对一些海内外有争议的人物，新注修改得客观、准确，如：83页“[4]”关于梁实秋作了这样的注释：“（1902—1987），原名梁治华，浙江杭县（今余杭）人，生于北京，散文家，文学评论家，翻译家。曾主编《新月》月刊，为新月社主要成员。先后在复旦大学、北京大学等校任教。”编者对原注作了较大修正，水平大有提高，与原注（恕不引用）不可同日而语。

3.对一些“冤案人物”，按最新审查结论重新作注，如：96页“[4]”关于王实味的注释为“（1906—1947）河南潢川人，翻译家，还写过一些文学评论和杂文。……（引者删）1946年定为‘反革命托派奸细分子’的结论予以纠正，王在战争环境中被错误处决给予平反昭雪。”这个注释简洁准确，把“冤案”及平反的经过、结论都交代得一清二楚。

综上所述，由于编者注意坚持实事求是的原则，贯彻为读者服务的宗旨，及时修正错误，从而使《论集》具有很高实用价值和学术价值，超越了以往几个版本，堪称最佳读本。

最后，从更高的标准来看，《论集》的某些注释，如能认真推敲斟酌，将会使注释更加完善，达到更高水平。如：

1.321页“[1]”、322页“[2]”与327页“[1]”关于刘松林、邵华的三条注释说：“刘松林，原名刘思齐，山东平度人”，“邵华，原名张少华，湖南常德人”，又说邵华是“刘松林的妹妹”。人们会问：二人既然是姐妹，怎么既不同姓又不同籍呢？这里显然需要进一步加以注释。

2.311页“[4]”中说李希凡“因与蓝翎合写《关于〈红楼梦简论〉及其他》一文受到重视”，这里“受到重视”所指事实（受谁的重视？怎么重视？）不清，因本书不收毛泽东《关于红楼梦研究问题的信》，故更应交代清楚。

3.178 页“［12］”是本书第一次关于姚文元的一条注释，仅注“1931 年生，江苏诸暨人。当时在中共上海市卢湾区委工作”，我以为过于简单了，作进一步注释为宜。

4.101 页“［8］”王震之的籍贯“河北定县人”，其“定县”应以现在的行政区划改为“定州”才算规范。

总之，如能对诸如此类的问题加以斟酌敲定，我以为一定会使《论集》的注释更好一点。

（原文载《党的文献》2003 年第 2 期）

# 学术专著注释失范一例

## ——《文学批评新论》引文注释错误举隅

该书是一部文学批评学新著（黄书泉著，安徽大学出版社 2001 年 9 月第一版），作者在《绪论》中说："国家教委于 1987 年正式将文学批评作为汉语言文学专业四年级学生的必修专业课。著者担负这门课的教学已有多年，该课程被安徽大学列入主干课程建设，在验收中获优。此书便是在讲稿基础上编著而成的。"又说："在目前文学批评课程尚无指定教材的情况下，本书的主要对象是汉语言文学专业学生，也可供作家、文学研究批评工作者与业余文学批评爱好者参考。"该书为安徽大学"211 工程教材""主干课获优教材"，人们不能不格外关注。出乎意料的是，在阅读中发现该书关于引文出处的注释竟然有大量惊人的、令人难以置信的错误。当下"学风不正，注释失范"，本书可谓一个典型例子，故立此存照。（这里不包括该书对引文随意改动、增删等严重失范的情况。）

### 一、作者、篇名、书名错误

| 页～序号 | 释文 | 说明或勘误 |
|---|---|---|
| 10～1 | 《马恩选集》第 7 卷 | （《选集》无第 7 卷） |
| 22～1 | 《试论独创性的作品》 | （《试论独创性作品》） |
| 23～2 | 《诗艺》 | ?（国内无此版本） |
| 23～3 | 《诗艺》 | ?（国内无此版本） |
| 39～2 | 布瓦罗：《诗论》 | 布瓦罗：《诗的艺术》 |
| 40～1 | 《黑暗王国中的一线光明》 | 《黑暗王国的一线光明》 |
| 42～1 | 《狄德罗文集》 | ?（国内无此版本） |
| 56～1 | 《判断力的批判》 | 《判断力批判》 |

| | | |
|---|---|---|
| 146～1 | 洛奇主编:《20 世纪文学批评文选》 | 洛奇编《20 世纪文学评论》 |
| 179～1 | 《小说创作谈》 | 《漫话小说创作》 |
| 201～2 | 姚可先:《王国维〈人间词话〉及批评汇编》 | 姚柯夫:《王国维〈人间词话〉及评论汇编》 |
| 216～1 | 今友道信等著 | 今道友信著 |

## 二、"刊名"错误

| 页～序号 | 刊名 | 说明或勘误 |
|---|---|---|
| 77～3 | 《小说批评》 | ?《小说评论》 |
| 80～1 | 《小说批评》 | ?《小说评论》 |
| 80～2 | 《文学批评》 | ?《文学评论》 |
| 99～1 | 《当代作家论评》 | ?(《当代作家评论》) |
| 107～1 | 《文艺批评》 | ?(《文艺评论》) |
| 144～1 | 《文学批评》 | ?《文学评论》 |
| 151～1 | 《文学批评》 | ?《文学评论》 |
| 197～2 | 《文学批评》 | ?《文学评论》 |
| 245～1 | 《文学批评》 | ?《文学评论》 |

## 三、版本(出版社、出版时间)错误

| 页～序号 | 出版社、出版时间 | 说明或勘误 |
|---|---|---|
| 1～2 | 《文学概论》，人民出版社 | 《文学概论》，人民文学出版社 |
| 9～1 | 《马恩选集》第 2 卷 1962 年版 | 《马恩选集》第 2 卷 1972 年版 |
| 11～1 | 《别林斯基论文学》，人民文学出版社 1985 年版 | 《别林斯基论文学》，新文艺出版社 1958 年版 |
| 23～1 | 《漫话小说创作》，文艺出版社 1984 年版 | 《漫话小说创作》，上海文艺出版社 1983 年版 |

| | | |
|---|---|---|
| 27～1 | 《杜勃罗留波夫选集》，人民文学出版社 1982 年版 | 《杜勃罗留波夫选集》，上海文艺出版社 1959 年 |
| 34～1 | 《论俄罗斯古典作家》，人民出版社 | 《论俄罗斯古典作家》，人民文学出版社 |
| 34～2 | 《俄国批评的命运》，引自《世界文学》1961 年 11 月号 | ？（与 45～1 矛盾） |
| 45～1 | 《俄国批评的命运》，引自《世界文学》1960 年 11 月号 | ？（与 34～2 矛盾） |
| 122～1 | 《论文学》，26 页，人民出版社 1978 年版 | 《论文学》，26 页，人民文学出版社 1978 年版（书名同篇名） |

## 四、页码错误（含不标者）

| 页～序号 | 释文 | 说明或勘误 |
|---|---|---|
| 11～1 | 258 页 | 259 页 |
| 15～1 | 75 页 | 588 页 |
| 23～1 | 35 页 | 24～25 页 |
| 29～2 | 《文学社会学》（书名，缺页码） | 应注页码 |
| 42～3 | 《汉堡剧评》（书名，缺页码） | 应注页码 |
| 147～1 | 《小说创作谈》（书名，缺页码） | 书名错，应注页码 |
| 150～1 | 《文艺创作心理学》（书名，缺页码） | 应注页码 |
| 175～1 | 《中国小说美学》（书名，缺页码） | 应注页码 |
| 177～1 | 《小说家的技巧》（篇名） | 应注刊、期或文集页等 |

## 五、严重缺项（作者、书名、篇名、社名、出版时间）

| 页～序号 | 作者、书名、篇名、社名、出版时间 | 说明或勘误 |
|---|---|---|
| 14～1 | 《文学生活》 | 各项均缺 |
| 26～1 | 《译文》1959 年 12 月 | 缺篇名、页码 |
| 42～3 | 《汉堡剧评》 | 缺篇、社、版、页 |

| | | |
|---|---|---|
| 48～1 | 《美学概论》，325 页 | 缺作者、社、版 |
| 48～2 | 《美学概论》，31 页 | 缺作者、社、版 |
| 51～1 | 《美学概论》，35 页 | 缺作者、社、版 |
| 53～1 | 《美学概论》，33 页 | 缺作者、社、版 |
| 95～2 | 《漫话小说创作》 | 缺社、版、篇、页 |
| 95～3 | 《文学批评与文采》，《文学的选择》（书名） | 缺社、版、页 |
| 98～1 | 《漫话小说创作》 | 缺社、版、篇、页 |
| 109～2 | 《批评意识中的自我与别人》 | ？严重缺项 |
| 119～1、2 | 《鲁迅与文艺批评》 | 缺社、版、篇、页 |
| 145～2 | 《综合：研究当代史学的一种途径》 | 缺书名、社、版、页 |
| 147～2 | 《自由与限制——当代作家面面观》 | 缺刊名、期号 |
| 150～1 | 《文艺创作心理学》 | 缺社、版、页 |
| 150～2 | 《小说家及其笔下的人物》 | ？严重缺项 |
| 151～2 | 《综合：研究当代文学的一种途径》 | 缺书名、社、版、页 |
| 175～1 | 《中国小说美学》 | 缺社、版、页 |
| 176～1 | 《文学分类的基本知识》，76—89 页 | 缺社、版 |
| 177～2 | 《小说家的技巧》（篇名） | 缺刊、期号或文集页等 |
| 178～1 | 《外国作家谈创作》 | 缺、社、版、页 |
| 182～1 | 《中国小说美学》 | 缺社、版、页 |
| 200～1 | 《别林斯基论文学》，167 页 | 缺、社、版 |
| 208～1 | 《诗论》，124 页 | 缺、社、版 |
| 216～1 | 《存在主义美学》，135 页 | 缺、社、版 |
| 219～1 | 《诗美的积淀与选择》，175 页 | 缺、社、版 |

从上述粗略统计看，该书（186 千字，248 页）对引文出处的注释是严重“失范”的，诸如“《马恩选集》第 7 卷”“1962 年出版”，“蔡仪《文学概论》、高尔基《论文学》，人民出版社出版”，“《别林斯基论文学》，人民文学出版社 1985 年出版”之类的错误，是极其荒唐的，我从事高校文艺理论与批评教学与研究 30 多年来，还从未见过！我认为，这种错误在严肃的学术著作中是不能允许存在的；作为“211 工程教材”更是不应该发生的。这样的“学术专著”“高校教材”流行于世，将把学术和学生引到何处去，实在令人担忧！

2002 年 5 月

# 关于一段引文及注释

## ——兼谈引文、注释的规范

### 一

究竟是一条什么样的引文及注释，有这样的力量，使人一定要在这些关于引文及注释的常识上絮絮叨叨呢？其实，也不过是一条极为平常的引文及注释，只是因为它出现在一篇提交答辩会的文学硕士学位论文中，因而也就引起答辩会上一些成员的关注，如此而已。

为了说明问题方便，兹将引文及注释照录如下：

19世纪欧洲文学（在）批评历史中先后出现了实证主义、唯美主义和现实主义三种较大的批评模式。实证主义批评注重收集和考证文学相关的传记材料，它的来源主要有两个，一是17世纪意大利哲学家维（克）的批评思想；二是实证主义哲学（的发展）。维（克）运用对古希腊社会研究的成果，对荷马史诗中的主人公进行全新的分析，从而发现了“真正的荷马”。而“实证主义哲学关注可感知的事实而不是观念；是这些事实如何发生，（　　）为什么会发生。凡是不（　　）建立在感性证据之上的知识全都被认为是捕风捉影。”[2]p17

注释［2］：王先霈，胡亚敏。文学批评原理［M］。武汉：华中师范大学出版社，2003。

说明一下：引文中的6处括号是我为了下边说明问题方便而加的。

这样一条引文及注释，究竟有什么问题值得答辩会成员关注呢？

### 二

按照注释所说，这段引文出自王先霈、胡亚敏主编，华中师范大学出版社2003年版

《文学批评原理》第 17 页。问题是：现实中究竟有没有这样一本书？口说无凭，要以事实为证。事实怎样呢？据我了解，在我国直到 2005 年之前，王、胡合作或共同主编的有关文学批评的教材先后有两本，它们是：

王先霈主编《文学批评原理》，由华中师范大学出版社 1999 年出版；胡亚敏为副主编，以下简称《原理》；

王先霈、胡亚敏主编《文学批评导引》，由高等教育出版社 2005 年出版；本书为二人共同主编，以下简称《导引》。

十分明显，这是两本著者不同、书名不同、出版者不同、版次不同的两本教材。那段引文，分别见于《原理》第 16—17 页与《导引》第 32—33 页。这一事实，无疑是谈论这一引文及注释是非的前提。离开这一事实，问题就不可能谈清楚。

以此事实为据，注释所说“王先霈胡亚敏主编、华中师范大学出版社 2003 年出版的《文学批评原理》”，既不是王先霈主编华中师范大学出版社 1999 年出版的《文学批评原理》，也不是王先霈、胡亚敏主编由高等教育出版社 2005 年出版的《文学批评导引》，而是这两本之外的第三本书。那么，现实中有没有注释所说“王先霈、胡亚敏二人共同主编或合著的《文学批评原理》”呢？回答是明确的：没有。至少我没有见到过这样一本书，除非你拿出实物作证或权威证明来。换句话说，这样一本书恐怕只是注释者观念中才有，现实世界中是不存在的。我可以断定，在答辩会上翻看的那本书绝对不是她在注释中所说的那本书！如果不信，可以验证。

在事实面前，一个被遮盖的严重问题就暴露出来了：以子虚乌有的 书——“王先霈胡亚敏主编、华中师范大学出版社 2003 年出版的《文学批评原理》”作为引文出处，不是涉嫌作“伪注”吗？不管主观动机如何，客观效果已经是如此了！

## 三

平心而论，我并不认为注释者如此不堪，去作“伪注”；其实是一个“误注”，是在注释中发生的严重失误。那么，它有哪些错误呢？具体说来，注释有以下多处错误：

1. 如果承认“王先霈、胡亚敏主编”即作者这一事实，那么注释所说的书名、出版者、版次就是错的。

2. 如果承认《文学批评原理》，由华中师范大学出版社出版，即书名、出版者这一事实，那么注释所说的著者、版次就是错的；可见就版本来说，这一条注释存在多种错误。

3. 除此之外，还有注释者随意增字和改字、删字的问题：

第一处：(在)，为注释者所增；

第二处：(克) 和第四处 (克)，原文均为“柯”，两个“克”为注释者所改；

第三处 (的发展)，原文无，“的发展”三字为注释者所增；

第五处：(　　)，原文为“而不是”，“而不是”三字被注释者删去了；

第六处：(　　)，原文为“完全”，“完全”二字被注释者删去了；

必须指出，这 6 处对引文不加说明的任意增、改、删，是错误的。

4. 还有一个应该作注释而不作注释的错误：即双引号之前的一段话，150 多字，基本是《原理》第 17 页的原话的摘录，也是《导引》第 32—33 页的原话的摘录，按照“学术规范”的要求，是必须注明出处的或加以说明的，这里既未作注释也未作说明，是完全错误的，说重一点，就是涉嫌抄袭，属于学术不端行为了。

5. 注释 [2] P17，指王先霈、胡亚敏主编，华中师范大学出版社 2003 年版《文学批评原理》第 17 页，也有诸多错误：

首先，注释者提供的属子虚乌有的版本，页码根本就无从谈起，无论标什么页码都是在作假；

其次，“真正的荷马”，在《原理》第 16 页；在《导引》第 32 页；所谓“P17”是错误的；

再次，另一段引文，在《导引》第 33 页；所谓“P17”是错误的。

一条并不复杂的引文注释，竟然出现这么多的错误，能否仅仅是粗心大意呢？恐怕不是那么简单。它实际上已经关系到治学学风和学术规范问题了，这一点恐怕才是引起答辩会成员的关注的重要原因之所在。否则，就是小题大做，有点不正常了。

## 四

这段引文的正确注释，可以有两种，任选一种即可：

1. 王先霈主编《文学批评原理》，华中师范大学出版社 1999 年版第 16、17 页。

2. 王先霈、胡亚敏主编《文学批评导引》，高等教育出版社 2005 年版第 32、33 页。

当然，必须按照《文学批评原理》1999 版或《文学批评导引》，认真进行校对，直到无错为止。

对于未加引号的近 150 字引文，要加以说明或做出注释，有两种注释，任选一种即可：

1. 参见王先霈主编《文学批评原理》，华中师范大学出版社 1999 年版第 16—17 页。

2. 参见王先霈、胡亚敏主编《文学批评导引》，高等教育出版社 2005 年版第 32—33 页。

说明一下：对引文做一些“技术性改动”是可以的，有时又是必须的，但这种“技术性改动”不能伤筋动骨，更不能断章取义，而且一定要在正文或注释中加以说明。这里用了“参见”一词，属于“意引”，引文可以不加引号；因为有了这个说明，也就避免了“抄袭”之嫌。所以，“参见”一词绝对不可省略。否则，就有抄袭之嫌了。

## 五

造成这一条“错误注释”的原因是什么？我认为主要是由于作者缺少有关基本常识或者是存在糊涂观念而造成的。其主要原因是：

1. 注释中的“著者”只写第一著作人，通常是主编；因为副主编（往往不止一人）不是第一著作人，所以不能写副主编，更不能把副主编升格为主编；如引用高教版《文学理论教程》，著者只写主编童庆炳，李衍柱等 4 个副主编一个都不能写；如果把李衍柱等 4 个副主编升格为主编与童庆炳并列起来，《文学理论教程》就成了 5 个主编了，那是绝对不允许的。这条注释把副主编胡亚敏升格为主编，是造成错误的一个重要原因。

2. 注释中的“版次”是指版权页上所标明的版次时间，而不是版权页上所标明的印次时间，不能把“版次”与“印次”混为一谈；如上海人民版《美学基本原理》2001 年出版第三版，当时已印刷 28 次。注释只能写第三版，而不能写第 28 版；两者是不能混为一谈的。

3. 著述中“不引原文，只引大意”，也是引用；因为引文不是原文，所以不必加引号，但要加以说明或加以注释。要破除“不引原文，只引大意，就不是引用，就不用说明、注释”的错误观念。

2006 年 5 月 25 日草于中文系文艺学硕士研究生毕业论文答辩会之后

# 也谈《宋诗选注·序》修改之谜

读《文汇读书周报》7月25日谢泳《〈宋诗选注·序〉修改之谜》，感到其中有一点还是让人不甚清楚，那就是：为什么唯独对“修改”引用的毛泽东语没有注明出处即“缺注”呢？究竟是一时“疏忽”还是“有意”所为？对钱老的学术形象和人格有何影响呢？这一点，对解“谜”、对钱老，都有讲清之必要，大可不必为贤者讳。

揭开“缺注”之谜，还得从钱老有关言行入手。在1988年港版《前言》中钱老有“两点声明”：一是说自己“不想学摇身一变的魔术或自我整容的手术”，即主观上不想修改。二是说《序》“一仍其旧”，即客观上没有修改。应当说，这个“声明”集中体现出钱老的学术形象和人格，是读解“缺注”之谜的关键。

首先，实事胜于雄辩。有这一处修改的客观事实在，所谓“一仍其旧”的严正声明就是一纸谎言。这里，谎言与实事自相矛盾，势不两立。然而，钱老却既要“一仍其旧”之声明，又要保留这处修改。为“一仍其旧”不被揭穿，则“有意”对这条引文不作注释。此招数对历来只看正文不看“序言”和“注释”的读者，极易奏效。钱老要“两全”：既要保留“修改”，又要保全“人格”。由此所出的“缺注”，还能说不是“有意”所为吗？

其次，这是《宋诗选注》中一条重要引文：它不仅是1978年重印时“出于自我保护”的“聪明”选择，而且在1985年重印时的“保留”引文。从钱老一贯重视对引文出处详加注释的治学风范来看，对这样一条重要引文是绝对不会“缺注”的。换句话说，这一“缺注”，完全是为“自我保护”的“有意”所为，而非一时“疏忽”所致。

（原文载《文汇读书周报》2008年10月24日第3版）

**附记** 原文较长，发表时编者做了大量删节，事实虽然也交代清楚，但我要讲的“治学风范”之意则荡然无存。故读来味同嚼蜡。现将原文附后，以飨读者。

## 也谈《宋诗选注·序》修改之谜

《文汇读书周报》7月25日谢泳《〈宋诗选注·序〉修改之谜》，对“修改之谜”作进一步解读，认为钱老修改《〈宋诗选注·序〉》中引用毛泽东《给陈毅同志谈诗的一封信》中的话，是“出于自我保护”和“自己的人格”，这话讲得合乎情理，对读解此谜大有好处。然而，在我看来，“修改之谜”的一个细节还是让人不甚清楚，那就是：为什么唯独这条引文没有注明出处即“缺注”呢？究竟是一时“疏忽”还是“有意”所为？对钱老的学术形象和人格有何影响呢？讲清这一点，无论是对钱老的学术形象和人格，还是对读者深入理解钱老，都不是无关紧要的。

俗话说：“解铃还须系铃人”。要揭开“缺注”之谜，我看还是要从钱老有关言行入手。钱老在港版《前言》中说：“不论一个时代，或一个人，过去的形象经常适应现在的情况而被加工改造，历史和回忆录等有许多随时应变而改头换面的好范例。我不想学摇身一变的魔术或自我整容的手术，所以这本书的《序》和选目一仍其旧，作为当时气候的原来物证——更确切地说，作为当时我自己尽可能适应气候的原来物证。”这里实际作了“两点声明”：一是说自己“不想学摇身一变的魔术或自我整容的手术”，即主观上不想修改。二是说《序》“一仍其旧”，即客观上没有修改。应当说，这个“声明”集中体现出钱老的学术形象和人格，是读解“缺注”之谜的关键。

首先，实事胜于雄辩。有这一处修改的客观事实在，所谓“一仍其旧”的严正声明就是一纸谎言。这里，谎言与实事自相矛盾，势不两立。然而，钱老却既要“一仍其旧”之声明，又要保留这处修改。为了让“一仍其旧”的谎言不被引文缺注当场揭穿，最省力的做法就是“缺注”，即“有意”对这条引文不作注释，以便蒙混过关。确实，用这一招来蒙蔽历来只看正文不看“序言”和“注释”的读者，还是比较容易奏效的。用时下的眼光来看，以一条“缺注”为代价，换来自己严正声明的有效性，并不失为智者的聪明选择。再说“不想学摇身一变的魔术或自我整容的手术”这句话，它一方面表明自己“不想”修改旧作，同时表明自己对“修改旧作”的决绝态度，又顺手甩给“修改旧作”者“摇身一变的魔术”和“自我整容的手术”两顶帽子。十分明显，这一态度和做法与“改《序》”之举是水火不容、难以并存的。然而钱老却要“两全”：既要保留“修改”，又要保全“人格”。在这种情况下产生的“缺注”，还能说不是钱老用以“自我保护”、掩人耳目的“有意”所为吗？

其次，人所共知，钱老极其重视引文注释，一向以注释详赡著称，怎么偏偏会对此“疏忽”呢？况且，这条引文是钱老在《宋诗选注》中两次引用毛泽东中的一次：不仅是1978年重印时“出于自我保护”的“聪明”选择，而且在1985年重印时予以“保留”的重要引文。从钱老一贯重视对引文出处详加注释的治学风范来看，对这样一条重要引文是绝对不会“缺注”的。换句话说，这一“缺注”，绝非一时疏忽所致，而是用以“掩人耳目”的“有意”所为、“自觉选择”。

最后，从《宋诗选注》的读者接受来看，“缺注”之事虽小，却有损钱老的人格和形象。本来，一条引文出处的缺失，充其量不过是“注释不够规范”而已，实在无可厚非。即使对“修改旧作”现象，也应该作具体分析，大可不必不分青红皂白，一概视作“魔术”和“手术”。然而，将其《前言》与“缺注”一并来读时，作为“自我保护”和“掩人耳目”的“缺注”就变成了“自我作假”的铁证，其“声明”自然就会露出“作假”的真相来。事实证明，“缺注”这一招，只能蒙蔽一般读者于一时，却很难蒙骗学术界于长久。当事实真相——“谜底”被揭穿时，钱老自然会遭遇“请君入瓮”的尴尬：本来甩给别人的那两顶帽子，反而戴到自己头上。这恐怕是钱老始料不及的吧！

“缺注”之失，无论是对钱老还是对读者，都不能不说是一个遗憾！其实，此事本可避免：实事实说，注释清楚，不就完事大吉了吗！

2008 年 8 月

# 毛泽东诗词研究岂能不守学术规范

## ——以几种版本《毛泽东诗词》选编《七绝》为例

### 一、问题的提出

这个问题的提出，主要是由“以‘改写’当‘己作’现象”引起的。

所谓“以‘改写’当‘己作’现象”，最初是指在毛泽东诗词研究中，个别研究者把毛泽东“戏改”的别人的诗词当作毛泽东“自己创作”的诗词的一种作法；这种做法被后来者一再仿效，屡见不鲜，几乎成为通例、潮流，于是就被人们称之为“以‘改写’当‘己作’现象”了。现在人们对此已经几乎习以为常，唯其如此，我们也就不能漠然处之了。

例如，人民日报出版社新近出版的“教育部《全日制义务教育语文新课程标准》指定书目”《毛泽东诗词》选编《七绝》就是一个现成的例子。这首所谓“七绝”是该书最后一首诗。全文是：“群山万壑赴荆门，生长林彪尚有村。一去紫台连朔漠，独留青冢向黄昏。”标题为“七绝”，题下标明作于“1971 年”。编者在“写作背景”中说：“这是根据杜甫《咏怀古迹》五首其三改写而成的。原诗是‘群山万壑赴荆门，生长明妃尚有村。一去紫台连朔漠，独留青冢向黄昏。画图省识春风面，环佩空归月夜魂。千载琵琶作胡语，分明怨恨曲中论。’诗人灵活地古为今用，把前四句中的第二句的‘明妃’改为‘林彪’，然后去掉原诗的后四句，揭示了林彪阴谋败露苍荒外逃，而机毁人亡葬身于异国沙漠之中的可耻下场。”[①] 这里明确告诉人们特别是中小学生，这首“七绝”是毛泽东“1971 年”“根据杜甫《咏怀古迹》五首其三改写而成的”。十分清楚，编者在这里确实是把毛泽东“改写”的杜甫原诗当作毛泽东自己的创作而编入该书的。不过，其标题“七

① 肖应华．毛泽东诗词［M］．北京：人民日报出版社 2006.205。

绝”是毛泽东所标还是编者所加或者照搬其他版本，编者并没有交代清楚。不管怎样，编者把这首由“改写”而成的所谓《七绝》，作为毛泽东自己的诗编入“《全日制义务教育语文新课程标准》指定书目”《毛泽东诗词》，堪称“以‘改写’当‘己作’现象”的一个典型代表。

在我看来，在毛泽东诗词研究中，“以‘改写’当‘己作’”作为个别“作法”及其结果已属不妥，进而发展成为一种“现象”就更不正常了。因为它已经不仅是某一首诗是不是毛泽东诗词的“个案”，而且是涉及毛泽东诗词研究要不要遵守社科研究学术规范等一系列原则性的重要问题了，所以值得特别重视关注，辨明是非，分清正误。

## 二、首先，“应该怎样对待毛泽东诗词及有关文献”

因为是毛泽东诗词研究，其本身就被包括在怎样对待毛泽东及其有关文献的问题之内。顾名思义，《毛泽东诗词》所选诗词必须是毛泽东自己创作的诗词，严格说来，应当是诗人毛泽东自己审定、明确表示认可、同意发表的那些诗词。相反，把那些不是毛泽东自己创作或是毛泽东自己没有认可及同意发表的那些诗词选编入诗集公开出版，就不妥当了。将这首《七绝》编入《毛泽东诗词》，就属于此。其一，如编者所说，这首诗是诗人把杜甫诗作改动“明妃”二字，去掉后四句而成的。这里所谓“改写”确切地说是“戏改”别人的诗句，怎么能够说是自己的诗作呢？编者这里不用“戏改”而用“改写”，并不能改变事情的性质。人所共知，“改写”“戏改”与“创作”根本不同，是不能把它们混为一谈的。这里的“改写”，实则为“戏改”，不过“玩玩”而已，是中国文人所有的一种传统的雅趣，主要在“戏”而不在“作”，诗人自己不会当真，别人也不把它当真看待的。研究者对此不能不察。而编者恰恰把它当真，把“戏改”当成“创作”，自然就大错特错。其二，人所共知，毛泽东对自己的诗词从创作、修改、整理、定稿以及最后审定、发表，终生都持非常严格极端慎重的态度，人们至今没有见到诗人毛泽东明确表态认可这首所谓《七绝》包括其他几首类似的“戏改”之作为“己作”的确切材料。“以‘改’当‘作’”者们所依据的唯一的权威材料是《周世钊日记》。发表在《文艺理论与批评》1990 年第 3 期署名计小为的《评舒群的〈毛泽东故事〉》一文，首次披露了《周世钊日记》的有关内容：“据周世钊先生日记所载，毛泽东晚年写过这样的一首诗：‘豫章西望彩云间，九派长江九叠山。高卧不须窥石境，秋风怒在侍臣颜。’据说，他在吟诵这首诗时，还戏改了一首杜甫的名篇：‘群山万壑赴荆门，生长明妃尚有村。一去紫台连朔漠，独留青冢向黄昏。’我曾问过周世钊先生：‘侍臣’指的是谁？周老说，主席把这两个字改了，改成‘叛徒’，而原诗中的‘明妃’也改作‘林彪’。”① 从这里所披露的《周世钊日记》的文本来看，只能说它记述了毛泽东“吟诵”“豫章”一诗并“戏改”杜诗的这个事实，并不是说毛泽东创作了这两首诗；换句话说，这个材料远远不是毛泽东认可所“戏改”杜诗和“吟诵”之诗就是自己所作之诗的确切材料。据此材料便把这两首诗当作毛泽东的诗作，可以说是对《周世钊日记》的错误解读。不过，这个事实倒是可以从反面说明，毛泽东生前是根本没有同意把“戏改”或“改写”的他人的诗词作为自己的诗词并且出版的。我想，如果诗人在天有灵，他也决不会接受、认可这种做法的。这种做法显然是违背诗人意愿，公然把错误强加于人的，即使编者主观上出于好心，想为毛泽东增加一首诗，增光添彩，然而客观上则相反，是在给诗人抹黑栽赃，让诗人背上剽窃、侵权的黑锅，实在是亵渎、败坏毛泽东的诗名，使其蒙冤。我认为，这绝对不是对待毛泽东诗词及有关文献的正确作法。

至于在一些毛泽东诗词研究的专著中，有人把这类“戏改”作为“附录”，放在正编、副编之外，作为研究诗人诗词活动的一种参考“资料”，与此有所不同，应当是可以的。如徐涛《毛泽东诗词全编》的“辑佚”、朱向前《毛泽东诗词的另一种解读》的“附录”就收入一些“改写”“戏改”之作。此非本文题旨，故不详细论说。

## 三、其次，“学术研究要不要遵守学术规范”

选编《毛泽东诗词》，即使是“教育部《全日制义务教育语文新课程标准》指定书目”这样的普及性读物，也属于文学批评中的“选评”，是一种传统的、科学的文学研究学术活动，必须遵守社科研究学术规范，决不能因为是“毛泽东诗词”就可以例外。实事求是地说，把这首《七绝》选入《毛泽东诗词》并非编者的首创，它只不过是选自某个版本而已。“选编”也好，“首创”也罢，既然是“选评”就不能不对材料的真伪正误等进行鉴别和校勘。否则，失误就在所难免。编者之误，恐怕与此不无关系。

如前所说，此诗是毛泽东把杜甫《咏怀古迹五首》之三“改写”而成，既然如此，又将其选入，不是将“改写”与“已作”混为一谈吗！“改写”之作怎么能算是“已作”呢！如果说诗词创作中的“仿作”，如《七绝·仿陆放翁〈示儿〉》可以算作诗人自己的

① 计小为．评舒群的《毛泽东故事》[J]．文艺理论与批评．1990.（3）。

创作的话，而这里明明是“改写”而不是“仿作”，怎么还要把它选入呢？无论如何，把“改写”等同“创作”，就像把“译作”等同于“创作”那样，是完全错误的。在这个问题上，中央文献出版社《毛泽东诗词集》、臧克家、公木等人的选本，均不收录此类“改写”之作，被学术界公认为是国内最具学术性、权威性的版本，已成为众多“鉴赏”“解读”类读物的蓝本。另有一些研究毛泽东诗词的专著，把毛泽东“戏改”“改写”别人的诗词算作毛泽东自己的诗词，则备受争议，充其量只能算作研究者的“一家之言”，绝对不能作为“定论”而不加鉴别径直使用。编者置此学术共识和惯例于不顾，将这首《七绝》入选“《全日制义务教育语文新课程标准》指定书目”《毛泽东诗词》，就未免过于离谱、荒唐了。

诚然，在文学创作与文学研究中，是免不了要“合理使用”“古为今用”他人的成果，包括“活用典故”“化用名句”等等。但那是在遵守“学术规范”的情况下才是“合理”的，才能得到学术界的认可。众所周知，“把别人的作品或语句抄来当作自己的”是“抄袭”；“窃取他人的文字以为己作”是“剽窃”。试想，一首共有28字的诗，其中有26字是抄人家的，只有两字是自己写的，这不是地地道道的“抄袭剽窃”又是什么呢？这是用“合理使用”“古为今用”所能解释清楚的吗？编者“以‘戏改’当‘己作’”，无论主观上怎样，客观上则是把“抄袭剽窃”与“合理引用”混为一谈，已经构成“不端学术行为”。如此进行“选评”，还是文学研究学术活动吗?!

## 四、再次，“学术研究要不要遵守著作权法”

按照“著作权法”来说，一件作品、一部专著、一篇文章是有其“著作权”的，其中包括“署名权”，它是属于“著作权人”即作者所有的，受法律保护，别人不得侵犯、侵吞的。而“没有参加创作、为谋取个人名利，在他人作品上署名的”“歪曲、篡改他人作品的”“剽窃、抄袭他人作品的”则属于“著作权侵权行为”。该书编者将改写两字的杜甫《咏怀古迹五首》其三的前四句，以“七绝”为标题编入《毛泽东诗词》公开出版，这是公然违反“署名权”——“在他人作品上署名”的“侵权行为”！一首28字的诗，自己改写了2个字，抄了人家26字，还不算“篡改、剽窃、抄袭他人作品”的“侵权行为”吗！正是编者把此诗署上毛泽东之名公开出版这种做法，使这首《七绝》的“著作权”就发生了根本变化：原本是杜甫的诗，现在成了毛泽东的诗，这难道不是公然侵吞他人成果，直接违反《著作权法》的“侵权行为”吗！如果不是由于无知，那就是有意对《著作权法》进行嘲弄和践踏。同类事例至少还有多起：

一是明朝李攀龙《怀明卿》，原文为："豫章西望彩云间，九派长江九叠山。高卧不须窥石镜，秋风怒在侍臣颜。"毛泽东改写2字后（"豫章西望彩云间，九派长江九叠山。高卧不须窥石镜，秋风怒在【叛徒】颜。"）被一些研究者当作毛泽东的诗，冠以不同标题，收入《毛泽东诗词白话全译》① 和《毛泽东诗词书法赏析》②（方括号内为毛泽东所改，以下同此。——笔者注）

二是鲁迅《七律·亥年残秋偶作》，原文为："曾惊秋肃临天下，敢遣春温上笔端。尘海苍茫沉百感，金风萧瑟走千官。老归大泽菰蒲尽，梦坠空云齿发寒。悚听荒鸡偏阒寂，起看星斗正阑干。"毛泽东改写21字后（"曾惊秋肃临天下，敢遣春温上【舌】端。尘海苍茫沉百感，金风萧瑟走【高】官。【喜攀飞翼通身暖】，【苦】坠空云【半截】寒。【惊听自吹皆圣绩】，起看【敌焰】正阑干。"）被一些研究者当作毛泽东的诗，冠以不同标题，收入《毛泽东诗词全编》③ 和《语文新课标必读·毛泽东诗词》④。

三是江淹《别赋》，原文为："春草碧色，春水绿波。送君南浦，伤如之何。"毛泽东改写3字后（"春草碧色，春水绿波。送君【延安】，【快】如之何【!】"）被研究者当作毛泽东的诗，以"四言诗·戏改江淹《别赋》"为题，收入《毛泽东诗词鉴赏·学生读本》⑤。

四是梅白《夜登重庆枇杷山》，原文为："我来高处欲乘风，夜色辉煌一望中。几万银灯流倒影，嘉陵江比水晶宫。"毛泽东"改写"6字后（"我来高处欲乘风，【暮色苍茫】一望中。【百】万银灯摇倒影，嘉陵江【似】水晶宫。"）被一些研究者当作毛泽东的诗，冠以不同标题，收入《毛泽东诗词鉴赏·学生读本》⑥ 和《毛泽东诗词书法赏析》⑦。

五是陈毅《六国之行》（之一），经毛泽东改过（不知改了多少字）后（"万里西行急，乘风御太空。不因鹏翼展，哪得鸟途通。海酿千钟酒，山栽万仞葱。风雷驱大地，是处有亲朋。"）被一些研究者当作毛泽东的诗，冠以不同标题，收入《毛泽东诗词鉴

① 胡忆肖等．毛泽东诗词白话全译［M］．武汉：武汉出版社 1993.227。

② 良石，芦白欣．毛泽东诗词书法赏析［M］．长春：延边大学出版社 2007.469。

③ 徐涛．毛泽东诗词全编［M］．武汉：湖北教育出版社 1993.378。

④ 刘广星．语文新课标必读·毛泽东诗词［M］．呼和浩特：内蒙古人民出版社 2006.158。

⑤ 李晓琳，唐名刚．毛泽东诗词鉴赏·学生读本［M］．长春：吉林文史出版社 2005.137。

⑥ 李晓琳，唐名刚．毛泽东诗词鉴赏·学生读本［M］．长春：吉林文史出版社 2005.209。

⑦ 良石，芦白欣．毛泽东诗词书法赏析［M］．长春：延边大学出版社 2007.351。

赏·学生读本》① 和《毛泽东诗词书法赏析》②。

如此等等，不一而足。

据说毛泽东诗词已经有100首之多，比中央文献出版社《毛泽东诗词集》所收67首多出了33首，其中有多少属于这种情况，不得而知。可见，这种现象已经泛滥到何等疯狂的程度！然而，我还是认为，毛泽东诗词研究中的“以‘改’当‘作’现象”并不正常，它绝非毛泽东诗词出版和研究之正途。

## 五、最后，“学术研究要不要社会效果”

值得特别提出的是，近年来这种现象不再限于学术领域，已经蔓延到义务教育领域，效果不好，影响恶劣。将《七绝》入选“指定书目”，直接关系到对中小学生的导向问题。如前所说，这本《毛泽东诗词》不是一般普及读物，而是“教育部《全日制义务教育语文新课程标准》指定书目”。由于该书的“特殊身份”和“特殊对象”，就不能不特别注意它在中小学生中可能产生的“特殊效果”。否则，“教育部《全日制义务教育语文新课程标准》指定书目”还有什么实际意义呢？那么，《毛泽东诗词》编选这一《七绝》将会产生什么样的实际效果呢？应当说，它的恶劣影响是显而易见的。其一，且不说这首《七绝》并非诗人毛泽东的诗作，仅就该诗本身来说，也并非什么“名篇佳作”，因为将“明妃”改为“林彪”之后，它已经远远不及堪称名篇佳作的杜甫原诗了，即使署上“毛泽东”的名字忝列于“毛泽东诗词”之中也无济于事，它根本不能与毛泽东那些名篇佳作同日而语，还能指望它产生“名篇佳作”的效用吗！其二，更重要的是，这首由杜诗被“改写”“署名”“正式出版”从而成为毛泽东诗词的十分荒唐、卑劣不堪的“写作”过程，根本不会在文学创作与学习方法方面对求知欲正强的中小学生有所裨益和启示，反而会对模仿性正强、识别力不足的中小学生产生严重的误导，让他们天真而真诚的认为：“诗词创作”就是编者所说的“改写”诗词，即把别人的诗改几个字，加上标题，署上自己的名字而已；要作诗么，模仿毛泽东“改写”杜诗就成！人们不无担心，那些天真烂漫的中小学生们，一旦模仿起来，将会是何情形啊？他们照法炮制并以此例作挡箭牌，我们将以何言以对呢！这恐怕不是杞人忧天。因为它有“教育部《全日制义务教育

---

① 李晓琳，唐名刚．毛泽东诗词鉴赏·学生读本［M］．长春：吉林文史出版社 2005.308。

② 良石，芦白欣．毛泽东诗词书法赏析［M］．长春：延边大学出版社 2007.456。

语文新课程标准》指定书目”这块很管用的金字招牌。就凭这块招牌，加上人们对毛泽东的敬仰，中小学校就可以让学生“必读”，学生家长也会督促学生“必读”；就凭这块金字挡箭牌，学生就会有恃无恐，对正确的舆论导向充耳不闻。可以毫不夸张地说，对中小学生来说，这本“必读书目”不读则已，只要一读，势必会受到严重误导，将贻害无穷！对此，我们能够掉以轻心或置于不顾吗？换句话说，学术研究难道可以不考虑包括中小学生在内的实际效果吗？

## 六、简短的结论

综上所述，完全是由编者（包括此前的一些研究者）一手造成的“以‘改写’当‘己作’现象”，已经构成对诗人毛泽东的亵渎、对《社科研究学术规范》《著作权法》的践踏嘲弄、对中小学生的误导贻害，其性质和危害是相当严重的。按理说，作为一个毛泽东诗词研究者、“选评”家，是不应该做出如此荒唐之举的。然而它却实实在在地发生了。如果此举只是某一个案，某一家言，也就罢了。但是，现在该书以“教育部《全日制义务教育语文新课程标准》指定书目”出版，就意味着教育部对这个学术问题做了结论，认同这种“作法”，从而使“抄袭剽窃”和“侵权”“合理合法化”，这无异于给“剽窃”“侵权”等“学术不端行为”发放“通行证”，为已够严重的“学术失范”推波助澜，其影响非同一般。试想，一旦“以‘改写’当‘己作’”“抄袭剽窃合理合法”观念在学术界流行开来，那将是一种什么样的局面呢？历史上金圣叹“腰斩水浒”而成的七十回本《水浒传》，岂不成了金圣叹的作品吗？现在经过导师修改的研究生学位论文，岂不统统成了导师自己的著作吗？这样一来，整个社科研究岂不成了没有任何规范的儿戏吗！而且，严重的是它还殃及义务教育界，教诲那些天真烂漫的中小学生跟着一起玩闹！这话好像有点危言耸听，但事实和逻辑就是如此。这恐怕是始作俑者始料未及的吧！

鉴于毛泽东诗词研究中的这种极端荒谬的“以‘改写’当‘己作’现象”，不管始作俑者、实行者主观上是有意还是无意的，在客观上对毛泽东诗词研究、社科学术规范、著作权法、义务教育为害甚大，我们对它是绝不含糊认同、容忍接受，更不任其自由泛滥。我们真诚希望有关研究者特别是“教育部《全日制义务教育语文新课程标准》指定书目”《毛泽东诗词》的编者，能对此举进行反思，修订自己的著述，撤销此篇，以便消除其在学术和教育界的恶劣影响。同时，郑重建议国家教育部对此进行审查、评议，以便有效遏制这种“现象”自由泛滥，给中小学生提供更好的“指定书目”。

# 第四编　书法艺术研究

# 泾水清清渭水浑

## ——“五指执笔法”辨正

### 一、书坛又见“惊人之说”

据中新网2015年1月消息，《历代执笔图像汇展》及《历代执笔图像汇考》首发式在南京博物馆举行。《汇考》提出了一个颠覆性的观点：“五指执笔法或许是最不合理的执笔法。”此说一出，便在书坛引起轰动，网上随即出现了“赶快放弃五指法”之类的喧嚣。那么，在我国书法界长期普遍采用的“五指执笔法”（也称“五字执笔法”），究竟是不是“最不合理”、应该“放弃”的执笔法呢？

### 二、“五指法”正本清源

“五指执笔法”究竟源自何时、何人？我觉得我国现代书法家、书法理论家沈尹默的考证结论是可信的。沈老认为，“五字法”的文字表述最早见于计有功《唐诗纪事·陆希声》“凡五字：擫、押、勾、格、抵”，是十分清楚的，就是说“五字法”是唐代陆希声首先提出的。后人对“五指法”的解读、阐述，其文字源头盖出于此。问题就是这么清清楚楚。五字法，顾名思义是根据“擫、押、勾、格、抵”五字命名的。五个字各按其本意严格规定每一个手指的特殊用场：“‘擫’字说明大拇指用场，用指肚紧按笔管内左方，向右外方向用力，要斜而仰一点，像吹笛子时用指擫住笛孔一样；‘押’字说明食指用场，用第一节斜而俯的自外向里出力，与大拇指配合把笔管约束住；‘勾’说明中指用场，用第一、二节弯勾勾住笔管外面；‘格’（揭）字说明无名指用场，用指甲与肉之际紧贴笔管用力向外推，把中指勾向内的笔管挡住；‘抵’字说明小指的用场，用小指贴在无名指下面，辅助无名指用力。”于是指实、掌虚、腕平、锋正，五指齐力，实现执笔平稳又运腕灵活，为运笔打下稳固的基础。（见《沈尹默讲授书法·书法漫谈》，上海书画出版社 2013 年 8 月版第 15～16 页，有省略。）沈老特别强调遵循每个字的本来意义，不能用其他字去替代。据此称作“五字法”或“五指法”是名实相符的，是精准地把握了其精髓的，是一个很科学的概括和命名。唯其科学，便成了后人反复征引的经典。五指法业已成为当代中国书法界广泛流行的执笔方法。

再看“拨镫法”。究竟源自何人、何时？一般认为最早由唐代林蕴在其书论《拨镫法序》中提出的：“吾昔受教于韩吏部，其法曰‘拨镫’。…… 推、拖、捻、拽是也。”通常将其称作“拨镫法”或“四字执笔法”，或“转指法”。从其问世以来，诠释者五花八门。大多是抓住“拨镫”二字，或以手执镫签拨镫芯那样比喻执笔，或以脚拨马镫那样比喻执笔。对“推、拖、捻、拽”四字，则少见诠释。这是流行的把“拨镫法”作为“执笔法”的解释。此种诠释往往因不讲“推、拖、捻、拽”四字要领而受到诟病。由于不讲或少讲其“四字”要领，人们不易掌握而逐渐被抛弃当是很自然的事。对“推、拖、捻、拽”四字究竟该作何解释呢？它是讲“执笔”呢，还是讲“运笔”呢？甚或是把“执笔”和“运笔”结合起来讲呢？沈老 20 世纪 50 年代对“拨镫法”有过论述，可以说是非常少见的对于“拨镫法”的论述，沈老认为是讲“执笔”的，说：“推、拖、捻、拽四字诀，就这四个字的意义看来，实是转指法。”（见《沈尹默讲授书法·书法论》，上海书画出版社 2013 年 8 月版，第 68 页）又说：“我对转指是不赞成的，其理由是：指是专管执笔的，它须常是静的；腕是专管运笔的，它须常是动的。假使指和腕都是静的，当然无法活用这管笔；假使都是动的，那更加无法将笔锋控制的稳而且准了。必须指静而腕动地配合着，才好随时随处将笔锋运用到每一点一画的中间去。”（见《沈尹默讲授书法·书法漫谈》，上海书画出版社 2013 年 8 月版，第 18 页）沈老的阐述切中肯綮，是精辟的，振聋发聩的。不过，我觉得就这四字的意义来看，说它是讲“运笔”而不是讲“执笔”似乎更符合其本义。我比较赞成做这样的解释：“推”指“逆势”起笔的动作；“拖”即“拖笔”动作，“捻”指转折时的“转笔”动作，“拽”指“回锋”收笔的动作。如果这样解释不是妄加猜测的话，它完全是对“运笔”的动态描述，即沈老所说“都是动的”运笔，它与“都是静的”执笔并不是一回事。对“拨镫法”的“拨镫芯”或“拨马镫”两种诠释也应作如此解：是“动的”运笔而不是“静的”执笔。这是我与沈老理解上的一点不同。这样，把“推、拖、捻、拽”四字作为“执笔”所应达到的目的来理解也未尝不可。无论是作“转指法”解，还是作“运笔法”解，所谓“拨镫法”与“五指法”是各不相干、不容混淆的。

综上所述，陆希声和林蕴的表述来看，“五指法”与“拨镫法”的含义是泾渭分明，没有关联或含混或重叠的，把它们混为一谈等同起来是完全错误的，不应该的。

然而令人遗憾的是，我国书法理论与实践中，普遍将这两个本不相关的“执笔法”相提并论混为一谈，比比皆是，已成误区。

例如，充斥街头书市的书法普及读本对“五指法”的误解几乎本本可见。常见的是随意将某字调换，如“出版了150多种字帖”的“字帖大王丁永康”在其主编的《颜体楷书基础教程》（吉林美术出版社2014年7月出版）中，就把“擫”改为“按”，把“押”改为“压”。（见该书第2页）《王羲之行书入门教程》（张克江编著，湖北美术出版社2014年10月出版）则把“擫”改为“按”、把“押”改为“压”、把“格”改为“顶”。（该书第3页）网上诸如此类的错讹则更多。

甚至书法名人的学术专著也常把两者混为一谈。如《书法举要》（王学仲著，天津人民美术出版社2013年1月出版），在按照传统的“五指法”详细讲解了“五个指头的具体运用”之后说：“这就是传统的‘拨镫法’。”（见该书第25页）完全是张冠李戴。不知为什么，他还把读“ye”的“擫”字特别标注读音“yan”。这些真是让人难以理解！

凡此种种，不一而足。不管是出于什么原因，这些都是对前人“五字执笔法”的误解，已经极为普遍，像雾霾一样，严重污染着书法界的“生态”。

那么，为什么会出现这种“误区”呢？原因可能有种种。恐怕主要在历史和著者自身两个方面。从历史上看，这种“误区”“误读”由来已久。沈老在半个世纪前就曾指出：“把拨镫四字诀和五字执笔法混为一谈，始于南唐李煜。煜受书法于䛒光，著有《书述》一篇，他说：‘书有七字法，谓之拨镫。’又说：‘所谓法者，擫、押、勾、揭、抵、导、送是也’。‘导’‘送’两字是他所加，或者得诸䛒光口授，亦未可知。这是不对的，是不合理的，因为导送是主运的，和执法无关。……由此可见，李煜的七字法是参加了自己的意思的，是不足为据的。”（见《沈尹默讲授书法·书法漫谈》，上海书画出版社2013年8月版，第16页）他接着指出李煜之后元朝张绅、清朝包世臣、康有为等“后来论书者不细心考核，随便地沿用下去”，“有时候就会不能自圆其说”。可见，一些人引用文献资料时，往往添加一些零碎，或添加词语，或做解释，似乎成了一种惯性、一种常见现象。经过这样一番添油加醋，原本清清楚楚的事情就成了“云山雾罩，霾里看花”，让人难识庐山真面目了。这种惯性和现象至今尚未绝迹，恐怕是不争的事实。至于从著者个人方面来看，恐怕与当今人们过于浮躁，根本坐不下来细心考核密切相关。为了获得某种最大利益，便不惜东拼西凑，粗制滥造，甚至违反学术规范，剽窃抄袭、克隆复制，走入此类“误区”已经不算什么，根本不值一谈！

这里有一个问题：“五字法”是不是由二王传下来的？至今不能统一。这涉及对文献所说“陆希声所得，由二王传下来”的理解。二王是有书论的，如是自己的经验、创见，怎么不见诸自己的著述，反而传于他人公之于世呢？这有点不合常理。然而把“所得”二字断定为“得于二王”，完全排除陆希声自己的创见，也有失于公平，因为毕竟缺少过硬的文字或其他材料作证。五指法究竟为谁所传，当时无明确说法，现今也无从查考。我认为这个问题并不十分重要，不做考究也罢。而“五指法”究竟科学不科学、合理不合理、该不该得到普遍采用，才是最重要的，值得认真探讨清楚。

## 三、执笔有法，采用自由

那么，究竟哪一种执笔法是最科学并且得到普遍采用呢？学术界是有共识的，那就是：“五指法”。正如当代一位时尚书法家所说：“历史上，执笔论颇多，关于执笔的方法不少于几十种，我们经常谈到的有‘两指法’‘三指法’‘四指法’‘七指争力法’‘撮管法’‘握管法’等等。但自唐代陆希声提出‘五字执笔法’之后，一千多年来被人们推为最佳的执笔方法，现在我们基本上都在使用‘五字执笔法’。”（《田英章毛笔楷书入门教程·基本笔法》，上海交通大学出版社 2010 年 3 月版，第 1 页）“字帖大王”丁永康也在推行这个“正确的执笔法”（《颜体楷书基础教程》第 2 页）。往前推，20 世纪 80 年代，书法美学理论家陈振濂、书法家茹桂都是“五指法”的弘扬者；再往前推，有大书法家沙孟海对古代执笔方法深入系统的探讨，20 世纪 50 年代书法泰斗沈尹默对“五指法”详尽精湛的解读和阐述，更是堪称经典。这些不争的事实，应当是对这个问题最有力的回答。换句话说，“五指法”的“一统”地位，完全是中国书法艺术按照自身规律长期发展的必然结果。

当然，我们推崇经典尊重事实和共识，并非不允许向经典和共识挑战。历代都有“挑战”，不过大多不以“颠覆性”面目出现，而是以比较平和的姿态问世。如苏轼，他不用“五指法”而用“单钩法”，在与黄庭坚、米芾论书时，主“无定法”而不否“五指法”。这或是苏之高明处。相反，“五指法”的倡导者对各种方法的批评就不那么客气了。沈老曾中肯的指出“单钩”“回腕”等法的种种不合理、弊病及危害，义正词严的批评他们“自出心裁，巧立名目”。（同上，第 18 页）启功老则幽默形象地描述“回腕”法：“这么勾着，像个猪蹄”，“完全是猪手法”，称其为“故作惊人之说”。（《启功给你讲书法》，中华书局2005年10月版，第102页）可以说“五指法”正是在长期应对种种挑战中得到发展，以至到近现代才成就了它的“一统”天下。历史上这种争论几乎历代都有，从未停止过；现在有人提出“惊人之说”也不足为奇，不必大惊小怪。但需小心，不要被忽悠了才好。

由此，我认为，执笔有法，法有优劣；采用自由，不必强求。就是说，按照艺术规律来说，在长期的发展过程中，必然形成各有特点功能、确有优劣之分的多种执笔方法，为个人生理和习惯不同、时代和物质条件不同的众多形形色色书者选择采用，提供了充分的自由。从这个意义上说，“执笔有法无定法”，需要科学对待而不是硬性规定强求统一。但也不能以个别书家采用某种特殊方法或提出什么“惊人之说”为理由，就否定或放弃已经公认的最科学的、最佳的执笔方法。鲜花与野草良莠有别，虽然也经常锄草，却往往是花草相比较而共生共处，甚或“共荣”的。这才是在书坛“执笔法”上应有的正常的“健康生态”。否则，就不能算是正常的生态，当然也就不利于书法事业的健康发展。

（原文载《河北大学老教授》2017年总第24期）

# 如此“整形变脸”太离谱

## ——山寨版《忆秦娥·娄山关》手迹评析

日前读2016年9月3日《文摘报》转载某大报（2016年8月29日）署名文章《长征，毛泽东诗词创作高峰》，其压题图片《毛泽东手迹〈忆秦娥·娄山关〉》，虽落款毛泽东，但在我看来，颇有“山寨品”之嫌，并非毛泽东之手迹。现对诸多疑点略加评析，就教于大家。

其一，这个“压题图片”究竟是出自毛泽东之手，还是别人对毛泽东手迹“整形变脸”而制造成的“山寨品”?

我以为要弄清真伪并不难，只要把它与毛泽东手迹加以对照就可以了。

众所周知，毛泽东这一手迹最早、最通行的版本见于《文物》杂志1965年第4期。凡49字，竖12行，向左移行，连排印在一页纸上。正文11行，落左款1行；每行字数或6字或3字不等。实际上原件是写在三页纸上，每页写4行，确切说是一个“册页”。人们习惯称它为“横幅手迹”，以下简称《手迹》。从“压题图片”来看，这个“新手迹”不仅是印在而且也是写在一张纸上的，共7行，凡49字；右起，竖写，向左移行，正文6行，落左款1行；每行字数或10字或7字不等。从图片看，如果字是《手迹》原大的话，其尺幅之高约为宽之两倍，可称其为“条幅”或“开方”，但都不甚确切，姑且称其为《“新”手迹》吧。

不容置疑，《“新”手迹》所有49个字的字体、字形、大小与《手迹》是一模一样、丝毫不差的，然而我认为并不能够因此就说它出自毛泽东之手。原因在于：从事理上说，任何一个书法家都不可能再写出两件完全“一模一样、丝毫不差”的书法作品来。像王羲之没有写出完全相同的两件《兰亭序》、怀素没有写出完全相同的两件《自叙帖》一样，毛泽东也不例外，他不可能再写出与《手迹》一模一样、丝毫不差的49个字来。从客观事实来说，在现有多种毛泽东《忆秦娥·娄山关》手迹中，根本就没有与《手迹》49个字一模一样丝毫不差的《“新”手迹》的踪影。然而它却奇迹般的公然“亮相”于世了。你信还是不信？对此，我宁可相信这是“白日见鬼”而绝不相信这是“人间奇迹”！既然《“新”手迹》不是出自毛泽东之手，就只能是出自他人之手——是别人对《手迹》进行“移植拼接整形变脸”改造，制作成的一件“山寨品”了。就现代电脑技术来说这是完全不成问题的。

这样说并非是毫无依据的妄加推断，让我们看一看《手迹》是怎样被“整形变脸”制作成《“新”手迹》的吧。概括说来，就是把《手迹》11行正文进行“移植、拼接”成6行，使《手迹》的幅式发生根本改观，由“横幅”彻底改成“竖（条）幅”，成为《“新”手迹》的。具体情形是这样的：把《手迹》第2行“叫霜晨月”4字与《手迹》第1行拼接成《“新”手迹》的第1行；把《手迹》第4行“蹄声碎”3字与《手迹》第3行拼接成《“新”手迹》的第2行；把《手迹》的第6行“雄关漫道”4字与《手迹》的第5行拼接成《“新”手迹》的第3行；把《手迹》第6行的最末一个字“真”与《手迹》的第7行“如铁而”和第8行“今迈步”拼接成《“新”手迹》的第4行；把《手迹》的第10行“越苍山如海”与《手迹》的第9行拼接成《“新”手迹》的第5行；把《手迹》第11行“残阳如血”4字作《“新”手迹》的第6行；最后把《手迹》的落款“毛泽东”3字下移作落款成《“新”手迹》的第7行。经过这样移植拼接整形改造，毛泽东的《手迹》就真的“旧貌换新颜”——原来的“横幅”一变而成为“竖（条）幅”了。如此而已，岂有他哉！

其二，“整形变脸”后的《“新”手迹》的艺术效果怎样呢？

在我看来，不管制作者的主观愿望有多么好，实际效果绝对是事与愿违的，“整形变脸”不仅没有为毛泽东《手迹》“美容添彩”，反而是对毛泽东这一手迹的“蹂躏毁容”！人所共知，这个《手迹》为毛泽东书法巅峰时期所书，被书法界誉为“毛泽东草书作品中最精彩最传神之作，代表毛泽东草书的最高成就”。书法批评家称赞这幅杰作，运笔——顿挫使转委曲连绵、宛若龙蛇盘旋，笔画瘦劲筋骨深涵，自然流畅气贯通篇；章法结构——节奏紧凑、疏密有致，首尾连贯、天衣无缝、浑然一体；用墨——渴笔为主、枯润结合、酣畅淋漓；等等，真正把草书精神和笔法发挥到了极致，整幅作品大气磅礴，苍茫雄浑，意境深远，神采飞扬，若惊雷闪电，奔蛇走虬，堪称中国书法史上无与伦比的杰作！

令人非常遗憾的是，《手迹》的诸多精彩传神之处，在《“新”手迹》里几乎丧失殆尽荡然无存了。换句话说，就是毛泽东的书法艺术被《“新”手迹》制作者极其野蛮的糟蹋了，《“新”手迹》的面貌就像英烈受刑那样体损容毁，貌黯神凋，让人惨不忍睹。简言之，就是因其“移植拼接”，在章法结构上，把毛泽东的《手迹》这个具有鲜活生命的艺术整体，实行了“大卸八块”式的切割，而后又把这些碎块进行机械的拼接组装，弄成了竖行多字、行字接痕明显、凝滞呆板的相貌，让人看到的只是一堆“毛体字”的堆砌排列，明显感到它严重破坏了《手迹》中“字与字、行与行、字行与篇章”之间诸种复杂微妙、和谐统一关系，阻断了行气和通篇的气脉，消解了狂草特有的笔意和笔势，大大损伤了其艺术生命力，使其黯然失色，毫无神采，更谈不上苍凉豪壮之意境了。篇末之落款，也因其幅式由横改竖而尽失其体大独行神采飞扬之大家气派而现出体小下沉孑立一隅的小家子相。《“新”手迹》作为书法艺术品和毛泽东的《手迹》相比，简直是天壤之别，不可同日而语！从书法史来看，这种意在翻新的“拼接”术，不过是古代谈书法的“积其点画，乃成其字”谬论之新演出，岂有成功之理！这也再次证明，书法艺术不是“积字拼接”之术，对经典墨迹施行“整形变脸”实在是太离谱！此术无异于“强暴”和“糟蹋”经典，当然难为中国书法所容。

其三，《“新”手迹》的著作权属于谁——是毛泽东还是制作者？

毋容置疑，《“新”手迹》包括署名49字全都出自《手迹》且没有丝毫改变，照常理说，其“著作权”自然属于毛泽东所有。对此，未见某大报特别加以否定。这样一来，一个重要问题产生了，那就是：毛泽东何曾有过这样一件手迹啊？国家档案存有这样的毛泽东手迹吗?！这已是不争的事实，岂能罔顾事实把它强加于毛泽东头上！这恐怕才是问题的要害或症结。按事实来说，这个《“新”手迹》的著作权只能属于它的实际制作者即“移植拼接整形变脸”的始作俑者。如果有人有此雅好，偶尔私下玩玩也就罢了，我们大可不必当真。现在某大报把它作为毛泽东的手迹公开发表，无论是被人所“涮”，还是自己的“创造”，就不是什么“玩玩”“雅好”，而是一件严肃的事情，甚至涉嫌“践踏学术规范，助推经典造假”了！人所共知，“对书法墨迹整形变脸改造”和“对文学经典作品进行改编”是性质根本不同的两码事，我们不能不惜把二者混为一谈而为其辩护开脱。

综上所述，在我看来，对毛毛泽东手迹施行“整形变脸”这件事情真是够荒唐滑稽的了！如此不堪的错误竟然会发生在一家大报上，而且还被《文摘报》“特别推荐”转载，这就不能不让人觉得有点忧虑：照此下去，是不是会有更多毛泽东诗词“新手迹”产生呢？推及我国书法界，是不是会让人们看到整形变脸改造成的《新自叙帖》和《新兰亭序》呢？所以，我的结论是：对毛泽东的书法墨迹和历代书法经典绝不能施行改头换面、脱胎换骨式的“整形变脸”改造，这个底线是不能突破的！本案虽为“个案”，但非“唯一”，故而含糊不得。

**赘言：**

对书法经典如此进行“整形变脸”，已非唯一案例，几乎成为一种“现象”，仅举所见两例：

例 1　国家著名旅游景区云南大理古城内，某驻军大门一侧长达 30 多米的墙壁上的毛泽东手迹《沁园春·长沙》，就是把原来的横幅（右起竖写向左移行）手迹，进行整形变脸成了“新横幅（左起竖写向右移行）手迹”。

例 2　红色旅游地“井冈山”纪念品木制毛泽东手迹镇纸，一件两把，分别镌刻毛泽东《西江月·井冈山》上下阕之手迹，刻工不错，惟妙惟肖，足以乱真；不过已经不是毛泽东原来的横幅（右起竖写向左移行）手迹，而是整形变脸成为“竖（条）幅”新手迹了。

可见此事并非“小事”，本人的“忧虑”也并非杞人忧天。

2016 年 9 月 10 日，2018 年 5 月订正

（原文载《河北大学老教授》2018 年总第 25 期）

# 遭遇“跨界秀”

## ——在老年书画研究活动日的发言

前年春节前，我随“候鸟旅游团”到海南五指山“茶溪谷”做体验游。那是一个刚开发的“旅养结合”基地，风景气候特别适合冬季养老，然而景区老板的一出“跨界秀”，实在让人扫兴！现在我就讲一讲我所遭遇的这出“跨界秀”！因为它并非与书法一点关系都没有，所以我这里也不能算是“挂羊头卖狗肉”！

### 初见“新词刻石”，令人欣喜

去过“茶溪谷”的游人，一定还记得在景区大门口一侧草坪上，那一块约有三米来高、六七米宽的灰色巨石，正面镌刻着三个朱红的魏碑体擘窠大字“茶溪谷”，背面镌刻着一首词：“西江月（华夏养生第一谷）”。游人见到这个小小景观，还是因其注入了“文化”因素，感到眼前一亮，纷纷在那儿驻足拍照留念。有些旧体诗词基础和书法爱好者往往还迂回到巨石后面细心观看或轻声诵念那首“西江月”词：“冬花冬虫冬草，辰曦日出飞鸟。水仙四季尽风骚，养生这边独好。风声水声蝶影，负氧刮水环绕。长生百岁何处找？茶溪圣地不老！”显而易见，这是一首今人所填的新词。在这样一个旅游养老景区，看到久违了的中国旧体诗词“西江月”，着实让人感到欣喜亲切：今人还有填词之雅兴，不能不让人刮目相看，而且觉得它提升了景区的“文化”品位，给人的“第一印象”还是不错的！

### “错误”严重，令人诧异

然而，当你驻足观摩欣赏这首新词石刻，特别是有人发问“这是哪朝诗人的大作”的那一刻，就会发现它“怎么没有作者”啊！继而仔细观看，撇开其“词”的体制和内容不论，仅就它的“书法体式”和“词的书写格式”来说，就有不少问题，值得商榷。

先从中国书法方面来说，主要有三个问题：

其一，如果说正面“茶溪谷”三个大字，虽谈不上书法作品，但还是刻得不错的，因其是电脑魏碑体，不署名、不钤印，处理是得体的，也较好地完成了标识地名的职能；而背面镌刻的“新词”，就实在令人不敢恭维了。一方面它采用“电脑字体”刊刻，很没水平，尽管它按书法体式在篇末用了“名章”，也很难称其为书法作品；另一方面它旨在刊布新词，镌刻等于印刷书写，可它又不“署名”；两者叠加，不伦不类！

其二，进一步说，就算把“名章”视为“署名”也不妥。首先，作为“署名”，须写本人之名或号，用钤印替代是不妥的。其次，“署名”大多单列一行，置“题目”之后。这里却以印代之置于篇末，就让人大惑不解了。况且还在“署名”上加“方框”，更是贻笑大方！

其三，这个“名章”是四个篆字错得邪乎，确切说是一个“错章”，它严重违背“方形名章”章法，四个字的排列是错误的。一般来说，两行四字的方形名章是两种排列法，一种为右起竖排两行；另一种为右起逆时针旋转连排成上下两行，即上行右起横排，下行则左起横排。这两种布局是书法篆刻界的共识和传统，当然也是欣赏者识读之规矩。按此规矩来识读这个名章，会出现两种情况：一是读成“谷主茶溪”，二是读成“谷茶溪主”。它们是什么意思呢？实在让人莫名其妙，把明白人也弄糊涂了！大家知道“茶溪谷”是地名专用词，不可拆解另外拼组的，所以始终弄不明白“谷主茶溪”和“谷茶溪主”是何意思，只能判定它是一枚“错章”。

再从中国旧体诗词方面来说，主要有两个问题：

其一，按词学常识来说，“西江月”只是这首词的“词牌”，它的真正的“题目”应该是“华夏养生第一谷”，刻石把它加括号并缩小字号是不规范的。“词牌”和“题目”连写、分行写都可以。连写时中间用分隔号“·”或空格隔开；分行写（印）时则各占一行。“词”分上下片（阕），分行书写（印）时上下片之间空一行。刻石分行书写，上下片之间没有空行，是不规范的。

其二，文末一行“二零一五年十一月二十七日”，是指填词时间还是指刻石时间，不清不楚。作为“款识”，让人不得而知，就成问题了。

短短几十字的新词刻石竟有这么多问题、错误，说它“‘尬’为主调”，不会是瞎拍板砖吧！

## 真相大白：原来是一出地道的“跨界秀”

作为集“新词”“书法”“错章”三位于一体的这个“刻石”，究竟是个什么性质的东西呢？凭我所学，当时虽然可以肯定它不是什么可为景区添彩的中华诗词和中国书法珍品佳作，但还不能马上就其性质做出准确判断。既来之则安之，既然碰上了，那就探个究竟弄个明白吧！

那个加框的“署名”或“错章”——“谷茶溪主”“谷主茶溪”究竟是何意思呢？这是问题的关键，是必须而且首先弄清楚的。既然断定它是一枚“错章”，不能按常规识读，为何不能将错就错的去“误读”呢？于是，坚持不用方形名章的两种正确读法，硬是采用“先读左行后读右行”的“误读法”去读。这一读，果然出现了奇迹：很自然的读成了“茶溪谷主”！真是雾霾散，其义见：“署名”也好“错章”也罢，它既不是“谷茶溪主”，也不是“谷主茶溪”，而是“茶溪谷主”！没错，与正面三字结合来看，就是“茶溪谷主”，可谓中国文人常用的典型的名号样式！毋庸置疑，它就是这首新词作者的“名号”！

在确认上述判断正确无误之后，我还是为词作者此举不解，或为词作者之误而感到遗憾：用一枚只能“靠‘误读’而明其义，若正读便不知所云”的篆字名章，去向世人刊布自己的词作，岂不有失风雅体面、让人诟病、嗤笑吗！

那么，“茶溪谷主”是何许人也？是一般的当代诗人作家，还是何方知名人士？起这个名号的意图是什么？“主”，“主人”之谓也。敢自称“茶溪谷”景区之“主”的，除“茶溪谷景区”的“业主”“法人”“董事长”之外，还能有别人吗！人们这才恍然大悟：原来这个景区是私人地产，这首新词是“老板”的大作呀！像“营业执照”“产权证书”上直书姓名岂不大俗不雅，如此“犹抱琵琶半遮面”岂不显得风雅有范儿！这种推断并非毫无依据。据悉，这个景区原来是一个国营农场，现在却归私人所有了，是重庆某集团的一处地产。由此可知，“茶溪谷主”其人是一个“大老板”并不是“文化人”，就是说他的身份、职业与诗人、书法家、学者并不搭界。至此，也就大体可以看出老板起这样一个名号的意图，就是要向世人昭示本人真实身份，宣告我是这里的“主人”！原来这个“新词刻石”不过是老板附庸风雅，拉大旗作虎皮，在自家“一亩三分地”上演出的一出“跨界秀”而已！一个从商少文、腹无诗书的老板舞文弄墨，岂有不“错误百出、‘尬’态毕现”的道理呢！因其“秀”为“刻石”，恐怕真要“遗臭万年”了！

# “跨界秀”前应说“不”：“如此跨界秀要不得”

欣赏名山大川的摩崖石刻、名胜古刹的楹联匾额，是我旅游的一项重要的内容，从中得到审美享受，真是其乐无穷，还没有像这一次“乘兴而去，败兴而归”的！说实话，我的“商榷”在那里并无多大市场，除一小部分人表示认同外，主要是不以为然的议论纷纷，在他们看来，一个高档旅游景点怎会犯如此不堪的“低级错误”？指正错误反而是“吹毛求疵”“管闲事”，甚或“有病”！我无奈、无语。不过，让我可以自慰的是在那“高大上”的阵势面前还算清醒，没有被“涮”，也没有屈服从众。

“遭遇跨界秀”已经过去，但对问题的思考还在继续：作为一个中文教育工作者、文化人、学者来说，究竟应当如何对待此类“跨界秀”呢？

——是像“粉丝团”那样哄炒搅乱市场；

——是像一般游人稀里糊涂的被涮而津津乐道；

——是事不关己，高高挂起，远离是非之地；

——是放开眼光，直面现实，揭示其“跨界秀”的“尬态”真相？

我想，这应当是一个很现实的问题。恕我直言，作为一个“退休”的文化人、学者，面对这样的“跨界秀”，也应首先做到自己不糊涂，不被“涮”、不被骗；其次绝不能突破底线，与“跨界秀”及“粉丝团”同流合污、推波助澜；第三最好是能指明真相，敢于说“不”（《文摘报》2018 年 1 月 23 日），为弘扬中华诗词、书法，尽一己之力！——这不是“管闲事”，而是应尽的“责任”。

“遭遇‘跨界秀’”讲完了，“书法鉴赏”是否就在其中啊？不再啰唆了。不当之处，希望大家指正。

2018 年 2 月 20 日

# 文科大学生应该懂点中国书法

## ——与华北电大法政系学生志愿者谈书法欣赏

如果你想得到艺术的享受，你本身就必须是一个有艺术修养的人。

——马克思

中国书法是“一种表达最深意境和情操的民族艺术”，是“世人公认的最高艺术，它无色而具图画之灿烂，无声而有音乐之和谐，引人欣赏，心畅神怡”。（中国现代书法泰斗沈尹默语）中国书法的内涵十分丰富，不乏一些相当复杂、深奥的问题，至今众所纷纭，莫衷一是。本人学识不够，无力作全面深入的探讨和阐述，只就“书法欣赏”中最主要的基础知识和平常碰到的一些问题，结合个人从事书法活动多年的实践，谈谈自己的一些体会和认识。错误之处在所难免，希望大家批评指正。

### 一、“书法欣赏”重要

“书法欣赏”重要，对中国大学生来说不可或缺。为什么呢？

从大的或社会方面来说，“世所公认，中国书法是最高艺术”。“书法欣赏”是中国书法的一个重要组成部分，没有它，书法活动的另一部分——“书法创作”就没有了对象、没有了市场、没有了用武之地，没有了存在的意义。“创作”与“欣赏”是书法生存发展的两个轮子、两条腿、两翼，相辅相成，共存共荣，缺一不可。从这个意义上来讲，我们虽然不必去从事什么“书法创作”、当什么“书法家”，但还是应该为“书法创作”提供用武之地、市场、人场，充当“对象”，为中国十大“国宝”之首的中国书法事业尽一份微薄之力吧！

从近处或个人方面——大学生（未来的文化人）的人文素质来说，中国“书法欣赏”作为社会文化、精神文明领域里的一项活动，对中国文化人大学生来说，不是可有可无、无足轻重的小事情小摆设，而是一项很重要的事情，应当成为精神文化活动的一部分，成为自己“人生素质”不可缺少的一个组成因素、一部分。可以说，对中国书法一无所知，就不能算是一个健全的中国文化人。对一个现代中国文科大学生来说，不能不说是一个“不大不小的缺陷”。你们应当有意识地把自己培养成一个“懂一点书法”的文化人，至少不在公众场合丢人现眼！

从上述两方面来看，书法欣赏对我们未来的文化人——在读大学生来说实在太重要了。如果说过去有所忽视，那么从现在起就应当引起重视，逐步建立起“书法欣赏重要”的意识来。这对自己全面发展、提升生活质量水平，无疑具有极为现实的和深远的意义。

## 二、什么是“书法欣赏”?

有句歇后语是“洋鬼子看戏——傻眼了”，有一句俗话是“内行看门道，外行看热闹”。用它们来阐释“书法欣赏”这个概念还是比较贴切的。就是说，看戏也好，看别的什么对象也好，看家观赏者对所看所观赏的对象要有所“了解”“要懂”、要“内行”，这是必备的条件，有了它，就可以看出“门道”——事物的特征和内在的规律，就会得到一定的精神享受。如果你完全是一个“外行”，对所观赏的对象“不熟”“不懂”，毫无了解一窍不通，那就只能是“洋鬼子看戏——傻眼了”，它是“受罪”而不是“享受”。这是对欣赏主体的基本要求。当然它还有对欣赏对象的要求，就是要求欣赏对象必须是值得欣赏、够条件够资格的而不是滥竽充数的、粗制滥造的、假冒伪劣的东西。比如那“戏”、那“字画”、那“建筑”等必须是达到一定艺术水准的，而不是连一般票友都够不上的普通老百姓的随便吼叫两嗓子，或随便涂鸦或假冒古代建筑的当代“人造文物景观”。对这一点人们往往有所忽视，我们却不能有所忽视。我们认为，只有同时具备了主客两方面的条件，在一定的条件下，对象被主体接受，引起主体“心畅神怡”，获得一定的审美享受、精神愉悦等情感活动，才是我们所说的“欣赏”活动。所以在我们看来，“洋鬼子看戏”“外行看热闹”，虽然他们也在看，虽然也有主体和对象两个条件，但由于主体是“外行”是“洋鬼子”，中国国粹——“中国戏”在他们面前，并不构成对象，充其量也只是“对牛弹琴”而已。在这儿，由于主体内在条件修养欠缺，再好的对象也不能构成对象，如再好的音乐也不是聋子的对象，问题就是这么简单。到此我们可以在“书法学”意义上给“书法欣赏”做一个简略的界定：

书法欣赏是指欣赏主体对书法作品的“接受”—“感知”—“想象”—“再创造”

的审美活动（综合的心理情感活动），作为书法批评的基础与书法创作互相依存互相促进，构成书法活动的系统整体。

## 三、“书法眼光”是书法欣赏的中心、关键

我们一开始引用的马克思的名言中所讲的“艺术修养”，具体到书法欣赏领域，主要是关于“中国书法艺术的本质和特征及其基本规律”的全面深入的理解和把握，是“欣赏标准”，通常叫作“书法眼光”。“书法眼光”是“书法欣赏”的中心，具有特别重要、关键的作用。眼光怎么样、运用的如何，对欣赏活动具有至关重要的作用和意义，甚至直接决定欣赏活动的性质、水平和成功、失败。

我们可以看一看鲁迅当年对红楼梦研究（包括欣赏和批评）中的“眼光”的重要性的论述。鲁迅说：同是一部《红楼梦》，“就因读者的眼光而有种种：经学家看见《易》，道学家看见淫，才子看见缠绵，革命家看见排满，流言家看见宫闱秘事……”（《〈绛洞花主〉小引》）这里的“眼光”其实就是“标准”，就是欣赏者内在的“艺术修养”，显然起着决定性作用，可以说正是各家所持的“眼光”不同，才形成了《红楼梦》研究的不同学派。可见这样强调书法欣赏中“眼光”的决定性作用，并不是故弄玄虚、危言耸听。

谓予不信，我讲一个新时期发生的《黄河龙》的故事。这是20世纪90年代发生在我国“枸杞之乡”宁夏吴忠的一件真事儿。《黄河龙》是陈列在人民大会堂的一件根雕艺术品，活灵活现，巧夺天工，具有非常高超的艺术性。它的来历如何，是怎样诞生的呢？——当年大搞“军民共建”活动，当地驻军某师政治部一个文艺参谋下到当地去搞“共建”，在县农林局林业技术员的陪同下到一个村工作。村主任陪文艺参谋和林业技术员查看枸杞的生产情况，参谋对满街堆放的枸杞树根颇感兴趣问这问那，技术员见状就热情地讲解枸杞的生长习性和栽培技术，村主任则对参谋说这些刨下来的枸杞树根只能当柴烧。三个人谈得颇为和谐投机，也都很尽责。没想到参谋从树根堆里抽出一棵树根来，三下五除二清理了一些须根枝杈，往地上一放，俨然就是一条“龙”。真是“踏破铁鞋无觅处，得来全不费工夫”，一条根雕艺术品的毛坯就这样被发现了！村主任也看出了这是个“宝贝”，说它是“镇村之宝，弄走了会坏了风水”，不情愿让参谋拿走，技术员打圆场、批评村主任“小家子气”……最终由这文艺参谋把根坯带回师部作进一步艺术加工，因吴忠地处黄河河套地区，根坯发现于此，于是将其冠名《黄河龙》，先在师部展放，后被国家收藏，一度陈列在人民大会堂。一般人多是看重根雕艺术《黄河龙》诞生

的过程，我讲这个故事主要是说明“艺术眼光”对艺术创作和艺术欣赏的重要性！同是一个枸杞树根，在老农民村主任眼里，是用来烧火做饭的“柴火”；在林业技术员眼里，主要是有关枸杞的“园艺知识技术”；只有在文艺参谋（根雕艺术家）眼里，“柴火”才成为一件“根雕艺术的毛坯”！也就是说，正是因为参谋有一定的“根雕艺术眼光”，才把那树根的“艺术潜能”发掘出来，化腐朽为神奇！可见，中国古代所谓“智者见智，仁者见仁”之说，还是颇为有道理的。我们要进行书法欣赏，“书法艺术眼光”是不可或缺的！

## 四、“楷”“行”“草”三体的基本特征——“书法眼光”之一

无论从欣赏的过程还是从欣赏的内容来说，“欣赏的对象是什么书体、它的基本特征是什么”是绝对绕不过去的，这就是通常所讲的首先要“识体”。所谓“识体”就是辨别清楚它是什么书体，有什么特征，是什么字，然后进入观赏过程。这是欣赏过程的“第一步”，整个欣赏活动的“起点”，非常重要。可以说连书体都辨别不清，那就根本不能进入真正的欣赏过程。比如说让五谷不分、草苗不分的人去间苗，他怎么干呢！一旦把书体弄错，就会一错百错，跌入万劫不复的深渊，就像天宫的“卷帘将军”一旦错投猪胎就会变成“猪八戒”，永无人样了。如果硬要充作欣赏，那就只能是出“关公战秦琼”那样的洋相！熟悉把握各种书体特征，对初涉欣赏者来说特别重要，千万不要小看它。

中国书法主要是篆、隶、楷、行、草五种书体。现在只讲“楷、行、草”三种书体的特征。

楷书——形体端庄，笔画多，八法备，方圆并用，用墨饱满，可作楷模。也叫“正书”“真书”。

草书——形体放纵，变化多端，笔画连绵，化繁为简，运笔疾速，气脉畅通。

行书——介于楷草之间的一种字体，既不像草书那样潦草，也不像楷书那样端正；若行云流水，动静相生，分行楷、行草。

唐代张怀瓘《六体书论》曾比较、形容真行草这三种书体说“真书如立，行书如行，草书如走”，是相当精准、形象的。如能对各种书体的特征烂熟于心，就会稳稳把握正确“起点”，进入真正的欣赏过程。否则，不是不能进入欣赏过程，就是径直进入误区而不能自拔。

这里需要说明一点：有一种观点主张辨体还包括作品的格式、题款、钤印等内容。

我认为作为广义的理解也是可以的，因为它们确实是现代书法作品的重要因素。不过，也确有一些书法经典并不讲究格式，其格式是非常随便的；至于题款、钤印这两个组成要素是压根儿就不存在的。对这类情况来说，辨体就无多大意义了。所以我们还是强调把力气用在辨识书体上面去。

## 五、结体、运笔用墨、章法——“书法眼光”之二

具体到观赏某一幅书法作品，在辨别确定其书体之后，主要是从“结体、运笔、章法、用墨”四个方面去观赏品评。

### （一）结体（结字、结构）

所谓结字，是指把点、画、偏旁按照一定的原则、需要，排列、组合成特定的字。绝大多数汉字，五种体式均有所不同。换句话说，五种体式各有各的“结字”法。如楷书的结字，有今人启功发现的“结字‘黄金律’”，也有人把结构概括为五大类型 13 种形态。写楷书欣赏楷书是要熟悉遵循的。可是草书就常打破它，有很多变化。今人于右任《标准草书》堪称一部相当完备的草书“结字法”。写草书、欣赏草书是要熟悉遵循的。欣赏书法就要看点画安排是否得当，即笔画的主次、字形的正邪、空间的虚实是否合适、是否“尊重习惯，使看者认识”（启功语）、是否有利于“字美”。

### （二）运笔与用墨

运笔也称笔法，不同书体有与之相适应的运笔方法，这里不能一一来讲，只讲一些共同的方法。主要是 1. 从笔锋方面：中锋、侧锋、藏锋、露锋、顺锋、逆锋。2. 从笔画形态方面：方、圆、提、按、顿、挫、抢。3. 从笔速的运动状态方面：行、留、迟、速。

用墨也称墨法，主要讲“墨分五彩”，即浓、淡、枯、润、湿、燥。

运笔与用墨实际是结合为一、不能分离的。其最终目的就是如何把字写得“遒劲有力”。

### （三）章法

章法也叫篇法、布白、布局，是指对字、行、篇、格式及用纸、钤印之间的微妙复杂关系的处理安排，使之成为一个具有艺术整体美的艺术品。章法因字体不同、格式不同而有多种模式类型。各种模式有各自的基本要求。这里从略。章法安排主要是要求和谐统一，气脉贯通，虚实（黑白）相生，最终搞好一“篇”作品来。

“结体、运笔、用墨、章法”这四个方面我们是分开来讲的，实际上它们既不是各自独立的，又不是等量齐观的，就是说它们是紧密结合在一起的，事情就是这样矛盾统一的。历来就有“笔法重要，还是结字重要”的争论，我觉得意义不是很大，因为它俩实在都很重要，理论上不应偏废，在实践中也根本不可能偏废。就“结体”来说，我欣赏启功提出、发现的“结字‘黄金律’”。（见《启功给你讲书法》）上述这四点包括“书体特征”都是“实”的，是有目可睹的，可以说是“书法眼光”的基本内容，只要是真正熟悉、掌握、运用它所进行的书法欣赏，就应当说是进入“看门道”的境界，是真正的书法欣赏了。

## 六、法度（法理）、形美、劲力、神采——“书法眼光”之三

这里首先说明一点，这四点是“虚”的“内在”的——蕴含在“结字、运笔、用墨、章法”之中的，是用眼睛看不到的，也不能用仪器测定出来的，然而又是可以凭“想象”“感悟”出来被行家们认可的，是高于前者的最高层次。我不赞成讲得“神乎其神”，但这事确实有点神。由于它的这一特性所决定，要真正理解、掌握、运用它就要困难、费力得多，即使下过一番功夫和多次的欣赏实践也未必能够真正奏效。真正的艺术鉴赏家（像王朝闻）并不是那么好当的吆！

### （一）法度

所谓法度，是指书法活动必须遵守的约定俗成的一些规则或惯例，其核心内涵是人们探究认识到的有关书法的本质和基本规律。作为“规律”只能遵守、深化，不能抛弃或违背，可以说顺者昌，逆者亡。楷书方面有著名的《永字八法》、唐人欧阳询的《三十六法》、今人启功的《结字“黄金律”》；草书方面有明人韩道亨《草诀百韵歌》、今人于右任的《标准草书》等。这些都是古今书法活动一直遵守的法度、规矩。

从作品遵守法度的程度，可以区分判断作品的“文”“野”。守法则“文”，违法则“野”。“文”——文雅，有书卷气（有文化）；“野”——粗俗、野蛮，缺少书卷气（无文化）。这种情形就像城市过马路要遵守“红灯停，绿灯行”之“交通法”，是“红灯停”还是“闯红灯”，“文”“野”立见分晓。

### （二）形美

中国汉字本来就有“形美以感目”的天生丽质，书法又进一步把它发展升华，鲁迅说是“用思想以美化天物”，说白了就是把它“装饰、美化”（不是弄成美术字），使“它

无色而具图画之灿烂，无声而有音乐之和谐，引人欣赏，心畅神怡”。书法作品首先是让人看的，所以“形美”应是根本原则之一，形美才能“悦目”。你把它弄丑了，就只会刺眼而不能悦目！史料记载，苏东坡说黄山谷的字“如树梢挂蛇”，黄山谷则说苏轼的字“似石压蛤蟆”，试想，字形如蛇和蛤蟆一样，那形象美吗？显然不美。二人虽是戏言，把对方的字“丑”夸大了，但其“追求形美”之意还是应当引起我们高度重视的。

中国书法的美有多种类型，有的可以一眼看出，有的则不能轻易看出，有的则让欣赏能力低的不易承认和接受，这是需要区别对待的。但无论何种类型，“形美”这一条都是适用的，可以用它分辨美丑。当然，对相当一部分平庸之作，本来就无所谓美或丑，也就不必非要去寻出美或丑来，这是值得注意的。另有一些所谓书家不讲形美，追求丑怪，对此我们应当注意避免受其污染影响。至于社会上对某些平庸之作因有来头背景就肆意吹捧，以致成为丑闻笑谈，已经不属于“欣赏”范畴，需另当别论。

**（三）劲力**

中国书法中的“劲力”概念，也称“有劲”“有力”“遒劲”“力美”，它不是物理学概念，而是一个艺术概念，是对书法内在弹力的形象比喻，是书家高度自信和运笔技巧高度融合，使点画线条所达的精准境界的自然表现状态，也是欣赏者对此种状态的一种感知，如“万毫齐力”“如锥划沙”“入木三分”“力透纸背”等。通俗的说，有点像体育中的男女体操、花样滑冰所表现出来的那种动作刚健、稳重、精准状态。这个“劲力”取决于技巧而不是蛮力，可感而不可测，至少到现在还不能用任何现代科技精确测绘出来。“劲力”几乎是字的“好”或“不好”的决定因素。可以说人们都喜欢遒劲有力的字，而不喜欢“烂面条”一样软烂的字。

中国书法自古以来就非常重视“力”的问题，从卫夫人、王羲之，到孙过庭、到近代鲁迅等都是“劲力”的提倡者。“多力者圣，无力者病”，“字无劲力，风流扫地”……书法以有力为美，这已为书法家和书论家所公认，我们在欣赏中一定要坚持这一审美标准，区分遒劲有力和软烂如泥的书法作品，获得书法美感享受。这里的常见把表面上张扬外露、剑拔弩张、蛮劲十足的“武夫用墨”当作“有劲”“力美”，其实是欣赏误区，是对“劲力”的“物理学”的理解。

**（四）神采**

所谓神采，是指作品的“运笔、结字、用墨、章法”即“形质”显露出的一种精神气韵、格调意味，被看作书法的最高境界，为历代书论所高度重视。南齐王僧虔说：“书之妙道，神采为上，形质次之。”（《笔意赞》）唐张怀瓘说：“深识书者，唯见神采，不见字形。”（《文字论》）今人沈尹默也主张神采。可见，“神采”是比“形美”更为重要更被重视的一个观念。一般作品甚至相当不错的作品都没有神采，一般欣赏者往往也看不出作品的神采，只有那些极少数传世精品，如王羲之《兰亭序》、颜真卿《争座位帖》、怀素《自序帖》、毛泽东《忆秦娥·娄山关》等书法史上的杰作才神采飞扬，为人称道。初学欣赏者，不应忘记在领略它们的神采中提高自己的审美能力。

作品能出神采是非常难得的，21 世纪以来，市面上流行的那么多书法作品，包括五花八门的“大奖”作品，神采飞扬的精品实属凤毛麟角，少而又少；少数作品虽然也有相当水平，究竟神采不足；大量的作品较为平庸一般。欣赏者要敢于用较高的眼光，在众多作品中分辨孰精孰庸，欣赏书法精品的神采，淘汰那些平庸乏味的作品。

真正的书法欣赏应是在前边的基础上进入对书法作品的法度、形美、劲力、神采的鉴赏品评。这个层面才是真正的欣赏要追求的目标，才是一个的合格的“眼高”的书法欣赏者甚或欣赏家。

## 七、在欣赏实践中提高欣赏眼光

艺术“修养”“眼光”“能力”说到底属于“艺术实践活动”范畴，它的培养和提高，“理论”方面固然很重要，但“实践”方面在某种意义上甚至可以说比“理论”方面更为重要。我国古代文论经典《文心雕龙·知音》专门讲欣赏，“操千曲而后晓声，观千剑而后识器”，讲得多么精辟透彻啊！英国美学家休谟也说，“提高或改善”艺术欣赏能力“最好的办法无过于在一门特定艺术领域里的不断训练”。就我个人的体会和经验来说，要切实提高自己的书法欣赏能力而不做“空头”书法欣赏家，“坚持反复多次的书法欣赏实践”，的确是一种切实可行的方法。这里强调的是：一是“不断”，是“反复多次”，就是说要打“持久战”，“短促突击”是不行的；二是“固守在一门艺术领域里”的“阵地战”，那种“打一枪换一个地方”的“游击战”是不行的。要之，某些艺术领域“一夜成名”的奇迹，在书法领域里是根本不可能出现的！

## 结束语

“眼高手低”是一个贬义词，然而在书法欣赏领域它则是一个褒义词。因为“艺术眼光高超”正是作为欣赏者所追求的目标，达到这个水平就很不一般很了不起啦！所以，在书法领域里，既然不能“写家看家二者得兼”，那么，我希望你们把自己培养打造成一个“眼高手低”的“看家”、欣赏家！最后，我把一千年来最伟大的思想家的一句话送给大家：“如果你想得到艺术的享受，你本身就必须是一个有艺术修养的人。”让我们把自己培养成一个“有艺术修养的人”吧！谢谢大家！

2016 年 10 月 20 日讲后整理

# 我与书法

## ——答 友 人

### 缘起——为什么谈论这个问题

事出偶然，说起来还真有点匪夷所思。简单说来，主要是由于2013年8月《城市家周刊》刊发了国内知名美学家、书法评论家郗吉堂的专评《骨高神清：李国华行草书》和一整版本人书法作品（横幅《远上》、条幅《李白诗句》、小中堂《神奇》、横幅《霜叶》、斗方《风清》五件）引起的。事情本来也没有什么，这也不是我第一次发表书法作品，或许是由于这个刊物“比较接地气，走入百姓家”的“广告”效应，一时间，那些看到刊物的居住在省会的经常联系或不经常联系的大学同学、朋友，特别是多年不见极少联系的中小同学，纷纷就这一事情来电话、电邮询问缘由探听虚实；我住所的一些邻居退休老干部、老文化工作者、老年书法爱好者，也当面询问或就这一问题“请教”交流、讨要“墨宝”；我的毕业多年的研究生们也趁机老话重提索要“旧债”，还一度成为河北大学青年学生“志愿者”服务访谈的主要内容；更有甚者一些画店、画院、经纪人、经营者鼓动我进入市场邀我入伙，等等，不一而足。说实话，刊发这些作品和评论所引起的如此“效应”是出乎我的预料的，朋友们所提出的大部分问题也是过去未从认真思考过的，当然有些并不算什么问题，也不需要回答。不过，我闲来无事，闲着也是闲着，权当锻炼手脑、预防老年痴呆，趁此机会来梳理梳理这些问题，既算是阶段总结，也算是对同学、友好、研究生、志愿者等的询问的交代。

在正式回答问题之前先澄清一个问题：“书法”和“写毛笔字”是不是一回事？中国书法是世界上“独一无二”的、具有自己的艺术特征和基本规律、评价体系及几千年历史和悠久传统的一门艺术。写毛笔字则是中国特有的具有几千年历史和悠久传统的一种相当普及的文化活动，是中国书法艺术的起点和必不可少的基础。但不能把“写毛笔字”

和“书法”艺术简单地画等号，混为一谈。就是说，你不能把自家八九岁小孩子开始学写毛笔字的活动及字纸和当代书法家启功的书法墨迹统统称之为“书法作品”，两者绝对不能相提并论。但是，书法家启功和任何一位大书法家的“书法”活动及成果，绝对毫无例外的都是从学“写毛笔字”这个起点开始的。遗憾的是，有一些人特别是一些号称“文化人”实则“商人”，有意把两者混为一谈，以售其奸。那些把五花八门的教小孩子写字的家教班叫作“书法班”之类就是如此。加上一些家长本来存有糊涂观念，分不清“什么是书法，什么是写毛笔字”，往往被这些商人所忽悠，上当受骗，乐意为自己的孩子埋单。至于我个人，则是把两者分开的，即先后经历了“写毛笔字”和“书法活动”两个漫长阶段。

## 一、你是怎样开始“学写毛笔字”的

我大概是七八岁时即 1951 年或 1952 年春开始上小学的，从那时起开始学写毛笔字。当时就“算术”和“国语”两门课，也就是现在的“数学”课和“语文”课。当时我们使用的书写工具有两种。一种是“石板和石笔”，用石笔在石板上写字或作算术，一遍做完后擦掉再做下一遍。就像老师在“黑板”上写字那样，写了擦，擦了写，不过“石板”没有“黑板”那么大，也就有两本语文课本那么大，质地细腻打磨得很光滑，两面都可以写。“石笔”是一种灰白色很软的“玉石”做成的，相当于筷子一半粗细的石条，长短不等、专门在石板上书写。另一种书写工具是中国的“文房四宝”——“笔墨纸砚”，用来写毛笔字。教“国语”课的老师姓聂，“聂耳”的聂，是一位老先生，写一手好毛笔字，村里的红白喜事、过春节写对联都是他的事。记得刚上学时的一二年级时，春节老师给人们写春联时，我是几个研墨和抻纸中的一个，往往一连两三天不等。“国语”课主要是“识字课”，要求会念会写，除了在课堂上用“石笔石板”学写外，就是让我们课下用毛笔练习，于是写毛笔字自然就成了一项基本的学习内容或文化活动。这样说好像让我们用毛笔写字纯属启蒙老师聂先生个人行为使然，其实并不尽然。因为当时我们农村至少在我们村里流行的就是毛笔，可以说毛笔几乎是社会活动中的唯一的书写工具。钢笔是“稀罕物”，还不流行，只有少数文化人、小知识分子才有，是那些“人物”的标志和象征。一般人绝对没有，整个学校没见过谁有一管钢笔。蘸水笔、铅笔也不流行，与之配套的叫“粉莲纸”也极少见。主要流行“绵纸”和“黄书纸”，这两种纸只能写毛笔字，因此写毛笔字成为家常便饭、看家本领。可以说，学生们用毛笔写字是当时的客观条件所决定的，别无选择，除非你不写字。我一个普通的农家子弟岂能例外？写毛笔字就这样从上小学时就开始了。当时我对此也没有什么特殊“兴趣”，也没听老师说过什么“书法”之类的话语，当然更不知道什么是“书法艺术”，更谈不上什么“书法家梦”了。一言以蔽之，就是“写毛笔字”而已。

究竟是如何“写”的呢？聂先生教学生写毛笔字还真有一套切实可行、行之有效的好方法。回想起来，主要有四点：1. 备齐工具；2. 选好字帖；3. 规定任务；4. 老师评点。对书写工具聂老师要求很宽，只要有“笔墨纸砚”就行，一般集市上都可以买到，并无特殊要求。记得大部分同学用的是当地小作坊（如川坊村）生产的糊窗户的“绵纸”，大概也就是40厘米见方。老师给我们推荐选用《柳公权玄秘塔帖》，让照着写，就是后来所说的“临帖”，叫“写大楷”；有规定：每天写半张，绵纸对开，每个字约5厘米见方，横3竖6，共18个字；老师要求很严：必须完成。老师每次认真用红笔“圈点”：好的画圈，特好的画双圈，不好的画竖杠，特差的画双杠，一个字上往往会同时画圈画杠。由于老师严格“圈点”，同学受益很大，一般也能够坚持下去，大概就这样练习了三四年时间，一直坚持到小学毕业。记得到外村上“完小”（相当于现在的五、六年级），学校就没有这个硬性要求了。我的毛笔字的基本间架结构即“字形”可以说就是在小学那几年打下基础的。如果说那时“学写毛笔字”对我“终身受益”，为后来从事“书法活动”打下一定基础的话，还真得感谢启蒙老师聂先生！

这里讲一个“笑话”。在一次“书法活动”场合，我当面听到一些青年人一本正经的这样发问：你们这一辈人的书法毛笔字写得这么好，是不是“文化大革命”中“写大字报”练出来的？这种发问其实不止一次，实在让人啼笑皆非，又真让人感到悲哀！说实话，从“文革”过来的当时的大中学生、教职员工、党政机关干部，除了“走资派、学术权威、地富反坏右、牛鬼蛇神”等“革命对象”外，有几个没写过大字报呢？少说有几亿人都写大字报。照此逻辑推论，岂不造就出几亿个“书法家”了？真是天大的笑话！如果不是一些人天真无知，真不知道这些人脑子是怎么想的，竟然会提出这样的问题！除非是脑子进水，缺魂儿，怎么可以把“写大字报”和“写毛笔字”混为一谈呢！

## 二、你是怎样从事“书法活动”的

我个人的所谓“书法活动”，可以说是在河北大学中文系学习和工作以后的事。我20岁时考入河北大学中文系学习，受周围环境的影响，开始产生出那么一点朦朦胧胧的意识，直到学习五年、毕业留校在中文系任教后，所谓自觉的“书法活动意识”才逐步形成并作为一种“兴趣爱好”坚持下来。

1964年9月我从革命圣地平山老家考入河北大学中文系，开始了我的大学中文系的读书生涯。从“入学教育”中目睹了系里的老先生、老前辈们的尊容，初步了解了这些国内著名学者的学术成就。也就是在这时候出乎意料地得知系里还有黄绮先生这样一位当代“书法家”。事有凑巧，就在那个时候，大概是1964年秋天，我平生第一次也是唯一一次在天津博物馆观看了一个极高规格的国家级“书法展”。在那次书法展上，目睹了国内一流的大书法家的一大批精品杰作，朱德、董必武、郭沫若、陈毅、邓拓、沈尹默、启功等等大书法家的作品至今历历在目。我就是从这里大开眼界，看到我国当代书法绚丽辉煌、雅致精彩的艺术世界，第一次领略了我国当代书法家们的胸襟、修养、风范！此后，在学校迁出天津的近半个世纪里，再也没有看到那样高水平的书法展。当时让我没想到的是其中还有黄绮先生的作品，虽然尺幅较小，且放在一个很不起眼的角落里。就是在那个时候，中文系成立了课外“书法活动小组”，令人没有想到“书法家”黄绮先生竟然是我们的“指导老师”，我们“书法小组”的这些学生很幸运地面对面接受先生对自己“参展习作”的“评点”“指教”，目睹先生挥毫示范，亲耳聆听他关于书法典籍的精辟讲解等等，虽说这些书法活动为时不长——只有不足两年的时间，“文革”动乱就开始了，然而也正是这好景不长、弥足珍贵的书法氛围的熏染氤氲和书法名师的培养教育，使我萌生出一种“不自觉的朦胧的书法意识”来。

回想起来，我个人真正“自觉的书法意识”，是在中文系从事文艺学（文艺理论）教学和研究的初始几年时间里逐步形成、确立起来的。主要是两个方面的因素在发生积极作用。

首先，所从事的“文艺理论”专业的需要是一个重要原因。我留校到系里不久，就被分到“文艺理论教研室”。它的教学和研究方向就是文艺学，俗称文艺理论，各个高校又根据自身的师资力量囊括了美学、西方文论、古代文论、马列文论和毛泽东文艺思想等诸多学科，其中文艺理论是其最基本的教学内容和研究内容。稍微有些人文知识的都知道这一行是“搞理论”的、“务虚”的，所以一般人都不愿意干这一行，一是出成绩成果太难，个人成长成才较慢。明显的事实是：当时中文系各教研室都有教授或副教授，唯独文艺理论教研室没有一名教授、副教授，只有一位老先生是讲师，据说那已经相当厉害了。可不，当时唯独这门课没有国家级全国通用教材，而只有“内部发行”的“试用”教材《文学基本原理》。二是当时正值“文革”期间，它又是一个特别“敏感”的部门，是“阶级斗争的晴雨表”，常常因为一句话、一篇文艺“短评”就可以把你卷到“风口浪尖”上，掉进激烈的政治斗争的“漩涡”中去。为了自保，人们“唯恐避之不及”，都躲得远远的。但是这一倒霉事却让我摊上了，既来之则安之吧。这教研室虽然没有教授，但都是年富力强的“少壮派”，公认的政治上业务上都很强的“实力派”。我想如能在他们的“传、帮、带”下，加上自我努力还是有希望的吧。我一到教研室，几个在“文革”中接触较多或共过事的老师，用自己的切身体会真诚地告诫我：搞这一行不仅理论上过硬，最好会一门艺术，就是说不能搞空头理论，要有一定的艺术实践作基础，否则理论也不会真正过硬。我觉得他们所说有道理，就根据自己的实际情况，决定把“书法艺术”作为自己从事的理论的实践基础。这也是没办法的事情，因为我既不能“吟诗”，也不能“作画”，“吹拉弹唱”一窍不通，只是“毛笔字”写得还凑合，低标准说还算有一点“书法艺术细胞”。说到底还是专业的内在需要，别无选择。

其次，兴趣爱好“被认可”或许是一个重要原因。有几件事至今记忆犹新：一是在保定工人文化宫看“书法展”，一进展厅，迎面而来的是顶天立地的黄绮先生大中堂，与当年在天津书法展上那“不起眼的小条幅”形成鲜明对照！这件事对我是有所触动——触动的是所谓的“书法艺术活动”的那根神经。二是为系刊《山花烂漫》书写标题。“文革”中期“复课”之后，中文系创办了一个内部刊物名曰《山花烂漫》，在系工宣队负责人（校工宣队二号人物）的主持下，请系里的“书法家”们如黄绮、熊任望等（我也忝列其中）书写刊名，最后这些“臭老九”们的字都不被看好，还是采用了系二号人物自己写的刊名。（其实那字并不好，但谁敢说不好呢！）刊物办起来后，我经常被抓去书写标题。这些活动虽然算不上什么，但它却无形中给了我一些自信，对我确立“书法意识”无疑也是一种促进。三是带领工农兵学员在衡水地区《群众日报》实习的时候，我去接熊任望先生的班，在交接班时，他向报社负责人姚一民同志介绍，他并不介绍我的专业，却若有其事地说我“是系里年青的书法家”。看来熊先生还不是开玩笑，我得到他的首肯是万万没有想到的。报社姚总编是知名书法家，在那一段日子里，他经常让我书写“文艺通讯”的通栏标题，还非常坦率地加以评点，进而深入到一些书法理论与实践问题进行交流切磋等等，这些对我无疑是一种极大地鼓励和鞭策，更坚定了我从事书法活动的信心意愿！因为有了自觉的“书法活动”意识，加上多年以来形成的习惯和兴趣，练毛笔字、观看各种书法展、购置书法典籍等“书法活动”几乎成了我的生活方式，所以“文革”结束以后我很自然地就成了河大教工书法研究会的基本成员，长期坚持参加书法活动，唯其如此，才有了和国内知名书法家欧阳中石、刘倩、熊任望等在一起挥毫弄墨、切磋交流的幸运。欧阳中石现在是首都师范大学书法教育学博士生导师、中国书法协会顾问，当时他还没有这些炫目的光环头衔，他只是北京师范学院的一名普通教师，就与当年黄绮先生一样只是普通高校的一名普通教授而已，因此很容易“请”来，他也没有什么架子，聊起来也比较随便。他所写的东西虽说是“墨宝”，其实谁也没有真正把它当作什么“宝”。二十多年过去了，他现在成“神”了，走上“神坛”，“墨迹”也成“墨宝”被“供”起来，再请他到咱们学校讲讲书法恐怕就不那么容易了！人世沧桑，这也正常。至于我个人，“书法活动”作为我的业余爱好，确切地说是“第二职业”，从70年代起，就再也没有间断过，已有近50个年头了！不过，很遗憾，至今并无多大出息，我还是我。

## 三、你的“书法理念”是什么

对于一个有传世之作、举世公认的书法家来说，提出“书法理念”问题，是必须的，值得一谈，至少是“谈论书法家所绕不开的问题”。至于对一个“书法爱好者”来说，就有点“小题大做”或“炒作”之嫌。我个人的所谓“书法活动”特别是进入“老年”之后，主要是“养生保健的生活方式”，而“书法活动”方面实在是倒在其次，只不过聊以自慰而已。当然，如果说业已坚持了半个世纪之久的“书法活动”，没有一点“理念追求”、全是胡乱涂鸦，也不符合实际。果真那样的话，也就不会坚持半个世纪之久了。

如果硬要谈什么“书法理念”的话，权且把它简述如下：

大目标：神采劲力（柳之骨）、自然潇洒（王之妍）之形态；

“悦目”（视觉美感）、“畅神”（心灵愉悦）之效果。

我学书法，先楷书——学柳（公权），后行书——习王（《兰亭》）。及至大学特别是从事文艺学教学多年以后，懂得了一点“文艺学”和“书法美学”之类，逐渐萌发一个“奇想”：能否把柳“骨”王“妍”两种不同形态之美，熔铸成一种兼而有之的“中和之美”，创造出一种既有“风骨”但不矜持，不乏“妍美”但不纤弱，既有神采自然、劲力潇洒之形态，又具有“悦目”（视觉美感）“畅神”（心灵愉悦）之效果的“行草书”呢？多年来，我这样想，也尽力这样做，可惜，践行多年，见效甚微，迄未成功。看来，“奇想”也只能是“奇想”了。唯其如此，我对书坛（国内国际）流行的“狂、怪、奇、野”书风并不赞同。

小原则：以点画美结构美为主，抒情性、随意性从之。

当代书评家认为启功的草书跟其行书一样，是以点画美、结构美和贴近大众为原则，而不是以抒情性和随意性为主；换句话说，启功的草书创作，是在表现结构美的前提下发挥书家的抒情性和随意性，而不是在表现抒情性和随意性的前提下使结构自然形成良莠难分。这一中肯论断符合启功草书实际，也符合中国汉字独有的审美特征的。我赞赏启功的主张和风格。有人说启功不会写草书。我认为不是启功不会写草书，而是这些人不大懂草书，甚至连汉字也不大懂。试想，一味追求“狂、怪、奇、野”，“抒情性和随意性”突破了审美规范和限制，破坏了汉字固有的审美特征，连汉字的“象形美”特征都丧失殆尽，甚至连“汉字”都不是了，还谈什么“书法艺术”呢！

求劲力（骨力）：“熟能生‘力’”，即从运笔的“精准度”中见出“劲力”。

“劲力”观念是鲁迅对中国书法艺术根本特征的一个基本要求，主要是指书法点画的“力量感”“力量美”“笔力”，是“质”的概念而不是“量”的概念。“力”——它是书法艺术最明显最根本特征的第一性的内容，卫夫人的名言“多力者圣，无力者病”受到古代书法理论家们的一致肯定和赞颂。到现代，鲁迅称之为“有劲”“有力”“有力之美”。也就是当代书法理论家们所说的“遒劲”“骨力”“内劲”“万豪齐力”“力透纸背”“如锥画沙”等等，它绝不是那种不可收拾毫无节制的“蛮力”。

那么，怎样才能把字写得“遒劲”“有力”“力透纸背”呢？古今书家多有论断妙招，姑且不论。据我个人的切身体会，可以大体概括为“熟能生‘准’”——“准能生‘力’”，即依靠运笔的“精准”去实现笔画的“劲力”。此即启功所说书者“轨道准确”，“观者觉其有力”之谓也。（其中的道理可以用“怎样练就神枪手”为例加以说明。）

## 四、谈一谈你的书法创作体会好吗

如前所说，有明确追求，也比较用力，但收效甚微，迄未成功。可以说至今还少有行家认可、自己满意的高水平的作品。鉴于此还谈何创作体会呢！不过既有询问，没有应答总觉有些失礼。这里谈几件习作的产生“过程和体会”，权当应答，对友人、初学者、同道或许不无教益。

我的一条重要体会是古人所说的“无意于佳乃佳”（苏轼语）。这里的关键是“无意”，我认为它就是“不要刻意”“不要在意”“不要拘束”“不要紧张”“不要怕写不好”“不要有恐坏症”“不要有顾虑”等等，就是“要放松”“要自然”“要潇洒”“要自由挥洒”。真正做到这一点，就大有希望出“佳作”了。有《龙飞》《上有清风》《信札》《风清》的创作过程为证。

其一，立轴《龙飞》，可以说是“无意于佳乃佳”的一件“保留作品”。首先，由此作上款“戊辰元日试笔”我们可以确定它写于1988年元旦，且由“试笔”二字即可断定是即兴所为，并不是“有意的”正式的书法创作。至于为什么要“试笔”并不重要，重要的是“试”。既然是“试”，就不会要求太高，不太在乎写坏写好，写起来就较为潇洒自然、放得开来，不那么拘谨；真没想到这一“试”竟然取得可喜收获，“龙飞”二字几乎成了本人的一个“代表作”，一直保留至今。后来看到苏轼的《论书》“书初无意于佳乃佳尔”、清代王澍《论书剩语》“有意求工而不工，无意求工而自工”名句，才恍然大悟：这是一件“无意于佳乃佳”的作品。其次，进一步来看，那“戊辰元日”即大年初一，当时欢庆春节悠闲无事，心情较好，倏然想写，于是就有了那“试笔”活动。那种情况恰好“暗合”了唐代孙过庭《书谱》论创作所言“五合”中的最重要的“神怡务闲”和“偶然欲书”两“合”，正好符合书法创作规律，所以写出“佳作”“精品”就是顺理成章的事情了。其实，古人早就通晓这一书法创作规律，只是自己当时孤陋寡闻还不知道罢了。现在看来，这一“试笔”之作应该而且可以算是一个现代版的书法创作规律的具体例证。

其二，斗方《上有》纯粹是“偶然欲书”的产物。回忆当时的写作情况，大致是这样：当时看到一张报纸已不记得是省报还是地报，广告版就是一幅配了不多文字说明的图画，有近一半是仅有浓淡不均的斜线“空白”，觉得可惜，可以在上面练习毛笔字，于是顺手拿起笔来，在墨盒蘸了墨，就势写下“上有清风，下有正气”两行草书，这两句话也不知是怎么来的，反正是“一挥而就”，写毕仔细一端详，觉得这几个字蛮有精神，想把它保存下来，于是就把它裁下来，再题写了上下款，于是写在报纸上的这两行字，忝作“斗方”留存至今。不过，这一次“偶然”与“试笔”那次还是有些不同的。一是“试笔”那次是写在“宣纸”上的，即多少有些准备的，否则就不会用宣纸；这次“斗方”是写在“报纸”上的，相比之下它的“偶然性”更大，说是“纯属偶然”并不为过。二是从题款“甲戌秋月”看，“斗方”是写于1994年秋天，即在1988年“试笔”六年之后，在章法、结体、运笔、用墨等方面都较前成熟老练。可以说正因为有六年不间断的练习垫底，所以才能仅此一遍，即成“佳品”。虽不敢说实出必然，但确有“必然性”在。照法行事，多半也能出“佳作”，不信，可以试试。我想，把它算作一个现代版的书法创作规律的具体例证，还不至于是滥竽充数吧。

其三，小楷《书简》，近百字，写在16开204字的稿纸上。写信的起因是向“高校教材编写协作组织”递交“申请表”时所写的一个“便笺”，礼节性的，简短几句，即兴书写，一气呵成，中间无停顿。从这个起因来看，显然属于“偶然欲书”的情况。现在把这个“便笺”权当书法作品来看，它是比较“随便”的，并不像书法创作那样一本正经的“有意”的去创作，这一点不仅从书写的心态和用笔可以看出，即使从内容的措辞上看也是比较随意的，并不是那么严肃讲究、字斟句酌，完全是在“无意于佳”的情况下书写的。细究起来，作为书法创作，用“稿纸”是不合适的，属于《书谱》所说“纸墨不称”（“五乖”之一）而不是“纸墨相发”（“五合”之一）。之所以这样，原因也很简单，就是由于“随便”所造成的。说这个“便笺”“佳”，主要是它作为“行草”如行云流水，一气贯通，字字有神，几乎没有明显之败笔。这些年来很少写小楷，这次偶然为之，效果极佳，所以把它作为现代版的书法创作规律的又一例证。

其四，斗方《风清气正》，四字，写在一尺见方的废宣纸上。此作很被鉴赏家、书评家看好。省内知名书法鉴赏家特别索要复印件收藏。知名书评家说：“斗方《风清气正》细笔刚劲，结构清爽简约，动静之间应是‘遥想公瑾当年，小乔初嫁了，雄姿英发’，正在气定神闲之间。此间，柳楷之清神、清骨、清风之审美意象，悄悄进入风流蕴藉的行草笔势中，以成刚正清越审美新境。”（见《城市家周刊》2013 年 8 月 28 日）这里“细笔刚劲”“结构清爽”，“气定神闲”“风流蕴藉”“刚正清越”的评点，作为目标追求，我心神往；对此美誉，则愧不敢当！但是，在古稀之年逢此“知音”，我还是深感欣慰的！那么，此作是怎么产生的？也是“偶然得之”。仅就所用“废弃宣纸”这一点，就足以说明此作书写的“偶然”性和“无意”性。试想，正式的创作岂能使用废宣纸呢?！它是当之无愧的是现代版的书法创作规律的又一例证。

基于个人上述切身体会，我更加坚信：“无意于佳乃佳”实乃书法创作的一个规律。真正明白了这一点，也就不难理解为什么王羲之的《兰亭序》、怀素的《自叙帖》等名作都只是唯一一件呢？王羲之后来曾特意书写《兰亭序》多件，没有一件是自己满意的，都毁掉了，所以在历史上流传后世的《兰亭序》也就仅此一件。怀素的《自叙帖》也属于这种情况。因为它们都是“无意于佳”的成果，几乎是不可重复的。明白这个道理，坚持这个做法，在创作中无疑会减少一些不必要的疑虑、紧张、恐惧、烦恼、纠结，有利于逐步进入无拘无束的“自然状态”，甚至进入“自由王国”，于“无意”中创作出“佳作”来。

## 五、你是怎样处理“书法与专业”即“本职工作”与“兴趣爱好”的关系的

我们的青年时代，流行最广最响的口号叫“又红又专”，类似选拔干部的口号“德才兼备”。一个合格的、优秀的青年教师就应当是“又红又专”的，即政治上“红”和业务上“专”，两方面都要过硬。我知道自己“根不红苗不正”，要做到“红”很难，如果连“专”也做不到那就根本不能立足了，所以必须努力做到业务上的“专”。在这样一个思想指导下，“专业与业余的关系”对于我来说就十分明确、毫不含糊了，那就只能是“专业第一，兴趣第二”。当然，“第一第二”决不仅仅是观念意识、指导思想问题，更重要的是要落实到日常生活方方面面，如时间安排、精力及经济投入等等都需要做出合适的处理。

所谓“专业第一”是指要在“时间”“精力”“经济”等方面要有足够的投入，要肯下本钱，确保在专业领域拿出像样的、可以使你立足的成果来。“像样的”究竟是什么样子呢？就像系里老先生的学术专著那样，像《部首讲解》那样的小册子也可以，当时文字学家、副教授黄绮先生不就是靠它吗！我觉得“大右派”丁玲“臭名昭著”的“一本书主义”实在是至理名言。有那么“一本书”，就做到了“专”，即使你不够“红”，也能站得住脚，也像个人样，也就打不倒你。俗话说“剃头挑子一头热”，只要你能有“一头热”就行，就怕你连“一头”都“热”不起来，那就拉稀了！你要立足，就要在这方面加倍努力，这就叫“专业第一”。所谓“兴趣第二”是指在“确保第一”的前提下有选择地发展自己的“兴趣爱好”，在“时间”“精力”“经济”等方面做适度的投入，而不要强求自己，更不要什么“出成果”——如果能够借此调剂生活、怡乐自己，在精神上得到一些慰藉，也不妨说是“第二”的最可宝贵的成果，这就叫“兴趣第二”。因为“第一第二”定位明确，互不矛盾，和谐共处，所以能够长期坚持到今，已有半个多世纪了。

我做这样的处理，既有社会历史原因，也有自己的一些考虑。首先是社会历史原因。我们这一代人，生逢其时：生于“抗战期间”，小学时逢“抗美援朝”“合作化”；中学时搞“反右派”“大跃进”；高中时遇上“瓜菜代”；上大学时闹“文化大革命”；以后是“粉碎‘四人帮’”、拨乱反正、“改革开放”等等，可以说历史给了我们这一代人过多的“偏爱”和“际遇”。在成长、学习的青少年时期，几乎不可能任由自己去发展自己的兴趣。等到历史允许人们自由发展时，我们已经“人到中年”：从家庭来说上有老下有小，从社会来说身负重担超负荷运转，还有一些特殊的历史“旧账”要偿还（如“回

炉”——补修“文革”中缺失的那些课程、成绩等等），简直不堪重负，哪里还有可能发展自己的兴趣呢！也就是说，社会历史条件起了重要作用，“专业第一”甚至是“唯一”，你别无选择。对此，现在的一些年轻人对此很难理解，其实只要回到那个时代，这根本就不是什么“问题”。其次，搞好“兴趣”，对“专业”确有好处。特别是书法活动的一些“切身体会”，自然而然地成为“文艺理论”的“实践支撑”。例如我们文艺理论中的“创作论”中都要讲“创作过程”，什么“艺术构思”啊、“形象思维”啊，虽然不乏理论阐述和优秀作品的成功范例，但总觉得讲授效果不够理想。等到自己在书法创作上有了切身体会，再讲由“窗前之竹”到“胸中之竹”再到“笔下之竹”的“创作过程”就底气十足举重若轻，讲授效果得到明显提升。再如讲授“文艺批评”，有了一定的创作实践和体会，就讲得更有的放矢，更结合实践，也更加深入，有效避免了一些空泛、教条、肤浅，收到更好的效果。如此等等，不再枚举。这种兴趣爱好对本职专业的实实在在地“助力”“支撑”，毫无疑问是长期坚持业余爱好的一个重要因素。

一言以蔽之曰：“专业第一，兴趣第二”的处理，事出必然，我至今不悔。不过，目前已有所改变——我退休之后，退出江湖，已不再干所谓“专业”，原来的“第二”自然成了“第一”，确切说是“唯一”，也可以这样说：“书法活动”已经成了我日常生活、养生保健的一种“生活方式”了。为此，我常暗自庆幸当年做出的明智选择，假如现在让我重新选择一种适合自己长期坚持且行之有效的“生活方式”的话，还真不是那么容易啊！

## 六、在书法上为何如此“低调”呢

所谓“低调”问题，多半是那些同道、熟人、朋友、同学、学生等各色人等的一种认识看法。由于对我基本情况不太了解，看不清其中的奥秘，感到迷惑不解也就成了“问题”。然而，对于我自己来说，至今觉得算不上什么问题，也没有什么“奥秘”，更谈不上什么“处世原则”。至于为什么会是这样，要说清楚话就长了。

首先，“低调”甚或“无调”，不仅是本人一直奉行的基本原则，更是本人几十年来的基本实践。

比较了解我的人都知道，我这个人从来就没有“高调”过，因此也就谈不上“低调”不“低调”了，在书法方面绝不例外。就从上大学说起吧。1964 年 9 月我考入河北大学中文系学习，那时正是“千万不要忘记阶级斗争”、“阶级斗争年年讲、月月讲、天天讲”

的时期，看一个人好坏，口头上说是“重在表现”，其实是“重在出身”。所谓“出身”就是“家庭成分”（90后恐怕不知道这个概念），它基本上决定你一辈子的命运（当然也有例外）。只要你出身工人、雇贫农、下中农、革干——“红五类”，根正苗红，参军、升学、评优秀、当干部等等好事连连；如果你出身地、富、反、坏、右、资本家——“黑五类”，还有海外关系，算你一辈子倒霉，连找对象都受影响，好事基本谈不上，差不多就只剩下“划清界限”一件事了，一有什么运动、案件，你首先就是被怀疑、被审查的对象。我出身“中农”，既不是“红五类”，也不是“黑五类”，处于中间状态，按说应该好一点，比地、富、反、坏、右、资本家好一点，但因为外祖父成分高是地主，就常常影响到我，好事很少轮着我。具体说，我们弟兄四个，哥仨曾要求参军可就是政审通不过，也没有一个人当干部；我走运考上河北大学，所在641甲班60人，后来才知道班里同学几乎清一色“红五类”“根正苗红”，就我一个人“中农”出身，就是说属于“根不正苗不红”那一类。所以在大学期间我连一个小组长也没当过。“文革”初期，学校成立两大派“红卫兵”，连赞同的一派我只能跟着“参加活动”，因为我不是“红五类”，不能正式加入。我在天安门广场接受毛泽东“接见检阅”并不是头几次而是比较靠后（忘记是第几次）了。大学毕业后留校了，开始搞对象，因为对方是党员，我就没有通过他们单位的“政审”，说是我的社会关系不好，外祖父家成分高，其实当时外祖父母早已过世十几年了，人没了，鬼还在，还要殃及我这个外孙的婚姻啊，幸亏老伴不嫌弃！在这样的情况下，我怎么能不“低调”呢?!

刚工作以后，有一件事更让我“低调”，夹着尾巴做人。当时省文联、《河北文艺》编辑部召开一个“座谈会”，点名通知我去开会，等我赶到后已近尾声，看到系总支书记和教研室主任出席会议，他们向我解释说在石家庄出差，碰巧了过来听听。会上给我说了事情的真相：给系里发了两次通知，一直不见你来报到，倒是你们书记主任来了，我们询问“李国华怎么回事，为什么不来开会?”他们支支吾吾，于是再次给你们系打长途。等我匆忙赶到会场时，黄花菜已经凉了——会议基本结束了。原来是系里扣押通知，调包后自己去。幸好我到会了，这才知道了真相，不然我可能会一辈子蒙在鼓里。事后回想，我究竟怎么啦，为什么连参加这么一个“座谈会”的机会都要被剥夺？想一想自己这般处境，还能“高调”起来吗，我已经够“低调”了，我实在不知道该把握什么“调”？我终于明白了：我应该而且必须沉默不语。很长时间就是这样“默默无声”的过来了，也没觉得有什么不好。这是我的真实思想，不过那时没讲出来，因为怕惹麻烦，犯不上。还是“低调”好，可以少惹是非，减灾免祸。中国有句古话“人怕出名猪怕壮”，还是“低调”好啊！

其次，更重要的是不想让人说“不务正业、专业不专”。

我所接触过的中文系老前辈、国内知名语言学家张弓有《现代汉语修辞学》、中国古代文学专家詹锳有《李白系年》、古汉语专家裴学海有《古书虚字集释》、语言学家武占坤有《现代汉语词汇概要》等，个个是在自己所从事的专业领域里卓有建树的人物，他们的成名之作代表作大多成为传世之作甚至经典，至今让人看重，这一点正是我所以敬佩他们的根本原因。作为他们的后学，我当时就似乎认定作为一个教授学者应该走他们所走过的路。就是说，既然搞了专业就应当在专业领域里有所建树，搞出一点可以站得住、传之后世的东西来，也就是孔夫子所说的“立言”吧。换句话说，如果在“专业”上平庸一般，即使“业余”方面有多么突出，我认为那也不值得称道，因为那样就是“不务正业”，说到底就是“专业不专”，一些名人往往由此而被诟病。就拿系里一位老先生来说，就是先生的“书法”成就遮掩了他作为“文字学家”的名声。对于我们学生来说，“书法”毕竟是“业余”，而“文字学”才是“专业”，上中文系是来跟你学“文字学”而不是跟你学“书法”的啊！可你的专业“文字学”不太专，那《部首讲解》小册子分量不够重，不太让人佩服嘛！后来，系里另一位老先生也类似这样，他研究楚辞多年，“楚辞专家”，只在极小圈子里有人知晓；他作为书法家，社会上名声可不小啊。显而易见，两位先生属于一种类型。说实话我不想走这条路。如果像欧阳中石先生那样，根据自己的情况“改旗移辙”，干脆从教语文改为教书法，创建我国书法教育学位点的“反‘余’为‘业’”的做法、路子，则是非常明智的，卓有成效的，我是很赞成、很佩服的，因为他实际上仍然是“专业为主”的。然而，我觉得中石先生这样“改旗移辙、反余为业”，对我来说不划算，客观上也不允许，所以不能作为自己效法的样板。当然，上述情况对他们这些已经功成名就的中老年人来说已经无所谓了，甚或还有好处。然而，对于我们这些年轻后学的生存成长就不一定了，在那个年月，一旦在社会上造成一个“专业不专”的印象或舆论，那日子可就不那么舒坦了！这一点正是当时所面临的现实问题，想摆脱也难，现实逼着你不能不认真对待——这也是我坚持“低调”的一个重要因素。

再次，最重要的是自己深知自己的水平有限，还不到可以“自吹自擂”“唱高调”的时候。

曾近有一位颇有实力的书画收藏家当面问我：你的书法在学校排什么位置？这问题对我来说实在太突然也太难回答了，哪有自己给自己“排座次”的道理啊。对自己的书法进行深入反思、总结，找出优缺点，明确今后的前进方向，这种“定位”是应该的、必须的，但“自排座次”未免太不妥当了，且不说这种做法太过违背“艺术规律”，就是实际操作也太难了：是按“身份”还是“知名度”？还是按“润格”，还是按“销量”？还是按“收藏”还是按“专家评论”？这里有多个标准，我不想“对号入座”自排座次，至于别人要排，只能是随它去吧！

我退休多年，已步入古稀之年，人生境况已大不同前，特别是已退出江湖，不再为“专业”所累，“书法活动”已经由原来的“兴趣爱好”上升为一种“养老健身的生活方式”，因此也就有暇进行回顾总结、解剖反思，做一番“自我评价”：有一定水平，刚刚入门，尚未登堂入室，几乎没有几件自己满意的“作品”。经过多年的理论学习和长期反复的练习实践，书法水平有所进步，可以说已经提高到一定水平。开始发出一点微弱的声音来，进入了“有调”阶段，当然只能勉强说是“低调”。比如七八十年代，应一些单位之请无偿书写一些条幅、斗方之类，作为赠送礼品；为“保定少年足球训练学校”题写校名（未落款，直到最近才看到镌刻在什么地方）；在《文论报》等省级报刊发表作品；被某些机构、人物收藏；被省城一些书画社店提出定制出售、进入市场；被书评家关注评论等等，都是悄悄进行的，从不声张。这些情况多少可以说明我的那些“字”已经受到社会上各色人等的承认、喜欢、好评，看成“墨宝”。“一定水平”是多高，难以精确量化。是否可以这样理解：已入“书法”之门。——就是说比“门外汉”的“涂鸦”略高一个档次，可以称作“书法艺术品”而不是“胡乱涂鸦”了。然而，写了那么多，包括发表或收藏在内的那些，几乎没有几件是自己满意的。这也就是说确实“水平有限”，没有什么值得自吹自擂的，必须“低调”。

## 七、今后有什么打算

如前所说，把书法活动当作健身养老的生活方式继续坚持下去，做到“活到老，练到老”。至于是否能“登堂入室”，是否要“进入市场”等等，尚未进行深入考虑。我觉得这些并不重要，重要的是“保健”“防痴”。只要对健身养老有益无害，一切都顺其自然好了。

2019 年 5 月

# 书法之乐：大家共享

作为一名高校中文系教师，中国书法一直是我的业余“最爱”，研究与创作均有收获，虽无大成，但乐在其中。在长期的书法活动中，我深切体会并享受着“书法三乐”：“涂鸦之乐”“健身之乐”“赏心之乐”。唯其如此，现今它已成我的生活方式而乐此不疲。在一个偶然的机会，我以“志愿者”身份，做起了某失独人群“书法活动”的“辅导”。

## 坚持练字，共享“涂鸦”之乐

在辅导伊始，我明确把“书法活动”规划为“写字”和“书法”两个阶段，在打下一定的基础后再进入“书法”阶段。“入门”之后，一部分人或可进入真正意义上的“书法活动”，另一部分人可把“练字”作为“生活方式”坚持下去。

“写字”是中国书法的起点、基础，是根本，必须抓紧，打好基础。毋庸讳言，这对“书法”只有“幼儿园水平”的特殊老年人群来说，显得特别重要和困难。我们就以小学《语文》课本中的“我写毛笔字”（楷书基本笔画、偏旁、结体）为主，增补楷书的特点、笔顺、执笔、运笔等书法基本知识和技能，作为“写字”的基本教材进行讲解、示范和练习。

中国书法是“练”出来的，要求大家以中国书法泰斗沈尹默青年时期“天天练”为榜样，强调一个“练”字，坚持“每周练二五次”。为避免练字枯燥，鼓励大家像幼儿园的小朋友“涂鸦作乐”一样，尽享“书法之乐”！我们认为“只要坚持练字，涂鸦自娱可也”！

## 培养习惯，尽享“健身”之乐

书法活动有益于身心健康，这早已是不争的事实。我个人在半个多世纪特别是退休十几年来的“大不幸”中更是体会深切。我志愿助推这一人群开展书法活动的初衷，就是想与这些“同命人”共享“书法健身之乐”，为他们的身心提供一块栖息之所，早日走出“失独”之恸，步入常态。因此，一开始就明确“把练字当太极练”，自觉把书法“动以健身”与“静以养心”的功能，贯穿在“讲解”和“练习”的每一个环节之中，脑体并用，强筋健骨，修身养性，切实做到“健身就在练字中”。明确“健身第一，书法第二”，“要的就是这个过程”，培养“书法健身”的良好习惯或生活方式，那才是我们“书法活动”的初衷！

## 欣赏书法，享受“悦目赏心”之乐

按照艺术学来说，书法欣赏是指对书法作品的观照、品味、感悟、理解、“再创造”的一种高雅精神活动，要求欣赏者具备一定的生活经验和文化、书法素质。这确实有点难为只有“幼儿园水平”的老年人了，而且对怎样“辅导”来说也不无难处。为此我把“欣赏”降格以求，严格定位在书法“观赏”的初级层面上，就是通过观赏书法名作，直接获得“悦目、赏心”等艺术享受或精神慰藉。在参观书法展、赏析大师名帖、观看《中国书法五千年》电视片等一系列活动中，亲身接触、感受、体验书法艺术的魅力，开阔眼界，领略中国书法博大精深的文化底蕴，提升自己的“书法眼光”和文化素养。这无疑是享受书法“悦目赏心”之乐。

应当说“书法活动”是比风行的“广场舞”之类的活动方式，更适合失独人群当下心理、精神状况的一种生活方式。一晃两年过去了，不少失独家庭主动帮助其他失独家庭，鼓励“同命人”走出阴影。一点点的变化与进步，笑容慢慢绽放，敞开心扉对话，这对我而言，最是欣喜和安慰。书法，只是一种方式，我的古稀之年，能与同龄人一起“共享书法之乐”，自然感到欣慰。

（原文载《新天地》2017 年第 10 期）

**附记** 此文在《新天地》刊发时，编者改题为“翰墨照亮生活”，现予恢复。

# 附　录

## 著作年表

（1969—2019）

1969 年

《红太阳颂》（征求意见本，河北大学中文系 641 甲集体选编，本人总其成）

——天津人民出版社 1969 年出版

1972 年

“反潮流”的勇士——学习《答徐懋庸并关于抗日统一战线问题》

——《河北文艺》1972 年第 5 期

1974 年

学习革命样板戏的创作经验，肃清“无冲突论”的流毒

——《河北文艺》1974 年第 4 期

文艺创作要努力反映阶级斗争和路线斗争

——学习样板戏的创作经验，批判“中庸之道”和“无冲突论”

——《山花烂漫》1974 年第 2 期

1975 年

评长篇小说《桐柏英雄》

——《山花烂漫》1975 年第 1 期

注：新时期电影《小花》由此改编而成。《桐柏英雄》可谓“文革”期间出版的长篇小说中为数极少的“站得住的”一部。

1976 年

驱散妖雾露原形——剥江青“文艺革命旗手”的画皮

——《河北大学学报》1976 年第 2—3 期

1977 年

“四人帮”反革命修正主义文艺路线的总纲领——批判江青的《谈京剧革命》

——《山花烂漫》1977 年第 1 期

坚持毛主席的革命文艺路线——学习《讲话》，批判“四人帮”

——《河北大学学报》1977 年第 2 期

1979 年

澄清“四人帮”批判“自由化”制造的混乱

注：未刊稿。本文原定于《河北文艺》1979 年第 2 期发表，后因发表《歌德与缺德》临时撤掉。可参阅《河北文艺》编辑宋木林 1979 年 3 月 5 日致本人的信。

《毛泽东文艺思想学习参考文件》（上、下册）

——河北大学中文系文艺理论教研室 1979 年 5 月印行

1980 年

《毛泽东著作中论及的文艺观点和文艺作品选辑》

——河北大学中文系文艺理论教研室 1980 年 5 月印行

关于“双百”方针的几个认识问题

——河北大学第三次科学报告会论文（1980 年 9 月）

杰出的戏剧艺术大师——关汉卿

——河北电台《文化与生活》1980 年 10 月 29 日、30 日播出

1981 年

关于“双百”方针的几个认识问题

——全国毛泽东文艺思想研究会学术年会论文（1981 年 5 月）

1982 年

马克思主义文艺理论的伟大文献——纪念毛泽东同志的《讲话》发表四十周年

——河北电台《对城镇广播》1982 年 5 月 19 日、20 日播出

近年来毛泽东文艺思想研究概述

——红旗杂志社总编室编《内部文稿》1982 年第 8 期（总第 86 期）

（1982 年 3 月 25 日出版，编者将“注释”删去）

近年来毛泽东文艺思想研究概述

——红旗杂志文艺部《文艺参考材料》专辑（1982 年 3 月 25 日）

近年来毛泽东文艺思想研究概述（带注释）

——《学习与通讯》1982 年第 3 期

漫话《望婚崖》

——《花山》1982 年第 2 期

关于文艺批评的标准问题——学习《讲话》札记

——《河北大学学报》（哲学社会科学版）1982 年第 3 期

毛泽东同志对“党的文学原则”的贡献

——全国毛泽东文艺思想研究会学术年会论文（1982 年 5 月）

1983 年

风格的成因和表现简论

——《大学语文》1983 年第 3 期

关于“两结合”创作方法问题的不同意见

——《文学评论》1983 年第 3 期

1984 年

“一九五八年提出‘两结合’说”质疑——《毛泽东文艺思想研究》(3)

——湖南人民出版社 1984 年出版

伟大时代的产物——“两结合”方法研究（上）

——《文艺论文集》，河北文联和社科院 1984 年 7 月编印

注：本文受到长文《一位老评论家的悲剧遭遇》（《承德群众报》1986 年 12 月 7 日）的高度评价。

“两结合”方法的基本特征——“两结合”方法研究（下）

注：本文用于《文学概论》有关章节，文字略有改动。

形象思维的奥秘

——《大学语文》1984 年第 5 期

人物塑造的“分身术”——人物塑造的艺术技巧（上）

——《大学语文》1984 年第 9 期

《文学概论》（中文函授教材，本人编写两章）

——河北大学中文系 1984 年 7 月印行

《文学理论学习参考资料》（主编，函授教材，上、下册）

——河北大学中文系 1984 年 7 月印行

1985 年

人物的独立性与作者的权力——人物塑造的艺术技巧（下）

——《大学语文》1985 年第 1 期

谈谈“创作自由”（署名山木）

——《大学语文》1985 年第 3 期

关于文艺理论批评中清除“左”思想影响的若干思考

——河北大学第五次科学报告会论文（1985 年 12 月）

1986 年

略论风格的成因和表现

——《河北大学学报》（哲学社会科学版）1986 年第 1 期

评《杀手锏》

注：未刊稿。此稿系在为保定电大讲授“文学评论写作”课之“小说评论写作”示范，因此详细有余，不够简练。

1987 年

关于谚语中的精华与糟粕问题

——《河北大学学报》（哲学社会科学版）1987 年第 3 期

人民为诗人立传（署名山风）

——《民间文学研究》1987 年第 3—4 期

中国谚语的审美特征

注：未刊稿。《民间文学论坛》拟用，后因停刊，稿件遗失。

书法：行草《山静松声远，秋清泉气香》

——《保定日报》1987 年 2 月 14 日

1988 年

关于“两结合”创作方法——《新时期文艺学论争资料》

——复旦大学出版社 1988 年 5 月出版

《文学概论》（专著，与许桂良、黄宗高合作）

——河北教育出版社 1988 年 9 月出版

注：本人承担“前言”及其他 6 章。

1989 年

文学批评体裁浅论

——《华北石油教育学院》1989 年第 1 期

郑一民小说论——《河北小说论集》

——花山文艺出版社 1989 年 10 月出版

盛唐才子王之涣·序

——翟公福著《盛唐才子王之涣》中国民间文艺出版社 1989 年 12 月出版

1990 年

文学批评性质谈片

——《文论月刊》1990 年第 3 期

伟大马克思主义者的深思熟虑

——《文论月刊》1990 年第 9 期

注：本文获河北大学 1989—1991 年度科研三等奖。

《文学概论自学考试辅导材料》(15 万字)

——河北保定总工会自修大学 1990 年 7 月印行

注：此《自考辅导》是为童庆炳主编的全国统一自考教材《文学概论》编写的，当时童编配套“辅导材料”尚未出版。

1992 年

《毛泽东文艺思想研究概览》(专著，116.8 万)

——河北人民出版社 1992 年 5 月出版

注：任副主编，实际主持并承担大部分编撰工作。《河北日报》《河北经济日报》分别发表“短讯”和书评（方伟：《书林浩瀚几枝新》），给予好评。

坚持毛泽东批评标准的科学原则

——《明辨集》，河北大学出版社 1992 年 5 月出版

关于毛泽东同志的批评标准论——《毛泽东文艺思想研究》(7)

——湖南文艺出版社 1992 年 5 月出版

注：本文获河北文艺理论“金鹿奖”(河北省文艺理论最高奖)。

关于毛泽东的批评标准论

——收入《高教理论战线》全国高校纪念《讲话》文集

以虚写实，出奇制胜——《睡美人》赏析

——《当代微型小说名篇赏析》，海峡文艺出版社 1992 年 12 月出版

声色具现，情景并茂——读《八号风球下》

——《当代微型小说名篇赏析》，海峡文艺出版社 1992 年 12 月出版

《中国谚语集成·河北卷》（专著，120 万字）

——中国社会科学出版社 1992 年 11 月出版

注：此书为国家社科重大项目、国家艺科重点项目。获“河北文艺振兴奖”。本人任编辑，编选 40 万字。

《文学概论教学大纲》（供汉语言文学专业用）

——河北大学中文系 1992 年 2 月印行

1993 年

马克思主义“美学—历史”方法的基本原则评述

——《河北大学学报》（哲学社会科学版）1993 年第 1 期

书法：草书《神奇》

——《文论报》1993 年 10 月 23 日

1994 年

文学批评家应当具备过硬的艺术功力

——《华北石油教育学院》1994 年第 2 期

河北歌谣综论

——《河北大学学报》1994 年第 3 期

注：与许来渠合作，系《中国歌谣集成·河北卷》“前言”初稿，已经被总编委基本通过，并认为“有的地方写的很漂亮”。当时发表，意在进一步征求意见。

1995 年

“首先做一个有德行的人”——略论市场经济下文艺批评家的品德人格修养

——《毛泽东文艺思想研究》（10），西南师范大学出版社 1995 年 10 月出版

《文学批评学》（专著）

——河北教育出版社 1995 年 12 月出版

注：《文论报》1996 年 10 月 15 日发表周申明书评《建设文学批评学的重要收获》。

《河北当代民间文学史》（2 万字）

注：未刊稿，专为冯健男主编《河北当代文学史》“民间文学”部分撰写，后因故

未采用。

《抗日战争大词典》“文艺理论”条目释文（2万字）

注：未刊稿。《大词典》未出版，稿件未退——遗失。

1996年

《文学批评学》获河北省第五届社科优秀成果一等奖。

1997年

适应人才培养的需要，建设文学批评学新学科

——《河北高教研究》1997年第1期

要加强“文学批评学”的教学

——《河北日报》1997年10月20日

书法：行草《渔歌子·西塞山》

——《河北广播电视报》1997年9月10日

1999年

“文艺批评理论”建设：重建和发展文艺批评的一个根本问题

——《河北大学成人教育学院学报》1999年第3期

注：此文被收入《二十一世纪中国社会发展战略研究文集》等多种大型文集。

《古代文论“现代转换”三议题》

——“中国古代文论国际研讨会暨中国古代文论研究会第11届年会”

（1999年10月河北大学主办）论文

注：其观点被摘入《“中国古代文论国际研讨会暨中国古代文论研究会第11届年会”综述》，《河北日报》1999年11月10日。

“普通高等教育‘九五’国家教委重点教材”《文学批评学》

——河北大学出版社1999年12月出版

注：此书社会反映强烈——

《河大教授李国华专著〈文学批评学〉被国家教育部列为普通高等教育重点教材》，《河北日报》2000年5月20日；

《普通高等教育‘九五’教育部重点教材〈文学批评学〉新近出版》，河北电视台《新闻联播》2000年6月6日；

《普通高等教育‘九五’国家教委重点教材〈文学批评学〉评述》，河北电台《今日焦点》2000年6月24日；

《河北大学全方位进行教学改革》，《河北日报》2001年8月22日；

《读〈文学批评学〉》，《文论报》2000年4月15日；

《紧扣实践，融会中西》，《文艺报》2000年12月30日；

《世纪之交中国文学批评学的学科审视——以“九五”重点教材〈文学批评学〉为视点》，《郧阳师范高等专科学校学报》2002年第2期。

2000年

关于文学批评学的对象、性质和范畴、体系

——《廊坊师专学报》2000年第3期

2001年

关于文学批评学教学的探索与思考

——《河北大学成人教育学院学报》2001年第1期

关于文学理论教学改革的探索与思考

——北京师范大学主办：当代文学理论新趋势与教学改革研讨会论文（2001年4月）

2002年

世纪末的崛起：90年代文学批评研究的重大突破

——《河北大学校报》2002年5月30日

“文学批评研究”60年

——中国作家网；《家园》2002年第2期

关于文学批评学的学科定位

——《河北学刊》2002年第5期

文学理论、文学批评与文学批评学——关于文学批评学的学科定位问题

——《河北大学成人教育学院学报》2002年第1期

走出当前文学批评学的“误区”

——《文艺报》2002年10月12日

走出“误区”，重建文学批评学

——《社会科学报》2002年11月28日

2003 年

走出当前文学批评学的“误区”

——《文艺理论·文摘卡》(季刊，中国人民大学书报资料中心编辑出版)

2003 年 4 月全文转载

20 世纪中国文学批评研究

——《理论与创作》2003 年第 1 期

走出“误区”，将中国文学批评学推进 21 世纪

——《河北大学成人教育学院学报》2003 年第 3 期

关于文学理论体系改革的探索与思考

——《云梦学刊》2003 第 2 期

准确·精当·规范——谈谈《毛泽东文艺论集》的注释

——《党的文献》2003 年第 2 期

我国文学批评学的历史、现状与未来

——《昆明社会科学》2003 年第 5 期

2004 年

《文学批评名篇选读》

——河北大学出版社 2004 年 2 月出版

《中国歌谣集成·河北卷》

——中国 ISBN 中心 2004 年 4 月出版

注：本书为国家社科重大项目、国家艺科重点项目，本人任常务副主编，主持编纂。

《文学批评导引》——“国家‘十五’规划教材”、

“高等教育百门精品课程教材”(参编)

——高等教育出版社 2005 年 7 月出版

近年来文学批评学建设述评

——《文艺报》2004 年 2 月 7 日

中国文学批评学十五年

——《乌鲁木齐职业大学学报》2004 年第 3 期

文学批评学建设的新进展

——《河北大学校报》2004 年 3 月 10 日

2005 年

坚持理论创新，建设“中国文学批评学”

——《河北大学学报》2005 年第 6 期

坚持创新，建设“中国文学批评学”——20 世纪中国文学批评学描述

——《毛泽东文艺思想研究》(14)，吉林大学出版社 2005 年 9 月出版

2006 年

“国家社科项目”成果《中国悲剧论》鉴定意见

2007 年

鲁迅研究有“盲区”——鲁迅“文学批评理论”研究系列之一

——《乌鲁木齐职业大学学报》2007 年第 4 期

2008 年

也谈《宋诗选注·序》修改之谜

——《文汇读书周报》2008 年 10 月 24 日第 3 版

2009 年

《文学通论：原理》(李志宏主编，本人撰写“文学批评”)

——吉林大学出版社 2009 年 6 月出版

2013 年

行草书法《山行》《神奇》《风清气正》等五幅（书法评论：《郗吉堂：骨高神清李国华行草书》）

——《城市家周刊》，河北人民广播电视报社出版，2013 年第 34 期

2014 年

华夏“中医学家”第一人——长篇小说《神医扁鹊》秦越人形象的意义

——《燕赵文化》2014 年第 2 期

“无意于佳乃佳”直解——学书偶得

——《河北大学老教授》2014 年（总第 21 期）

2015 年

迟到的总结——关于“国家‘九五’重点教材”《文学批评学》的回顾与反思

——《河北老教授》2015 年第 3 期

书法：行草《清平乐·六盘山》(条幅)

——《河北老教授》2015 年第 3 期

迟到的总结——关于“国家‘九五’重点教材”《文学批评学》的回顾与反思

——《河北大学老教授》2015 年（总第 22 期）

书法：行草《清平乐・六盘山》（条幅）

——《河北大学老教授》2015 年（总第 22 期）

2016 年

曾经与“大家”对话——《迟到的总结》附篇

——《河北大学老教授》2016 年（总第 23 期）

书法：草书《神奇》（中堂）

——《河北大学老教授》2016 年（总第 23 期）

书法：行草《重阳・采桑子》（中堂）

——《善美保定——创建文明城市主题书画展优秀作品集》

只为“失独”鼓与呼——读长篇报告文学《中国“失独”家庭调查》感言

2017 年

翰墨照亮生活

——《新天地》2017 年第 10 期

泾水清清渭水浑——“五指执笔法”辨正

——《河北大学老教授》2017 年（总第 24 期）

书法：行草《踏遍青山人未老》（条幅）

——《常青天地》2017 年 2 月 20 日第 4 版

书法：行草《新长征》（中堂）

——保定市《喜迎十九大——书画作品集》

2018 年

中国当代实力派书画家《李国华行草书作品选》

——吉林文史出版社 2018 年 8 月出版

《概览》忆往——《毛泽东文艺思想研究概览》编纂纪事

——《河北老教授》2018 年第 2 期

如此“整形变脸”太离谱——山寨版《忆秦娥・娄山关》手迹评析

——《河北大学老教授》2018 年（总第 25 期）

2019 年

遭遇“跨界秀”——对一次旅游遭遇的回顾及反思

——《河北大学老教授》2019 年（总第 26 期）

2019 年 10 月整理